People's Role in 1857 Uprising- Delhi and Neighbouring Region

Editor
Dr. Vir Singh

Originals
(an imprint of Low Price Publications)
Delhi 110 052

ISBN 978-81-8454-093-2 (HB)
ISBN 978-81-8454-094-9 (PB)

Published by
Originals
A-6, Nimri Commercial Centre,
Ashok Vihar Phase-IV, Delhi-110052
Phones: 27302453
e-mail: info@Lppindia.com
url: www.Lppindia.com

Printed at
D K Fine Art Press P Ltd.
Delhi-110052

PRINTED IN INDIA

समर्पण

"उस दिन मैंने 1857 के महान विप्लव के क्रान्तिकारी दृश्यों के बीच झाँक कर देखा और ऐसे अनेक बहादुर लोगों की कल्पना की जो पूरे जोश के साथ भारत के विभिन्न भागों में व्याप्त अराजकता के बीच प्रयास करते हुए संघर्ष की कार्रवाई में उतरे थे। यह जरूर स्वीकार किया जाना चाहिए कि ये सिपाही वास्तव में बहादुर थे। उनका नामोल्लेखन विश्व के महानतम वीरों में किया जाना चाहिए। इस देश का कैसा दुर्भाग्य है कि ऐसे वीरों के जीवन–वृत्तांत हमें विदेशियों द्वारा लिखे गए पक्षपाती इतिहास के पन्नों से जुटाने पड़ते हैं। इस सिपाही–विद्रोह–काल में हम ऐसे अनेक वीर योद्धाओं को चिह्नित कर सकतें हैं जो यदि यूरोप में पैदा हुए होते तो उन्हें इतिहास के पन्नों में ही नहीं, कवियों के गीतों, मार्बल की प्रतिमाओं और ऊँचे स्मारकों में अमर बनाने के प्रयास अवश्य होते।..." रवीन्द्रनाथ टैगोर
(बंगला से हिन्दी अनुवाद उद्भावना अंक 75 से साभार)

सन 1857 की 150वीं जयन्ती के अवसर पर उन अज्ञात शहीदों को समर्पित

1857 की जनक्रांति का प्रसार

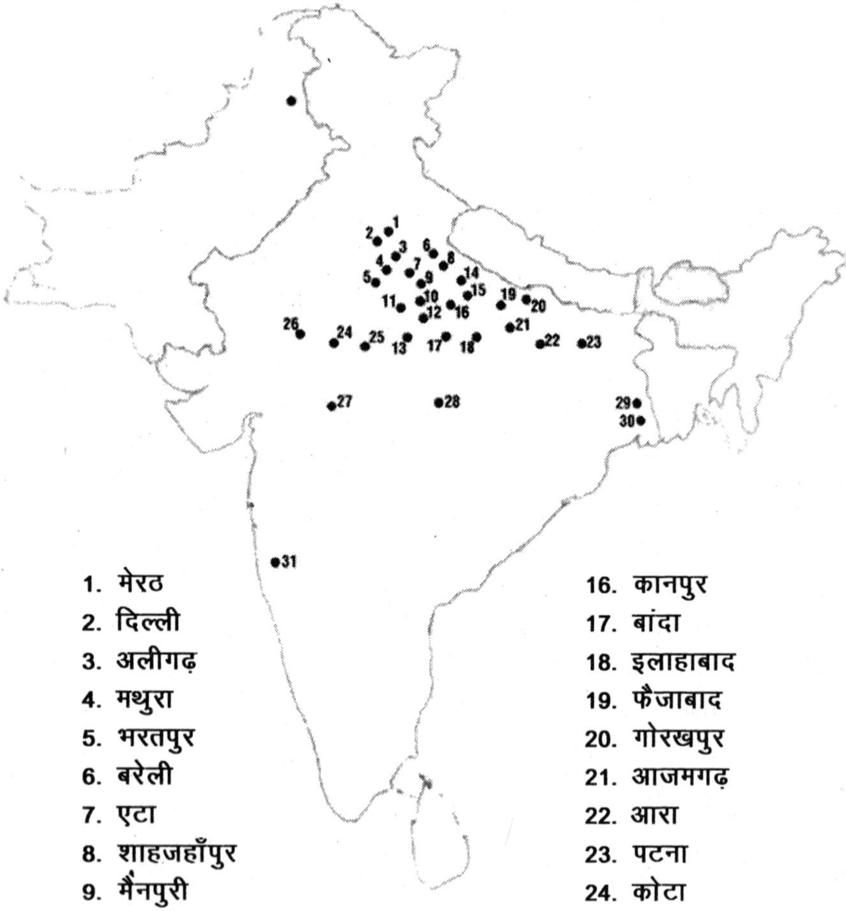

1. मेरठ
2. दिल्ली
3. अलीगढ़
4. मथुरा
5. भरतपुर
6. बरेली
7. एटा
8. शाहजहाँपुर
9. मैनपुरी
10. इटावा
11. ग्वालियर
12. काल्पी
13. झाँसी
14. सीतापुर
15. लखनऊ
16. कानपुर
17. बांदा
18. इलाहाबाद
19. फैजाबाद
20. गोरखपुर
21. आजमगढ़
22. आरा
23. पटना
24. कोटा
25. नीमच
26. अजमेर
27. इन्दौर
28. जबलपुर
29. बैरकपुर
30. कलकत्ता
31. कोल्हापुर

Contents

Foreword

Surajmal Memorial Education Society was established in 1972 to provide educational facilities to the rural youths. For the fulfillment of its objectives, the Society has established three Institutes at C-4, Janakpuri, New Delhi as also a couple of School - one each in U.P and Rajasthan. One of the important organs of the Society, Maharaja Surajmal Centre for Research and Publication has been undertaking the collection, preservation and publication of material on rural heritage specially relating to the life and role of peasants in our national endeavours. The centre has published 18 books which include—

(a) Research work of the Scholars

(b) Hindi translation of prominent works

(c) Reprinting of famous works on peasants of North-West India and

(d) Proceedings of the National Seminars.

The Centre has attained the status of a premier research institution primarily because of the initiative by its Director Dr. Vir Singh. It is a matter of great satisfaction for us that Indian Council of Historical Research (ICHR), New Delhi had accorded the status of recognized institution for research projects of history to the Centre for Research of the Society in 2006. Now scholars can name our Society as Institution of affiliation for their research projects submitted to ICHR. Our Society has established a good library and we also provide boarding and lodging facilities to the researchers.

The Society has always strived for excellence and in that attempt National Seminars are organized. The National Seminar over the years has become a regular feature of our activities and we are happy to find that every year newer scholars, newer subjects, newer interpretations and newer academic vistas open before us to discuss the subject. The broad theme of these National Seminars was - *The Jats: their Role and Contribution to the Socio-economic Life and Polity of North and North- West India.*

On the occasion of celebrating 150th anniversary of the First War of Independence, we organized National Seminars on the role of common people in that struggle. It is a matter of immense pleasure and satisfaction for me to place before the readers - *'People's Role in 1857 Uprising: Delhi and Neighbouring Region'*. The agrarian situation in India during the entire British period has been bristling with protests, revolts and even large scale militant struggles involving hundreds of villages. The present publication highlights the urgent necessity of further study on the role of peasantry in the first war of independence.

We express our gratitude to Smt. Shiela Dikshit, Chief Minister of Delhi, for providing financial help to the Society for organizing a series of National Seminars to celebrate the 150th anniversary of the first war of independence.

Indian Council of Historical Research has always been encouraging and helping the centre for organizing its various activities. We sincerely thank the eminent scholar Professor Sabyasachi Bhattacharya, Chairman of ICHR, for not only delivering Inaugural Address in the National Seminar but in rendering financial assistance.

I take the opportunity to appreciate the efforts of all the office bearers of the Society and the members of faculty of the Institutes involved in various ways in organizing the National Seminars.

I wish to acknowledge the serious efforts put in by our honorary Director Dr. Vir Singh in compiling, editing and bringing out this volume with his scholarly introduction.

Ram Niwas Mirdha

President
Surajmal Memorial Education Society

Editorial

Maharaja Surajmal Centre for Research and Publication of Surajmal Memorial Educational Society at the behest of its President Shri Ram Niwas Mirdha ji organised a series of National Seminars to celebrate the 150th anniversary of 1857, the first war of independence by the Indian people against the oppressive regime of Britishers. These National Seminars were held at the premises of the Society at C-4, Janak Puri, New Delhi on 21st July 2007, 11th - 12th August 2007 and 9th January 2008 .

Selected articles from these National Seminars have been arranged to give a glimpse of the historical events of each region separately around Delhi for the convenience of the readers. Therefore, the articles in English and Hindi medium are not separated .The Canvass is wide and each national Seminar has drawn a good number of scholars presenting their papers on wide variety of topics under the broad theme. It is heartening to note that as many as forty two papers find place here apart from the very important contributions in the form of inaugural and key note addresses by the renowned historians.

I received full cooperation of the scholars who supplied to me the written and in some cases revised copies of their contributions in time. All of them are entitled to my very sincere thanks. In fact, what we claim to have achieved is the real outcome of the contribution made by the participants in these National Seminars.

It is my privilege to thank my mentor Shri Ram Niwas Mirdha ji for his continued inspiration, support and guidance extended to me in organizing these National Seminars and bringing out their proceedings to fruitition.

I extend my hearty thanks to Dr. S.S. Rana who has helped me in coordinating the sessions of these National Seminars, selecting the articles and giving this volume the final shape.I convey my heartful thanks to Shri S.P. Singh, Vice President, Shri Ajit Singh, Secretary and Dr. R.P. Dahiya , Treasurer of the society for their unsolicited help and cooperation rendered to me in accomplishing my endeavour .

I also acknowledge the hard work of my Research Associates Dr. Manjeet Tokas and Mr. Surendra Kumar in organizing the Seminars and in the work of publication .I would not forget to thank Shri Pradeep Mittal for typing out the press copy of the manuscript and for printing it neatly and publishing this volume in record time.

Dr. Vir Singh

Director
Maharaja Surajmal Centre for Research and Publication

Inaugural Address

Prof. Sabyasachi Bhattacharya
Chairman, Indian Council of Historical Research

It gives me great pleasure to be at Maharaja Surajmal Centre for Research and Publication of Surjmal Memorial Education Society today at the inauguration of the Seminar on People's Role in the Uprising of 1857, in particular in Delhi and the neighbouring regions. The uprising of 1857 has become a metaphor for the freedom struggle in popular imagination. Long before academic historians in India focused on the significance of that uprising, in the memory of the common people the uprising became a symbol of resistance to foreign rule. In folk songs the heroes and heroines of 1857 were remembered, in popular memory 1857 recurred at moments of confrontation with British rule right up to 1942, in urban folk art and lithographs and so-called calendar pictures the leading figures of 1857 like Rani Lakshmibai and Nana Sahib and Bahadur Shah were iconised.

Why did this happen, what was so significant about 1857, what meanings were read in the events pf that uprising among many others which made it so important to the common man? Perhaps one can point to several possible reasons. First, look at the scale of it. There had been uprisings and mutinies and battles against the British – but 1857 saw a movement in unison in distant parts of the subcontinent, from Barrackpore to Peshawar, from the focal point in Delhi to South Maratha country and parts of Tamilnadu, diverse elements in different regions united to a launch a concerted attack on British rule. Though no doubt the important site of armed conflict was northern and central India, it was a movement almost national in scope and geographical spread. This had no parallel in the past.

Moreover, unity in another sense was also achieved. 1857 was a great demonstration of Hindu-Muslim unity, a kind of unity that often eluded the grasp of political leaders in later times. The aristocratic elite in lead in the uprising of 1857 stressed the need for unity. You see this in proclamations of Bahadur Shah, General Bakht Khan, the Imams of Lucknow and Allahabad as much as in the proclamations of Nana Saheb, Laksmibai Rani of Jhansi, Among the common masses the same spirit is reflected in the declarations of the Meerut rebels in Delhi on the 11th May, and the actions of the *sipahis* who fought side by side. Muslim *sipahis* fought under the command of Nana Sahib or Tantiya Tope, and Hindu *sipahis* under General Bakht Khan in Delhi or Dilwar Khan the lieutenant of Kunwer Singh. Kings and commoners paid no heed to communal boundaries in a common endeavour.

Finally, 1857 was an unusual moment in the development of the common people's political consciousness. Consider the significance of the Meerut rebels declaring Bahadur Shah the Emperor, and the same declaration later by numerous regional potentates. It is an act of political choice made by common people as well as the traditional political elite, who till then had conquerors and their successors for their rulers. Likewise, the act of mutiny in the army or defiance of state authority by civilian population are acts of political choice. Such deliberate choices of a political kind was made by the common people in rare moments in our history. 1857 was such a moment and that is why it is memorable to our people.

Unfortunately on the occasion of the centenary year the official history of the uprising of 1857 which the Indian government sponsored was inadequate in some ways as we realize now from the vantage point of the theme of this Seminar. Surendra Nath Sen was a historian of repute. However, in the book he produced there were some shortcomings, chiefly because of his dependence on English sources. In the context of a conflict like that of 1857 inevitably bias enters the perception of participants – admittedly participants not only on the English side but on the rebel side as well. The historians' task is to compare various accounts from witnesses and participants and discount possible bias to arrive at his conclusions and judgements. Since Sen and most historians of that generation depended almost entirely on the English sources the other side, the indigenous people's side, was almost unheard except when an English witness for some reason departed from the version that the majority of the witnesses on the English side held up as the only 'true' version of what happened. Moreover, Sen seems to accept all the stereotypes the British had developed on the basis of their often imperfect acquaintance with the Indian people, e.g. the stereotype of the Gujjars being a 'lawless' element. His language in his narrative often mirrors British sentiments since he borrows heavily from English sources, though in the end he arrives at a judgement about the uprising which was far from being as negative as the British representation of the uprising. For all these reasons it is vitally important that recent research should be brought to bear on the kind of issues which this Seminar addresses.

The uprising of the feudatory chiefs and the general population of the Haryana in 1857 was important for a special reason. The strategic importance of roads to Delhi for the movement of troops and supplies made Haryana's support to the rebel cause crucial. Barring the Karnal road the other ones, viz. the road via Najafgarh and Rhotak, the Pataudi-Rewari route, and the roads from Jaipur and Mathura could be affected if the Haryana chiefs' had not maintained friendly attitude to the rebel forces. Occasional depredations on the highroads by unruly mercenaries or poorly paid troops notwithstanding, the access to Delhi from the north Indian plains was kept open for the rebel army. Too much is made by Sen of the occasional looting which the travelers and troops in those troubled times suffered in Haryana and western U.P. districts; Delhi was equally subjected to looting at times by the Bengal Army rebels.

As one reflects on the subject of the popular character of the movement, one realizes that events of 1857 in the regions around Delhi form a part of the pattern shown in other parts of north India. 1857 revealed the depth of peasant discontent with the East India Company's revenue policies in north India. The evidence produced by Eric Stokes (*The Peasant and the Raj*), Rudrangshu Mukherjee, Tapti Roy, L N Rana and others confirms the popular impression which Jawaharlal Nehru has recorded in his *Autobiography* from the recollections of the older generation when Nehru was young. The fact that in the insurgency situation sometimes members of the landed magnate class seized leadership notwithstanding, the peasants' economic agenda was clear. The peasantry attacked revenue officials, destroyed revenue records, looted government treasuries and molested moneylenders who were often in collusion with revenue officials at lower levels.

As regards artisans we have less evidence of their participation as a separate group. But sometimes they figure in the list of grievances that added fuel to the rebellion. For example the proclamation of 25 August 1857 issued by Mirza Muhammad Feroz Shah, of the Delhi imperial family : "It is evident that that Europeans, by the introduction of English articles into India, have thrown the weavers, the cotton dressers, the carpenters, the blacksmiths, and the shoemakers, etc. out of employ and have engrossed their occupation, so that every description of native artisan has been reduced to beggary". This almost anticipates the writings of economic nationalists, like R.C. Dutt in later times, on the issue of deindustrialization under early British rule.

The participation of tribal communities in the uprising of 1857 was by and large neglected till recently. S.N. Sen (*1857*) had little to say about tribals, except for the Bheels of central India. Today at the various ICHR sponsored conferences on 1857, we have a great deal of information about tribal uprisings which coincided with or inspired by the mainstream peasant insurgency. The general trend seems to be independent origination of tribal movements in the uplands due to economic exploitation and social marginalization to a degree unknown in the sedentary peasant population on the plains. We have evidence of this kind of tribal unrest in north-eastern region, present day Chattisgarh, Rajasthan, etc.

I would like to thank the organizers of this Seminar for having emphasized the theme of people's participation in the uprising of 1857. I am glad that the Indian Council of Historical Research has sponsored financially about forty conferences till now in many parts of India and that we now have had the opportunity to sponsor this conference at Surajmal Memorial Education Society. On behalf of the ICHR and on my own behalf I will like to extend to Shri Ram Niwas Mirdha, Dr Vir Singh and the assembled historians at this conference our greetings and good wishes.

1857 का विहंगावलोकन

उत्तर तथा मध्य भारत में विशेष रूप से फैले 1857 के प्रथम स्वतंत्रता संग्राम में क्षेत्र, भाषा, जाति, धर्म, वर्ण, ऊँच–नीच और स्त्री–पुरुष के भेदभाव भूलकर भारतीय जनसमुदाय अपने उत्पीड़क साँझा शत्रु उपनिवेशवादी ब्रिटिश आक्रान्ता के विरुद्ध खड़ा हो गया था। अंग्रेज़ों के पूर्व का मुस्लिम आक्रान्ता उपनिवेशवादी नहीं था। उसने भारत को अपना स्थायी निवास बनाकर यहाँ की सामाजिक एवं आर्थिक व्यवस्थाओं के अनुरूप अपने को ढाल लिया था जिससे हिन्दु–मुस्लिम भाई–चारे का विकास हुआ जिसका दिग्दर्शन उपनिवेशवादी अंग्रेजों के विरुद्ध 1857 के साँझा संघर्ष में भलीभाँति हुआ है।

उस समय धर्म/दीन का उपयोग ब्रिटिश सत्ता द्वारा समर्थित ईसाई धर्मप्रचारकों के प्रयास से हिन्दुस्तान में दृढ़ता से पैर पसारती ईसाइयत के विरुद्ध हिन्दु–मुस्लिम एकता बनाए रखने और उनमें देशप्रेम की भावना को तीव्रता प्रदान करने के लिए किया गया था जिससे वे एकजुट होकर ब्रिटिश सत्ता को अपने देश से उखाड़ फेंके इसका स्पष्ट उदाहरण है।

बंगाल आर्मी के लिए नवनिर्मित एनफिल्ड रायफ़लों में प्रयोग करने के लिए बनाए गए ग्रीसयुक्त कारतूस हैं जिन्होंने भारतीयों को एकजुट होने का अवसर प्रदान कर दिया। इनमें गाय/सूअर की चर्बी का उपयोग करके देशी सैनिकों का धर्म भ्रष्ट करने की अंग्रेज़ों की सोची–समझी चाल के रूप में प्रचारित किया गया। बंगाल आर्मी की सभी देशी इकाइयों में यह समाचार शीघ्रता से फैलता चला गया। बैरकपुर छावनी के चर्बी वाले कारतूसों के भंडार में देशी सैनिकों ने 22 जनवरी 1857 को गुप्त रूप से आग लगा दी। 26 जनवरी 1857 को बुरहानपुर की 19वीं नेटिव इन्फ्रैंट्री ने तो नई एनफील्ड राइफलों का प्रयोग करने से ही मना कर दिया। फलतः 31 मार्च 1857 को इस रेजीमेण्ट को भंग कर दिया गया। इससे दो दिन पहले 29 मार्च को बैरकपुर छावनी की 34वीं नेटिव इन्फ्रैंट्री के सैनिक मंगल

पाण्डे ने विद्रोह करके अपने सार्जेंट–मेजर ह्यूजसन को गोली मार दी थी। मंगल पांडे को 8 अप्रैल को फांसी दे दी गई। बंगाल की छावनियों के ये समाचार उत्तर भारत में बंगाल आर्मी की 1806 में स्थापित सबसे बड़ी छावनी मेरठ भी पहुँच चुके थे। मेरठ के तीसरे रिसाले के 85 घुड़सवार सैनिकों ने 24 अप्रैल को चर्बी लगे कारतूसों का प्रयोग करने से मना कर दिया। अंग्रेज़ अधिकारियों ने सशस्त्र अंग्रेज़ सैनिकों के सुदृढ़ घेरे में समस्त छावनी के सैनिकों के समक्ष उन 85 सैनिकों का अपमान करते हुए 9 मई को उनको सेवामुक्त करके दस साल की सजा सुनाई। यह समाचार आग की तरह सारे मेरठ में फैल गया। इस घटना के मूकदर्शक छावनी के अन्य सैनिक सायंकाल सदर बाज़ार में घूमने गए तो उनकी कायरता पर कोठेवाली औरतों के कटाक्षों ने उनको विचलित कर दिया। 10 मई को छावनी के समस्त सैनिकों ने सशस्त्र विद्रोह करके अपने साथियों को मुक्त कर दिल्ली के लिए प्रस्थान कर दिया। इस विद्रोह में मेरठ के सभी वर्गों के लोगों ने सैनिकों का साथ दिया। 11 मई को इन विद्रोही सैनिकों के दिल्ली पहुँचने पर दिल्ली की 54, 74 और 38वीं पलटनों ने भी विद्रोह कर दिया। विद्रोह के कारणों का पता लगाने को नियुक्त विशेष कमिश्नर क्रेसफोर्ट विलसन की रिपोर्ट के अनुसार पूरे देश में व्यापक विद्रोह करने की तिथि 31 मई, रविवार निर्धारित की गई थी। परन्तु मेरठ की घटनाओं के कारण विद्रोह की यह आग निर्धारित तिथि से पूर्व ही पश्चिम उत्तर प्रदेश और दिल्ली के चतुर्दिक फैले भूभाग में तीव्रता से फ़ैल गई।

दिल्ली को केन्द्र में रखकर उत्तर प्रदेश, हरियाणा, बिहार, मध्य प्रदेश, राजस्थान एवं पंजाब में मुख्य रूप से फैला 1857 का प्रथम स्वतंत्रता संघर्ष कृषि–व्यवस्था पर आधारित जातियों और उनके सहकर्मियों का असंगठित विद्रोह था जिसका मूल कारण कारतूसों पर लगी चर्बी नहीं अपितु अंग्रेज़ों की नई भूमि व्यवस्थाएं एवं भू–राजस्व प्रणाली थीं। अंग्रेज़ों के द्वारा संरक्षित साहूकार, अनाज व्यापारी और जमींदारों द्वारा आर्थिक शोषण ने भी किसानों की रीढ़ तोड़ दी। अंग्रेज़ों द्वारा स्थापित अदालतें भी किसानों के परम्परागत जीवन–यापन के साधन कृषि–भूमि से उन्हें बेदखल करके उनकी भूमि को नीलाम करने का निर्णय दे रही थीं। आर्थिक संकट में किसानों के बेटे बंगाल आर्मी में भर्ती हुए। परन्तु वहाँ भी अंग्रेज़ों के नस्लभेदी व्यवहार से ये सैनिक अंदर ही अंदर घुट रहे थे। अपने किसान परिवार के अत्यधिक शोषण पर ये वर्दीधारी किसान अधिक दिनों तक चुप नहीं रह सकते थे। ये सैनिक अवसर की प्रतीक्षा में थे और वह अवसर चर्बी लगे कारतूसों ने प्रदान कर दिया। अतः सैनिक एवं उनके किसान परिवार तथा गाँव के अन्य सहकर्मी सभी ने विद्रोह में बढ़–चढ़कर भाग लिया और

इसे जनक्रान्ति का रूप दे दिया। एक बार क्रान्ति आरंभ हो जाने पर क्रान्तिकारियों ने उन्हीं चर्बी लगे कारतूसों का प्रयोग किया। अतः चर्बी लगे कारतूस भावनाओं के प्रेरक हैं और निमित्त कारण हैं। उपादान कारण तो अंग्रेज़ों द्वारा सामाजिकार्थिक उत्पीड़न एवं शोषण ही है।

पश्चिम उत्तर प्रदेश में मेरठ, बड़ौत, बागपत, मुजफ्फरनगर, बुलन्दशहर (दादरी), अलीगढ़, मथुरा (नौंहझील) की तहसीलों को लूटा जाना यह संकेत करता है कि अंग्रेज़ों के शोषण ने किसानों को विद्रोह करने के लिए विवश कर दिया था। बागपत एवं बड़ौत क्षेत्र के सर्वजातीय किसानों का नेतृत्व बाबा शाहमल ने किया। उनकी उपयोगिता देखकर मुगल बादशाह ने उन्हें बागपत एवं बड़ौत क्षेत्र का सूबेदार बना दिया। शाहमल ने इस क्षेत्र को दिल्ली में एकत्रित स्वतंत्रता सेनानियों के लिए खाद्य आपूर्ति क्षेत्र में बदल दिया, अंग्रेज़ों के संचार साधनों को ठप किया, उनकी प्रशासनिक व्यवस्था को अस्त व्यस्त किया और अंग्रेज़ों को भूराजस्व उगाहने नहीं दिया। शाहमल ने यमुना पर बने नावों के पुल को नष्ट कर दिया जिससे यमुना से पश्चिम में राई ग्राम में स्थित अंग्रेज़ों के कैम्प को इस क्षेत्र से रसद न जा सके।

उत्तर प्रदेश के मध्य क्षेत्र रूहेलखंड में बरेली, मुरादाबाद, बिजनौर, नगीना, बदायूं, पीलीभीत एवं शाहजहाँपुर आदि उक्त विद्रोह के महत्वपूर्ण केन्द्र थे। इस क्षेत्र के विद्रोही रूहेला नेता खान बहादुर खाँ और जनरल बख्त खाँ चिरस्मरणीय रहेंगे। यद्यपि 1857 के विद्रोह का आरंभ मेरठ से हुआ था, लेकिन इस क्रान्ति की ज्वाला अन्त तक रूहेलखंड में ही धधकती रही थी। प्रथम स्वतंत्रता संग्राम का अन्तिम युद्ध खान बहादुर खाँ, अवध की बेगम हजरत महल, नाना साहब और अन्य क्रान्तिकारियों द्वारा रूहेलखंड में ही लड़ा गया। बुन्देलखंड में भी सभी जातियों ने क्रांति में सक्रिय भागीदारी की।

पूर्वी उत्तर प्रदेश के अवध क्षेत्र से बंगाल आर्मी में सर्वाधिक सैनिक थे। अवध के नवाब को 1856 में अपदस्थ करके उसका क्षेत्र कंपनी राज्य में मिला लिया गया था। वहाँ भू–राजस्व प्रणाली में शोषक परिवर्तन कर दिया गया। नवाब के शासन में जोतदार के रूप में किसान पुत्र सिपाहियों को ब्रिटिश रेजीडेंट की ओर से मिलने वाला संरक्षण भी समाप्त कर दिया गया। उपर्युक्त भूमि सम्बन्धी नियमों में परिर्वतन से आम जनता में असंतोष व्याप्त था। अतः विद्रोह से सर्वाधिक प्रभावित यही क्षेत्र था। ग्रामीणों में संघर्ष की जो तीव्रता अवध में देखी गई वह अभिनन्दनीय है। इसी प्रकार बिहार के पटना क्षेत्र में पीरअली और जगदीशपुर (आरा) के साहसी कुँवरसिंह के नेतृत्व में आम लोगों की भागीदारी प्रथम स्वतंत्रता संग्राम में व्यापक स्तर पर थी।

1857 की इस क्रान्ति में हरियाणा क्षेत्र की जनता ने भी सक्रिय भूमिका निभाई। गुड़गांव में सरकारी दफ्तर को आग के हवाले कर दिया गया। पानीपत एवं रोहतक के मध्य क्षेत्र में राघड़ समुदाय के लोगों ने 1857 के इस संघर्ष में बढ़चढ़कर हिस्सा लिया। मेवों ने मेवात क्षेत्र से अंग्रेज़ी साम्राज्य को समाप्तप्राय कर दिया। दक्षिणी हरियाणा के बल्लभगढ़, फर्रूखनगर, झज्जर और बहादुरगढ़ की रियासतों और रेवाड़ी के रईसों ने दिल्ली पर विद्रोहियों का अधिकार हो जाने पर बहादुरशाह ज़फर को सम्राट स्वीकार कर लिया और दिल्ली के लिए सैनिक एवं खाद्य आपूर्ति से क्रान्ति में सहयोग दिया। कर्नल लारेंस ने गवर्नर जनरल को अपने पत्र में लिखा था कि *'दिल्ली के दक्षिण पूर्व में राजा नाहर सिंह की इतनी मजबूत मोर्चाबंदी है कि हमारी सेनाएं इस दीवार को नहीं तोड़ सकतीं जब तक चीन या इंग्लैण्ड से कुमुक न आ जाए।'* उत्तरी हरियाणा के पानीपत जिले में (करनाल), संभालका, बला, जलमाणा, आसंध, सालवण, डाचर, छातर, घरौंडा आदि भी विद्रोह के महत्वपूर्ण केन्द्र थे। हरियाणा में सोनीपत क्षेत्र के कुंडली, मुरथल, बहालगढ़, खानपुर एवं हमीदपुर सराय और दिल्ली के लिवासपुर ग्राम के उदमीराम तथा अलीपुर ग्राम के किसानों की भूमिका को भी भुलाया नहीं जा सकता।

प्रथम स्वतंत्रता संग्राम के संदर्भ में पंजाब और सिखों के बारे में फ्रेडरिक कूपर, मार्क थार्नहिल, आर.सी. दत्त, सर जॉन विलियम केई आदि इतिहासकारों ने यह भ्रान्ति उत्पन्न करने का प्रयत्न किया है कि पंजाब अंग्रेज़ों के प्रति निष्ठावान रहा। इस भ्रम निवारण में क्रेब ब्राउन, चार्ल्स बाल एवं फॉरेस्ट द्वारा प्रस्तुत पंजाब की तत्कालीन घटनाओं का अवलोकन आवश्यक है। अंग्रेज़ों ने 29 मार्च 1849 में पंजाब का अधिग्रहण किया था। इस अधिग्रहण अभियान में बंगाल आर्मी के अधिकांश सैनिक अवध क्षेत्र से थे जिन्होंने पंजाब–विजय के साथ वहाँ कानून व्यवस्था बनाए रखने में भी सकारात्मक भूमिका निभाई थी। अवध के ये सैनिक सिखों को निम्न जाति का समझते थे। अंग्रेज़ों ने इस जाति–भेद का लाभ उठाया। उन्होंने खालसा सेना को भंग करके उनसे हथियार रखवा लिए। फिर हथियार न रखने का कानून बनाकर साधारण लोगों से भी हथियार रखवा लिए गए। अंग्रेज़ों ने पंजाब–विजय में साथी रहे बेरोजगार मजहबी सिखों को नहर आदि की खुदाई में काम देकर अपने साथ कर लिया। बाद में अंग्रेज़ों ने पुनर्विचार करके फरवरी 1851 में सिखों को पहली बार बंगाल आर्मी में भर्ती करना आरम्भ किया।

सिख सैनिकों की बहुलता वाली मेरठ की 36वीं और लखनऊ की 61वीं पलटन को जालन्धर भेजा गया। जालंधर के कमिश्नर मेजर लेक ने

उन पर विश्वास नहीं किया और 1857 जून के प्रथम सप्ताह में उनसे हथियार रखवा लिए। उक्त कार्यवाही के विरोध में चौथी सिख पलटन ने 7 जून रविवार को विद्रोह कर दिया। इन विद्रोही सैनिकों ने फिल्लोर गेरीसन के साथ लुधियाना होते हुए दिल्ली के लिए कूच किया। सैनिकों के विद्रोह का समाचार सुनते ही लुधियाना के ग्रामीण भी उनके साथ हो गए और लुधियाना के किले पर अधिकार कर लिया। जेल तोड़कर कैदियों को मुक्त करने के बाद विद्रोहियों ने दिल्ली की ओर प्रस्थान किया। मार्ग में पड़ने वाली सतलुज नदी का पुल अंग्रेज़ों ने नष्ट कर दिया था। नदी पार करने के लिए विद्रोहियों के पास केवल तीन नावें थीं। राजा नाभा की सेना के साथ बंगाल आर्मी की चौथी बटालियन की तीन कंपनियों के सशस्त्र सैनिकों ने विद्रोहियों को घेरकर लगभग 1000 में से 400 को गोलियों से भून डाला।

पंजाब से बाहर नियुक्त बंगाल आर्मी के सिख सैनिकों ने भी विद्रोह में बढ़–चढ़कर कर भाग लिया था। तीन जून 1857 को झाँसी स्थित 12वीं देशी पलटन ने विद्रोह किया। चार जून को 37वीं लुधियाना पलटन के सिख सैनिकों द्वारा बनारस में विद्रोह करने पर लुधियाना पलटन को भंग कर दिया गया। वे सिख सैनिक जालंधर जिले में अपने गाँव चले गए। अंग्रेज़ों ने वहाँ जाकर उनको पकड़ लिया और भगौड़ा घोषित करके मैदान में एक साथ खडा करके उन्हें मृत्यु–दंड दे दिया। दस जून को नौगाँव की पैदल टुकड़ी के सिख सैनिकों ने विद्रोह किया। पहली जुलाई को मऊ स्थित ग्वालियर सेना के साथ मस्टर रोल पर कार्यरत 124 पंजाबियों में से तरनतारन क्षेत्र के 68 सिखों ने विद्रोह में भाग लिया। दिल्ली पहुँचने वाले विद्रोही सिखों में तीन जुलाई को 35, जम्मू राजा की सेना से 250, बनारस से 125 और अवध से 16 सिख सैनिकों की जानकारी मिलती है। अंग्रेज़ जासूस तुराबअली की 23 अगस्त की सूचना के अनुसार दिल्ली में सिख विद्रोहियों की संख्या 1600 तक पहुँच गई थी जिनकी अलग रेजीमेंट बना दी गई जिसने अन्य विद्रोहियों का अन्त तक साथ दिया। इस प्रकार फरवरी से 25 मार्च 1857 तक बंगाल आर्मी में भर्ती हुए सिखों की संख्या कम होते हुए भी उन्होंने प्रथम स्वतंत्रता संग्राम में "लार्ज एक्सटैंट पार्टीसीपेशन" किया था और इनकी संख्या अंग्रेज़ों का साथ देने वाले सिख सैनिकों से अधिक थी।

सिख सैनिकों के अतिरिक्त ग्रामीण क्षेत्रों के अनेक सिखों ने विद्रोहियों का नेतृत्व किया जिनमें पंजाब के मोहर सिंह, नामधर सिंह, मोती सिंह आदि के नाम लिए जा सकते हैं। दिल्ली पर पुनः अधिकार करने के लिए अंग्रेज़ों ने पंजाब से रेलगाड़ी में कुमुक भेजी तो जगरॉ स्टेशन पर

खड़ी उस रेलगाड़ी पर सांसी, बाबरिया, हरमिस समुदाय के लोगों ने हमला किया था। पश्चिम उत्तर प्रदेश का सफेद दाड़ी वाला सिख तथा लड़वा गाँव के सिख बनजारे प्रसिद्ध विद्रोही रहे हैं।

राजस्थान के नरेशों में अंग्रेज़ों की विलय–नीति के विरुद्ध क्षोभ एवं उनके न्याय के प्रति आशंका घर कर गई थी। लेकिन वे राजनैतिक एजेण्टों के असीमित हस्तक्षेप से दबे हुए थे। इसलिए 1857 के विप्लव में निःसन्देह इन नरेशों ने कंपनी सरकार को सैनिक तथा आर्थिक सहायता देकर इस जनक्रान्ति को निष्फल करने का प्रयत्न किया था। परन्तु प्रजा ने शासक तथा उसके शासन के विरोध में विद्रोहियों के प्रति सहानुभूति प्रकट की। राजस्थान में विद्रोह का आरंभ 21 अगस्त 1857 को एरिनपुरा में स्थित बंगाल आर्मी के हिन्दुस्तानी सैनिकों से हुआ। आउॅवा ठिकाने के ठाकुर कुशाल सिंह ने विद्रोह का नेतृत्व किया। उनकी सहायता के लिए आसोप आलनियांवास, वातां, लांबिया, बाजावास, गूलर भिवालिया आदि के अतिरिक्त मेवाड़ के सलूंबर, लसाणी आदि ठाकुर ठिकाने भी अपनी–अपनी सेनाओं सहित उनसे मिल गए। रियासत टोंक के रणबांकुरों ने भी अंग्रेज़ों के साथ–साथ टोंक के नवाब के विरुद्ध भी स्वतंत्रता के लिए संघर्ष किया जिसमें मीर आलम खाँ ने अग्रणी भूमिका निभाई। पूर्वी राजस्थान के भरतपुर, धौलपुर राज्यों की सेनाओं पर भी विद्रोह का गहरा प्रभाव पड़ा। इन राज्यों के सैनिकों एवं किसानों ने ग्वालियर से आने वाले विद्रोहियों के साथ मिलकर ब्रिटिश सेना के साथ संघर्ष किया। इसी समय मेवाड़ एवं मारवाड़ के विद्रोही ठिकानेदारों ने मध्य भारत के ग्वालियर के विद्रोही नेता तात्यां टोपे को आवश्यक रसद एवं उचित सहायता प्रदान की। नसीराबाद छावनी के सशस्त्र सैनिकों ने भी विद्रोह करके 28 मई को दिल्ली की ओर कूच कर दिया।

मध्य भारत की सबसे बड़ी छावनी नीमच के सैनिकों ने विद्रोह करके 3 जून 1857 को अनेक अंग्रेज़ों को मार डाला। चित्तोड़गढ़, हमीरगढ़, शाहपुरा, निम्बाहेडा तथा टोंक होते हुए आगरा पहुँच कर उन्होंने 5 जुलाई को अंग्रेजी सेना को परास्त किया और आगरा जेल से बन्दियों को मुक्त कर दिया। झांसी की रानी लक्ष्मीबाई ने कालपी से ग्वालियर की ओर जाते समय जिस मार्ग का उपयोग किया था उस मार्ग में पड़ने वाले सिन्धु नदी के किनारे भिन्ड जिले के इन्दुरखी, गुहीसुर, तारौली, बरौली, बिहरी आदि गाँव जो 1805 तक गोहद के जाट–राज्य के अंग थे एवं 1857 में ग्वालियर के संरक्षण में थे, उक्त क्षेत्र के ग्रामीणों ने रानी की क्रांति यात्रा के समय धन एवं जन से सहायता की थी। 1857 के प्रथम स्वतंत्रता संग्राम में विंध य और सतपुड़ा के मध्य के भीलांचल के वनवासियों की भी सराहनीय

भूमिका रही है। उन्होंने न केवल तात्या टोपे की सहायता की अपितु भीमा नायक, खाज्यां नायक, नाना जगताप, सीताराम, मालसिन भील, टंट्या भील आदि ने स्वयं की एक बड़ी सेना तैयार कर क्रांति को नया रूप प्रदान किया जिसे अंग्रेज़ी सेना, होल्कर, सिन्धिया एवं पंवारों की सेना मिलकर भी नहीं दबा पायी। इन्दौर के क्रान्तिकारी सादत खाँ और भगीरथ, मुगल सम्राट बहादुरशाह जफर एवं होल्कर शासक के मध्य राजनैतिक सूत्र स्थापित करना चाहते थे, किन्तु उनके पकड़े जाने के कारण उनका उद्देश्य पूरा न हो सका। दिल्ली के शहजादे फिरोजशाह ने भी 1857 की क्रांति में मालवा के मंदसौर एवं आस–पास के क्षेत्रों में विद्रोह का नेतृत्व किया था। धार के राजा आनन्दराव तृतीय, महारानी द्रोपदाबाई, भीमराव भोंसले, दीवान रामचन्द्र नारायण तथा मकराणी सिपाहियों की भी प्रथम स्वतंत्रता संग्राम में महत्वपूर्ण भूमिका रही है।

उपनिवेशवाद के विरुद्ध छिड़े इस संग्राम में छोटी जातियों के योद्धाओं तथा वीरांगनाओं की सहभागिता भी उल्लेखनीय थी। उनके पराक्रम की गाथाएँ आज भी जनमानस में लोकगाथाओं के रूप में विद्यमान हैं। मंगलपांडे को उकसाने वाला हेला जाति का भंगी था। रानी लक्ष्मीबाई को विद्रोह के लिए झलकारी बाई नामक कोरी जाति की महिला ने प्रेरित किया था। मध्य प्रदेश के दमोह के अवन्तिबाई लोध, किशोर सिंह लोध, जगदीशपुर के सहदेव चमार तथा भखऊ की ऊदादेवी पासी का योगदान उल्लेखनीय है। 1857 के इस विद्रोह में आम महिलाओं की भूमिका भी उल्लेखनीय हैं जिनमें पश्चिम उत्तर प्रदेश की आशा देवी, भागवती, भगवानी, हबीबा, शोभा देवी, असगरी बेगम इत्यादि प्रमुख हैं।

राजस्थानी कवि बांकीदास, गिरवर, उमरदान, त्रिलोकदान, बिशनदास और सुभद्रा कुमारी चौहान आदि रचनाकारों ने 1857 की अंग्रेज विरोधी जनभावनाओं को अपनी–अपनी रचनाओं के द्वारा भली–भाँति उजागर किया है। कवियों के अतिरिक्त महाश्वेता देवी की *'झाँसी की रानी'* और विष्णुदत्त गौडसे कृत *'माझा प्रवास'* जैसी अनेक साहित्यिक रचनाओं में उक्त विद्रोह की घटनाओं को चित्रित किया गया है। सन 1857 के स्वतंत्रता संग्राम में हिन्दी, उर्दू तथा यूरोपियन एवं रशियन समाचारपत्रों की भी महत्वपूर्ण भूमिका रही है। खुदाबख्श ओरियंटल सार्वजनिक लाइब्रेरी में संरक्षित *'फतहनामा–ए–ऐंग्रीज'* नामक पांडुलिपि इस स्वतंत्रता संग्राम का एक महत्वपूर्ण स्रोत है।

निष्कर्ष रूप में कहा जा सकता है कि प्रथम स्वतंत्रता संग्राम में अंग्रेजों से अपनी जन्मभूमि को मुक्त कराने के विराट लक्ष्य के आगे क्षेत्र, भाषा, जाति, धर्म, ऊँच–नीच, गरीब–अमीर, स्त्री–पुरुष आदि भेद नगण्य हो

गए। वस्तुतः ब्रिटिश–सत्ता के विरुद्ध 1857 का प्रारम्भिक सैन्य विद्रोह किसान एंव खेती की उपज पर निर्भर कामगार ग्रामीण समुदाय की सक्रिय भागीदारी से अन्ततः लोकव्यापी क्रांति में परिवर्तित हो गया। अनेक यातनाओं को सहन करते हुए गर्व से सिर ऊँचा किए 1857 के सैनिक कमांडर तांत्या टोपे, राजा नाहर सिंह किसान नेता बाबा नाहर सिंह और पटना के साधारण पुस्तक विक्रेता पीर अली जैसे प्रत्येक वर्ग के छोटे–बड़े क्रान्तिकारियों ने सहर्ष मृत्यु को गले लगाया।

तत्कालीन ब्रिटिश विरोधी भावनाओं ने जनमानस में एकता, देशप्रेम आदि राष्ट्रीय मूल्यों की ऐसी अमिट छाप छोड़ी जो भावी स्वतन्त्रता संघर्ष में निरन्तर दृढ़ होती चली गई। प्रथम स्वतन्त्रता संग्राम की असफलता ने भारतीयों को संगठित होकर स्वदेश को पुनः स्वतन्त्र कराने की प्रेरणा दी। आतंक, शोषण, दमन एवं उत्पीड़न सहन करते हुए आत्मविश्वास के साथ उन्हें आगे बढ़ने का संदेश दिया। शहीद भगत सिंह जैसे अनेक क्रान्तिकारी इसके ज्वलन्त उदाहरण हैं।

1857 की क्रान्ति की चर्चा विदेशी प्रेस में भी हुई। अनेक देशों ने भारत की पीड़ा को समझा। इसका परिणाम यह हुआ कि राजा महेन्द्र प्रताप एवं सुभाष चन्द्र बोस जैसे अनेक भारतीय क्रान्तिकारियों को विदेशी शासकीय सहायता के साथ जनसमर्थन भी मिला।

1857 की क्रान्ति के संदर्भ ने विद्रोह का अर्थ ही बदल दिया। ब्रिटिश सत्ता की दृष्टि में विद्रोह सत्ता–द्रोह है अतः दण्डनीय है वही विद्रोह भारतीय दृष्टि में देशप्रेम है अतः अभिनन्दनीय है। भारतीयों के लिए यह विद्रोह या गदर स्वदेश मुक्ति के लिए स्पृहरीय क्रान्ति है। लाला हरदयाल, सोहन सिंह भाकना तथा भाई परमानन्द आदि प्रवासी भारतीयों ने 1913 में सेनफ्रांसिसको में भारत को स्वतंत्र कराने के लिए *'गदर पार्टी'* का गठन किया और *'गदर'* नामक पत्र का प्रकाशन आरंभ किया। गदर पार्टी की कैलीफोर्निया शाखा ने दूसरे प्रवासी भारतीय क्रान्तिकारी राजा महेन्द्र प्रताप को 1925 में तिब्बत जाने के लिए धन का प्रबन्ध किया। वसन्त मास 1925 में ब्रिटिश सैनिकों ने चीनी क्रान्तिकारियों को संघाई में गोलियों से भून डाला। ब्रिटिश दमन चक्र और उत्पीड़न के विरोध में राजा महेन्द्र प्रताप और सनयात सेन ने वहाँ पहुँचकर एक ही मंच से जनसमुदाय को संबोधित किया। राजा महेन्द्र प्रताप ने 1928 में *'इस्टर्न ओपरेस्ड पीपिल्स एसोसियन'* की चीन के नानकिंग नगर में स्थापना की और वहीं से क्रान्ति का संदेश देने के लिए *'गदर ढिढोरा'* नामक पत्र का प्रकाशन आरंभ किया। इस प्रकार 1857 की क्रान्ति का संदेश देश–विदेश तक गया। क्रान्ति की यह धारा भारत की स्वतंत्रता प्राप्ति तक समयानुकूल मार्ग बदलती हुई निरन्तर प्रवाहित होती रही है।

Chapter - 1

1857 : कृषि व्यवस्था के संचित आक्रोश का विस्फोट

डॉ. वीर सिंह

ईस्ट इंडिया जैसी बहुराष्ट्रीय कंपनी ने व्यापार करने के लिए भारत में प्रवेश किया था। पहले इस कंपनी ने अन्य यूरोपियन व्यापारिक कंपनियों को प्रतिस्पर्धा से बाहर किया तत्पश्चात् भारतीय संपदा का दोहन एवं जनता का शोषण करके भारत को परतंत्र बना दिया। तत्कालीन राजनीतिक, सामाजिक एवं आर्थिक परिदृश्य पर दृष्टिपात करने पर स्थिति स्पष्ट हो जाती है।

राजनैतिक परिदृश्य

प्रथम स्वतंत्रता संग्राम से पूर्व की भारत की राजनैतिक स्थिति को समझने के लिए अंग्रेजों के व्यापारिक एकाधिकार एवं प्रशिक्षित सैनिक शक्ति द्वारा भारत को पराधीन करने का कालक्रमानुसार विवरण इस प्रकार है–

ईस्ट इंडिया कंपनी ने मुगल सम्राट जहाँगीर से सन 1613 ई. में सूरत में व्यापार करने का आज्ञापत्र प्राप्त किया। बंगाल में 1651 ई. में व्यापार करने की अनुमति लेकर वहाँ अपने क्षेत्र का अत्यधिक विस्तार कर लिया। सर टामस रो ने मुगल बादशाह से आगरा, अहमदाबाद एवं भड़ौच में कारखाने लगाने की अनुमति ली और कंपनी ने 1668 ई. तक बंबई तक पैर पसार लिए। कंपनी सरकार ने मीरजाफर की गद्दारी के कारण बंगाल के नवाब सिराजुदौला को 1757 ई. में प्लासी के युद्ध में पराजित किया और 1826-1851 की अवधि में बर्मा एवं मीरापुर को भी अपने अधिक्षेत्र में ले लिया। 1764 ई. में अंग्रेजों ने मुगल सम्राट शाहआलम द्वितीय को बक्सर के युद्ध में पराजित कर कैद कर लिया। लार्ड वेलेजली ने मैसूर के सुल्तान टीपू को सन 1799 ई. में पराजित किया। अंग्रेजों ने

Director, Maharaja Surajmal Research and Publication Centre, New Delhi

13 फरवरी 1856 ई. को कुशासन का बहाना बनाकर अवध के नवाब वाजिदअली शाह के राज्य को अपने शासन में ले लिया।

अंग्रेजों ने बहादुरशाह के बड़े पुत्र को युवराज बनाना अस्वीकार करके छोटे राजकुमार को युवराज बनाकर उससे निम्नलिखित शर्तें मनवाईं। बादशाह के स्थान पर उसे केवल युवराज कहा जाएगा। दिल्ली का लालकिला खाली करना होगा। तथा उन्हें एक लाख मासिक के स्थान पर 15 हजार रुपया मासिक खर्च मिलेगा। इस प्रकार अंग्रेजों ने किसी न किसी बहाने सन 1857 ई. तक भारत के अधिकतर क्षेत्रों पर अधिकार कर लिया था। भारतीय राजा एवं नवाबों की आपसी फूट, मतभेद एवं मलकियत के दो दावेदारों के झगड़ों का लाभ उठाकर कंपनी सरकार ने उनके प्रशासन पर कब्जा कर लिया। लार्ड डलहोजी द्वारा 1848 ई. में प्रवर्त्तित *डाक्ट्रिन ऑफ लेप्स* सिद्धांत के अनुसार राज्य का वैध उत्तराधिकारी न होने के बहाने राज्य हड़प लिए और जो राज्य उनकी पहुँच के बाहर थे उनसे संधि करके दोस्ती कर ली। परिणामस्वरूप राजा और नवाब जिनका क्षेत्र अधिगृहीत किया गया था तथा उनके लगान वसूल करने वाले स्थानीय सूबेदार, फौजदार एवं उच्च पदासीन अधिकारी, आश्रित सेवक, व्यवसायहीन स्थानीय व्यापारी तथा करों के बोझ से दबी जनता सभी में कंपनी की उपनिवेशवादी विस्तार की उत्पीड़क नीति के विरुद्ध आक्रोश था।[1]

फलतः अवध के भूतपूर्व शासक वाजिदअली शाह, पेशवा बाजीराव के दत्तक पुत्र नाना साहिब, उनके साथी तात्यां टोपे एवं अजीमुल्ला खां, झांसी की रानी लक्ष्मीबाई, जगदीशपुर के बाबू कुंवरसिंह आदि क्रांति में कूद पड़े। अनेक अपदस्थ देशी राजाओं के सैनिक भी बेकार हो गए थे। केवल अवध में ही 60 हजार सैनिक थे। सभी विद्रोह करने पर उतारू थे। नाना साहिब, वाजिदअली शाह, कुंवरसिंह आदि अपदस्थ शासकों के दूत साधु एवं फकीर के भेष में देश के हर भाग में घूम-घूमकर क्रांति के प्रचार में लग गए।[2] जगह-जगह गुप्त संगठन बनने लगे। मुरादाबाद के तत्कालीन न्यायाधीश जे.सी. विल्सन की रिपोर्ट के अनुसार 31 मई 1857 को सामूहिक क्रांति आरम्भ करने का निश्चय किया गया था। यह तथ्य भी उभरकर आया है कि विद्रोही सैनिकों और उनके सहयोगी किसानों के दबाव ने ही बहादुरशाह जफर, बेगम हजरत महल, रानी लक्ष्मीबाई, नाना साहेब और कुँवरसिंह को विप्लव में शामिल होने के लिए अंतिम रूप से उकसाया था और इसके लिए इन सबके पास अपने अलग-अलग कारण थे।[3] एरिक स्टोक्स एवं रूद्रांशु मुखर्जी के अध्ययन से स्पष्ट है कि कारण कोई भी रहा हो, उन्नीसवीं सदी के इस व्यापक किसान विद्रोह का नेतृत्व अधिकतर अपदस्थ शासकों, ताल्लुकेदारों और जमींदारों ने ही किया था।[4]

व्यापार तथा उद्योग

तत्कालीन भारतीय व्यापार तथा उद्योग की स्थिति और उसके ह्रास को समझने के लिए अंग्रेजों की बहुराष्ट्रीय ईस्ट इण्डिया कंपनी के वर्ग-चरित्र को समझना होगा। अंग्रेजों के पूर्व अधिकांश आक्रांता भारत पर विजय के बाद यहीं बस गए और कुछ समय में ही भारतीय आर्थिक व सामाजिक ढाँचे में रच-पच गए। इनसे भारतीय ग्रामीण अर्थव्यवस्था व सामाजिक संरचना में कोई बदलाव नहीं आया। इन सामंतीय विजेताओं के विपरीत ईस्ट इंडिया कंपनी ने पूँजीवाद एवं उन्नत प्रौद्योगिकी के बल पर कृषि एवं कुटीर उद्योगों पर आधारित भारतीय अर्थव्यवस्था पर कुठाराघात किया और स्थानीय उद्योगों का समूल नाश कर दिया। अंग्रेज विजेता व्यापारी तथा पूँजीवादी था जो 19वीं सदी के आरम्भ में अपने देश में सामंतवाद को ध्वस्त करके आधुनिक पूँजीवादी भौतिकवादी व्यवस्था की स्थापना कर चुका था। ब्रिटिश कंपनी ने भारत में भी वही किया। अंग्रेजों ने भारत को अपना देश कभी नहीं माना वे सदैव अपनी मातृभूमि के हितों के लिए कंपनी की व्यापारिक एवं औद्योगिक उत्पीड़क नीति द्वारा भारत की सम्पदा का दोहन करते रहे।

अठारहवीं शताब्दी में शिथिल मुगल शासन का लाभ उठाकर अंग्रेजों ने भारत के समुद्र तटीय क्षेत्रों में अपनी नौसैनिक शक्ति से भारतीय व्यापारियों को व्यापार से वंचित कर दिया। सन 1757 ई. में प्लासी के युद्ध से पूर्व इंग्लैंड को भारत में वस्तुओं की खरीददारी के बदले सोना-चाँदी कीमती धातुएँ देनी पड़ती थीं। परंतु 1757 के बाद कंपनी द्वारा निर्गात किए गए माल के बदले में कुछ भी नहीं लौटाया गया। 1850 तक तो व्यापार में यह स्थिति हो गई कि जो भारत कई सौ वर्षों तक विश्व में अपना कपड़ा निर्यात करके पूँजी का अर्जन करता था, वह ब्रिटेन में निर्मित कपड़े का आयात करने लगा और पूँजी बाहर जाने लगी।[5]

भारतीय हस्तकला और व्यापार पर अंग्रेजों ने नियंत्रण करके भारतीयों के उत्पादन और व्यापार को हड़प लिया। शिल्पकारों को बलपूर्वक दी जाने वाली मजदूरी इतनी कम थी जिससे जीवन-निर्वाह नहीं हो सकता था। शहर और गाँव दोनों स्थानों में कार्य करने वाले लाखों शिल्पियों, कारीगरों, सूत कातने वालों, बुनकरों, कुम्हारों, लोहारों के सामने खेती पर निर्भर रहने के अतिरिक्त और कोई विकल्प नहीं बचा। भारत जो कृषि एवं लघु उद्योग की मिली-जुली पद्धति वाला देश था उसे ब्रिटेन के औद्योगिक पूँजीवाद का केवल कृषि प्रधान उपनिवेश बना दिया गया।[6]

कृषि

कंपनी-शासन के अन्तर्गत भारतीय उद्योग और व्यापार के ह्रास के साथ खेती पर जनसंख्या का दवाब बढ़ा। उधर कंपनी की नई भूमि व्यवस्थाएँ स्थायी, रैयतवाड़ी तथा महालवाड़ी में से कोई भी न तो जोतदार के और न जमीन मालिकों के हित में थीं। रुहेलखण्ड के जमींदार भी करों के असहनीय भार से अंग्रेजी सत्ता के विरुद्ध हो गए थे। इन उत्पीड़क व्यवस्थाओं से केवल भूमिकर लगाने वाली कंपनी सरकार को ही लाभ हुआ। उक्त व्यवस्थाओं के अन्तर्गत भूराजस्व प्रतिवर्ष बढ़ा दिया जाता था जो अकाल पड़ने पर भी माफ नहीं होता था। जो कर नहीं दे पाते उनको जमीन से बेदखल कर दिया जाता था। यद्यपि महालवाड़ी बन्दोबस्त 20 वर्ष के लिए किया गया था, तथापि उसमें भी भूराजस्व बदले जाने का प्रावधान था। इस व्यवस्था में लगान वसूली की जिम्मेदारी सामूहिक थी। यदि कोई किसान या भूस्वामी कर दे भी देता और उसका पड़ोसी किसान लगान नहीं दे पाता तो भी भुगतान करने वाले किसान की जमीन जब्त कर ली जाती थी। इतना ही नहीं पंडित और मुस्लिम विद्वानों की कर-मुक्त भूमि पर भी कर लगा दिया गया।[7] कंपनी सरकार ने 1836 में बेगम समरू की मृत्यु के बाद मेरठ का क्षेत्र अपने नियंत्रण में लेकर नई भूराजस्व व्यवस्था में यह निर्धारण किया कि अगर कोई किसान बढ़ाये गए राजस्व को समय से अदा नहीं करता है तो उसकी जमीन हस्तगत कर ली जाएगी। महालवाड़ी व्यवस्था के इस नियम के कारण जमींदार और किसान दोनों के हाथ से ज़मीन निकलकर साहूकारों और व्यापारियों के पास जाने लगी। दिल्ली के चतुर्दिक फैले हुए पश्चिमी उत्तर प्रदेश एवं हरियाणा के क्षेत्र के किसानों में अंग्रेज एवं उनके द्वारा संरक्षण प्राप्त साहूकारों एवं अनाज व्यापारियों द्वारा किए गए आर्थिक एवं सामाजिक शोषण ने आग में घी का काम किया। अंग्रेजों द्वारा स्थापित न्यायालय भी मुख्यतः साहूकारों के पक्ष में निर्णय देते थे। शोषक राजस्व प्रणाली के अतिरिक्त इस व्यवस्था से इस क्षेत्र के किसानों में पर्याप्त असंतोष था।[8] उत्तरी तथा मध्य भारत में नियुक्त जिला स्तर के अधिकांश ब्रिटिश अधिकारियों (मथुरा, बदायूँ, बांदा) के निजी विवरणों से स्पष्ट है कि एनफील्ड राइफलों के कारतूसों के कारण यह केवल सैनिक विद्रोह नहीं था, अपितु निरंतर बढ़ते हुए भूराजस्व के कारण खेती पर निर्भर जनता के असंतोष की अभिव्यक्ति थी।[9]

प्राचीन काल से अधिकांश भारतीय जनसंख्या के जीवनयापन का एकमात्र साधन कृषि रहा है। भारतीय अर्थव्यवस्था का मूल आधार कृषि था। मुगलकाल तक किसान भूमि का स्वामी था और भूमि व्यवस्था गाँव के समुदाय-तंत्र के अधीन

थी। किसानों के अतिरिक्त ग्रामीण जीवन की मूलभूत आवश्यकताओं की पूर्ति हेतु बढ़ई, लुहार, कुम्हार, कोरी, धुना, नाई, तेली, राजमिस्त्री, धोबी, मेहतर, गड़रिया आदि दस्तकार या कामगार और खेतिहर मजदूर भी गाँवों में रहते थे। किसान एवं उक्त वर्गों में आपसी सहयोग से अंग्रेजों के आगमन तक ग्राम्य समूह आत्म निर्भर थे। इस प्रकार ग्रामीण व्यवस्था और सामाजिक संरचना कृषि पर अवलम्बित थी। परंतु कंपनी सरकार की नई भूमि व्यवस्था में गाँव कर-निर्धारण और कर-भुगतान की इकाई नहीं रहे। भूमि के निजी स्वामित्व के साथ व्यक्तिगत कर-निर्धारण और कर-अदायगी की प्रथा आरम्भ हुई। कंपनी सरकार द्वारा कृषि के वाणिज्यीकरण से उत्पादन के रूप और चरित्र में मूलभूत परिवर्तन हुआ, जिससे ग्रामीण अर्थव्यवस्था एवं समाज में क्रांतिकारी बदलाव आ गया।[10]

इस विनाशकारी बदलाव से उत्तर तथा मध्य भारत के परम्परावादी ग्रामीणों में अंग्रेजों की सत्ता के प्रति आक्रोश बढ़ता गया। उदाहरणार्थ—अवध की जनता का संघर्ष एक नयी सामाजिक व्यवस्था स्थापित करने के लिए नहीं था। ब्रिटिश शासन ने उनकी परम्परागत व्यवस्था को अस्त-व्यस्त कर दिया था। उनकी मूलभूत भावना क्रोध थी और मूलभूत लक्ष्य पुनः स्थापना। 19 अप्रैल 1858 को गवर्नर जनरल ने कोर्ट ऑफ डाइरेक्टर्स को एक पत्र में लिखा कि अवध में हमारी सत्ता के विरुद्ध विद्रोह बहुत व्यापक था।[11] भोजपुरी के प्रसिद्ध कवि नारायण सिंह ने अंग्रेजी फौज के साथ हुए किसानों के संघर्ष का वर्णन करते हुए लिखा है—

जब सन्तावनि के रारि भइलि, वीरन के बीर पुकार भइलि।
खउलल तब खून किसानन के जागल जब जोश जवानन के।
छक्का छूटल अंगरेजनि के, गोर-गोरे कपतानन के।[12]

अगस्त-सितंबर 1858 में हुए सर्वेक्षण के अनुसार बुन्देलखंड की तहसीलों के गाँवों के उच्च तथा निम्न जाति के अधिकतम निवासियों ने विद्रोहियों का सशस्त्र साथ दिया था। किसी ने नेतृत्व नहीं किया बल्कि सभी एक साथ लड़े। नेता, अनुयायी, जमींदार-किसान, ऊँच-नीच, गरीब-अमीर आदि वर्ग-भेद भुलाकर साझे शत्रु के विरुद्ध एकजुट हो गए थे।[13] रंजीत गुहा का यह निष्कर्ष सटीक है कि 1857 की क्रांति का समूचे मध्य तथा उत्तर भारत में इतने व्यापक स्तर पर फैलने का मुख्य कारण पीढ़ी-दर-पीढ़ी बने ग्रामीण सम्बन्ध थे।[14] 1857 की क्रांति के चरित्र को समझने के लिए तत्कालीन कृषक समुदाय की सुग्रथित संरचना का अध्ययन आवश्यक है।

बंगाल आर्मी

हम देख चुके हैं कि कंपनी सरकार की व्यापारिक एवं औद्योगिक शोषक नीतियों के फलस्वरूप भारतीय उद्योग एवं हस्तकला चौपट हो गए थे। उनमें लगे

उद्यमी एवं कारीगर विवश होकर खेती की ओर उन्मुख हुए जिससे खेती पर अतिरिक्त भार पड़ा। किसान तो अंग्रेजों की नई भूमि व्यवस्था एवं राजस्व नीति तथा खेती के वाणिज्यीकरण के दुष्परिणामों के कारण पहले ही पिस रहे थे। इन परिस्थितियों में किसानों के बेटे तथा खेती पर निर्भर रहने वाले अन्य वर्गों के बेटे अपने जीवन-यापन के साथ-साथ अपने माता-पिता, भाई-बहन अर्थात् संयुक्त परिवार को आर्थिक संकट से उबारने के लिए बंगाल आर्मी में भर्ती हुए। इन सैनिकों की गाँव में पैतृक संपत्ति थी जिसके कारण ये अपने गाँव एवं परिवार से जुड़े रहे। इस प्रकार कहा जा सकता है कि सैनिक और किसान एक ही सिक्के के दो पहलू हैं। एरिक स्टोक्स ने तत्कालीन ग्रामीण कृषकों की सामाजिक संरचना का अध्ययन करने के बाद इन सैनिकों को *'वर्दीधारी किसान'* और 1857 के विद्रोह को *'अपने विदेशी स्वामियों के बंधन से छूटी कृषक-सेना के विद्रोह'* की संज्ञा दी है।[15] स्व. लाल बहादुर शास्त्री द्वारा दिया गया जय जवान-जय किसान का नारा 1857 की जनक्रान्ति के स्वरूप को सही माने में व्याख्यायित करता है।

महाश्वेता देवी ने *'झाँसी की रानी'* नामक कृति में किसान से सिपाही और सिपाही से विद्रोही बनने तक की यात्रा का चित्रांकन इस प्रकार किया है—

'चैत की फसल उठाते समय किसानों को जबरदस्ती पकड़कर सड़क तैयार करायी जा रही है। मिलिट्री की बैरकें बनेंगी। फसल कुचलकर नष्ट हो गयी। माँ को बच्चा समझा रहा है कि किसान के जीवन में सिर्फ भूखों मरना और गरीबी के अलावा क्या है? दिन में भूख, रात में बुखार, पेट में रोटी नहीं और महाजन की बही में सात पुश्तों का कर्ज। इसीलिए आज फौज में भर्ती होऊँगा। माँ मैं सिपाही बनूँगा। नगद रुपया मिलेगा, वर्दी मिलेगी, छुट्टी मिलेगी। शहर मेरठ, वर्ष 1856, बैरक के सामने स्वच्छन्दता और अनुशासनहीनता के कारण चाबुक खाते-खाते वह किशोर सिपाही मर गया। उसकी कोई क्षतिपूर्ति नहीं की गयी।'[16]

'सिपोय टू सूबेदार' नामक ग्रंथ से सूबेदार सीताराम पांडे की टिप्पणी से पता चलता है कि किसानों को जमीन से बेदखल करने की नीति का किस प्रकार सैनिकों पर भी प्रभाव पड़ा।

'तालुकदार और मुखिया लोग सरकार के खिलाफ रहे। वे सबका समझावत घूमत रहे कि सरकार उलटा सीधा कानून बनाइ कै सबकै जमीन हड़पि लेई और कगजे मा ई देखाइ दिहा जाई कि ऊ जमीन जायदाद ओनकै कब्बौं रहबै नहीं किही। अवध माँ बहुत जने दाये बाये कइकै खुब जमीन हथियाये रहे और यहीं से डेरात रहे कि कहूं सरकार औके तफतीस आडर कइकै खोजौ न करै लागे। ओनके सबकै बड़ा-बड़ा परिवार रहे, मुलाजिम रहे, नौकर रहे। उहसे पता चलता है कि अवध मा वहि जमाना का यस हबड़ दबड़ काहे मची रही। यही कै असर सरकार के फौजों पर परत रहा।'

बंगाल आर्मी के अधिकांश सैनिक पश्चिमी बिहार, उत्तर प्रदेश के अवध क्षेत्र, बुन्देलखण्ड, रुहेलखण्ड, पश्चिमी उत्तर प्रदेश और हरियाणा से भर्ती किए गए थे। अंग्रेजों की नई भूराजस्व प्रणाली से उपर्युक्त क्षेत्र ही सबसे अधिक प्रभावित हुआ था। इस व्यवस्था से वर्दीधारी सैनिकों की पैतृक जमीनें भी प्रभावित हुईं। सैनिकों ने भूराजस्व के दुष्परिणामों के विरुद्ध अदालतों में 15 हजार अर्जियाँ भी दी थीं। यह इस तथ्य को रेखांकित करता है कि सैनिकों में अपनी पैतृक ज़मीनों पर निरन्तर बढ़ते हुए राजस्व और ज़मीन से बेदखल होने के कारण असंतोष व्याप्त था। ब्रिटिश संसद 1858 ई. में प्रस्तुत की गई आख्या के अनुसार बंगाल आर्मी के सवा लाख देसी (नेटिव) सैनिकों में से केवल सात हजार ही अंग्रेजों के स्वामीभक्त बने रहे थे।[17] बंगाल आर्मी के इन देसी सैनिकों को हिन्दुस्तानी सैनिक कहा गया है। 1857 में सिंध में तैनात बम्बई आर्मी की जिस इकाई में इन हिन्दुस्तानी सैनिकों की संख्या अधिक थी उस इकाई ने भी विद्रोह किया। मराठा विद्रोही तात्यां टोपे के नेतृत्व में भी दोआब और मध्य भारत में भर्ती किए गए बंगाल आर्मी के हिन्दुस्तानी सैनिक थे। उसके साथ ग्वालियर सैनिक टुकड़ी में भी हिन्दुस्तानी सैनिक थे।

आधुनिक भारत के जिस उत्तर तथा मध्य क्षेत्र में व्यापक विद्रोह हुआ वहाँ आधुनिक हिंदी की मैथिली, भोजपुरी, अवधी, बुन्देलखण्डी, ब्रज, कौरवी, हरियाणवी आदि अनेक उपबोलियाँ बोली जाती थीं जिनमें उर्दू का मिश्रण होने से इस भाषा को हिन्दुस्तानी नाम दिया गया था। विष्णुभट्ट गोडसे द्वारा मराठी में लिखित *'माझा प्रवास'* नामक संस्मरण से पता चलता है कि इस हिन्दुस्तानी बोली के क्षेत्र को ही हिन्दुस्तान कहा गया था।[19] इस प्रकार क्षेत्र और बोली की समानता ने सभी सैनिकों को एक सूत्र में बाँध दिया था जिससे वहाँ व्यापक विद्रोह संभव हो सका। विद्रोही सैनिकों द्वारा गाए जाने वाले तत्कालीन अभियान गीत से यह बात सिद्ध हो जाती है—

"हम हैं इसके मालिक हिन्दोस्तान हमारा,
पाक वतन है क़ौम का जन्नत से भी न्यारा।
ये है हमारी मिल्कियत, हिन्दोस्ताऩ हमारा,
इसकी रुहानियत से रोशन है जग सारा।
कितना क़दीम कितना नईम सब दुनिया से प्यारा,
करती है ज़रख़ेज जिसे गंगो-जमुन की धारा।
ऊपर बर्फ़ीला पर्वत पहरेदार हमारा,
नीचे साहिल पर बजता सागर का नक्कारा।

इसकी खानें उगल रहीं सोना, हीरा, पारा,
इसकी शानो-शौकत का दुनिया में जयकारा।
आया फिरंगी दूर से ऐसा मंतर मारा,
लूटा दोनों हाथ से, प्यारा वतन हमारा।
आज शहीदों ने है तुमको अहलेवतन ललकारा,
तोड़ो गुलामी की जंजीरें बरसाओ अंगारा।
हिन्दू मुस्लमां, सिख हमारा भाई भाई प्यारा,
यह है आजादी का झंडा, इसे सलाम हमारा।[20]

क्षेत्र और बोली की समानताओं के अतिरिक्त सैनिकों में एकता का एक और प्रबल कारण था—विभिन्न जाति, धर्म एवं वर्ग वाले सैनिकों का बंगाल आर्मी की एक ही कंपनी में साहचर्य। ये सैनिक एक साथ हँसते-बोलते, उठते-बैठते, खाते-पीते, खेलते-कूदते, परेड़ करते और एकजुट होकर युद्ध करते थे। उक्त दैनिक चर्या में निरंतर संभाषण से उनमें पारस्परिक भाईचारा और सद्भाव दृढ़ हो गया। साहचर्य भाव के कारण उनमें सभी भेद तिरोहित हो गए। विस्तृत क्षेत्र से आए हिंदु-मुस्लिम सभी अपने को उस कंपनी का अभिन्न अंग समझते थे। यह बात मेरठ छावनी में 9 मई 1857 को सामूहिक विद्रोह करने वाले तीसरी कैवलरी के 85 सैनिकों के नामों से स्पष्ट हो जाती है—

नामसूची[21]

1. हवलदार मातादीन
2. शेख पीर अली (नायक)
3. अमीर कुदरत अली (नायक)
4. शेख हुसैनुद्दीन (नायक)
5. शेख नूर मौहम्मद (नायक)
6. शीतल सिंह
7. जहांगीर खान
8. मीर मोसिम अली
9. अली नूर खान
10. मीर हुसैन बख्श
11. मथुरा सिंह
12. नारायण सिंह
13. लाल सिंह
14. श्योदीन सिंह
15. शेख हुसैन बख्श
16. साहिबदाद खान
17. बिशन सिंह

18. बलदेव सिंह (प्रथम)
19. शेख नुन्दू
20. नवाब खान
21. शेख रमजान अली
22. अली मौहम्मद खान
23. मक्खन सिंह
24. दुर्गा सिंह (प्रथम)
25. नसरूल्ला बेग
26. मेहराब खान
27. दुर्गा सिंह (द्वितीय)
28. नबी बख्श खान
29. जुरखान सिंह (प्रथम)
30. नुवजू खान
31. जुरखान सिंह (द्वितीय)
32. अब्दुल्ला खान
33. ईसन खान (प्रथम)
34. जबरदस्त खान
35. मुर्तजा खान
36. बरजूर सिंह
37. अजीमुल्ला खान (प्रथम)
38. अजीमुल्ला खान (द्वितीय)
39. काला खान
40. शेख सादुल्ला
41. सालार बख्श खान
42. शेख रउत अली
43. द्वारिका सिंह
44. कालका सिंह
45. रघुवीर सिंह
46. बलदेव सिंह (द्वितीय)
47. दर्शन सिंह
48. इमदाद हुसैन
49. पीर खान (प्रथम)
50. मोती सिंह
51. शेख फजुल इमाम
52. हीरा सिंह
53. सेवा सिंह
54. मुराद खेर खान
55. शेख आराम अली

56. काशी सिंह
57. अशरफ अली खान
58. कादर दाद खान
59. शेख रूस्तम
60. भगवान सिंह
61. मीर इमदाद अली
62. शिव बख्श सिंह
63. लक्ष्मण सिंह
64. शेख इमाम बख्श
65. उस्मान खान
66. दरयाव सिंह
67. मकसूद अली खान
68. शेख गयास बख्श
69. शेख उम्मेद अली
70. अब्दुल वहाब खान
71. रामसहाय सिंह
72. पनाह अली खान
73. लक्ष्मण दुबे
74. रामसरन सिंह
75. शेख इजाद अली
76. शिव सिंह
77. शीतल सिंह
78. मोहन सिंह
79. विलायत अली खान
80. शेख मौहम्मद इवाज
81. इन्दर सिंह
82. फतेह खान
83. मैकू सिंह
84. शेख कासम अली
85. राम चरन सिंह

अब प्रश्न उठता है कि जब उत्तर तथा मध्य भारत, जिसे हिन्दुस्तान कहा गया, से सैनिक भर्ती किए गए थे तो उसे बंगाल आर्मी नाम क्यों दिया गया? ईस्ट इंडिया कम्पनी ने अपनी नौ सैनिक शक्ति से बंगाल में प्रवेश करके सन 1651 ई. में मुगल शासन से व्यापार करने की आज्ञा प्राप्त करने से लेकर 1757 ई. तक वहाँ अपनी स्थिति अत्यन्त सुदृढ़ कर ली थी। अतः गवर्नर जनरल की बंगाल प्रेसीडेंसी की प्रमुख सेना को बंगाल आर्मी नाम दिया गया था। बंगाल प्रान्त में बैरकपुर में 1765 ई. में प्रथम छावनी का निर्माण किया गया।

ईस्ट इण्डिया कम्पनी की बंगाल आर्मी आधुनिक हथियारों से युक्त सबसे बड़ी सेना थी जिसमें 1857 ई. में 139807 देशी सैनिक और 2,689 अंग्रेज अधिकारी थे। अंग्रेजों ने अपने व्यापारिक हितों एवं उपनिवेशवादी विस्तार के लिए 1839-42 में अफगानिस्तान, 1843 में ग्वालियर, 1844 में सिंध, 1845-46 तथा 1848-49 में पंजाब, 1852 में बर्मा, 1840-42 तथा 1856-60 में चीन के साथ हुए भीषण युद्धों में देशी सैनिकों को बिना विश्राम दिए 18 वर्षों तक उनका भरपूर उपयोग किया था। अंग्रेज अधिकारियों ने देशी सैनिकों के बलिदान की सराहना न करके, बहरामपुर में स्थित उन्नीसवीं इनफैंट्री के सैनिकों में 1857 फरवरी के अन्तिम सप्ताह में उभरते असंतोष को दबाने के लिए अमानवीय धमकी दी कि उन्हें मरने के लिए बर्मा या चीन की लाम पर भेज दिया जाएगा।[22] सैनिकों को न तो युद्धों से विश्राम दिया गया और न उनकी वीरता का सम्मान किया गया। ऐसी धमकियों से देशी सैनिकों में विवशता की भावना का उत्पन्न होना स्वाभाविक था।

भर्ती और पदोन्नति में अंग्रेजों के नस्लभेदी व्यवहार से सैनिकों में कुंठा और हीनता की भावना तो पहले से ही थी। लम्बी सेवा के बाद कोई बिरला देशी सैनिक सूबेदार मेजर का देशी सैनिकों का सर्वोच्च पद प्राप्त कर सकता था। इससे आगे के सभी पदों पर तो केवल अंग्रेजों की नियुक्ति होती थी। बंगाल आर्मी में लगभग 315000 भारतीय सैनिक तथा 51,000 यूरोपीय सैनिक थे। परन्तु सेना के कुल व्यय का आधे से अधिक भाग इन यूरोपीय सैनिकों पर खर्च किया जाता था। एक सामान्य सैनिक को 7 से 8 रुपये का मासिक वेतन प्राप्त होता था जिसमें से उन्हें अपने भोजन, वर्दी तथा व्यक्तिगत सामानों के वहन के लिए भी खर्च करना पड़ता था। एक भारतीय सिपाही का निर्वाह-व्यय भारत में ब्रिटिश सिपाही पर आने वाले व्यय से एक तिहाई था।[23] इसके साथ ही सैनिकों को अतिरिक्त भत्ता दिए बिना दूर प्रदेशों में भेजा जाने लगा। 1856 ई. में लार्ड कैनिंग द्वारा सामान्य सेना भर्ती अधिनियम लागू किया गया। तदनुसार सैनिकों का युद्ध के लिए समुद्र-पार जाना अनिवार्य कर दिया गया।

सिपाहियों को जाति चिह्न (तिलक) आदि लगाने पर पाबन्दी लगा दी गयी। मिशनरियों के धर्म-परिवर्तन के रवैये तथा कुछ ब्रिटिश अधिकारियों के व्यवहार ने सैनिकों के मन में यह डर पैदा कर दिया था कि उनका धर्म खतरे में है। 1857 से पूर्व भी धार्मिक कारणों से सैनिक विद्रोह हुए थे। पगड़ी एवं टीका की मनाही को लेकर 1806 ई. में वेल्लोर में सैनिकों ने विद्रोह किया था जिसे निर्दयता के साथ कुचल दिया गया था।[24]

उपर्युक्त समग्र विश्लेषण के आधार पर कहा जा सकता है कि किसान, उनके बेटे बंगाल आर्मी के सैनिक तथा खेती पर निर्भर रहने वाले दस्तकार और श्रमिक सभी

वर्गों में अर्थात् कृषि व्यवस्था के सभी घटकों में 1857 ई. तक अंग्रेजों की अमानवीय शोषक नीतियों के विरुद्ध असंतोष चरम सीमा पर पहुँच गया था। इस प्रकार सन् 1857 की जनक्रान्ति आकस्मिक नहीं थी। जनसाधारण के असंतोष का जो विस्फोटक पदार्थ धीरे-धीरे संचित होकर विशाल पर्वत बन चुका था उसे प्रज्वलित करने के लिए केवल एक चिंगारी की आवश्यकता थी। वह कार्य चर्बी लगे कारतूसों का प्रयोग न करके विद्रोही मंगल पांड़े ने कर दिया। दार्शनिक शब्दावली में कहें तो यह नैमित्तिक कारण है। जनसाधारण का सामूहिक असंतोष ही उपादान कारण है निमित्त कोई बने। अतः स्पष्ट है कि 1857 का विद्रोह पूँजीवादी औद्योगिक उपनिवेशवादी विदेशी व्यवस्था द्वारा ग्रसित होती गई परम्परागत भारतीय कृषि व्यवस्था के संचित आक्रोश का विस्फोट था।

बंगाल आर्मी की मेरठ छावनी के सैनिकों को निश्चित रूप से इस विद्रोह को आरम्भ करने का श्रेय जाता है। सभी छावनियों में इस विद्रोह की आग फैलती गई और विद्रोही सैनिक इस संग्राम में अन्त तक डटे रहे। सैनिकों का कृषकों ने भरपूर साथ दिया। अनेक स्थानों पर तो सामान्य जनता ने ही मोर्चा संभाला। इस प्रकार इस विद्रोह ने लोक व्यापी जनक्रांति का रूप ले लिया था। कालक्रमानुसार घटनाओं की तालिका से यह बात स्पष्ट हो जाती है।

22 जनवरी 1857 : बंगाल आर्मी की बैरकपुर छावनी के चर्बी वाले कारतूसों के भंडार में सिपाहियों ने गुप्त रूप से आग लगा दी।[25]

26 फरवरी 1857 : बुरहानपुर की 19वीं नेटिव इन्फैंट्री ने नए किस्म की एनफिल्ड राइफलों का इस्तेमाल करने से इंकार कर दिया था। परिणामस्वरूप 31 मार्च को इस रेजीमेंट को भंग कर दिया गया।[26]

29 मार्च 1857 : 34वीं नेटिव इन्फैंट्री के जवान मंगल पांडे ने बैरकपुर में विद्रोह कर दिया तथा अपने सार्जेंट मेजर ह्यूजसन को गोली मार दी। उसे पकड़ लिया गया और 8 अप्रैल 1857 को फांसी दे दी गई।[27]

10 मई 1857 : मेरठ में तीसरे देशी रिसाले के 85 सवारों द्वारा 24 अप्रैल को चर्बी लगे कारतूसों के प्रयोग से इन्कार करने पर उन्हें बर्खास्त कर दिया गया और 9 मई को दस साल जेल की सजा सुना दी गयी। प्रतिक्रिया स्वरूप 11वीं और 20वीं पलटन ने 10 मई को विद्रोह कर दिया और अपने साथियों को मुक्त करा लिया। तत्पश्चात पश्चिमी उत्तर प्रदेश के जाट और गूजर किसानों ने विद्रोह की कमान संभाली ली।[28]

11 मई 1857 : दिल्ली में 54वीं पलटन के साथ 74वीं और 38वीं पलटनों ने भी विद्रोह कर दिया। सिपाहियों के आग्रह पर मुगल सम्राट बहादुरशाह जफर ने विद्रोहियों का नेतृत्व करना स्वीकार किया। दिल्ली के नागरिकों और आस-पास के किसानों ने भी विद्रोह में हिस्सा लिया।[29]

12, 13 मई 1857: बड़ौत तहसील के बिजरौल गाँव के किसान शाहमल के नेतृत्व में इस क्षेत्र के किसानों ने भी विद्रोह कर दिया तथा 21 जुलाई 1857 तक हिन्डन नदी और यमुना नदी के मध्य अंग्रेजो का वर्चस्व समाप्त कर दिया।[30]

13 मई 1857	:	पंजाब की फीरोजपुर छावनी की 45वीं और 47वीं देशी पलटनों ने भी विद्रोह कर दिया। उनके साथ फीरोजपुर के निवासी भी विद्रोह में शामिल हो गए।[31]
20 मई 1857	:	अलीगढ़ में 9वीं देशी पलटन ने विद्रोह कर दिया।
27 मई 1857	:	मैनपुरी, इटावा और 29 मई को एटा में विद्रोह हो गया।[32]
30 मई 1857	:	लखनऊ में विद्रोह हो गया। इसके बाद शीघ्र ही सीतापुर, फैजाबाद, गोंडा, सुल्तानपुर इत्यादि में विद्रोह होने लगे। जून के अंत तक विभिन्न जिलों से विद्रोही लखनऊ की तरफ बढ़ने लगे। 30 जून को चिनहट के युद्ध में अंग्रेजी सेना को हरा दिया गया।[33] पूरब से आने वाली अंग्रेजी सेना का मुकाबला करने वाली अवध की सेना में पच्चीस हजार पैदल और ग्यारह सौ घुड़सवार थे। इनमें सिपाही सिर्फ पाँच हजार थे। बाकी सब आस-पास के किसान थे।[34] लखनऊ के मियागंज की लड़ाई में भी अंग्रेजी सेना का सामना करने वाले आठ हजार विद्रोहियों में से सिपाही सिर्फ एक हजार थे, बाकी सात हजार आस-पास के किसान थे।[35] ज़ॉन ब्रूस ने लिखा है कि जिन चालीस हजार लोगों ने लखनऊ की घेराबंदी की थी, उनमें से बीस हजार लोग बोआई के लिए खेतों में चले गए।[36] होल्मस ने भी लिखा है कि जो हथियारबंद लोग केवल अवध में मारे गए उनकी संख्या 1,50000 थी, और उनमें केवल 35000 सिपाही थे। इसका अर्थ यह हुआ कि उनमें शेष 1,15000 लोग गाँव के किसान थे।[37]
31 मई 1857	:	बरेली में आठवां रिसाला, 18वीं और 68वीं देशी पलटन और एक देशी तोपखाने ने विद्रोह किया एवं बरेली को स्वतंत्र घोषित कर दिया। 31 मई को ही शाहजहाँपुर और मुरादाबाद में और 1 जून को बदायूँ में विद्रोह हुआ।[38] 31 मई को ही बनारस की छावनी में आग लगा दी गई। बनारस की जनता में असंतोष बहुत अधिक था क्योंकि अन्न के दाम बढ़ जाने के लिए अंग्रेज ही जिम्मेदार थे। 3 जून को आजमगढ़ में 17वीं पलटन ने विद्रोह कर दिया।[39]
3 जून	:	झाँसी स्थित 12 वीं देशी पलटन विद्रोह के लिए उठ खड़ी हुई।
4 जून	:	37वीं लुधियाना पलटन जिसमें केवल सिख सिपाही ही थे, ने बनारस में विद्रोह कर दिया। इस पलटन को भंग करते ही इन सैनिकों ने बाकी जनता की तरह बगावत का झण्डा उठा लिया।
5 जून 1857	:	कानपुर में नाना साहब के नेतृत्व में विद्रोह हुआ।[40] इलाहाबाद प्रान्त में प्रायः सभी वर्गों के लोगों ने जिनमें तालुकेदार, दुकानदार और सेठ साहूकार थे, विद्रोह में हिस्सा लिया।[41]
21 जून 1857	:	मुजफ्फरनगर में अनियमित सेना के घुड़सवारों ने विद्रोह करके अंग्रेज अफसरों को मौत के घाट उतार दिया। तहसील के दफ्तर पर कब्जा कर लिया। ऐसी ही घटनाएँ रोहतक, हिसार, सिरसा एवं मथुरा में भी हुई। स्थानीय स्तर पर बहुत से नेता उभरे जैसे मथुरा में देवीसिंह खेर, नोह में राव भुपाल सिंह और रेवाड़ी में राव तुलाराम।[42]
30 जुलाई 1857	:	रानीगंज में आठवीं नेटिव रेजीमेंट ने विद्रोह करके अंग्रेज अफसरों को मार डाला, खजाना लूट लिया तथा जेल से कैदी रिहा कर दिए। राजस्थान के नसीराबाद और नीमच में सैनिक विद्रोह हुए। पंजाब में सियालकोट, जालंधर, फिल्लौर व अम्बाला के सैनिक भी इस विद्रोह में शामिल हो गए। बॉम्बे प्रेसीडेंसी में कोल्हापुर में बॉम्बे नेटिव इन्फैंट्री के सैनिक भी इसमें शामिल हो गए।[43]

संदर्भ

1. एल.ई.एस., *ए पर्सनल नेरेटिव ऑफ दी सीज ऑफ लखनऊ,* लंदन, 1858, पृ. 33-34; इरफान हबीब द्वारा, *1857 का आगमन, सहमत-2007,* पृ. 14 पर उद्धृत; डॉ. सत्याराय (सं) *भारत में उपनिवेशवाद,* 1984, पृ. 30

2. राजपूताना एजेन्सी रिकार्ड्स (मेवाड़) 1837 संख्या 81; शावर्स, *ए मिसिंग चैप्टर ऑफ इण्डियन म्यूटिनी,* पृ. 184; डॉ. देवीलाल कोठारी, *स्वतंत्रता आंदोलन,* पृ. 29; एन.आर. खड्गावत, *राजस्थान्स रोल इन द स्ट्रगल ऑफ* 1857, पृ. 15, 50, 90, 160

3. *अमृतलाल नागर रचनावली,* खंड 6, पृ. 229*; सी. हलबर्ट,* पृ. 176; एस. एन. सेन '*1857*', पृ. 255, 275-276

4. भारतीय इतिहास अनुसंधान परिषद की शोध पत्रिका, अंक 3, जनवरी-दिसम्बर 1994, *औपनिवेशिक भारत में कृषक प्रतिरोध और कृषक चेतना,* पृ. 179

5. डॉ. सत्या राय (सं.), *भारत में उपनिवेशवाद,* द्वितीय संशोधित संस्करण 1984, पृ. 24, 28

6. सैयद अतहर अब्बास, *स्वंतत्र दिल्ली,* प्रकाशन ब्यूरों सूचना विभाग, उत्तर प्रदेश, 1957, पृ. 116; डॉ. सत्याराय (सं.) *भारत में उपनिवेशवाद,* 1984, पृ. 24, 28, 41; आर.पी. दत्त, *India Today, p.* 145 *भारत में उपनिवेशवाद* पृ. 113 पर उद्धत,

7. इरफान हबीब, *राष्ट्रीय विद्रोह की कहानी,* नयापथ, मई 2007, पृ. 260; फॉक्स, रेल्फ, *कोलोनियन पॉलिसी ऑफ ब्रिटिश इम्पीरियलिज्म,* 1933, पृ. 18; आर.सी. दत्त, *इकोनोमिक हिस्ट्री ऑफ ब्रिटिश इंडिया अंडर ब्रिटिश रूल, 1901, पृ. 213;* एरिक स्टोक्स, *दी पीजेन्ट एण्ड दी राज, स्टडीज इन अग्रेरियन सोसाइटी, पीजेन्ट रिबेलियन इन कोलोनियन इंडिया,* केम्ब्रिज 1978 तथा एस.बी. चौधरी, *सिविल रिबेलियन इन द इंडियन म्यूटिनीज 1857-59,* कलकत्ता (1957) भी देखें।

8. विश्वामित्र उपाध्याय, *सन सत्तावन के भूले बिसरे शहीद,* भाग-2, द्वितीय संस्करण, सूचना और प्रसारण मंत्रालय, दिल्ली 2002, पृ. 91; एच.एम. इलियट, *मेरठ सेटिलमेंट रिकार्ड्स,* पृ. 18; एच.डी. राबर्टसन, *डिस्ट्रिक्ट ड्यूटीज ड्युरिंग द रिवोल्ट ऑफ नोर्थ-वेस्टर्न प्रोविंसेज ऑफ इंडिया इन 1857, लंदन (1859)*

9. सव्यसाची भट्टाचार्य, *इतिहास दृष्टियों का नया आकलन,* नयापथ, 1857 पर विशेषांक, मई 2007, पृ. 39-40

10. ए.आर. देसाई, *भारतीय राष्ट्रवाद की सामाजिक पृष्ठभूमि, ब्रिटिश शासनकाल में भारतीय कृषि का रूपान्तरण,* पृ. 27, 28, 37, 143 तथा वाटर नेले, *इकोनोमिक चेंज इन रूरल इंडिया, लेंड टेनोर एंड रिफोर्म इन उत्तर प्रदेश 1800-1955,* न्यू हेवन याले यूनिवर्सिटी प्रेस 1962 भी देखें।

11. रूद्रांशु मुखर्जी, *अवध इन रिवोल्ट 1857-58,* दिल्ली 1984, पृ. 157, कैनिंग टु सीक्रेट कमेटी ऑफ द कोर्ट डाइरेक्टर्स के 17 जून 1858 के पत्र के लिए देखें, रूदांशु मुखर्जी, पृ. 170

12. दुर्गाशंकर प्रसादसिंह, *भोजपुरी के कवि और काव्य,* पृ. 233, प्रदीप सक्सेना, *1857 निरन्तरता और परिवर्तन,* उदभावना अंक 75, पृ. 421 पर उद्धृत
13. ताप्ति राय, *दि पॉलिटिक्स ऑफ ए पापुलर अपराइजिंग इन 1857,* दिल्ली 1994, पृ. 249, 254, 258; पी.सी. जोशी, *रिबेलियन 1857,* पृ. 193
14. रंजीत गुहा, *एलीमेन्ट्री आस्पेक्ट्स ऑफ पीजेण्ट इनसरजेंसी,* पृ. 375
15. *द पीजेंट आर्म्ड,* पृ. 14, नयापथ, पृ. 46 पर उद्धृत
16. महाश्वेतादेवी, *झाँसी की रानी,* राधाकृष्ण प्रकाशन, 2000, पृ. 8
17. इरफान हबीब, *राष्ट्रीय विद्रोह की कहानी,* नया पथ, पृ. 23-25; विपिन चन्द्र, *भारत का स्वतंत्रता संघर्ष,* पृ. 5
18. दी. रिवोल्ट इन सैन्ट्रल इन्डिया-1857-59, इनटेलीजेंस ब्रांच-आर्मी हेडक्वाटर्स शिमला, 1908
19. नयापथ, पृ. 209 पर संजीव कुमार द्वारा विवेचित *माझा प्रवास,* हिन्दी अनुवाद *आँखों देखा गदर* राजपाल एण्ड संस, दिल्ली
20. नया पथ, 1857 पर विशेषांक, मई 2007, पृ. 215
21. डॉ. एस के मित्तल, शर्मा तथा पाठक (संपादक)–*साक्षी शहादत के कुछ फूल, 1857,* पृ. 48
22. इरफान हबीब, *1857 का आगमन,* सहमत, 2007, पृ. 2
23. रामलखन शुक्ल, *आधुनिक भारत का इतिहास,* पृ. 260; एस.एन. सेन, *एट्टीन फिफ्टी सेवन,* पृ. 21
24. रामलखन शुक्ल, *आधुनिक भारत का इतिहास, पृ. 260*
25. एस.एन. सेन, *एट्टीन फिफ्टी सेवन,* पृ. 45; अयोध्या सिंह, भारत का मुक्ति संग्राम, पृ. 311
26. विपिन चन्द्र, *भारत का स्वतंत्रता संघर्ष,* पृ. 2
27. टी.आर. होल्मस, *ए हिस्ट्री ऑफ दी इंडियन म्यूटिनी,* पृ. 87
28. के और मैलसन, *हिस्ट्री ऑफ दि इंडियन म्यूटिनी,* खण्ड 2, 1898 का संस्करण, पृ. 33

    एरिक स्टोक्स, *दी पीजेन्ट आर्मड, दी इंडियन रिवोल्ट ऑफ 1857 (ऑक्सफोर्ड 1986) में सी.ए. बेली का संपादकीय लेख, पृ. 235*
29. *आईवी. जे.केवी. ब्राउन, दी पंजाब एंड देहली इन 1857, खण्ड I, भाषा विभाग पंजाब, 1970, पृ. 68-70*
30. *2 दिसम्बर 1858 में सरकार को मेरठ से एक सूची भेजी गई, लिस्ट ऑफ दी लीडर एंड इंस्टीगेटर ऑफ दी रिबेलियन इन मेरठ डिवीजन अनफिट फॉर एमेस्टी, इसमें 60 लोगों के नाम हैं जिनमें से कम से कम 20 लंबरदार थे। सबाल्टर्न स्टडीज, IV*
31. अयोध्या सिंह, भारत का मुक्ति संग्राम, पृ. 317
32. रामलखन शुक्ल, *आधुनिक भारत का इतिहास,* पृ. 247
33. उपरोक्त

34. मैलसन, *इंडियन म्यूटिनी,* खण्ड 2, पृ. 334

35. मैलसन, *इंडियन म्यूटिनी,* खण्ड 3, पृ. 287

36. विजेन्द्र नारायण सिंह, *1857 : जन संग्राम का वर्ग चरित्र,* नया पथ, 1857 पर विशेषांक, मई 2007, पृ. 185

37. टी. आर. होल्मस, *हिस्ट्री ऑफ दी सीपॉयवार,* पृ. 124

38. अयोध्या सिंह, *भारत का मुक्ति संग्राम,* पृ. 320

39. उपरोक्त, पृ. 322

40. एस.एन. सेन, *एट्टीन फिफ्टी सेवन,* पृ. 131-133

41. अयोध्या सिंह, *भारत का मुक्ति संग्राम,* पृ. 324

42. रामलखन शुक्ल, *आधुनिक भारत का इतिहास,* पृ. 246

43. उपरोक्त, पृ. 248

Chapter - 2

"क्या 1857 का विद्रोह एक धार्मिक जनविद्रोह था? एक ऐतिहासिक विश्लेषण"

डॉ. प्रभात कुमार शुक्ल

बगावत के दौर में धर्म और मजहब की भूमिका पर इतिहासकारों, आलोचकों, और बुद्धिजीवियों के बीच आज भी गहरा मतभेद है। यह एक आश्चर्य की बात है कि फिरकापरस्ती शक्ति हमारे देश को धर्म के नाम पर फिर से तोड़ने-फोड़ने में लगी है। इसके साथ-साथ दलितों, स्त्रियों और आदिवासियों के संघर्षशील महान योगदान के सवाल को अंबेडकरवादियों, दलितवादियों और सब-आल्टर्न समाज वैज्ञानिकों के द्वारा उठाए गए विवादों को भी कहीं-न-कहीं हिन्दू वर्णाश्रम व्यवस्था के उत्पीड़नकारी स्वरूप के साथ हम नए सिरे से देख सकते है।[1] आजादी की पहली जंग में हिन्दू-मुस्लिम एकता की जो मिसाल कायम हुई, वह कैसे कायम हुई और उसमें अपने-अपने धर्म-मजहब और दीन की रक्षा के लिए कैसे लोग राष्ट्रीय हित को भी जोड़कर देखने लगे-इन सारी बहसों पर काफी सामग्री प्राप्त हुई है।[2] वर्ष 2007 में इरफान हबीब द्वारा संपादित एक पुस्तक निकली है जिसका नाम है *रिलिजन इन इंडियन हिस्ट्री*[3] संपादकीय (31 पृष्ठ) के अलावा इसमें 15 इतिहासकारों के लेख छपे हैं। इसमें इतिहास के विभिन्न कालखंडों में धर्म की भूमिका को रेखांकित किया गया है। इस पुस्तक में दक्षिण अफ्रीका के स्वतंत्रता संग्राम के छापामार युद्ध के दौर में जनमुक्ति सेना के कमांडर और कम्युनिस्ट पार्टी के अग्रणी नेता क्रिश हानी ने अपने पादरी होने के संदर्भ में कहा था कि धर्म की ऐतिहासिक भूमिका है। उनका कहना है कि धर्म न तो निरन्तर नकारात्मक होती है और न सकारात्मक। धर्म की भूमिका संघर्ष के दौर में होती है। वह इतिहास की किस मंजिल पर कैसी भूमिका निभा रहा है, और वर्गशत्रु उसे कब औजार के रूप में इस्तेमाल नहीं कर पाते, यह सब ऐतिहासिक संदर्भ से तय होता है। पंकज

राग ने 1857 के प्रथम स्वतंत्रता संग्राम के तीसरे खंड वाले अभिलेख के संपादन के क्रम में उस संकलन की भूमिका में क्रिश हानी की उसी उक्ति का नया अभिप्राय बताया है : "1857 के संदर्भ में, क्यों और किस तरह धर्म की अवधारणा ने देश-काल और परिस्थितियों के अनुसार नए अर्थ ग्रहण किए। उन्नीसवीं सदी के मध्य में धर्म सिर्फ एक संकीर्ण संप्रदायवादी दृष्टिकोण की अभिव्यक्ति नहीं था—इसमें नैतिक और सामाजिक मूल्यों का तानाबाना बुना हुआ था। 1857 के संदर्भ में धर्म ने जीवन शैली के साथ-साथ टकराव का भी एक रूप धारण किया।"[4] अमर्त्य सेन ने यह सिद्ध किया है कि उपनिवेशवाद के विरुद्ध संघर्ष के दौरान हमारे देश में जिस राष्ट्रवाद का विकास हुआ, उसका स्वरूप काफी व्यापक और समावेशी था। वह किसी जाति, नस्ल या धर्म के जरिए परिभाषित नहीं था जैसे आज का नकली सांस्कृतिक राष्ट्रवाद है। उपनिवेशवाद के विरुद्ध हिन्दू, मुसलमान, ईसाई, सिख, पारसी सभी शामिल थे।[5]

उपनिवेशवाद के विरुद्ध 1857 के विद्रोह की जड़ में धार्मिक उन्माद बताया गया है। इस विद्रोह में 'जेहाद', 'वहाबी', 'गदर', 'कारतूस की चर्बी', 'ईसाई धर्म के खिलाफ इस्लाम की साजिश', वगैरह-वगैरह का आक्षेप लगाया गया है।[6]

'जेहाद' का अर्थ है इंसाफ की लड़ाई। इस संदर्भ में पाकिस्तान के गुलाम रसूल महर की किताब 1957 में पाकिस्तान में छपी है। मुजाहिदों में शामिल हैं—बेगम हजरत महल, रानी लक्ष्मीबाई और नाना साहब। गुलाम रसूल महर ने झाँसी की रानी को सबसे बड़ी मुजाहिद कहा है। दरअसल 'जेहाद' का अर्थ कोशिश होता है। कुरान में पैगंबर के लिए लड़ने वालों को जेहादी कहा गया है। इसलिए इस लफ्ज का दायरा बड़ा है।[7] गुलाम रसूल महर तो 1957 में लिख रहे हैं और उस जेहाद में हिन्दू नायक-नायिकाओं को शामिल कर रहे हैं। चूंकि उस समय हमारी लड़ाई अंग्रेजों के खिलाफ थी और वे हमारे धर्म और दीन के खिलाफ थे इसलिए इस शब्द का प्रयोग हुआ। यह दिलचस्प है कि जब दो मुसलमान बादशाह आपस में लड़ते थे तो वे भी अपनी-अपनी लड़ाई को जेहाद कहते थे। यहाँ यह ध्यान देना चाहिए कि टीपू सुल्तान हैदराबाद के निजाम को काफिर कहते थे।[8] 1857 की लड़ाई का संदर्भ अलग था और उसे आज के अलकायदा के जेहाद से जोड़ देना उचित नहीं है जैसा कि विलियम डैलरिम्पल ने अपनी पुस्तक के उपसंहार में किया है। ऐसा लगता है कि आज तो जेहाद का दायरा बहुत सिकुड़ गया है।

अब हम 1857 के संदर्भ में वहाबी आन्दोलन (1855) के परिणाम पर थोड़ा विचार करते हैं। अब्दुल वहाब का आन्दोलन इस्लाम में शुद्धता लाने के लिए

चलाया गया था। उनका मानना था कि इस्लाम में बहुत सारी अशुद्धियाँ आ गई हैं और इसलिए उन्हें निकालना चाहिए। शरीयत की शिक्षाओं का दृढ़ता से पालन करना वहाबी लोग चाहते थे। निस्संदेह वहाबी आन्दोलन का असर हमारे यहाँ भी रहा है। पर जिस तरह से अंग्रेज लेखक दोनों तरफ से वहाबियों को एक ही तराजू में तौल रहे हैं वैसा नहीं है। अरब के वहाबी सूफीवाद के खिलाफ थे पर हमारे यहाँ के वहाबी नहीं थे। वे शरीयत के लिए कट्टर थे पर यहाँ के लोग नहीं थे। पर यह कहना कि 1857 के संघर्ष में वहाबी नेतृत्व कर रहे थे ऐसा नहीं है।[9] कोई भी बड़ा नेता वहाबी नहीं था। अहमदुल्ला शाह वहाबी नहीं था। वे एक सूफी थे। बख्तखाँ वहाबी नहीं थे। लिहाफत अली और पटना के पीर अली वहाबी नहीं थे। दरअसल यह वहाबी सिद्धान्त इस आन्दोलन को एक कट्टर तस्वीर देने के लिए गढ़ा गया है। चूंकि वहाबी अंग्रेजों के विरुद्ध थे इसलिए ऐसा किया गया। जबकि बहादुरशाह जफर ने ज्यादा सहिष्णु नीति अपनाई। वे कहते हैं, "हिन्दुस्तान के हिन्दुओं और मुसलमानों, उठो भाइयों उठो। तमाम हिन्दुओं और मुसलमानों के नाम हम महज अपना फर्ज समझकर अवाम के साथ शामिल हुए है"[10]

कुछ सिपाहियों द्वारा दीन-दीन या धर्म-धर्म का नारा लगा देने से इस विद्रोह पर पूरी तरह धार्मिक रंग चढ़ा देन उचित नहीं है। इसके तमाम रंग हैं। बागियों के इश्तहारनामों में धर्म की अवधारणा बदलती हुई दिखाई पड़ती है। लक्ष्मीबाई कुरान की आयतें बोलती हैं। हर इश्तहारनामा हिन्दुओं और मुसलमानों का जिक्र एक साथ करता है। लक्ष्मीबाई के इश्तहारनामों में जिहाद के लिए प्रतिबद्धता जताई गई है। तमाम मुस्लिमों के लिए इस शब्द का अर्थ काफिरों के खिलाफ पवित्र युद्ध है पर यहाँ पर इसका अर्थ है इंसाफ की लड़ाई।

धर्म की अवधारणा घटनाओं के लिहाज से किस प्रकार बदलती है इसको खुद लक्ष्मीबाई कहती है। उस प्रसंग का जिक्र विष्णु गोडसे ने *माझा प्रवास* में किया है। झाँसी को रानी अपने पीने के लिए कुएँ से पानी निकाल रही हैं। वे विष्णु गोडसे से कहती हैं कि मैं पहले विधवा धर्म का पालन कर रही थी। चूँकि अब मैंने उसे छोड़ दिया है इसलिए हिन्दु धर्म का पालन कर रही हूँ। ध्यान देने की बात यह है कि उन्हीं झाँसी की रानी की चिता को अग्नि मुस्लिम देता है। जबकि मुस्लिम तो अपने शव को दफनाने में विश्वास करता है। इसलिए 1857 का साझा मकसद अंग्रेजों से लड़ना है जिसमें हिन्दू और मुसलमान दोनों शामिल हैं।

1857 के विद्रोह के सबसे बड़े केन्द्र पूर्वी उत्तर प्रदेश, कानपुर, बुंदेलखंड, अवध और जगदीशपुर (बिहार) थे। 3 जून को आजमगढ़ में भी 17वीं पलटन ने विद्रोह

किया तथा लेफ्टिनेंट हचिंसन को मार गिराया। बनारस पर भी इसका असर हुआ। 4 जून को सिपाहियों से हथियार जमा करने को कहा गया तो वे शस्त्रागार और अंग्रेज ऑफिसर पर टूट पड़े। भारी संघर्ष हुआ। एक सिख सिपाही ने खुद अपनी रेजीमेन्ट के कमांडर गाइज को मार गिराया।[11] बनारस की जनता ने इस विद्रोह में विद्रोहियों का साथ दिया। 5 जून को जौनपुर में विद्रोह हुआ। बनारस के चारों ओर विद्रोहियों ने टेलीफोन के तार काट दिए। रेल की पटरियाँ उखाड़ दी। हजारों विद्रोहियों को पेड़ों पर फाँसी पर लटका दिया गया। बनारस के बाद इलाहाबाद पर गहरा प्रभाव पड़ा। पूरा इलाहाबाद कंपनी शासन के खिलाफ उठ खड़ा हुआ। लोगों ने मुख्य थाने पर बहादुरशाह जफर का झंडा तक फहरा दिया।[12] लेकिन कहीं भी साम्प्रदायिक गंध नहीं आई और न एक समुदाय के द्वारा दूसरे समुदाय के प्रति घृणा की बू तक आई।

1857 की लड़ाई में जगदीशपुर (आरा) के बाबू वीर कुंवर सिंह और अमर सिंह के योगदान से हम सभी परिचित हैं। वीर कुंवर सिंह के 18 प्रमुख सहयोगी थे लेकिन उनकी सेना के प्रमुख योद्धा दिलावर खाँ थे। उन 18 सहयोगियों के नाम इस प्रकार हैं : अमर सिंह, हरकिशन सिंह, निशान सिंह, रणदलत सिंह, शेख गुलाम याहिया, शेख मोहम्मद अजीमुद्दीन, तुराव अली और खालिम अली, सरनाम सिंह, दिलावर खाँ, रितुभंजन सिंह, भिखिया दत्त झा (जगदीशपुर के राजगुरु), असमद अली, हरचंद राय, वीर भंजन सिंह, रहीम खाँ, धरमन (कुंवर सिंह की दूसरी पत्नी जो मुसलमान थी), रंजीत राम और इब्राहिम खाँ। 18 सहयोगियों में 8 मुस्लिम थे और उनका सेनापति दिलावर खाँ। धरमन जिन्हें लोग 'नन्ही' के नाम से जानते थे वह मुसलमान थी। इन्होंने अपनी सारी संपत्ति 1857 के संघर्ष में कुंवर सिंह को दे दी।[13] कहने का मकसद यहाँ यह है कि धर्म और मजहब का टकराव कहीं नहीं था। 1857 के पहले हमारी साझी संस्कृति का यह एक ज्वलन्त उदाहरण है।

विद्रोहियों के घोषणापत्रों में हम जो सबसे अहम पहलू पाते हैं वह है हिन्दू-मुस्लिम एकता को बनाए रखना। ईद-उल-जुहा (28-30 जुलाई 1857) के दौरान गोहत्या पर प्रतिबन्ध लगाने के लिए बादशाह ने विद्रोहियों की काउंसिल के माध्यम से कोतवालों और थानेदारों के लिए कई आदेश जारी किए थे। बिल्कुल कड़े शब्दों में ऐलान किया गया था कि यदि कोई व्यक्ति गाय की कुर्बानी करते हुए पाया गया तो उसे मौत की सजा दी जाएगी। एक और दिलचस्प आदेश 24 अगस्त 1857 को दिया गया था, जिसके मुताबिक मुहर्रम के दौरान ढोल बजाने पर रोक लगा दी गई थी, ताकि लड़ाई के दौरान बिगुल की आवाज सुनाई पड़ सके। एक अन्य दस्तावेज में हमें एक बहुत अनूठी सूचना मिलती है कि ज्वालानाथ नाम

के एक हिन्दु ने जनरल बख्त खाँ से आग्रह किया कि वे कुछ लोगों को भेजे जो जीत के लिए कुरान पढ़ें और ईश्वर से दुआ माँगें। इन दस्तावेजों के अध्ययन से हमें मालूम पड़ता है कि कभी-कभी धर्म और धार्मिक अनुष्ठानों का इस्तेमाल देश के हित में किया जाता था और कभी-कभी धार्मिक नारों और शब्दावली का इस्तेमाल किया जाता था। इन शब्दों में दीन धर्म, गाजी और जेहाद प्रमुख हैं। लेकिन इन शब्दों का इस्तेमाल हर मजहब के लोग करते थे।[14] इन शब्दों के प्रयोग से न तो कोई साम्प्रदायिक पहचान की जाती थी और न ही धार्मिक कट्टरता का बोध उत्पन्न होता था।

हमें 1857 में प्रयोग किए गए शब्दों के अर्थों को आज के संदर्भ से अलग करके देखने की आवश्यकता है। गद्‌दार शब्द का अर्थ होता है दगाबाजी करने वाला। अंग्रेजों ने सेना से बगावत करने वाले को गद्‌दार और उस घटना को गदर कहा। लेकिन वहीं गदर शब्द इतना सम्मानित हो गया कि उसके नाम से गदर पार्टी का गठन हुआ जिसकी भूमिका राष्ट्रीय आन्दोलन में अहम रही है।

रजतकांत राय[15] तर्क देते हैं कि धर्म ने निस्संदेह विद्रोह का वैचारिक ढांचा मुहैया कराया, लेकिन भावात्मक अनुभव की समग्रता धर्म से परे थी। सन् 1857 में हिन्दुस्तान के हिन्दुओं और मुसलमानों ने औपनिवेशिक शासन के खिलाफ लड़ने के लिए एक सामूहिक संगठन बनाया और धर्म का इस्तेमाल हिन्दुस्तान की धरती की रक्षा करने और औपनिवेशिक शासन को उखाड़ फेंकने के लिए एक तरह की अभिव्यक्ति के रूप में किया था। इस तरह रजतकांत राय यह मानते हैं कि यह नस्ल और धर्म की लड़ाई नहीं थी, बल्कि ब्रिटिश शासन के खिलाफ हिन्दू-मुस्लिम भाईचारे पर आधारित देश-भक्ति की लड़ाई थी। पश्चिमी देशों की तरह हमारी राष्ट्रीयता बहु-संस्कृतिवाद की देन है। लेकिन ब्रिटिश शासन के दौरान अंग्रेजों ने हमारे समाज को बाँटने और हिन्दुस्तान में अपने शासन को पुख्ता बनाने के लिए इसमें जहर घोल दिया। ऐसी स्थिति में यह सोचने और समझने की जरूरत है कि क्यों और किस साजिश के कारण हिन्दुस्तान अपनी 1857 की विरासत से भटक गया? इस अनूठी व्यवस्था को हमें आज भी बनाए रखना चाहिए, अगर हमें एक मजबूत भारत का निर्माण करना है तो? यह अत्यावश्यक है कि हर भारतवासी हर हालत में सांप्रदायिक सोहार्द और अपनी मिली-जुली सांस्कृतिक विरासत को सुरक्षित रखे।

संदर्भ

1. *अनभै साँचा,* सम्पादकीय, मुरली मनोहर प्रसाद सिंह, जुलाई-दिसंबर 2007 : 1857 पर केन्द्रित विशेष अंक, पृष्ठ 5।

2. *प्रोक्लेमेशन्स ऑफ दि रिबेल्स ऑफ 1857* (अप्रकाशित) करीब 70 ऐसे दस्तावेज हैं जो फारसी, उर्दू और मराठी भाषा में उपलब्ध हैं। इसका अंग्रेजी में अनुवाद प्रो. इकबाल हसन ने किया है। इसकी प्रतियाँ आई.सी.एच.आर. के पुस्तकालय में उपलब्ध है। फिर, समकालीन उर्दू अखबार *तिलिस्म* लखनऊ, *दिल्ली उर्दू अखबार, आफताब ए आलमताब* को इकट्ठा कर सम्पादित किया जा रहा है। *यूरोपियन रेसपोन्सेस टू दि रिबेलियन इन इंडिया* को भी आइ.सी.एच.आर. में संकलित किया जा रहा है। प्रकाशित पुस्तकों में महत्वपूर्ण हैं—अखबारों में 1857, बुन्देली अभिलेख 2, उर्दू एवं फारसी के अभिलेख, डाक्युमेन्ट्स ऑफ जबलपुर और मंडला, ये सभी शोध सामग्री पंकज राग और गीता सबइवाल द्वारा सम्पादित हैं। संचानालय पुरातत्व, अभिलेखागार में संग्रहालय, मध्य प्रदेश, भोपाल, 2007। इसके अलावा जो महत्त्वपूर्ण पुस्तक रजत रे की है—द फेल्ट *कम्युनिटी,* ओ.यू.पी., नई दिल्ली, 2003, पृष्ठ 353-567।

3. इरफान हबीब, *रिलिजन इन इंडियन हिस्ट्री,* 2007, दिल्ली।

4. अनभै साँचा, वही, पृष्ठ 5

5. अमर्त्य सेन, *अतीत का वर्तमान : भारतीय इतिहास के अध्ययन का संदर्भ,* ग्रन्थ शिल्पी (इंडिया) प्राइवेट लिमिटेड, 2002 (प्रथम हिन्दी संस्करण), दिल्ली

6. विलियम डैलरिम्पल, *द लास्ट मुगल : द फॉल ऑफ द डाइनेस्टी,* पैन्गुइंग इंडिया, दिल्ली, 2006।

7. *1857 : एक पुनर्यात्रा,* रामशरण जोशी द्वारा संपादित, अप्रैल-जून 2007, दिल्ली, मजहबी मामलें।

8. इरफान हबीब, *"हिस्टोरियन्स ऑफ मेडियेवल इंडिया एंड दि प्रोसेस ऑफ नेशनल इन्टेग्रेशन"* इन पंजाब : पास्ट एंड प्रेजेन्ट, वॉल्यूम VI, नम्बर 11-12, 1972, पटियाला

9. *री थिंकिंग 1857,* संपादित सब्यसाची भट्टाचार्य, आई.सी.एच.आर., दिल्ली 2007 में एस. जेड.एच. जाफरी लिखित लेख (पृ. 237-260) को विस्तृत जानकारी के लिए देखें।

10. *"बहादुरशाह जफर के फरमान",* देखिए अनभै साँचा, वही, पृष्ठ 291, ये फरमान इस लेख के साथ संलग्न हैं।

11. विस्तृत जानकारी के लिए देखें—*रिबेल सिख इन 1857,* शमशुल इस्लाम द्वारा संपादित, वाणी प्रकाशन, 2008, नई दिल्ली, सिखों की भागीदारी को लेकर तरह-तरह के विवाद होते रहे हैं लेकिन मूल दस्तावेजों के आधार पर शमशुल इस्लाम ने सिखों की भूमिका को स्वीकारात्मक साबित किया है।

12. रश्मि चौधरी, *1857 के अमर सेनानी वीर कुंवर सिंह,* प्रकाशन विभाग, सूचना एवं प्रसारण मंत्रालय, भारत सरकार, 2007, नई दिल्ली, पृष्ठ 7, 1857 में आम आदमी की भागीदारी के लिए देखिए—*द ग्रेट रिवोल्ट,* सीताराम येचुरी द्वारा सम्पादित, 2008, नई दिल्ली। इस

पुस्तक में 36 लेख हैं जो उपनिवेशवाद के खिलाफ आम आदमी की भागीदारी बताते हैं।

13. सैयद हसन असकारी का लेख *"दि उज्जैनिया एंसेस्टर्स ऑफ बाबू कुंवर सिंह"*, जर्नल ऑफ बिहार रिसर्च सोसाइटी पटना, मार्च 1955, टिप्पणी संख्या 24, 'नन्ही' या धरमन से कुंवर सिंह की 'दो सन्तानें थी', विन्देशवरी प्रसाद सिंह और महावीर प्रसाद सिंह। विस्तृत वर्णन के लिए रश्मि चौधरी वही, देखें।

14. इरफान हबीब, *"अंडरस्टैंडिंग 1857"*, पीपुल्स डेमोक्रेसी, मई 13, 2007, पृ. 9।

15. रजत कांत राय, वही।

Chapter - 3

Spokes in the Wheel of British Reign–1857

Neelmani Bhatia (Delhi)

This paper is about the small but important contribution of not so well extolled people who played pivotal role in making the British so very uncomfortable that in the end they had to quit India. Historians are still researching the meaning, causes, and consequences of rebellion; But for those who deal more in emotions than facts it was an event which gave wings to the imagination of both the British and the Indian triggering a plethora of reactionary writings based on cultural memory-an umbrella term used usually for literary and dramatized versions of historical events. Due to low literacy rate in the nineteenth century, and also because of the British censorship as R. Veena maintains, the British had "complete control not only over Indian territory but also over the literary 'space' within which to write about it".[1] Hence the contemporary accounts as well as the later writings by Englishman advocate the view that the uprising in 1857 was confined to armed forces. But the oral sources, such as ballads and songs help us to get the real picture of wide spread discontents among people belonging to all sections of society and of the heroic deeds of man and women. The collections of Scholberg[2] and P C Joshi[3] show that there were many ballads about Indian heroes of the revolt, such as the Rani of Jhansi, Tantya Tope, and Kunwar Singh who stayed loyal to the cause till the end." That there is evidence to show that the organizers of 1857 uprising skillfully and effectively used this art form to arouse the people.

Individual memories, coloured by cultural contexts transmitted through oral or written words, usually bring out such varied versions that it becomes really difficult to find out facts from fiction. But as they say there is no smoke without a fire so we can presume that these unsung common folks were the torchbearers who became canons of war that finally led us to independent India. Literature is rooted in the social milieu in which it is written. Literature is social idiom where it always reflects the interplay between the writer and his society and the writer seeks to bring social ethos to the forefront by manipulation of imagination and literary freedom which is sometimes used to make heroes of the lesser mortals who would otherwise have been forgotten in the annals of history.

One does not know how authentic these stories are as during that time it was dangerous if not impossible to present Indian perspective especially for those authors who were in the service of the British. As Bankimchandra Chatterji, candidly expressed his reasons for giving up his wish to write about Rani Jhansi: "I would wish once to portary this character, but since our bosses were offended by Anandamath that would be the end for me."[5] It was only after nearly fifty years later that "the nationalist classic by Vinayak Damodar Savarkar, could be published but, *The Indian War of Independence*, was banned immediately by the regime".[6]

The uprising in 1857 had diverse political, economic, military, religious and social causes and its consequences were also varied and long lasting. Beyond a burning wish to overthrow the oppressive English rule, the rebels were not clear about their future aims. Maulana Abdul Kalam Azad wrote "In the light of available evidence we are forced to the conclusion that the uprising of 1857 was not the result of careful planning nor were there any master mind behind it". It started with individual loyalties which were not so much for the nation initially but more for the people, native area or even to profession. Yet the very same loyalty later on was the impetus which made these individual loyalties a collective force to reckon with. Ultimately, though nearly a century later, the fire lit in 1857, engulfed the British rule and the English had to leave India and the British failed to quell it and were forced to give India its coveted independence. A poem by Asad Jaidi, Samman Ki Tallash expresses similar sentiments.

Ladayina adhuri rahe jatti hain aksar, badd mein puri hone ke liye

Kisi aur yug mein kinhi aur hathiyaron se

Kayeen dafe to maile kuchale murde hi udkar ladne lagte hain phir se

Jivatone ko lalkarte huye jo unse bhi jyada mirtt hain[7]

(Roughly translated it means that battles remain unfinished, to be continued to be fought later on, in a different era, with different weapons. Sometimes the dead arise to challenge the living to fight on, the living who are more dead than the dead)

Though loyal, to their profession, *sepoys* of the Bengal Army had their own list of grievances against the Company Raj due to the ethnic gulf between the British officers and their Indian troops. It was also rumoured that the British had started to issue new bullets that had cow and pig fat in them, which insulted the sentiments of both Hindus and Muslims. Moreover much of the opposition to the English rule also came from aristocracy which saw its ancestral power being steadily being eroded by the British policies and actions. And then those ordinary men and women who otherwise dispassionately continued with their humdrum existence, now expressed their solidarity with their masters - the aristocrat - and rose up in arms against the English. This loyalty to local causes and local masters later on transformed itself into nationalism which came into existence when personal loyalties and resultant causes became a united cause" Free Indian from British rule".

The regional leaders rose up in arms and led the people. Their bravery and heroism has become legendry. They won admiration of not only Indians but also their enemies. " This Baboo, he is a wizard, the *firangi raj* is now doomed. Yes I am helpless here, here fights a man like Kunwar Singh" despaired Major Vincent Eyre. Babu Kunwar Singh, an honourable man who had defeated the British at least twice in fair fight cut off his own hand which had developed gangrene had an equally brave horse," advanced with prancing steps and (his master) the white army he kept beheading" adds Vincent Eyre. (*Military Operations at Kabul 1843*).[8]

There were others who served the cause of India and Indians in various and diverse ways. Their deeds are not less heroic, their contributions no less important than of the ones who took to the battlefield. They, in their own way and according to their own resources helped the rebels or tried to awaken the masses. One such person is Ms Dolly. Though not even remotely connected with army, yet may be through her own profession knew the men well. Captain Henry Norman wrote in August 1857, "...by the way, I must mention that a European woman was hung at Meerut, being implicated in the arrangements for the first outbreak"[9]. This outbreak to which Captain Henery Norman refers to was on 10th May 1857 and the woman hanged was Ms Dolly. There are considerable number of scholars who believe that the grand plan, a conspiracy whether based on religion or nationalism failed because it broke out prematurely and many believe Ms Dolly was responsible for that premature outbreak. Cracfort Wilson, the special Commissioner appointed to look into the causes said, "I am convinced that Sunday the 31st May 1857 was the day fixed"[10]. He was firm in his conviction that prior preparations were done and even dug out evidence that there was a committee of three members each in each regiment to make arrangements for the mutiny. If it was planned and supposed to break out on 31st May, as suggested, by the officer, then why a premature outbreak marred it all. The person held responsible for the untimely breakout is considered to be Ms Dolly.

The court-martialled troopers of the 3rd Light Cavallery, who had refused to use the cartridges, were sentenced to ten years' hard labour. As they were being paraded with iron fetters, the rest of the soldiers hung down their heads but did nothing to protest.

Later in the evening they went visiting the area where women of easy virtue lived. But instead of the open arms with which they were always welcomed, on that fateful day. They were jeered, and taunted about their manhood. The woman refused to entertain them and rebuked them saying "We have no kisses for the cowards"[11]. The name of the soldier who broke down first under jeers is unknown but a shout, "To the horses, to the horses, to goal to free out comrades" saw the troopers rush to rescue their fellow soldiers. That was the beginning of great mutiny. "...begun by the taunting of painted lips and those lips were of Ms Dolly".[12]

What did she have against the Europeans being a European herself? It is said that she was a widow and having rejected all offers of marriage was finding it difficult to make two ends meet. She was hounded after being caught stealing and was nearly forced to enter the oldest profession to satisfy the pangs of hunger. Keeping the house, here she had other girls working for her. Though apparently living a satisfied life, she secretly harboured a burning desire to strike at the men who, she believed, had deserted her in time of need. Later she was forced to flee her house but was overtaken, captured, pronounced guilty and hanged on ostensible charge of murdering two Eurasian girls.

Premature outbreak was one of the causes of failure of mutiny. What happened in the streets of the then insignificant small town could have been the precipitating factor that prompted the soldiers to defy the order of their masters and advance the time and date of open revolt. Cracfort Wilson wrote, "From this combined and simultaneous massacre, planned for 31st May 1857, we were humanely speaking, saved by LT Col Smyth, commanding the 3rd Regiment of Begnal Light Cavalry and the frail ones of the bazaar....the mine had been prepared, the train had been laid, the spark which fell from female lips ignited it at once."[13]

Plans are important but people who execute them are more important. It is considered that on the whole, this victory was morale boosting for the British army and had opposite effect on the Indians. Yet there were many who did not give up and continued in their effort to rescue the country from firanghis. Moinodin Hussain Khan was a mere police inspector at Pahargunj police station. He was close to Metcalfe family as well to Emperor Bahahadur Shah II. Maintaining a diary, about Khodang Godur - mutiny game he wrote about his dilemma whose side should he fight. He chose to do his duty towards both. First he saved the family of Sir Thoeophilis Metcalfe and then he joined the mutineers and became kotwal of Delhi and later a colonel in Bahadur Shah's army. He slipped away to Afghanistan when British reconquered Delhi. On his return he was pardoned and granted a pension for saving Sir Thoeophilis Metcalfe.[14]

Mainodin's diary also tells us of another Britisher who turned on his own menfolk to fight with the mutineers. He was considered to be the bravest rebel and his name was Shaik Abdoolah Beg - originally an English Sergeant Major who, like Ms Dolly "turned sour" took to Islam and fought for India. The reason for his bitterness is not so well known, various reasons like greed, hatred or genuine sympathy for *sepoys* are put forward by scholars. But whatever be the reason he nearly started his own private mutiny by shooting the Adjunct of the 9th NI at Brailley, Captian Tucket and then marching to Delhi to fight against the British in which, "he fought like a tiger when the assault came on the Cahsmere gate... During the siege pointed the enemies guns on us, calling himself Shaik Abdoolha, and dressing like a sepoy...is still in our guard in irons and going to be blown away from a gun in presence of the force." Major Kendal Coghill"[15]

Men, women and even eunuchs fought for the honour of their vested loyalties. Bob the Nailer, a nickname given to this African eunuch, took up position outside the Residency compound and earned himself yet another name - Jim the rifleman and his marksmanship was brilliant and his shots almost always fatal.

He was killed by a shot while he sat on a fence, a sitting duck for the defenders of the Empire.[16]

It was not the mighty who fought bravely but courageous were the infirm too. Narpat Singh was an old and crippled man. He was at the forefront amongst the rebels of Oudh. He showed exemplary resistance when General Walpole attacked his fort in forest of Ruya near village of Rhodamow. It was reported that he shouted to the Gurkha soldiers of Jung Bahadur, "God had taken some members of my body rest I will give to my country".[17]

Such stories were replicated in several parts of the country and it would be nearly impossible to narrate them all but as the proof of cooked rice lies in the sample of few grains, similarly these stories will prove that common people played no lesser role than the heroes who are talked about in all historical books. It was acts of such people which made Thomas Lowe, in Central India during the rebellion, wrote in 1860: "To live in

India, now was like standing on the verge of a volcanic crater, the sides of which were fast crumbling away from our feet, while the boiling lava was ready to erupt and consume us."[18] Further, he exclaimed: "The infanticide Rajput, the bigoted Brahmin, the fanatice Mussalman, had joined together in the cause; cow-killer and the cow-worshipper, the pig-hater and the pig-eater...had revolted together."[19]

It somehow seems unlikely when we see the prevailing conditions in our country. Another verse from the poem Samman ki Tallash by Asad Jaidi, sarcastically remarks on today's political scene where the leaders fights for themselves and not for the nation.

1857 ke mritak kahte hain bhool jao

Hamare samti netayon ko

Ki kinn jagiron ki wapsi ke liye who ladttle theh

Aur hum unke liye kaise marte the[20]

(Soldiers who lost their lives in 1857 advise us to forget all those leaders who died to regain their land and the soldiers who fought their masters)

Today as we celebrate the 60th birthday of independent India, these people too ought to be remembered, appreciated and thanked. The real tribute to these unsung heroes would be to safeguard the legacy of independence.

References

1. Veena, R., "*The Literature of the Events of 1857: A Postcolonial Reading*". In: Surya Nath Pandey (Hrsg.) Writing in Postcolonial space, New Delhi, Atlantic Publishers, 1999, pp. 1-9
2. Scholberg, Henry, *The Indian Literature of the Great Rebellion*, Delhi, South Asia Books, 1993
3. Joshi, Puran Chand (ed.), *1857 in Folk Songs*, New Delhi, People's Publishing House, 1994
4. Joshi, Puran Chand (ed.), *Folk Songs on 1857 Rebellion*, NBT, p. 292
5. Lipner, Julius J, "*Introduction*". In: Bankimachandra Chatterji: Anandamath, or *The Sacred Brotherhood*, translated with an introduction and critical apparatus by Julius Lipner J., Oxford, Oxford University Press, 2005, pp.3-124
6. Astrid Erll, *A perspective on 1857-58 Engraving of Sepoy Mutiny*, Credit–Wikipedia
7. Pradeep Saxena (ed.), *1857 Samman Ki Talash*; Azad Jaidi: *Nirantarta Aur Parivartan*, p. 7
8. PJO Taylor, *Chronicles of the Mutiny and other Historical Sketches*, Harper Collins, 1992, *Mutiny A point of View*, p. 19
9. PJO Taylor, *Chronicles of the Mutiny and other Historical Sketches*, Harper Collins, 1992, *Miss Dolly*, pp. 21-22
10. *Ibid.*
11. *Ibid.*
12. *Ibid.*
13. *Ibid.*
14. PJO Taylor, *Chronicles of the Mutiny and Other Historical Sketches*, Harper Collins, 1992, *Loyalty I*, pp. 39-40)
15. PJO Taylor, *Chronicles of the Mutiny and Other Historical Sketches*, Harper Collins, 1992, *Loyalty II*, p. 45
16. PJO Taylor, *A companion to India Mutiny of 1857*, Bob the Nailer, p. 56
17. PJO Taylor, *A companion to Indian Mutiny of 1857*, Narpat Singh, p. 241
18. Sitaram Yechury, *The Empire Strikes Back*, Hindustan Times, January, 2006
19. *Ibid.*
20. Pradeep Saxena (ed.), *1857 Samaan Ki Talash*, Azad Jaidi: *Nirantarta Aur Parivartan*, p. 7

Other Readings

The Delhi Omnibus, Oxford University Press

Daljeet Singh and Kharak Singh, *Sikhism, its Philosophy and History*

Daljeet Singh, *The Radical Bhagats*

H.H. Greathed's Letters written during the Siege of Delhi

M.L. Bhargava, *Freedom Struggle in Uttar Pradesh,*

Mowbray Thomas, *The Story of Cawnpore*, London

P.C. Joshi, *Rebellion 1857, A Symposium*, Delhi, 1957

PJO Taylor, *A Feeling of Quiet Power,*

Dr. Francis Collions *St George's Gazette*, 1895

Raikes, Charles, *Notes on the Revolt in the North-Western Provinces of India*, Longman, London, 1858

Russell, William Howard, *My Diary in India in the years 1858-9*, Routledge, London, 1860, (2 Vols.).

Khan, Sir Saiyid Syed Ahmad, *Asbab-e Baghawat-e Hind 1859*, translated as The Causes of the Indian Revolt, Allahabad, 1873

Kaye, Sir John & Malleson, G.B., *The Indian Mutiny of 1857*, Rupa & Co., Delhi, (Ist edition 1890), reprint 2005

Innes, Lt. General McLeod, *The Sepoy Revolt*, A.D. Innes & Co., London, 1897

Fitchett, W.H., B.A.,LL.D., *A Tale of the Great Mutiny*, Smith, Elder & Co., London, 1911

Taylor, P.J.O., *What Really Happened During The Mutiny, a day-by-day account of the major events of 1857-1859 in India*, Delhi, Oxford University Press, 1999

Saul David, *The Indian Mutiny: 1857*, Penguin Books, 2003

Ward, Andrew, *Our Bones Are Scattered*, New York, Holt & Co., 1996

Kaye, Mary Margaret, *Shadow of the Moon*, New York, St. Martin's Press, 1979

Chapter - 4

The Peasant Revolt of Baraut and the Great Leader Baba Shahmal

Dr. Amit Pathak

The events of 1857, though planned, burst on to the national consciousness suddenly on the 10th of May 1857. The people of Meerut city, cantonment and the villages around had known that an upsurge of momentous proportions was about to happen very soon, but the British authorities themselves ignited the explosion through their actions of 9th May 1857. This explosion then burst on them, nearly leading to the disintegration of the so-called 'British Empire'.[1]

On 24 April 1857,85 *sepoys* of the 3rd Native Light Cavalry Regiment refused to use the disputed cartridges at Meerut Cantonment. On 9 May, the British authorities committed the gravest mistake by punishing these 85 *sepoys* in front of the whole Meerut garrison. Every Indian sepoy in the native regiments of the East India Company's army was also publicly humiliated by this action. *Sepoys* of the 3rd native regiments were brought to the parade ground, in the heart of the British segment of Meerut cantonment, without usable ammunition. On the other hand, the 3rd regiments of British soldiers that were present in Meerut cantonment in 1857 came to this parade mounted and fully armed, including artillery guns. Further, the Indian *sepoys* were made to stand in front of the armed British soldiers in such a position that even a minor movement undertaken by them would be met with sure death. In this situation, the Indian *sepoys* were then forced to see the spectacle of the humiliation of their 85 comrades unfold in front of their eyes.[2]

The humiliation of the 9th of May was felt throughout Meerut. The degree of anger against the British authorities can be judged by the fact that even the prostitutes of Meerut passed derogatory remarks against their clients.

The sudden bursting of the revolt on a Sunday evening on 10th of May cannot be a mere coincidence because of many reasons which are beyond the scope of this paper. But I would summarise by stating that servants did not go to many British houses on that fateful day[3] and with the bursting of the events, every population group present in Meerut, from the people of the bazaars to the cantonment staff, the police of Sadar Kotwali to the chaukidars, Indians from all walks of life jumped into the revolt and attacked any British resident they could find.[4]

The people of the village around Meerut entered the events of the upsurge immediately after its outburst in Meerut cantonment. The villagers to the north of Meerut attacked the eastern limits of the cantonment and were also responsible for the breaking in and release of the rest of the convicts housed in the jail which was situated at the present Victoria Park.[5] Villagers around Sardhana attacked the Tehsil on the 11th. All villages around Meerut stood-up together against British rule from 10th May onwards.[6]

It was stated by the British officers that the authority of the British administration had ceased to exist beyond a few kilometers of Meerut cantonment because of the activities of the revolutionary villagers.[7]

One of the greatest battles in the history of the War of Independence 1857 was fought in the region of Baraut and Baghpat to the West of Meerut cantonment. This region is populated by sturdy warrior communities of Northern India including the Jats, Gurjars, Rajputs and Tyagis (both Hindu and Muslim) and many other warrior communities add to the strong population mix, no wonder the events that unfolded here are unique. They all stood together, hand in hand, fighting alongside each other, with Baba Shahmal taking the leadership. Even after his death, they continued to defy foreign rule till their energy and resources lasted.

These villagers, with their limited means of warfare, did more than their humble means would allow. They fought a much superior military force by organizing an army of villagers. They fought against British rifles and military artillery with spears and swords. They continued to fight even after most of their leadership was lost. They stood fiercely independent in their own right till all the hopes of these brave peasants were lost with the fall of Delhi.

There in no account of how many village folk died fighting for our freedom. The British never thought their lives worthwhile to even leave the names of all the villages destroyed in retaliatory strikes. These simple farmers paid dearly for their audacity to stand up against the greatest power of the world of that time. But they stood firm and fought till death and destruction, leaving us today with a sense of deep pride in our ancestors.

An army fights on its stomach-this is a well-known adage. Many a poor general has lost a battle, even though leading a fine band of soldiers, when he neglected his supply lines. Cut the supply line of a military force and it is doomed. The revolutionaries who captured and held on to Delhi also needed a large quantity of food and other resources on a regular bases. These were the people of Baraut and many other parts of Meerut who were the main suppliers of rations and other necessities to Delhi in that difficult hour.

The proximity of this region to Delhi was one reason, but the upper Ganga-Yamuna Doab has also been the traditional breadbasket of Delhi. In the difficult days of the upsurge of 1857, the villagers of this region accepted this role with renewed vigour and kept up the supplies to Delhi, feeding the revolutionaries present there. They also made sure through various actions that the revenue supply to the British administration present in Meerut is completely stopped. The British authorities had to launch continuous operations against the villages around Meerut to reverse this situation.[8]

The important role played by the revolutionary villagers of Baraut in the events of 1857 was further enhanced by their working in coordination with the Delhi revolutionaries for tactical purposes. The bridge of boats across the Yamuna at Baghpat was the main communication link left between the British headquarters camp at Delhi and the British forces in Meerut cantonment after the capture of Delhi by the Indian freedom fighters. This was because the British administration could not use the other bridge of boats for crossing the Yamuna that was situated beyond Ghaziabad on the main road to Delhi, as this bridge opened directly under the walls of Delhi. With the onset of the upsurge itself the direct line of communication between Delhi and Meerut had been broken as can be understood from the fact that even Wilson's brigade, after the fighting on the Hindon of 30 and 31st May 1857, had used the bridge at Baghpat to cross the Yamuna.[9] As stated the breaking of the bridge of boats at Baghpat was an important strategic move on the part of the revolutionary leader Shah Mal as this led to the cutting off the British headquarter's camp at Delhi from the British forces to the east of the Yamuna.

Baba Shah Mal

Shah Mal was a Jat leader belonging to village Bijraul near Baraut. He was a prosperous farmer of the area and held considerable standing in the whole region. He comes out in the history of Meerut region as the first prominent farmer leader of this part of India, farmers being the central pivot of political activity of this region since time immemorial.

He started operating and organizing the revolution against British rule just after the Meerut outbreak, but his activities started taking concrete shape around the last week of May 1857.[10]

The force created under the leadership of Baba Shahmal was an example of national integration. He was not just a leader of one group of people, of one caste or one religion, but he was a leader of every Indian living in Baraut and Baghpat who wanted to fight for the freedom of our motherland. His power of leadership and his love of our country surpassed narrow divisions of caste, creed and religion and he stands out as a national leader-a farmer by birth, a leader by people's choice, a true son of mother India.

Somewhere between 6 July and 16 July, Shah Mal attacked Baghpat and also destroyed the bridge of boats on the Yamuna - as stated earlier, the only direct communication between Meerut and the British Head quarter camp at Delhi.

During this time many people in north and northwestern parts of Meerut region began to openly transfer allegiance to the king of Delhi and completely annihilated British government authority.[11] As stated, they also started collection and transmission of supplies for the revolutionaries stationed at Delhi.

The condition created through the activates of Shah Mal and the farmer revolutionaries of Baraut was such that British authorities at Meerut had to send an urgent message to Head-quarter's camp requesting them to send some troops over from there so that an attack could be mounted on the Baraut - Baghpat region to open the direct communication with Delhi, as well as to prevent the supplies reaching Delhi from this region.[12] The request was made because the revolutionaries here were thought to be too powerful for the force of volunteers that was usually sent out of Meerut cantonment to attack villages in the district.

The Headquarter camp in reply gave permission for the deployment of Biritsh soldiers of active service posted at Meerut cantonment with the volunteer corps (*the Khaki Risallah*) to fight the revolutionaries of Baghpat, though no soldiers were sent from the Headquarter camp itself.

Attack on Baraut by the British Force Under Williams

On 16th July 1857, a mixed force of about 150 soldiers of the 60th Queens Royal Riffles (infantry), District Volunteers (infantry), Mounted Volunteers (cavalry) and soldiers of artillery with Mountain Train Guns started from Meerut at 2 AM.[13] They reached the Hindon River and on its banks heard heavy firing ahead of them. They were informed that Shah Mal with 3000 revolutionaries was about to attack village Deolah. It was difficult for the British force to cross the Hindon at this point and they were able to cross it much later after finding a suitable place between 1 and 2 AM on 17 July.

The British force had known that Shah Mal was camped at Basodh about 2 miles north of Deolah, and a force of mounted volunteers was sent to this place. But Shah Mal had got information about the arrival of the British force. He decided to withdraw in a tactical retreat to organise a proper planned confrontation. He had left Basodh in the night itself, though in quite a hurry as many large cooking vessels were found here.[14]

Brave People of Village Basodh

Though their leader had withdrawn from Basodh in a tactical retreat, the villagers of Basodh, rather than running away or hiding, took up a fight with the advancing British force. The bravery of the villagers of Basodh can be understood from the fact that people of this single isolated village, with their primitive weapons, fought with organized British troops without aid from any quarter.

The people of Basodh paid a heavy price for this great act. These simple villagers with their simple tools had tried to resist an organized force of the British Army; they obviously stood no chance. All the males of the village were killed including two Ghazees from Delhi who were among them. The toughest fight took place in and around a mosque in the village,[15] all the villagers fought till death.

The British force burnt down the village. There were huge stores of grain found here meant for the revolutionaries fighting in Delhi. The British tried to burn this grain, as they did not have the means to carry it off to Meerut, but the rain had soaked the thatches with which it was covered and the revolutionaries had also hidden gunpowder within the grain leading to explosions.[16] The invading force thus left it untouched, thinking that it would rout itself due to the wet season.

The brave revolutionary villagers of Basodh were still ready for a fight even after all that had happened in the past few hours in their village– even after they had seen so many of their relatives and friends lying dead on the streets of the village as well as in the village pond, and also hung from trees by the invading British force. As soon as the main body of British soldiers marched out of Basodh, many villagers who had hidden themselves in the fields around the village came out and attacked Dr. Cannon and10 soldiers who were left with him. The main British force immediately turned back and attacked these villagers; about 180 of them were killed in this second attack.[17] The British then returned to Deolah.

On the 18th morning the above British force started marching along the Eastern Yamuna Canal to reach Baraut.[18] During the march itself, the British force understood the degree of revolutionary zeal among the villagers around both sides of the canal. They were sending the message to organize through beating of drums whose sound could be heard all around and emanating from every village. The few overzealous British officers who tried to move away from the advancing column and go out into the countryside were immediately attacked by the villagers and had to flee for their life. The villagers were also seen moving out to collect at a point to face and fight the advancing colonial army.[19]

When the British force was nearing Baraut, its advance guard was attacked by a group of villagers out of whom 30 lost their lives in this initial skirmish.[20]

Shah Mal had taken position in a large orchard. He then personally led an attack on the British force with about 3500 villagers. As stated earlier, one thing should always be remembered here, a group of villagers with primitive weapons was trying to fight with an organized military force led by officers, armed with the best weapons of that time including artillery pieces. The British infantry, the 60th Rifles, advanced into the orchard onto the revolutionaries. This action led to them breaking out of the orchard into a field of corn standing behind it, the cavalry i.e. the mounted volunteers then charged them after encircling the orchard. Shah Mal and his companions gave a hand-to-hand fight but died fighting. He had been killed by A. Tonnochy, aided by who else, but two native (Indian) soldiers working under his command. A. Tonnochy was also injured by the thrust of a spear in this fight by one of the aides of Baba Shah Mal, he narrowly survived.[21]

Even after the death of their great leader Baba Shah Mal, the villagers did not fall back as was expected in any battle. They charged a third time on the British force from a new direction. But this time their spears and swords had to take on the might of British artillery (Mountain train guns) followed by the advance of the British soldiers. The overall fight lasted more than 3 hours.[22]

On the night of the 18th the British force encamped on the right bank of the Yamuna Canal. The head of the great revolutionary leader Baba Shah Mal was demonstrated publicly.[23]

Retreat of Williams's Force

As stated earlier, no force could instill fear into the minds of these brave villagers, however harsh the reprisals may have been against them. They were organizing themselves for another bigger and more powerful attack on the British force on the morning of 19th July. The villagers, specially the jats, were assembling for this purpose.[24] The commander of the British force, Major Williams was informed about this through intelligence and this unnerved him due to the experience of his force in the past two days. He decided to march off towards Meerut in the night of 18th July itself, using darkness as a shield. He also requested the Meerut station to provide additional forces to protect his passage beyond Hindon in view of the threat of the villagers. The British force left Baraut before midnight and had a tough time traveling through the countryside, as it was flooded, this being the monsoon season in India. They crossed the rivulet of Krishna and then the Hindon to camp on its other bank at Harrah.

Massacre at Garhi

As requested, an additional British force was sent from Meerut to join the returning field force. They also reached Hindon but encamped at a distance away from William's force. Though there was a lot of beating of drums in all the villages around, no direct confrontation between the villagers and the British force took place. Therefore the two British force then marched down to Sardhana and met and encamped there.[25]

The villagers were still not ready to surrender in front of British military authority. The British magistrate sent a summons to the headman of the village Garhi as the villagers of this village had attacked Sardhana on 11th may 1857. They did not bow down to British authority and sent a strongly worded reply (rebellions answer - Mutiny Narratives para 289 ½). On 22 July the whole British force then marched onto this village and undertook a massacre of all its male members.

The Continued Struggle

As stated earlier, the villagers of Baraut and the region extending to the west of Meerut knew no fear even after many atrocities and reprisal killings undertaken by the British authorities. The grandson of Shah Mal by the name of Sujja and his nephew named Bhugta continued to organize the villagers in Baraut to resist British authority.

The villagers of this region were even now resisting any flow of revenue to the British authorities of Meerut Cantonment and instead were stating that it would be given only to the king of Delhi. The villagers of Muzzafarnagar were also coordinating with the revolutionaries to the west of Meerut.[26] The actions of the British authorities against the villagers of Baraut and Sardhana were resulting in the spread of the rebellion instead of its abetment.

There were many instances of open opposition to British authority; two of them have been specially noted-

1) People of village Nagla drove out British revenue and government servants who had reached there to collect revenue.

2) The people of Pachlee Buzurg fought with the police and released a person that they were taking away after arrest.

The British authorities then again launched operations against these revolutionary villagers. On the 13th of August, the villages, Nagla, Bhopra and part of Pachlee Buzurg were destroyed and many revolutionary villagers were hanged.[27]

Even after many reprisals against villagers, after many massacres and burning of villages, even after destruction of crops and confiscation of cattle of many more villagers, the fire of the revolt did not die down in the hearts of the villagers around Meerut. Even till late August 1857, the British authorities of Meerut were not in control of the whole of Baraut region, the reign of Muradnagar tehsil upto Delhi and the lands beyond Hapur which were under Wullehdad Khan.[28]

The villagers of Meerut region, with their small arms and little resources, were able to fight off and stay independent against an organized, trained British Military force till the fall of Delhi. They organized themselves, fought and died together, forgetting traditional divisions of caste and religion. They communicated through drums and word of mouth, collected intelligence and stood up fight for their freedom against colonialism. It was an achievement never to be repeated.

Shah Mal comes out in all this as a great leader and organizer. His memory, his ideals of brotherhood and equality, and his love of our motherland will always remain etched in our hearts. Long live the great martyr. Jai Hind.

References

1. Malleson, G.B., *The Indian Mutiny of 1857*, 1890, p. 60, Parker T.N., *Mutiny Memoirs*, 1904 p. 17, Hazewell, Charles Creghton, *The Indian Revolt*, p. 1.
2. Palmer, J.A.B., *The Mutiny Outbreak in Meerut in 1857*, 1966, pp. 67-68, Extract from letter by Col. Mackenzie, A.R.D., quoted by Parker, T.N., in *Mutiny Memoirs*, 1904, p. 1.
3. Malleson, G.B., *The Indian Mutiny of 1857*, 1890, p. 45.
4. Extract from letter by Col. Mackenzie, A.R.D., quoted in Parker, T.N., *Mutiny Memoirs*, 1904, p. 2.
5. *Mutiny Narratives of the United Provinces*, 1858, p. 30, para 191, Parker, T.N., *Mutiny Memoirs*, 1904, p. 7.
6. *Mutiny Narratives of the United Provinces*, 1858, p. 32, para 211.
7. *Ibid.* p. 40, para 260.
8. *Ibid.* p. 40, para 260.
9. Kaye, John William, *A History of the Great Revolt*, Vol. 2, 1870, p. 188, *Mutiny Narratives of the United Provinces*, 1858, p. 41, para 272, Field Marshal Lord Roberts, *The Siege of Delhi-1857*, p. 3.
10. *Mutiny Narratives of the United Provinces*,1858, p. 36, para 233.
11. *Ibid.* p. 42, para 278.
12. *Ibid.* p. 42, para 279.
13. *Ibid.* p. 43, para 280.
14. *Ibid.* p. 43, para 280.
15. *Ibid.* p. 43, para 281.
16. *Ibid.* p. 43, para 281.
17. *Ibid.* p. 43, para 282.
18. *Ibid.* p. 43, para 283.
19. *Ibid.* p. 43, para 283.
20. *Ibid.* p. 43, para 284.
21. *Ibid.* p. 44, para 284.
22. *Ibid.* p. 44, para 285.
23. *Ibid.* p. 44, para 286.
24. *Ibid.* p. 44, para 287.
25. *Ibid.* p. 44, para 289.
26. *Ibid.* p. 44, para 289.
27. *Ibid.* p. 44, para 309.
28. *Ibid.* p. 44, para 311.

Chapter - 5

1857 की क्रांति में बाबा शाहमल का योगदान

डा. (श्रीमती) सविता तोमर[*]

1857 की मेरठ की क्रान्ति के संबंध में अनेकों विद्वानों ने अपने विचार प्रस्तुत किये हैं। अंग्रेज उसे गदर के रूप में पुकारते हैं तो कुछ इतिहासकार विफल सैनिक क्रान्ति के रूप में प्रस्तुत करते हैं तथा कुछ विद्वान इसका संबंध तत्कालीन ईस्ट इण्डिया कंपनी से त्रस्त राजाओं आदि से जोड़ते हैं और एक विफल प्रयास के रूप में मानते हैं। वे झांसी की रानी लक्ष्मीबाई, तॉत्या टोपे, आदि को प्रमुख कर्णधार मानते हैं। जबकि हकीकत बिल्कुल इसके विपरीत है क्योंकि ईस्ट इण्डिया कंपनी पहले ही इनके राज्याधिकार छीन चुकी थी। ये सत्ता से अलग किये जा चुके थे। बहादुरशाह जफर नाममात्र का ही बादशाह था, जो किले तक ही सीमित था। एक कहावत प्रचलित थी–"शाह आलम, किले से पालम (गाँव)"। परन्तु जनक्रान्ति में किसान, कृषि पर निर्भर कारीगर एवं आम लोगों के योगदान पर ध्यान नहीं दिया गया है।

कौटिल्य के अर्थशास्त्र के अनुसार खेती का विकास करना, किसानों को अच्छे बीज, सिंचाई के साधन एवं आवश्यकतानुसार ऋण का प्रबन्ध भी राज्य का अनिवार्य कर्त्तव्य होता था। किसान अपने खेत और भाग्य का स्वयं विधाता था, परन्तु इस किसान पर अंग्रेजों ने कभी भरोसा नहीं किया। उन्होंने उद्योगों एवं दस्तकारों का विनाश किया तथा खेती एवं किसानों का सर्वनाश किया। इस प्रकार सन् 1757 से 1857 तक के 100 वर्षों के अंग्रेजी राज में सोना, चाँदी उगलने वाली भारत की खेती धीरे-धीरे नष्ट होती गयी और उपजाऊ भूमि बांझ होने लगी।[1]

ग्रामीण समाज को लूटने-खसोटने के लिए अंग्रेजों ने जमींदारी प्रथा की स्थापना की तथा हर गाँव में लम्बरदारों के रूप में किसान विरोधी दलाल पाले तथा

संजय गॉधी (पी.जी.) कालिज, सरूरपुर खुर्द, (मेरठ)।

लगान की मात्रा इतनी अधिक बढ़ा दी कि उसे दे सकना किसानों के लिए असम्भव होता गया। जमींदार भारतीय किसानों का सबसे बड़ा शत्रु था। ये जमींदार किसानों पर अमानुषिक अत्याचार करते थे। इन जमींदार दरिन्दों और भेड़ियों ने नोच-नोच कर किसानों को खा लिया। इस शोषण से त्रस्त होकर मेरठ के चारों तरफ का किसान राजनीति से प्रेरित हो उठा था और सोचने लगा था कि अंग्रेजी राज से छुटकारा पाकर ही वह आर्थिक खुशहाली एवं स्वाधीनता का जीवन व्यतीत कर सकता है। प्रत्येक किसान का मन अंग्रेजों के प्रति घृणा से भर उठा। इस प्रकार मेरठ का 1857 का स्वाधीनता आन्दोलन न तो केवल सैनिक विद्रोह था और न घिसे-पिटे सामन्ती तत्वों की अन्तिम भभकाहट थी बल्कि यह मूल रूप से यहाँ के किसानों का संगठित रूप से शोषण के खिलाफ **किसान आन्दोलन** था और वही व्यापक रूप से फैला था [2] और इसी आंदोलन का एक वास्तविक हीरो बिजरौल गाँव का क्रान्तिकारी नेता बाबा शाहमल भी था।

1005 ई. में दिल्ली के राजा सलक्षणपाल देव तोमर ने अपने छोटे भाई जयपाल तोमर को दिल्ली की राजगद्दी सौंपकर हरियाणा में जाकर गाँव गरूड़श्मचाणा बसाया था। सलक्षणपाल के साथ 500 सैनिक भी दिल्ली से आए थे, उस समय गंगा-जमुना के दोआब में मेव जाति रहती थी। उन्हें भगाकर वह स्वयं यहाँ आ बसे तथा बड़ौत नामक एक गाँव बसाया। बाद में यहाँ से निकलकर इसी वंश के चौरासी गाँव बन गए जिनमें से एक गाँव बिजरौल भी है। इन चौरासी गाँवों को देसखाप के नाम से पुकारा गया। इसके छः थाम्बेदार होते थे, सुरक्षा की दृष्टि से देसखाप के दो उपसेनापति होते थे, 42 गाँव का सेनापति बिजरौल गाँव का होता था, जिसकी जिम्मेदारी बाह्य सुरक्षा की होती थी तथा 42 गाँव का सेनापति लोयन मलकपुर से होता था, जिसकी जिम्मेदारी आन्तरिक सुरक्षा की होती थी और इनके ऊपर सेनापति खाप के उस व्यक्ति को बनाया जाता था जो सबसे बहादुर होता था।[3]

लोक साहित्य में भी इस बात के पर्याप्त प्रमाण मिलते हैं कि पंचायत की अपनी सेना होती थी—सन् 1201 ई. में जिला मुजफ्फरनगर उत्तर प्रदेश के ग्राम सौरम की सर्वखाप पंचायत भाजू-भनेरा ग्राम के जंगलों में हुई। पंचायत में अपनी रक्षा स्वयं करने का प्रस्ताव पास किया गया और साठ हजार युवकों की सशस्त्र सेना का गठन भी किया गया था।[4]

जनपद बागपत की बड़ौत तहसील के पूर्वी भाग में स्थित बिजरौल गाँव के अमीचंद के तीन पुत्रों में शाहमल सबसे बड़ा था और युक्ति प्रमाण के आधार पर

उसका जन्म सन् 1797 ई. में हुआ था। शाहमल की दो पत्नियाँ थी, पहली पत्नी नान्दनौर (हरियाणा) के रामसुख की पुत्री राजवन्ती थी, जिससे तीन पुत्रियाँ उत्पन्न हुई और दूसरी पत्नी धन्नो ग्राम हेवा के किशन की पुत्री थी, जिससे तीन पुत्र उत्पन्न हुए। इनके नाम गरीब, दिलसुख और मेदा थे। दिलसुख जिसे दिल्वा भी कहते थे, का पुत्र लिज्जामल भी अपने बाबा की भॉति स्वाभिमानी और धर्मभावना से ओत-प्रोत था। शाहमल के पास काफी भूमि थी। उसे कुश्ती और घुड़सवारी का शौक था।[5]

बिजरौल गाँव के शाहमल सिंह को आदर से लोग बाबा शाहमल कहकर पुकारते थे। सम्मानपूर्वक उन्हें मावी कहकर भी पुकारा जाता था। बाबा शाहमल की संगठन शक्ति अद्‌भुत थी। उनकी टोली में छः हजार से अधिक क्रान्तिकारी थे जिनमें हिलवाडी के पं. रूडेराम, बडका गाँव के अनेक रवा राजपूत, निरोजपुर का अचल सिंह गुर्जर, निम्बाली का गुलाब सिंह गुर्जर, बिलोचपुर के बलूचीनवीबख्श आदि सभी जातियों के लोग शाहमल के नेतृत्व में अंग्रेजी राज्य के विरुद्ध संघर्षरत थे। यमुना के किनारे-किनारे सहारनपुर से दिल्ली तक गुर्जर, जाट, ब्राहमण, मुसलमान, त्यागी आदि सभी जातियाँ अंग्रेजी राज्य का सफाया करने में लगी थी। यद्यपि कुछ थोड़े-बहुत गद्‌दार भी थे।[6]

शाहमल में संगठन करने की शक्ति थी। इसके पास लगभग छः हजार सैनिक ऐसे थे कि हर समय उसके कहने पर लड़ने-मरने को तैयार थे। इन सैनिकों में ऐसे भी बहुत से सैनिक थे जो ब्रिटिश फौज से भागकर शामिल हुए थे। इन सैनिकों के मन में भी पीड़ा थी, क्योंकि ये सब किसान परिवार से ही सम्बद्ध थे। विश्व के महान क्रान्तिकारी लेनिन ने कहा है कि–'सैनिक वास्तव में वर्दीधारी किसान ही होता है और उसका सामाजिक आर्थिक दृष्टिकोण किसान वाला ही होता है'। वस्तुतः किसानों की समस्याएँ और अनुभूतियाँ सैनिकों की होती हैं।[7]

शाहमल में स्वाभिमान, मातृभूमि के प्रति प्रेम और किसानों के हित की भावना अत्यन्त प्रबल थी। किसानों का दमन, शोषण और उनसे लूट-खसोट उसे असहनीय थी। चौरासी (देस) के ग्रामीण अपनी खाप की बैठकों में इन परेशानियों की चर्चा करते थे और किसानों को एकजुट करने का प्रयास करते थे। शाहमल इसमें महत्वपूर्ण भूमिका निभा रहा था। शाहमल चौरासी (देस) खाप की बैठकों में यह स्पष्ट करने से नहीं चूकता था कि इन सारे कष्टों की जड़ अंग्रेजी राज है और इसके खात्मे से ही दुःख-दर्द दूर हो सकते हैं। किसानों के हितों और धर्म की रक्षा के लिए शाहमल में एक तड़प थी।[8]

उस समय देस खाप का चौधरी सरदराय था। शाहमल की योग्यता से प्रभावित होकर उसने अपना सम्पूर्ण अधिकार चौधरी शाहमल को सौंप दिया था। सन् 1856 ई. में सर्वखाप पंचायत की सभा वृन्दावन के जंगलों में हुई जिसकी अध्यक्षता स्वामी दयानन्द जी के गुरू जन्मांध बिरजानन्द ने की थी। इस सभा में देस खाप की तरफ से चौधरी शाहमल अपने साथियों सहित सम्मिलित हुआ था।[9]

10 मई 1857 को रविवार के दिन मेरठ में सैनिकों ने अंग्रेजों के विरुद्ध बिगुल बजा दिया। मेरठ के विद्रोही सैनिकों ने अंग्रेज अधिकारियों की हत्या की और लूटपाट करके वे 11 मई 1857 को प्रातः दिल्ली में मुगल बादशाह जफर के समक्ष उपस्थिति हुए।[10] इस घटनाचक्र की जानकारी आग की तरह फैल गई। शाहमल ने सर्वप्रथम 12 मई को अपने साथियों को लेकर बंजारे व्यापारियों के दल पर और 13 मई को बड़ौत तहसील और पुलिस चौकी पर हमला बोल कर पर्याप्त धन एकत्र कर लिया।[11] इससे ईस्ट इंडिया कंपनी के प्रशासन में अराजकता फैलाने के साथ-साथ वहाँ से प्राप्त धन से उसने अपनी टुकड़ियों की शक्ति बढ़ा ली।

किसानों में यह चेतना भी घर कर गई थी कि जिन अंग्रजों ने किसानों का लगान बढ़ाकर गाँवों–नगरों को लूटकर वीरान कर दिया है, उन अंग्रेजों को क्षमा नहीं किया जाना चाहिए।[12] इस प्रकार अनेक गाँव अंग्रेजों के विरुद्ध खड़े हो गए ये। शाहमल के प्रयत्नों से हिन्दु-मुस्लिम एक साथ मिलकर लड़े। हरचन्दपुर, ननवाकाजिम, सरकलान, बिजरौल, जौहड़ी, बिजवाडा, पूठ, धनौरा, बुढैरा, पोईस, गुराना, नंगला, बड़ौली, निम्बाली, बाघूं, संतोषपुर, हिलवाडी, बड़ौत तथा नादिरअसलत आदि गाँवों के निवासियों ने अंग्रेजों के विरुद्ध संगठित होकर शाहमल के नेतृत्व में आजादी का बिगुल बजाया।[13] इन क्रान्तिकारियों को भिन्न-भिन्न दस्तों में बॉट दिया गया था और वे शाहमल की पुलिस सेवा में बागपत और बड़ौत में कार्यरत थे।[14] दिल्ली के क्रान्तिकारियों के लिए खाद्य-आपूर्ति का भार शाहमल पर था जिस उत्तरदायित्व को वह भली प्रकार निभा रहा था। अपने संघर्ष के अन्तिम दिनों में उसने आठ हजार मन अनाज बसौद गाँव में क्रान्तिकारियों के लिए एकत्रित कर रखा था। यद्यपि वह उस अनाज को दिल्ली नहीं भेज सका, तथापि उसकी अनुपस्थिति में भी यह साहस किसी में नहीं था कि वह उस अनाज का एक दाना भी छू सके।[15]

दिल्ली के क्रान्तिकारियों को खाद्य आपूर्ति की मदद देकर शाहमल ने अपना प्रभाव बढ़ा लिया था। दिल्ली में क्रान्तिकारियों के नेताओं ने उसकी क्रान्ति के प्रति समर्पण की भावना देखकर उसको सूबेदार बना दिया। शाहमल ने बिलोचपुरा गाँव

के एक बलूची नवीबख्श के पुत्र अल्लादिया को अपना दूत नियुक्त करके दिल्ली भेजा ताकि अंग्रेजों के विरुद्ध लड़ने के लिए मदद व सैनिक मिल सके। बागपत के थानेदार वजीरखाँ ने भी इसी उद्देश्य से सम्राट बहादुरशाह को अर्जी भेजी। बागपत के नूरखाँ के पुत्र महताब खाँ से उनका सम्पर्क था, सभी ने शाहमल को बादशाह के समक्ष पेश किया और कहा कि वह (शाहमल) क्रान्तिकारियों के लिए बहुत सहायक हो सकता है, और ऐसा ही हुआ। शाहमल ने न केवल अंग्रेजों के संचार साधनों को ठप कर दिया बल्कि इस क्षेत्र को दिल्ली के लिए आपूर्ति क्षेत्र में बदल दिया।[16]

मेरठ के गजेटियर 1903 में लिखा है कि अंग्रेजी बिग्रेडियर विल्सन बागपत के पास यमुना पार करके 7 जून को अलीपुर पहुँचा। इधर बिजरौल गाँव के एक 'मावी' ने माल से लदे 500 सरकारी पशुओं को पकड़ लिया। चौधरी शाहमल सिंह ने विद्रोहियों के साथ मिलकर यमुना पर बने नावों के पुल को नष्ट कर दिया, क्योंकि यमुना के पश्चिम में राई ग्राम के अंग्रेजी कैम्प में इस पुल के ऊपर से अंग्रेजों की रसद आती थी। श्री जे. केम्प बेल ने जींद के राजा की मदद से फिर से इस पुल का निर्माण करा दिया था। उसे भी पहले पुल की भाँति शाहमल ने धराशायी कर दिया।[17]

वह शाहमल ही थे जिनके कारण अंग्रेज यमुना नदी की ओर से दिल्ली पर हमला करने में असमर्थ थे। शाहमल ने किसानों को एकजुट कर दिया था जिससे अंग्रेजों को राजस्व मिलना बिल्कुल बंद हो गया था। अहेड़ा के गुर्जरों ने बड़ौत और बागपत की लूट तथा दिल्ली-मेरठ सड़क बन्द करने में हिस्सा लिया। मुजफ्फरनगर जिले के शामली, जौला और सौरम के जाटों ने अन्य क्रान्तिकारियों से मिलकर अंग्रेजों से बुढ़ाना का किला छीन लिया और शामली तथा थानाभवन तहसीलों पर कब्जा कर लिया।[18]

शाहमल काफी लोकप्रिय थे। विलियम स्पेट ने अपनी रिपोर्ट में लिखा है कि—एक जाट (शाहमल) ने, जो बड़ौत परगने का गर्वनर हो गया था और जिसने राजा की पदवी धारण कर ली थी, उसने अन्य तीन-चार परगनों पर नियंत्रण कर लिया था। दिल्ली के घेरे के समय वहाँ की जनता इसी व्यक्ति के कारण जीवित रह सकी।[19] हिन्दु-मुसलमान सारे मतभेद भुलाकर आजादी की इस लड़ाई में एक हो गए थे, किन्तु अंग्रेजों ने गाँव के किसानों में फूट डालने का प्रयत्न किया। क्रान्तिकारियों के विरुद्ध कार्यवाही शुरू करने से पहले विलियम्स ने रिपोर्ट भेजी थी कि—कई जाटों ने कहा है कि वे शाहमल की मदद नहीं करेंगे बल्कि उसको पकड़वाने में सहायता भी करेंगे।[20]

शाहमल ने यमुना नहर पर स्थित सिंचाई विभाग के एक अधिकारी के बंगले को अपना न्यायालय बनाया हुआ था। उसने अपनी सक्षम गुप्तचर सेना भी कायम कर रखी थी। ये गुप्तचर सूचनाएँ एकत्र कर शाहमल को सूचना देते थे। एक बार 129 ब्रिटिश सैनिकों ने क्रान्तिकारियों पर आक्रमण किया।[21] शाहमल को इस आक्रमण की सूचना पहले ही मिल चुकी थी, उन्होंने शत्रु सैनिकों से मुकाबले के लिए हजारों क्रान्तिकारियों को भेजा, जिससे ब्रिटिश सैनिकों की दशा खराब हो गई। जुलाई 1857 में क्रान्तिकारी नेता शाहमल को पकड़ने के लिए ब्रिटिश सेना संकल्पबद्ध हुई।[22]

लगभग छः हजार सैनिकों तथा सशस्त्र किसानों के साथ शाहमल ने ब्रिटिश सेना का डटकर मुकाबला किया। एक अंग्रेज अधिकारी ने लिखा है कि–ऐसा लगता था कि सारा देश हमारे विरुद्ध उठ खड़ा है, लोगों को एकत्र करने के लिए चारों ओर ढोल बजाए जा रहे थे और भीड़ एकत्र होकर आगे बढ़ रही थी। शाहमल के भतीजे भगत (भुक्ता) के हमले से बार-बार बचकर ब्रिटिश सेना का नेतृत्व कर रहा डनलप भाग खड़ा हुआ और भगत ने उसे बड़ौत तक खदेड़ा। इस समय शाहमल के साथ लगभग दो हजार शक्तिशाली सैनिक थे। बड़ौत के दक्षिण के एक बाग में खाकी रिसाला और शाहमल के अनुयायियों में घमासान संघर्ष हुआ, मुठभेड़ आमने-सामने की थी, किसान सैनिक निर्भीकता से लड़ रहे थे, युद्ध को क्रीडांगन समझने वाले किसान सैनिक अंग्रेजों की प्रशिक्षित और हथियारों से लैस सेना के समक्ष मृत्यु का आलिंगन कर सामने डटे रहे। शाहमल स्वयं मारकाट मचा रहा था, परन्तु नियति का क्रूर चक्र अब उसके पक्ष में न था, रुधिर की धारा बह रही थी, खाकी रिसाले ने जान की बाजी लगाकर आक्रमण किया जिसमें शाहमल वीरगति को प्राप्त हुआ।[23]

21 जुलाई 1857 को तार द्वारा उच्चाधिकारियों को सूचना दी गई थी कि मेरठ से आई फौजों के विरुद्ध लड़ते हुए शाहमल अपने छः हजार साथियों सहित मारा गया।[24] मेरठ गजेटियर में भी विवरण उपलब्ध है कि बड़ौत के बाहर डनलप ने मोर्चा संभाला, भयानक संघर्ष हुआ, शाहमल आमने-सामने के इस भीषण संघर्ष में स्वतंत्रता के लिए लड़ते हुए मारा गया। शाहमल का सिर काट लिया गया और सार्वजनिक रूप से इसकी प्रदर्शनी की गई।[25]

लोक गाथायें भी शाहमल की उत्कृष्ट देशभक्ति का प्रमाण प्रस्तुत करती हैं। लोक गायकों ने अपनी कविताओं (रागणियों) में जो वर्णन किया है, वह इस प्रकार है–

"समय-समय पै इन वीरों ने देश की खात्तर युद्ध किया

आतताई को पकड़-पकड़ कै भंग सब अंग किया

जिसणे भी 'देस' में आक्के म्हारी बहणों को तंग किया

शाहमल नै उनका बुरी तरह से ढंग किया"

इस दुःखद गायन के पश्चात् गाथाकार अंग्रेजी राज्य की बर्बरता का वर्णन इस प्रकार करता है—

"जिन वीरों ने अंग्रेजों को मारा-पीट्टा-धमकाया

बड़ौत-शामली-खेकडा अन्दर उन्हें कौल्हू में पिलवाया

शाहमल और मोहर सिंह को बुरी तरह से मरवाया

उनका रकबा छीन-छीनकर गद्दारों को दिलवाया"[26]

ब्रिटिश अधिकारियों की नींद हराम करने वाला क्रान्तिवीर शाहमल अपनी मातृभूमि की रक्षा के लिए युद्ध भूमि में शहीद हो गया। स्वतंत्रता के लक्ष्य की प्राप्ति के लिए किसानों द्वारा किया गया यह संघर्ष अद्वितीय था। शाहमल एक वीर और निर्भीक किसान नेता था। उसके क्रियाकलापों से जुड़े स्थानों को ऐतिहासिक महत्व दिया जाना चाहिए। 1857 की मेरठ की क्रान्ति में बाबा शाहमल का योगदान अविस्मरणीय है।

सन्दर्भ

1. आचार्य दीपंकर, *"स्वाधीनता आन्दोलन और मेरठ"* जनमत प्रकाशन, मेरठ प्रथम संस्करण, 1993 पृ. 94-95।
2. उपरोक्त पृ.–97
3. 'देसखाप' के चौधराहट रिकार्ड के आधार पर (देसखाप का सम्पूर्ण रिकार्ड रखने की जिम्मेदारी किशनपुर बराल की होती थी यह रिकार्ड आज भी उपलब्ध है)
4. डाक्टर एम.सी. प्रधान की पुस्तक– *"पॉलिटिकल सिस्टम ऑफ जाट्स ऑफ नार्दन इण्डिया"* का हिन्दी अनुवाद, संपादक, डाक्टर नत्थन सिंह, पृ.–18
5. बिजरौल गाँव के बीरबल भाट की पोथी के आधार पर
6. आचार्य दीपंकर–पूर्वोक्त पृ.–141
7. उपरोक्त पृ–144
8. डा. महेन्द्र नारायण शर्मा : *जर्नल ऑफ मेरठ यूनिवर्सिटी, हिस्ट्री एल्युम्नी,* वोल्यूम 7 नं. 4, (2006) पृ–93
9. डा. महक सिंह, *'मेरा गाँव मेरा देश'*–प्रथम संस्करण, किशनपुर, 1988, पृ.–63।
10. एस.एन. सेन, *एट्टीन फिफ्टी सेवन,* पृ. 41-46
11. ई.बी. जोशी (सम्पा) *उत्तर प्रदेश डिस्ट्रिक्ट गजेटियरर्स, मेरठ,* सातवां संस्करण, 1965, पृ. –54
12. आचार्य दीपंकर, पूर्वोक्त पृ.–126
13. फ्रासू, *फहतनामा,* पाद टिप्पणी 85 बी.–2154 से 2250 तक
14. ई.बी. जोशी, पूर्वोक्त, पृ.–54
15. *डनलप खाकी रिसाला,* पृ.87-89
16. डा. एम.एन. शर्मा, *"सन् सत्तावन का अमर शहीद बाबा शाहमल"* बागपत (2002) पृ.–14
17. जाट ज्योति, अप्रैल 2007, पृ.–37
18. 'देसखाप' के चौधराहट रिकार्ड के आधार पर
19. डा. विश्वामित्र उपाध्याय, *"सन् 1857 के भूले बिसरे शहीद"* 2001, पृ.–13
20. विलियम की रिपोर्ट, 7 अगस्त, 1857, पृ. 45-46
21. डा. विश्वामित्र उपाध्याय पूर्वोक्त पृ.–11
22. ई.बी. जोशी, पूर्वोक्त पृ.–55
23. उपरोक्त पृ.–55
24. डा.एम.एन. शर्मा, पूर्वोक्त, पृ.–17
25. ई.बी. जोशी, पूर्वोक्त पृ.–55
26. डा. नत्थन सिंह, "कौरवी लोक गाथा साहित्य" संस्करण, 1991 पृ.–91

Chapter - 6

1857 का विप्लव और शाहमल

डॉ. मुदित कुमार

10 मई की मेरठ की क्रांति की खबर सुनकर मेरठ के आस-पास के अधिकांश गाँवों के ग्रामीणों ने भी इसमें अपने स्तर पर भागीदारी निभाई। इनमें गढ़मुक्तेश्वर, हापुड़, धौलाना, पिलखुवा, मुकीमपुरगढ़ी, असौंड़ा, डासना, सीकरी खुर्द, मुरादनगर, खिदौंडा, मनेड़ा, कुम्हैड़ा, सुहाना, गयासपुर, परीक्षितगढ़, आदि स्थान मुख्य थे। इसी क्रान्ति में बागपत एवं बड़ौत के समीपवर्ती गाँवों ने अपनी अहम भूमिका निभाई थी। 1857 में इन ग्रामों के क्रान्तिकारी ग्रामीणों का नेतृत्व शाहमल ने किया था।

शाहमल बागपत जनपद में अवस्थित बिजरौल गाँव के जाट परिवार से संबंधित थे। बिजरौल गाँव जाट बहुल है। शाहमल ने 12, 13 मई 1857 से जुलाई 1857 तक बागपत एवं बड़ौत के समीपवर्ती गाँवों का नेतृत्व किया। इनमें हरचन्दपुर, ननवाकाजिम, नानूहन, बिजरौल, जोहड़ी, बिजवाड़ा, पूठ, धनौरा, बाघूनिरोजपुर, पोइस, ओसख, नादिर असलत आदि गाँव मुख्य थे।[1]

मेरठ में क्रान्तिकारियों ने प्रशासनिक व्यवस्था को अस्तव्यस्त कर दिया था जिससे चारों ओर अराजकता फैल गई थी। शाहमल ने इस फैली हुई अराजकता को महसूस किया तथा उन्होंने उससे लाभ उठाया। उन्होंने अपने कुछ साथियों को लेकर 12, 13 मई को बड़ौत में बंजारे व्यापारियों के दल पर हमला करके पर्याप्त धन एकत्र कर लिया।[2] इस धन से शाहमल ने अपनी शाक्ति बढ़ाने के लिए अपने अनुयायियों की संख्या में वृद्धि की। अपने विरुद्ध किसी भी प्रकार की पुलिस कार्यवाही न होने के कारण उन्होंने बड़ौत तहसील एवं पुलिस चौकी पर सहसा

रिसर्च एसोसिएट हस्तिनापुर शोध संस्थान, मेरठ।

हमला करके सरकारी खजाना लूट लिया! यहाँ का तहसीलदार अपनी जान बचाकर भाग खड़ा हुआ।[3]

इन घटनाओं से शाहमल का प्रभाव क्षेत्र बढ़ गया। उनमें संगठनकर्ता एवं मुश्किल समय में साहस से सामना करने के गुण विद्यमान थे। अपनी इन विशेषताओं के कारण उन्होंने अनेक ग्रामीण क्रान्तिकारियों को अपने नेतृत्व में एकत्रित कर अपने दल का गठन कर लिया। इस दल में सभी जाति के लोग शामिल थे। इनमें ट्योढ़ी के ब्राह्मण, बड़का गाँव के राजपूत, हिलवाड़ी के रूडेराम पंडित, बाघू निरोजपुर का अचलू गूजर, बिलोचपुर का नवीबख्श आदि मुख्य थे।[4] यह इस तथ्य का भी द्योतक है कि 1857 में जातिगत भेदभाव से ऊपर उठकर विभिन्न वर्गों के लोगों ने एक जुट होकर अंग्रेजी सत्ता के प्रति अपना विरोध प्रदर्शित किया था।

वस्तुतः इस क्षेत्र के ग्रामीणों में अंग्रेजी सरकार की भूमि संबंधी नीति के कारण रोष व्याप्त था। बेगम समरू की मृत्यु से पूर्व अर्थात् 1836 ई. तक यह क्षेत्र उनकी जागीर में आता था। परन्तु उनकी मृत्यु के पश्चात् उनकी जागीर ईस्ट इंडिया कंपनी के राज्य में मिला ली गई। परिणामतः यह क्षेत्र भी कंपनी के अधिकार में आ गया। कंपनी सरकार ने यहाँ नए प्रकार से भू-राजस्व निर्धारित किया, जिसका मुख्य उद्देश्य इस क्षेत्र से अधिक आय प्राप्त करना था। इसका दायित्व इलियट एवं प्लाउडन को दिया गया। नवीन व्यवस्था में राजस्व की दर अधिक थी। इससे यहाँ के ग्रामीणों में रोष व्याप्त था। जब इनके द्वारा विरोध किया गया तो सरकार ने सख्ती से काम लिया और आदेश पारित किया कि "यदि कोई किसान समय से राजस्व अदा नहीं करता है तो उसकी जमीन उस दूसरे किसान को दे दी जाएं जो समय से कर की अदायगी कर सकता हो।" इस नवीन व्यवस्था से अनेक किसानों की जमीन जब्त करके दूसरे किसानों को दे दी गयी। इससे 1840 और 1850 के दशकों में बागपत एवं बड़ौत क्षेत्र के ग्रामीण उत्तेजित हो गए।[5] भूमि जब्त होने वालों में सॉवल (शाहमल) का परिवार भी शामिल था। अतः जैसे ही 10 मई को मेरठ में घटित हुई विप्लवकारी घटनाओं की सूचना यहाँ के ग्रामीणों को मिली, उन्होंने क्रान्तिमूलक घटनाओं को अंजाम देना शुरू कर दिया। शाहमल ने उन्हें संगठित कर लिया।

क्रान्ति के प्रस्फुटन के कुछ समय पश्चात् ही शाहमल अपने कार्यों से बड़ौत एवं बागपत क्षेत्र में ख्याति प्राप्त कर चुके थे। साथ ही अब उनका उद्देश्य राजनीतिक हो गया क्योंकि वे अपने समस्त कार्यों को मेरठ के क्रान्तिकारी सैनिकों

के समान संवैधानिक रूप देना चाहते थे। अतः उन्होंने मुगल सम्राट बहादुरशाह जफ़र में अपनी आस्था प्रदर्शित की और दिल्ली के क्रान्तिकारियों से सम्पर्क स्थापित किया। उन्होंने इस उद्देश्य की प्राप्ति हेतु बिलोचपुरा गाँव के बलूची नवीबख्श के पुत्र अल्लादिया को दिल्ली भेजा। बागपत के नूरखाँ के पुत्र मेहताब खाँ का दिल्ली के क्रान्तिकारियों से सम्पर्क था। उसका विश्वास था कि शाहमल दिल्ली के क्रांतिकारियों को सहायता पहुँचा सकते हैं। उसने इस तथ्य से उन्हें अवगत भी कराया। बागपत के वजीर खाँ ने भी इसी उद्देश्य से मुगल सम्राट के पास संदेश भेजा।[6] उनकी उपयोगिता को देखते हुए मुगल बादशाह ने उन्हें बागपत एवं बड़ौत क्षेत्र का सूबेदार बना दिया।[7] क्योंकि वे बागपत की सीमा दिल्ली से मिली होने के कारण खाने पीने के सामान को वहाँ आसानी से भेज सकते थे। कालान्तर में ऐसा ही हुआ। शाहमल ने इस क्षेत्र में प्रशासनिक व्यवस्था को अस्तव्यस्त कर दिया और अंग्रेजों को भू-राजस्व उगाहने नहीं दिया। उसने 8 हजार मन अनाज बसौद गाँव में इकट्ठा कर लिया ताकि उसे दिल्ली भेजा जा सके।[8]

11वीं पैदल सेना के 125 सैनिक भी उनके साथ आकर मिल गए। इससे उनकी ताकत में और अधिक वृद्धि हो गयी। बसौद के जाटों एवं बिचपुरी तथा अम्हेड़ा के गूजरों ने बड़ौत एवं बागपत में खूब लूटपाट की। शाहमल के साथ अम्हेड़ा के गूजरों आदि ने मिलकर हिण्डन पर बने नावों के पुल को तोड़ दिया। इससे दिल्ली का मेरठ, बागपत आदि स्थानों से सम्पर्क समाप्त हो गया। इस प्रकार शाहमल ने दिल्ली पर अंग्रेजों द्वारा पुनः कब्जा करने में बाधा उत्पन्न कर दी। वे क्षेत्र की ग्रामीण जनता को क्रान्ति में भाग लेने के लिए प्रेरित करते थे। इसके लिए क्रान्तिकारी गुप्त सभाओं का आयोजन किया जाता था। एक ऐसी ही सभा का आयोजन शाहमल एवं बाघू निरोजपुर का अचलू गूजर कर रहे थे। इसकी सूचना दुल्ले गूजर ने अंग्रेजों को दे दी। अंग्रेज, शाहमल की क्रान्तिकारी गतिविधियों से अत्यधिक चिंतित थे।[9] उन्होंने यथाशीघ्र मेरठ से खाकी रिसाला भेजा लेकिन शाहमल वहाँ से निकलने में कामयाब रहे। यद्यपि अचलू को पकड़ लिया गया और मृत्यु दण्ड दे दिया गया।[10]

शाहमल बसौद गाँव में एकत्रित अनाज को दिल्ली भेजने में सफल न हो सके। अंग्रेजों को इसका पता चल गया। शीघ्र ही अंग्रेजी सैन्य टुकड़ी बसौद गाँव में जा पहुँची। परन्तु शाहमल यहाँ से भी बचकर निकलने में कामयाब हो गये। अंग्रेजी सैनिकों ने ग्रामीणों को गाँव से बाहर निकलने के लिए मजबूर कर दिया। परन्तु दिल्ली से आये दो गाजी एक मस्जिद में मोर्चा लगाकर लड़ते रहे।[11] परिणामतः

अंग्रेज भी अपनी योजना में सफल न हो सके। शाहमल के संबंध में मेरठ के एक सैन्य अधिकारी ने लिखा कि 'शाहमल जाट बड़ौत परगने का गवर्नर हो गया था और इसने अन्य तीन-चार परगनों पर अधिकार करके राजा की उपाधि धारण कर ली थी। दिल्ली के घेरे के समय दिल्ली की जनता और गैरीसन इसी के कारण ही जीवित बची रह सकी।'[12]

शाहमल की क्रान्तिकारी गतिविधियों से अंग्रेज बौखला उठे। उन्होंने शाहमल के विरुद्ध कठोर कार्यवाही की रणनीति तैयार की थी। खाकी रिसाले के द्वारा उनका पीछा किया गया और बड़ौत के निकट एक बाग में इन्हें चारों तरफ से घेर लिया गया। अंग्रेज सैनिक आधुनिक हथियारों से सुसज्जित थे। इस समय शाहमल के साथ लगभग 7 हजार म्यूटिनी नेरेटिव के अनुसार 3500 ग्रामीण क्रान्तिकारी थे। उन्होंने भी मोर्चा सम्भाल लिया।[13] दोनों में आमने-सामने की लड़ाई हुई। यद्यपि वृद्ध शाहमल एवं ग्रामीण क्रान्तिकारियों ने बड़े साहस के साथ खाकी रिसाले का सामना किया। परन्तु वे अधिक समय तक प्रशिक्षित अंग्रेज सैनिकों के समक्ष टिक न सके और उनमें भगदड़ मच गयी। इस संघर्ष में अनेक क्रान्तिकारी शहीद हुए। इनमें शाहमल भी शामिल थे।[14] 21 जुलाई को मेरठ के उच्च अधिकारियों को इसकी खबर कर दी गयी।[15] शाहमल का सिर धड़ से अलग कर दिया गया। उसे भाले पर टॉगकर चारों तरफ घुमाया गया ताकि क्षेत्र में भय व्याप्त हो जाएं और ग्रामीण क्रान्तिकारी घटनाओं को अंजाम न दें।

अंग्रेजों ने करमअली नामक रांगड मुसलमान को ईनाम में बागपत जागीर दे दी। ऐसा माना जाता है कि उसने शाहमल का सिर धड़ से अलग किया था और इसी कारण उसे यह जागीर बख्शी गयी थी। बड़ौत की तहसील समाप्त कर दी गयी तथा उसे बागपत तहसील में शामिल कर दिया गया।

इस प्रकार शाहमल शहीद हो गये। परन्तु उनकी शहादत को भुलाया नहीं जा सकता। जब तक वे जीवित रहे अंग्रेजों की दिल्ली पर पुनः कब्जा करने की कोशिश कामयाब न हो सकी। शाहमल एक साधारण किसान परिवार से संबंधित थे। यदि उन्हें स्थानीय जनता के एक बड़े भाग का समर्थन प्राप्त हुआ तो वह उनकी विशेषताओं के कारण था। उन्होंने क्रान्ति में स्थानीय नेतृत्वकारी की महत्वपूर्ण भूमिका का निर्वहन भी किया तथा गवर्नर पद को हासिल किया।

संदर्भ

1. फ्रांसू, *फतहनामा,* पाद टिप्पणी 85 बी, 2154-2250; डॉ. एम.एन. शर्मा व डॉ. आर. के. शर्मा : *सन् सत्तावन का अमर शहीद बाबा शाहमल,* प्रथम संस्करण, भारतीय इतिहास संकलन समिति बागपत, 2002, पृ. 14-15
2. रवि चन्द्र गुप्ता : *इन्हें भुला ना देना,* प्रथम संस्करण, मानसी गंगा प्रकाशन, दिल्ली, 2000, पृ. 41-42; ई.बी.जोशी (सं.), *उत्तर प्रदेश डिस्ट्रिक्ट गजेटियर मेरठ खंड,* सातवां संस्करण 1965, पृ. 141-142
3. ई.बी. जोशी : पूर्वोक्त।
4. आचार्य दीपंकर : *स्वाधीनता आन्दोलन और मेरठ,* प्रथम संस्करण, मेरठ, 1993, पृ. 141-142
5. विश्वमित्र उपाध्याय : *सन् सत्तावन के भूले-बिसरे शहीद,* भाग-2, द्वितीय संस्करण, सूचना और प्रसारण मंत्रालय, दिल्ली, 2001, पृ. 9
6. डॉ. एम.एन. शर्मा व डॉ. आर.के. शर्मा : पूर्वोक्त, पृ. 41
7. रवि चन्द्र गुप्ता : पूर्वोक्त, पृ. 41-42
8. डनलप : *खाकी रिसाला,* पृ. 87-89
9. रवि चन्द्र गुप्ता : पूर्वोक्त, पृ. 41-42
10. *गुर्जर गौरव,* अगस्त-सितम्बर (मासिक), 1987, पृ. 29
11. डॉ. एम.एन. शर्मा व डॉ. आर.के. शर्मा : पूर्वोक्त, पृ. 15
12. विश्वमित्र उपाध्याय : पूर्वोक्त, पृ. 12
13. रवि चन्द्र गुप्ता : पृ. 41-42
14. वही
15. विश्वमित्र उपाध्याय : पूर्वोक्त, पृ. 13

Chapter - 7

प्रथम स्वतंत्रता संग्राम में सर्वखाप पंचायत की अहम भूमिका

डॉ0 बी0एस0 बालियान

अंग्रेजी ईस्ट इंडिया कंपनी व्यापारिक उद्‌देश्यों से मुस्लिम शासनकाल में भारत में आई और कुछ ही काल में इस व्यापारिक संस्था का भारतीय शासन में हस्तक्षेप होना आरंभ हो गया। इस संबंध में सर्वखाप पंचायत द्वारा सम्वत् 1790 वि0 (अर्थात् 1733 ई0) सम्वत् 1799 वि0 (अर्थात् 1742 ई0) सम्वत् 1826 वि0 (अर्थात् 1869 ई0) सम्वत् 1857 वि0 (अर्थात् 1800 ई0) सम्वत् 1890 वि0 (अर्थात् 1833 ई0) सभाओं में अंग्रेजी कंपनी के शासन में हस्तक्षेप पर सम्वत् 699 वि0 (अर्थात् सन् 642 ई0) में हरिगाणा सर्वखाप पंचायत ने इस्लामिक शासकों द्वारा कट्टरपंथी एवं धार्मिक पक्षपात पूर्ण फरमानों (आदेशों) का खुलकर विरोध किया और उन्हें समाप्त कराया था।

अंग्रेजों के भारतीय शासन में बढ़ते प्रभाव को देखते हुए सर्वखाप पंचायत तथा प्रबुद्ध जन चिन्तित हुए और हरिद्वार स्थित योगी और उद्‌घोषकों द्वारा इस ओर चिन्तन आरंभ हुआ। इनमें 160 वर्षीय योगिराज श्री ओमानन्दजी, उनके वरिष्ठ शिष्य श्री पूर्णानन्द जी योगी प्रमुख थे। इनका उद्देश्य था कि भारत से गोरों का प्रभुत्व समाप्त हो क्योंकि गोरों की सरकार भारत के लिये एक भारी अभिशाप थी।

इन महान् चिन्तकों का उद्देश्य रहा कि अंग्रेजी शासन से मुक्ति का संचालन कैसे हो और संचालन केन्द्र के लिए कौन सा क्षेत्र सबसे उपयुक्त है। गहन चिंतन के पश्चात् योगी एवं उद्‌घोषक इस नतीजे पर पहुँचे कि भारत भर में मात्र हरियाणा और ब्रज जाट बाहुल्य क्षेत्र ही सबसे उपयुक्त एवं प्रभावशाली है। इस चिन्तन का सबसे सशक्त आधार यहाँ की सर्वखाप पंचायत थी जो पूर्णरूप से संगठित एवं अनुशासित रही है और जिसने समय-समय पर मुस्लिम शासकों के पक्षपात पूर्ण धार्मिक उन्मादी फरमानों (आदेशों) का विरोध किया था।

आरंभ में 160 वर्षीय स्वामी ओमानन्द जी योगी और उनके शिष्य स्वामी पूर्णानन्द जी योगी, उनके शिष्य विरजानन्द महाराज तथा उनके शिष्य नवयुवक गोकुलमुखी बलिष्ठ साधक स्वामी दयानन्द जी सरस्वती थे। सर्वखाप पंचायत पंचों (खाप प्रमुख/चौधरी) से इन चिन्तकों का निरन्तर सम्पर्क रहा और गुप्त सभाएँ आयोजित होती रहीं। गौरा मुक्ति अभियान आरंभ में योगियों और सर्वखाप पंचों की गुप्त सभाओं और नीति निर्धारण के संचालन तक ही सीमित होता था। धीरे-धीरे इस अभियान में विश्वास प्राप्त मुस्लिम एवं अन्य जातीय प्रतिनिधि भी सम्मिलित होने आरंभ हुए। सर्वखाप पंचायत अभिलेख के आधार पर जितनी द्रुत गति से इस अभियान की सभाएँ हुईं उतनी सर्वखाप पंचायत की स्थापना के बाद कभी भी आयोजित नहीं हुईं।

आरंभ में गुप्त सभाओं में निर्धारित नीतियों का गुप्त रूप से हरियाणा तथा ब्रज क्षेत्र में ही प्रचार किया गया तथा इस अभियान के पक्ष में जन साधारण की रुचि एवं झुकाव तथा समर्पण को देखते हुए बाद में ढाई-तीन हजार शिष्यों को गोपनीयता की शपथ दिलाकर अन्यत्र पूरे देश में गुप्त प्रचार आरंभ किया गया।

स्वतंत्रता संग्राम क्रांति के प्रतीक लाल कमल और रोटी निर्धारित किए गए। लाल कमल देशी सैनिक छावनियों में एक छावनी से दूसरी छावनी तक पहुँचाया जाता था जिसका अर्थ होता था कि हम स्वतंत्रता संग्राम के समर्थक हैं और जी-जान से सहयोग और समर्पण के लिए तैयार हैं। रोटी (चपाती) का प्रतीक गाँव-गाँव तक पहुँचाया जाता था जिसका अर्थ था कि हम गांववासी स्वतंत्रता संग्राम के समर्थक है और पूर्णरूप से सहयोग के लिए तत्पर हैं। इन स्वतंत्रता प्राप्ति के प्रतीक चिह्नों का निर्धारण स्वामी ओमानन्द जी योगी द्वारा सर्वखाप पंचायत की गुप्त सभा सम्वत् 1912 अर्थात् सन् 1855 ई0 में किया गया था। स्वतंत्रता संग्राम अभियान के लिए जो सभाएं सर्वखाप पंचायत के तत्वावधान में हुई, उनका विवरण सर्वखाप पंचायत मंत्री श्री कबूल सिंह गांव सौरम से प्राप्त निम्नानुसार प्रस्तुत है–

स्वतंत्रता संग्राम के उपलक्ष में सर्वखाप पंचायत की गुप्त सभाएँ

क्र0वि0सं0/सन्	स्थान	अध्यक्षता	विवरण
1. सम्वत् 1828 /सन् 1769 ई0	सौरम		अंग्रेजों द्वारा भारतीय शासन में हस्तक्षेप तथा मनमानी कार्यवाही पर चिन्तन
2. सम्वत् 1844/सन् 1787 ई0	हरिद्वार	उद्घोषक	अंग्रेजों की विस्तारवादी नीति एवं प्रशासन में हस्तक्षेप पर चिन्तन

3. सम्वत् 1844/सन् 1837 ई0	हरिद्वार	उद्घोषक	अंग्रेजों की विस्तारवादिता पर विचार
4. सम्वत् 1857/सन् 1800 ई0	आगरा	सर्वखाप पंचायत	जार्ज थॉमस द्वारा हरियाणा क्षेत्र पर आक्रमण पर चिन्तन
5. सम्वत् 1873/सन् 1816 ई0	बिहारीपुर	सर्वखाप पंचायत	अंग्रेजी के भारतीय शासन में बढ़ते हस्तक्षेप पर चिन्तन
6. सम्वत् 1890/सन् 1833 ई0	मथुरा	सर्वखाप पंचायत	अंग्रेज अधिकारी लार्ड मैकाले द्वारा पंचायतों पर प्रतिबंध और अधिकारों के हनन पर चिन्तन
7. सम्वत् 1897/सन् 1840 ई0	हरिद्वार	ओमानन्द जी महाराज	स्वतंत्रता संग्राम संचालन पर विचार
8. सम्वत् 1907/सन् 1850 ई0	हरिद्वार	ओमानन्द जी महाराज	स्वामी ओमानन्दजी का स्वतंत्रता कार्य-कर्त्ताओं को भाषण
9. सम्वत् 1922/सन् 1856 ई0	गढ़ मुक्तेश्वर	स्वामी पूर्णानन्दजी	स्वतंत्रता संग्राम के संबंध में चिन्तन
10.राग्वत् 1922/रान् 1855 ई0 5 अक्टूबर	गढ़ गुक्तेश्वर	रवागी पूर्णानन्दजी	स्वतंत्रता संग्राम के संबंध में चिन्तन
11.सम्वत् 1922/सन्1855 ई0 11 अक्टूबर	गढ़ मुक्तेश्वर		स्वामी पूर्णानन्दजी पेड़ों के झुण्ड में गुप्त सभा स्वतंत्रता संग्राम के उपलक्ष्य में मंत्रणा
12.सम्वत् 1913/सन् 1856 ई0	हरिद्वार	स्वामी पूर्णानन्दजी	स्वतंत्रता संग्राम संचालन पर मंत्रणा
13.सम्वत् 1913/सन् 1856 ई0	मथुरा	गिरिजानन्द जी महाराज	स्वतंत्रता संग्राम संचालन पर मंत्रणा
14.सम्वत् 1914/सन् 1857 ई0	बिजरौल	चौधरी शाहमल	चौधरी शाहमल को स्वतंत्रता संग्राम का सेनापति नियुक्त करना।
15.सम्वत् 1914/सन् 1857 ई0 23 जून	दिल्ली	बादशाह बहादुरशाह जफर	बादशाह द्वारा सर्वखाप पंचायत पंचों आदि को भोज तथा सम्बोधन

16.सम्वत् 1914/सन् 1857 ई0 1 जुलाई	दिल्ली	बादशाह बहादुरशाह जफर	बादशाह द्वारा सर्वखाप पंचायत पंचों आदि को भोज तथा सम्बोधन
17.सम्वत् 1914/सन् 1857 ई0 9 जुलाई	दिल्ली	खान बहादुर बख्त खाँ	खान बहादुर बख्त खाँ द्वारा स्वतंत्रता सेनानियों को सम्बोधन

Chapter - 8

1857 के प्रथम स्वतंत्रता संग्राम में पश्चिमी उत्तर प्रदेश के जाट-गूजर किसानों का योगदान : असंतोष के कारण और पृष्ठभूमि

डॉ. राजेन्द्र कुमार

1857 में मेरठ छावनी स्थित ईस्ट इंडिया कंपनी की तीसरी घुड़सवार सेना के 85 सैनिकों द्वारा परेड़ मैदान में चर्बी लगे कारतूसों के प्रयोग से इनकार की घटना ने भारत की स्वाधीनता के प्रथम संग्राम को ऐसा मोड़ दिया जिसको 1857 की क्रान्ति के नाम से जाना गया। इस विद्रोह और उससे जुड़ी घटनाओं पर पिछले डेढ़ सौ वर्षों में बहुत व्यापक स्तर पर लिखा गया है। शायद आधुनिक भारतीय इतिहास में और कोई विषय ऐसा नहीं है जिस पर इतना अधिक लिखा गया हो। किन्तु अभी भी अनेक पहलू ऐसे हैं जिन पर न तो अनुसंधान हुआ और न ही लिखा गया। इस संग्राम में बड़े-बड़े सामन्तों, राजा-महाराजाओं और जमींदारों के योगदान की इतिश्री कर दी जाती है। इस बात को लगातार नजरअन्दाज किया जाता रहा कि भारत को आजादी दिलाने में किसानों-मजदूरों का भी कोई योगदान था। गाहे-बगाहे किसी लेख में यदि कभी किसानों के योगदान की चर्चा हुई भी तो वह पूर्वी उत्तर प्रदेश और रूहेलखण्ड तक ही सीमित रह गई। दिल्ली के आस-पास के किसानों, विशेषकर जाटों के योगदान का तो कभी जिक्र ही नहीं आया।

यह बात अंग्रेजों ने अपनी रपटों में स्वीकार की है कि दोआब के किसानों में अंग्रेजों के प्रति घोर असंतोष है। एडवर्ड्स ने 1859 में '*फैक्ट्स एण्ड रिफ्लैक्शन्स कनक्टिड विद इंडियन रिबैलियन*' में ब्रिटिश राजस्व प्रणाली के प्रति कड़वाहट का

प्रगति प्रेस, महावीर चौक मुजफ्फरनगर (उ. प्र.)

जिक्र किया है जो उत्तर पश्चिमी किसानों के मन में था।[1] ब्रिटिश इतिहासकार एरिक स्टोक्स ने अपनी पुस्तक *'दि पीजेन्ट एण्ड दि राज'* में इस असन्तोष के विषय में चर्चा की है। सुरेन्द्रनाथ सेन की प्रसिद्ध पुस्तक *'1857'* के 1995 में प्रकाशित संस्करण में जोड़ी गई रुद्रांशु मुखर्जी की प्रस्तावना में किसानों के प्रतिरोध को रेखांकित किया गया है। वास्तविकता भी यही है कि पश्चिमी उत्तर प्रदेश, दिल्ली , हरियाणा में मुख्य रूप से फैला 1857 का यह संघर्ष मार्शल किसान जातियों-जिनमें जाट प्रमुख थे, का असंगठित विद्रोह था, जिसकी जड़ों में कारतूसों की चर्बी नहीं, अंग्रेजों और उनके संरक्षित साहूकारों, अनाज व्यापारियों और जमींदारों द्वारा किया गया आर्थिक एवं सामाजिक शोषण था। किन्तु ये विद्रोही जाट राजे-महाराजे या नवाब नहीं थे जिनका राज या सत्तासुख छिनता हुआ इतिहासकारों को दिखाई दिया हो। ये वे लोग थे जिनकी परिश्रम से कमाई दो जून की रोटी अंग्रेजों और उनके पिट्ठुओं द्वारा छीनी जा रही थी, जिनकी कहीं कोई सुनवाई नहीं हो रही थी और अंग्रेजों की 'न्यायकारी अदालतें' भी उनकी जमीनों को साहूकारों के पक्ष में नीलाम करने के निर्णय दे रही थीं। अंग्रेजों ने भी महसूस किया कि "उन्होंने इसलिए हथियार उठाए क्योंकि अंग्रेजों ने दूसरी जातियों के किसानों के मुकाबले इन परिश्रमी जाटों से ज्यादा वसूली करनी आरम्भ कर दी थी।"[2] खेती की रोज-रोज की परेशानियों से आजिज आकर फौज की नौकरी से इज्जत की रोटी का जुगाड़ करने के लोभ में इन्हीं किसानों के पुत्र अंग्रेजी फौज में भर्ती होते थे, फिर भला अपने लोगों को सताए जाने पर वे सैनिक चुप कैसे बैठ सकते थे? इसी कारण यह विद्रोह पहले सेना में फैला, फिर गंगा-यमुना के दोआब के गाँव-गाँव में फैला, और रोटी और लाल कमल का फूल भेज कर विद्रोह का प्रचार करने वालों द्वारा तय 31 मई 1857 से पहले ही जाट बहुल मेरठ में इसका विस्फोट हो गया। जब 10 मई 1857 को मेरठ में धरती दहलाने के बाद अगले दिन ये विद्रोही दिल्ली पहुँचे तो बहादुरशाह जफर हक्का-बक्का रह गया। उसने इनसे बात तक करना स्वीकार नहीं किया। यद्यपि बाद में इनके संघर्ष की बागडोर स्वतः ही निजी स्वार्थवश अंग्रेजों से रंजिश रखने वाले सामन्तों के हाथों में चली गई और वे ही इसके नायकों के रूप में प्रसिद्धि पा गए। स्वतंत्रता संग्राम के इतिहास लेखकों में इन जाट-किसानों का कोई पक्षधर नहीं था क्योंकि उनकी नजरों में ये स्वतंत्रता सेनानी नहीं, "विद्रोह के नाम पर कानून व्यवस्था को तोड़ने वाले, जिनकी रोजी-रोटी लूटमार से ही चलती थी, जैसे गूजर, रांघड़, जाट इत्यादि"[3] अनपढ़ 'दहकान' थे। लेकिन यह सच नहीं है। यदि ऐसा होता तो मेरठ और मुजफ्फरनगर जिलों में हिन्डन नदी से पश्चिम वाले क्षेत्र के जाट-बहुल इलाके, बिजनौर के आसपास तथा हलदौर के निकटवर्ती जाट-क्षेत्र, अलीगढ़ में खैर, लगेस्वाँ,

रामनगर, मथुरा में अड़िंग, छाता, चौमुहा, कोसीकलां, नोह झील, मुस्मीना, राया, सादाबाद, आगरा के फतेहपुर सीकरी, अचनेरा तथा बाह, दिल्ली जिले के जाट बहुल गाँव, हरियाणा के गुड़गाँव, रोहतक, पानीपत, हिसार और सोनीपत के अधिकतर जाट किसान क्रान्ति में क्यों कूद पड़े, जिनकी न कोई रियासत छिनी थी और जिन्हें अंग्रेजों से कोई निजी रंजिश भी नहीं थी?

इस स्वतंत्रता संग्राम के अनेक राष्ट्रव्यापी कारण गिनाए जाते रहे हैं, किन्तु इतिहास-दृष्टि रखकर तथ्यों की परख से यह साफ जाहिर होता है कि जाटबहुल क्षेत्र में हुए स्वतंत्रता संग्राम के राष्ट्रीय कारणों से इतर क्षेत्रीय कारण अधिक मजबूत थे। जिनमें प्रमुख था अंग्रेजों द्वारा किसानों से लूटमार करने के अलावा कृषि भूमि में निजी स्वामित्व अधिकार की स्थापना का कानून, जिसके चलते भूमि के हक किसानों के हाथों से निकलने लगे थे। उन्नीसवीं शताब्दी के पांचवें दशक तक उत्तर भारत के जाट-बहुल क्षेत्र में मुद्रा अर्थात् रुपए के चलन का रिवाज नहीं था। गाँव अधिकांशतः आर्थिक व सामाजिक रूप से आत्मनिर्भर स्वतंत्र इकाइयाँ थीं। वस्तु और श्रम विनिमय के चलते सरकार द्वारा मालगुजारी भी उत्पाद के रूप में ही वसूली जाती थी। किन्तु अंग्रेजों को नकद राजस्व की अधिक आवश्यकता थी, अतः बनियों ने अंग्रेजों को समझाया कि राजस्व को रुपए के रूप में इकट्ठा करने के लिए अंग्रेजों को बनियों की सहायता लेनी होगी। यदि बनियों को सरकार सुरक्षा दे तो वे किसानों से अनाज नकद रुपए में खरीद लेंगे और किसान के पास आए उस रुपए में से सरकार राजस्व वसूल कर सकती है। इसके लिए मार्केटिंग रेगुलेशन कानून लागू किया गया। सहारनपुर के तत्कालीन ज्वाइन्ट मजिस्ट्रेट राबर्टसन ने लिखा है–"अंग्रेजों के शासन से घृणा इसलिए करते है कि दुनिया में सबसे ज्यादा बेइमान साहूकार वर्ग को अंग्रेजी कानून ने मासूम एवं लापरवाह वर्ग के किसानों का खून चूसने की इजाजत दे दी है। मैंने यह अनुभव किया है कि हम लोगो से सबसे ज्यादा घृणा छोटे-छोटे खेतिहर करते हैं जिनकी सम्पत्ति का अपहरण बनियों ने हमारी अदालतों के जरिए किया है।"[4]

अंग्रेजों द्वारा लागू किए गए निजी स्वामित्व के कानून से पहले, प्राचीन काल से भारत में भूमि के अधिकार किसानों में ही निहित थे। वैदिक काल में भूमि राज्य की सम्पत्ति नहीं थी। राजा भूमि का स्वामी नहीं था, वह प्रजा के जीवन, स्वतंत्रता व सम्पत्ति की रक्षा करता था और इस हेतु उसे उपज का निश्चित भाग लेने का अधिकार प्राप्त था। प्रजा शुल्क के रूप में उसे उपज का यह भाग सहर्ष देती थी। स्मृतिकार पाराशर का कथन है कि राजा प्रजा की बाह्य एवं आन्तरिक शत्रुओं से रक्षा करता था और इसके लिए प्रजा से उपज का एक भागकर के रूप में लेता था।

'बृहत्पाराशर' में लिखा है-

अत्रषि उपद्रवं राजा तस्करादि समुद्भम्।

संरक्षेत सर्वतो यत्नात् यस्मात् गृहणाति असौ करान।।

राजा भूमि का स्वामी नहीं था इसलिए उसे प्रजा की भूमि को दान करने का अधिकार प्राप्त नहीं था। मीमांसाकार जैमिनी का कथन है कि "राजा भूमि को नहीं दे सकता है क्योंकि यह उसकी एकमात्र सम्पत्ति नहीं है, वरन सबकी सम्पत्ति है, और सभी अपने परिश्रम द्वारा भूमि से उत्पन्न उपज को भोगने के अधिकारी हैं।" नीलकण्ठ व्यवहार मयूख में लिखा है कि "राजा गाँव दान करता था। किन्तु इसका तात्पर्य यह नहीं था कि गाँव के व्यक्तियों के कब्जे की भूमि को राजा ने दे दिया। इसका अर्थ केवल इतना था कि राजा ने भूमि-उपज से प्राप्त होने वाले अपने भाग को दान कर दिया। एक राजा द्वारा दूसरे राज्य को जीतने पर विजित राज्य की प्रजा के मकान, भूमि एवं अन्य सम्पत्तियाँ विजयी राजा की सम्पत्ति नहीं हो जाती थी, वरन प्रजा द्वारा देय कर (उपज का भाग) का ही विजयी राजा अधिकारी होता था।"[5] इस सिद्धान्त की मान्यता इतनी स्थिर और सर्वमान्य थी कि प्रजा राजा को 'षष्टांराभाक' (छठे भाग का प्राप्तकर्ता) कहने लगी। किन्तु आपदकाल में राजा उपज का चौथाई भाग भी ले सकता था।[6] मनु ने कहा है कि "भूमि में स्वामित्व उस व्यक्ति का है जिसने सर्वप्रथम जंगल साफ किया या फिर उस पर कृषि की।"[7] स्पष्ट है कि प्राचीन भारत में भूमि में स्वामित्व का अधिकार कृषक को प्राप्त था। सभी हिन्दू राजा भूमि में प्रजा का स्वामित्व अधिकार मानते थे।[8]

सल्तनत काल और मुगल काल में भी किसान के भूमि अधिकारों और मालगुजारी उगाहने की प्रणाली में कोई विशेष परिवर्तन नहीं हुआ। अकबर के विद्वान मन्त्री टोडरमल ने मालगुजारी निर्धारण में कुछ महत्वपूर्ण परिवर्तन अवश्य किए, किन्तु किसानों के प्रचलित अधिकार में कोई परिवर्तन नहीं किया। परवर्ती बादशाहों ने मालगुजारी वसूल करने के लिए अपने सरदारों की नियुक्ति करनी आरम्भ कर दी। इन सरदारों ने स्वयं को ग्राम मुखियाओं से श्रेष्ठ माना और धीरे-धीरे मुखियाओं के अधिकारों एवं कर्तव्यों को समाप्त कर दिया। फिर भी ये सरदार सैद्धान्तिक एवं व्यावहारिक रूप से राजकीय अधिकारी या मालगुजारी एकत्रक ही थे, इन्हें कृषि भूमि में स्वामित्व जैसे कोई अधिकार प्राप्त नहीं थे। किसान ही भूमि का स्वामी था। बादशाह को यदि भवन बनाने या किसी कार्य के लिए भूमि की आवश्यकता होती थी तो वह इसे किसानों से खरीदता था।[9]

कालान्तर में औरंगजेब ने कृषि भूमि पर एक अन्य कर 'खिराज' और लगा दिया। खिराज दो प्रकार का होता था—मुकस्सिमा खिराज और वजीफा खिराज। मुकस्सिमा खिराज उपज का वास्तविक भाग होता था और प्रत्येक फसल पर लिया जाता था। वजीफा खिराज राज्य की आवश्यकतानुसार नकद लिया जाता था। कालान्तर में मुकस्सिमा खिराज उन फसलों पर नकद लिया जाने लगा जिन्हें राज्य संग्रह करके नहीं रख सकता था। अतः व्यवहार में मुगल सम्राट भूमि का स्वामी न हो सका और केवल मालगुजारी एवं उसके द्वारा लगाए गए अन्य करों की धनराशि प्राप्त करने का ही अधिकारी रहा । *'फतवा-ए-आलमगीरी'* में लिखा है कि 'वजीफा खिराज लगाने से राजा किसान का साझीदार नहीं रह गया, बल्कि कर प्राप्त करने का हकदार ही रहा।'[10] औरंगजेब की मृत्यु के पश्चात् मुगल साम्राज्य की शक्ति धीरे-धीरे क्षीण होने लगी। साम्राज्य में अराजकता फैल गई। ऐसी दशा में किसान अपने जीवन एवं सम्पत्ति की सुरक्षा के लिए मालगुजारी एकत्र करने वाले अधिकारियों की मदद लेने लगे। जनता की इस निर्भरता ने इन अधिकारियों को प्रजा के अधिकारों पर अतिक्रमण करने को उकसाया और ये भूमि पर अपने स्वामित्व का अधिकार रखने का दावा करने लगे। यह स्थिति सारे उत्तर भारत में थी, परंतु पश्चिमी उत्तरप्रदेश सीधा दिल्ली सरकार के अधीन रहने के कारण ये अधिकारी मालगुजारी इकट्ठा करने वाले मुखियाओं के अधिकारों को पूरी तरह विस्थापित नहीं कर पाए। अंग्रेजों ने अपना राज्य स्थापित करने में सहायता लेने के उद्देश्य से इन्हीं सरदारों को सरंक्षित किया और इन्हें जमींदार, ताल्लुकेदार आदि पदों से विभूषित किया।

लार्ड लेक से पराजित होकर दौलतराव सिंधिया ने 30 दिसम्बर 1803 को सुरजी अरजनगाँव की सन्धि द्वारा गंगा-यमुना के बीच का क्षेत्र अंग्रेजों के हवाले कर दिया। अंग्रेजों ने 1804 में इस इलाके को तीन जिलों-अलीगढ़, इटावा और मुरादाबाद में बाँट दिया। सितम्बर में उत्तरी दोआब को मुरादाबाद से अलग कर सहारनपुर नया जिला बना दिया गया और 1824 के पुनर्गठन में सहारनपुर और मेरठ से अलग करके मुजफ्फरनगर और बुलन्दशहर जिले बना दिए गए।

ब्रिटिश अधिकार में आते ही भरपूर फसल पैदा करने वाले दोआब क्षेत्र का पहला फौरी बन्दोबस्त किया गया। तहसीलदार और अमीनों को मालगुजारी इकट्ठी करने पर 10% पारिश्रमिक देना तय कर दिया गया जिसे अगले वर्ष के बन्दोबस्त में 11 1/2 % कर दिया गया। प्रत्येक गाँव में पिछले दो वर्षों में मालगुजारीदाताओं की सूची तैयार करने का काम भी इन्हें सौंपा गया और उपज के हिसाब से अगले वर्ष की मालगुजारी तय कर दी गई। 1805 तथा 1808 में

त्रैवार्षिक तथा 1815 में चतुर्वार्षिक बंदोबस्त लागू किया गया। पटवारियों को भूमि अभिलेख तैयार करने का जिम्मा सौंपा गया। 1835 तथा 1837 के मध्य पहला स्थायी बंदोबस्त 1833 के रेगुलेशन 9 के अन्तर्गत लागू किया गया। अब तक बन्दोबस्त अधिकारी (पटवारी) उपज के भाव के आधार पर गाँव की कृषि भूमि की सूची तैयार करते थे किन्तु अब भूमि पर प्रति सिंचित या असिंचित पक्के बीघे की मालगुजारी की दर तय की गई और भूमि की किस्म तय करने का अधिकार स्थानीय अधिकारी (पटवारी) की मर्जी पर छोड़ दिया गया। वसूली की दर तय करना भी कठिन था चूंकि अभी तक लगान जिन्स के रूप में ही प्राप्त किया जाता था, केवल गन्ना, कपास, चारा और मक्का इसके अपवाद थे, जिन पर नकदी के रूप में लगान वसूला जाता था।[11] यह बन्दोबस्त पूर्वी उत्तर प्रदेश में, जहाँ राजा, ताल्लुकेदार एवं बड़े जमींदार, जो भूस्वामी हो गए थे, समस्त जमीनों को नापा गया, कागजात नए सिरे से तैयार कराए गए खसरे और शिजरे तैयार किए गए। मालगुजारी नियत होने के बाद बन्दोबस्त की अवधि के लिए काश्तकार द्वारा देय लगान भी निश्चित कर दिया गया। मालगुजारी भी नकद वसूलने का ऐलान किया गया और मार्केटिंग रेगुलेशन एक्ट लागू करके व्यापारियों द्वारा किसानों का उत्पाद नकद खरीदने का प्रबंध कर दिया गया। लगान न दे पाने की स्थिति में भूमि को अपने कब्जे में लेकर किसान को बेदखल करने तथा जमीन को नीलाम करने का अधिकार सरकार के हाथ में आ गया। कभी सूखा, कभी अतिवृष्टि से फसल कम होने या चौपट होने की स्थिति में भी लगान का पूरा भुगतान करना होता था। इस बन्दोबस्त से सबसे ज्यादा दोआब के जाट प्रभावित हुए क्योंकि ये जीवनयापन के लिए पूरी तरह खेती पर ही निर्भर थे, शिक्षा के अभाव में सेना के अलावा अन्य कोई नौकरी करने लायक ये लोग थे ही नहीं। परिवार में एक दो जवान फौज में नौकरी पर लगा होता था। उसकी तरफ से रुपए न आने पर या उसकी नौकरी छुट जाने पर, फसल खराब होते ही परिवार पर संकट पैदा हो जाता। परिणामतः साहूकारों से कर्ज लेना पड़ता, जिसकी अदायगी न होने पर अदालतों की मिलीभगत से जमीनों की कुर्की होने लगी। किन्तु ऐसा नहीं था कि इसका विरोध न होता हो। मुजफ्फरनगर के कांधला में जाटों तथा गूजरों ने मिलकर कुछ अंग्रेजपरस्त कानूनगोई बनियों की हत्या कर दी और उनके बही- खाते नष्ट कर दिए।[12] 1825 में मेरठ जिले में बेगम समरू के दीवान राव हरबंस सिंह त्यागी की बामनौली के जाटों ने हत्या कर दी। इसकी वजह थी लगान के निर्धारण में असमानता। हरबंस सिंह अपने समर्थकों और जाटों से इतर जातियों का पक्ष करता था और जाटों की अपेक्षा उन पर कम लगान लगाता था।[13] उन्होंने पहले हरबंस सिंह को समझाने की

कोशिश की, शाहमल जाट के नेतृत्व में इस उत्पीड़न के खिलाफ वे बेगम से मिले भी, पर बेगम ने इस ओर कोई ध्यान नहीं दिया। फलतः हरबंस सिंह को जान से हाथ धोना पड़ा। उसके बाद उसका पुत्र राव देवी सिंह, जो राव राय सिंह के नाम से ज्यादा प्रसिद्ध हुआ, बेगम का दीवान बना। पिता की हत्या के प्रतिशोधस्वरूप उसने 97 से अधिक जाटों को बेदखल कर दिया और उनकी भूमि अपने अधिकार में ले ली।[14]

1836 ई. में बेगम समरू की मृत्यु हो गई और उसकी जागीर को ईस्ट इंडिया कंपनी ने अपने राज्य में मिला लिया। बंगाल सिविल सर्विस के एच.एम. इलियट और डब्लू.सी. प्लाउडन को नए सिरे से बंदोबस्त करने का दायित्व सौंपा गया। यद्यपि इन्होंने जाटों को संतुष्ट करने का प्रयास किया लेकिन ऊँची दरों पर लगान वसूल करने के लालच से ये भी अपने आपको रोक न सके। वैसे भी समस्त दोआब में जाटों पर लगान की दर ऊँची ही रखी गई। उदाहरण के तौर पर मेरठ जिले के जाट-बहुल परगनों सरधना, बड़ौत, कोताना तथा बरनावा में कुल मालगुजारी रु. 5,44,000 निर्धारित की गई जिसमें लगान की दर सिंचित भूमि पर सरधना में रु. 7-9-7, बड़ौत तथा कोताना में रु. 6-14-0 तथा बरनावा में रु. 4-0-0 तय की गई। इसी किस्म की भूमि पर परगना मेरठ जिले में औसत दर रु. 6-7-0 आंकी गई। गैर जाट किसानों के गाँवों में समान किस्म की जमीनों पर सरधना में रु. 3-12-10, बड़ौत में रु. 3-7-0 तथा बरनावा में रु. 2-0-0 रखी गई[15] जबकि हापुड़ क्षेत्र में रु. 1-15-6 थी[16] पूरे मेरठ जिले में औसत दर रु. 2-2-1 थी।[17] इसी तरह मथुरा में यमुनापार के जाट बहुल क्षेत्र में लगान की दर रु. 2-8-3 थी जो इसी किस्म की भूमि पर यमुना के दूसरी तरफ गैरजाट क्षेत्र में रु. 1-10-11 थी।[18] मेरठ जिले और मथुरा जिले में लगान की दर का अन्तर भी द्रष्टव्य है, जबकि भूमि के उपजाऊपन में इतना भारी अन्तर नहीं था। यह इस बात से भी स्पष्ट है कि 1867 में मेरठ जिले के छपरौली परगने के किरठल गाँव के विद्रोहपूर्व(प्री-म्युटिनी) हुए बंदोबस्त का संशोधन करने आए बंदोबस्त अधिकारी फोर्बेस को लिखना पड़ा–"यह अच्छी पैदावार वाला इलाका है परंतु पुराना कर-निर्धारण भयंकर रूप से बेढब है और केवल जाट ही इसे झेल सके हैं।"[19] इसी अधिकारी ने बिजरौल, जो शाहमल के कारण प्रसिद्ध हुआ, के बारे में लिखा–"यह बहुत वैभवशाली गाँव है, लेकिन परगने में मालगुजारी की दर सबसे अधिक इसी पर है, 4 रुपए 10 आने 6 पाई प्रति एकड़ की दर है, जो पड़ोस के राजपूत और त्यागी गाँवों से कई गुना अधिक है...।"[20] 1868 में जब जे. एस. पोर्टर बंदोबस्त का पुनरीक्षण करने आया तो उसका पहला सरोकर 'ऊँची दरों पर टैक्स देने वाले'

जाटों को राहत देना था। उसकी नजरों में मूल बंदोबस्त न केवल जाटों का शुद्ध उत्पीड़न था। बल्कि लागत से भी अधिक था, जिससे खेत निरंतर उजाड़ होते जा रहे थे। सरधना तहसील में सरूरपुर गाँव में जहाँ जाटों पर लगान की दर रु. 5-5-5 प्रति एकड़ थी, वहीं उसकी सीमा से सटे सरधना के त्यागियों की जमीन पर यही दर 1 रुपए 8 आना 11 पाई थी।[21] मुजफ्फरनगर की बुढ़ाना व शामली तहसील में भी यही स्थिति थी। इसी कारण परासौली के रांघड़ों के साथ बुढ़ाना और बरनावा क्षेत्र के जाटों ने मिलकर कई बार राजस्व वसूल करने आए अधिकारियों के कागज छीन लिए और उनकी पिटाई की।

ईस्ट इंडिया कंपनी के बोर्ड ऑफ डायरेक्टर्स ने बागपत और बड़ौत के किसानों के संबंध में स्पष्ट आदेश किया कि यदि कोई जमींदार या काश्तकार निर्धारित दर पर अपना पट्टा (लगान आदेश) कबूल न करे तो उसकी जमीन किसी अन्य जमींदार या काश्तकार को दे दी जाए, जो उसे लेने को तैयार हो। लगान न देने वाले को चेतावनी दी जाए कि यदि उन्होंने बिना पट्टा लिए काश्त की तो उनके खेतों का सारा उत्पादन कुर्क करके प्राप्त धन सरकारी खजाने में जमा कर दिया जाएगा।[22]

राजस्व तथा कर्ज की अदायगी न कर पाने पर हुई अदालती डिग्री के निष्पादन के लिए होने वाली नीलामी ने जाटों को न केवल अपनी छोटी-छोटी जोतों से बेदखल किया अपितु सैंकड़ों सालों से चली आ रही सामाजिक व्यवस्था पर भी चोट की। गाँवों में जिन साहूकारों तथा अनाज व्यापारियों पर किसान विश्वास करते थे और अपने बुरे वक्त में काम आने वाला समझ कर आदर सत्कार देते थे, वे ही लालच के वशीभूत ब्रिटिश सिविल कानूनों तथा तुच्छ भ्रष्टाचारी अदालती कर्मचारियों के साथ मिलकर उनकी जमीनों पर कब्जा जमाने की फिराक में रहने लगे थे। 1844 में मेरठ के कलक्टर डब्लू.सी. प्लाउडन ने, जिसे इन अदालतों के विरुद्ध शिकायतों की जॉच करने का काम सौंपा गया था, लिखा–"इनमें से कुछ अदालतों के भीतर की बुराइयाँ लोगों के लिए असह्य हो गई हैं, जो इन सीधे-सादे लोगों को अपराध की ओर धकेल रही हैं। ये अदालतें बेगुनाह किसानों की लूट के अड्डे बन गए हैं, इन्हें ऐसे घाव दिए जाते हैं, जिनका कोई इलाज भी नहीं है। इस जिले में एक ऐसा कुख्यात गुट है जिसने बेईमानी से इकट्ठी की गई संपत्ति के प्रभाव से, कुछेक भ्रष्ट वकीलों की सहायता से, अदालत के अमले की मिली भगत से तथा देशी जजों की लापरवाही से एक ऐसा तन्त्र खड़ा कर लिया है, जो किसी भी किसान पर फर्जी मुकदमा लगाकर बिना उसकी जानकारी के उसकी संपत्ति को नीलाम दिखा कर दूसरे के नाम करा सकता है। मेरे दौरे के समय मेरठ, हापुड़,

मवाना और यहाँ तक कि खतौली में कई ऐसे मामले मेरे सामने लाए गए जिनमें पक्षकार की जानकारी के बिना ही उसकी संपत्ति को नीलाम दिखाकर दूसरे के नाम चढ़ा दिया गया था या चढ़ाने की तैयारी कर रखी थी।"[23]

इसके अतिरिक्त शाहजहाँ के जमाने में निकाली गई पूर्वी यमुना नहर की, जो लगभग नष्ट हो चुकी थी, 1830 में अंग्रेजों ने मरम्मत कराई। सहारनपुर जिले से आने वाली शामली नदी, जिसके किनारे शामली तहसील हैडक्वार्टर स्थित था, और जो बरसात के मौसम में बहुत नुकसान करती थी, को बड़ौत तक नहर में तबदील कर दिया। बदले में नहर की आबपाशी के नाम पर किसानों से मोटी रकम वसूल करना आरम्भ कर दिया। इससे भी किसानों में रोष उत्पन्न हुआ। रेवेन्यू बोर्ड के सदस्य विलियम म्यूर ने नहर की लम्बाई के साथ-साथ 1856 में इस इलाके का दौरा किया और उसने आबपाशी की ऊँची दरों के अलावा नहर की मरम्मत और राजबाहों तथा नालियों के निर्माण के नाम पर वसूल की गई मोटी-मोटी रकमों से लोगों में भयंकर क्षोभ पाया।[24]

जाटों की नाराजगी के अन्य कारण भी थे। जाट राजस्व के मामले में अपनी व्यक्तिगत तथा लम्बरदारों के साथ संयुक्त जिम्मेदारी के लिए जाने जाते थे। सरकारी देनदारी में जाट सदैव से ही आगे रहे हैं क्योंकि यह विख्यात था कि जाट जेल जाने से बहुत डरता है। परंतु होता यह था कि ये लम्बरदार किसानों से तो राजस्व इकट्ठा कर लेते थे परंतु हिस्सेदारी में परस्पर झगड़े के कारण रुपए राजकोष में जमा नहीं करते थे, और ब्रिटिश अधिकारियों को बरगलाते रहते थे कि अभी लगान पूरी तरह इकट्ठा नहीं हो पाया इसलिए जमा नहीं किया जा रहा है। 1854 में मेरठ के कलक्टर द्वारा लगान जमा न किए जाने के नोटिस (दस्तक) भाइचारे के गाँवों में प्रत्येक किसान को भेज दिए गए।[25]

इस प्रकार 1857 तक आते-आते पश्चिम उत्तर प्रदेश के किसानों, विशेष रूप से जाटों-गूजरों में भयंकर असंतोष पैदा हो गया। यह असन्तोष जब सेना की बैरकों तक पहुँचा तो विस्फोट हो गया। यह ध्यान देने योग्य है कि 10 मई को मेरठ के सिपाहियों के विद्रोह के बाद से 20 मई तक दूसरी जगहों पर सैनिक विद्रोह फैलने तक के दस दिनों में मेरठ मण्डल के देहात में अंग्रेजों के विरुद्ध हुई हिंसा अंग्रेजों के नियन्त्रण के लिए सबसे बड़ी चुनौती सिद्ध हुई। सबसे तीव्र प्रतिक्रिया बुलन्दशहर में हुई जहाँ 12 तथा 21 मई 1857 को सिकन्दराबाद तहसील पर किसानों ने धावा बोल दिया, जिसके बाद अंग्रेजों की 9वीं देशी पलटन भी बागी हो गई। बुलन्दशहर नगर पर भी किसानों ने हमला बोल दिया। 12 मई

को मुजफ्फरनगर में भी विद्रोह हो गया, कई अंग्रेजों को मौत के घाट उतार दिया गया, तहसीली (तहसील के दफ्तर) में आग लगा दी गई और डर के कारण कलक्टर बरफोर्ड अबुपुरा गाँव में अपने परिचित सैयदों के घर में जा छिपा। शामली-मुजफ्फरनगर के बीच बसे बालियान खाप के जाटों ने शामली तहसील लूट ली तथा कृष्णी नदी के किनारे के गठवाले जाटों ने राजस्व अधिकारियों का गाँवों में घुसना बंद कर दिया और अंग्रेजों की नाक में दम कर दिया। 13 मई को शाहमल के नेतृत्व में बड़ौत तहसील को लूट लिया गया और वहाँ रखे सारे कागजात नष्ट कर दिए गए। 14 मई को बागपत तहसील लूट ली गई और अगले दिन जाटों ने यमुना पर नावों का पुल तोड़ दिया। 21 मई को सहारनपुर जिले में किसानों ने सरसावा, देवबन्द और सहारनपुर में सरकारी कार्यालयों को लूट लिया और आग के हवाले कर दिया।[26] रुड़की के पास मंगलौर में गूजरों और जाटों ने तहसील पर कब्जा कर लिया और उमराव सिंह (मानकपुर) को वहाँ का राजा घोषित कर दिया।[27] जून के मध्य में अलीगढ़ के जाटों ने अमनी जाट के नेतृत्व में तहसील में आग लगा दी तथा वहाँ के महाजनों और बनियों को लूट लिया।[28] धर्मा, लेखा, मेड़ा आदि जाटवीरों ने खेड़ा सुनामई पर हमला किया और अनेक अंग्रेजों को मार डाला।[29] 31मई को जाट विद्रोहियों ने मथुरा में कोसीकलां के कस्टम बंगले तथा तहसील पर हमला कर उन्हें लूट लिया।[30] नोहीझील की तहसील को भी लूट लिया गया।[31] सादाबाद तहसील पर भी जाटों ने आक्रमण किया और लूट लिया।[32] इस प्रकार स्पष्ट है कि अंग्रेजों द्वारा किसानों के शोषण ने उनको विद्रोह करने पर मजबूर किया था।

संदर्भ

1. सव्यसाची भट्टाचार्य : *इतिहास दृष्टियों का नया आकलन,* नया पथ, मई 2007 पृ. 40
2. एच.एम. इलियट : *मेरठ सेटलमैन्ट रिकॉर्ड्स,* पृ. 18
3. वी.आर.होल्म्स : *हिस्ट्री आफ द इंडियन म्युटिनी,* पाचवाँ संस्करण लंदन (1858), पृ. 60
4. एच.डी. राबर्टसन : *डिस्ट्रिक्ट ड्यूटीज ड्यूरिंग दि रिवोल्ट ऑफ नोर्थ-वैस्टर्न प्रोविन्सेज आफ इन्डिया इन 1857,* लंदन (1859)
5. आर.पी. सिंह : *उत्तर प्रदेश भूमि विधि,* लखनऊ (1974), पृ. 10
6. मनुस्मृति, 7/130 और 10/120
7. मनुस्मृति, 9/44
8. *रीकार्ड : इंडिया, Vol. I,* पृ. 282, *उत्तर प्रदेश भूमि विधि,* पृ. 7 पर उद्धृत
9. आर.पी. सिंह : *उत्तर प्रदेश भूमि विधि,* लखनऊ (1974), पृ. 10
10. उपरोक्त पृ. 10
11. एच.आर. नेविल : *मुजफ्फरनगर डिस्ट्रिक्ट गजेटियर,* इलाहाबाद (1903), पृ. 136
12. उपरोक्त, पृ. 190
13. सुरेन्द्रनाथ सेन : *एट्टीन फिफ्टी सेवन,* प्रकाशन विभाग, सरकार द्वारा प्रकाशित (1957), पृ. 21-22
14. एम.एन. शर्मा : *द लाइफ एण्ड टाइम्स आफ बेगम समरू ऑफ सरधना* (1985), पृ. 139
15. ई.बी. जोशी : *उत्तर प्रदेश डिस्ट्रिक्ट गजेटियर-मेरठ,* इलाहाबाद (1965), पृ. 193
16. एरिक स्टोक्स : *दि पीजेन्ट एण्ड दि राज : स्टडीज इन एग्रीरेयन सोसायटी एण्ड पीजेन्ट रिबैलियन इन कोलोनियल इण्डिया* कैम्ब्रिज (1978), पृ. 163
17. ई.बी. जोशी : उपरोक्त, पृ. 193
18. एच.सी. कोनीबीयर, एफ.एच. फिशर एण्ड जे.पी. हेवट : *स्टेटिस्टिकल, डेस्क्रिप्टिव एण्ड हिस्टोरिकल एकाउण्ट आफ दि नोर्थ वैस्टर्न प्रोविंसेज आफ इंडिया,* वोल्यूम VIII, पार्ट I-मथुरा, इलाहाबाद (1884), पृ. 122
19. *कम्पेरेटिव स्टेटमेन्ट ऑफ ओल्ड एण्ड प्रपोज्ड असैसमेन्ट ऑन परगना बड़ौत, जिला मेरठ,* यू.पी.स्टेट आर्काइव्ज, लखनऊ, बी.आर. मेरठ, फाइल 27 (बॉक्स 5)
20. उपरोक्त (बाक्स 5)
21. एच.एम. इलियट : *मेरठ सेटलमेन्ट रिकॉर्ड्स* (1874), पृ. 44-45
22. एस.बी.चौधरी : *सिविल रिबेलियन इन दि इंडियन म्यूटिनीज,* कलकत्ता, (1957), पृ. 135
23. एच.एम. इलियट : *मेरठ सेटलमेन्ट रिकॉर्ड्स* (1874), पृ. 18
24. विलियम म्यूर : *इंटेलीजेन्स रिकॉर्ड्स,* (i) पृ. 232-33
25. एफ.डी. विली : *कलेक्टर्स एन्नुअल रिप्लाई 11 जुलाई 1853,* एन.डब्लू.पी. *रेवेन्यू प्रोसीडिंग्स,*

4 मार्च 1854, नं. 25, पैरा 3 (पी/220-29)

26. *एडमिनिस्ट्रेटिव रिपोर्ट ऑफ कलक्टर ऑफ मेरठ फॉर 1843*-4, पैरा 6, एच.एम. इलियट : *कलेक्शन, मेनुस्क्रिप्ट यू. डि. 316,* फाइल, 273

27. N.E. i 469, *लिस्ट ऑफ परसन्स एमीनेन्ट फॉर डिलोयल्टी इन जिला सहारनपुर,* यू.पी. , स्टेट आर्काइव्ज, इलाहाबाद (मई 1856-अक्तूबर 1858) एफ. 216

28. एस.ए.ए. रिजवी : *फ्रीडम स्ट्रगल इन उत्तर प्रदेश,* भाग 5, लखनऊ, 1960, पृ. 662-63

29. वही, पृ. 666

30. एच.सी. कोनीबीयर आदि : पूर्वोक्त, पृ. 330

31. एच.सी. कोनीबीयर आदि : पूर्वोक्त, पृ. 341

32. एच.सी. कोनीबीयर आदि : पूर्वोक्त, पृ. 344

Chapter - 9

Participation of women of Western Uttar Pradesh in the uprising of 1857 (1857-59)

Prof. Gita Srivastava

K.F. Nariman wrote in "*the Savarkar special number*" of free Hindustan Weekly, Bombay, "The idea of the INA and particularly the Rani of Jhansi Regiment seems to have originated from Veer Savarkar's proscribed publication on the great 1857 revolution and mutiny."[1] The name of Rani Laxmibai we hear and read from childhood[2] Subhadra Kumari Chauhan wrote in her poem "*Khub Ladi mardani Wo To Jhansi Wali Rani Thi*". There were other well known women revolutionaries of 1857 like Begum Hazrat Mahal, Begum Zinat Mahal, Avanti Bai Lodhi, Rani Ishwar Kumari, Rani of Ramgarh, Rani Tej Bai, Chauhan Rani, Tuklai Sultan Jamani Begum, Maharani Tapasavani, Kumari Maina, Ajijan etc.[3] Beside these women revolutionaries there were other women freedom fighters of 1857 who have not received the attention of historians. The main hurdle is the non-availability of archival source material or government records. The name of women fighters are scattered here and there. There is a need of research to bring them into lights and to register their role in the uprising of 1857. In this paper it has been attempted to bring into light the some of the woman leaders and revolutionaries who contributed in their own way in the uprising of 1857 especially in the region of Meerut, Muzaffarnagar, Bulandshahar and Saharanpur. Uprising of 1857 in Meerut started with 'Women of Bazar'[4]. They jeered at the *sepoys*. "Your brethren have been ornamented with these anklets and incarcerated for what? Because they would not severe from their creed and you cowards, as you are, sit still indifferent to your fate, if you have an atom of manhood in you, go and release them."[5]

Former Head Department of History, C.C.S University of Meerut.

The taunts inflamed their hearts. "The spark which fell from female lips ignited it at once and the night of the May 10,1857, saw the commencement of a tragedy never before witnessed since India passed under British's away[6]." The flames of fire which broke out at meerut, on May 10 spread rapidly over a large part of northern India also. Italian patriot, Mazzini wrote in his paper '*Italia del Poplo*' and *Pensiero Azione* in detail about uprising of 1857.[7]

An important women, who played important role in this region the Rani of Anupshahar or chauhan Rani the wife of Pratap Chundersingh. She was a courageous and brave woman.[8] The British authorities had captured Anupshahar also as they had done in the case of other states. When chauhan Rani heard about the outbreak of 1857, she declared independence and raised sword in support of Delhi Mughal Emperor Bahadur Shah Zafar, against the Britsih authorities. She also ransacked government offices, Police Thanas, Kuchaharis and Treasury and he recaptured her state. Thus from May 1857 for about 15 months the state of Anupshahar was free from British rule but after the suppression of uprising of 1857 Anupshahar again was captured by British authorities. The name of Rani of Anupshahar is recorded in freedom struggle in Uttar Pradesh government records entitled 'Freedom Struggle in Uttar Pradesh'[9].

Beside Chauhan Rani there were others commonwomen revolutionaries like Smt. Asha Devi, Smt. Bhagvani Devi, Smt. Habiba, Smt. Sobha Devi, Smt. Asgari Begum, Smt. Mamkaur Bakhtabari, Bhagvati, Rahimi Bai, Indra Kaur and Jamila some of the other important women revolutionary of this region who with their bravery, courage, wisdom and administrative acumen fought and provided leadership to women in their fight against the British authorities.

In comparison of women freedom fighters of other districts of Uttar Pradesh, who participated in the uprising of 1857, the contribution of the women of Muzaffarnagar district is unique in every sense. The most important feature and surprising fact about their participation is that the women not only from the higher classes of the society like Brahamin and Kshatriya but also the women of lower groups of the society like "Garadiya", "Gujars" etc gave their utmost contribution in this struggle.

Smt. Asha Devi was one of the brave freedom fighters of her time.[10] The husband of Asha Devi Gujar was the leading figure of sepoy mutiny of Meerut. He was the member of that group of *sepoys* who marched to Delhi after the outbreak of 10th May got victory. Asha Devi got this news on 11th May. That time she was living along with her in-laws in a village of 'Kairana' Tehsil of Muzaffarnagar. She was a patriotic woman so she decided that she would support her husband in the freedom struggle against the British Rule. She not only decided to support her husband in the struggle against the British authorities but also she made an organization of about 265 women who vowed either to die or to make Britishers dead. She became the leader of such an organization. It consisted of the women from different castes like Brahamins 'Dhivar', Garadiya', 'Baniya', Valmiki and Sikligar etc. On 13th May in Kairana and on 14th May in Shamli, they attacked various government offices and put them on fire. They killed every Britishers, who came in their way. In order to prevent anarchy they made fine arrangements in tehsil for twenty eight days. They also did their best in order to prevent useless blood shed.[11] It was an astonishing fact that the public not only followed administrative instructions of those ladies but also gave their whole hearted support in their effort.

It was very sad when counter revolution began and British rule came into force again, the brave lady Asha Devi Gujar was hanged along with her eleven companions.[12] later on British government with the help of some Indian traitors got complete information of about various women who joined Asha Devi. They all were shot dead.[13] Another participant **Smt. Bakhtavari Devi** belonged to Baghara location village. She initiated the revolution on 12th May. She was a strong lady indeed. She collected the whole village people and appealed to start a campaign against the British Rule. Although a large number of women were ready to join her yet she chose 150 women out of them who were fully prepared to die for their motherland.

Her iron will, leading skill and high moral character was admirable. Once she hosted the blue flag of independence in about 50 to 60 villages and it seemed as if the British wouldn't dare to comeback. But due to some traitors they came back and with the help of those country sellers they caught Bakhtavari Devi along with her companions. Finally they were hanged by the Britishers.[14]

Smt. Bhagvani Devi was another adorable participant. She made Muzaffarnagar proud by her heroic deeds. She got the information about the uprising two days later. As soon as she was informed, she started preparing for freedom struggle. Like other women she also organized an army of women separately. For about 22 days, Smt. Bhagvani Devi successfully ran the administration and during this period she got full support of general public. Along with patriotic people there were those hidden traitors who were determined to help Britishers in order to get their selfish needs fulfilled. British Government finally caught Smt. Bhagvani Devi and other women freedom fighters. British Government decided to punish those ladies brutally. So those ladies were put before cannons and blown away. This whole plot reveals that how cold blooded Britishers were.[15]

Other woman **Smt. Habiba** was the bold warrior of Thana Bhavan.[16] She was born in 1833. She belonged to feudalistic family of Gujar and also got married in the same class. Her brother Afzal was soldier in the army and was one of the topmost leaders in the uprising of May 10. The heroic deeds of Afzal made deep impact on her sister Habiba and she decided to do her best for her motherland. As she belonged to a very noble family which was popular among the public so she didn't get much difficulty in collecting a huge mass of women. Her army consisted of about 500 women belonging to both Hindu and Muslim religion.[17]

This illustrates the communal integrity of Indian public against the British Rule. Her task was not an easy one as she had to fight not only against Britishers but also against the Indian traitors. She kept fighting against the Britishers along with Indian traitors till the last month of July. Hence she did a remarkable task. Two hundred and fifty five women who were fighting against the Britishers and British hired Indian soldiers, became martyr in the battle field. Habiba who was the leader of left twelve ladies was hanged along with them.[18] This heroic deed of those heroines is written in golden letters in history of freedom struggle of India. **Rahimi bi** was another brave woman of Meerut region. She was born in a village of Muzaffarnagar. She also participated in the first war of independence. She was hanged for participation by the British authorities.[19]

Smt. Sobha Devi, another woman revolutionary was a very effective leader and a skill warrior as well. When she came to know about the revolt on 10th May, she blew the buggle of revolution on 14th May. She organized a women army which consisted of more than 500 women volunteers.[20] Her army was well equipped with the modern weapons along with the traditional but dangerous arms like-speer, sword, daggers, sickle etc. later on men also joined her army. Army consisted of people from different caste, creed, class and religion. She herself was a very efficient horse rider and her army consisted of more than 100 men and women skilled horse riders. She played an important role in making the northern region of Muzaffarnagar free from the slavery of Britishers. She was a great Commander and both her men and women soldiers obeyed her instructions literally. For about a month or so, she successfully carried out the revolution. She was a very farsighted lady and clearly recognized the decline of the uprising . She, therefore, decided that 225 men and women soldiers would have the army and go back to their relatives. The soldiers were committed to the revolution and were not ready to leave the army. But at the same time it was not possible for them to remain in the army. They didn't want to disobey her because they were well familiar with her prudence and pragmatic attitude. As a result of which two hundred of men and women soldiers had to leave the army and to go back. These left 200 women soldiers fought valiantly with British soldiers and died on the battle field. Finally Sobha Devi and her ten companions were arrested and hanged publically.[21]

Smt. Asgari Begum, who belonged to Thana Bhavan of Muzaffarnagar played an important role in the first freedom struggle. She was born in 1811. She was the mother of kazi Abdul Rahim who was the leader of the revolutionaries during the uprising of 1857. she along with her men companions did excellent job. She attacked over the posts of British Government and killed many those Indians who worked for British Government. The result was that she was caught and burn alive in Thana Bhavan.[22]

Smt. Mam Kaur, another brave freedom fighter of 1857 belonged to Sisauli. Her leading skill and sacrifice were quite memorable. She was Garadiya-shepherd by her caste. Smt. Mam Kaur made an organization of about 250 women. They all were well trained, some were well versed in horse riding while other were quite talented in using arms. These ladies were ready to sacrifice their lives for their country. They devastated the tehsil of Muzaffarnagar. They captured the treasury and garrison. When the counter revolution began they fought bravely against the Sikh armies of Ambala who were fighting for the Britishers. They kept fighting for several days and during this period many of them died on the battlefield. Smt. Mam Kaur was arrested with her fellow friends and ultimately they all were hanged.[23] This struggle initiated by Smt. Mam Kaur went on till 15 July. By her deeds she made India proud.

The names of the above mentioned women revolutionaries of 1857 are scattered here and there. Beside above mentioned women there maybe several other women revolutionaries whose names and deeds are not recorded anywhere as Asha Rani Vohra has rightly written, "We get description of many women of many villages of Muzaffaranagar who were shot dead and hanged. There is account of about 255 women freedom fighters under the leadership of Bhagvati who were blown out for participating in revolt against British authorities. There must be innumerable women whose names is still not known".[24]

The main feature of the activities of all these women freedom fighters in Meerut region was that they belonged to all castes including Brahamans, Baniya, Rajputs, Gujar, Jat, Gaderiya, Dhivar and other lower castes. These women freedom fighters were from rich, feudalistic and lower category of the society. There were women revolutionaries from Muslim religion also like Smt. Habiba and Asgari Begum and under their leadership both Hindu and Muslim equally fought. This shows that religious unity existed in during the uprising. They did not care for their family, dignity and society and enthusiastically participated equally along with men freedom fighters.

Asha Rani Vohara in her book "*Mahilayen Aur Swaraj 1757-1950*" wrote about unknown women freedom fighters". When in the villages of Muzaffarnagar British authoriries forcibly extracted rent from villagers, the peasants protested. The result was that peasants were dragged and crushed under the hoops of horses. The women of the village also took part in the protest against the British authority. The result was that they were hanged along with men. The names of these women were Asha Devi, Bhagvati, Bhagvani, Habiba, Jamila, Mehri, Indira Kaur, Ranbiri, Sobha Devi". Asha Rani Vohra further wrote that beside these women who were hanged there were a large number of women who were jailed but their names are not known. Asgari Begum, the mother of kaji Abdul Rahim was burnt alive in Thana Bhavan because she had participated in the uprising of 1857. Similarly Bakhtawari Devi of village Baghara in Muzaffarnagar was hanged for participating in the uprising of 1857. Another young woman Bhagvati was shot dead by British army because she had taken part in the events of 1857. Similarly there is account of many women of villages of Muzaffarnagar who were shot dead or hanged. Under the leadership of Bhagvati about 255 women were shot dead.

References

1. Dhananjay Keer, *Veer Savarkar*, Bombay, 1966, p. 69
2. Amarish Misra, *Mangal Pandey The True Story of An Indian Revolutionary*, 2005, p. 49
3. Manmohan Kaur, *Women in India's freedom Struggle*, 1992, New Delhi; Asha Rani Vohra, *Mahilayen aur Swaraj*, Govt of India, Patiala House, 1999, pp. 51-80
4. J.A.B. Palmer, *Mutiny Outbreak at Meerut in 1857*, Delhi, p. 24
5. J.C. Willsons, Muradabad, *Narrative of Events* (officials) dated Dec 24,1858.
6. *Ibid.*
7. *İtalia del Poplo*, Pensiero Azione, 15 September 1858.
8. Bulandshahar, Collectrate Mutiny Basta, No. 20, File No. 1577; Cited by S.A.A. Rizvi (ed.) *Freedom Struggle in Uttar Pradesh*, Lucknow, 1960, p. 74
9. *Ibid*, p. 74
10. Raghu Nandan Verma and Arun Gupta, *Bhartiya Swatantrta Sangram*, 1997, Muzaffarnagar, p. 47
11. Asha Rani Vohra, *Swantrata Senani Mahilayen*, Delhi, 1986, p. 189
12. Asha Rani Vohra, *Mahilayen Aur Swaraj*, p. 80
13. Asha Rani Vohra, *Swatantrata Senani Mahilayen*, p. 189
14. Dr. Urmila Srivastava (ed.), *Swatantraysri*, Allahabad, 1988, p. 118; P.N. Chopra (ed.), Who is Who Indian Martyrs, Govt. of India Publication, p. 11
15. Acharya Deepankar, *Swandhinta Andolan Aur Meerut*, 1993, Delhi, p. 148
16. Smt. Verma, *The Indian Women Through the Ages*
17. Acharya Deepankar, *Swandhinta Andolan Aur Meerut*, p. 148
18. Dr. Urmila Srivastava (ed.), *Swatantraysri*, p. 118
19. Acharya Deepankar, *Swandhinta Andolan Aur Meerut*, p. 148
20. *Ibid.*
21. Asha Rani Vohra, *Mahilayen Aur Swaraj*, p. 81
22. *Ibid.*, p. 80
23. *Ibid.*, p. 82
24. Asha Rani Vohra, *Mahelayen Aur Swaraj*, p. 82

Chapter - 10

1857 की पुनर्खोज : दलितों की सहभागिता

डॉ. राजेन्द्र कुमार

1857 के बारे में ब्रिटिश, भारतीय और यहाँ तक कि विदेशी इतिहासकारों द्वारा इतना अधिक लिखे जाने तथा सामग्री की प्रचुरता के बावजूद किसानों, पिछड़ों और दलितों की भूमिका को लेकर इतिहासकारों ने अपने आग्रहों के अनुरूप दृष्टिकोण निर्धारित करके इतिहास की प्रकृति, तथ्यपरकता और वास्तविक चेतना को ध्यान में न रखकर पहले निष्कर्ष तय कर लिए, और उन को बार-बार दोहरा कर सच बनाने की कोशिश की गई है कि 1857 के संग्राम में राजनैतिक, आर्थिक और धार्मिक कारणों के चलते सवर्ण और मुसलमान ही अंग्रेजों के विरुद्ध लड़े थे। इसमें दलित जातियों की सहभागिता नहीं थी और वे न तो इस योग्य थीं–और न उनमें इतनी सोच थी कि सत्ता के विरुद्ध विद्रोह कर सकें या उसमें भाग ले सकें। भारतीय इतिहासकारों ने गूजरों, जाटों, कुर्मियों, लोधों, सैनियों सहित पिछड़ी और दलित जातियों की भूमिका को इस महासमर में 'लुटेरे और बदमाश' बता कर उसी प्रकार अनदेखा किया है[1] जिस प्रकार अंग्रेजों ने किया।[2] अंग्रेजों की मजबूरी थी क्योंकि वे इस तथ्य से पूरी तरह वाकिफ थे कि वास्तव में यह भारतीय जनता का स्वाधीनता संघर्ष है। वे इसका अवमूल्यन करना चाहते थे इसलिए उन्होंने इस संग्राम को केवल बंगाल सेना, जिसमें उनके अनुसार उच्च जातियों के लोग ही भर्ती होते थे, का गदर सिद्ध करने का प्रयत्न किया। हालांकि इस महासंग्राम को निकट से देखने वाले अंग्रेजों ने इसे 'सिविल रिबैलियन' मानते हुए इसमें कारीगरों, प्रकारान्तर से पिछड़ों और दलितों की भूमिका को, भले ही दबी जुबान में, स्वीकार किया। विद्रोह के दौरान ब्रिटिश व्यवस्था का एक प्रमुख अफसर रहा जी. डब्लू. फॉरेस्ट '*सेलेक्शन्स फ्रॉम स्टेट पेपर्स*' की अपनी भूमिका में लिखता है–'हिन्दुस्तान का गदर इतिहासकार को जो अनेक सबक देता हैं, उनमें कोई भी इस चेतावनी के मुकाबले अधिक महत्वपूर्ण नहीं

है कि ऐसी क्रान्ति सम्भव है जिसमें ब्राह्मण और शूद्र......हमारे खिलाफ एकताबद्ध हो सकते हैं।'[3] फॉरेस्ट का यह अनुभव इस बात का खंडन करता कि दलितों में विरोध की चेतना सिर्फ अपने स्वामियों का साथ देने और उनका अनुसरण करने तक ही सीमित रही है।[4]

उपनिवेशवाद के विरुद्ध छिड़े महासंग्राम को मुख्यधारा के विमर्शकारों ने आजादी की पहली लड़ाई साबित करने के प्रयास में इस संग्राम के अगुआओं में किस प्रकार एक राष्ट्र की अवधारणा का विकास हो रहा था यह सिद्ध करने के लिए समाज के भीतर मौजूद इतिहास प्रदत्त परस्पर अन्तर्विरोध पर गौर नहीं किया। शुद्धता, ऊँच-नीच और छुआछुत पर टिकी तथा धर्म द्वारा वैध घोषित की गई भारतीय समाज की उस बहुमंजिला इमारत की इन विमर्शकारों ने अनदेखी की है जहाँ एक मंजिल से दूसरी मंजिल पर जाने का कोई रास्ता नहीं है, जो जाति की सीमाओं से परे किसी व्यापक एकीकरण के मार्ग में लगातार बाधक रही है। इसी उपेक्षा के प्रदर्शन स्वरूप 1857 में छोटी जातियों के योद्धाओं तथा वीरांगनाओं के योगदान को कम करके आंकने, यहाँ तक कि उसकी अनदेखी करने का उन्होंने लगातार प्रयत्न किया है जबकि इन योद्धाओं की सहभागिता उल्लेखनीय थी और उनके पराक्रम की गाथाएँ इतने वर्षों बाद आज भी जनमानस में, लोकगाथाओं के रूप में विद्यमान हैं।

अब जबकि 1857 के संग्राम को मात्र सैनिकों, राजाओं और ब्राह्मणों का विद्रोह नहीं माना जाता, चूंकि एरिक स्टोक्स, पिंच, रुद्रांशु मुखर्जी, गौतम भद्र जैसे इतिहासकारों ने तथ्यों के आधार पर बता दिया है कि साधारण देहातियों, मजदूर-किसानों, जिनके बीच से विद्रोही सैनिक आए थे, उन्होंने बढ़-चढ़ कर इस संग्राम में भाग लिया था। उन्हीं को सबक सिखाने के लिए अंग्रेजों ने लाखों लोगों को फांसी पर लटकाया, चल-अचल सम्पत्तियाँ लूट लीं, हजारों गाँव जला डाले। वास्तव में 1857 के संग्राम का नायक था एक साधारण सैनिक, एक आम किसान और एक दलित कारीगर, जिसने अपने खून से हमारे इतिहास का सबसे शानदार अध्याय लिखा। जिसने ऐसा करने की हिम्मत की तथा उस वक्त जान कुर्बान करने का फैसला किया जिस वक्त जनता के स्वयंभू नायक, जो कुलीन और सामंतवर्ग से आए थे, अंग्रेजी राज की जड़ें जमाने व उनके गीत गाने में व्यस्त थे। यह तथ्य सार्वजनिक हो चुका है कि सबसे पहले जिस स्वतंत्रता सेनानी मंगल पाण्डे का उल्लेख किया जाता है,[5] उसे विद्रोह के लिए उकसाने वाला मातादीन हेला जाति का भंगी था। उसने बैरकपुर की दो नम्बर की पलटन के ब्राह्मण सिपाही मंगल पाण्डे से पानी के लिए उसका पीतल का लोटा मांगा। नीच जाति वाले की ऐसी जुर्रत पर आगबबूला हुए मंगल पाण्डे ने जब उसे फटकारा तो उसने

व्यंग्य किया कि "बड़ा आया है ब्राह्मण का बेटा! जिन कारतूसों का तुम उपयोग करते हो उन पर गाय और सुअर की चर्बी लगाई जाती है और उन्हें तुम अपने दांतों से तोड़कर बंदूक में भरते हो। उस समय तुम्हारा ब्राह्मणत्व और धर्म कहाँ चला जाता है?"[6] इस घटना का उल्लेख बैरकपुर स्थित नं. 70 बंगाली पलटन के कैप्टन राइट ने 22 जनवरी 1857 को मेजर बोन्टीन, दमदम को लिखे पत्र में किया था। मातादीन दमदम की कारतूस फैक्ट्री में काम करता था, इसलिए उसकी बात का इतना जबदस्त नोटिस लिया गया। यह भी कहा जाता है कि चर्बी वाली बात की जानकारी उसकी पत्नी लाजो ने दी थी जो अंग्रेज अधिकारी के बंगले में सफाई का काम करती थी। इस घटना के पश्चात् विद्रोह भड़काने का दोषी मानते हुए अंग्रेजों ने मातादीन को फांसी पर लटका दिया।[7]

कुछ लोगों ने इस घटना को 'पोयटिक जस्टिस' कह कर हल्के ढंग से लिया है। किन्तु बकौल बद्रीनारायण–'जब कोई चेतना संगठित प्रतिरोध की तैयारी कर रही होती है तो उसकी प्रारम्भिक अवस्था में व्यंग्य एक स्वाभाविक एवं आवश्यक अस्त्र होता है।'[8] यहाँ ध्यान दिया जाना आवश्यक है कि उस जमाने में वर्ण और जाति की शोषक, ब्राह्मणवादी व्यवस्था भारतीय समाज में पूरे तौर पर छाई थी, उसने ऊँच-नीच और छुआछूत को हिन्दू समाज का अविभाज्य अंग बनाकर असंख्य दलितों के मन-मस्तिष्क में हीन भाव बैठा दिए थे। ऐसी परिस्थिति में एक श्वपच (अछूत) द्वारा एक ब्राह्मण से पानी पीने को उसका लोटा मांगना, धारा के विपरीत तैरने जैसा साहसी और क्रान्तिकारी कदम है। साथ ही न देने पर ब्राह्मण पर विषमतावादी व्यवस्था ध्वस्त कर समता, स्वतंत्रता, न्याय और बंधुता की मूल मानवीय भावना पर आधारित व्यवस्था की स्थापना की आकांक्षा को प्रकट करता है। यहाँ यह भी ध्यान देने योग्य है कि ब्रिटिश शासन के दौरान दलितों के सामने दोहरी चुनौतियाँ थीं। एक तरफ उन्हें सवर्ण हिन्दुओं के परम्परागत अत्याचारों, सामन्तों व शासकों के शोषण और जुल्मों का सामना करना पड़ता था तो दूसरी ओर उन्हें अहसास था कि शासक की हैसियत से उनकी पीठ पर बैठा औपनिवेशिक अंग्रेज विदेशी भी है, हमलावर भी है और देशी अत्याचारियों से कहीं ज्यादा अमानुषिक है। ऐसे में उनका स्वतंत्रता संग्राम में कूद पड़ना अनायास घटी घटना नहीं है।

झांसी की रानी लक्ष्मी बाई को विद्रोह के लिए झलकारी बाई नामक कोरी जाति की महिला ने प्रेरित किया था। जी. डब्लू. फॉरेस्ट ने लिखा है कि 1857 में स्वैच्छिक विद्रोह व झांसी पर पूर्ण विजय के बाद अधिकतर सैनिक दिल्ली की ओर कूच कर गए, तब तक रानी लक्ष्मी बाई विद्रोह में सम्मिलित नहीं थी।[9] विद्रोह में

सम्मिलित होने से पूर्व वह अंग्रेजों से दूरस्थ सम्बन्ध रखते हुए अपने हक के लिए समझौते का प्रयास कर रही थी। रानी ने कैप्टेन एरस्किन को पत्र लिख कर यह बात स्वीकार की थी कि विद्रोही सैनिकों के दबाव के कारण उन्हें उनका साथ देना पड़ा था।[10] अंग्रेजों से बात न बनने पर प्रतिरोध को अन्तिम विकल्प मानते हुए जब रानी ने हथियार उठा लिए तो अपनी सेना में सवर्णों के साथ काछी, कोरी, तेली, जुलाहा, बनजारे, गूजर सभी जातियों के स्त्री-पुरुष सम्मिलित किए और इन असैनिक समुदाय के दलितों ने सिद्ध कर दिया कि वीरता और आन-बान में वे किसी से कम नहीं। उस दौरान पूरन कोरी नामक विद्रोही सैनिक भाऊ बख्शी और अपने सजातीय बंधुओं के साथ मिलकर अंग्रेजों का संहार कर रहा था। उसकी पत्नी झलकारी बाई उसके साथ कंधे से कंधा मिलाकर लड़ रही थी। यह ऐतिहासिक सत्य है कि उन्नाव दरवाजे पर कोरियों की तोपें थीं और उन तोपों का संचालक पूरन कोरी था। पूरन कोरी और झलकारी बाई को अहसास हो गया कि रानी को अंग्रेज झांसा देकर बंदी बना सकते हैं ऐसी कठिन स्थिति में सूझबूझ के बल पर झलकारी बाई और उसके पति ने अपने विश्वसनीय सैनिकों के साथ रानी को असुरक्षित किले से बाहर निकाल कर सुरक्षित ठिकाने पर पहुँचाया। इतना ही नहीं स्वयं झलकारी ने भाण्डेरी दरवाजे से उन्नाव दरवाजे तक रानी लक्ष्मीबाई का वेश धर कर युद्ध का संचालन तब तक किया जब तक रानी दूर नहीं निकल गई। 4 अप्रैल 1858 की रात को रानी के किले से निकल जाने के बाद सवेरे पॉच बजे झलकारी जनरल रोज के सामने पहुँची और उससे कहा कि रानी को कहॉ ढूंढते फिरते हो? मैं हूँ रानी, पकड़ो मुझको। पूरन कोरी लड़ते हुए अपनी मातृभूमि पर शहीद हो गया तो भी झलकारी बाई अदम्य साहस और वीरता के साथ डटी रही। उसने अंग्रेजों के पैर उखाड़ दिए। अंग्रेजी फौजों को भागता देख कर ही वह वीरांगना रानी के प्रति सच्ची मित्रता, त्याग, बलिदान और देशप्रेम की अनुकरणीय मिसाल बन कर शहीद हुई। झलकारी बाई पर पुस्तक लिखने वाले इतिहासकार भवानी शंकर विशारद ने झलकारी बाई को संग्राम में शहीद न मानकर उसके लम्बे समय तक जीवित रहने की पुष्टि की है, किन्तु इससे झलकारी बाई का योगदान कम नहीं हो जाता।[11]

वर्तमान मध्य प्रदेश के दमोह जिले के आसपास का क्षेत्र 1857 की क्रान्ति का प्रमुख गढ़ रहा है। यहाँ हिन्दू लोध जाति का बाहुल्य था। इनकी बहुत छोटी-छोटी जागीरें थीं। इसी क्षेत्र में स्थित रामगढ़ की रानी अवन्तीबाई लोधी की अंग्रेजों के विरुद्ध संघर्ष कथा सर्वविदित है जिसने अंग्रेजों से भयंकर लोहा लिया।[12] इसके अलावा हिन्डोरिया के शासक किशोर सिंह लोध ने भी विद्राह में बढ़चढ़ कर भाग

लिया। 'इंगलिशमैन' पत्र ने अपने 31 दिसम्बर 1857 के अंक में लिखा है कि दमोह के सरकारी खजाने की लूट में सागर के बागियों का हाथ है जिन्होंने किशोरी सिंह लोध के साथ मिलकर चार सौ सशक्त बन्दूकचियों के पहरे में दमोह जेल में रखे गए खजाने को लूट लिया और बन्दियों को मुक्त कर दिया।[13] इसके बाद किशोरी सिंह ने कुम्हारी थाने को लूटा। उसकी रोज-रोज की वारदातों से तंग आकर कैप्टेन पिकने ने किशोरी सिंह को पकड़ने के लिए एक हजार रूपए का इनाम भी रखा था।[14] दमोह के मालगुजार देवकरण लोध ने भी खुली बगावत कर दी। रामस्वरूप, मान सिंह व सोने शाह के नेतृत्व में 200 विद्रोहियों ने दमोह में ब्रिटिश सेना की 31वीं व 42वीं पलटन पर हमला कर दिया लेकिन अंग्रेज सैनिकों ने बागियों के हमले को विफल कर उन्हें घेर लिया। तभी किशोरी सिंह ने अपने साथियों के साथ धावा बोल दिया और उन्हें भगा दिया।[15] इस समय तक सागर दमोह क्षेत्र के लगभग सभी लोध विद्रोह में शामिल हो गए थे।

जगदीशपुर (बिहार) के कुंवर सिंह का सबसे विश्वसनीय सहदेव चमार था जिसे उनका दाहिना हाथ कहा जाता था। जब कुंवर सिंह को हाथ में गोली लगी और उन्होंने अपना लटका हुआ हाथ काट कर नदी में फेंक दिया तो घायल और बेहोश कुंवर सिंह को कंधे पर लाद कर अंग्रेजों की गोलियों का सामना करते हुए उन्हें बचाकर जगदीशपुर पहुँचाने का बेमिसाल वीरतापूर्ण कृत्य करने वाला यही सहदेव चमार था।[16] इसके अतिरिक्त कुंवर सिंह के विद्रोही साथियों में ग्वाले, माली, मल्लाह, मुसलमान, कायस्थ, अहीर आदि सारी जातियों के लोग थे।[17]

मेरठ जिले के सुप्रसिद्ध क्रान्तिवीर बाबा शाहमल सिंह ने 11 मई 1857 से 21 जुलाई 1857 तक हिन्डन नदी और यमुना नदी के मध्य से अंग्रेजों का वर्चस्व समाप्त कर दिया और उन्हें दिल्ली की तरफ मुंह भी करने नहीं दिया था, तथा बहादुरशाह जफर की मांग पर दिल्ली के विद्रोहियों के लिए गाड़ियों में भर-भर कर रसद भेजी। उनके विश्वस्त साथियों में दलित जातियों के धीरा कहार, रूड़ा भंगी, दिला कुम्हार, मन्नू धींवर, सुक्खा और बिरमा चमार, सगवा भंगी आदि थे जो अपनी वीरता और समर्पण के लिए शाहमल के साथ-साथ लोकमानस में आज भी जीवित हैं।[18]

बिठूर में नाना साहब के सैनिकों में मल्लाह, लोध, गडरिया, कुरमी, तेली, सुनार, नाई, तमोली, गोड़िया, गिरी, चमार, धानुक, धोबी और भंगी जातियों के लोग थे।[19] मोईनुद्दीन हसन गदर के समय दिल्ली पहाड़गंज थाने में दिल्ली के बादशाह के कोतवाल थे, उनका ऑखों देखा विवरण, जो *'गदर 1857'* के नाम से

प्रकाशित हुआ, में बागी सैनिकों में दलितों की सक्रिय उपस्थिति के प्रमाण मिलते हैं। वे लिखते हैं कि विद्रोह के अगुआ नवाब मिर्जा साहब ने वेतन के लिए धन इकट्ठा करने के लिए दबाव बना रहे सैनिकों से कहा–'अब तुम चमारों का यह स्तर कि हम पर धौंस जमाते हो।'[20] आगे एक जगह वे लिखते हैं–'मौलवी लियाकत अली.....स्वयंभू खलीफा हो गया। सहस्रों जुलाहे, भटियारे, कुंजड़े, तेली, नाई, कसाई, मुफ्तखोर...आकर एकत्रित होने लगे। अंग्रेज व सिख सिपाही किले में बंद हो गए। इलाहाबाद नगर व आसपास मौलवी साहब का शासन हो गया।'[21] इससे जाहिर होता है कि मौलवी के साथ दलित समुदाय के लोग बड़ी तादाद में अंग्रेजों के विरोध में लगे थे। झांसी की रानी के साथ मिलकर ग्वालियर में अंग्रेजों से लड़ने वाले राव बांदोरंग की सेना में 'प्रत्येक जाति के लोग बिना रोकटोक के नौकर होने लगे। धुनिए, जुलाहे, तेली, तमोली, चमार सभी नई भरती में सम्मिलित थे, उनकी पलटने तैयार हुई।'[22]

डर्च एच. कोल्फ नामक डच इतिहासकार की मानें तो पिछड़ी और निचली जातियों ने भी सैनिकनुमा संवर्ग के रूप में साहस के साथ विद्रोह में भाग लिया। इतिहास में झांक कर देखें तो 1857 के आसपास दलित समाज की अनेक जातियों में क्षत्रियों की तरह की वीरता विकसित हो रही थी।[23] इस कालखण्ड में दलित समाज एक निष्क्रिय, गाँवों में रहने वाला, दमन झेलते हुए अपने मालिकों के विरुद्ध एक भी शब्द जुबान पर न लाने वाला नहीं था, बल्कि उन्हीं की भाषा बोलने वाला समुदाय था जो अपने ऊपर होने वाले अत्याचार और दमन के प्रतिरोध में मुखर और सक्रिय था।[24] बंगाल सेना, जिसके सैनिक मुख्य रूप से विद्रोह की रीढ़ बने थे, की सामाजिक संरचना पर ध्यान देने से ज्ञात होता है कि उसमें दलित जातियों से आए सैनिकों की संख्या कम नहीं थी। यदि इस संदर्भ में प्राप्त आंकड़ों पर नजर डालें तो अकेले 34वीं नेटिव इन्फेन्ट्री के कुल 1089 सैनिकों में 231 नीची जातियों के हिन्दू थे।[25] राबर्ट डनलप का बयान ब्रिटिश फौज में निम्न जातियों के होने की पुष्टि करता है कि 'बम्बई फौज के नीची जाति के सिपाही अवध और उत्तर-पश्चिम में कारगर साबित नहीं होंगे।'[26] नौकरी की आकांक्षा से इस समुदाय के लोग गाँवों से बाहर भी जाने लगे थे। इनमें से लाखों लोग कलकत्ता से जहाजों में भर-भर कर अंग्रेज, डच एवं अन्य औपनिवेशिक शक्तियों द्वारा मजदूरी के लिए सूरीनाम, मारीशस, फिजी इत्यादि देशों में ले जाए गए जहाँ के रजिस्टरों में इनके नामों के आगे इनकी जातियों के नाम चमार, दुसाध, कोरी, कहार, माली, मुसहर आदि दर्ज हैं। इसके अलावा देश में बड़े नगरों कलकत्ता, मद्रास, पटना आदि में भी ये नौकरियों के लिए गए। इतने जागरूक होने

के बाद विदेशी शक्ति के विरुद्ध दलितों का प्रतिरोध कुछ आश्चर्य का विषय नहीं रह जाता।

1857 के संग्राम में दलितों की भूमिका को तीन स्तरों पर बॉट पर देखा जा सकता है—पहला सामंतों या सवर्णों की अगुआई में अंग्रेजों के विरुद्ध संघर्ष में भाग लेना, दूसरा—दलित जातियों का अलग-अलग संगठित विद्रोह, तथा तीसरा दलित समुदाय के सदस्यों की व्यक्तिगत स्तर पर भागीदारी। परन्तु इसका उद्देश्य एक ही था—औपनिवेशिक प्रभुत्व को उखाड़ फेंकना। इस विद्रोह में इन समुदायों की हिस्सेदारी उनके औपनिवेशिक शासन के विरोध का चरम उत्कर्ष था, जो पूर्णतया स्वतः स्फूर्त, हिंसक तथाा प्रतिरोध के प्राथमिक रूपों में व्याख्यायित किया जा सकता है।

डी.सी. डीन्कर ने अपनी पुस्तक *'स्वतंत्रता संग्राम में अछूतों का योगदान'* में वीरांगना महावीरी देवी का उल्लेख किया है। मुजफ्फरनगर के मुंडभर (भाजू) गाँव की भंगी जाति की महावीरी ने अनुपमेय वीरता का परिचय दिया। आसपास के गाँवों की सजातीय महिलाओं का उसने एक संगठन बनाया और मुजफ्फरनगर में अंग्रेजों से मोर्चा लिया। उसकी टोली की 22 महिलाओं ने बल्लम, गंडासों, दरांतियों से लैस होकर अंग्रेजों पर हमला कर उन्हें मौत के घाट उतार दिया।[27] अपने ऊपर अचानक अनपढ़ एवं निम्न जाति की स्त्रियों के हमलों से अंग्रेज अधिकारी हतप्रभ रह गए क्योंकि यह विद्रोह किसी सामन्त या जमींदार के नेतृत्व में नहीं था, बल्कि समाज के सबसे निचले तबके और उसमें भी निम्न जाति की महिलाओं का हमला था। महीने भर तक अंग्रेजों को इन महिलाओं का इतना खौफ रहा कि ज्वाइन्ट मजिस्ट्रेट सी. ग्रान्ट अपनी सेनाओं को शामली रोड से मुजफ्फरनगर न ले जाकर कांधले के रास्ते से घुमा कर ले जा पाया।[28] ये सभी महिलाएँ वीरता से लड़ीं और युद्धभूमि में ही शहीद हुईं।

मुजफ्फरनगर जिला, जो परिश्रमी जाट किसानों के कारण कृषि उत्पादन में सैंकड़ों वर्षों से अग्रणी रहा है, 1857 में असैनिक विप्लव (सिविल रिबैलियन) में भी आगे रहा था। यहाँ देश पर कुर्बान होने वाले अनेक दलितों के नाम ब्रिटिश रिकार्डों में मौजूद हैं। खेड़ी निवासी मैदा, कल्याणपुर के राजाराम, टोडा के राम्मा जुलाहा, एलम के झण्डू गडरिया, भाजू के धर्मा उर्फ धर्म सिंह जोगी, रामड़ा के कल्लू धोबी, नगले के कर्मा कहार, सिसौली के सहजा भंगी, हरदन बाल्मीकि, नगलिया के रामजस चूहड़े, मुण्डभर के अजायब सिंह भंगी, बारू बाल्मीकि, थानाभवन के मामचन्द नाई, सोहंजनी के मन्नू छिम्पी, हरड़ के नानू चमार आदि ने

अंग्रेजों के विरुद्ध अनुपम वीरता का परिचय दिया था। मुण्डभर का सगवा भंगी और सिसौली का सहजा भंगी तो लोकगाथाओं के हीरो बन कर उभरे, जो पड़ोस के गाँव मुंडभर की महावीरी देवी तथा अन्य दलित स्त्रियों के प्रेरणा स्रोत बने।[29]

मुजफ्फरनगर की ही 22 वर्षीया गडरिया युवती मामकौर ने अदम्य साहस का परिचय दिया। मामकौर ने अनेक युवकों-युवतियों का एक संगठन बनाया जिसमें रनबीरी और रगबीरी बाल्मीकि, राजकौर, फिल्लो, नन्हीं आदि दलित वीरांगनाएँ थीं, और इन्होंने अंग्रेजी फौजों से छापामार लड़ाइयाँ लड़ीं। शामली तहसील का खजाना लूटने में चौधरी मोहर सिंह का सहयोग करने पर ये कलक्टर एडवर्ड्स की हिट लिस्ट में आ गई। फलतः मुखबिर की सूचना पर रात के समय घेराबंदी करके अंग्रेजों ने इन पर धावा बोल दिया। पकड़े गए 11 साथियों सहित इन्हें फांसी पर लटका दिया गया।[30] सर्वखाप पंचायत के रिकार्ड्स में कैराना क्षेत्र के दलित समुदाय के अनेक विद्रोहियों का उल्लेख है जिन्होंने अपने सीमित हथियारों और छोटे-छोटे संगठनों के बल पर अंग्रेजों की नींद हराम कर दी थी।[31]

आजमगढ़ जिले की सदर तहसील में कंधरापुर थाना क्षेत्र के दलितों के गाँव मुंदरी के निवासियों ने विद्रोही राजा बेनी माधव सिंह की जी-जान से सहायता की। अंग्रेजी सेना ने 20 सितम्बर 1857 को इस गाँव पर हमला किया। ग्रामीणों ने मुकाबला किया पर हथियारों की कमी के कारण उन्हें भाग कर जंगल में शरण लेनी पड़ी। घर-घर तलाशी में पकड़े गए बूढ़े और बीमार लोगों को पेड़ों पर लटका कर अंग्रेजों ने फांसी दे दी। शिवदीहल राय, मिताई कहार, मंदिलराय और मथई जुलाहा को भुजाली से कत्ल कर दिया। गाँव में आग लगा दी।[32] इस प्रकार अंग्रेजों द्वारा दलितों के गाँव-के-गाँव जला डालने से 1857 निकृष्टतम आतंक के रूप में जाना जाता है।

एटा जिले के सोरों क्षेत्र के चेतराम जाटव, बल्लू मेहतर, सदाशिव मेहरे, विशम्भर कोठेदार, द्वारका प्रसाद उन वीरों में सम्मिलित थे जिन्होंने फिलिप्स की सेनाओं के साथ डटकर लोहा लिया। पकड़े जाने पर चेतराम जाटव और बल्लू मेहतर को पेड़ों से बांधकर गोलियों से उड़ा दिया गया।[33] जौनपुर जिले के ग्राम कुंवरपुर, तहसील मछलीशहर के बागी नेता हरपाल सिंह का साथी बांके चमार अपने जीवनकाल में क्रान्ति का पर्याय बन गया था। सरकार ने उस पर 50 हजार का इनाम घोषित कर रखा था। गिरफ्तार होने पर अंग्रेज कमिश्नर ने उसे फांसी पर लटका दिया।[34] जौनपुर की ही दलित स्त्रियाँ महरी और माही को क्रान्तिकारियों की सहायता करने के आरोप में फांसी की सजा दी गई।[35] लखनऊ रेजीडेंसी को घेरने

वाली विद्रोही टुकड़ी का नेतृत्व रैदास कर रहे थे जिनका बनवाया 'चेतरामी तालाब' आज भी मौजूद है।[36]

उल्लेखनीय है कि ये दलित किसी सामन्त, सेनापति या जमींदार की अगुआई के बिना 'स्वान्तः सुखाय' ही अंग्रेजों के विरुद्ध लड़ रहे थे। 'स्वान्तः सुखाय' इसलिए कि अंग्रेजों ने न तो इनकी जागीर हड़पी थी और न ही खेत-खलिहान, न ही इनके पास छिनने के लिए कुछ था–थी तो बस आजादी की ललक, क्योंकि विद्वान कहते हैं कि राष्ट्र और स्वराष्ट्रवाद की अवधारणा उस समय तक हिन्दुस्तानी समाज में विकसित नहीं हो पाई थी।

इस प्रकार यह कहना कि 1857 में दलित इतने परिपक्व नहीं थे कि विद्रोह कर सकें, तथ्य से कोसों दूर है। इतना इस ऐतिहासिक विप्लव की गाथायें आज भी लोक स्मृति और जनश्रुतियों में मौजूद हैं ब्रिटिश इतिहासकारों से लेकर इंकलाब का झण्डा थाम कर आगे बढ़ने वाले और इस विप्लव से प्रेरणा लेने वाले वर्तमान भारतीय खोजियों ने अपने-अपने दृष्टिकोण से इसे खंगालने की कोशिश की है, क्योंकि इस विद्रोह को चाहे सिर्फ उत्तर भारत में फैली बदअमनी माना हो, सिपाही विद्रोह माना हो, अपनी रियासतों के छिनने से क्रुद्ध राजे-रजवाड़ों की हिंसक प्रतिक्रिया माना हो या धार्मिक कारणों से उपजा संग्राम माना हो। इतना तो स्पष्ट है कि 19वीं शताब्दी में उपनिवेशवादी ब्रिटेन के सम्मुख इस महासागर जितनी बड़ी चुनौती कभी खड़ी नहीं हुई। यह संग्राम ब्रिटिश आधिपत्य के विरुद्ध सिपाहियों और गैर सिपाहियों के सबसे बड़े संगठन का परिणाम था। उस युग में ब्रिटिश सैनिकों तथा अधिकारियों को छोड़ कर एक लाख तीस हजार सैनिकों से बनी एशिया की सबसे विशाल और आधुनिक बंगाल सेना के जवानों के इस विद्रोह में कलकत्ता के पास की बैरकपुर छावनी से लेकर उत्तरी पश्चिमी सरहदी सूबों तक की देसी सेना सम्मिलित थी। उस इलाके में जिसकी जनसंख्या सम्पूर्ण भारत की जनसंख्या का एक चौथाई हो, फैले इस विद्रोह में सामान्य जनता के अच्छे खासे हिस्से ने विद्रोहियों का साथ दिया। उत्तर भारत के अधिकांश ग्रामीण और किसान इस विद्रोह से जुड़े हुए थे। इन पिछड़ों और दलितों ने इस संघर्ष को अपना संघर्ष माना और कई स्थानों पर विद्रोही सेना के पहुँचने से पहले या विद्रोही सेनाओं के पहुँचे बिना ही सरकारी दफ्तरों, कचहरियों और खजानों पर हमले किए, उन्हें अपने कब्जे में ले लिया तथा जेलों तक को तोड़ डाला। जहाँ कहीं कोई अंग्रेज मिला उसे मौत के घाट उतार दिया। दस दिनों के अन्दर अवध, दिल्ली और उपरी दोआब क्षेत्र के बड़े भाग से ब्रिटिश शासन समाप्त हो गया था।

कानपुर में, अंग्रेज जिसे नृशंसता की मिसाल कहते हैं, उस सतीचौरा काण्ड के प्रमुख सूत्रधार गंगू मेहतर ने अपने साथियों के साथ 40 नावों में सवार सभी यूरोपियन परिवारों को मौत के घाट उतार दिया था। बिठूर निवासी गंगू मेहतर जिन्हें इस क्षेत्र के दलित समाज में गंगू बाबा के नाम से जाना जाता है, नाना साहब के अंगरक्षक तथा नगाड़ची थे। प्राचीनकाल से ही सेनाओं में नगाड़ची, तुरहीबाज तथा धौंसा बजाने वाले नियुक्त किए जाते थे, जो अपने वाद्यों के माध्यम से सूचना प्रसारण के अलावा सैनिकों में जोश और साहस का भाव उत्पन्न करते थे। ये निम्न जातियों के ही लोग होते थे और रणभूमि में इनकी भूमिका महत्वपूर्ण होती थी। गंगू बाबा लम्बे-तगड़े पहलवान थे, और अखाड़ा चलाते थे। सतीचौरा काण्ड के बाद जनरल हैवलाक के साथ आमने-सामने की लड़ाई में ये गोली लगने से घायल हो गए। इन्हें गिरफ्तार कर लिया गया और 5 जून 1858 को फांसी पर चढ़ा दिया गया। फांसी से पहले अंग्रेज सिविल सर्जन जॉन निकोलस ट्रैसीडर ने इनका डाक्टरी मुआयना किया, इन्हें कुर्सी पर बैठाया और फोटो भी खींचा था।[37]

लखनऊ की ऊदादेवी पासी की बहादुरी को देख अंग्रेज सकते में आ गए थे। ऊदादेवी के पति मक्का पासी नवाबी सेना में सेनानायक पद पर तैनात थे। जब हैनरी लारेंस फौज लेकर फैजाबाद से लखनऊ रेजीडेंसी में घिरे फिरंगियों को छुड़ाने जा रहा था तो मक्का पासी ने 200 वीरों के साथ उन पर हमला बोल दिया। इस संघर्ष में मक्का वीरगति को प्राप्त हुए। इसी का प्रतिशोध लेने के लिए ऊदादेवी 16 नवम्बर 1857 को लखनऊ के सिकंदर बाग परिसर में पीपल के उस पेड़ पर छिप कर बैठ गई जिसके नीचे गोरी फौजों के लिए पीने के पानी का प्रबंध था। जब अंग्रेज सैनिक पानी पीने आता तो ऊदादेवी उसे गोली मारकर मौत के घाट उतार देती। इस प्रकार उसने बत्तीस अंग्रेजों को मार गिराया। मेजर डाउसन जब मामला जॉचने आया तो उसने गोरों की लाशों का ढेर देखा। सबके सिर अथवा कंधे पर ही गोली लगी थी। उसे समझते देर न लगी। उसने कैप्टेन वैलेस से पीपल के पेड़ की ओर इशारा किया। वैलेस ने गोली चलाई तो ऊपर से तड़पड़ाती एक मानवाकृति गिरी। कैप्टेन वैलेस ने देखा वह पुरुष वेश में महिला थी जिसकी बंदूक के कारतूस की पेटी खाली हो चुकी थी। कहते हैं उसने उस वीरांगना को सैल्यूट किया और कहा कि यदि वह जानता तो उसे हरगिज गोली नहीं मारता।[38]

1857 के महासंग्राम में दलित महिलाओं की भागीदारी इतने तक ही सीमित नहीं है। यदि ठीक से अध्ययन किया जाए तो सवर्ण महिलाओं की तुलना में यह कहीं अधिक ही थी। मेरठ से उठी क्रान्ति की ज्वाला में जिन महिलाओं ने अंग्रेजी

राज को भस्म करने का प्रयत्न किया उनमें गुड़गाँव के पलवल की मानी[39], नागली की रत्ना, दिल्ली की गन्नो, जौनपुर की महरी और माही, मुजफ्फरनगर की आशादेवी, बख्तावरी, बुढ़ाना की रोशनी, गढ़मुक्तेश्वर की सल्लो, कोताना की चन्नो और जोहड़ी की बल्लो भी थीं जिन्हें अलग-अलग स्थानों पर फांसी दी गई।[40]

खारी बावली दिल्ली का अमन कहार, दिल्ली के गनेशी मेहतर, मनोरा भंगी, हमीरा नाई, मातादीन तेली, गुड़गाँव के ईसरी चमार, गरीबा जुलाहा, घीसा और मातादीन मेहतर जैसे अनेक वीर व्यक्तिगत साहस की मिसाल हैं जिन्हें अंग्रेजों को मारने, लूटने, मुकाबला करने में गिरफ्तार किया गया और 13 नवम्बर 1857 से 22 फरवरी 1858 के बीच चाँदनी चौक में फांसी दी गई।[41] इनके अलावा अनेक ऐसे बहादुर भी रहे होंगे जिनकी शहादत के रिकार्ड उपलब्ध नहीं हैं।

1857 के इतिहास के गर्भ में अभी बहुत कुछ अनदेखा, अनजाना है, या जानबूझकर छोड़ दिया गया है। आवश्यकता उसी को खोजने की है। इतिहास के शोध के लिए पूर्वाग्रहों से, प्रचलित धारणाओं से मुक्त होना पड़ेगा। वैज्ञानिक दृष्टिकोण, सकारात्मक और निरपेक्ष संवेदनशीलता के साथ इस महान विद्रोह की घटनाओं का पुनर्पाठ करना होगा। जब दलित समुदाय के स्त्री-पुरुष अपने प्राणों की परवाह न करके उपनिवेशवादियों के विरुद्ध महासंग्राम में डटे थे, तब यह कहना कि दलितों की चेतना इतनी परिपक्व नहीं थी कि विद्रोह कर सकें, कहीं से भी गले नहीं उतरता। इस भ्रान्ति को मिटाना होगा और 1857 में दलितों के योगदान को सुनहरे शब्दों में लिखना होगा, जिससे प्रजातन्त्र का चेहरा और अधिक चमकदार हो सके।

संदर्भ

1. आर.सी. मजूमदार : *द सिपॉय म्युटिनी एण्ड द रिवोल्ट ऑफ 1857,* कलकत्ता (1958), पृ. 99
2. जी.बी. मैलेसन : *द इंडियन म्युटिनी ऑफ 1857,* सेकण्ड इम्प्रैशन, दिल्ली (2006), (प्रीफेस) पृ. V
3. जी. डब्ल्यू. फॉरेस्ट : *द इंडियन म्युटिनी : सेलेक्शन्स फ्रॉम स्टेट पेपर्स प्रिजर्वड इन द मिलिटरी डिपार्टमेन्ट ऑफ द गवर्नमेन्ट ऑफ इंडिया,* 1857-58, खण्ड 1, कलकत्ता (1893) 237-240
4. बद्रीनारायण : *दलित और 1857,* 'मीडिया', अप्रैल-जून 2007, पृ. 158
5. अमरेश मिश्र : *मंगल पाण्डे, द ट्रू स्टोरी आफ एन इंडियन रिवोल्यूशनरी,* नई दिल्ली (2005), प्रीफेस, पृ. 5
6. एस. राव संजीवननाथ : *1857 का क्रान्तिजनक नागवंशी मातादीन हेला,* इलाहाबाद (1998)
7. बद्रीनारायण : उपरोक्त, पृ. 160
8. मासिक *'उत्तर प्रदेश',* सूचना विभाग, उत्तर प्रदेश, लखनऊ, अगस्त 2007, पृ. 118
9. जी. डब्ल्यू. फॉरेस्ट : *द इंडियन म्युटिनी* उपरोक्त, खण्ड 1, कलकत्ता (1893) पृ. 205
10. एस.ए.ए. रिजवी (सं.) : *फ्रीडम स्ट्रगल इन उत्तर प्रदेश,* खण्ड 1, लखनऊ (1957), पृ. 58-59
11. *'हंस'* मासिक, दिसम्बर 2007 (नई दिल्ली), पृ. 30
12. उषा चन्द्रा : *सन सत्तावन के भूले-बिसरे शहीद,* नई दिल्ली (2003), पृ. 74-75
13. नेशनल आर्काइव्ज : फाइल क्रमांक 2 (1), सीक्रेट डिसपैच टु डायरेक्टर्स, सीक्रेट कमैटी, दि. 3-10-1857
14. उपरोक्त, फाइल क्रमांक 550, कमिश्नर की ओर से सरकार के नाम पत्र सं. 251, दि. 20-7-1857
15. डिस्ट्रिक्ट गजेटियर, दमोह गजेटियर यूनिट, सेन्ट्रल प्रोविंसेज, पृ. 45-46
16. लैटर फ्राम द कमिश्नर आफ पटना टु द सेक्रेटरी टु गवर्नमेन्ट आफ बंगाल, 18 दिसम्बर 1857, *पार्लियामेन्टरी पेपर्स,* वोल्यूम 30 (सी-2254), पृ. 161
17. प्रो. श्याम बिहारी राय : *वीर कुंवर सिंह,* पटना, पृ. 20
18. डा.एम.एन. शर्मा, डा.आर.के. शर्मा : *सन सत्तावन का अमर शहीद बाबा शाहमल,* बागपत (2002), पृ. 10; अरुण गुप्ताः *स्वतंत्रता संग्राम में मुजफ्फरनगर जनपद का योगदान,* मुजफ्फरनगर (1994), पृ. 18-72
19. आनन्द स्वरूप मिश्रा : *नाना साहब पेशवा एण्ड द फाइट फॉर फ्रीडम,* लखनऊ (1961), पृ. 210

20. मोईनुद्दीन हसन : *गदर 1857,* दिल्ली विश्वविद्यालय, द्वितीय संस्करण (2006), पृ. 41
21. उपरोक्त, पृ. 101
22. उपरोक्त, पृ. 141
23. डर्फ एच. कॉल्फ : *नौकर, राजपूत एण्ड सिपॉय, एथनो हिस्ट्री ऑफ लेबर मार्केट इन हिन्दुस्तान,* 1450-1850, कैम्ब्रिज यूनि. प्रेस, पृ. 28-29
24. उपरोक्त, पृ. 29
25. *बंगाल आर्मी की आंतरिक संरचना,* पर सीमा अलवी एवं रुद्रांशु मुखर्जी के अध्ययन पर आधारित, जिसको 'उद्भावना' के निरंतरता और परिवर्तन, अंक 76, पृ. 276 पर उद्धृत किया गया है।
26. आर.एच. डनलप : *सर्विस एण्ड एडवेंचर विद द खाकी रिसाला,* पृ. 76-77
27. डी.सी. डीन्कर : *स्वतंत्रता संग्राम में अछूतों का योगदान, दिल्ली* (2007), पृ. 41
28. एफ. विलियम्स : *नरेटिव ऑफ इवेन्ट्स एण्ड दे रेस्टोरेशन ऑफ ऑथोरिटी इन द डिस्ट्रिक्ट ऑफ मुजफ्फरनगर इन 1857-58* (1858), पृ. 16
29. अरुण गुप्ता : *स्वतंत्रता संग्राम में मुजफ्फरनगर जनपद का योगदान,* मुजफ्फरनगर (1997), पृ. 70-71; एफ. विलियम्स : उपरोक्, पृ. 16
30. आर.एम. एडवर्ड्स : *म्यूटिनी डायरी,* 11 एण्ड 24 जुलाई 1857, इंडिया ऑफिस लायब्रेरी, एमएसएस यूरो. सी 148
31. सर्वखाप पंचायत रिकार्ड्स, हस्तलिखित पोथी, स्व. श्री कबूल सिंह, शोरम के संग्रह में उनके परिवारजनों से प्राप्य।
32. डा. विश्वमित्र उपाध्याय : *सन सत्तावन के भूले-बिसरे शहीद,* भाग 2, प्रकाशन विभाग, दिल्ली (2004), पृ. 88
33. डी.सी. डीन्कर : उपरोक्त, पृ. 49
34. डी.सी. डीन्कर : उपरोक्त, पृ. 52
35. सुभाष गाताड़े : *1857 का संग्राम और शूद्र अतिशूद्र, 'उद्भावना'* अंक 75 (2007), पृ. 290, फुटनोट 6
36. मोहनदास नैमिशराय : *स्वतंत्रता संग्राम में दलितों की सहभागिता,* 'उत्तर प्रदेश', 1857 प्रथम स्वतंत्रता संग्राम विशेषांक, अगस्त 2007 पृ. 118
37. बद्रीनारायण : *कुंजड़ा, कसाई, जुलाहा, नाई—1857 के संग्राम में दलितों की भूमिका,* '1857', सहमत, नई दिल्ली (2007), पृ. 111
38. राजकुमार इतिहासकार : *वीरांगना ऊदादेवी की ऐतिहासिकता, 'हंस'* मासिक, दिसम्बर 2007, पृ. 32
39. सुभाष गाताड़े : उपरोक्त पृ. 286
40. मोहनदास नैमिशराय : उपरोक्त, पृ. 118
41. *हूजहू ऑफ डेल्ही फ्रीडम फाइटर्स,* खण्ड 1, दिल्ली एडमिनिस्ट्रेशन, जनवरी (1974) में नामों के साथ दिए गए विवरण।

Chapter - 11

1857 के विद्रोह का मेरठ से रूहेलखण्ड तक विस्तार

डॉ. संध्या मिश्र

10 मई 1857 को मेरठ में अचानक और अप्रत्याशित रूप से विद्रोह की चिन्गारी फूट पड़ी। शीध्र ही यह चिन्गारी आग की लपटों की तरह देश के विभिन्न भागों में फैलती गई। इतिहासकारों ने इस विद्रोह का व्यापक अध्ययन किया है और प्रायः यह स्वीकार किया जाता है कि इस विद्रोह के पीछे कोई योजना नहीं थी और अचानक ही यह विद्रोह फूट पड़ा।[1] तथ्य यह संकेत करते हैं कि आग पहले से ही धीरे-धीरे सुलग रही थी, अंग्रेजों के खिलाफ भारतीयों का असंतोष बढ़ता जा रहा था और कभी भी असंतोष सरकार के विरुद्ध व्यापक संघर्ष का रूप ले सकता था और हुआ भी ऐसा ही। यह विद्रोह भारतीय सैनिकों की चुनौती से शुरू हुआ और मेरठ तथा अन्य क्षेत्रों में सैनिकों ने इसे विस्तार दिया। सैनिकों को क्षेत्रीय लोगों से व्यापक समर्थन मिला। 1857 के विद्रोह की छानबीन करने पर यह तथ्य उभरता है कि जब एक बार सैनिकों ने विद्रोह का बिगुल बजा दिया तो फिर इसके विस्तार में हर जगह सैनिक ही आगे नहीं रहे। किसी स्थान पर सैनिकों ने विद्रोह की शुरूआत की तो किसी स्थान में स्थानीय जमींदार ने, कहीं स्थानीय सामन्त ने, कहीं स्थानीय उत्साही जनता ने अथवा छोटे-बड़े राजाओं और नवाबों ने। इस प्रकार विद्रोह के विस्तार में यह क्रम लगातार दिखाई देता है और यह कहना तथ्यपूर्ण नहीं कि सभी स्थानों में पहले भारतीय सैनिकों ने विद्रोह किया और हर स्थान पर जनता मात्र समर्थक के रूप में आगे आयी।[2] जहाँ विद्रोह के आरम्भ करने में कभी सैनिकों ने और कभी स्थानीय लोगों ने कमान संभाली वहीं यह भी महत्वपूर्ण है कि कभी भी यह विद्रोह मात्र सैनिक विद्रोह अथवा 'गदर' नहीं था। स्थानीय जनमानस और प्रभावशाली

रीडर, इतिहास विभाग, बरेली कालेज बरेली।

तत्वों के सक्रिय सहयोग के कारण ही यह विद्रोह लगातार शक्तिशाली होता गया।

अंग्रेज इतिहासकारों ने जानबूझकर 1857 के विद्रोह के महत्व को घटाने की साजिश की क्योंकि वे सिद्ध करना चाहते थे कि भारत के लोग अंग्रेजों के शासन के विरुद्ध नहीं थे और अगर विद्रोह हुआ भी तो केवल सैनिकों ने सरकार के खिलाफ हुए संघर्ष में भाग लिया।[3] ऐसी स्थिति में यह उपयोगी होगा कि यह अध्ययन किया जाए कि 10 मई को शुरू हुआ विद्रोह किस प्रकार अन्य क्षेत्रों में फैला। इतिहासकारों ने रूहेलखण्ड क्षेत्र में हुए विद्रोह के विस्तार की ओर ध्यान नहीं दिया है। अतः यह उचित ही होगा कि रूहेलखण्ड में हुए विद्रोह के विस्तार का समुचित अध्ययन किया जाए।

मेरठ में हुए विद्रोह के बाद यहाँ रहना बागी भारतीय सैनिकों के लिए इस कारण जोखिम भरा हो सकता था क्योंकि इस छावनी में पन्द्रह सौ यूरोपीय सैनिक और अधिकारी पहले से तैनात थे। इन यूरोपीय सैनिकों के विरोध से बचने के लिए बागी सिपाहियों ने रातों रात मेरठ से हट जाने का निर्णय लिया। यह इतिहास का नाजुक क्षण था। यदि सभी बागी भारतीय सैनिक तुरन्त ही पश्चिमी उत्तरप्रदेश की ओर आगे बढ़ने का निश्चय करते तो विद्रोह का स्वरूप ही बदल जाता। लेकिन उन्होंने ऐसा नहीं किया। अधिकतर सैनिक दिल्ली की ओर चले गए। मुगल सम्राट बहादुरशाह जफर को उन्होंने विद्रोह का नेतृत्व ग्रहण करने को कहा इसी समय छोटी-छोटी टुकड़ियों में कुछ बागी सैनिक हापुड़, बागपत और रूहेलखण्ड की ओर बढ़े। इन बागी सैनिकों ने पश्चिमी उत्तर प्रदेश और रूहेलखण्ड क्षेत्र में विद्रोह को आगे बढ़ाया। अनेक स्थानों पर भारतीय सैनिकों तथा अन्य प्रभावशाली लोगों ने इनका साथ देकर रूहेलखण्ड में विद्रोह को जिस प्रकार आगे बढ़ाया उसका सविस्तार वर्णन किया जा रहा है।

मेरठ के विद्रोह का समाचार 14 मई को बरेली में पहुँचा, उस समय रूहेलखण्ड के अन्दर भी क्रान्ति के लक्षण नजर आने लगे, फिर भी सभी को निश्चित तिथि का इन्तजार था। बरेली का रूहेलखण्ड मण्डल में मुख्य स्थान था क्योंकि यह रूहेलखण्ड की राजधानी ही नहीं बल्कि कमिश्नर के रहने का स्थान भी था। यहाँ पर तीन देशी सेनाओं का मुख्य स्थान भी था। बरेली छावनी में 18वीं, 68वीं और 8वीं घुड़सवार सेना थी। 18वीं घुड़सवार सेना का नेतृत्व मि. परसन, 68वीं पलटन का नेतृत्व कर्नल टुप तथा 8वीं घुड़सवार सेना का नेतृत्व मैकेनजी कर रहे थे।[4] मेरठ विद्रोह की सूचना मिलते ही अंग्रेज अधिकारियों ने अपने परिवारों को सुरक्षित स्थान नैनीताल में भेज दिया। विद्रोह के समय रूहेलखण्ड के मुख्य नेता रूहेला खान

बहादुर खाँ और जनरल बख्त खाँ थे, जबकि राबर्ट अलेक्जेण्डर यहाँ के कमिश्नर व राब्रर्टसन जज थे।[5]

मेरठ के क्रान्तिकारी सैनिकों के बरेली आगमन के बाद भी बरेली के सैनिकों ने पूर्व निर्धारित तिथि 31 मई दिन रविवार सुबह ग्यारह बजे सेना की ओर से बन्दूकों की गड़गड़ाहट से रूहेलखण्ड में क्रान्ति का श्रीगणेश किया।[6] वास्तव में रूहेलखण्ड में विद्रोह का संचालन, जिस कुशलता तथा बुद्धिमत्ता से किया गया और जिस प्रकार से अनुशासन रखा गया, यदि समस्त भारत में उसी प्रकार समयानुकुल कार्य होता तो इस क्रान्ति का परिणाम कुछ और ही होता। रूहेलखंड प्रान्त की प्रमुख राजधानी बरेली नगर में थी। इस प्रदेश में रूहेले पठानों का राज्य था, जिसे अंग्रेजों ने हथिया लिया था। अपने अपमान का बदला लेने के लिए पठानों ने अपनी जान की बाजी लगा दी। इस सारे संचालन एवं संगठन का श्रेय रूहेलखण्ड की क्रान्ति के तीन नेताओं को है—खान बहादुर खाँ, शोभाराम और बख्त खाँ। जैसे ही विद्रोह का बरेली में श्रीगणेश हुआ, तभी तोप की आवाज सुनते ही चारों ओर गोले बारूद चलने की आवाज सुनाई देने लगी। विद्रोहियों ने कैप्टन ब्राउनली के बंगले में आग लगा दी।[7] 68वीं पैदल और 18वीं घुड़सवार सेना के लोगों ने विद्रोह कर दिया। विद्रोहियों ने ब्रिगेडियर सिवाल्ड को गोली मार दी तथा आगजनी व हत्या करना प्रारम्भ कर दिया। इसके परिणामस्वरूप 8वीं घुड़सवार सेना के सैनिकों में भी विद्रोह फैलने लगा। छावनी में जितने भी अंग्रेज सैनिक और अधिकारी मिले, उन्हें गोली से उड़ा दिया गया। कर्नल ट्रुपकेप्टिन कर्बो, लेफ्टिनेंट फ्रेजर सार्जेंट वाल्टन, केप्टिन साबर्टसन तथा इनके अनेक साथी क्रान्तिकारियों के क्रोध का आहार बन गए अन्य जान बचाकर नैनीताल भाग गए।[8] 31 मई 1857 को चार बजे तक बागी सैनिकों ने सभी अंग्रेज अधिकारियों का सफाया करके बरेली पर पूर्णतया अधिकार कर लिया। इस क्रान्ति में जो अधिकारी मारे गए, उनमें दो जज, बरेली कालेज बरेली का प्रिंसिपल, एक अंग्रेज सिविल सर्जन और एक जेल-सुपुरिटेन्डेन्ट था। कुल मिलाकर उस दिन 54 अंग्रेज मारे गए। कुछ अंग्रेजों ने नगर में छिपकर, तो कुछ ने गाँवों में भागकर जान बचाई।[9] विद्रोहियों ने खजाने पर अधिकार कर लिया तथा जेल के फाटक खोल दिए और बंदियों को रिहा कर दिया।[10] शहर में स्वतंत्रता का हरा झण्डा फहरा दिया गया। सर्वाधिक साहसी, बुद्धिमान और तेज विद्रोही जनरल बख्त खाँ ने बरेली के विद्रोहियों को नेतृत्व प्रदान किया। उनके साथ मुहम्मद शफी रिसाल दार (सूबेदार) भी था। हिन्दू और मुसलमानों ने सेना के परामर्श से शाहबाद मुहल्ला नवाब के डेरा पर रहने वाले रूहेला सरदार हाफिज रहमत खाँ के परपोते खान बहादुर खाँ को रूहेलखण्ड

का नवाब घोषित कर दिया। दिल्ली के सम्राट बहादुरशाह ने उन्हें अपने अधीन नवाब की मान्यता प्रदान कर दी।[11]

खान बहादुर खाँ ने नबाव बनने के बाद शासन को मजबूत करने के लिए विभिन्न पदों पर विश्वस्त लोगों की नियुक्ति की। शोभाराम को दीवान, बख्त खाँ को सेना का कमाण्डर तथा बदूरूद्दीन के स्थान पर अहमद हुसैन को कोतवाल के पद पर नियुक्त किया तथा एक आठ सदस्यों की समिति की स्थापना की, जिसमें छः मुसलमान एवं दो हिन्दू थे।[12] गद्दी पर बैठते ही हिन्दू और मुसलमानों के नाम पर एक घोषणा पत्र जारी कर सहयोग की अपील की। अपनी कूटनीतिज्ञ चालों द्वारा राजपूतों को मिलाने में सफल रहे, पर जाटों व सिक्खों को अपनी और मिलाने में सफल नहीं रहे। खान बहादुर खाँ ने नैनीताल पर भी अधिकार करने का प्रयास किया, लेकिन वे इस कार्य में असफल रहे।[13]

इस विद्रोह में बरेली से 40 मील दूर शाहजहाँपुर जनपद की भूमिका भी बहुत ही महत्वपूर्ण रही। 31 मई रविवार के दिन सभी अंग्रेज चर्च में थे उसी समय शाहजहाँपुर में तैनात 18वीं सेना ने विद्रोह कर दिया। विद्रोहियों ने चर्च पर आक्रमण करके बहुत से अंग्रेजों का कत्ल कर दिया। शाहजहाँपुर पर विद्रोहियों ने अधिकार कर लिया। खान बहादुर खान ने कादिर अली खाँ को शाहजहाँपुर के नाजिम के पद पर नियुक्त कर दिया।[14] शाहजहाँपुर में इस विद्रोह में भाग लेने वाले प्रमुख क्रान्तिकारी कादिर अली खाँ, मोहसीन खाँ, श्रीराम बख्शी, अब्दुल गफ्फार खाँ आदि प्रमुख नेता थे। इनमें प्रमुख भूमिका कादिर अली खाँ की थी। नवाब कादिर अली खाँ का जन्म शाहजहाँपुर के किला मोहल्ले में हुआ था। इनकी शिक्षा-दीक्षा इसी नगर में हुई। बचपन से ही अंग्रेजों द्वारा हिन्दुस्तानियों पर किए गए अत्याचारों के कारण इनका हृदय अंग्रेजों के प्रति घृणा से भर उठा तथा वह उस विद्रोह में कूद पड़े और अन्ततः इस कार्य में सफल हुए। खान बहादुर खाँ द्वारा नियुक्त नाजिम कादिर अलीखाँ को अनेक कठिनाइयों का सामना करना पड़ा। बाद में अंग्रेजों द्वारा अन्य स्थानों पर अधिकार कर लेने के पश्चात् अंग्रेजों की सेना रूहेलखण्ड की ओर बढ़ी। अंग्रेजी सेना के आगमन का समाचार सुनकर क्रान्तिकारियों ने कादिर अली खाँ को शाहजहाँपुर के युद्ध का संचालक नियुक्त किया।[15] कादिर अली खाँ ने बड़ी योग्यता के साथ युद्ध का संचालन किया तथा अंग्रेजों से मिले मुस्लिम रईस लोगों की कोठी में आग लगवा दी। जब अंग्रेजी सेना फतेहगढ़ और बरेली की ओर से गर्रा नदी को पार कर शाहजहाँपुर में प्रविष्ट हुई और किले पर आक्रमण किया तब कादिर अली खान किले से निकलकर पीलीभीत के रास्ते से नेपाल चले गए।

जब सन् 1857 में स्वतंत्रता प्राप्त करने के लिए हर जाति के लोग संघर्ष कर

रहे थे, उस समय इस प्रचण्ड कुण्ड में मौलवी अहमद उल्ला शाह भी कूद पड़े और शाहजहाँपुर को ही उन्होंने अपनी गतिविधियों का केन्द्र बनाया और जीवन के अंतिम दिनों तक यहीं पर ही रहे।[16] जिस समय मौलवी साहब सन् 1857 के विद्रोह में शामिल हुए उस समय उनके पास एक बहुत बड़ी सेना थी जिसका नेतृत्व वह स्वयं कर रहे थे। उन्होंने शाहजहाँपुर के अंदर 'डूडा' बाग में अपना शिविर लगाया, इनके इस शिविर में बिठूर के नाना साहब, लखनऊ की बेगम हजरत महल, फर्रूखाबाद के नवाब कुतुबशाह, शहजादा फिरोजशाह भी मौलवी साहब की सहायता के लिए कुछ दिनों तक रहे थे। जब कालिन कैम्पबेल की सेना और शाहजहाँपुर में मौलवी की सेना में मुठभेड़ हुई, तब मौलवी की सेना ने अंग्रेजों को काफी नुकसान पहुँचाया। शाहजहाँपुर पर अंग्रेजों का अधिकार हो जाने के उपरान्त भी मौलवी साहब ने हार नहीं मानी। मौलवी साहब पुवॉया के राजा के पास सहायता मॉगने के लिए गए, राजा ने मौलवी को सहायता देने से मना कर दिया। मौलवी ने किले का फाटक तोड़कर किले पर आक्रमण कर दिया। तीन घंटे तक युद्ध चलता रहा। उसी समय राजा के भाई ने मौलवी को गोली मार दी। जैसे ही मौलवी का शरीर जमीन पर गिरा, पुवॉया के राजा ने उनका सिर कांटकर अंग्रेजों को भेंट किया जिसके फलस्वरूप उसे 50,000 रूपए का इनाम मिला। मौलवी की मृत्यु के पश्चात् शाहजहाँपुर पर अंग्रेजों का अधिकार हो गया।[17]

बरेली में विद्रोह का समाचार सुनकर पीलीभीत में भी 1 जून 1857 को क्रान्ति प्रारम्भ हो गई। यहाँ पर विद्रोह की शुरूआत प्रायः मुसलमानों द्वारा की गई। यह मुस्लिम पठानों के नेतृत्व में किया गया प्रथम आंदोलन था। नवाब खान बहादुर ने फैजल-हक को पीलीभीत के नाजिम के पद पर नियुक्त किया परन्तु 12 मई, 1858 को जनरल कोक ने पुनः पीलीभीत पर आधिपत्य स्थापित कर लिया।

1857 के विद्रोह का समाचार जैसे रूहेलखण्ड के प्राचीन जिला बदायूँ में पहुँचा। जून 1857 को बदायूँ में भी विद्रोह का श्रीगणेश हो गया। कुछ संघर्ष के उपरान्त बदायूँ के विद्रोहियों ने अंग्रेजी शासन का अन्त कर दिया। खान बहादुर खाँ ने अब्दुल रहमत खाँ को बदायूँ के नाजिम के पद पर नियुक्त किया। बदायूँ में भाग लेने वाले प्रमुख नेता अब्दुल रहमान खाँ, निजाम मुहम्मद खाँ, मोहसिन अली खाँ, रामनारायण, बशीर खाँ, अब्दुल हुसैन, सफी खाँ आदि थे। इसमें अब्दुल रहमान की भूमिका प्रमुख रही।[18]

जब बदायूँ में ब्रिटिश सरकार के स्थान पर स्वदेशी शासन का झण्डा लहराया, तब खान बहादुर खाँ ने आपको नाजिम नियुक्त किया। शासन के प्रारम्भिक दौर में उन्हें कुछ परेशानियों का सामना अवश्य करना पड़ा। खान बहादुर खाँ की

आज्ञा को मानना वह परम कर्तव्य समझते थे और उन्हीं के कहने पर वह अंग्रेजी सेना से लड़ने कछला पार की ओर गए।[19]

जिस समय 1857 के विद्रोह की ज्वाला भड़की हुई थी, उस समय नियाज मुहम्मद खाँ इस्लाम नगर से बदायूँ आ पहुँचे तथा अपनी सेना को एकत्रित करना प्रारम्भ कर दिया। ककराली की एक पठान सेना नियाज मुहम्मद की सेना के साथ उसैत में आ गई। इस सेना का अंग्रेजी सेना के साथ भयंकर युद्ध हुआ। नियाज मुहम्मद खाँ पराजय के पश्चात् मैदान छोड़कर भाग गए, लेकिन अंग्रेजों ने गिरफ्तार करके उन पर मुकदमा चलाया। अपराध सिद्ध होने पर उन्हें अण्डमान निकोबार द्वीप समूह भेज दिया, वहीं पर उनकी मृत्यु हो गई।

मोहसिन अली खाँ जिन्होंने शाहजहाँपुर के विद्रोह में भी अपना योगदान दिया था, शाहजहाँपुर से बदायूं में अंग्रेजी सेना से निपटने के लिए आए। उनके नेतृत्व में एक बहुत बड़ी सेना थी, जो दक्षिण की ओर से अंग्रेजी सेना पर आक्रमण करने के लिए घात लगाए हुए थी। मोहसिन अली खाँ की सेना ने अंग्रेजी सेना का डटकर मुकाबला किया और अपने साहस और वीरता का अभूतपूर्व परिचय दिया। जनरल पैनी विद्रोहियों के सामने टिक नहीं सका और मारा गया।[20]

रामनारायण जी का जन्म बदायूँ में ही हुआ था तथा इनकी शिक्षा भी बदायूं में ही पूर्ण हुई थी। बचपन से ही अंग्रेजों के विरुद्ध थे। वकालत की परीक्षा उत्तीर्ण करने के बाद रामनारायण जी कलकत्ता में वकालत करने लगे थे। रामनारायण जी ब्रिटिशों के दमन के लिए अनेक तरकीबें सोचा करते थे।

जब मई के महीने में अंग्रेजी सेना ने बदायूं पर पुनः आधिपत्य जमा लिया, तब इस्लामनगर के सारे विद्रोहियों ने रामनारायण जी वकील के नेतृत्व में अंग्रेजों के खिलाफ बगावत का बिगुल बजा दिया। रामनारायण की सेना का अंग्रेजी सेना के साथ भयंकर युद्ध हुआ, जिसमें विद्रोहियों की हार हुई और इस्लामनगर पर पुनः अंग्रेजी सेना का अधिकार हो गया। इस युद्ध में रामनारायण जी वीरगति को प्राप्त हुए।[21]

बदायूं पर क्रान्तिकारियों का अधिकार हो जाने के बाद खान बहादुर खाँ ने फहसल उल्ला खाँ को सहायक नाजिम के पद पर नियुक्त किया, लेकिन बिसौली के जमींदार ने क्रान्तिकारी सरकार को मान्यता देने से इंकार कर दिया, तब फहसल उल्ला खाँ उनसे निपटने के लिए गए। वजीरगंज के पास राजपूतों से इनकी सेना का युद्ध हुआ और इस युद्ध में राजपूतों को पराजय का सामना करना पड़ा।

सन् 1857 के विद्रोह में बदर खाँ की महत्वपूर्ण भूमिका रही है। जब अंग्रेजी सेना ने रूहेलखण्ड की ओर बढ़ना शुरू किया और बढ़ते-बढ़ते बदायूं तक आ गए तब बदर खाँ के नेतृत्व में विद्रोही सेना बदायूं जिले के ककराला में युद्ध के लिए तैयार खड़ी थी। युद्ध के दौरान बदर खान ने बड़े साहस और वीरता से अंग्रेजों का मुकाबला किया।

सन् 1857 के विद्रोह में बरेली से उत्तर-पश्चिम में 48 मील की दूरी पर स्थित मुरादाबाद का उल्लेखनीय योगदान रहा है। मुरादाबाद में 29वीं देशी सेना और तोपची सेना का गढ़ था। 29वीं देशी सेना पर विशेष रूप से ध्यान रखा जा रहा था कि कहीं सेना विद्रोह न कर दे, परन्तु विद्रोही सेना को ज़नता के विद्रोह का इंतजार था। जनता के विद्रोह करते ही 31 मई को सेना के सिपाहियों ने भी विद्रोह कर दिया तथा अंग्रेजों से 2 घंटे के अन्दर शहर खाली करने को कहा।[22] मुरादाबाद के सभी अंग्रेज शहर छोड़कर चले गए और मुरादाबाद पर विद्रोहियों का अधिकार हो गया। इस विद्रोह में मुज्जु खान, सैय्यद गुलनार अली, मौलवीं मुन्नों खाँ, अब्बास अली खाँ, मजी रजा आदि नेताओं की अग्रणी भूमिका रही।

सन् 1857 के इस विद्रोह में मुरादाबाद के मुज्जु खान की भूमिका उल्लेखनीय रही है। उन्होंने अंग्रेजी सेना के साथ बड़ी वीरता से युद्ध किया तथा अंग्रेजों को मुरादाबाद खाली करने के लिए विवश होना पड़ा। जब मुरादाबाद में स्वदेशी सरकार की घोषणा की गई तो मुज्जु खान ने नाजिम के पद के लिए अपने नाम की घोषणा की हालांकि इस पद के लिए काफी कठिनाइयाँ आईं, लेकिन अन्ततः उसको सफलता मिली। मुज्जु खान की वीरता को लोग आज भी याद करते हैं।

अब्बास अली खाँ भी मुरादाबाद के नवाब के पद पर आसीन होने की इच्छा रखते थे। नवाब के पद को लेकर अब्बास अली खाँ को मुज्जु खाँ से काफी संघर्ष करना पड़ा। विद्रोह के पश्चात् जब स्वदेशी सरकार की स्थापना हुई तो अब्बास अली ने स्वयं को मुरादाबाद का नवाब घोषित कर दिया और शासन कार्य भी संभाला लेकिन बाद में उन्होंने यह पद छोड़ दिया और मुज्जु खाँ को नाजिम का पद प्राप्त हुआ।[23]

जब मुरादाबाद में विद्रोह फैला तो सैय्यद गुलजार अली भी पीछे नहीं रहे। 20 मई को सैय्यद गुलजार अली ने अमरोहा तहसील और थाने में आग लगवा दी तथा थानेदार व जमादार की हत्या कर दी और सरकारी खजाने से सत्रह हजार रूपए लूट लिए तथा अमरोहा में अंग्रेजी शासन के अन्त की घोषणा कर दी। सैय्यद गुलजार अली ने स्वयं को दिल्ली के बादशाह के अधीन नाजिम घोषित कर दिया।[24]

सन् 1857 के विद्रोह में मौलवियों, फकीरों जैसे लोगों का भी बड़ा योगदान है। इन्होंने विद्रोह की आग को भड़काने में कोई कसर नहीं छोड़ी थी। मौलवी मुन्नो के कहने पर 21 मई को 250 सैनिक रामपुर से मुरादाबाद में अंग्रेजी शासन के खिलाफ लड़ने को आ गए। इन जिहादियों ने शहर को लूट लिया व चारों ओर कत्ले-आम मचाया। विल्सन की अंग्रेजी सेना ने मौलवी मुन्नों की गोली मार कर हत्या कर दी।[25] मुरादाबाद के मेरठ के नजदीक होने के कारण यहाँ 20 मई को ही क्रान्ति प्रारम्भ हो गई थी लेकिन उसी समय अंग्रेजों ने विद्रोह का दमन कर दिया। परन्तु जैसे ही बरेली में 31 मई को विद्रोह का समाचार मुरादाबाद पहुँचा, वैसे ही विद्रोहियों ने अपना नेता अब्बास खाँ को चुना जिसके कारण आपस में अनबन हो गई। बख्तखां के समर्थन से मुज्जु खाँ को नाजिम का पद मिला। मुज्जु खान ने काफी संघर्ष किया, लेकिन 1858 में जनरल जॉन ने मुरादाबाद पर फिर से अधिकार कर लिया।

बिजनौर भी इस विद्रोह से अछूता नहीं रहा। यहाँ के गूजरों और जाटों ने भी विद्रोह कर दिया। पहली बार ये लोग विद्रोहियों के साथ थे। 20 मई को मुरादाबाद के विद्रोह का समाचार जैसे ही बिजनौर में पहुँचा यहाँ के तहसीलदार कादिर अली और मुनरूद्दीन ने क्रान्ति को प्रज्ज्वलित करने में पूरा सहयोग दिया। 8 जून को अंग्रेजी सरकार के पतन के बाद नजीबाबाद के नवाब मुहम्मद खां ने स्वयं को बिजनौर का शासक घोषित किया। बिजनौर में क्रान्ति की आग को भड़काने का श्रेय नवाब मुहम्मद खाँ, मौलवी कादिर अली, चौधरी प्रताप सिंह, मुनीरउद्दीन, सैय्यद तुरुब अली, अब्दुल्ला खाँ, शफी उल्ला खाँ, जलालउद्दीन आदि को है। इसमें सबसे प्रमुखस्थान मुहम्मद खान का है। सन् 1857 के विद्रोह की ज्वाला बिजनौर में जल रही थी, उसी समय 8 जून को नजीबाबाद के नवाब मुहम्मद खान ने अंग्रेजी सरकार के अन्त की घोषणा करके स्वयं को दिल्ली के बादशाह के अधीन बिजनौर का नाजिम घोषित कर दिया, लेकिन बिजनौर के चौधरियों को यह पसन्द नहीं आया और कुछ समय के लिए हिन्दुओं और मुसलमानों के बीच धर्म युद्ध छिड़ गया। इस युद्ध में हिन्दुओं की पराजय हुई। अप्रैल 1858 तक बिजनौर पर मुहम्मद खान ने शासन किया।[26]

ब्रिटिश सेनाओं ने रूहेलखण्ड के अन्दर अपना प्रभुत्व पुनः स्थापित करने के लिए प्रवेश किया। 18 अप्रैल को जनरल जोन के नेतृत्व में अंग्रेजी सेना ने नगीना के अन्दर प्रवेश किया। नगीना इस समय विद्रोहियों से भरा हुआ था। जोन की सेना ने विद्रोहियों को युद्ध में पराजित करके नगीना पर अधिकार कर लिया। मुहम्मद खान को गिरफ्तार कर लिया तथा उनके घर को भी जला दिया। नवाब

पर मुकदमा चलाकर उन्हें फाँसी की सजा सुनाई गई।[27] 20 मई को मुरादाबाद की जेल के टूटने का समाचार जैसे ही नगीना पहुँचा, मौलवी कादिर अली ने क्रान्ति की ज्वाला को फैलाने में पूरा सहयोग दिया। उन्हीं के प्रयासों के फलस्वरूप मई के अन्त तक बिजनौर में भी क्रान्ति का सूत्रपात हो गया। 1857 के विद्रोह में चौधरी प्रताप सिंह बिजनौर में विद्रोहियों के नेता थे। चौधरी प्रताप सिंह एक सच्चे देश प्रेमी तथा अंग्रेजों के कट्टर शुत्र थे। उन्होंनें अंग्रेजी शासन के खिलाफ लड़ने वालों का भरपूर साथ दिया। जब विद्रोहियों ने रावी नदी के घाट के पास 16, 000 रूपए लूटे जो उन्होंने चौधरी प्रताप सिंह के हाथों बिजनौर भेज दिए थे। ये एक वीर, ईमानदार तथा विद्रोहियों के सच्चे साथी थे। विद्रोह के समय मुनीरउद्दीन नगीना में थानेदार के पद पर थे। जैसे ही उन्हें मुरादाबाद की जेल टूटने का समाचार मिला, उन्होंने तुरन्त इसकी सूचना मौलवी कादिर को दे दी। मुनीरउदद्दीन ने विद्रोह की ज्वाला को तेज करने में पूरा सहयोग दिया।[28] उन्हीं के प्रयासों से मई के अन्त में बिजनौर में क्रान्ति का संचालन हुआ, जिसमें उन्हें सफलता मिली।

नगीना के युद्ध के दौरान अब्दुल्ला खाँ, नवाब मुहम्मद खाँ के सहयोगी रहे तथा इन्होंने अंग्रेजों के साथ वीरतापूर्वक युद्ध किया। युद्ध में अंग्रेजी सेना ने विद्रोहियों को पराजित कर दिया। युद्ध में पराजित होने के पश्चत् यह नगीना से रामपुर और रामपुर से बरेली होते हुए, तराई के जंगल की ओर चले गये। ये नगीना के युद्ध में नवाब मुहम्मद खाँ के साथ थे तथा इन्होंने इस युद्ध में अंग्रेजों के साथ युद्ध किया और पराजय के बाद नवाब के साथ ये भी रामपुर के रास्ते बरेली की ओर चले गए।[29] अजमत ख़ाँ ने नगीना के युद्ध में नवाब को सहायता प्रदान की थी, लेकिन अंग्रेजी सेना द्वारा पराजित होने के बाद यह भी नवाब के साथ बरेली की ओर पलायन कर गए। जलालउद्दीन नजीबाबाद के नवाब थे और उन्हें छोटा नवाब कहा जाता था। विद्रोह के समय इन्होंने भी विद्रोहियों के साथ मिलकर विद्रोह की आग को फैलाने में पूरा सहयोग किया। अंग्रेजी सेना के साथ इनकी सेना का युद्ध हुआ।[30] मुल्तानी सेना द्वारा नजीबाबाद के पास पैंतालीस कैदियों सहित नवाब जलालउद्दीन को भी गिरफ्तार कर लिया गया। इस तरह नवाब पर मुकदमा चलाकर कुछ समय उपरान्त फाँसी की सजा दे दी गई। मई 1857 में बिजनौर में विद्रोह का प्रारम्भ हो चुका था। नजीबाबाद के नवाब मुहम्मद खान विद्रोह होने के पश्चात् बिजनौर आकर विद्रोहियों के नेता बन गए और अपने आपको बिजनौर का नाजिम घोषित कर दिया। 21 अप्रैल 1858 को अंग्रेजों ने बिजनौर पर अधिकार कर लिया और मुहम्मद खाँ को फाँसी पर लटका दिया।

रूहेलखण्ड के अन्य स्थानों की अपेक्षा रामपुर में 1857 ई. के विद्रोह में लोगों की उत्तेजना प्रायः कम देखी गई क्योंकि रामपुर का नवाब ब्रिटिश सरकार के प्रति पूरी तरह से निष्ठावान था तथा उनसे मिला हुआ था। रामपुर का नवाब यूसुफ अली खाँ अंग्रेजों को आवश्यकता पड़ने पर पूरी मदद करता था। विद्रोहियों को पकड़वाने तथा उनका दमन करवाने में रामपुर रियासत के इस नवाब ने पूरी तरह से अंग्रेजों का साथ दिया। अंग्रेजी सरकार रामपुर रियासत को अनेक सुविधाएँ देती रही तथा रामपुर के नवाब के ऊपर भी अंग्रेजों को पूर्ण विश्वास था। जब मुरादाबाद को ब्रिटिश सरकार ने अपने अधिकार में लिया तो मुरादाबाद का दायित्व कुछ समय के लिए अंग्रेजों ने रामपुर के नवाब को सौंप दिया।[31] अंग्रेजों के प्रति रामपुर के नवाब की वफादारी को देखकर गवर्नर जनरल लार्ड केनिंग ने विद्रोह को दबाने में मदद करने के लिए 25 जून, 1858 को रामपुर के नवाब यूसुफ अली को सितार-ए-हिन्द की उपाधि दी तथा बहुत से गाँव इनाम के तौर पर भेंट में दिए।

इस प्रकार हम देखते हैं कि रामपुर के देशद्रोही नवाब के सिवाय रूहेलखण्ड में सभी स्थानों पर विद्रोह की ज्वाला भड़कती रही। रूहेलखण्ड के प्रत्येक जिले के प्रमुख विद्रोही नेताओं ने इस विद्रोह में अपना महत्वपूर्ण योगदान दिया।

1857 का विद्रोह भारत के इतिहास में अत्यधिक महत्वपूर्ण घटना है। वैसे तो समस्त भारत ने किसी न किसी रूप में विद्रोह में भाग लिया, परन्तु रूहेलखण्ड का क्षेत्र इस विद्रोह के इतिहास में अपना एक अग्रणी स्थान रखता है। यद्यपि इस विद्रोह का प्रारम्भ मेरठ से हुआ था, लेकिन इसकी ज्वाला सबसे अन्त तक रूहेलखण्ड में धधकती रही। दिल्ली में बहादुर शाह जफर के विद्रोह का आधार रहे रूहेलखण्ड के सूबेदार बख्त खाँ एवं अन्य विप्लवी नेताओं की शरणस्थली अन्त में बरेली ही बनी। अंग्रेजों से इस विद्रोह की अंतिम लड़ाई खान बहादुर खाँ, अवध की बेगम, नाना साहब और अन्य क्रान्तिकारियों ने रूहेलखण्ड में ही लड़ी।[32] इस प्रकार हम कह सकते हैं कि विद्रोह की समाप्ति रूहेलखण्ड में ही आकर हुई।

सन्दर्भ

1. एस.एन. सेन, *एट्टीन फिफ्टी सेवन,* दिल्ली 1957, पृ. 67.
2. वही, पृ. 140.
3. एस.बी. चौधरी : *सिविल रेबेलियन इन दि इंडियन म्यूटिनीस,* कलकत्ता, 1957, पृ. 54.
4. हरप्रसाद चट्टोपाध्याय : *द स्पाई म्यूटिनी 1857,* कलकत्ता, प्रथम संस्करण, नवम्बर 1957, पृ 164,
5. *फोरेन डिपार्टमेंट एन. डब्ल्यू.पी. नेरेटिव,* वाल्यूम 82, राजकीय अभिलेखागार, लखनऊ, पृ. 89,
6. सावरकर : *द इण्डियन वार आफ इण्डिपेंडेन्स 1857,* पृ. 167, 8वॉ संस्करण, 10 मई, 1970 राजधानी घण्टाघर, नई दिल्ली 24.
7. टी.आर. होल्मस : *हिस्ट्री ऑफ इण्डियन म्यूटिनी,* पृ. 135, संस्करण – 5, लन्दन (1905).
8. एच.सी. कोनिवियरर : *स्ट्रेटिकल डिस्क्रप्टिव एण्ड हिस्ट्रोरिकल एमाउंन्ट ऑफ द एन. डब्ल्यू. पी. ऑफ इण्डिया–एडिटैड वाई एडविन टी. एटकिनसन बंगाल सिविल सर्विस,* वाल्यूम – 5, रूहेलखण्ड डिवीजन, भाग प्रथम, पृ. 679–80.
9. हरप्रसाद चट्टोपाध्याय : *द स्पाई म्यूटिनी 1857,* पृ. 164.
10. एस.एन. सेन : *एट्टीन फिफ्टी सेवन,* पृ. 346.
11. जे.डब्लयू. के. : *ए हिस्ट्री ऑफ द स्पाई वार इन इण्डिया,* 1857-1858 वाल्यूम –तृतीय, पृ. 270.
12. सफा नं. 158 : *हिन्दुस्तानी सिपाहियों के बहादुर कारनामें और इण्डियन मैरिट आर्डर* 151–158 के अनुसार.
13. सैय्यद मुस्तफा अली बरेलवी : *खान बहादुर खाँ* (उर्दू).
14. एच.पी. चट्टोपाध्याय : *ए स्पाई म्यूटिनी,* पृ. 167.
15. टी.आर. होलम्सम्स : *हिस्ट्री ऑफ इण्डिन म्यूटिनी,* पृ. 134.
16. जे. डब्ल्यू के. : *हिस्ट्री ऑफ द स्पाई वार इन इण्डिया 1857-58,* वाल्यूम 2, पृ. 279.
17. जार्ज कीनी : *फिफ्टी सेवन,* पृ. 131.
18. रघुवीर यादव : *बदायूँ जिले का स्वतंत्रता संग्राम का इतिहास, पृ. 4.*
19. बेनी प्रसाद : *सन् 1857 का विप्लव,* पृ. 14.
20. अ.अ. रिजवी : *फ्रीडम स्ट्रगल इन उत्तर प्रदेश,* वाल्यूम 5, पृ. 425.
21. वही.
22. वही, वाल्यूम 5, पृ. 465.
23. जी.डब्ल्यू. फारेस्ट : *हिस्ट्री ऑफ इण्डियन म्यूटनी 1857,* पृ. 306.
24. *नेरेटिव ऑफ इवेन्ट एट मुरादाबाद,* पैरा 5.

25. टी.आर.होलम्स : *हिस्ट्री ऑफ इण्डियन म्यूटनी,* पृ. 138.

26. कोनिवियर : *स्ट्रेटिकल डिस्क्रेप्टिव एण्ड हिस्टोरिकल एकाउण्ट आफ द एन.डब्ल्यू.पी. आफ इण्डिया,* पृ. 239.

27. वही, पृ. 362.

28. वही, पृ. 363.

29. सर सैय्यद अहमद खाँ : *हिस्ट्री आफ बिजनौर रिवेलियन,* पृ. 12.

31. कोनिवियर : *स्ट्रेटिकल डिस्क्रेप्टिव एण्ड हिस्टोरिकल एकाउण्ट आफ द एन.डब्ल्यू.पी. आफ* इण्डिया, पृ. 239.

32. वही, पृ. 121-22.

Chapter - 12

1857 की क्रांति में पीलीभीत जनपद का योगदान

मोहम्मद इरफान अंसारी

पीलीभीत रूहेलखण्ड संभाग का उत्तरी-पूर्वी जिला है, जो हिमालय पर्वत की तराई पट्टी में स्थित है। इसके उत्तर में नेपाल तथा उत्तराखण्ड राज्य का उधमसिंह नगर, दक्षिण में शाहजहाँपुर, पूर्व में लखीमपुर खीरी व पश्चिम में बरेली जिले पड़ते हैं। जनपद पीलीभीत रूहेलखण्ड के अन्य जिलों में सबसे छोटा एवं पिछड़ा होने पर भी यहाँ के निवासियों ने स्वतंत्रता आन्दोलन में जीवट एवं संघर्ष का प्रशंसनीय उदाहरण प्रस्तुत किया। 1857 की क्रांति के समय पीलीभीत बरेली जनपद की तहसील था।

पीलीभीत के अंग्रेजों के अधीन होने के पश्चात् यहाँ की जनता को भीषण कष्टों का सामना करना पड़ा। निर्दयी सरकार द्वारा शोषित होते-होते उनमें अंग्रेजी शासन के विरुद्ध विद्रोही भावना जाग्रत हुई जिसका विस्फोट 1857 के प्रथम स्वतंत्रता समर में दृष्टिगोचर हुआ। 1857 की क्रांति के समय पीलीभीत का मजिस्ट्रेट मि. कार्माइकल था। जब मेरठ में विद्रोह हुआ उस समय वह नैनीताल में था। विद्रोह का समाचार सुनते ही वह पीलीभीत वापस आया। अंग्रेजी साम्राज्य के इस खंड को अक्षुण्य बनाए रखने के लिए बरेली के मजिस्ट्रेट ने उसे स्वतंत्र प्रभार का अधिकार दिया जिसका भरपूर प्रयोग करते हुए उसने पीलीभीत के मुस्लिमों द्वारा ईदगाह और मस्जिदों की दीवारों पर चिपकाये गए विद्रोही इश्तहारों को उतरवा दिया तथा हथियार लेकर चलने पर प्रतिबन्ध लगा दिया। यह संभावना थी कि मुसलमान ईद के अवसर पर विद्रोह करेंगे। इसलिए उसने बड़े पैमाने पर पुलिस तैनात करने के साथ-साथ सुरक्षा के लिए अन्य विशेष प्रबंध भी किए।[1]

वीसलपुर पीलीभीत

रविवार 31 मई सन् 1857 को बरेली में हुए विद्रोह की सूचना 1 जून को पीलीभीत आयी।[2] बरेली पर विप्लवियों का अधिकार हो जाने का समाचार मिलते ही कार्माइकल ने अपने बीबी और बच्चे अब्दुर्रहमान खां नामक पुलिस गार्ड के साथ नैनीताल भेज दिए। उस दिन पीलीभीत में तहसील के कर्मचारियों को उनका मासिक वेतन दिया जा रहा था। पीलीभीत के मुस्लिम नागरिक कोतवाली और तहसील के बीच ड्रमण्डगंज में एकत्रित हुए। वे पीलीभीत का खजाना लूटने के लिए बेचैन थे। तहसीलदार अमीर अली खां तहसील में उग्र भीड़ से घिर चुका था। उसका जीवन खतरे में था। इस घटना क्रम की जानकारी देने के लिए उसने कोतवाल अब्दुल्ला खाँ को कार्माइकल के पास भेजा। तहसील के पीछे वाले रास्ते में कार्माइकल से उसकी भेंट हुई। अब्दुल्ला खाँ ने उसको संपूर्ण घटना से अवगत कराते हुए शहर में न जाने का परामर्श दिया। कार्माइकल ने इस समस्या से छुटकारा पाने के लिए नगर के प्रमुख मुसलमानों को लालच देकर अपनी ओर मिला लिया। उक्त मुसलमानों ने तहसीलदार अमीर अली खाँ को उग्र भीड़ से सुरक्षित बाहर निकाल लिया और बीस मिनट तक खजाने के थैलों को भी अपने अधिकार में बनाए रखा। लेकिन इन प्रतिनिधियों ने स्थिति की भयावता को समझते हुए खजाने के थैलों को तहसील से अपने-अपने घरों को ले जाने के लिए तैयारी प्रारम्भ की ही थी कि खजाने के थैलों की छीना झपटी होने लगी। ठीक उसी समय क्रान्तिकारी शोर मचाते हुए आगे बढ़े। देखते ही देखते गोलीबारी शुरू हो गई। अंग्रेजी सेना विद्रोहियों को आगे बढ़ने से न रोक सकी। क्रान्तिकारियों का तहसील पर अधिकार हो गया। इसके बाद उन्होंने मजिस्ट्रेट व उसके सहायकों के बंगलों को लूटना प्रारम्भ कर दिया। इस विपत्ति के समय में अब्दुल्ला खाँ के सिफारिश करने पर कार्माइकल अपने साथियों तहसीलदार अमीर अली खाँ, पेशकार मोहम्मद हसन तथा बीस अन्य आदमियों सहित घोड़ों पर सवार होकर शहर से चल दिया[3] तथा पीलीभीत से बारह किमी. दूर ग्राम बरहा फिरोजपुर पहुंचा। यहीं पर अब्दुर्रहमान खाँ कार्माइकल के बीबी-बच्चों को पालकी में बैठाकर लाया था। अब्दुर्रहमान खाँ के बहुत से रिश्तेदार क्रान्तिकारियों में सम्मिलित थे। वे तथा अन्य विप्लवी एक मत से कार्माइकल तथा उसके साथियों को मारने के लिए तैयार थे परंतु निडर अब्दुर्रहमान खाँ को इसकी परवाह नहीं थी। पीलीभीत और नैनीताल के मध्य अमरिया गांव की मुस्लिम जनता ने अंग्रेज अधिकारियों तथा उनके सहायकों के ठिकानों पर हमला करके खूब लूटपाट की। पीलीभीत के अंग्रेज अधिकारी वहाँ से भागकर सितारगंज थाने में शरणागत हुए और वहाँ से हल्द्वानी होते हुए नैनीताल चले गए।[4] इस तरह पीलीभीत जनपद अंग्रेज अधिकारियों और उनके सहायकों से पूर्ण रूप से खाली हो गया था।

पीलीभीत पर विद्रोहियों का अधिकार हो जाने के बाद खान बहादुर खाँ ने फजल-उल-हक को पीलीभीत का नाजिम नियुक्त किया तथा राजस्व व्यवस्था को सुदृढ़ करने के लिए अन्य अधिकारियों को तैनात किया। जिन गांवो और कस्बों में मुस्लिम अधिक संख्या में थे, वहाँ-वहाँ उनको रोहिलखण्ड का नवाब स्वीकार कर लिया गया। परंतु तहसील बीसलपुर राजपूतों के प्रभुत्व में थी इसलिए यहाँ पर उनका पूर्ण प्रभुत्व नहीं जम सका। उस समय बीसलपुर में पूर्णानन्द तहसीलदार थे। कुछ दिनों तक उन्हीं से काम लिया जाता रहा। जुलाई माह में उनके स्थान पर अली मोहम्मद खाँ भेजे गए परंतु वह भी सफल नहीं हो सके। तब बरेली से अक्टूबर माह में मुरादअली खाँ को सेना सहित भेजा गया। उनके आने पर राजपूतों से समझौता हो गया। ग्राम बमरोली व दियोरिया के राजपूत नन्दूसिंह, कहर सिंह, कुंजबिहारी सिंह तथा रोशन सिंह ने अपने ही में से एक ठाकुर हीरासिंह को तहसीलदार नामित करवाया तथा 16000/—रु. वार्षिक राजस्व देना स्वीकार कर लिया।[5]

तहसील जहाँनाबाद में अहमद यार खाँ को नियुक्त किया गया। इनको पेशकार फखरूद्दीन खाँ ने 01 जुलाई 1857 को पदच्युत करके जफर यार खाँ को नियुक्त किया। उक्त दोनों ही अपने पद के योग्य न थे। इसके बाद सितम्बर माह में अय्यूब खाँ को तहसीलदार बनाया गया। माधौटांडा व पूरनपुर उस समय शाहजहाँपुर की पुवायां तहसील में सम्मिलित था। वहाँ का राजा लखनराय पुत्र खुशहाल सिंह राजस्व वसूलता था। खान बहादुर खाँ ने उसको राजस्व का भुगतान करने के लिए विवश किया। पीलीभीत के अबुल हसन को पुवायां में सहदफ्तरी बनाया। तत्पश्चात सितम्बर माह में बरेली से मंसूर खाँ को सहकारी प्रतिनिधि के रूप में पुवायां भेजा गया।

पीलीभीत की सीमा से लगे नैनीताल जनपद पर ब्रिटिश सरकार का पूर्ण अधिकार था। रोहिलखण्ड के नवाब खान बहादुर खाँ अपने शासन क्षेत्र की स्वतंत्रता को तब तक अस्थाई समझते रहे जब तक नैनीताल अंग्रेजों के आधिपत्य में था। उन्होंने एक सेना नैनीताल पर आक्रमण के लिए भेजी लेकिन उनका यह प्रयास असफल हुआ। दूसरी बार सितम्बर 1857 में फजल-उल-हक के नेतृत्व में पीलीभीत स्थित सेना की एक टुकड़ी ने भी नैनीताल पर आक्रमण किया किन्तु यह प्रयास भी असफल रहा।

कुमायूं के कमिश्नर ने खान बहादुर खाँ के असफल आक्रमणों से उनकी शक्ति को अनुभव कर लेने के बाद जनवरी 1858 ई. में बिग्रेडियर मैक-काउजलैण्ड के

नेतृत्व में एक सेना पीलीभीत में विद्रोह का दमन करने के लिए भेजी गई। बिग्रेडियर मैक काउजलैण्ड के साथ 66वीं गोरखा रेजीमेण्ट के 800 पैदल सैनिक, 200 घुड़सावर सैनिक तथा कुछ शक्तिशाली तोपें थीं। फजल-उल-हक 4500 सैनिकों तथा 4 बंदूकों के साथ इस सेना का मुकाबला करने के लिए आगे बढ़ा। उसको सहयोग देने के लिए काले खाँ भी उसके साथ था। इन दोनों ने फरवरी 1858 ई. में चारपुरा नामक स्थान पर अंग्रेजी सेना पर आक्रमण कर दिया। मैक काउजलैण्ड ने इन विप्लवियों को बुरी तरह पराजित किया। क्रान्तिकारी सेना के 300 सैनिक तथा अंग्रेजी सेना के लेफ्टीनेंट मि. टाइलर एवं मि. बाघ सहित 10 सैनिक हताहत हुए और 30 सैनिक घायल हुए।[6]

06 मई 1858 ई. को कमाण्डर इन चीफ कॉलिन कैम्पबेल के नेतृत्व में अंग्रेजों की विशाल सेना ने बरेली पर अधिकार कर लिया। 07 मई को खानबहादुर खाँ, दिल्ली का शहजादा फिरोज शाह तथा नाना साहब इत्यादि क्रान्तिकारी सेना सहित पीलीभीत चले आए।[7] अंग्रेजी सेना ने इनका पीछा किया। 10 मई को सिरौली के तहसीलदार वजीर मोहम्मद खाँ तथा क्रान्तिकारी सेना के खजांची कबीर शाह खाँ को संघर्ष के दौरान गिरफ्तार कर लिया गया। इस संघर्ष में एक ब्रिटिश सिपाही मारा गया। 12 मई को उक्त दोनों क्रान्तिकारियों को खकरा नदी के पास जनता की उपस्थिति में फांसी पर लटकाया गया। इसी दिन जनरल कोक के नेतृत्व में एक और सेना पीलीभीत भेजी गई। इस सेना में 42वीं गोरखा रेजीमेंट का एक दल, पंजाब रेजीमेंट का राइफलधारी दस्ता, 70वीं रेजीमेंट के घुड़सवार सैनिक तथा एक तोपची सेना सम्मिलित थी। कोक की इस विशाल सेना ने क्रान्तिकारियों को तराई के जंगल में खदेड़ कर पीलीभीत पर अधिकार कर लिया। कोक ने प्रशासन को पुनर्गठित करने के लिए पुलिस और राजस्व व्यवस्था को प्रतिस्थापित किया। तहसीलदार अमीरअली खाँ कोतवाल अब्दुल्ला खाँ तथा मजिस्ट्रेट मि. कार्माइकल जनरल कोक के साथ पीलीभीत आ चुके थे। उन्होंने अपना-अपना कार्यभार संभाल लिया। 18 मई तक गिरफ्तार किए गए क्रान्तिकारियों को 19 मई की सुबह को खकरा नदी के किनारे फांसी दी गई।[8]

क्रान्तिकारी सैनिको की शेष संख्या 15000 थी। इन सैनिकों का नेतृत्व खानबहादुर खाँ, निजाम अली खाँ, लियाकत शाह तथा फर्रूखाबाद के नबाव कर रहे थे। 05 जून 1858 ई. को मौलवी अहमदउल्ला शाह के शहीद होने के बाद जुलाई 1858 ई. में क्रान्तिकारियों ने पीलीभीत पर आक्रमण किया परंतु उनके प्रयास का कोई परिणाम नहीं निकला। इसके पश्चात् रोहिलखण्ड के कमिश्नर बिग्रेडियर बॉलपोल ने कैप्टन सैमब्राउन के नेतृत्व में 2वीं पंजाब घुड़सवार सेना,

कैप्टन आर. लारकिन्स के अधिनायकत्व में 17वीं कुमायूं रेजीमेंट तथा मि. चैम्बरली के सेनापतित्व में 17 वी व 24वीं पंजाब इनफैण्ट्री सेना व पुवायां से डी. काण्टजो के साथ एक अन्य सेना पीलीभीत भेजी। इन सेनाओं के आ जाने से पीलीभीत में चप्पे-चप्पे पर सैनिक तैनात हो गए। इसके अतिरिक्त उसने मि. एम. लो को जिले का अन्य कार्यभार संभालने के लिए नियुक्त किया।[9]

28 अगस्त 1858 ई. को ग्राम न्यूरिया में क्रान्तिकारी सेना तथा कैप्टन आर. लारकिन्स, लेफ्टीनेण्ट कैरिज व मि. एम. लो की सेना के मध्य युद्ध हुआ। निजाम अली खाँ के नेतृत्व में क्रान्तिकारियों ने न्यूरिया की पुलिस चौकियों तथा थाने में मारकाट मचाई जिससे भयभीत होकर अंग्रेजी सेना भाग गई। 29 अगस्त को कैप्टन सैम ब्राउन के नेतृत्व में एक विशाल सेना पीलीभीत से न्यूरिया पहुँची। इस सेना ने क्रान्तिकारियों को गांव से बाहर खदेड़ दिया। 30 अगस्त को कैप्टन सैम ब्राउन ने 2वीं पंजाब घुड़सवार सेना के 500 सैनिकों को पीलीभीत से ले जाकर न्यूरिया से 3 मील दूर सिरपुरा नामक स्थान पर हमला कर दिया। दोनों ओर की सेनाओं में भीषण संघर्ष हुआ। इस भंयकर युद्ध में क्रान्तिकारियों को पराजय का सामना करना पड़ा। क्रान्तिकारी सेना के 350 सैनिक वीरगति को प्राप्त हुए और उनकी सभी बंदूके, 5 हाथी व गोलाबारूद पर अंग्रेजी सेना ने कब्जा कर लिया। इस सफलता के बदले में कैप्टन सैम ब्राउन ने अपना बायां हाथ गवाया और पैर पर कटार का एक गहरा घाव पाया। अंग्रेजी सेना के दो सिपाही मारे गए और 28 जख्मी हुए। घायल निजामअली खाँ को गिरफ्तार कर लिया गया। शेष क्रान्तिकारियों ने जंगल में शरण ली। जनपद पीलीभीत में घटित यह अंतिम महत्वपूर्ण घटना थी। बरेली से जनरल ट्रुप ने आकर पीलीभीत के सैनिक गढ़ पर पूर्णतः अधिकार कर लिया।[10]

अंग्रेज अधिकारियों ने कुछ ही महीनों में पूर्णरूप से पीलीभीत जनपद में ब्रिटिश प्रभुत्व की पुनर्स्थापना कर दी। विद्रोहियों के पास साधन सीमित थे जिसके परिणाम स्वरूप उनको पराजय का सामना करना पड़ा। 1857 के विद्रोह ने अंग्रजों का साथ देने वाले हिन्दु-मुसलमानों को जागीरें व अन्य इनाम दिए गए तथा क्रान्तिकारियों व उनके सहायकों को खकरा नदी के किनारे नीम के पेड़ पर सार्वजनिक रूप से फांसियाँ लगाई गईं ताकि देखने वाले शिक्षा ग्रहण करें और उपद्रव करने का साहस न करें।[11]

1858ई. के अंत तक ब्रिटिश सेना ने अपने सभी शासन क्षेत्रों को पुनः हस्तगत कर लिया था। पूरा हिन्दुस्तान अंग्रेजों के अत्याचार व आतंक से कांप रहा था।

उस समय रोहिलखण्ड, अवध तथा अन्य स्थानों से विस्थापित किए गए क्रान्तिकारियों के दल पीलीभीत के घने जंगलों में शरण लेने के लिए बाध्य कर दिए गए लेकिन इन्होंने हार मानने की अपेक्षा भूख से मर जाना अधिक अच्छा समझा। इस तरह पीलीभीत के जंगलों में आजादी की सशस्त्र लड़ाई तेजी पकड़ने के बाद सदा के लिए खामोश हो गई।

1857 ई. के विद्रोह के द्वारा भारतीयों ने ब्रिटिश सत्ता को खुली चुनौती दी थी। देश व्यापी संघर्ष करके विदेशी शासन को उखाड फेंकने का प्रयास किया गया था। संगठन की कमी और सीमित साधनों के कारण यह प्रयास सफल नहीं हुआ। परंतु फिर भी देशवासियों के हृदय में असंतोष की आग धीरे-धीरे सुलगती रही। कालांतर में भारतीयों ने सशस्त्र विरोध करने के बजाय अहिंसामक रूप से राष्ट्रीय आंदोलन चलाने का संकल्प लिया।

संदर्भ

1. एच.आर.नेविल-*डिस्ट्रिक गजेटियर ऑफ यूनाइटेड प्रोविन्स, जिला पीलीभीत,* इलाहाबाद, 1911, पृ. 162

2. एच.सी. कोनिवियर-*स्टेटिस्टिकल डिस्क्रिप्टिव एण्ड हिस्टोरिकल एकाउण्ट ऑफ द नार्थ वेस्ट प्रोविन्स ऑफ इंण्डिया, रोहिलखण्ड डिवीजन,* खंड-5 भाग-1 आयुद सरकार, इलाहाबाद, 1879, पृ. 682

3. बरेली कमिश्नर आफिस म्यूटिनी रिकार्ड, *रोहिलखण्ड डिवीजन, डिपार्टमेण्ट फाइल XXIV* स्टेट आर्काइब्स आफ यू.पी., इलाहाबाद।

4. एच.आर. नेविल, *डिस्ट्रिक्ट गजेटियर आफ यूनाइटेड प्रोविन्स, जिला पीलीभीत,* इलाहाबाद, 1911, पृ. 163

5. एच.आर. नेविल, *डिस्ट्रिक्ट गजेटियर आफ यूनाइटेड प्रोविन्स, जिला पीलीभीत,* इलाहाबाद, 1911, पृ. 163

6. एनडब्लूपी, विदेश विभाग, रोहिलखण्ड डिवीजन सीक्रेट रिकार्ड रूम, लखनऊ, जुलाई 1858

7. ओरिजिनल्स आफ डेली बुलेटिन इस्यूड बाई मि. ई.ए. रीड डियूरिंग जुलाई 1858, सीक्रेट रिकार्ड रूम, लखनऊ

8. एच.आर.नेविल-*डिस्ट्रिक्ट गजेटियर आफ यूनाइटेड प्रोविन्स, जिला पीलीभीत,* इलाहाबाद 1911, पृ. 165 तथा एस.ए.ए. रिजवी–*फ्रीडम स्ट्रगल इन यू.पी., पश्चिमी जिले और रूहेलखण्ड* (1857-59) सूचना विभाग, लखनऊ, 1961, पृ. 197

9. वहीं, पृ. 165

10. एनडब्लूपी, विदेश विभाग, रोहिलखण्ड डिबीजन सीक्रेट रिकार्ड रूम, लखनऊ, सितम्बर 1858

11. पीलीभीत जिले के प्रबुद्ध नागरिको से भेंटवार्ता के आधार पर। तथा 1957 में जब 1857 की क्रान्ति की शताब्दी मनाई गई थी तो इस स्थान को सरकारी तौर पर मान्यता दी गई थी। यहाँ शहीदों के नाम पर दीप जलाए गए थे। इसकी पुष्टि हेतु उक्त स्थान पर एक शिलालेख स्थापित है।

Chapter - 13

1857, A Martyr's Rendezvous (Role of Chakhi Khuntias in U.P.)

Dr. AMAL KUMAR MISHRA

1857 marked a turning point in the History of Modern India in ways more than one not only because of the epoch-making events that it produced but also for the far reaching effects it unleashed; one of the most important being the regime change. The Company gave way to direct British rule which was just like a move from the frying pan to fire. The lessons learnt during the Movement of 1857 were well utilized by the people of the country afterwards to drive out the British ultimately from the soil of India. The martyrdom attained by certain specific heroes in the Movement of 1857 still remain unsung and unmourned, hence the paper calls for an interesting reading and an introspection.

A relatively unknown yet very much dynamic personality whose clandestine operations as a secret service agent sustained the flame of the movement a great deal in U.P. in Northern India was Chakhi Khuntia alias Chandan Hazoori.[1] His presence here in the guise of a Sepoy Panda at the call of Maharani Laxmibai, the queen of Jhansi and Nana Saheb led the movement in the right direction.

Now the question is what was the real identity of Chakhi Khuntia? How he arrived in U.P. at the call from Jhansi and that too, from the queen Laxmibai to come to help her to maintain secret liason with Nana Saheb in Bithur and Kanpur ? What role he discharged really during the Great Revolt? Whether he was caught or killed like many others in action? What was the message left by him?

Born on 13 January 1822 on the auspicious day of Samba Dashami at Puri Chakhi was a rebel from the very outset of his life. His father, Bhimsen

---

Dept. of History, Utkal University, Bhubaneswara-751004, Orissa

Khuntia, a temple servitor in the famous Jagannath temple and mother, Kamala Devi, a pious lady, had a lasting impact on the boy. Like Jizabai,[3] the mother of Shivaji, Kamala Devi always inspired the boy, Chakhi, to come up in life as a crusader against inequality and injustice by following the footprints of great saints and warriors. Attaining youth, Chakhi was found more in the Akhadas and Jagadhars,[4] for which Puri is still famous, taking seriously the lesson in wrestling, weight lifting and body building. Pandit Harihara Brahma like Guru Ramdas before Shivaji,[5] taught young Chakhi the nities and sastras. Thus he was groomed in a nice way for the future career and role that soon took him to the center-stage of national political developments in U.P. in 1857. Side by side he also picked up Hindi from Ram Dayal Thakur and became an expert in the language that stood him in good stead while in action in Northern India.[6]

In those days Chakhi's father Bhimsen, as per family tradition, was engaged in contacting intending people particularly those from U.P. who wanted to come to Jagannath Dham Puri to have a special darshan of the deities. Like many other of this clan he brought them to Puri, looked after their comfortable stay and arranged their visits inside the holy shrine of Lord Jagannath. In due course he used to visit the army barracks and containments from place to place in U.P. and distribute prasad to the Indian *sepoys*. The areas frequented by him were mostly Lucknow, Kanpur, Kalakankar, Bithur, Jhansi etc. Thus, Morepant Tambe, one of the ablest generals of the Peshwa, staying at Bithur after shifting from Poona, became known to him and visited Puri on one occasion with his family which also had a two year girl named Manu/Rubeli/Chhabeli. On return from Puri Tambe rose in rank to the positions of a Dewan to Peshwa Baji Rao II whose adopted son was Nana Saheb. Chakhi with his father in toe made regular visits of these places since his early boyhood on many occasions and got familiar with Nana Saheb and Manu. The later became the queen of Jhansi on her marriage to Raja Gangadhar Rao in 1842[7]. Then she adopted the Popular name of Laxmibai whose early training in martial arts like horse riding, jumping, swordsmanship etc came handy in 1857. Thus, Chakhi from Puri in Orissa was not an unknown figure. He was close to Laxmibai and Nana Saheb from their early days in life. This relationship further grew and got strength to their mutual advantage in the following years after Chakhi's father died and he had to visit these places in U.P. on his own pursuing the age-old family tradition. Then he became respected as Guruji from Jagannath Dham, Puri and got popular in the areas he visited.

Back home Chakhi maintained his repure as a heavy weight champion and a wrestler because of his strength of body and mind he acted as a

Kathia[8] during the time of Pahandi[9] of the deities of Puri while taken in procession during Snana Yatra[10] and Rath Yatra[11]. A much devoted personality to the God-head he could easily distinguish the bad from the good, the evil from the virtuous and the wrongdoer from the saints and seers. The role of certain Christian missionaries particularly during the time of Car festival in the 19th century at Puri perturbed him which was not to the liking of the conscious public who objected to their manner of depiction of the Cult of Lord Jagannath in a poor light at the cost of preaching their own faith and religion. He was full of resentment and annoyance in his heart and this he expressed in so many narratives in the form of Jananas[12] to Lord Jagannath. Also he pledged to protect his region and religion both, from the onslaughts of the British rule. A lot of patriotic fervor touched his heart and he got ready to do something great in this regard.

The Great Movement of 1857 broke out at this critical hour in Northern India following the declaration of independence by the *sepoys* stationed in the Meerut Cantonment on 10 May 1857[13]. A little earlier in the month of March 1857 Mangal Pandey, a lone sepoy turned warrior in Barrackpore Cantonment, had already demonstrated the flame of revolt single-handedly which could ignite the young minds of India a lot.[14] Bahadur Shah Jafar, the Mughul emperor, finally agreeing to take up the leadership further inflamed the revolt which gradually attained more and more popularity. The news spread like wild fire and many dispossessed kings and queens and so many people joined hands to bring down the Company's rule by military action, Rani Laxmibai of Jhansi faced the worst kind of a situation when her adopted son, Damodar, was not only given no recognition but also debarred from the right to succession to the throne. The queen had to borrow money from outside on much humiliating terms for conducting his sacred thread ceremony. Similary Nana Saheb in Bithur was found unsuitable by the British to become the next Peshwa. The nearby kindgdoms ruled by Jat and Rajput rulers were also found licking their wounds and waiting for the right kind of opportunity to strike hard. Thus, a grand combination of native military forces was planned and a perfect no holes barred secret network and liasioning was thought of to put things in right place in order to humble the British forces. The choice naturally fell upon Chakhi Khuntia of Puri as it was thought that he could manage the task well keeping all secrecy moving here and there in a confidential manner in the attire of a Panda i.e., a priest from the temple of Puri. He could move along easily both among the people and the military without evoking any suspicion. No doubt his intelligent, courageous, and forthright manners were dully remembered and Chakhi on getting the call set forth for Jhansi on 18 June 1856 from Puri.[15]

On reaching there Chakhi could make a quick grasp of the situation and on his part readily agreed to act as the channel of secret communication and a conduct between places like Jhansi, Bithur, Kalakankar, Kanpur Lucknow etc. Almost all the native states in most parts of Northern India depended on his spy network. He met Nana Saheb, who was getting ill treatment for long from the hands of the British and it was on the advice of Nana, Chakhi again visited the nearby military cantonments and regiments in his normal attire of a temple priest from Jagannath Dham, Puri. Thus, he was able to avoid and incur the detection and wrath of the British rule. What he did actually was to spread the ideas of Swaraj and Swadharma i.e., self-fule and high patriotism not only among the *sepoys* in the barracks but also in the villages of rural U.P.[16] His fluency in Hindi, warrior like body and knowledge of scriptures made him so popular that he was called Guruji from Jagannath Dham and, is so remembered today even in those areas. Wherever he went he drew invariable large crowds and was able to instill in people a lot of self-confidence, patriotism, courage and love for the motherland. Thus, very clearly he came up as a leader who was in complete disguise constantly for the larger success of the Great Movement 1857, from Jhansi to Bithur and from Lucknow to Kanpur and Kalakankar his mobilization of the *sepoys*, channelising their sentiments in the direction of a definite struggle and that too, liasioning it all with the common masses who were feeling restless all the time rendered rich dividends during the course of the movement. Especially the prior knowledge of British military troops deployments and arrival of reinforcements in the form of more British soldiers and materials came handy to the leaders of the movement in U.P. He did it all at a great risk not for any petty gain or that he had suffered a personal loss but because of the feelings of high patriotism and nationalism.

On 24 May 1857[17] on his return to Jhansi from other parts of U.P. after getting in touch with strategic military location and energizing mostly the *sepoys* and the common people on the way he remained at Jhansi a constant companion of Laxmibai, who trusted him more than anybody else as he was here very respectful Guruji from Jagannath Dham. His promptness in answering the requirements and decision making ability made him more indispensable for the queen of Jhansi. At a time when the British forces mounted more and more pressure and the Prime Minister to the queen talked of giving up, Chakhi remained steadfast and advised the queen to continue the battle ceaselessly till the end with a chivalrous spirit. Truly it was continued with more vigour and might. Even the queen took up the attire of a male and herself went on horse back to the battle fields at Jhansi, Kalpi and then to Gwalior in order to keep up the high morale of the army and boost their confidence. She fought to the last with a great amount of courage and determination and finally got killed on 17 June 1858[18] at Phulbag in Gwalior. Chakhi Khuntia moved along with the queen from Jhansi to Kalpi and thence to Gwalior and was by her side when the queen breathed her last and passed away. This only shows the high patriotic fervor and the feeling of national spirit in the person Chakhi.

When the battle became over and the British regime came to know about the true role of Chakhi from Orissa in U.P. and what he was doing all the time in area of Northern India secretly master minding the rebellious activities they got furous and became eager to capture him dead or alive. But Chakhi proved to be more alert and knowledgeable who gave them a slip and somehow managed to come to Lucknow and escaped to Nepal.[19]

The letter of Officiating Magistrate of Puri to the Commissioner, Cuttak dated 31 March 1858 speaks of a Pundah of the town by name Chakhi Khuntya well known as *Sepoys* (who) has been…up country… (and) under Act XI of 1857 and Act XXV his property becomes forfeited…I presume I will not be acting illegally in attacking any property.[20] What is of great significance is the reference to Chakhi as *sepoy* Pundha.

Furthermore, in the month of July 1858[21] a registered letter arrived in the Head Post Office, Puri purportedly written and sent by Chaki Khuntia from Lucknow to his brother Kissen Khuntia at Puri. It was believed by the British that Chakhi was still aiding and abetting the rebels and mutineers at Lucknow. The Magistrate of Puri on getting a secret information from the Post-master immediately detained that letter and contacted the British Commissioner at Cuttak on 14 July 1858. In fact, he urged upon the Commissioner of Cuttak to take steps at once for the arrest of Chakhi by sending a telegraphic message to his official counterpart at Lucknow since he was apprehensive that if the normal procedure of sending information by regular post was followed then Chakhi would again give a slip to the British and easily avoid an imminent seizure or arrest. The Magistrate anticipated further that Chakhi at Lucknow must have collected this information about the detention of his letter at the Post office of Puri.

Chakhi had used English papers as writing material which bore a 'Dragon's head' for a crest with the line Nil Moror Lctus, which could not be decoded immediately. The Magistrate, therefore, suggested to the Commissioner that it must be verified and ascertained as to who actually supplied the writing papers to Chakhi in Lucknow and how could he sent a letter at his home address in Puri? Also, who were the people sheltering a rebel like Chakhi all through at Lucknow?[22] Lucknow is thus found to be the center of Chakhi's rebellious activities. A bridge named Hazoori bridge located in the close vicinity of Lucknow in a mute testimony to Chakhi Khuntia alias Chandan Hazoori's eventful participation in the movement of 1857.

Thou, coming from far off Puri in Orissa famous as Jagannath Dham, the rebel in Chakhi rose equal to the occasion and at the call of the nation moved along U.P. i.e., present Uttar Pradesh, and by dint of his great prowess, undaunted spirit and sacrificial tendency was able to create a name for him in the galaxy of heroes of the Movement of 1857 many of whom like him still remain unsung and unmourned being denied to the honour that they richly deserve in the hands of historians.

References

1. Chakhi Khuntia's field of action was U.P. for which he spent the best parts of his life and carrier.
2. D. Mishra, *Jatiya Jagrutira Adya Unmesh, Eighteen Fifty Seven*, Bhubaneswar, 1997, p. 380.
3. Jizabai as a mother to Shivaji shaped his mindset well from the very outset of his life and carrier.
4. These are centers in Puri where training in martial arts were imparted to the young and energetic youths not only for the protection of self but also for the nation as a whole.
5. Guru Ramdas left an indelible imprint on the mind of Shivaji and because of his training the latter could come up so successful in life.
6. *Souvenir, Orissa History Congress*, Bhubaneswar, 2004, p. 34.
7. *Ibid.*
8. The persons who help first in supporting and then in bringing out the massive wooden forms of the three deities Lord Balabhadra, Goddess Subhadra and Lord Jagannath in procession on occasions like the Car festival.
9. The rituals associated with bringing out the wooden forms of the three deities in procession.
10. Annua bathing ceremony of the three deities at Jagannath Dham.
11. The Car festival.
12. Devotional Songs.
13. Burrton Stein, *A History of India*, New Delhi, 2002, pp. 226-27.
14. Bipan Chandra, *Modern India*, New Delhi, 1977, p. 140.
15. Souvenir, op. cit.
16. D.Mishra, op. cit., pp. 381-83.
17. Souvenir, op. cit.
18. Bipan Chandra, op. cit., p. 146.
19. The king of Nepal enjoys the special rights to conduct rituals directly in the Jagannath temple of Puri since time immemorial. He arranged the return of Chakhi to Puri, his native place, on 23 April 1865. long after the tremors of the movement were over.
20. Orissa State Archives, Acc. No. 281265 (Bd.)Doc., letter from Magistrate of Puri to the Commissioner of Circuit, Cuttak, 31 March 1858.
21. O.S.A., Acc. No. 28259 (Bd.) FL.I, Letter from Magistrate, Puri to the Commissioner, Cuttak, 14 July 1858.
22. O.S.A. Acc. NO. 282620 (Bd.). FL.I, Letter from Commissioner, Cuttak to the Magistrate, Puri, 15 July 1858.

Chapter - 14

Nature of 1857 Uprisings with special reference to Bihar : A reappraisal

Dr. P.K.Shukla

Scholars have been expressing divergent opinions on the nature of 1857 rebellion since long. The debate still goes on. The latest addition to this debate has been made by William Dalrymple in which he finds that " in Delhi a flag of *Jehad* was raised in the principal mosque, and many of the insurgents described themselves as *Mujahedin*, *Ghazis* and *Jehadies*." He finds 'a regiment of suicide *ghazis*' from Gwalior. He links such statement with the aftermath of 9/11 and 7/7 incident. In the last chapter of the book[1], he writes :

"One hundred and forty years later, it was out of Deobandi madrasas in Pakistan and Afghanistan that the Taliban emerged to create a most retrograde Islamic regime in modern history, a regime that in turn provided the cruciable form which emerged al-queda, and the most radical and powerful fundamentalist Islamic counter-attack the modern west has yet encountered".

He goes on to establish that 1857 was a "religious war and the *Jehadis* again fight what they regard as a defensive action against their Christian enemies." Such assertations and dissertations of sources undermine the significance of the Rebellion of 1857. Though widely circulated and critically reviewed in various newspapers and other publications, this part of the book gives impetus to communalise the Indian society. In some circle in some literature also the 150 years of the celebrations of 1857 has been termed as establishing a 'Mohammadan Raj' in the country. In view of the distortations of sources and misinterpretation of the nature of 1857 - it is imperative on our part to examine and assess the real character of

Former Secretary, ICHR, New Delhi.

1857 rebellion. In the light of these notions of the rebellion and attempt is being made in this paper to analyse the nature of mass support, national, patriotic character, ideology, organization and direction, use of religion, language, culture, identity etc. in this great uprising.

The British had once propagated that the rebellion was only a sepoy mutiny and it did not have any support from the masses. But as a result of extensive research it came to the light that the British officials who had witnessed the event, were themselves divided on this issue. G.B.Malleson, Sir J.H.Kaye, Charles Ball and Alexander Duff among others had cited several instances of mass support. Kaye on the basis of massive records, came to the unmistakable conclusion that the revolt emanate from the heart of Indian society as from the princes to the peasants all appeared to oppose the alien rule. He portrayed the mentality of the rebels that how they felt deeply alienated and humiliated by the British policy, particularly in matters of religion and land.[2] V.D.Savarkar dwelt on the notion of *swadharma* and *swarajya* behind the collective actions of whole people at war.[3] Sri Brindabanlal Verma, famous author of the historic novel Jhansi Ki Rani, writes that he has seen a letter from the Rani to Raja Mardan Singh of Banpur in which she has used the word swaraj. Delhi Akhbar Urdu (21 June, 1857) increasingly explained the patriotic sentiments of the rebels by addressing as fellow country men and glorifying Indian Army as *Fauj-i-Hindustan*. It repeatedly appealed Hindus and Muslims to fight against the *Firangi* (the English/alien). F.W. Buckler demonstrated that the mutineers were not 'mutineers' in their own eyes. What they were doing was to restore a legitimate sovereignty in the person of the Mughal Emperor Bahadur Shah Zafar.[4]

As a consequence of the execution of Mangal Pande on 29 March 1857 in Barrackpur the rebellion broke out at Meerut on 10th May, 1857, and it spread to the large parts of northern India and other parts of India such as Selum (Tamil Nadu), Peshawar, Chitgaon, Kolhapur, The rebels from Meerut and other places marched to Delhi and spontaneously declared the Mughal Emperor as their leader,[5] and thus, naturally Delhi became the centre of the revolt. Without any hesitation all the regional leader of the rebels themselves considred Bahadur Shah Zafar as their leader, and either marched directly to fight with him[6] or remained fighting in their respective regions against the *firangis*.

Irfan Habib highlighted official records presented before British Parliament in 1858 which clearly provide data that out of 1 lakh 25 thousands native *sepoys* of Bengal Army, only 7 thousand remained loyal to the British.[7] English historian Eric Stokes noticed the process by which military mutiny was converted to civil rebellion. He defines the key features of the process as the capture of urban centres by the *sepoys*, an autonomous peasant fighting in the countryside, and the linking of the both by the political leadership supplied from the magnate classes of princes, *zamindars* and lineage heads. In a number of articles he treated the mutiny as an episode in the history of peasant rebellion in colonial India. By going deep into the agrarian social structure and the rural routes of the rebellion he said that in a real sense the revolt was essentially the revolt of a peasant army breaking loose from its foreign master.[8] The peasant support for the rebellion became so immediately apparent that Karl Marx in the Tribune dated 16 September 1857 was drawing a comparison between the Indian Revolt and the French Revolution (1789) on this very basis. The peasants were hard-pressed by the Mahalwari system of land-tax and the Revolt gave them an opportunity to throw off the tax-collector. Rudrangshu Mukherjee cited an official estimate that 3/4th of the adult male population of Awadh had been in rebellion, and suggested that the moral economy of rural Awadh, based on a certain degree of complimentarily between taluqdars and peasant, had been disrupted by the heavy and inflexible British settlement imposed in 1856.[9] S.N. Sen concluded consciously that the rebels of 1857 waged a war for independence which acquired a national scope in Awadh.[10] S.B. Chaudhuri is of the opinion that it was a civil rebellion in which high and low in rural society combined. The ordinary people dislodged from their small holdings, and the gentry destroyed by British policy, united in a common effort to recover what they had lost. It was not merely mutiny but was a rising of the people.[11]

Regarding the mentality of organisation, and direction of the rebels there are a number of original documents available at National Archives of India and other regional Archives. The most important original document[12] of the constitution of the rebels available at the NAI reflects their sense of organisation and direction. Twelve rules and regulations are mentioned in these five pages Urdu documents. Syed Moinul Haq and S.A.A. Rizvi on the basis of these documents explain about the Supreme Council set up by the rebels in Delhi popularly spoken of as the 'court' and formerly designed as the *Jalsa-I-Intizam-I Fauji wa mulki*[13] which discharged all the functions of the government. This attempt may be characterised as a sort of constitutional monarchy. This court was consisted of ten members, six from the army and four from the civilian departments. These members were to be elected, and there was no bar of religion and seniority. In other words, merit was the main criteria. All the decision were to be passed with a majority vote and the Military High Command and the Emperor could only sign its decision. Thus this court had a democratic constitution of its own and tried to assert its authority, it was in supreme charge of the command of war operations against the British though the Mughal princes were left in nominal command. The court alone claimed the right to levy taxes and demand war contributions from merchants and bankers. Rizvi carefully arranged the documents from the U.P. Archives to show that the rebels had set up governments and organized administrations not merely in Delhi but also in Awadh, Rohilkhand, Doab and Bundelkhand.[14] The scores of proclamations by the leaders of the rebellion were designed to convey the ideas and mental world of the rebels. Irfan Habib explained the democratic attitude of the *sepoys* and rebels that they asserted it by electing their officers-largely Hindu regiments electing Muslims officers and Muslim regiments electing Hindu officers. These officers gave themselves designations, those of modern army; such as Captains, Colonels and Generals.[15] The other important aspects we find in the proclamations of the rebels are to announce rewards for killing the Englishmen, fighting bravely against the English, promise to bear the expense of survivals in case a mutineer lost his life. Firoz Shah, the famous rebel leader, in his proclamation of 25 August 1857, made a special promise of giving employment to the weavers and other kinds of artisans rendered unemployed by the British policies. Such artisans had turned out to be strongly sympathetic to the rebellion.

The most significant aspect we find in the proclamations of the rebels is to maintain Hindu-Muslim unity. A number of orders were issued by the emperor, court of the rebels, kotwals and thanadars to ban cow slaughter during *Id-ul-Zuha* (28-30 July, 1857).[16] It was strictly announced that if anyone found sacrificing a cow would be punished with death. Another very interesting order dated 24 August, 1857 directs that during Muharram drums should not be beaten so that during course of fighting sound of the bugles may be audible.[17] While in another document we find a very unique information that a Hindu named Jawala Nath requesting General Bakht Khan to send few men to read the Quran and pray for victory.[18] What we find in these information that religion and rituals were sometimes subjected for the cause of the country and sometimes religious slogans and terms were used to serve this cause such as *din, dharm, ghazi, jehad* etc. Rajat Kanta Ray argues that religion indeed provided the ideological framework of the rebellion but the totality of the emotional experience went beyond religion. The patriotic alliance forged between the two main religions against the Christians was based on a common attachment to the Land. In 1857, the Hindus and Musalmans of Hindustan constituted a collective body to fight against the colonial authority and religion was used as a way of expression to defend the land of Hindustan and to overthrow colonial authority. Thus it was not a war of race and religion but a patriotic war of the Hindu Muslim Brotherhood against the British authority[19] which reflect the social nationality of contemporary Hindustan, that has been a unique feature of our culture from ancient times but during British rule it was injected with communal poison to establish their rule over India. Let us elaborate this unique feature of our culture reflected during the rebellion from which many of us have deviated and disturbing our own ancestral culture of communal harmony.

In the highest rebel leadership at Delhi Hindus and Muslims were equally represented. Muslim soldiers served under Hindu commanders and Hindu leaders and princes pledged allegiance to a Muslim, Bahadur Shah Zafar. Rani of Jhansi was reciting the verses of the Quran, and in her *Ishtehar Nama* she pledged for *jehad* and appealed Hindus and Muslims for it. The main custodians of the Rani were Muslims. She often said that by leaving widow *dharma* she was now flowing Hindu *dharma* that was to defined the land and religion. When she died fighting in the battle field, fire to her funeral was given by a Muslim. Ghulam Rasul wrote a book *1857 ke Mujahid* in which he termed Rani of Jhansi as the greatest mujahid, alongwith Begum Hazrat Mahal, Nana sahib etc.[20] A proclamation issued by Begam of Awadh in the name of Birjis Qadr in June, 1857 printed in Urdu & Hindi side by side, blames the English for their attack on the religion of both Hindus and Muslims, on their seizures of land, and on their disregard of the dignity of the countrymen. In another proclamation in reply to Queen Victoria's proclamation of November, 1858, Begum Hazrat Mahal appealed to continue the struggle against the English by highlighting that the British by force and fraud have acquired territory after territory in India from Tipu's Mysore to Dulip Singh's Punjab. The rebels are not to believe in Victoria's honeyed words, but to continue the struggle.[21]

Such religious symbols, Hindu Muslim unity and brotherhood, patriotism etc are reflecting in every orders, proclamations, words and actions of other rebels also such as Nana Sahib, Kunwar Singh etc. Thus to understand the contemporary concept of religion, language, patriotism, ideology and culture reflected during the rebellion one has to consider their all aspects properly and before passing a value judgement one has to interpret all the facts logically.

II

Like other regions the rebellion in Bihar was not an isolated affair. A number of agents were sent in Bihar to work up the revolt.[22] Waris Ali was one of them, who was sent as a spy to this province to create a ground for the revolt. Muhammed Husain, a leader of the Awadh rebels took active part in the outbreak of the revolt at Motihari, Muzaffarpur and Chhapra.[23] Leaders of Bihar also went out to other provinces and participated in the revolt at those places, e.g., Kunwar Singh marched upto Mirzapur, Rewa, Banda, Lucknow and Kanpur.[24] We find that Bihar was widely affected during the rebellion and in several parts of the province the revolt assumed a popular character. In Patna and Chotanagpur divisions the *sepoys* and civil population fought together. At Patna the uprising was led by Pir Ali (a book-seller) and his associates. In Shahabad the Rajputs rose in arms under the leadership of Kunwar Singh. The revolting *sepoys* in Gaya were strengthened by a large number of disaffected villagers and Bhojpuri men under the leadership of Jeodhar Singh and Haider Ali Khan. In Hazaribagh the Santhals, and some local leaders rose against the British. The activities of Nilambar and Pitambar in alliance with the Chero Zamindars made Palamau a center of serious popular agitation. Singhbhum witnessed a struggle of the *sepoys* in conjunction with the kols and other tribes of the district under the leadership of Arjun Singh. In Manbhum the *sepoys* the Santhals, and the Raja of Panchet estate, Nilmoui Singh, rose in rebellion. The revolt at Danapur had a military origin and due to this revolt broke out also at Muzaffarpur. The rise of the 12th Irregular Cavalry at Sugauli eventually led to the outbreak of revolt in Champaran and Saran. Purnea rose in revolt under the influence of the Jalpaiguri mutineers.[25]

The British after gaining political ascendancy started to exploit the resources of the province so much that many old *zamindars*, merchants, peasants, artisans etc started to suffer heavily. Among many methods of exploitations one was forced cultivation of indigo and the exploitation of the cultivators by the indigo planters and *zamindars*. The enactment of the law in 1835 empowered the planters to enforce the indigo contract. According to this law the planters could criminally prosecure the *raiyats* if they failed to cultivate indigo. Now they began to spend their resources on acquiring zamindaris through purchases. They held land under almost every type of tenure, from zamindari down to sub-tenantry of *raiyats*. Since the court were notorious for their corruption, minor court officials were easily bribed by the planters. The *raiyats* invariably suffered and the administration could not be considered judicious or fair.[26] The indigo planters and *zamindars* got an opportunity to prove their loyalty to the Raj in 1857, they fought against the rebels, protected the govt. treasury and guarded Muzaffarpur from possible attacks. Such a help in the deepest crisis that the Raj had to face in Bihar gave the government full confidence in them. And in return they began to take every help from govt. machinery for the cultivation of indigo. Since popular participation of the common people in the revolt of 1857 threatened the foundation of the Raj, the colonial administration was in search of a permanent ally to buttress the British rule. Thus appeasement of landed aristocracy became the hall mark of the British policy after the revolt.[27] In order to exercise control over the *raiyats* it was necessary to align and form a joint front with the *zamindars*. Since the planters had ready cash, they began to pay higher rent on time to the *zamindars* than the *raiyats*, and the greedy *zamindars* preferred the planters to the *raiyats* in leasing land. Thus a 'triple' alliance of convenience between the govt., the *zamindars* and the planters was formed in the agrarian society to control the actual producers. Since a strong and powerful bulwark was formed to serve and sustain the interests of the Raj from below, the planters and *zamindars* were made honorary magistrates and also found positions on various committees and boards constituted by the governement.[28] Needless to mention that while planters were interested in enormous profit, the *zamindars* in enhanced rent and the colonial govt. in revenue and remittance–all of them collaborated among themselves to neglect for the starving *raiyats*.[29]

Though many *zamindars* and local leaders remained loyal to the British others were very sympathizers of the agitated masses and openly took part in the rebellion and became their leaders. The most important of them was Kunwar Singh who was generally looked upon as their natural leader by all those who had revolted in Bihar. After the rising at Patna three of the Regiments of Danapur rose up against the company on 25 july 1857. On 26 July, they reached Shahabad to organize themselves under the leadership of brave Rajput Chief, Kunwar Singh of Jagdishpur. He gathered a large number of followers, the most prominent among whom were his brothers Amar Singh and Ritnaranin Singh, his nephews Nishan Singh and Jai Krishna Singh. The rebels raided the Govt. offices and buildings and besieged Boyle's fortified house where the Europeans had taken shelter. At this critical juncture the British were saved by major eyre who defeated Kunwar Singh's forces at Bibiganj. Finding himself unable to cope with the British force[30] he moved out of Bihar and continue to fight against the British troops at several places in alliance with some local chiefs and with the support of the common people. He applied a unique method to attack the weakest position of the English while keeping his men mobiling, and perhaps it was the most important factor to sustain the rebellion so longer in Bihar.[31] He went to Rewa, Banda, and then to Kalpi with one of his compatriots, Nishan Singh. Joined by the Gwalior troops, they took part in the battle of Kanpur. Next he marched towards Lucknow and then to Azamgarh.[32] The Governor General ordered to relieve Azamgarh as it was occupied by Kunwar Singh, thus he was forced to march towards Ghazipur. By 23 April 1858, he was at Jagdishpur still with a strong determination to fight against the British, although he had lost his one arm in the fighting. He defeated the British force there but died soon after in April 1857. His example greatly influenced the leaders in Chotanagpur, the Santhal Parganas and other parts of Bihar to carry on an intensive movement against the British. After his death his followers held out bravely in different parts of Bihar under the leadership of his brother Amar Singh. Their activities continued to cause immense anxiety to the company's government for several months. After the retreat of Nana Sahib into Nepal, Amar Singh went to the tarai region to assume the leadership of Nana's troops but he was captured in December, 1859.[33]

References

1. William Dalrymple, *The Last Mughal: The fall of a dynasty, Delhi 1857*, Penguin Group, New Delhi, 2006, see p. 23 (introduction) and p. 485.
2. J.H.Kaye, *History of the Sepoy War in India*, 3 Vols. (London, 1867).
3. V.D. Savarkar, *The Indian War of Indpendence*, (London, 1909).
4. F.W. Buckler, *The Political Theory of the Indian Mutiny*, (Royal Historical Society) Series 4, Vol. V, 1932.
5. *Mutiny Papers*, Collection No. 60, Serial No. 774, NAI, New Delhi.
6. *Ibid.*, Collection No. 971, S. No. 1, Collection No. 98, S. No. 2, NAI, Delhi.
7. Irfan Habib, *Rashtriya Vidroh Ki Kahani*, Naya Path, New Delhi, 2007, p. 23.
8. Eric Stockes, *The Peasant and the Raj*, Cambridge, 1978.
9. Rudrangshu Mukherjee, *Awadh in Revolt 1857*, p. 157.
10. G.N. Sen, *Eighteen Fifty Seven*, New Delhi, 1957.
11. S.B. Chaudhari, *Civil Rebellion in the Indian Mutineers*, Calcutta, 1957.
12. *Mutiny Papers*, Collection No. 57, S. No. 539-41, NAI.
13. Saiyed Moinul Haq, *The Great Revolution of 1857*, Karachi, 1968; S.A.A. Rizvi, *The Freedom Struggle in Uttar Pradesh*, 6 Vols., Lucknow, 1857.
14. *Ibid.*
15. Irfan Habib, *Understanding 1857*, People Democracy, May 13, 2007, p. 9.
16. *Mutiny Papers*, Collection No. 111C. S. No. 31, 43; Collection No. 161, S. No. 265; Collection 120, S. No. 143, NAI.
17. *Ibid.*, Collection No. 130, S. No. 185, NAI.
18. *Ibid.*, Collection No. 100, S. No. 157, NAI.
19. Rajat Kanta Ray, *The Felt Community*, New Delhi, 2003.
20. Conversation of Irfan Habib & Arun Tripathi–published in *Media 1857*, April-June, 2007, pp. 54-55.
21. Irfan Habib, *Understanding 1857*, Peoples Democracy, p. 23.
22. *Parliamentary Papers*, Vol. 44, Part I of 1857-58, Paper No. 363, pp. 3-4.
23. *District Gazzetter of Champaran*, p. 34.
24. William Forbes Mitchell, *Reminiscences of the Great Mutiny, 1857-59*, Low Price Publications, Delhi, pp. 138-39.
25. Ritambhari Devi, *Indian Mutiny: 1857 in Bihar*, Delhi, 1989, pp. 110-111.
26. P.K. Shukla, *Indigo and the Raj*, Delhi, 1993, pp. 93-95.
27. *Ibid.*, 162.
28. *Ibid.*, 163.
29. *Ibid*, 163-64.
30. R. Devi, p. 145.
31. See *Collected Works of Marx and Engels*.
32. R. Devi, pp. 145-46.
33. *Ibid.*, p. 146.

Chapter - 15

A Valuable and Rare Manuscript on the Mutiny of 1857

Dr. Md Atiqur Rahamn

Fatahnama-e-Angriz is a very rare and valuable manuscript, composed by a Christian known as Farasu and preserved in the Khuda Bakhsh Oriental Public Library (Patna), Bihar, This manuscript, which is written in poetic form and transcribed in 19th century AD, contains 105 folios and 2482 verses in the Persian Language. This is a very important document on the mutiny of 1857 in India, because most of the events have been described by a Christian who was alive at that time in Delhi and himself suffered a great deal. Thus we may say that this is an eyewitness account of the event which may be very interesting for study of the history of the freedom movement in India, with a British point of view.

The author started to compose the work on 9th May, 1857.[1] Farasu was poetic name (Takhallus) of the Christian author.[2]

Another name of the work is Zafr-uz-Zafar. It is necessary to mention here that, since the work is in poetic form, so, in describing the events, no chronological chain is found in the entire work, but the author throws light only on those events which had great value in his eyes.

From Folio 17B the author starts to describe the events of the mutiny but being a Christian, everywhere he shows his dissent over the issues of the mutiny and uses harsh and shameful words for the rebels of the British Government which may be seen in the following passages.[3]

The author, first of all, starts his work by praising God and Jesus Christ and the Queen Victoria and high Officials.[4] The author, after praising God, gives his opinion on the Hindu and Muslim rebels who went to

---

Khuda Baksh, O.P. Library, Patna.

Meerut to persuade the Indian Army to participate in the movement and revolt against the British Government. According to him, they leveled false charges against the British government. One serious charge was that the rebels were blaming the government authorities of using the skin of cows and pigs for preparing cartridges of the Guns as also of using fat in the flour of their daily use. The people took it very seriously and spread these things among the Indian Army at Meerut cantonment. Since the Indian people had different outlook and were not familiar with English ways of life, so they were much influenced and decided to participate in the movement. They came out from the jail and killed a large number of Christians who were the residents at that place.[5]

Further more the author states that the rebels came out from Meerut and reached Alipur near Delhi. The British army, after getting the information regarding Meerut rebellion, rushed to Alipur to crush them. As a result a heavy fight took place between them in which a large number of the soldiers of the British Army were killed. According to the author, that was the first battle of Indian rebels with the British army in which British army was defeated and felt greatly humiliated.[6]

On folio 32-34. The author describes the second battle which took place between the British army and the Indian rebels. He says that the British army with their high officials assembled in Delhi with heavy weapons to fight and defeat the Indian rebels. The Indians rebels also prepared themselves for heavy fighting. They also took oath of their holy books, Geeta, and Quran, to fight unto death but ultimately the British army won the battle and killed more than hundred Hindu and Muslim rebels in the War. At this moment the author is very glad and proud. In this good situation he had adopted a proud style of writing and used proud words.[7]

The author on folio 35B describes the events of the killing of the collector, the Magistrate Hitson and the Resident of Delhi, S.Fraser, who were murdered by the Rebels in the fort of Delhi.[8]

The author is very furious on the incident and that is why he is using harsh words against the rebels which indicate his sentiments and attachments with the above great personalities.[9]

In a few folios of the work the author praises Queen Victoria, the governor general, high officials and the army generals, as they were fighting bravely against the rebels.

On folio 75B the author describes his personal contact with Dr. Beatson. He narrates how Dr. Beatson was spending a very painful life in the Delhi military quarters as he was surrounded by the rebels and he was very anxious, but by the blessing of God, he suddenly escaped from that place and reached Harchandpura, where the author was living at that time.[10]

So the author welcomed him with food and drinks and provided every convenience for him.[11]

The author on folio 85B-91B describes his personal life which was related to the Mutiny and when he was living at the village of Harchand pura. He narrates that one day a group of Jat tribe with their leader Shahmal and the Hindu Muslim rebels of Harchandpura raided his hosue and captured him and his wife Bakhti Bai. They also tied their hands with rope and beat them with sticks. Then they collected the ornaments and necessaries from his house and after taking them they run away.[12]

In this connection he declared some names of the persons who were involved in the incident such as Nanwa, Kazim, Nanhan, Khashundi, Ismail, & Ram Sahai.[13]

Conclusion : In the light of the above study I may conclude that the author does not want to write the whole history on the Mutiny of 1857, but being a Christian, he intends to describe the events which show his loyalty and favour to the British Government. So he selected a few events which disclose the cruelty and dishonesty of the Indian people. He narrated the events as he was influenced by them. For this purpose he adopted a special style of writing in which sympathy, love, and faith-fullness to the British government are very clearly expressed. But in so far as the problems, needs and demands of the Indian people are concerned, these facts are totally ignored by the author. He does not mention the sorrow, pain and anxiety of the Indian people, but leaving these sentiments only, he blamed them and laid charges against them. Even then, this manuscript has a great literary value, as it had been composed by an Englishman in a poetic form in the Persian language, which is very rare on this subject. His style of writing is very simple. His language is very beautiful, attractive and charming. At the end I may say this is perhaps, a unique copy, which is found only in the Khunda Bakhsh Oriental Public Library, Patna.

References

1. Farasu, *Fatahnama-e-Angriz*, folio 11A.
2. *Ibid.*, folios.19B, 93.
3. *Ibid.*, folios. 17B, 193.
4. *Ibid.*, folios. 1B, 11B.
5. *Ibid.*, folio 21B.
6. *Ibid.*, folios. 27B, 28B.
7. *Ibid.*, folios. 32-34, 33A.
8. *Ibid.*, folio 35B.
9. *Ibid.*, folios. 36B-37A.
10. *Ibid.*, folio 75B.
11. *Ibid.*, folio 76B.
12. *Ibid.*, folios. 85B, 91B.
13. *Ibid.*, folios. 88B-89A.

Chapter - 16

The Role of Jats, Meos, Ahirs and Gujars in Delhi and Neighbouring Region in the Great Revolution of 1857 as Depicted in Contemporaty Records

Zakir Husain

Surprisingly enough the great saga of the Indian War of Independence in 1857 has been and interpreted from different points of view especially in the light of the reports/records of the contemporary reporters and spies who many a times gave a totally new twist to the entire scenario to the role of the Jats, Meos, Ahirs and Gujars.

It may bc incidentally narrated that the migration of the Jats and Meos from Sind in early 11th to 16th Century AD to Punjab further cemented their relations which also proved instrumental in their fight against the British which however tremendously pressurized the English as these two communities were responsible for the siege of Delhi, a task which was impossible for the British as none easily entered into or exit from the city. To begin with we take into consideration the entire Hudson's network in the city was the Residency. *Mir Munshi* Jiwan Lal who despite being confined to the desk of his underground cool room (*tehkhana*), soon became the most important intelligence operator within the walls of the city of Shahjahanabad (Delhi) viz., he sent out two Brahmins and two Jats for the purpose of obtaining news of the doings of the rebels (the real freedom Fighters) from every quarter, from the fort, the city and elsewhere with the intention of recording every thing for the information of his masters.[1]

In accordance with Jiwan Lal's own diary of 19th May 1857 he received instructions to stay in the city and gather intelligence from a blue eyed

Archivist, National Archives, New Delhi.

European disguised as a *faqir* who also gave him letters for the chief of Ballabhgarh to be forwarded to the said chief.[2]

But notwithstanding Shah Waliullah's observation that the agricultural lands from Delhi down to Mathura[3] were not of the Jats they occupied them. The Jats had entrenched not only in Delhi where they had a Jat Mohalla named Mohalla Jatwara[4] in 18th century, but also fought against the Mughals especially against Aurangzeb and his successors.[5] However despite such exhibitions of disloyalty, Nahar Singh the Raja of Ballabhgarh thoroughly supported the cause of the Mughal Emperor and he was the person who even extremely tried to protect the Emperor and his family as his loyalty was not skin deep because when the orders were issued from the Emperor and the Commander-in-Chief to the Hindus and Muslims of Delhi to fight the English,[6] the Raja did not remain backward in fulfilling his obligations to the Emperor and the country.

The Raja of Ballabhgarh promptly sent money to the Emperor[7] on 25 August 1857. Furthermore he vehemently undertook to send supplies for the Emperor's army.[8] The Raja was so keen in defending the Mughal Empire that he even sent *sepoys* to the Emperor. On 10th May 1857 on his recommendation his *Resaldar* Qalandar Khan was allowed to enter into Delhi.[9]

Any how his enemies tried to misguide the Mughal Emperor. But when the Raja came to know about such evil designs he immediately prayed to him on 22nd May 1857 that request of him be believed.[10] Although he was so much devoted to the Emperor that he could not spare time at that time[11] to wait upon him, yet in view of his loyalty he waited upon the Emperor and also sent his *nazr* on 28th May 1857.[12] He was so keen that he made enquiry about the stolen bullock cart on 30th May 1857.[13] The Raja on 31st May 1857 politely rejected the charge of disloyalty against him which was intentionally labeled by his enemies as well as he sent his *nazr* to the king on 5th August 1857[14] which also received its due acknowledgment accordingly on 7th August 1857.[15] The Raja unequivocally stressed that he had not given shelter to any Englishman.[16] The Mughal Emperor probably taking cue from his unshakeable loyalty ordered him to dismiss the *thanadar* of Badarpur which he probably complied with.[17] The Raja's firm loyalty is established by the arrival of his sepoys at Delhi in September 1857.[18] That is the reason that the Jats co-jointly fought the first war of independence even along with the Sikhs when the Commander-in-Chief directed them to commence hostilities against the English at Alipore. This does prove that Jats as a whole including Shahmal of Bijrol in Western Uttar Pardesh and Raja Nahar Singh fought against the British and even the Raja of Ballabhgarh lost his principality to the English, which was annexed subsequently, Even, there were also reports that a large force comprising 34000 armed civilians Jat peasants attacked the British forces left to guard the bridge to the rear of the British lie at Baghpat so cutting off the field force communications reinforcement and supplies coming to Meerut.

The spirit of resistance has been ingrained in the Meo community because for nearly a millennium, the Meos of North India-one of the largest Muslim population in South Asia endured a succession of regimes from the Arab conquest in the 8th century through to the establishment of the Turkish rule,[19] the Mughal Empire, the Rajput Kingdom and the era of the British Imperialism. Interestingly without abandoning their religious and ethnic identity the Meos developed an independent tradition that enabled them to challenge State formation for centuries by which they were able to successfully retain a degree of cultural sovereignty. But their quest for autonomy was stigmatized even criminalized while histories written by ruling elite transformed ethnic prejudice into historical facts

When the Great Revolution of 1857 started the Meos played an extremely active role in it which also frightened the English to such an extent that they were compelled to admit it.[20] The situation was so favourable for the Mughal emperor that the Meos established their independent administration which yielded chances of huge collection of revenues. Accordingly the Emperor got issued a *Shuqqa* to the *Zamindars* of Mewat by General Muhammad Bakht Khan ordering them to collect the men for the expulsion of the enemies (i.e., the British). It was also reported by someone with reference to a horseman that 80 horsemen marched to Gurgaon who by the grace of the lord snatched away a canon and four camels loaded with tents from the English, killed about 252 Englishmen and seriously wounded 5-7 of them as they brought these items for their *morchas* and these *sawars* probably would have been dispatched by the Commander-in-Chief by listening to this news.[21]

The Meos were so much loyal to the Mughal crown which can be guaged from the contents of a letter which written on behalf of all the freedom fighter of Mewat on 13th August 1857 to the Mughal Emperor stating that hundreds of freedom fighters of the Mewat region for several month have been sacrificing their lives without receiving any thing and saying that if no justice is done to them then they shall return to their homes.[22] The freedom struggle of 1857 was vehemently fought at Raisena, Sohna, Tauru, and Nuh. The Meos struggled so hard against the British at Raisena that numerous Englishmen were killed in this batlle. A Meo poet has described this event in his well known couplet as given hereunder;

Bangla mein man na lage suno dekha sej

Rasena ka gor mein dekha bina sis angrej

Even Ghalib described the situation of Mewat thus;

"*In the land of Sohna and Nuh the Mewatis have created such a disturbance that one can imagine that the mad have broken the chains*"[23]

The Meos fought so vigorously and bravely that a many *Khanazadas* (who were originally Meos and who since Humayun's time separated their identity and later served as English agents) complained to the English after 1857 due to which 52 Meos were hanged and their *zamindaris* were given to those spies or traitors in 1858.[24] The records concerning Hatheen and RoopRaka do testify that these were the important centres of Meo freedom fighters and they were bent upon plundering the Government treasury at Palwal.

Interestingly the Meos were intelligent enough[25] to give shelter to a Mughal Prince and his family as a token of gratitude as was the case of Mirza Shahzor. The saga of the Great Revolution was such that the Jats, Meos, Ahirs and Gujars thoroughly and even occasionally jointly participated in it.

The Ahirs also played an extremely cruicial role whose leader Rao Tula Ram was an stauch supporter of the Mughal Empire. General Muhammad Bakht Khan issued a letter in favour of Rao Tula Ram saying that the region of Rewari be granted to him in lieu of Rs. 5000/- as rent free resulting into the issuance of an Imperial *Farman* which is still preserved in the National Archives of India.[26] He also solicited the ammunition.[27] However by listening to the news of the oppressions of Rao Tula Ram General Bakht Khan issued an order forbidding him from indulging in such nefarious activities and mischievousness.[28] Rao Tula Ram the *Jagirdar* of Rewari also reported to the Mughal Emperor the amount of money in the treasury on 16the May 1857 and amount collected since.[29] He also assured the emperor to send the amount soon. Rao Tula Ram through Ram Singh told the Emperor that he was unable to supply the requisite items.[30] But he however, submitted an account of revenues of the villages in his charge.[31] Furthermore he at the imperial order assured Khairullah the Nawab of Farrukh Nagar for not interfering in his *Jagir*.[32] Probably due to his proccupations he was unable to wait upon the Emperor.[33] But he sent the money to the Emperor on 14th September 1857.[34] He was so loyal that he even promised to send the revenues to the

Emperor in his representation of September 1857. But Mirza Ghalib sarcastically remarked that;

"....*And Tula Ram has created disturbance in Rewari, as he under the devilish influence has joined hands with the Meos. This group in that jungle and mountain is engaged in fighting with the rulers of the world.*"[35]

Since Gujars were fighting along with the Meo population, the traitors were supporting the Englishmen against them. On their complaints, besides the usurpation of some Meo villages, Harchandpur a Gujar village was confiscated which was given as *inam* to the traitros.[36] Gujar are also a village community who also survived during the Delhi Sultanate. When Ghayas al Din Tughlaq threatened Shaikh Nizamuddin to leave all the private labourers whom the Shaikh had employed for constructing a water tank at Ghyspur (mod. Nizamuddin) enventing, the sultan for engaging them in building the fort at Tughlaqabad. keeping in view, this fact the Shaikh immediately predicated about his fort;

Ya rahega ujar ya basenga Gujar

(Either it shall remain desolate or it shall be inhabited by the Gujars). Interestingly enough this prediction proved true because the Gujar community still resides there.

The *Mutiny Papers* of the National Archives of India overflow with the glimpses of the real life of the Gujars and three other communities. Gujars were originally Hindu herders and pastoralists, many of them semi nomadic who for centuries had roamed with their cattle and horses throughout North-West India, especially in Rajasthan. They had their own traditions and deities and their own epic of origin about their herder-hero Dev Narayan whose festival at Sawai Bhuj near Ajmer brought about and still does a great communal gathering of different Gujar clans and live stocks. Many of the watchmen in Mughal Delhi were from Gujar background.[37] The settlement of Gujars and Mewatis in Delhi was a very significant event which helped to fight them against the British, and Jat and the Gujars attacked and terrorized the Delhi hinterland. Maulwi Muhammad Baqir in his *Delhi Urdu Akhbar* wrote on 24th May 1857 that "*the Gujjars and the Jats have created havoc*". The Gujars were surrounding the Englishmen running from Delhi to Meerut[38] and the British refugees due to the English oppression were not saved from their hand. It was but natural that the English atrocities resulted in such a deep hatred and revolt against them that even the English refugees became the easy target of the Gujars.

The above is the brief Survey which does show that notwithstanding the British policy of divide and rule different Indian communities especially the Hindus and Muslims unitedly fought against them and this unsuccessful attempt in 1857 generated the will to eradicate the British imperialism within less than a century in 1947.

References

1. *A short account of the life and family of Raj Jiwan Lal Bahadur*, Late honorary Magistrate of Delhi with extracts from his diary relating to the time of Mutiny of 1857 compiled by his son, Delhi, 1902, p 27. For the early history of the Jats see, Zakir Husain:' *Movements and migration of the Jats as gleaned from Perso-Arabic sources; A Reappraisal*; in Dr. Vir Singh (ed.) *The Jats...*, Delhi, 2007, Vol. II, pp. 45-54 and G.S.L. Devra, Keynote Address, *The Jats...*, 2007, Vol. III, pp. 11-32.
2. *Ibid.*, pp. 24-32.
3. *Shah Waliullah Ke Siyasi Maktubat*, (ed.) K.A. Nizami, Delhi 1952, pp. 50-51.
4. Ataullah, Mapping 18th Century Delhi : The City scape of a Pre-Modern Sovereign City. Irfan Habib(ed.) Papers from Aligarh Historians Society Presented at the 67th session of the Indian History Congress, 2007, p. 163.
5. Irfan Habib, *The Agrarian System of Mughal India*, Revd, Delhi, 1999, p. 394.
6. *Mutiny Papers* (National Archives of India, New Delhi, Coll. No. 116.
7. *Mutiny Papers*, Bundle No. 19.
8. *Ibid.*
9. *Mutiny Papers*, Bundle No. 43.
10. *Ibid.* (25 May 1857)
11. *Ibid.* (28 May 1857)
12. *Ibid.*
13. *Ibid.*
14. *Ibid*
15. *Ibid.*
16. *Ibid.* (August 1857)
17. *Ibid.* (August 1857)
18. *Mutiny Papers*, Coll. No. 56.
19. *Mutiny Papers*, Coll. No. 57 (August 1857).
20. Kanahiya Lal, *Tarikh-i-Baghawat-i-Hind*, 1857 as cited in Hakim Abdus Shakur, *Tarikh-i-Meo Chhatri, Mewat*, 1974 pp. 456-57.
21. *Akhbaruz Zafar*, 19 July 1857.
22. National Archives of India, *Mutiny Papers*, Photographic reproduction in Hakim Abdus Shakur, p. 457 and from *Akhbaruz Zafar*, 5th July 1857 without citing its reference.
23. Mirza Asadullah Khan Ghalib, Dasanbu, Aiwan-i-Ghalib, Delhi.
24. *Ibid.* Oriental and India Office, British Library, London Collection, Enr, 138, Account of Saiyid Mubarak Shah. Interestigly enough the episode recorded therein does negate the allegation against the Meos which does clearly state the following treatment meted out to the said Mughal Prince after 1857 viz Mirza Shahzor, who fled with his pregnant wife, younger sister and mother in a pair of carts, soon after the Emperor left the court. like many of the Mughal refugees they headed first for the shrine of Qutab Sahib in Mehrauli, where they spent a night.

Next morning they set off again, but were attacked and looted by Gujjars a few kilometers away near Chhatarpur. The Gujjar took every thing they had (as similar allegation are made against them in S.M. Azizuddin Husain's *1857 Revisited*, Delhi-2007 in Document Nos. 133 to 150 of the Raja of Ballabgarh). The women were crying when Mirza Shahzor tried to console them. There was a village nearby which was inhabited by Muslim Mewatis, who gave them shelter in the communal Chaupal at the centre of the village. The villagers took the refugees in and fed them, but after a few days asked Mirza Shahzor to some sort of contribution in return.

"Why do you sit all day"? They asked. "Why don't you do something?" I said I was happy to work; I come from a martial family. I can fire a gun and know hunt with a sword. But at this villagers scented laugh saying "here we do not need you to fire bullets, but to manage the plough and dig the earth". There were tears in my eyes at this and seeing this the villagers took pity and said "alright why don't you look after our fields, and your women serve things and we will give you a share of the harvest". So this was how our lives developed. I would be in the fields all day chasing birds, and the women sewed clothes at home.

25. *Mutiny Papers*, July 30, 1857 Bundle No. 34.
26. *Mutiny Papers*, July 17, 1857 Bundle No. 34.
27. *Mutiny Papers*, 8 September, 1857 Bundle No. 34.
28. *Mutiny Papers*, 5 September, 1857 Bundle No. 34.
29. *Mutiny Papers*, 9 September, 1857 Bundle No. 34.
30. *Mutiny Papers*, 10 September, 1857 Bundle No. 34.
31. *Mutiny Papers*, 11 September, 1857 Bundle No. 34.
32. *Mutiny Papers*, 13 September, 1857 Bundle No. 34. Interestingly enough the Archaeological Survey of India (ASI) that is conducting a clearance work (removing of debris) from historical *Sheesh Mahal* in the historic area of Farrukhnagar discovered a fountain and three large-sized *Tehkhanas* in the back of the complex which was built in post Mughal style in 1733 and which typifies the monument and many buildings that align the main bazaar of the town.

Farrukhnagar Town situated 20 kilometers from the main city of Gurgaon has also a *Baoli* (bath place) known as *Ali Ghaus Khan ki Baoli* which was used as a water tank catering to the *Sheesh Mahal* and was connected to it through underground passages. The town originally had four gates flanking four conrners of the town which were built in 1711 AD. Out of the original four gates, only one remains-the Delhi Gate, the other having crumbled due to neglect. The town has a temple, which was once a mosque with Islamic architecture but is now used as a Hindu and Sikh place of worship. There are a many *havelis* in the township, some inhabited and others are in a state of neglect. There is a *Chatri*– one feature that makes it of historical importance is the colorful *Chitrakala* (paintings) depicting the life of Krishna on the celling.

It may be specifically pointed out that named after the Mughal ruler Farrukh Siyar, the octagonal town of Farrukhnagar was founded by the Balluch chief, Faujdar Khan who assumed the title of a Nawab in 1738 AD. The estate was confiscated in 1858 after the Nawab took part in the Great Uprising of 1857 which had naturally caused devastation to the town. The turbulent history of the town has wreaked havoc upon most of the buildings including the Sheesh Mahal.

The Fountain was discovered in front of the *Diwan-i-Aam* where water would be made to reach through the underground channels connected to a well situated at a distance of about 50 meters in one of the corners of the *Sheesh Mahal* complex which is of a height of about 25 feet from the ground level. Water was drawn from the well in leather bags and poured in channels connected to various fountains. These *tehkhanas* were filled with debris and its restoration and rehabilitation is in process for re-doing wooden ceiling of *Sheesh Mahal chitrakaris* on its wall and huge compound that is overgrown with weeds all around. *Cf. Hindustan Times*, 27 August 2007.

On 30th October 1857 Ahmad Ali Khan, the ruler of Farrukhnagar was arrested like prisoner and interned in the Fort, *Dastanbu*, p. 30. {Note: When the National Uprising started on 10th May 1857 from Meerut in thoroughly and expeditiously spread throughout the country. Although in view of his old age and peculiar mental traits it was not possible for him to participate in this Great Saga of Independence yet he did not remain in isolation from the contemporary event. Though he did not come outside his house, he remained aware of the march of the Freedom Fighters (so called mutineers), their capture of Delhi, the defeat of the rebels and the restoration of British administration in Delhi. He continuously remained well acquainted with the prevailing conditions of the City and obtained all important information as well as recorded them in chronological sequence in his Dastanbu in Persian which has also been translated in Urdu by Makhmur Saeedi entitled as '*1857 ki Kahani Mirza Ghalib ki Zabani' (Dastanbu aur Khutut-i-Ghalib ke Hawale se*) N.B.T., New Delhi, 2007} The Raja of Ballabgarh's arrest and execution and the partial demolition of his fortress was also an out come of this Great Revolution as depicted by Prof. S.M. Azizuddin Husain in his article (*The Jats & Co*. Vol. IV forthcoming). Similarly Abdur-Rahman Khan, the chieftain of Dujana whom Ghalib designates as *zamindar* was brought like criminals, placed in *Diwan-i-Aam* and his entire estate was confiscated by the British Government. *Cf.* from *Dastanbu*, p. 30. Thus from the estates of Jhajjar, Ballabgarh, Farrukhnagar, Bahadurgarh, Dujana, Luharu and Patodi only the last two survived while the rulers of first three were hanged. Thus the chieftains of the neighbouring region of Delhi almost suffered tremendously due to the British Government against whom the four communities resisted so scrupulously.

33. *Mutiny Papers*, *ibid*.
34. Mirza Asadullah Khan Ghalib's *Dastanbu*, Aiwan-i-Ghalib, Delhi.
35. Hakim Abdus Shakur, p. 461.
36. William Dalrymple, *The Last Mughal, The Fall of a Dynasty, Delhi 1857*, Penguin, Delhi, 2006, p. 145.
37. *Mutiny Papers, Delhi Urdu Akhbar.*
38. Dalrymple, pp. 137-38.

Chapter - 17

'Voices of the Vanquished' : The Indigenous Discourse in the 'The Rebels World' of 1857

Professor Saiyid Zaheer Husain Jafri

1) We come across a large number of printed proclamations, appeals and pamphlets issued by the rebel leaders in the various centers of uprisings making a plea for the ouster of the foreign rulers from the Indian subcontinent, these pamphlets apart from making a very strong case for the Hindu Muslim Unity also sought to revive the notion of Mughal Sovereignty and invoked the concept of: *Khalq Khuda Ki; Mulk Badshah ka* and *Hukum* of various local leaders who were issuing these pamphlets. (I) These proclamations were widely circulated. This fact runs quite contrary to the popular perception, that the rebels and their leaders had spread their 'fanatical', 'religio-centric' appeal against the British through the word of mouth, by circulation of the 'lotus-symbols' and by distribution of the 'chapatis' (small pieces of home baked breads) among the *sepoys* (II) and the masses as the symbolic images for the 'endangered' religion which was under the threat because of the activities of the Christian Missionaries enjoying the official patronage and the livelihood of the common man which was being snatched due to the policy of the 'monopolies' and 'restriction'.

2) Documents of this nature were ceased by East India Company's troops and officers and were not destroyed, most of them passed into the private and public collections. An analysis of such documentation yields enough data to draw on for an understanding of the motives and the power of mobilizing the rebels and the classes and the strata sought to be mobilized. Such data also helps us to examine the questions as to how far the appeal remained with in the traditional framework and how far the sepoys' background as members of the modern army and the influence of

---

Department of History, University of Delhi, Delhi-110007.

the new medium- the 'printed word' introduced modern elements. It is just possible that the modern ideas germinated, were under the influence of the British rule which might have played a greater role in the course of the events that has been recognized so far in modern historical writings. The questions like the conflicts between the *sepoys* on the one hand and more traditional elements on the other, the kind of 'polity' or the 'polities' that the leaders of the rebellion envisioned can also be examined in the light of such data.

3) The attempt here in this paper is to evaluate the information from the 'rebels' own writings, for the uprising, their attempts to have a frame work to fill the vaccum after the British administration was uprooted in Delhi, the question of religion, their threat perception about the conversion of Indian people to Christianity, the manner in which the organization of the rebellion took place, the internal dissensions and the contradictions among the rebels, the degree of the clashes between the *sepoys* and the more traditional elements and finally their reading of the failures of the movement. This information is not used in isolation, it has been supplemented with the 'Victor's Narrative'. Here we are trying to study the aspirations of the reble leaders as well. Although, the nature of these documents is very different but there is a striking similarity in many respects; they talk about the layers and the groups with in the rebels with contradictory and even antagonistic aspirations, they unequivocally condemn the killing of the innocent English women and children (strangely enough the much talked about Queen Victoria's Proclamation is totally silent as it had never condemned the 'White Terror' against the *sepoys* or against the helpless citizens' in the aftermath of 1857).

To establish a semblance of some order and to check the lawlessness in the city of Delhi, important efforts were made by Bahadur Shah and the princes of Royal Blood. Certain appointments were made of the people having civil and police jurisdiction. But since the situation was not very clear as to what role the military commanders who were coming from various garrison towns were supposed to have play. The necessity was felt and a *Dastur ul Amal* was promulgated with the specific purpose of looking into the affairs under the given circumstances. The preamble of this document is worth quoting in full " Whereas to avoid disorder (*Mauqufi-I-Bad intezami*) in the sections of administration of the military and civil departments it is absolutely necessary to form a constitution (*Dastur ul Amal*), where as to work out the constitution it is necessary first to appoint a Court (III) the following regulations are laid down...

The Preamble and the first two clauses of *Dastur ul Amal* in original is reproduced below.

The first clause states that, 'A court should be established and named administration court (*Jalsa-e Intezam Fauji wa Mulki*), i.e., a court to administer military and civil affairs.' While the second clause states that, 'This association (*Jalsa*) should appoint 10 members among whom 6 are to be appointed from military and 4 from civil. From among the military side 2 members are to be from infantry (*Paltan-i Piyadgan*); two from cavalry (*Risala-hae-Sawaran*); and two from artillery (*Sarishta Topkhana*).' (IV)

It is remarkably coherent document which ought to have been drafted by a persons well acquainted in the working of the Company's Administration. The English Vocabulary has been freely employed. It talks about the *Sadr-e-Jalsa Naib Sadr-e-Jalsa*. They have a sense of chorum, secrecy of the deliberations was to be maintained, there was a provision for election after any vacancy, 'His Majesty' was to be communicated the decision of the Court, the meeting of the Court was never to be attended by any outsider except Mirza Mughal–the Chief Commander (the Sahib-e- Alam) and 'His Majesty'. It has been commended by no less a person than Sir Johan Lawrence who has praised it for the 'remarkable manner in which Bahadur Shah was trying to conduct the affairs.' In fact he says that he did make an effort for 'preserving the order in the city and to restrain the excesses of the soldiery'. (V).

The draft Constitution had twelve provisions and they are mainly related to the 'affairs of the Court', the actual power was vested in the hands of the military officers while his majesty (*Huzau Zill-e Subhani*) and Mirza Mughal (*Sahib-i Alam Bahadur*) their presence in the meeting of the Court appears to be more ceremonial as every decision has to be taken by a majority vote without any veto power vested in either Bahadur Shah or any other Princes. As we have argued that the *Sepoys* of the Bengal Army were the only people who had an exposure in the techniques and the art of warfare and were the members of the most advanced fighting forces of the sub-continent; their familiarity with the British institution was used in organizing the skeleton of the framework of the rebellion when they joined the uprising in a overwhelming majority. (VI) The importance of such a document hardly needs any emphasis. It is here that we find some rudimentary attempts being made by those involved in the uprising to evolve a system which could take care of the colossal task which would follow the uprooting of the British system from the city of Delhi and its neighbourhood.

II

Another important proclamation issued from Lucknow, the capital of erstwhile kingdom of Awadh, by the group closely associated with the famous Maulavi Ahmadullah Shah, the hero of the Battle of Chinhat, where he defeated the British forces. This pamphlet has been translated by the British Officers as 'a Cry of *Jehad* in Oudh' (*Futteh Islam/Fateh-i-Islam*) and has been used as an evidence of the religious bigotry and holy nature of the war waged against the Christians, an attempt has been made to highlight the crucial role played by the Wahabis or *Jehadis* during the course of rebellion (VII). While in the Subaltern historiography, this has been sigled out as a representative document showing extreme hatred for the British and using 'the most insulting language to describe the British esp. Queen Victoria'; it has also been chided for 'its abusive condemnation of the whole chain of British authority from the Crown to the common soldiers'. Apart from the 'fire and sword' nature of the document for which it has been rather harshly criticized by all the modern. writings, there is enough which can be culled from it to examine the vision of the people participating in the 'Batlle unto death' and as to what they field about the ongoing struggle and the strategies they had worked out under the extreme circumstances and yet they were conscious about the death of the English Women and children as something which was totally unacceptable under the tenets of any religion. Besides, making a strong plea for Hindu-Muslim unity, it underlines the importance of firearms and canons which were now available to the *sepoys* and its decisive impact in the final outcome of the Battle.

Risala Fateh Islam was issued some time between 5th-17th July 1857 (the date has been Battle of Chinhat on 30th June 1857; Maulavi Ahmadullah Shah had emerged as the most powerful military commander at Lucknow and his group was seriously contemplating to appoint him as an *Amir* (leader) who could control the indiscipline and could restore the law and order (VIII).

In the preamble of the document, the atrocities committed by the British have been highlighted in great details and thus, the people, Muslims as well as Hindus; have been asked to unite and to wage a 'Holy War' against the 'inhuman and ungodly Christians'. It also talks about the British attempts to 'deprive the troops of their religion by applying impure substances to the cartridges and pressing those troops to use them' which ultimately had resulted to their destruction. There is a warning to the people that in case the British succeed in reestablishing their 'authority, great misfortune will befall on all the Hindus, Muslims, the people, the *Sepoys*, the kings and the *Wazirs*. Hence, the call is to unite, fight and annihilate them without delay'. Interestingly enough, the deadly impact of the fire-power of the artillery has been exalted to the highest limits as the Proclamation says that since possess the guns which 'formerly the people of Hindustan needed badly' are now in possession of the kings of Delhi and Lucknow. Hence, it becomes very clear that in the perception of the rebels it was thus deadly weapon which has tilted the balance in favour of the English but now the rebels can handle them effectively. Probably, this refers to the *sepoys* joining in large number the army of the rebels with artillery pieces and large guns which boosted their morals.

In fact, the fear of loss of religion and the forcible imposition of the Christian creed are the twin themes which keep on occurring again and again in most of the proclamations and in the indigenous discourse. Such an apprehension should not be considered only just as rhetoric propagated during the course of the rebellion or an exaggerated account of the activities of the British officials and policy makers. This impression was so popular that even after the suppression of the mutiny and restoration of the British authority, a loyalist like Sir Saiyid Ahmad Khan in his *Asbab-e Bagawat-e Hind* (1858) has spoken in details about the 'the apprehension of interference of govt. with the religious customs of the Indians'. In the opinion of Sir Saiyid Ahmad Khan the people generally believed that 'the govt. intended to force the Christian religion and foreign customs upon Hindus and Muslims alike'. It was firmly believed by everyone that slowly but surely the govt. was developing its plan. Even the well-intentioned people thought that indirect steps were being taken such as 'doing away with the study of Arabic and Sanskrit and reducing the people to ignorance and poverty…this way people would be deprived of a knowledge of the principles of their own faith and their attention turn to books containing principles of the Christian creed…then the govt. would then work on their cupidity and poverty of its subjects and on condition of abjuring their faith, offer them employment in its own service. Similarly, after every drought and famine, the orphanages were opened where the orphans were 'reared in the principles of Christian faith throughout the North Western Frontier Provinces as per the scheme of the govt.' (IX)

There are issues of academic importance which have been highlighted in the most argumentative and reasoned manner. One of these is about the origin of the notion of the leadership of the Qurayshi, which was adopted as a cardinal principle of Sunni Muslim theories of governance. Although the leadership of the community did not always stay confined to the Qurayshi tribe irrespective of the prevailing theory. This notion, it appears has cropped up during this hour of crisis as well, therefore, it has been asserted that since:

:the infidels have become paramount in power and a Qurayshi is not found…any Muslim chief endowed even with a few of the qualities of the leader and observing the tenets of Muslim law (*Shari' at*) can as a matter of necessity be selected as the chief. This leader will be called *Imam-i Akbar* and great benefits will be derived in the cause of your faith."

Since the important point of struggle during 1857 was Hindu-Muslim unity hence it is also argued that:

:such *rajas* who are dependant on the Muslim kings infinitely better than that, under the infidel Victoria and the English, the enemies of our faith.."

A special appeal has been made to the Hindus to join the Chief with a view to defend their religion as the Hindus and the Muslims were the brethren to each other and they should butcher the English (X).

The Pamphlet apart from suggesting various practical measures to the people, to the women and even to the old and infirm during the actual fight with the English, the way in which their morale of the fighting force has to be kept high has included an *Ishtihaar* (public appeal) at the end which was supposed to be circulated among the Hindus and the Muslims of Hindustan so that they may deeply reflect upon its contents and they should unite to destroy the English in defense of their faith otherwise neither anyone's faith nor his life, property or honour of anybody will remain safe. Such an appeal was to be popularized among the *sepoys* and the common man by the learned Maulavis and the Pandits. They were supposed to explain in every village and city the 'misfortune which the success of the English will entail on the people and the advantages and spiritual benefits which will occur on their extirpation'. An extract of the Preamble of this Ishtihaar is reproduced below :

The original document runs into 12 closely printed pages which have been in the private collection of one Mr. Saiyid Hamid Ali Sahib of Gorakhpur. I was able to obtain a copy of it through the courtesy of my teacher Prof. Iqbal Husain of Aligarh Muslim University. This particular extract is from the last paragraph of p.11. It is difficult to speculate about the source of this printing and at the same time it will be much more difficult to find out how these printing facilities were available to the rebels. But one can be preety sure that the rebels were using the modern printing medium to spread their ideas and they had their sympathizers among those who owned such facilities. Apart from these technical aspects one needs to study the evolution of the language from the study of this text instead of Queen Victoria it says–*Malika Biktoria* and instead of using percentage it uses the 'sense of proportion' which might be more understandable to the audience of which the pamphlet was going.

It repeats the fear more forcefully that Queen Victoria (here she is spoken in the most abusive manner to be more exact: 'the ill-fated, dead bitch (*badbakht kutiya murder*) (XI) has in fact approved the proposal of the British officials from India to kill the 15% learned men of the Muslims and the Hindus and also to kill 500,000 Hindu and Muslim *sepoys* and *raiyat*, so that in the short time the people of India could become Christians. It can be argued that such an appeal was in a way to sensationalize the people and to galvanize them to action (XII)

The main thrust of this document appears to be issue of religion in danger for which Hindus and Muslims have been asked to unite; while the usage of guns and the artillery will ensure their victory and the *Ghazis* under the leadership of an *Imam* will definitely play a major role in the ensuing battle with the English. It is a document which is written in haste and emergency (before the fall of Delhi, Kanpur and Lucknow) when the threat from the English to reconquer the places of resistance was greatest. In such a situation appears to be on the defense and the retention of the victories of the rebels rather than to talk about any future vision or the shape of the things when the English power is finally uprooted. It neither talks about the grievances of all the sections of the Indian people against the British, the injustice done to the Indian rulers and princes by the East India Company (the themes which have been raised in the proclamations of Prince Firoz Shah, commonly known as the Azamgarh Proclamation or the one issued by Begum Hazrat Mahal) it simply tries to catch the popular sentiments by making the war as a people's fight against the British where among the other themes the most important concern appears to be a call for unity.

III

While the third document under study is of slightly different nature; it is a reminiscence of Maulana Fazl-e Haq Khariabadi (d. 1862), one of the ideologues and an important member of the Revolutionary Council in Delhi during 1857 and he was an eye-witness as well as a participant in the many military actions at Lucknow, Bareilley and Shahjahanpur. He was arrested, put to trial and was finally transported to serve the life-term at Andaman Islands (*Saza-eHabs-e Dawan ba Ubur Dariya-e Shor*). Here fortunately for us he has penned down his reading of the events during 1857-59, the causes of the failure and also hinted at the atrocities committed by the British during and after the events. The account is in chaste Arabic prose which is written in the most figurative style and hence is very difficult to understand. The manuscript of this work: *Risala as Saurat al Hindiya* was written on the parchments and the small pieces and fragments of papers and cloth and was smuggled out of Andaman by a fellow detainee who was freed before the completion of his term as he had helped the jailor in translating a unique Arabic text. The manuscript was carefully preserved in the family and could not see the light of the day until 1947! (XIII) Probably, this was the level of the fear-psychosis that people dare not talk freely about 1857 and hence it remained unknown for such a long time. It is an eye-witness account and one of the rare contemporary documents. It is a strange that such a unique text has remained most under-utilized in the modern historiography which provides insight into rebel's point of view. The *scripture* of the last page of the Rampur Manuscript is reproduced below from Mehdi Hussain's *Bahadur Shah* II:

This text is of a different nature which was written by Allama Fazl-e-Haq Khairabadi, at the Penal Colony of Andaman Islands while he was serving the life imprisonment as a'war criminal' (*Saza Habs-e Dawan ba Ubur Dariya-e Shor*), who had condemned for life imprisonment for allegedly putting his signatures on the call for *Jehad* (the famous *fatwa* issued at Delhi during 1857). The text talks much in details about the incidents related to the life of the author and the way he talks about him 'self' and his torments and sufferings which he had to undergo while serving his sentence. They are very revealing and perhaps this is the only account of its kind. The account was written at a time when he was trying hard for his release and he had yet not lost the hope. Apart from giving the details of his dejection, isolation and sufferings he makes an important point that since he is a scholar of religion and law and has firm faith in Islam and because of his staunchness and zeal in defence of his faith he has been made to suffer and this way 'the tyrant aimed at removing the traces of learning, destroying the banner of knowledge from the pages of paper' (XIV) This finds a strange collaboration from the earlier pamphlet where it was specifically mentioned that the British have decided to kill '15 out of every 100' (note the absence of use of percentage) of the *Maulavis* and the *Pandits* (learned men from both the communities) so that they can christianize the entire Indian subcontinent. He says that all this surffering was due to that painful event *(Waqi'a Faz 'a) which has rendered the cities and towns desolate...such a calamity it was which turned the nobles into beggars and the kings into prisoners and slaves*'. Then he goes on to recount the reasons behind the occurrence of the rebellion.

He begins his story with the hidden grudge of the British who after the capture of the major part of the territories have decided to convert the entire country into Christianity as in consonance with their political ideas they thought that the differences between the various religious communities would disrupt their continuance of their domination in the govt. With this aim in mind they have not only established the schools in the villages and town to teach the books of their religion and faith but they also wiped out the existence of the centers of knowledge and *Madrasas* which were established in the earlier days. For this purpose they have tried to monoplize the buying and selling of the careers so that they could control the prices of the food grains and essential commodities this way they had the ambition to achieve their aim. The *Sepoys* became their first targets as they have thought that if the *Sepoys* agree to change their religion the civil population would not dare to disobey the command of the English officials. But here he points out that it became their greatest mistake the Hindu soldiers who were in overwhelming majority made a common cause with the Muslim *Sepoys* who were in minority to safeguard their religion and faith. Thus, both these people (*Fariqayn*) began to murder, loot and kill their officers. But here the author became conscious and talks about the excesses they have committed and the cruelties they have perpetuated on the women and children.(XV)

About the organization of the Rebellion in Delhi he does not make any complementary references to the Emperor Bahadur Shah and he repeats the allegation which was made against him that he is under the influence of his wife Zeenat Mahal and *Wazir Hakim* Ahsanullah Khan who was secretly in league with the British and was a friend of the Christians and same was the case with the other members of the royal family. About the king he specifically says that 'he could not decide anything openly or in secret and had no power of doing harm or good to anyone' and in that background he says that in such a sorry state of affairs when arose 'a party of strong and brave Muslims for *jehad* and fighting after having asked for a *fatwa* from the pious *ulema*'. He talks about these *jehadis* in a very laudatory manner and while speaking about the defense of Delhi he specifically says that these were the only people who 'exhibited courage and fought the Christians met and attacked them' (XVI). When every defense has failed and every section had almost given up hope and had abandoned the fight these strong and brave *mujahids* 'offered severe resistance and put up a strong fight against them. They kept their feet firm even in hard encounters and met everbody who tried to advance forward many of them tasted the honey of martyrdom and attained high ranks of good fortune...they passed the nights in hunger, but rushed to fight at dawn and waged war against the enemy'.

He is quite bitter when he speaks about the company's forces which included among their ranks 'the white faced soldiers and their mercenaries who were drawn from the base and mean Hindus and those Muslims...who have sold their religion for a very low price.' They were supported by the thousands of the Residents of the city while the entire Hindu population has turned to support them while the money-changers, the servants of the king, princes and Hindus were devising schemes to destroy the *jehadis* and to restrict their supplies. As a result of this blockade, these *jehadis* 'passed their days and nights in hunger, thirst, excessive heat and anxiety. Since the perplexity was extremely great and they fled in helpless manner' now it was easy for the 'Christians to take possession of the city, its gates, its walls, houses and mansions. In other words, with the *jehadis* gone the fortunes of the city also declined.

He has given a graphic description of the destruction of the city the slaughter of its population the digging of the houses of the nobles and the villas of the princes in search of the hiddn treasures. He has also given details of the arrest of Emperor Bahadur Shah at Humayun's tomb along with his sons and Grandsons and Gen. Hudson beheadings his son and serving the Emperor with severed heads as a present. Probably at this time he was in the city which enabled him to have the first-hand knowledge of the events.

After the fall of Delhi the author moved with his family members to Awadh where Birjis Qader under the guardianship of his mother Hazrat Mahal was still holding the ground. He did not have a good opinion of their administration in Lucknow, for he says that 'they did not have the ability to understand the intricacies of the administration nor were they capable of issuing orders and leading the army...most of them were supporters and allies of the Christians'. He has immensely praised Maulavi Ahmadullah Shah for his leadership qualities and the ability to with stand the onslaught of the company's forces. It appears that he was with maulavi Ahmadullah Shah when the latter was treacherously killed by the Raja of Pawayan, in distt. Shahjahanpur, at Rohilkhand. He has spoken at length about the treachery of the Raja and the manner in which the rebels' cause suffered as a result of his death.

In the last pages of the text the author is more concerned about his own self, his sufferings and complains very bitterly that despite their victories the British have not stood to the promises made in the Queen Victoria's Proclamation. As he himself was not involved in the killing of the Englishmen he came out from the hiding thinking that he will not be booked for any crime. But instead, he was captured, prosecuted and sentenced for life imprisonment at the newly developed penal settlement at Andaman, where he remained as a convict till he died in AD 1862.

The 'narrative of the vanquished' ought to be an important source to understand the aspirations of the rebels, their *raison d'etre* for the rebellion and the vision they had for the future. The documents we have examined give only some aspects of the rebel's point of view. The one which had the rudiments of the working of some type of a framework for the rebels' administration, while the other one was distributed during the rebellion among the people in order to galvanize them for action and to protect Lucknow and Delhi as the centers of rebellion, while the last one is the one written by one of the ideologues who was also a participant in the major action and who had escaped death and he is able to recount the record his version of the events. There appears to be a striking similarity in these documents as far as the causes of the rebellion are concerned: a threat to religion. There was a danger (real or perceived) of Hinduism and Islam being wiped out and Christianity to be promulgated thorough out the subcontinent under the official patronage. A crucial role has been ascribed to the *Sepoys* of the Bengal Army who incidentally happen to be the members of the most advanced and progressive army of the East and who had been in action during the last 18 years in the various countries of Asia. (XVII). So probably, it was the *Sepoys* who had the most advanced training in handling of the firearms and heavy artillery that immensely contributed at the initial stages of the rebellion. On the other hand, we notice quite laudatory references to the ideological commitment of the fighters who were described as the Jehadis and who were fighting selflessly for the cause of religion. They appear from as the most disciplined organized and dependable fighting force at Delhi and Lucknow. They had the leaders like Gen. Bakht Khan and Maulavi Ahmadullah Shah who left their mark and deep imprint on the course of the events of 1857-9. While the Proclamation lays much emphasis on achieving Hindu-Muslim unity which was in fact achieved during the early stages of rebellion but the British were quite successful later on to create the disunity and to destroy the communal harmony which was achieved very imaginatively by people like Bakht Khan and Ahmadullah Shah.. (XVIII) This is highlighted in a bitter manner by Fazl-e-Haq when he recounts the event at Andaman. Herein lies the importance of analyzing the text produced by the rebels during the rebellion which is always fraught with interest.

(I) The large number of the pamphlets issued by the rebel leaders at the centers of the uprising were scattered at various places. Now all of them have been compiled and edited by Iqbal Hussain, *Proclamations of the Rebels of 1857*; to be published under the aegis of Indian Council of Historical Research shortly.. However, the draft containing translations (and retranslations) of 43 documents and two appendices was circulated at the ICHR Seminar on 1857, 9th-10th December, 2006.

It is quite interesting to find that Rani Lakshmibai of Jhansi or Nana Sahib also sought legitimacy from the Mughal sovereign Bahadur Shah II rather than appealing to the notion of *Hindu Padpadshahi* or seeking legitimacy from the Raja of Satara.

(II) The intensity of the Rebellion in the rural Awadh was the maximum. It has been estimated that in 1845 'the three-fourth of Bengal's Native Infantry came from Oudh', in round figures it has been suggested that 50,000 men from Oudh were serving with the Army of East Indian Company. As a member of the Sepoy army they had the singular privilege of getting their grievances within Oudh Kingdom redressed through the intercession of the British resident. To the great detriment of the King's authority *sepoys* always got what they wanted through the British Resident. Infact a keen observer (no less a person that Henry Lawrence himself) in 1845 wrote that 'Oudh Government is molested and degraded by the *sepoys* claims…by the Resident's interference litigation is promoted, hopes are excited…resulting into the agrarian instability…' The annexation of Awadh in Feb. 1856 left the *sepoys* no more a pampered lot they were like any other ordinary soldier of the Bengal Army. Hence, they displayed the maximum resentment on this count as well. Some of these issues have been examined in detail by me in'Bengal Army *Sepoys* and Agrarian instability in the kingdom of Awadh : A.D. 1801-56', PIHC, 65th Session, Bareilley, 2004, pp. 642-45.

(III) Bahadur Shah in a letter dated 8th July 1857 to his son Mirza Mughal specifically tells that 'when the officers of the regiment deliberate and decide on the means to be adopted for raising funds to meet the daily necessary and emergent expenses such a meeting of this kind in the language of the soldiery is called a 'Court'. Mehdi Husain, Ibid, p.187. Besides S.N. Sen's *Eighteen Fifty Seven*, this document has been given in full with facsimile of the original and its translation with commentary in Mehdi Husain's *Bahadur Shah II and the War of 1857 in Delhi with its unforgettable scenes*; Delhi; 1958; pp. 182-89; see also in Ateeq Siddiqui's *Atharah Sau Satavan: Akhbar aur Dastavezein*, (in Urdu) Delhi; 1966; pp. 279-91. Apart from the facsimile of the original he has given the deciphered text as well.

(IV) Generally it is assumed that such an arrangement was made after the arrival of Gen. Bakht Khan with his Bareilley contingent, i.e., after 2nd July 1857. Spear, p. 206. But Mehdi Husain has argued that it was done before his arrival and the document freely employs English Vocabulary and shows a familiarity with the working of the then British Institutions, ini which Maulana Fazl-e Haq Khairabadi was instrumental. Mehdi Husai, p. 190; see also in 'Ateeq Siddiqui; *op. cit.* pp. 279-91. At that time Dr. Wazir Khan the London-returned famous physician who was a 'Muslim Hero' in the ongoing Christian Muslim disputes in the earlier decades, was also present at Delhi and was a member fo the inner Council of Bahadur Shah. He could also have been one of the persons who might have drafted the document along with Khairabadi. For a short biography of Wazir Khan see: Ghulam Rasul Mehr; *1857 ke Mujahid*, (in Urdu); Lahore; 4th Reprint; 1982; pp. 238-49. (For the specific reference of his being a part of the king's Council see p. 246). For the reaction of the British officials and the Christian Missionaries against Wazir Khan and other well placed Muslims, see Avril A.Powell, *Muslims and Missionaries in Pre-Mutiny India*, Curzon press; London; 1993.; see esp. pp. 275-81.

(V) Mehdi Husain, *Ibid.*, p. 194.

(VI) Out of one lakh thirty thousand soldiers of Bengal Army only about 7,000 remained loyal to the British by March 1858. Irfan Habib, The Coming of 1857, in *Red the Earth, that year,* Sahmat, New Delhi, 2007, pp. 3-21.

(VII) After the events of 1857 it was a widely held belief among the British that it was mainly due to the Muslim conspiracy against the British rule that such a catastrophe has happened. The suspicion increased further when it was found in 1863 that the Wahabis were still active in the Northwest Frontier as they were now confronting directly the British after the collapse of the Sikh kingdom they were regularly in receipt of the money and the recruits from areas as far as Bengal and Bihar. This followed a series of 'Wahabi trials' during 1863-72. In the context of this witch hunt W. W. Hunter wrote his famous *Our Indian Musalmans*, London, 1871. His main assumption was that the notion of *Jehad* had the historical continuity from the time of Shah Waliullah (d. 1762) and his son Shah Abdul Aziz (d. 1824) to Syed Ahmed of Balakot fame (died in action 1831). This becomes the most important interpretation in the 20th Cent. Nationalist Discourse when Maulana Azad reaffirmed the theory of *Jehad* in the above continum. This interpretation got full-fledged support by Maulana Ghulam Rasul Mehr who served as the secretary to Maulana Azad as well to develop this interpretation in his monumental Urdu biography of "Saiyid Ahmed Rae Bareilley after the partition. This understanding remains the most dominant trend in the modern writings esp. Urdu historiography. See Marc Gaboriequ, The "Forgotten obligation": A Reinterpretation of Sayyid Ahmed Barelwi's Jihad in the North_west Frontier. 1826-1831, in *The Resources of History: Tradition, Narration and Nation in South Asia*, Ed. Jackie Assayag, Paris-Pondicherry, 1999, pp. 297-8.

(VIII) Contrary to his expectation the army leaders and the nobles decided in favour of Prince Birjis Qadar, the minor son of Wajid Ali Shah, the ex-king of Awadh who was on a force exile at Calcutta. Maulavi Ahmadullah Shah reacted to this very sharply, his major objection against the choice of Birjis Qadar seems to be that *Jehad* could be conducted only under the leadership of some Imam or Amir, therefore, it was necessary that the creed of the Imam should be the same as that of the Mujahideens. Moreover, the *Jehad* was not obligatory for the Shiahs; therefore, by choosing Birjis Qadar as the leader an important ingredient of *jehad* was definitely missing. In such a situation, the fight against the British would not be a 'War of Religion' but it would simply be a 'fight in self-defence'.

The differences between Birjis Qadar and Shah are referred in the versified biography of the latter composed by his disciple Maulana *Fateh Muhammad Taib* see esp. the couplet no.s: 1261-88 where some of the arguments given in *Fateh Islam* are reflected. See: Abrar Husain Faruqi (ed). *Tawarikh Ahmadi* of Taib as *Mirat-i-Ahmadi*, with copious notes and a long introduction, Hardoi, 1973. See esp. pp. 239-42.

(IX) Sir Saiyid Ahmad Khan has spoken about some of these apprehensions in greater details and manner in which the British officials have handled the matter in the most insensitive manner. Some of these aspects are discussed here. He elaborates on the following points in somewhat detailed manner. While the religious discussion and open debates by the Christian missionaries had a tacit approval of the govt., The Military and Civil officers were in the habit of inviting their subordinates and servants' to listen to the preaching of the missionaries thus, in the course of time, no man felt sure that his creed would last even his own time'. The missionaries were printing and circulating the tracts involving religious discussion where the most offensive and irritating way was adopted for those who were non-Christians. In some districts the missionaries were provided full police protection. With such protective cover the missionaries 'employed violent and unmeasured language…while attacking the followers and the holy places of other creeds, annoying and insulting…those who listen to them'. Similarly, the genuine doubts were always expressed on the village schools, female education and colleges. These institutions were thought of as the places through which 'govt. wished to wipe out the religions which it found in Hindustan'.See: Khan, Saiyid Ahmad; *The Causes of the Indian Revolt*; ed. by Francis Robinson, Karachi, OUP, 2000 (Reprint of 1873 edition), see between pp. 16-22.

(X) The fact that Hindu and Muslim *sepoys* fought together like the brethrens led the loyalist like Sir Saiyid Ahmed Khan to suggest that 'government should not have put the two antagonistic races into the same regiment as due to the constant intercourse between the two had done its work and the two races in regiment had almost become one'. Ibid., p. 50.

(XI) This most 'insulting language to describe the British Queen Victoria, has injured the sensitivity of the Subalterns, while they seem to be equally unhappy with such 'abusive condemnation of the whole chain of British colonial authority from Queen to the common adminsitrators'. See Rudrangshu Mukherjee, *Awadh in Revolt*, Delhi, 1984, p. 148; Gautam Bhadra, *Four Rebels of 1857, in Subaltern Studies*, Vol. IV, p. 271. The lack of any sensitivity among these subalterns about the way British wrote and butchered the *sepoys* and the civilians alike and the way they describe the rebel leaders in the most offensive manner is really unfortunate.

(XII) Thus one is amused to see Sir Saiyid Ahmed Khan stating his 'firm belief that the Muslim never dreamed of forming a combination in order to carry a religious war against the Christians'. He also adds that 'it was the ignorant and disaffected men who raised the cry of *jehad* and raising the *haidari* war cry' *ibid*., p. 10.

(XIII) it is generally believed that a fellow prisoner of Khairabadi at Andaman viz Mufti Enayat Ahmad Kakorvi at the behest of some British officer there had translated the text of *Taqwin al Buldan* for him. The said English officer was very happy with him and had recommended his release in AH 1277/1862 AD. While coming back from Andaman he took all the notes and scribbles of Khairabadi to hand them over to the latter's son Maulana Abdul Haq Khairabadi. It was he who has edited the whole text in the present shape. A number of copies were made and given to very close friend and student of Khairbadi. As paper testimony of Maulana Abul Kalam Azad a copy of the same was sent to his father Maulana Khairuddin by the editor at Mecca. That is how the Manuscript of this volume has survived with the selected few who were in no position to make it public prior to 1947.

The Arabic text with its Urdu translation was published by Mohd. Shahid Khan Sharwani (who has based his edition on the copy which was with Maulana Muinuddin Ajmeri (d. AH 1359) with copious notes and a useful introduction as *Baghi Hindustan*, Bijnor, 1947. Since then it has run into several revisions and editions, while Saiyid Muinul Haq has translated it into English with the help of one (Maulana) Zikriya Mail as : '*The story of the war of Independence 1857-58*', in Journal of Pakistan Historical Society Vol. V Pt. I Jan. 1957, Karachi, pp 23-57. For the recent attempts to reconstruct his biography and assess his role during the rebellion see Iqbal Husain, *Fazl-e Haq of Khairabad: A Scholarly Rebel of 1857*' PIHC 48th Session, Goa University, Bambolim, Panajim, 1987., Delhi, pp. 355-65; see also: Jamal Malik, '*Letters, Prison Sketches and autobiographical literature: The case of Fadl-e Haqq* Sic) Khairabadi in the Andaman Penal Colony', IESHR, XLIII (I) Jan.-Mar. 2006, Delhi, pp. 77-100. It is interesting to notice that Malik has used Saiyid Muinul Haq's translation of Risala as Saurat al Hindiya throughout with few comments either on the Manuscripts or about the history of the documents as it has been traced by Shahid Khan Sharwani.

(XIV) Khairabadi, besides being a representative of the 'Khairabad' school of logic had a chequered career involving teaching , polemics, debates, and also serving the British at Delhi in various capacities prior to 1857. His stay in Delhi as the *Sarishtadar* at the English Residency coincided with the activities of Maulavi Shah Ismail (d.1831 at Balakot) whose controversial text *Taqwiat ul Iman* (The strengthening of the faith) has created a fissure among the Sunni Muslims almost vertically. By raising the issues of *Shifa 'at* (intercession by the Prophet) and *Imkan un Nazir* (the possibility of the creation of another prophet by God) he has advanced the Wahabi ideas of Abdul Wahab of Najd (d.). These were the anathemas for the *Hanafi Fiqh* hence; these ideas were rebutted quite forcefully by the scholars among whom Khairabadi took a lead and his famous text on the issue was published way back in AH 1240/AD? Titled as *Tahqiq al Fatwa fi Abtal at Taghwa* which was published within eight months of the publication of Shah Ismail's controversial track. Khairabadi also wrote couplets in Arabic where he severely criticized all the arguments of Shah Ismail by describing him as illiterate and a blind follower of Najdi's ideology which led to dissensions within the community and his movement for *jehad* against the Sikhs as a fight for amassing the war booty and his followers as the people who were following the path of Satan. It appears that many contemporary poets like Momin (d. 1851/2) Zauq (d. 1854) and many others had full sympathy with Shah Ismail's movement and were highly critical of Khairabadi's criticism. Momin is well known for his *Jehadiya Masnawi* where being a disciple of Saiyid Ahmed he has espoused the cause of *jehad* fully. He had also openly critized Khairabadi for opposing the same e.g. he says: '*Gah Junoon Kehta hai Ishq ko; Gah kufr wa haram; jehl karne ko pade the mere naseh ne ulum*'. It has also been suggested that since Shah Ismail used to deliver sermons at the historic Jama Mosque of Delhi which was attended by thousand as he was one of the most powerful orators it was stopped for about two months by the English Resident at the behest of Khairabadi. It has also been suggested that when Shah Ismail was stopped from delivering sermons at the historic Jama Mosque an influential Punjabi businessman Maulavi

Hussain Baksh constructed a mosque and a *Madrasa* in the same locality where he invited him to continue with his sermons. The institution still remains an important center of the *Ahl-e Hadis* ideology even in the modern times. (For some of the details see: Khwaja Manzur Husain; *Tahriq-e Jad o'Jehad Bataur e Mauzu 'e Sukhan*; (Urdu) National Book Foundation; Lahore; 1978; esp.pp 632-69). It is quite clear that the Jehadi ideology propounded by Shah Ismail had opponents as well as proponents; something which is reflected in the indigenous literature prior to and during 1857.

(XV) It is important to mention here that both the documents which represent the 'authentic voices of the vanquished' quite unequivocally condemn the excesses committed by the *Sepoys* esp. when they have killed the British women and the children, similarly Begum Hazrat Mahal in her proclamation has also shown full sympathy for such victims and has condemned such acts of the *Sepoys*. While Queen Victoria in her famous Proclamations has nowhere either condemned the excesses committed by the Company's soldiers or has shown any sympathy for those who were butchered and looted.

(XVI) Saiyid Ahmad Khan has spoken very harshly about those people who indulge in *jehad* calling them as 'vagabond and ill conditioned men'. They were wine drinkers and men who spent their time in debauchery and dissipation'. They were men floating without profession or occupation on the surface of the society' with the sole aim of 'to plunder govt. treasury and to steal govt. property'. He also adds that 'the some scoundrels promoted by greed and hoping to gain their end by deceiving fools and increasing their own numbers, gave the disturbances the title of religious war'. Such a project was definitely, 'worthy of the men (those who are involved), but there was no Crusade'. Ibid., pp. 8-9. At the same time he recognizes the fact that at the time of the outbreak of the Mutiny in the city of Delhi itself there was a group of 'maulavis' who thought of the 'deposed king Bahadur Shah, 'little better than a heretic', ('bid' 'ati' as opposed to the Wahabi puritans) and they avoided offering prayers in those Mosques which were under his *Tauliyat* (Trusteeship)'. Long before the outbreak of the Mutiny they have issued *Fatwa* on the above lines. Ibid..., Clearly, between the lines he points out towards the vertical divide within the Sunni Muslim community due to the efforts of the Wahabis.

(XVII) Irfan Habib, The coming of 1857,... (see sp. p. 3)

(XVIII) Since the Muslim festival of sacrifice (id ul zuha) was to be celebrated during the months of the Rebellion in Delhi we find about two dozen orders issued (in the Mutiny papers at National Archives of India) by Bahadur Shah Zafar and Bakhat Khan asking the people to detest from cow slaughter and also to the Kotwal of Delhi to cease the cattle from the houses of the people who might go ahead with the sacrifices.

Chapter - 18

Historiography and Sources on Haryana in 1857

Dr. Raj Pal Singh

India has never seen dearth of patriots and martyrs who stubbornly resisted the British Raj from its very inception. The country is commemorating the seminal revolt of the native soldiers against the British, which simultaneously turned into mass upsurge of the people and turned the epoch making events of 1857-59 into the First War of Indian Independence. It was an epoch making event in which people from all walks of life, irrespective of their caste, creed, religion,, region and language, rose against the British rule. In fact, what began, as a military mutiny soon became an uprising of the people in which the soldiers, the princes and chiefs and common people, accompanied in every district where troops had mutinied, by a general and joyous uprooting of every sign of the British authority, at the hands of the Indian nationalists. This trend when practiced in the later days marked the genesis of nationalism in India.

The purpose of the present paper is to study historiography and different types of sources available on the history of freedom struggle of 1857-9 in Haryana. The paper is designed to throw light on various aspects of the sources available in both published and unpublished forms as regards the role and contribution of Haryana is concerned. For smooth conduct of the study, it has been divided into four sections.

In SECTION I, we have presented a gist of some of those studies which have been undertaken to study all India dimensions of the great movement of 1857 which also shed some light on Haryana region of that period.

Head, Department of History, Mukand Lal National College, Yamuna Nagar-Haryana

In SECTION II, we have taken up an analysis of those books of history which deal with the events of freedom movement in Haryana in 1857.

In SECTION III, we have made an attempt to highlight characteristics of the contemporary native narratives and also enlisted some of the important sources available at various archives and repositories. In this section necessary precautions have been suggested which may be kept in mind while making use of these sources to study the great struggle of 1857 in the context of Haryana.

SECTION IV is in the form of conclusion of the study.

I

A vast mass of historical sources and literature is available on the first war of Indian Independence, which has been invariable termed as mutiny, mass upsurge, and popular movement and so on so forth. The availability of the number of books on the subject is also very large. For a useful description and critique of this mass of literature one can turn to study Lanendorf's "*The Revolt in India 1857-58:An annotated Bibliography*" (A.G.,Switzerland : Inter Documentation Company, 1968). For more details of the sources, bibliography sections of other national level studies also serve as useful addition to our knowledge. For a smooth conduct of study, in this section we are presenting only a bird's view of some of the books of history under two sub sections as the British historiography and the Native historiography as under :

A.The British Historiography:

The British historians have seen the events of 1857 from their imperialistic design and some of the Indian authors have also followed their footprints in this regard. Basing their studies on the officials records or on the memoirs of the days of mutiny a large number of books have been appearing right from the days of the events of those tumultuous months of 1857-58 to today, that it is impossible for us to even make a list of the same. But one common characteristic of the major works of the British authors engaged in writing on the topic since 1857 emerges is their zeal to paint the British point of view on the canvas of the history.

Leaving aside the writing of amateur authors, we can see this type of historiography in the writings of the professional historians like John Kaye's '*Sepoy War*', Malleson's '*The Red Pamphlet*' and '*History of Indian Mutiny in 3 Volumes*'; '*History of Indian Mutiny* by T. Rice Holmes; McLeod Innes, '*The Sepoy Revolt*'; William Muir's, '*Indian Mutiny 1857*'; E. J. Thompson's, '*The Other Side of the Medal*'; Sir George Campbell, '*Memoirs of Indian Career, 1858-59*', Vol. I; J. Cave-Browne, '*The Punjab and Delhi in 1857*'; N.A.Chick, '*Annals of the Indian Rebellion*', 1857-58'; (ed.) William Wilson Hunter, '*Comprehensive History of Indian Empire*'; G. W. Forrest, '*Selections from the letter, Despatches and other State Papers, preserved in the Military Department, Government of India, 1857-58*', 2 Vols. And his '*A History of the Indian Mutiny*', 2 Vols. And many others. The same air of self glorification and benefits of the British rule to the natives and thus their subjugation to the advanced western civilization represented by the Company Government could be found in the lives and biographies of persons like Hodson, John Nicholson, Colin Campbell, John and Henry Lawrence and of many more persons, who were directly or indirectly associated with the event.

One of the fresh arrivals depicting imperial approach on the events of 1857 is '*The Last Mughal: The Fall of the Dynasty*' by William Dalrymple. The book has definitely revived the interest of the historians as well as the common readers towards the need of using mutiny records lying in abundance in various repositories especially in the National Archives of India. Dalrymple's work, a historical narrative, written wonderfully in the style of A.J.P. Taylor, captures the spirit of the last days of the Mughal era. But his claim that he is the first scholar to have used the mutiny records is fallacious. Several authors before her have made extensive use of these sources in their studies, Which have appeared in the form of books from time to time.

Some of the British authors have made a pretence of historical objectivity. For example, Charles ball, while writing his history, '*The History of the Indian Mutniy, 1859*' stated categorically that he gets his information from official documents dispatches, and Parliamentary papers. But he destroyed objectivity, the necessary ingredient of fair writing of History by stating, "That he will inscribe on the pages of history the details of acts of atrocity which have indelibly stained the annals of India and its people with crimes that disgrace the name of humanity."

But by citing such quotations, our purpose is not to deny the importance of these books as sources of the contemporary events. Rather, the scholar with an eagle's eye gets some of very important clues in these writings which through significant light on the condition of the Indian situation which would not have come to light of these writings were not there. For example, we find mention of the brutal behaviour of the military generals and civil administrators in their writings which are otherwise unavailable even in the native narratives of the day. It is neither possible nor desirable to review all of them but it would be suffice to say that though Haryana as a political unit was nowhere on the map of India in 1857 yet some of books by these British authors also throw very useful insight on the historical role of Haryana region in 1857. Therefore, they could be put to good use if studied in collaboration with other original sources on the concerned issues.

B. The Native historiography:

A large number of people have turned to writing of the history of 1857 either as a national level topic or as a part of regional history. The list of such writings is very long out of them we cite here a few of the most celebrated works on the subject like '*The Indian War of Independence*' by V.D. Savarkar, '*Eighteen Fifty Seven*' by S.N. Sen, '*The Sepoy Mutiny and the Revolt of 1857*' by R.C.Majumdar and '*History of the Freedom Movement*' by Dr. Tara Chand.

About the role of Haryana region in 1857, Dr. Tara Chand in '*History of Freedom Movement in India*' (Vol. I, p. 81), has devoted only a few words of the study of Haryana. He writes: "The fate of the surrounding districts was linked with Delhi. In the district of Gurgaon the chiefs and the people had thrown in their lot with the emperor. Hissar and Rohtak were in revolt in sympathy with Delhi, and shared its fortunes."

Dr. R.C. Majumdar (*History of Freedom Movement in India*, Vol. I, p. 200) writes about the outbreak of 1857-58 in Eastern Punjab i.e. Haryana region : "At Hissar and Hansi a large number of Europeans and Christians were killed, and a petty official put himself at the head of administration under the style Shahzada. At Sirsa the rising took a communal turn. The Hindus fled and the Muslims plundered not only the treasury but also the town and the neighbouring villages. The predatory tribes of the locality took full advantage of the situation and Gujjars, Ranghars, Pachhadas, Bhatis etc. looted all alike. Some Jath (Jat) villages in Karnal district refused to pay revenue. They drove out the Government officials, burnt Government buildings and committed robberies and murders. They had little respect for the mutineers and freely robbed the *sepoys* who were proceeding to Delhi. In some cases even the ordinary villagers helped the government against the *sepoys*. There were also outbreaks at Rohtak and Rewari, but these were easily suppressed."

Dr. S.N.Sen, *Eighteen fifty seven* has made very scanty references in his book about the contribution of the people of Haryana region in 1857. For example, while describing the position of the Punjab, he has devoted only two sentences to this effect. He writes "The Ranghars and the other tribes in the neighbourhood of Delhi rose in arms but their predatory instincts would exploit any opportunity offered by anarchy and chaos. But in the border districts of Hissar, Rewari, and Gurgaon, the Punjabi population also contributed to the rebel strength." At two three places he makes a mention of the names of native rulers and of the names of the places falling in haryana but no details evey sprarheading the upsurge at Ambala, hansi, Hisar, Sirsa, Rohtak and several other places has been made by him. He has even black-listed the last battle of the revolutionaries against the British fought at Nasibpur-Narnaul by not making a mention to it in his book.

Prof. S. M. Azizuddin Hussein, in his book '*1857 Revisited: Based on Persian and Urdu Documents*' has also made a significant contribution to the study of historical role of Haryana in 1857 by compiling in this work the generally neglected primary Urdu and Persian source-material relating to the Revolt of 1857. He has appended a 32-page scholarly introduction written in a modest spirit and in free and flowing Urdu prose, bereft of artifice and frills. The author has pointed out that while in some of the Persian and Urdu texts a full document is reproduced, but in English only a portion of the text is given, which deprives the reader of English text in forming a full picture.

So far as Haryana is concerned, Prof. Hussein points out that "from some of the letters, it is evident that there are misgivings about Raja Nahar Singh of Ballabhgarh's loyalty to the Emperor. There were rumours that he was playing a duplicitous role, but Nahar Singh assured the Emperor of his determination to stand by him and support his cause of fighting the British. Bahadur Shah was satisfied, and wrote a letter to Nahar Singh, assuring him that he fully trusted him."

One more Document (Document No. 73) involving the history of Haryana is reproduced which shows complete faith of the Emperor in the native ruler of Jhajjar. It is in the form of a note written by Bahadur Shah sometime in September, 1857, when the game was up and the British were just on the way of recapturing Delhi. There was turmoil in the mind of the Emperor. He felt that the fort, sovereignty, and the court splendour were lost, but not all was lost as he was seeking the bliss of spiritual uplift, which is evident in the letter addressed to the Nawab of Jhajjar. Bahadur Shah wrote, "I have decided to follow the path of Darwishi. I have decided…I Should go to the dargah of Khwaja Qutubuddin Bakhtiyar Kaki and then to Harmain-I-Sharifain (Meeca and Madina and there I shall spend the rest of my life in prayer." Further he requests the Nawab of Jhajjar to provide him some persons and horsemen of confidence. Whether the letter was received by the Nawab or not and what was his response to it cannot be ascertained.

II

In this section, we intend to introduce to the scholars to a very important contribution to the study of history of Haryana by Dr. K.C. Yadav, the celebrated professional historian and author of : '*The Revolt of 1857 in Haryana*' (Manohar Book Service, New Delhi, 1977). This is a welcome pioneer work on the role of Haryana in the First War of 1857. We take the opportunity of analytically observe as to how the learned professor has dealt with the topic under reference.

First of all, on going through the pages of the book one finds that the very title of the learned treatise is misnomer. Contrary to calling it revolt as conveyed by the title of the book, the author in chapter 'Conclusion' says that "almost the whole of Haryana had become independent of the British rule, and the *sepoys* played only a small part in the process. Almost everywhere it was the civil population alone that destroyed the remnants of foreign domination in the region. An uprising of this type could not be dismissed as mutiny by any stretch of imagination. Nor could it be mutiny with a limited popular backing. In Haryana at least it was nothing short of a popular upsurge." He continues to write about the role of the people of Haryana by saying that "They had a common goal to achieve-which was to get rid of foreign domination and to supplant it by an Indian order of which the King of Delhi was to be the supreme representative." This shows that the author has failed to resolve the paradox borne out of the contents and conclusion of the study and choosing a proper title for his book.

The book is well researched with the inputs from various original and secondary data. In fact, perhaps, due to inattentive description and loose editing inadvertent mistakes might have crept in at a number of places in this book for example, the author says that in 1804, Raja Umed Singh of Ballabhgarh was confirmed in his previous possession (p.11); Bahadur Singh was the Raja of Jind in 1857 (p.100); and that Bhatinda was one of the districts of Haryana (p. 132). Such type of examples of mistakes might be multiplied if one goes through the book with an eagle's eyes.

Regarding these three examples, it can be said that as a matter of fact, there has never been a ruler bearing his name as "Umed Singh" in the Genealogical Chart of the Ballabhgarh Tewatia Jat ruling dynasty. Historical fact is that it was Raja Bahadur Singh, who was confirmed in his possession in 180 by the British. Similar is the case with Phulkia Jind ruling dynasty, whose ruler in 1857 was Raja Sarup Singh and not Bahadur Singh as mentioned by Dr. Yadav. Regarding the third mistake, this can be said that it might have occurred due to blinking of eyes of the proof reader as the word 'Bhatinda' has crept in to represent 'Bhatiana' (the then name of Sirsa district).

Furhter it would not be out of place to mention that while writing about the history of Ballabhgarh, Dr. K.C.Yadav's statements are confusing, misleading and at times self-contradictory. For example, look at one more such glaring example of lapses committed by the author. At page 17 (f.n.57), he rightly says that Raja Bahadur Singh helped Col. Ochterlony before Delhi (1804). His brother Kr. Prithvi Singh fell fighting against the Marathas (reference cited by Dr. Yadav himself from Foreign Miscellaneous No. 282, pp. 303, 326-27). But it seems that the author soon forgot what he had just written. While explaining partial reduction in the territory of Ballabhgarh (Table III, p. 30), without quoting any source, he mentions that Ballabhgarh Estate was subjected to partial reduction in 1805. Reason of reduction was not helping the British in the Anglo_Maratha War, 1803-04. How amusing this justification is in view of the facts stated by Dr. Yadav himself as quoted above!

Leaving aside, other aspects dealt with by Dr. Yadav in his book under reference we would like to examine his treatment of the roles of the Ballabhgarh royal Jat house and the Rao house of Rewari for a comparative assessment of the two because to these both houses belonged two stalwart great leaders and martyrs of 1857, Rao Tula Ram and Raja Nahar Singh. They led the people of their respective regions in a brilliant manner to win freedom from the British yoke. Their multifaceted work and splendid achievements speak volumes for themselves. Both of them faced innumerable difficulties with smiling faces and made supreme sacrifices as martyrs do. Therefore, it would be blasphemous act if we indulge in portraying them either larger than life or try to understate their contribution through our writings as both of them were great in their own right. Coming to compare the portrayal of these two leaders in the book under reference we find that the author has done justice to none of the two. Before proceeding further, let us have a look on a few examples cited from his book.

Dr. Yadav has not done full justice to the study of Raja Nahar Singh in the light of the sources available and accessible to him. Rather he has selectively chose to arbitrary twisting and turning of the historical facts to prove his prejudiced hypothesis regarding the role of Raja Nahar Singh as is evidenced from the very first sentence through which he introduces the Raja. He, without quoting any source writes, "Nahar Singh was timid and weak-minded" (p.95) Now the ball is set rolling and to prove the Jat Raja as weakling, the learned author goes on to cite quotes, half quotes and out of context references mostly from the Trial proceedings of Raja Nahar Singh in the next about three pages which he has allotted to his description. He, even forgetting his earlier averments about him wherein he himself has said that "Raja Nahar Singh led the people of Ballabhgarh" in 1857 war (p.60) and that he spared no pains for improving still further the communal harmony among the people during the days of the upsurge in Haryana (p.84), concluded using arbitrarily the proceedings of the trial leaving almost all other available and accessible sources at his disposal that: "the Raja was not 'At heart a traitor to the British Government' and 'vindictiveness and hasty judgement' led to the unjust loss and life and property of 'an ally of the British' (p.98))".

It would not be out of place to point out here that Dr. Yadav, who has used the letters quoted in the trial of the Emperor and the Diary of Munshi Jiwan Lal in other contexts, has not bothered to put to use in analyzing the role of the Jat king due to reasons best known to him. Moreover, he has failed to make us understand as to why the British adopted vindictiveness against their ally. This means that Nahar Singh was not their ally but as a patriot he joined the freedom movement heart and soul and even the persuasions and exhortations by Sarup Singh, the Ruler of Jind to join the British camp, he did not accept the idea and remained steadfast with the 'rebels.' (Letter, dated 30th April, 1858 from R. Temple, Secretary of Chief Commissioner, Punjab to G.F.Edmontonson, Secretary to the Governor General of India.) In this way it is found that the author's several comments and conclusions on this issue are unjust and sometime smack of his prejudiced and biased view. Again, Dr. Yadav has adopted 'opportunistic approach' in a small booklet he edited for the Government of Haryana, published in 1991, in describing the role and contribution of Raja Nahar Singh. The reasons may best be known to him for doing so but it shows the 'opportunism" and double game played by the author himself contrary to his earlier assertions. This is sufficient to reveal as to how objective study the learned author has undertaken on the issue in these two volumes. The following description about the role of the Raos further illuminates this point :

The author says that Rao Tej Singh "had helped the Marathas in 1803 in their fight against the British as a result when the latter came out successful in the struggle, they confiscated their Jagir and gave instead an Istamarari grant of about 87 villages worth Rs. 1,00,000 per annum." (p.11) He also writes, "Raja Tej Singh received an Istamarari Jagir of 87 villages in Rewari Pargana.

Here, the first question rises who and when did award the title of Raja on Rao Tej Singh. The second question is: Is there any other example in the British History of India where such type of generous treatment was given by lord Wellesley or any other Governor General to any of their opponents in the war as we are made to suppose in the case of Rao Tej

Singh, who was given Istamarari as a reward or gift for their open hostility against the British.

The fact of the matter in case of the grant of Istamarari of a part of the Rewari pargana to Rao Tej Singh was :on knowing about the fate of the Jagridar of Neemrana, Rao Tej Singh petitioned to the Governor General surrendering himself at his mercy and as a result of this unconditional surrender the Istamarari land tenure was bestowed by the British upon him. This historical fact has not been brought to lime light by Dr. Yadav. There is no need for us to be afraid of bringing to light this type of historical facts. The Rao also did not commite any sacrilege in surrendering himself before the supreme authority of the day to ensure continuity of special privileges enjoyed by his family since long as it was a common practice in those days for the ruling elite of the country.

With the passage of time, Rao Tej Singh's Jagir was further fragmented among his successors and Rao Tula Ram is said to have succeeded to inherit 4 villages. But he was a brave person and was well versed in dealing with the people and events of the day and taking full advantage of the newest situation. On the beginning of the first war of independence, he rose to the occasion and seized the opportunity with both his hands to extend his territorial possession.

As regards capture of Rewari by Rao Tula Ram and his men, Dr. Yadav's description is juxtaposed, incoherent and jumbled mix up of several things and events in a few sentences put up at one place. He writes, "On 17 May 1857, the Rao went to the tehsil headquarters at Rewari with four to five hundred followers and deposed the tehsildar and *thanedar*. They appropriated the cash of RS. 8364 and paise 27 from the tehsil treasury, took all the government buildings in their possession and proclaimed, under the sanction of Emperor Bahadur Shah their rule over the parganas of Rewari, Bhora and Shahjahanpur consisting of 360,52 and 9 villages respectively.:

Dr. Yadav *does not quote any reference to support this surmise*. It is difficult to believe how and who secured the "sanction of the Emperor Bahadur Shah" to proclaim their rule over these three parganas immediately on the day of capture of the 'Treasury office of Rewari." If it was actually done so then it emerges as a rare of the rarest cases where such a post haste decision was taken in the case of Rewari, otherwise it is known that it was a very tortuous and time consuming course to get sanction of the Delhi Court in such matters.

But the facts of the case are contrary to the impression created by Dr. Yadav's writing on the issue as the date of assignment of the region to him on May 17. On going through the records of the contemporary events as recorded by Munshi Jiwan Lal in his diary (Dr. Yadav has also used the Diary in his book under reference), it is found that the Rao continued petitioning the Emperor to assign him Bhora right through the months of June and July. This means that these territories were not assigned to him at that time. The fact is that according to *Mutiny Papers*, Bundle no. 34, documents 3 kept in National Archives of India; the assignment was made to him on 1st August 1857.

One more example from his book (p. 60) shows that Dr. Yadav, at times has interpreted historical evidence to draw arbitrary conclusions without ascertaining historical facts. The relevant paragraph reads, "On 24 August 1857 Bahadur Shah sent a request to Tula Ram to send some opium to Delhi. This may have been supplied because the appeal was not repeated; nor was Tula Ram scolded in any way for non-compliance of the royal orders." (Italics mine).

Whether the emperor sent 'appeals' or 'orders' to the jagirdars is well known to everyone but Dr. Yadav's narration creates a sense of confusion.

We have not been able to lay our hands on any source substantiating the claim made by Dr. Yadav that the supply of the opium might have been ensured but from the entry in the diary of Jiwan Lal, we come to know that much after 24th August, 1857 i.e. as late as on September 3, the Emperor caused "peremptory orders sent to Rao Tulla Ram to pay up the money which he had collected from bankers and shroffs in the city." This sum in question amounted to above Rupees 6,00,000. This entry in the diary shows that contrary to Dr. Yadav's contention, all was not well with relations between the Rao and the Emperor.

If one wants to further enjoy Dr. Yadav's objective study that incidentally falls into the category of partisan presentation of the roles of several of the participants in the first war of Indian independence, one can compare his findings with those of the findings contained in the book: '1857 ki Janakranti Mein Haryana ka Yogdan' prepared by a group of prominent professional historians as the members of the editorial board and published by the State Archives Department, Government of Haryana in 1999.

In the chain of writings on Haryana's contribution to the first war of Indian independence, Swami Omanand Saraswati has collected useful data through oral discussion with the persons related with the happenings of 1857 and has got published it in book form entitled, *Deshbhakton ke Balidan*, Jhajjar, 1986. *Devi Shankar Prabhakar, Sawatantrata Sangram aur Haryana*, Delhi, 1976 have made significant contribution to the study of the eventful period under reference. Another contribution of Dr. K.C.Yadav is, *Haryana main 1857 ki Kranti: Ke Khalak*; DPR, Haryana, Chandigarh, 1991. These writings on the role of Haryana in the First War of Independence throw important sidelights on the part played by some of the people in the first war of Indian independence. These authors present certain features of the happenings, but the full story covering all aspects of the events of 1857 remains to be unfolded as yet.

III

This section deals with original sources of information on the topic and has been divided into two sub-sections. The first studies the works of the native contemporary writers who have written about the happening of 1857 in Haryana and the other section contains information found in various archives and repositories. First we take up an analysis of the literature available in the first category and then proceed to explain the second type of sources.

The works of the contemporary Indians:

British authorities invariably tried to discover the truth from a variety of Indian sources but curiously enough none of them divulged the sources from which they secured the information. The author of the first narrative in "Two native narrations of the Mutiny in Delhi", Muin-ud-Din Hasan Khan did not allow his mentor, Sir Charles Theophilus Metcalfe to publish his work during his lifetime though the work did not contain any unknown fact. But Metcalfe kept his word. The Second narrative in this book comes to us from Munshi Jiwan Lal. Both these persons were in Delhi during the course of the first war of Indian independence and have noted in their respective diaries the happenings in the Delhi Court and neighbouring area. They had handed over their original records to C.T. Metcalfe who translated these documents in English and after his death his wife got them published in the form of : "Two Native Narrations of the Mutiny in Delhi".

Metcalfe introduced these two narratives as :"I now offer a translation in English of these papers, as a contribution to the history of Indian Rebellion of 1857-58. The Chief interest of narrative is confined to the events as they occurred in and ground Delhi." He goes on to add that Munshi Jiwan Lal was an example of "an educated native gentlemen, closely associated with the court life of the king of Delhi, for many years before the Mutiny, and during the time of the outbreak...He for many years lived in daily contact with the king and his family, and was thoroughly familiar with all the various characters about the King, and with the Palace intrigues. During the actual Mutiny at Delhi and the siege of the city, he was resident within the walls; a carefull observer of every event and acquainted with every incident that occurred; often in fear of his life, but protected by Palace influence. A writer by caste and profession, he recorded each day's events as they happened, and thus preserved a detailed record of what occurred in the city during the siege...*No trustworthy or reliable source of information could be obtained than the record he has left behind of the summer 1857. On the occasion of the imperial assemblage at Delhi, he gave me the original diary he had kept*".

Munshi Jiwan Lâl gives account of the incidents and events from the morning of the 11th May 1857 to 14th September 1857 and covers 214 pages (pp. 75 to 289) of the book under reference. Alluding to the method adopted for the news, he says :

"I engaged the services of two Brahmins, Girdhari, Misser and Heera Singh Misser, and two Jats, who were deputed to bring me information, from time to time, of all that happened at the city gates and inside the Palace by night as well as by day; in order that I might keep a true and faithful account of all that passed for the information of the high officers of the State".

Muinudin Hasan Khan's narrative covers 48 pages (pp. 27-74) of the book under reference. About the author, Metcalfe says, "*Well known to the King, to the courtiers and intriguers about the palace, he, by his imprudent conduct at the very first outbreak, became identified with the King's party, first, as the City Kotwal, or Police Officer, charged with the Police administration under the rebellious King; next, as a Colonel, commanding one of the rebel regiments, which was formed by him, out of the mutinous soldiery...later he busied himself in writing, from the materials in his possession the narrative which I have translated and placed first in order in the book.*"

Commenting on the importance of these two narratives C.T. Metcalfe elaborates, "*that the great value attaching to these records lies in the fact that they are from purely native sources, and are, so far as I know, the first trust worthy contribution, from the native side, to the history of the Indian Mutiny.*" (Italics mine).

Since both the narrators were English spies, the information given by them must be used with due caution and only those facts which are supported by other independent sources must be used, otherwise there is danger of falling prey to wrong information of the issue involved and thereby arriving at equally wrong conclusion. Ihn regard to these two narratives, Dr. S.A.A. Rizvi writes that the authenticity and accuracy of the translation of "Two Native Narratives of the Mutiny in Delhi" needs cross checking but "Their original works are not available. Muin-ud-din Hasan Khan was appointed as the first Kotwal of the Independent Delhi but he was immediately afterwards dismissed due to his pro-British activities and mismanagement. Munshi Jiwan Lal was a British spy and his diary therefore cannot be quoted in support of the judgement of the character of Indians who were fighting against them. Munish Jiwan Lal was paid for sending information to the British camp and whatever he could gather and whatever appeared to him palatable for the British army was transmitted by him. His information unless corroborated by the local newspapers, which are fortunately available in the National Archives, New Delhi, and other independent sources cannot be regarded as necessarily corrects and hence much reliance cannot be placed on it." Keeping this warning in mind one must make use of these two narratives. But this is not to deny the importance of these two narratives as important contribution to the historiography of the first war of Indian independence in and around Delhi.

Their Importance as sources of history of Haryana:

So far as Haryana is concerned, it has been repeatedly referred to in these two narratives. The narrative of Muinudin Hasan Khan contains very important references regarding Raja Nahar Singh of Ballabhgarh on pages 47 and 73. In the first reference he informs that the Raja was at Delhi when the mutiny broke out and on page 73 he informs us that he was virtual master of the security of Delhi; and that after he was hanged by the British, his dead body was buried in the Durgah of Kazi Dakibulla. All other sources which have come to light are silent on the issue. Thus, this piece of information is very significant from historical point of view. Many references about other historical important events and persons connected with Haryana are available in this narrative.

The information about Raja Nahar Singh of Ballabhgarh is available in this narrative on pp. 85,91,100,102,107,138,141,142,191,196,210,218 and 223. But at a few places either the writer or the translator has committed mistake in saying that Walidad Khan was the ruler of Ballabhgarh (p. 140). In fact he was the ruler of a small principality of Ballagarhi, 12 miles from Manipuri in U.P. We have found that his entries on the issue of correspondence exchanged between Raja Nahar Singh with the Delhi court especially with the Emperor are in consonance with the records available in the NAI, New Delhi on the issue. Further the diary of Munshi Jiwan Lal is the only source that informs us about the contribution or Raja Nahar Singh of Ballabhgarh, who informed the emperor that he had been ordered by the Neemuch forces to have readiness 700 maunds of atta Flour, gram a pulse for feeding horses), and other articles of food" and sought his advice if he were to obey this order (pp.141-42).

There is a lot of information on Rao Tula Ram, another great freedom fighter from Rewari, in this narrative, His raising to funds from the rich person of Rewari in the form of contribution to war efforts to the tune of over six lacs of rupees, estrangment of his relations with the emperor on the issue of non deposition of this amount in the imperial treasury, his endeavours to collect revenue from Rewari region and his fight with the nawab of Farrukhnagar for supremkacy over the territories of Bhora and his rival's machinations to alienate the Rao from the Emperor find detailed description on various pages of this diary. The things had reached to such a pass than on July 28 "It was reported that Muhammad Bakht Khan had issued orders for the arrest of Rai Ram Singh, uncle of Tulla Ram of Rewari, on the ground of a series of complaints prepared by a number of the inhabitants of Rewari against him, but being warned, Ram Singh left the city before he was caught" (p.171).

On August 14, Jiwan Lal writes, "Certain resaldars petitioned that Rao Tulla Ram had prevented them from joining the King at Delhi; that he had collected several thousand rupees from the bankers and others for the pay of the army, and then had appropriated the money; and they asked the King permission to bright the money by force to Delhi. The king sent an order to this effect, and another to Rao Tulla Ram to give up the money (p.195). Again, on 20th August he recorded, "News also received that as 200 of the followers of the Raja of Ulwa (Malwa?), were escorting 350 *maunds* of sugar, purchased by the Rajah, and two camels laden with goods, Rao Tulla Ram fel upon the caravan, and had taken 1,400 rupees from the men before allowing the caravan to proceed." (p.202). On August 24, " An order was sent to Rao Tula Ram, Chief of Rewari, to send opium for the use of the soldiers." And on September 3 "Peremptory orders sent to Rao Tulla Ram to pay up the money which he had collected from bankers and *shroffs* in the city."

In addition to it, the narrative is a mine of historical information about Raja Sarup Singh of Jind, the Nawabs of Jhajjar, Pataudi, Farrukhnagar, Dujana andLoharu and the activities of the Rajas of Patiala, Nabha, Bikaner and Jaipur reflecting upon the first war of independence being carried out in Haryana. The progress of revolution in Gurgaon, Rohtak, Hisar, Hansi, Panipat and other centers of upsurge is also vividly recorded by him.

The third very important contemporary indigenous narrative of the incidents and events connected with Haryana is in the form of various compositions and letters left behind by famous Urdu poet Mirza Ghalib, who resided in Delhi during 1857-58 and as such was an eyewitness to what was happening there. We are not conversant to study his original writings in Urdu or Persian but fortunately for us we have been able to lay our hands on Ghalib: Life and Letters translated and edited by Ralph Russell and Khurshid ul Islam. This collection is a mine of information for understanding the position of the two contesting parties for supremacy at Delhi and also describes the plight of the people of the capital during the eventful course of 1857. The two chapters '*The Revolt of 1857*' and '*1858: The Aftermath*' are very useful for our study of Haryana and Delhi.

It is distressing to point out that at times Ghalib also seems to sweep tha hard realities about the strict behaviour of the British towards the natives. This was so because he tried to hide the misdeeds of the British and mentioned only those things which pleased the English to whom he wanted to influence for restoration of his pecuniary benefits like pension and other privileges, yet a careful study of his writings of those days contains adequate material which is supported by other sources as well and has been used by us to illuminate the lesser known facts.

A. Correspondence of the Officers of the British East India Company Government:

Narratives of Events of 1857-58 submitted by the Magistrate of different districts in accordance with the orders of the Government of the day provide very substantial information on the day to day developments with regards to the progress of the freedom movement in various parts of Haryana. They are substantially different from the later contemporary works, which are full of all types of glosses and explanations for the so-called noble conduct of the British government. But this picture also gets materially changed when these reports are read in the light of some of the contemporary original correspondence of the Government officers.

B. Use of Proceeding on the Trials:

Proceedings on the trials of a large number of people, who were tried in different district courts, in the Divisional Commissioner Courts and other courts are available in abundance in Haryana. The detailed scrutiny of the proceedings is likely to throw very interesting light on the subject. But the depositions and judgements should be studied in their proper background and context.

In this connection two important trials may be cited as examples : (1) Trial of Bahadur Shah and (2) Trial of Raja Nahar Singh.The trial of Bahadur Shah was published in 1858 by the Government of India and the

Trial of Raja Nahar Singh is still unpublished though the statements and letters produced in this trial have very profusely drawn upon by Dr. K.C. Yadav in his book, "The Revolt of 1857 in Haryana" in support of his thesis. We have pointed out the deficiencies of his findings in the relevant section of this paper.

In the same way, Dr. R.C. Majumdar has very heavily drawn upon the statement of Hakim Ahshan Ullah Khan. Cautioning about the use of his statements, S.A.A. Rizvi (Struggle in Uttar Pradesh, Vol. I, p.xvii) says that he "was hostile to the movement from the very beginning, and he always played a double game. Mirza Illahi Baksh, Begum Zinat Mahal and others had convinced Bahadur Shah before he surrendered that no harm would be done to him and he could throw all blame upon princes and soldiers and make them responsible for the rebellion. Thus the broad outlines of the statement which Bahadur Shah gave on the trial were ready before the fall of Delhi and so no reliance can be placed on it."

Moreover, the two examples of the Court cases cited were similar in nature : both of them were promised security of life and amnesty before they were apprehended; both of them were tried in the totally European Military Court; the same batch of military officers served on the court, the same person was the Deputy Judge Advocate (the Prosecutor), the same person served as a defence lawyer and the interpreter for both the political convicts was the same person. If we go by the list of the witnesses several common persons like Hakim Ahsan Ullah Khan, Munshi Jiwan Lal and many other appeared as witnesses in both the cases. The charges framed and many of the documents presented in the court by the prosecutor were also identical. Then it is very interesting to see what turn the British Justice takes; Raja Nahar Singh was awarded punishment to be hanged by neck till his death and the life of the Emperor was spared! Here an inquisitive researcher has to go in search of understanding the motives and reasons of the prosecutors in specific cases by finding new sources on the issue involved and not to jump over quick decisions.

C. Concealment of facts by Indians from the British:

British authorities invariably tried to discover the truth from a variety of Indian sources but curiously enough none of them divulged their sources of information in their correspondence or reports they prepared. Therefore, while going through these types of reports and correspondences one must be vigilant as not everything that happened or experienced by the Indians has not come to light in the original shape. Rather the British officers and administrators have jotted down what they made of the signs and expressions of the Indians who came under the closed scrutiny and not necessarily what they actually felt and wanted to do under the circumstances. Citing an example of this type, S.A.A. Rizvi writes : "Sir John Lawrence, Chief Commissioner of the Punjab, who had a sufficient experience and knowledge of the people of Delhi and the Punjab remarked that, "at that time it would have been extremely difficult to discover as much from them (*sepoys*) owing to their extraordinary reliance on matters which they fear to reveal; it is only be attentive observations, by study of their character and conduct, and by the collation of their casual remarks, that their real feeling on such subjects can be discovered." (Freedom struggle in Uttar Pradesh Vol.I, pp. xvii-xviii)

D. Use of edited excerpts and translated versions of the oriental expressions:

While going through original documents both written in English or in Oriental languages, one finds that most of handwritten documents either in original form or copied form are found to be in a most illegible hand. Moreover, oriental expressions are often so peculiarly worded that the spirit underlying the expression cannot be fully conveyed in English translations unless they are gone through very carefully in original. Some of the excerpts, taken from oriental sources from the writings of different people in somewhat incoherent form, lead to mistakes of grammar and spellings of common words. Therefore, one must try to reach to the original sources as far as possible and avoid dependence on easily available English translations of the oriental sources because the "Translation of the Persian, Marathi and Urdu letters of the leaders of the movement were generally done by the Court-Munshis and by some other Englishmen who were anything but scholars of Persian or Marathi or Urdu. They could not easily discover the true spirit of the oriental expression. Their English translation, which are available, are therefore of not much help to us. Originals will have to be discovered and studied in the proper background before final conclusions are allowed to be formed."

R.C.Majumdar (The Sepoy Mutiny and Revolt of 1857, Calcutta, 1957, p. 187) pointing to this type of fallacy quotes one very interesting example. "When Sita Ram was asked about the source of his information regarding his statement he remarked, "Every person, particularly every Brahmin, is well acquainted with all this, and the fact of these letters have been written, why, every Baboo, in Calcutta knew of it." Dr. R.C. Majumdar, on the basis of the above statement concludes thus, "this last statement is very significant. Here Sita Ram openly confesses that he was merely reproducing what every body knew, in other words, bazaar gossip had no special source of information," Therefore, the researcher has to be very sharp so that he can avoid committing mistake by misjudging the real meaning of the protagonist and thus causing irreparable loss to the cause of objective history.

IV

It may be said by way of concluding remarks on the study that the subject of collection of sources and interpretation of the events of 1857 is one of such subjects that still attracts the scholars and the readers alike, who eagerly visit the sites or passionately digs the archives to give his version of the same topic. It would not be out of place to remark that the existing histories have often failed to bring out certain essentials that are needed if the past is to have lessons for the future. Moreover, the modern reader reads eagerly stories of the past if written from a modern angle with reinterpretation of the contemporary historical data. It may also be remarked as a reason for a new book based on through collection of sources on this topic.

Chapter - 19

Mughal Emperor Bahadur Shah's Relations with Raja Nahar Singh of Ballabhgarh in the Light of Persian and Urdu Mutiny Papers

Prof. S. M. Azizuddin Husain

1857 in itself was a year of contrasts, on one hand, we find a revolt against the British and the result was a great British repression. But on the other hand, on the basis of Dispatch of 1854 prepared by Charles Wood, President of Board of Control sought to create a properly articulated scheme covering all stages of educational development. As a result, three Universities were established at the Presidency towns of Calcutta, Bombay and Madras in 1857, on the Pattern of London Univesity.

The same paradox can be seen in Bahadur Shah's relations with Rajas and the Nawabs. The people whom he had thought would support him against the British deserted him, for example Bahadur Shah was very sure that Nawab Abdullah Khan, Nawab of Jhajjar will support him but they chose to side with the British. Sameways, Bahadur Shah was not very confident whether Raja Nahar Singh would support him against the British but he had his support till the end when Nahar Singh was hanged by the British. Correspondence between Bahadur Shah and Nahar Singh reflects the position of un-reliability on both sides. Factional politics among Mughal nobles was an old tradition. Court politics during Mughal rule also played a significant role. It became obvious from the beginning of Humayun's reign in 1530 and ended with Bahadur Shah's reign in 1857.

This correspondence is related to two subjects (a) problem of relationship between the two and re-affirmation of confidence again and

Department of HIstory, Jamia Millia Islamia, New Delhi.

again, (b) Control of law and order situation in Ballabhgarh, Agra-Delhi high way and Delhi itself.

Raja Nahar Singh wrote to Bahadur Shah, "*I am your most loyal supporter. I do not have any connection with the British.*" He had quoted Persian verses which reflect his loyalty with Bahadur Shah. "*Muslims were living in Ballabgarh but there was no mosque. I have constructed one mosque inside the fort of Ballabhgarh and one huge Jama mosque in the town as well as one Idgah on the outskirts of the town. Those who are my enemies they have circulated this news that I have aligned with the British. Since generations I have been loyal to you. They have written fake letter to British officer with my forged signatures that I am supporting them. You can enquire about the reality of the situation from Maulana Muhammed Shah Nizamuddin*"[1] With the establishment of Mughal Empire in India, Mughals also came into contact with the Jats because in suba Agra and suba Shahjahanbad they had a very strong hold. Upto Shahjahan's reign we do not come across a clash between Mughals and the Jats. But during Aurangzeb's reign, Jats under the leadership of Gokla revolted in 1679. But this letter is a contrast to their relationship with Mughal Empire during 17th century. I have discussed this aspect in detail in my article 'Mughal Jat relations 1679-1857'.

Raja Nahar Singh's devotion towards Bahadur Shah is reaffirmed in another letter wherein he states that his ancestors had remained loyal servants of the Mughal Empire. He conveys his feeling through Persian verses :

My eyes can never see the face of any one. My mirror will not accept the relfection of any unknown person. He informs the Emperor that he had constructed one Jama Masjid and one Idgah in Ballabhgarh so that Muslims could pray in that mosque.[2] This reflects India in those times when a Hindu constructed a mosque and an Idgah. This was not a new thing as his ancestor Maharaja Suraj Mal (1707-1763) had also built Jama masjid in Bharatpur. After defeating Nahar Singh, the British demolished the fort of Ballabhgarh but that mosque is still standing.

Nahar Singh writes, "*I humbly submit that there was no peace on the road to Delhi, so according to your direction I tried my best to maintain law and order in the area. Resident of Moza Pali had resorted to loot, plunder and killings in the area. I am trying to bring peace in the area so that the road from Ballabhgarh to Delhi should become safe. Some one must have told you that my attitude towards you is not that of a faithful servant and that I wanted to gain authority in the region. Somebody told you that some Christians are also hiding in ballahgarh. Twelve years back there was my Indian servant who got converted to Christianity but due to your dislike towards Christians I removed him from my services but now this person has accepted Islam so that he could be accommodated. If you permit, I can again employ him.*"[3]

This letter of Nahar Singh highlights three important aspects (a) with the break of mutiny law and order collapsed. Especially the highway connecting Delhi and Agra got disturbed. Residents of the villages, particularly the Gujars living near the high way indulged in loot and plunder but Nahar Singh tried his best to maintain law and order and to a great extent he became successful. Then there was court politics also. Some people could not bear the success of Nahar Singh and misguided Bahadur Shah that Nahar Singh is doing all that in the name of maintaining peace basically his objective is to gain authority. This attitude of Mughal nobles proved harmful in 1857. At that time Nahar Singh was fighting on three fronts (1) against the British (2) Local people who were doing loot and plunder and (3) his enemies at the court of Bahadur Shah. It is one of the important cause of the defeat of Indians against the British.

(b) There was rivalry among Mughal nobles and one could not see the success of another noble.

(c) Both Hindus and Muslims were also getting converted to Christianity. One servant of Nahar Singh also got converted to Christianity but he was still serving Nahar Singh. This shows the liberal attitude of Nahar Singh that he did not object to his conversion and allowed him to serve him. But when objection came from Delhi, he removed this servant from his service.

"*Addressed to the Emperor, I humbly submit that I received your order for visiting the darbar and taking the charge of Delhi Police but at the same time I received the order for assigning me the task of maintaining law and order on the highway. I feel honoured after receiving all these orders. I am grateful to God. Residents of moza Pali and Palwal are involed in loot, plunder and killings in the area. Once I am able to maintain law and order in the region, I shall visit Delhi to pay homage to you. Applicant - Khanazad Nahar Singh, Raja of Ballabhgarh.*"[4]

It shows the gravity of the situation that, Delhi was not controlled by officials of Delhi and Bahadur Shah, made Nahar Singh as the Incharge of Delhi Police in 1857. But at the same time he was also asked to maintain law and order on Delhi - Agra highway. Nahar Singh was busy in maintaining law and order at the high way because the residents of moza Pali and Palwal situated on the highway had taken full advantage of this situation. This is the problem of 1857 that confusing and contradictory orders were issued. It was a problem for Nahar Singh if he leaves

Ballabhgarh, whatever he had done for suppressing people involved in loot and plunder will be over and again they will take full advantage of Nahar singh's absence. If he does not go to Delhi, then his rivals at the Mughal court will submit it to Bahadur Shah as he was disobeying Imperial order.

"Addressed to the Emperor, I am submitting that as per your order I am maintaining law and order on the high way of Delhi as well as Police Station of Badarpur. If you have appointed some one else as the thanedar, then I shall remove my appointee from there. I had sent Qalander Bakhsh Khan, Risaldar, with 25 cavalryand & 25 infrantry but the person looking after security at Delhi gate, did not allow them to enter in Delhi.

Application of an old servant - Nahar Singh Bahadur, Vali of Ballabhgarh.

Bearing seal of Raja Nahar Singh."[5]

Again a difficult situation is created for Nahar Singh. In one order Nahar Singh was asked to maintain law and order on Delhi - Agra highway so he appointed some of his officers as the *thanedar* of Badarpur. But after some time *Thanedar* of Badarpur was appointed by Bahadur Shah. Then Nahar Singh removed his appointee as the Incharge of *thana* of Badarpur.

"Addressed to the Emperor, dated 22nd May, 1857.

This slave was honoured by your order sent to me. I have controlled the administration of mauza pali, Palwal and Fatehpur. Please direct the policemen of Delhi not to interfere in the work of Ballabhgarh.

Application of an old servant Nahar Singh Bahadur, Vali of Ballabhgarh.

Bearing seal of Raja Nahar Singh Bahadur."[6]

When Ballabhgarh was under the charge of Nahar Singh and he was responsible for maintaining law and order on the Delhi-Agra highway, so why Delhi police was interfering in his work. This is another example of maladministration of Bahadur Shah in 1857.

"Addressed to the Emperor, dated 30th May, 1857. I have come to know that some bullock carts were looted. I shall try to enquire into the matter. Applicant - Khanazad Nahar Singh, Vali, Ballabhgarh.

Bearing seal of Raja Nahar Singh.

Recorded in pencil by the Emperor.

I have read the letter, this person is our well wisher."7

Nahar Singh received a complaint of loot plunder at Delhi-Agra highway. He submitted to the Emperor that he will enquire into the matter. On this reply of Nahar Singh, Bahadur Shah, appreciating the services of Nahar Singh, wrote, "*This person is our well wisher.*"[8]

"*Addressed to the Emperor, dated 31st July, 1857. I have given charge to old officers and they have eaten around one lac. When I asked them to submit an account, they left for Delhi. They are involved in rumouring against me that I am siding with British. They are not your well wishers but your enemies.*

Applicant - Nahar Singh."[9]

Full advantage of the situation was taken by the officers. Once they misappropriated money, they left for Delhi so that they could be away from the control of Nahar Singh. And in Delhi, they rumoured that Nahar Singh is supporting British.

"*Addressed to the Emperror, Vali of Ballabhgarh. Dated 14th August, 1857.*

You appoint some of your most loyal servant as your vakil (agent) in the darbar (court), so that we can convey our messages verbally through him to you. Consider it a great honour for you."[10]

This is an honour for Nahar Singh. Some Rajas has their vakils at the Mughal Court. They were sending the proceedings of the Mughal court to their respective Raja. At this point Bahadur Shah was avoiding to write letters to Nahar Singh because there was the possibility of leakage in that. Bahadur Shah preferred to convey his message to Nahar Singh through his vakil. Mirza Sangin Beg, author of Sairul Manazil, informs us that, "*In Chhatta Lal Mian, there was a diwan khana and haveli of Daya Nandan Pandit, vakil of Raja of Ballabhgarh.*[11] *Near Zinatul Masajid, there was the haveli of Kunwar Raj Singh,*[12] *Raja of Ballabhgarh, who was the faujdar of the region near Darul Khilafa.*" So Raja of Ballabhgarh was having two havelis inside Shahjahanbad.

"Addressed to the Emperor, my ancestors are serving the Mughal Empire since long time. While the British were having their control in Delhi, you forbade me to stay in Delhi. Now I have a desire to stay in Delhi but still I am waiting for your permission. I think there are some persons in Delhi, who are misguiding you on my behaviour. Following persons have taken this amount from me and when I am in dire need of money they are not returning it to me.

(1) Hakim Abdul haq 10 lacs

(2) Mukta Prasad Rs. 15,000/-

(3) Raja Lal Sahab Rs. 10,000/-

(4) Nisar Ali Rs. 10,000/-

(5) Jawala Nath Pandit Rs. 30,000/-

(6) Shair Khan Rs. 25,000/-

(7) Hisamuddin Rs. 5,000/-

(8) Amir Ali Rs. 10,000/-

(9) Saadat Ali Rs. 8,000/-

(10) Ahmed Mirza Rs. 10,000/-

(11) Mubarak Ali Khan Rs. 2,000/-

Applicant slave Raja Nahar Singh Bahadur.

Bearing seal of Raja Nahar Singh Bahadur".[13]

This shows that again Nahar Singh had to mention the services rendered by his ancestors for the Mughal Empire. When the British were having the control of Delhi, Nahar Singh was asked by Bahadur Shah to shift to Ballabhgarh. It seems that it was done on the direction of British officers. When after 11th May, 1857, British were ousted and it was under the control of Bahadur Shah, Nahar Singh desired, the permission of Bahadur Shah to stay in his *havelis* in Delhi.

I have quoted some of the letters from the correspondence between Bahadur Shah and Nahar Singh, which shed a fresh light on their relations and on 1857. There are several documents in Persian and Urdu dealing with 1857 with reference to Nahar Singh available in National Archives of India, New Delhi. And Haryana State Archives, Chandigarh. These documents are not consulted by historians of modern Indian History because they are written in Persian and Urdu shakist. First of all we did not work on these documents and theother threat to these documents is their preservation. After a period of 150 years these documents have become brittle. After crushing the revolt of 1857, British army not only killed Indians but also demolished houses, *bazaars*, *mosques*, *Imambaras* and the forts. They hanged Raja Nahar Singh on 9th January, 1858, in

Chandani chowk and was buried in dargah Baribaulla.[14] They demolished his fort in Ballabhgarh, only his palace and Jama Masjid built by him are still standing. So after 1857 we lost large number of monuments of historical importance. There is a need to study these documents only then we shall be able to write the history of 1857. Till now what we have written on 1857 is based on British records. The material on 1857 is in Persian and Urdu which is not consulted so even after passing 150 years of 1857 we are having half version of 1857 in our history books and half version is missing. That half version since it has been taken from British official records, therefore, it is highly distorted. What to say for the consultation of this record even no calendar, no index and no press list is available. Even though we are celebrating 150th anniversary of our first war of independence, we can't say how many documents relating to 1857 in Persian and Urdu are available in Indian and Pakistan's archives and libraries.

References

1. S. M. Azizuddin Husain, *1857 Revisited*, Delhi, 2007, p. 62.
2. *Ibid.*, pp. 173, 174.
3. *Ibid.*, p. 108.
4. *Ibid.*, p. 134.
5. *Ibid.*, p. 137.
6. *Ibid.*, p. 138.
7. *Ibid.*, p. 144.
8. *Ibid.*, p. 142.
9. *Ibid.*, p. 144.
10. *Ibid.*, p. 148.
11. Mirza Sangin Beg, *Sairul Manazil*, Delhi, 1982, p. 29.
12. *Ibid.*, p. 34.
13. Azizuddin, op. cit., p. 149.
14. Narrative of Muinudin *Two Seiges of Delhi*, C.T. Metcalfe, *Two Native Narratives of the Mutniy in Delhi*, p. 47-74.

Chapter - 20

The Role of Raja of Ballabhgarh in 1857: A Second Reconnissance

Zakir Husain

Notwithstanding the tremendous significance attached to the role of Nahar Singh, The Raja of Ballabhgarh which he played in the 'Great Revolution of 1857' there is ample justification for re-examining the extraordinary significance of his correspondence with Bahadur Shah Zafar, the last Mughal emperor which is again confirmed from the following statement :

"*More melancholy still was the death of the Raja (of Ballabhgarh), whose symphathies as a Hindu were probably as much with the English as with the Muslim Emperor. Gentle in manner and young and handsome in person, it was a hard fate of this noble to be placed in the circumstances wherein every path was fraught with peril and to be tried when death was the award of any act hostile to our rule. There was something touching in the last words he spoke before his judges.' I was securely seated on a goodby bough of a flourishing tree, and my own act has sawn assunder the branch on which I rested*".[1]

The above description does set in right perspective the role played by the Raja of Ballabhgarh who despite all his diplomacy and goodwill could not save his skin against the British onslaught because he seems to have an inner feeling of sympathy towards the Mughal emperor in spite of his diplomatic reply of explaining the circumstances of his surrounding areas making him unable to pay his personal respect to him.[2] Surprisingly enough he was alleged for having secret relations with the British and hatching a conspiracy against the Mughal Government which the Raja of Ballabhgarh vehemently denied in his representations to Bahadur Shah Zafar.[3]

Archivist (OR), National Archives, New Delhi-1.

The British true to their reputation of their 'use and throw policy' never cared even for the Mughal emperor not only brought Nahar Singh to the gallows but even demolished his haveli and partially destroyed his fort.[4] It would, however, not be out of context to undertake a second reconnaissance of his correspondence with Bahadur Shah Zafar a brief summary of which is also found in an imperial Record Department publication of the British period.[5] When the Mughal emperor came to know about the appointment of a *thanedar* at Badarpur against the posting of Nazeeruddin Khan, the imperial *thanedar* he ordered him to dismiss his appointee. This way really a test for the loyalty of Nahar Singh who complied with the royal order by removing his nominee.[6] The Raja of Ballabhgarh in compliance of the imperial order established peace and order on the highway to Delhi. However, in view of the lawlessness, murder an plunder with impunity of the criminals of village Pali adjacent to Ballabhgarh the royal intervention for permission was solicited to stremline the administration and to protect the highway from Ballabhgarh to Delhi. Although the imperial attention was tried to be distracted on the pretext of the allegations of sheltering the two Englishman with their wives and children and encouraging the Christians by accommodating them into his service, yet the Raja side by side boldly refuting the charges continued to endeavour for the establishment of peace and tranquility in the area.[7] For this purpose he definitely sought the imperial orders because in village Pali and Palwal adjacenet to Ballabhgarh some miscreants had started reapine, plunder and highway robbery.

The Raja due to farsightedness and in consultation with the patwari and revenue officials provided them infantry and cavalry. He even recruited the *sepoys* for the purpose for which he had even delayed his visit to the royal court for ascertaining the fool-proof arrangements of peace.[8] However, the Raja in view of the advisability of the situation sought *parwana-i-rahdari* (transit pass) through Ahmad Ali, one of these workers which met the imperial approbation as Mirza Mughal was ordered to do the needful.[9] But it is not clear that notwithstanding his deep exhibitions of sincerity and loyalty why the Raja of Ballabhgarh could never visit to the Mughal emperor of Delhi. This has been made a great charge against him by his critics who were unaware of his political dexterity.

Since Raja Nahar Singh was sincerely engaged in exterminating the mischief-mongers of village Pali who were plundering the peasantry, he was bent upon increasing the cavalry and infantry where after he had promised again to wait upon His Majesty. He had dispatched Qalandar Khan, risaldar along with some infantry and cavalry to comply with the imperial orders, if any.[10] As stated elsewhere as well the Mughal emperor had appointed some one as the *thanedar* of Badarpur. Nahar Singh promised to dismiss all the subordinate officials of the said *Thana* which was originally handed over to Nahar Singh. The Raja complained against the offer of conditional entry into the city of Qalandar Bakhsh Khan, *risaladar* with infantry and cavalry by surrendering the arms which was declined by him as it was unimaginable to enter without any armament where after they stayed at the Old Fort for some day. He therefore, solicited their unconditional entry.[11]

Since the Raja was well aware of the activities of his enemies he reported to emperor about their instigating the infantry and cavalry guards of the gates of Delhi. He therefore, sought the royal orders for not harassing the workers of Ballabhgarh. He also informed the emperor about the recruitment of the infantry and cavalry which he promised to send for the police and other departments.[12] Nahar Singh became extremely happy by acknowledging the receipt of the imperial order on the subject. He however, due to his preoccupation in suppressing the culprits of village Pali etc. expressed his inability to personally come to the court. He also sent greetings after the visibility of the moon of *Eidul Fitr*.[13] He also referred to the necessity of appointing a subordinate *thanedar*, ten *sepoys* and 25 *sepoys* at Mehrauli for which he sought the imperial orders.[14] Nahar Singh received the news in regard to the murder, plunder and posting of 20 cavalrymen at *thana* police Mukand and Shehadri which he willingly promised to comply with. Anyhow his allegation against the so-called refractoriness of the Gujars, Meos and other communities that they were bent upon attacking daily on Faridabad and Ballabhgarh[15] was infact, unwarranted because on this pretext he was justifying his delay in waiting on the emperor. Nahar Singh was however, alert to exert his attention in fulfilling the imperial obligations because when he came to know through an imperial order regarding the plunder of 20 carts he in compliance of the same instructed the *thanedar* of Badarpur that by a thorough investigation he was bound to provide the goods to the claimants. He also dispatched 20 cavalrymen for the imperial service. The emperor recognized Nahar Singh's sincerity.[16] Nahar Singh confirmed about the satisfactory arrangements of the district as well as sent some gold *muhrs* as a gift for Eid.[17]

Nahar Singh complained against the misappropriation of one lakh rupees by his dishonest officials who in order to save their skin alleged that the writer in connivance of the British was amassing the arms with an evil intention and that he had denied access of the way-farers and the goods to the highway. Accordingly Ahmad Ali due to his Majesty's discourteous behaviour had returned from Delhi while Qalandar Khan, *risaladar* was dismissed as well. Nahar Singh boldly refuted the charges of his enemies. He even showed his inclination towards Islam to such an extent that he got constructed a Fridy prayer pucca mosque in the fort and he maintained an *Eidgha* (a place mainly reserved for Eid prayers) Nahar Singh sought handing over of the said persons to him so as to recover his loss. When Rustam Ali Qaroil alleged for plundering two of Gainda's carts full of wheat then he denied this falsehood. Similary he equally condemned his enemies for secretly keeping one or two letters in English[18] in this cart. In order to prove his sincerity Nahar Singh offered 8 gold muhrs comprising 5 for the emperor 2 for the queen (i.e. Zeenat Mahal) and 1 for Prince Jawan Bakht respectively[19] which the emperor subsequently acknowledged by expressing his faith in his sincerity.[20] In response to emperor's acknowledgement of the Raja's Eid gift Nahar Singh due to his political sagacity explained his position of not coming to Delhi and tried to remove the cobwebs of misunderstanding from the mind of the emperor. He also expressed his *willingness* to wait on the emperor upon granting the same permission to the *risaladar* of the cavalry. Nahar Singh also pleaded for the drum and the standard. Bahadur Shah Zafar however, asked him to appoint his agent at the imperial court expeditiously so as to have verbal communication feasible.[21]

Nahar Singh again pleaded and convinced the emperor of his loyalty. He again clarified the weak financial position of his principality which was further weakend due to the misappropriation of his 11 ex-officials amounting to rupees 11,25,000/- as listed in his representation half of which would be deposited in the royal treasury if it could be realized from them in the event of their handing over to him[22] as this fact is again endorsed by his letter in response to the emperor's written assurance of avoiding any action against Ballabhgarh.[23]

But what happened to Nahar Singh is another story. On 7th November 1857 Raja Nahar Singh, the *zamindar* of Ballabhgarh was hanged on 9th January 1858.[24] The correspondence is so important that it needs to be translated in full because even in-extenso calendaring shall not serve the purpose for a better understanding of Nahar Singh's role in 1857.

References

1. Mrs. Muter; *My Recollections of the Sepoy Revolt*, London, 1911, pp 145-46.
2. S. M. Azizuddin Husain, *1857 Revisited*, Delhi, 2007, p. 169.
3. *Ibid.*, pp 162, 173, 175, 176 and passim. However, all these charges are based on Nahar Singh's writings and the British records and communications which are quite contrary to his correspondence with Bahadur Shah Zafar.
4. Naryani Gupta, *Delhi Between Empires*, New Delhi, 1991, p. 27. Cf. William Dalrymple, *The Last Mughal, The Fall of a Dynasty,* Delhi, 1857, Delhi 2006 p. 427.
5. Press List of '*Mutiny Papers*' 1857 Being a Collection of the Correspondence of the Mutineers at Delhi, Reports of the Spies to the English officials and Other Miscellaneous Papers, Calcutta, 1921, pp. 12,14,15 and 18. These were 20,000 Mutiny Papers as well as the fragments relating to the last three Mughal emperors which escaped destruction simply because they were brought together by the Briish Government in India for the purpose of the trial of Bahadur Shah Zafar which also included Nahar Singh and the last Mughal Emperor's correspondence. Cf. Zakir Husain, 'Oriental Records in the National Archives of India in S.Z.H. Zafari (ed.) Delhi : Through the Ages, Souvenir of Indian' History Congress, Sixty-Eight Session of 28-30 December 2007, p.28.
6. Azizuddin Husain, pp. 161-162, cf. Zakir Husain, '*Role of the Jats, Meos Gujars and Ahirs in the Great Revolution of 1857*' and the National Seminar on '*People's role in 1857 uprisings: Delhi and neighbouring region*' in 2007.
7. *Ibid.*, pp. 162-163 contains the Urdu text of the correspondence in the matter.
8. *Ibid.*, pp. 164-69.
9. *Ibid.*, pp. 164-65 (Dated 20th May 1857).
10. *Ibid.*, pp. 165-66 (Dated 20th May 1857).
11. *Ibid.*, pp.166-67.
12. *Ibid.*, pp. 167-68 (Dated 22nd May 1857).
13. *Ibid.*, pp. 168-69 (Dated 24th May 1857).
14. *Ibid.*, p. 170 (Dated 25th May 1857).
15. *Ibid.*, pp. 170-71 (Dated 27th May 1857).
16. *Ibid.*, pp. 171-72 (Dated 30th May 1857).
17. *Ibid.*, pp. 172-73 (Dated 28th May 1857).
18. *Ibid.*, pp. 173-76 (Dated 31st July 1857). Also contains the mosque's photograph at p. 129.
19. *Ibid.*, pp. 176-77 (Dated 5th August1857).
20. *Ibid.*, pp. 177-78 (Dated 8th August 1857).
21. *Ibid.*, pp. 178-79 (Dated 22nd May 1857).
22. *Ibid.*, pp. 179-80 (Dated 16th August 1857).
23. *Ibid.*, pp. 180-83 (Dated 22nd August 1857).
24. Mirza Ghalib, *1857 ki Kahani Mirza Ghalib ki Zubani (Dastanboo aur Khutut-i-Ghalib ke hawale se*) (ed.) Makhmur Saidi, Delhi, 2007, pp. 30-32.

Chapter - 21

Charges, Trial and Execution of Nahar Singh

Dr. Rajwanti Mann

The rapid march of events in April and May 1857 compelled native states to decide their loyalty and commit themselves to one side. However most of the states preferred to be neutral and play dual policy, Nahar Singh "*Certainly from almost the very first chose to side with the insurgents. He lost no time in raising troops to assist the king of Delhi. Within a few days after the outbreak he commenced a series of letters to his new sovereign, bearing the strongest internal signs of emanating from himself and breathing a spirit of entire devotion*".[1] observed R. Temple, secretary to Chief commissioner to Punjab.

He was charged to occupy the treasury of Palwal by force of arms on or around 24 May and managed the Pali area. He administered the country round Ballbhgarh that include Palwal and Fatehpur in the interest of King of Delhi which remained a British Territory.

During the war Nahar Singh wrote some 13 letters affixed with seals to the king apprising him about the situation and management of country side between Delhi to Ballabhgarh. "He enlisted fresh cavalry and infantry to protect the road from Delhi to Ballabhgarh"[2] and "*sent off Kalandar Bakhsh risaldar with cavalry and infantry according to your majesty's order to be what use they could, but when they reached the city of Delhi they were prevented entering and the guard at the gate wished to deprive them of their arms. Your majesty knows well that the ornament of a soldier is his arms and that without them he could not enter the presence of your majesty. They therefore returned and encamped at old fort*".[3] He asked for issue an order to enter freely in the city by the letter of 2 May 1857.

Dy. Director, Haryana Archives, Chandigarh.

Nahar Singh *fixed the thanas and tehsils in the district of Pali and in the towns of Palwal and Fathepur*[4] which he admits in the letter of 22 May 1857 to the king.

The king seemed to have been relied on Nahar Singh to check the crimes, Raja had to make arrangements of prevention of robbery and murder by deployment of *sepoys* whether it is required at Haryana chowki at Delhi gate or sent 20 men of cavalry to the *thana* of Mundka and Shahdra.[5] Though he found gujjars and meos troublesome who threatened to attack on Faridabad and Ballabhgarh itself.[6] The Delhi king acknowledged the services of Raja Nahar Singh by sending an autographed reply terming him very good on his managing the plundering of hackeries at Badarpur.[7]

The Raja Nahar Singh was of secular thoughts. He gifted gold mohars as present on the id to the king which the king accepted. He also constructed a mosque in Ballabhgarh. A shrewd administrator Nahar Singh sacked the services of unscrupulous confidants who robbed 11 lac 25 thousand rupees. They were Hakim abdul Haq, Prime Minister (10 lacs) his vakil Mukta Prasad (15 thousand), deputy prime minister Nishan Ali (10 thousand), ADC to Hakim Abdul Haq Sher Ali Khan (25 thousand) and the Diwan of Raja himself robbed rupees 10 thousand from the treasure of Nahar Singh.[8] They left Ballabhgarh and went to reside in Delhi. They connected themselves with Delhi king again creating mischieves about Nahar Singh. A letter of Nahar Singh to the king reads, *My enemies have stated to my discredit, are lies. They hope by these means to prove their goodwill and faithfulness...to digest in peace the endless wealth that they have heaped up during the connection with my government and trust that no enquiry will be instituted by your majesty...I am standard gold, faithful and true, melt me thousand times I shall not found wanting.*[9]

The Delhi king wrote him on 16 August to appoint a vakil or confidant in his service during the rebellion to avoid delay in communication. Ahmad Ali, the record keeper and a confidant of Nahar Singh was sent in the attendance of King Darbar at Delhi for two and half months. Nahar Singh also aided the revolutionaries with arms, ammunition and guns, and also provided maintenance and support to rebel forces. He had allowed the rebel forces to eat whatever they wanted from the market of Ballabhgarh. The bills were paid by Nahar Singh. The British government smelled his anti-government activities and arrested him.

Trial

After the recapture of Delhi the British Government started the policy of repression and execution. Raja Nahar Singh was produced before the European Military Commission. The court assembled in the assembly hall of audience in the palace of Delhi at 11 a.m. on Saturday, the 19th December 1857. The court had Brigadier Chamberlain as president and 4 members namely Lt. Col Davis from Horse Artillery, Major Palmer from 60th rifles Major Redmond from 61th foot and Major Sawyer from 60th carbineers. Lt. Waterfield of 23rd native infantry worked as interpreter. Prosecutor for government was Major Harriet, deputy advocate general. Nahar Singh counsel was Mr. Courtney from Meerut.[10]

The prisoner was brought in the court and the charges were read as follows:

That he being a subject of British Government in India did at Ballabhgarh between 10th of May 1857 and 1st December 1857, hold treasonable correspondence with those who were in open rebellion and hostility against the said government and did moreover aid and abet the said rebels levying and raising war against the said British government with troops both cavalry and infantry and also money provisions and arms, and further by sending troops to Palwal for the purpose of possessing unlawful authority over it, and wresting it from the British government in India, did thereby throw of his allegiance and openly levy and wage war against the government. The whole or any part of such conduct being a heinous offence under the provision of Act no. 16 of the Legislative Council in India[11] by government prosecutor. He asked whether Nahar Singh felt guilty or not guilty of the charges. He replied *not guilty*.

The prosecution produced the following witnesses on 19th December:

i. William Ford, magistrate and collector of Gurgaon.

ii. Captain Hood of 49th native infantry.

iii. Metcalfe Bart.

iv. Mohammad Bakhsh, the paymaster of the retainers of the Raja of Ballabhgarh.

The Court again assembled on 21st December 1857 and questioned the following witnesses :

i. Shoogan Chand, writer of Raja of Ballabhgarh.

ii. Jeevan Lal, head munshi of the agent to Lt. Governor at Delhi.

iii. Ahsan-oolla khan, physician to the ex king.

iv. Ahmad Ali, the record keeper of Raja of Ballabhgarh.

v. Lt. Coghill, adjutant of 2nd fusiliers.

On 22nd December 1857, the court questioned :

i. Harak Chand, banker, purveyor and provisioner of the Raja of Ballabhgarh.

ii. Madho Narayan, writer of Raja of Ballabhgarh.

On 23rd December, the court questioned :

i. Brigadier Sawyers, Commanding officer of the movable column which was advancing on Ballabhgarh.

ii. Madho Narayan, writer of Raja of Ballabhgarh.

The court re-assembled on 28th December 1857, Monday, and questioned the following again till 2 p.m.

i. William Ford, magistrate and collector of Gurgaon.

ii. Ahsan-oolla Khan, physician to the ex King.

On 29th December 1857, the following witnesses were questioned.

i. Baldev, cultivator and resident of village Kurali in the territory of Ballabhgarh.

ii. W B Saunders, officiating Commissioner at Delhi recalled.

In defense of prisoner the following witnesses were produced before the court :

i. Edward Burrow, an Eurasian prisoner of government and inspector of Raja's band.

The court re-assembled again on 30th December 1857 and allowed the following witness :

i. John Mishel, Civil Engineer in the railway.

After the 2 witnesses, the defense was closed. On 2nd January the deputy advocate general produced his reply which was read and entered. The court on evidences produced before them and on basis of 14 prosecution witnesses and 2 defense witnesses, decided that the prisoner Nahar Singh was guilty of the charges leveled against him with exception to the word "money" (The payment of bills of sweets and eateries consumed by the rebel forces).

Execution

The court ordered that the prisoner is to be hanged and forfeit all his property and effects of every description. Nahar Singh was hanged on 9th January 1858 at Chandni Chowk at Delhi at the age of 37 only and all his property was confiscated.

The territory of Nahar Singh consisting 125 villages covering an area of approximately 183½ miles was confiscated; its total revenue was 1,20,289/-[12] in 1857.

As hinted above that most of rulers adopted dual policy to safeguard their interests both side. Nahar Singh also has been put up in that category by some historians. However, everybody accepts that he was the only native Hindu King who was materially and emotionally with rebel forces and he did what he could do. R Temple observed *If Raja had decided to stand true to his allegiance he must have abandoned Ballabhgarh, he might have sent his family for security to the Cis-Satluj States where there were many chiefs of the same race...he might have joined British Camp in person...at the outset, messages recalling him to duty were sent by Raja of Jind, but he turned a deaf ear to such pursuation.*13

Secondly it was the first war, though unorganized, against the powerful British Government, who was adopting the policy of total repression at that time. There was no national movement as it started afterwards. Though failed but this war compelled the British to change their policy and gave an ear to the rising feelings of freedom. So the sacrifice of Nahar Singh proved a bombshell in slave India.

References

1. Trial Proceedings, Foreign Department, No. 1919, Haryana Archives, p. 5.
2. Trial Papers, Letter of Raja Nahar Singh to the King, Haryana Archives, dated 20th may 1857, p. 49.
3. Trial Papers, op. cit., dated 2nd May 1857, p. 49.
4. Trial Papers, op. cit. dated 22nd May 1857, p. 49.
5. Trial Papers, op. cit. dated 27th May 1857, p. 55.
6. Trial Papers, op. cit. dated 2nd May 1857, p. 55.
7. Trial Papers, op. cit. dated 20th May 1857, p. 55.
8. 1857 ki Jankranti aur Ballabhgarh ke Raja Nahar Singh by Rajwanti Mann, p. 22.
9. Trial Papers, op. cit. dated 31st July 1857, p. 61.
10. Trial Proceedings, Political No. 1921, Haryana Archives, p. 17.
11. Trial Papers, op. cit., p. 19.
12. Principal Matters Record, Series 2, Bundle No. 1, p. 51.
13. Trial Proceedings, op.cit., p. 5.

Chapter - 22

A Documentary Survey of the Relations Between Bahadur Shah Zafar and Nahar Singh in 1857

N.S.Alam

The *Mutiny Papers* in the National Archives of India, New Delhi are in fact, a mine of information about the Great Revolution of 1857 which comprise a massive collection of 20,000 documents. However, a press list of the selected documents numbering 8,000 has been published[1] which also contains a brief summary of the records containing the representations of Nahar Singh, the Raja of Ballabhgarh and the orders and acknowledgement of Bahadur Shah II, the last Mughal emperor from 20 May to 2nd September 1857.

A brief summary of the documents is too ambigious to comprehend the real significance of the records while the calendar given in 1857 Revisited[2] is not *in-extenso* which could, however, be the real justification of this endeavour. But only a full translation of the records seems to be the only way out to evaluate the importance of this correspondence. Surprisingly enough 7 out of 32 documents are undated which have, however, been meticulously arranged in a chronological sequence on the basis of the internal evidence. Since the role of Raja Nahar singh is discussed in a separate paper in the light of the documentary and other contemporary sources[3] any repetition shall be unmeaningful.

Interesting enough only the selected document concerning the trial of Bahadur Shah II as well as Nahar Singh were translated by James Murphy, Deputy Collector of Customs who acted as Interpretor. Translations of some of the really important papers have also been printed

---

Archivist, National Archives of India, New Delhi.

in the relevant proceedings of the trial as these papers must have been brought together for the purpose in question.[4] Sir John Lawrence considered these translations exceedingly faithful without the assistance of any Munshi which to a great extent is correct. However, since the translator is faltering at steps which does require necessary explanations in the footnotes.[5]

Since the saga of the Great revolution of 1857 ushering in a new era in Indian history simultaneously was the outcome of the sacrifices of a number of known and unknown freedom fighters which is thoroughly documented in the light of records numbering about 80,000.[6] Although consequent upon his return from Delhi in the middle of May 1857 owing to the complaints of his enemies he was compelled to give up the post of the Police Station of Badarpur which was simultaneously held by his nominee as is also confirmed from the documents, yet Nahar Singh succeeded in getting confirmation of the control of Tughlaqabad Fort which remained in his possession since old due to which he posted Ramazani contigent upon his supplying the provisions to the Mughal emperor. However, on 3rd September 1857 it was rumoured that the English had captured the Fort of Tughlaqabad (*Mutiny Papers*, collection no. 16 Serial No. 15) indirectly indicating the failure of the Chief of Ballabhgarh in such a misadventure. But the C-in-C directe Mominud Daulah Saiyid Haider Husain Khan to keep a few guns to accompany the cavalry regiment ordered to Tughlaqabad (Mutiny papers, collection no. 59, Serial No. 59). Thereafter one regiment of the freedom fighters with two guns had gone to Tughlaqabad to maintain the order thereon 9th September 1857 (*Mutiny Papers* collection no. 20, Serial No. 7)

Quite possible the availability of ten new documents concerning the relations between Nahar Singh and Bahadur Shah Zafar can be of much value because it furnishes much needed information about the real positions of several matters viz details of Qalandar Bakhsh Khan's flight. Similarly the allegation of maintaining secret relations has been corroborated by these newly discovered records which are indicated by the astrick. Probably this was the outcome of the preparation of an inventory of Nahar Singh's house hold items.

Since Persian was the official language during the Mughal period as well which practice began from the beginning of 11th century from the time of Mahmud of Ghazni it was but natural that Mughal administration always patronized Persian as even correspondence between the emperor and his subjects was most often conducted in Persian till the beginning of the second half of the nineteenth century barring a few exceptions. Poetical composition in Urdu is rather an altogether different matter while issuance of a farman in Urdu is an exception in Mughal official documentation practices to which Nahar Singh was especially conscious as is still evident from several of the letters exchanged between the emperor and Nahar Singh because the latter also made representations in Persian.

It is, however surprising that the Mughal emperor Bahadur Shah also occasionally adopted Urdu in his official correspondence.[8] But most of his correspondence with Bahadur Shah Zafar is in Persian. Due to financial crunch the Raja in one of his petitions to the King excused himself from paying a contribution to the King on the pretext of poverty but requested the King to force certain parties who ruined him as the Raja was deprived of RS. 11,25,000/-.

II

Although, a petition of Bhutia, land holder of Faridabad (Doc. NO. 24/54) does refer to the unsuccessful attempt of the collection of treasury of the British Government at Palwal by the men of the Chief of Ballabhgarh access to which was also denied to them yet it may also be treated as a fact that he participated in freedom struggle in 1857 AD against the British hegemony in a peculiar manner which proved a misadventure. Moreover the spirited defence of Nahar Singh in regard to his attachment to the emperor does show his fractured loyalty and the reproduction of the translation of the following documents alongwith the translations of the newly discovered ten papers can help in comprehending the real position, which has so far remained quite obscure. These ten records have been ignored even by the Jat historians which, however, can help in removing a many cobwebs of misunderstanding. It does also explain that why Nahar Singh had been frequently clarifying his position owing to the official reports communicated to the emperor about the chief of Ballabhgarh who also simultaneously obtained an inventory of the Raja's house hold items at Delhi. We may also understand that why Bahadur Shah Zafar due to the same report designated Raja Nahar Singh as disloyal or namak-haram. It seems that the strained relations persisted for several months which, however, did not cause any permanent rupture in imperial relations with him probably due to Raja's paradox of supporting the royal cause as well as saving his own principality.

1/61. PETITION OF THE RAJAH OF BALLABHGARH

Dated 20th May 1857

To

The King! Shelter of the world

Respectfully Sheweth, - That previously to this I have submitted several petitions, but have not been honoured with a reply to even one. I now again submit that the refractory inhabitants of the village of Pali, & C, have taken to committing highway robbery and plunder in all directions, and are grievously oppressing the populace and subjects. Although I have brought the said village, little by little, into some order, I cannot nevertheless, without your Majesty's orders, presume to act with confidence in any matter. I am engaged, night and day, raising new Cavalry and Infantry levies. Besides this, my health is frequently affected by the adverse state of the weather. Setting this aside, however, I shall make efficient arrangements and provision against all the refractory and rebellious characters of this district; and will then present myself at your Majesty's Court. I have sent Qalandar Khan, *Risaladar*, to the Royal presence, with some Cavalry and Infantry, agreeably to your Majesty's orders; as he is directed so he will act. Petition of the hereditary slave, Rajah Nahar Singh, Chief of Ballabhgarh, Seal of Rajah Nahar Singh Bahadur. (Source: *Mutiny Papers*, collection No. 43, Serial No. 3, Persian).

*2. PETTITION OF AHMAD ALI TO THE RAJAH OF BALLABHGARH

(No date. It is, however, probably of pre 21st May 1857)

Acknowledges the receipts of a parwana regarding the dispatch of Qalandar Bakhsh Khan, the *Risaladar* accompanied with 25 horsemen and 25 infantry for going to and coming back from the city of Delhi. This fact that the said person was sent to His Majesty and the representation of the treasurer containing the names of the cavalry and infantry has been communicated and the expenses of each were also dispatched from the Government which is an honour and dignity to the wairior. My Lord! I had gone today to the royal court and the description of the condition of the arrival of the aforesaid *Risaladar* and the administration of the high road and the surroundings of the city was represented to His Majesty. His Majesty ordered that it would be suitable that tomorrow the cavalry and infantry shall reach the stipulated place. The salve submitted that 'Raja Saheb is engaged in administering this district. Almighty God willing since tomorrow shall be Thursday the slave shall wait on His Majesty in the morning in the the royal court and present the (offering) of the said *Risaladar* and whatever shall be the order of His Majesty shall be complied with as I shall report it'. It is also represented that today Qalandar Bakhsh Khan has uttered that tomorrow accompanied with the cavalry and infantry I shall wait on His Majesty. The slave had also represented to His Majesty that if the cavalry and infantry of the slave shall undertake night patrolling and the Tilanagas shall be seen then they the either treat them as dacoits or the contingent of the enemy and unjustifiably shoot then the cavalry and infantry might sustain, the loss of life. I, therefore, yearn that any royal award is conferred on you or grant *tuyula*[9] (jagir assignment) in the evening so as to combine the *tuyul* with *tuyul* that shall be appreciated. His Majesty agreed that this much shall be done. Tells that representation shall be made in regard to the issuance of *shuqqa* (order) where after *sanad* shall be solicited in accordance with the name of each cavalry and infantry from His Majesty through a representation. Thakurs and Gulab Maharaj say in regard to the bundles of *kamkhawab* (silk) that these may be returned to us which shall be returned back as and when requisitioned. Accordingly, solicits orders for the return of the bundles of cloth or as ordered because I have told them that I shall do according to the orders. Solicits orders whatsoever. The needful was submitted Prays for the permanency of the principality. Solicits orders in regard to a cloth to Mohammad Hasan Khan. Old servant Ahmad Ali. (Source : *Mutiny Papers*, Collection No. 56, Serial No. 4, Persian and Urdu).

3/62 PETITION OF THE RAJAH OF BALLABHGARH

Dated 21st May 1857

To

The King! Shelter of the World!

Respectfully Sheweth, - That by your Majesty's order, the protection of the high road to Delhi, and the arrangement of the Polic Station of Bhadrapur (rcct. Badarpur), had been assigned to your devoted petitioner. Nevertheless, since another Police Officer has been appointed by your Majesty, I have, agreeably to your orders, dismissed the whole of the Establishment of the said Police Stations, and have installed your Majesty's nominee. I had dispatched Qalandar Bakhsh Khan, *Risaladar*, with some Cavalry and Infantry, agreeably to your Majesty's orders, to assist in the arrangements; but when they arrived at the gates of Delhi, they were prevented entering the City; and the Guards told them that they should first give up their arms. Your Majesty knows, that a Soldier's arms are his decorations and adornment, and his remaining in attendance without them would be improper, as inconsistent with the profession of Soldiery. They therefore returned, and have temporarily taken up their residence in the Old Fort. Let an order, therefore, be issued, that these men may come before your Royal presence; and devoting their lives, may zealously engage in all necessary and becoming services. I, who am your ancient servant, consider that obeying your commands advances my dignity. I learn from the Clerk of the Bhadrapur Police Office, and submit the same for your information, that the Police Officer appointed by your Majesty has arrived.

(Prayers for the prosperity of the reign). Petition of the slave and ancient servant, Nahar Singh Bahadur, Chief of Ballabhgarh. Seal of Rajah Nahar Singh Bahadur. (Source : *Mutiny Papers*, Collection no. 43, Serial No. 4, Persian).

4/63. PETITION OF THE RAJAH OF BALLABHGARH

Dated 22nd May 1857

To

The King! Shelter of the World!

Respectfully Sheweth, - That by your Majesty's order, with which your slave has been honoured, whether as regard the arrangements for the protection of the high road from Ballabhgarh toBhadrapur and thence on the Delhi Gate, or in village of Pali, and towns of Palwal and Fatehpur, and other places, have, by the blessing of God, and your Majesty's auspices, been effectually carried out, and Police and Revenue Officers have everywhere been established. The efficiency of your slave's measures and arrangements have become generally known, in so much that it must have come to your Majesty's hearing also. Adoration of the World! Some thoughtless characters, enemies and rebels against this State, who have absconded after committing every injury in their power and who are now amongst those who present themselves at the Royal Court, are not pleased at hearing of the success of the above arrangements, and desire that disrepture should be made to attach to my good name and exertions; and they even instigate the regular Infantry Soldiers, stationed at the City Gates, against me and my servants. I fully believe it probable that, in their stupidity, they may even to your Majesty, utter sentiments prejudicial to your hereditary slave; but let not their allegations ever be believed; for formerly too it was their practice, from feelings of enmity, to speak disparagingly of your slave; and then too their calumnies used not to be heeded in the least. I pray, therefore, that from a regard for proper arrangements, your Majesty will, with the consideration peremptorily order the regular Infantry Soldiers at the Gates not in any way to object to disagree with, or hinder the servants of the Ballabhgarh State in any matter whatsoever, otherwise detriment to the arrangements will ensue-to arrangements which have been made for the protection of your subjects, solely in conformity with your Majesty's order. Further, your Majesty is master, and I am your old servant. In carrying out your Majesty's order, I wish that nothing like that least deficiency should occur; and accordingly, the enlistment of Cavalry and Infantry to be employed in keeping order, is going on. In a short time hence, I shall send some more Cavalry and Infantry for the Police and other general arrangements. Your slave is under all circumstances devoted in heart and soul. (Prayers for the prosperity of the reign). Petition of the ancient slave and servant, Nahar Singh Bahadur, Chief of Ballabhgarh. Seal of Rajah Nahar Singh Bahadur (Source : *Mutiny Papers*, Collection No. 43, Serial No.5, Persian)

5/64. PETITION OF THE RAJAH OF BALLABHGARH

Dated 24th May 1857

To

The King! Shelter of the World!

Respectfully Sheweth, - That, I have had the very honour to receive your Majesty's letter, intimating the issue of orders to the Guards at the Gates, prohibiting their interference with the servants of the Ballabhgarh State; granting my Cavalry and Infantry permission to encamp under the Palace windows; and, at the same time, with your wanted kindness, directing my attendance at the Royal Court. For the very great honour conferred on me by this order, I made my offering of thanks in humble prostrations before God. May God ever preserve your Majesty in the enjoyment of every blessing.

Adoration of the World! I, your devoted slave, consider obeying your orders, my happiness. But, owing to the necessity for arrangement to put down the rebellious characters of the village of Pali & c, I have been helpless and unable to appear at the Royal presence. But, please God! I shall have much happiness in doing so, afer the disturbers of the peace of the surrounding country shall have been effectually brought into subjection. My Lord! This is Sunday, and according to my usual custom, I went to take an airing in the Dilkhusha garden. While I was there, the new moon of the festival of the Eid appeared, and was about the same time distinctly seen by all the residents of this place. From regard for my obligations, as your home-born slave (khanazada), I offer my wishes that this good news, full of promise, namely the festival of the Eid, which is an occasion for rejoicing, may be the forerunner of good fortune and happiness to your Majesty. (Prayers for the eternal prosperity of the reign). Petition of the slave and servant, Nahar Singh, Chief of Ballabhgarh. Seal of Rajah Nahar Singh Bahadur. (Source : *Mutiny Papers*, Collection no. 43, Serial No. 7, Persian)

6/65. PETITION OF THE RAJAH OF BALLABHGARH.

Dated 25th May 1857

To

The King! Shelter of the World!

Respectfully Sheweth, - That I yesterday submitted a petition, connected with the state of affairs, from which every particular must have come to your Majesty's knowledge. By God's blessing, and your Majesty' good fortune, the arrangements, up to the Delhi Gate, and in the country around this District, are now perfect. It is necessary in my opinion, however, to place one Police Officer of the lower grade, and ten Soldiers, at the Hanuman Station and one Police Officer and twenty-five Soldiers, at Mahrowli. After that, through your Royal prestige, the arrangements will be thoroughly complete. If your Majesty is pleased to issue orders to that effect, the proposed arrangements shall be made for both places. (Prayers for the eternal prosperity of reign) Petition of the home-born slave Nahar Singh, Chief of Ballabhgarh. Seal of "Rajah Nahar Singh Bahadur. (Source :*Mutiny Papers*, Collection No. 43, Serial No.8, Persian)

7/57. ORDER FROM THE KING, UNDER THE STATE SEAL

No date

(This document is of pre-27th May 1857)

THE SPECIAL SLAVE, WORTHY OF FAVOUR AND KINDNESS, RAJAH NAHAR SINGH BAHADUR

Know! That we heard that you have appointed a Police Officer, of your own to Bahadrapur, one, however, by name Nazir-ud-din Khan, already appointed by the Government, and he is now present in Arab Sarai. You, our slave, will, therefore, according to the dictates of your own devotion, dismiss the man you have nominated.

(Source : *Mutiny Papers*, Collection No. 43, Serial No. 61, Persian)

8/66 PETITION OF NAHAR SINGH, CHIEF OF BALLABHGARH

Dated 27th May 1857

To

The King! Shelter of the World!

Respectfully Sheweth, - That I have had the very great honour of receiving your Majesty's order, directing the suppression and prevention of the crimes of murder and pillage; and my sending 20 horsemen to the Police Stations of Mundka and Shahdari, to preserve order and arrangements there. Feeling myself highly honoured and distinguished I have offered up my thanks in humble prostrations before God. Adoration of the World! I shall speedily make arrangement to dispatch the horsemen, as I am ordered by your Majesty; but, in the meantime, some of my servants are being sent to look after the place, agreeably to your Majesty's orders. I am unceasingly engaged in arrangements and plans for the prevention of crime; but now the ill-conducted and refractory Gujars,Mewatis, and other castes have discovered a more determined spirit of violence, and are daily resolved on making a sudden attack on the town of Faridabad and even on Ballabhgarh itself. But as the blessing of God, and the influence of your Majesty's prestige, are both in my favour, I shall certainly make effectual arrangements, and will then shortly realize the honour of waiting on your Majesty, for this is my earnest desire. (Prayers for the prosperity of the reign). Petition of the home-born slave, Nahar Singh, Chief of Ballabhgarh. Seal of Rajah Nahar Sing Bahadur (Source : *Mutiny Papers*, collection No.43, Serial No. 11, Persian).

*9 MAHZAR (REPRESENTATION OF FACTS) BY THE HINDU MUSLIM RESIDENTS OF THE SHRINE OF HAZRAT NIZAMUDIN AND KATRA IRADATMAND KHAN

27 May 1857

We the leading men of the shrine of Hazrat Nizamuddin Auliya both Muslims and Hindus and mart of *katra* Iradatmand Khan say that since the very day when the staff of *thana* Badarpur has been posted at Arab Sarai so much peace and tranquility has been there that no pain has ever been felt thenceforward. Nay, before the establishment of the Police Station (we) used to remain awake and alert at every moment due to the apprehension of the Gujar caste. Now since the establishment of the *thana* everyone of each locality i.e. shrine of Hazrat Nizamuddin, Arab Sarai and Katra sleep comfortably in their respective homes. The highway robbery in the villages has come to an end because the *thanedar* has procured bonds by summoning the Gujars of his area and made them responsible. We have not heard any complaint from anyone of the inhabitant against the staff of the Police Station and if anyone dare to make that stands unwarranted. Accordingly, these few lines have been written by way of an authentic proof so as to serve in future.

1. Mir Khursheed Ali r/o Dargah (wrote) in his own hand writing.
2. Seal of Jagan Nath, 1272 AH (1856 AD).
3. Sukh Ram, *Lambardar* of Katra Iradatmand Khan.
4. Ram Prasad, Brahman r/o Arab Sarai.
5. Tika Ram, r/o *Katra* Iradatmand Khan.

6. Thakur Jai.
7. Seal of Saiyid Qamruddin 1269 AH (1853 AD), r/o Dargah.
8. Seal of Saiyid Sharafuddin r/o Dargah.
9. Seal of Saiyid Zahur-i-Hasan, 1269 AH (1853 AD, r/o Dargah).
10. Seal of Saiyid Badiuddin, 1272 AH (1856 AH, r/o Dargah).
11. Seal of Muneer Ali 1267 AH (1851 AD), r/o Dargah.
12. Gurmal, *Zamindar* of Nizampur, revenue farmer of Mowasis.
13. Bhagwan Das r/o Dargha.
14. Seal of...........(in Devnagri).

(Source : *Mutiny Papers*, Collection No. 68, Serial No. 5, Urdu)

*10. PETITION OF ZAHIRUDDIN

No Date

(It is however of pre-28th May 1857)

To

The King! Shelter of the World!

Today, Beni Singh *Subedar* and Kale Khan, Subedar of Platoon 71, who were posted at the Old Fort arrested Abdullah, Iman Bakshsh, WAli Mohammad, Rahim Bakhsh, etc, the servants of the Chief of Ballabhgarh along with the Buggy; Yakka etc in accordance with the enclosed documents together with the correspondence and letter of the Commander-in-Chief of the English Army and the petition of the *Wakil* (Plenipotentiary) of Ballabhgarh accompanied with the English Army along side other relevant papers which remained with the slave and were presented accordingly. The slave, as per the practice also by recording the statement of the aforesaid prisoners with the details of the stipulated items and cash dispatched it to your Majesty. Now it is pertinent to represent and plead that the aforesaid persons are awarded harsh punishment like death penalty from the imperial threshold so that the men of the Raja of Ballabhgarh should know the stern punishment in joining the English Army and the Raja of Ballabhgarh should also be recommended (punishment for) sending inadequate army to Your Majesty and the sequestration of the property situated in this city so that the said person should take a lesson, while the magazine of the enemy which the prisoners requisition from us which the slave without your Majesty's permission does not return so that your Majesty may also personally deny the same. It also contains king's orders in his hand writing i.e. the servants of Raja Ballabhgarh, the disloyal (*namak-haram*) be interned and (illegible). (Source : *Mutiny Papers*, Collection No. 101, Serial No. 37, Persian)

*11. Memorandum

Memorandum of the list of items from the Old Fort which were going towards Ballabhgarh were detained together with the subedars of Platoon71.

1.	Big Muskets of the *sepoys* :	8
2.	Small telescope :	1
3.	Rain coats :	2
4.	Cloth :	1
5.	Bedsheet :	1
6.	English :	1
7.	Chest belt not sent as it was written separately :	1
8.	Stripp :	1 pair
9.	Andheri (Sic) :	1
10.	Compass :	1
11.	...	2

(Source : *Mutiny Papers*, Collection No. 101, Serial No. 38, Persian)

12/68 PETITION OF NAHAR SINGH, CHIEF OF BALLABHGARH.

Dated 28 May 1857

To

The King! Shelter of the World!

Respectfully Sheweth, - That I yesterday sent an answer to your Majesty's missive, and it must have come under your perusal. Through God's blessing, and your Majesty's auspices, there is complete tranquility in every respect throughout this District, today I send 5 Goldmohars as a congratulatory offering, on account of the festival of Eid-ul-Fitr. As a mark of favour and regard for your home-born slave, let this offering be accepted (Prayers for the prosperity of the reign). Petition of the home-born slave, Nahar Singh, Chief of Ballabhgarh, Seal of Rajah Nahar Singh

Bahadu.

AUTOGRAPH ORDER BY THE KING, IN PENCIL (ILLEGIBLE)

(Source : *Mutiny Papers*, Collection No. 43, S.No. 43)

13/67. PETITION OF NAHAR SINGH, CHIEF OF BALLABHGARH

Dated 30th May 1857

To

The King! Shelter of the World!

Respectfully Sheweth, - That some days have now elapsed, that I have not been made acquainted with the continuance of your Majesty's good health, and I have been anxious in consequence. May God preserve you in prosperity and happiness. From your Majesty's order to the address of Moulavi Ahmad Ali, I have today learned the circumstance of the plunder of the carts at Bhadrapur. I have accordingly, in conformity with your Majesty's commands, issued stringent injunctions to the Police Officer at Bhadrapur to search for and trace out the property and the offenders. Please God, the matter will be thoroughly investigated. I have just now sent off 20 more horsemen to your Majesty, to be employed in maintaining order. I mention this for your information (Prayers for the prosperity of the reign). Petition of the home-born slave, Nahar Singh, Chief of Ballabhgarh, Seal of Rajah Nahar Singh Bahadur.

AUTOGRAPH ORDER BY THE KING, IN PENCIL

The contents of this petition have been learned. This slave is our well-wisher.

(Source : *Mutiny Papers*, Collection No. 43, S.No. 15, Persian)

14/59. PETITION OF NAHAR SINGH, CHIEF OF BALLABHGARH

No date

To

The King! Lord of Mankind! Shelter of the World, & c

Respectfully Sheweth, - That your Majesty's order, directing my attendance at the Court as of old to superintend and direct the Police arrangements of the City of Delhi and its environs, accompanied by a second order to give my attentions to the protection of the road, and to use measures for the safety of travelers, supplies and c, has been received. I declare it solemnly as the truth, that considering myself exceedingly honoured and exalted in receiving these orders, I offered my thanksgivings, with humble prostrations, in the house of God. May he condescend to accept my midnight prayers and for every preserve your Majesty in prosperity and good fortune.

My Lord ! Although by the influence of your Royal auspices, the most complete tranquility exists in this your slave's territory, for that I am night and day engaged making arrangements, and maintaining order, still some refectory and turbulent characters, inhabitatins of the village of Pali, which adjoints the Ballabhgarh boundary, and rebels and reckless characters of the town of Palwal likewise, which also is near the boundary, have become so insurrectionary, and have so entirely adopted a course of higway robbery and plunder, that how shall I describe it? Although, from certain prudential considerations of my own, as well as on the request of the Revenue and Police Officers, and registrars of landed proprietary right of the said town, I have made arrangements to some extent, by affording them the aid of some Cavalry and Infantry; but without your Majesty's orders, I do not wish to interfere to the degree which is necessary and desirable. I have enlisted new horse and foot levies for the efficient protection of the highway road from Ballabhgarh to Delhi, and am night and day occupied in arrangement to maintain order. I am your ancient and hereditary slave, and as I may be ordered, so will I act, God willing! I shall shortly realize the honour of presenting myself before your Majesty, after efficient arrangements and tranquility shall have been established, for certainly, the existing state of things is disgraceful, and involves the dread of the Royal displeasure. It was necessary, and I have therefore submitted it. (Prayers for the prosperity of the reign). Petition of the home-born slave, Nahar Singh, Chief of Ballabhgarh. Seal of Rajah Nahar Singh Bahadur. (Source : *Mutiny Papers*, Collection No. 43, Serial No. 57 Persian).

15/58 PETITION OF THE RAJAH OF BALABHGARH

No date

To

The King! Shelter of the World! Dispenser of Justice ! & C.,

Respectfully Sheweth! - That as the state of the road to Delhi was very unsettled, your slave has, according to your Majesty's orders been engaged, night and day, in instituting the most efficient arrangements. Still, however, the lawless inhabitants of the Village of Pali, which adjoins the Bllabhgarh boundary, and which, during Faujdari[12] was attached to this State, have broken out into reckless and lawless violence; and have so taken to highway robbery and plunder, that the whole population is in great distress in consequence, notwithstanding that I, your slave, am bringing them into order little by little, yet still I cannot venture to act, to any full extent, without your Majesty's orders. If your Royal permission is granted, such efficient arrangements will be adopted, that these miscreants and rebels of the said village, will not have the daring to continue to their present practices, and the arrangements along the road, from Ballabhgarh to Delhi, will be perfected. Further, I have heard from some person who had requests to make to me, that it has been represented to your Majesty, that the Chief of Ballabhgarh has secreted two Englishmen, with their wives and children. God is witness that this is entirely a false and unfounded calumny. How could your slave could commit an act of the kind, without your Majesty's wishes and orders' A native, however, who was formerly a Christian had been twelve years in my service; but I put even him away, fearing your majesty's displeasure. This man has now discarded Christiantiy, and embraced the Mohammedan religion and he is accordingly deserving of mercy and forgiveness. If your Majesty permits it. I shall have him recalled (Prayers for the prosperity of the reign). Petition of the ancient slave and servant, Nahar Singh Chief of Ballabhgarh, Seal of Rajah Nahar Singh Bahadur. (Source : *Mutiny Papers*, Collection No. 43, Serial No. 58 Persian).

16/60 PETITION OF AHMAD ALI, CONFIDENTIAL AGENT OF THE RAJAH OF BALLABHGARH

No date

To

The King! Shelter of the World!

Respectfully Sheweth, - That on his departure from this, some time ago, agreeably to your Majesty's orders, to attend the arrangement in his territory, the Rajah left certain necessary articles here, such as clothes & c, which he has now sent for. I pray, therefore, that a passport may be granted, to the effect that the Carts coming from Ballabhgarh are not to be molested by any one, and what when the things are being sent, the Soldiers at the Delhi Gate are not to oppose any hindrance. (Prayers for the prosperity of the reign). Petition of the menial slave, Ahmad Ali, confidential Agent of the Rajah of Ballabhgarh. Seal of Ahmad Ali.

Mirza Mughal will have the pass made out and given (Source : *Mutiny Papers*, Collection No. 146, Serial No.25-26 Persian).

*17 BRITISH ORDER

Dated 17th June 1857

A detailed order stating that to terrify the people in Diwan-i-Khas and Diwani-i-'Am should be bombarded;[10] news of the victory has frightened the citizens; Hakim Abdul Haq of Ballabhgarh should be stopped on his way to Delhi.[11] (Source : *Mutiny Papers*, Collection No. 143, Serial No. 2, Urdu).

*18 LIST OF NAHAR SINGH'S HOUSE HOLD ITEMS IN DELHI

List of the Items in the house of the Chief of Balabhgarh situated in Dariba Makan Nawal Singh

Dated 12 July 1857

1. Pen stand :	1
2. Iron box :	1
3. Copper plate :	4
4. Coat made of *nawar* :	1
5. Coat :	1
6. Rope made of *san* :	4
7. Oalif (Sic) :	2
8. Chair :	1
9. Sheel Conch :	4
10. Table :	2
11. Crate for empty bottles :	1
12. Chilman (Curtain made of small bamboo sticks) :	2
13. Modha (for seating purposes) :	1
14. Chairs :	14
15. Table :	1
16. Small table :	1
17. Swords :	4
18. Chairs 2	
19. Pieces of paintings :	4

20. Kali (portable *hukka* for smoking *tobacco*) :	1
21 Tawa (for putting tobacco in the kali) :	1
22. Dry fruit packets :	7
23 China plates	
24. Bread basket with cover :	1
25. Kasni of China mud (big) :	2
26. Kasni of China mud :	1
27. Kasni :	3
28. Plates :	12
29. Plates (big) :	8
30. Plates (for tea cup) :	24
31. Spears :	2
32. *Sadri* (cotton coat) :	2
33. *Dusooti* (big sheet) :	1
34. Carpet :	1
35. Bowl :	1
36. Wooden Tray :	1
37. Lamp stool :	1
38. Mare :	1
39. Coat :	5
40. *Modha* (for seating) :	2
41. .....:	2
42. Bed Sheet :	2
43. Quaire of paper :	1

(Source : *Mutiny Papers*, Collection No. 61, Serial No.177, Persian).

***19 PETITION OF SHAIKH KHUDABAKHSH, COLONEL OF THE**

REGIMENT 13, BATTALION CADRE, POSTED AT THE OLD FORT

Dated 16th July 1857

To

The King! Shelter of the World!

Respectfully Sheweth, - A petition in regard to the flight of Qalandar Bakhsh, *Risaladar* of the Raja of Ballabhgarh, dated 14 july 1857 was submitted to your Majesty on which order was issued that you should thoroughly investigate with your battalion. In accordance with your Maejesty's order in regard to the investigation in the matter this slave is extremely endeavouring and a guard for the safety of the Government property at the house of the said *Risaladar* has been posted and a trustworthy official who was inside the drawing room of the said *Risaladar* has been posted near the canon and no search inside the house of the aforesaid *Risaladar* has been made. And at the time of taking away the said guard I do neither find Billa, *baqqal* at the house of the above mentioned *Risaladar* nor Mehar Singh Chauhan in the drawing room of the aforesaid *Risaladar* as they had resorted to flight after the arrival of the said guard as numerous of the residents of the Old Fort in large number were also asked about the reason of flight of the two. They told that the two are for the advice and consultation of the said *Risaladar* who had resorted to flight due to the apprehension of the posting of the said guard. Accordingly by confirming the names of these two persons the *sepoys* were sent to summon them. At the time of their arrival they admitted about the said *Risaladar* and they promised to deposit the Government property as well and previously whatever muskets and telescope, etc. were recovered following arrest of the supplier from battalion 71 who is in royal imprisonment and is a relative of the said *baqqal*. Accordingly it is suspected that the surety of the lambardar they were allowed to explain their position. Therefore, they pleaded before the Battalion 71 purporting that they were totally ignorant (of the fact) due to which Battalion 71 got them released on the strength of the surety of the lambardars of other villages. But it is earnestly believed that they would transfer the Government goods elsewhere within a short while and much endeavour would have to be made about these two persons as well as the Government goods. If ordered then these two may be sent to your Majesty otherwise investigation be undertaken here and whatever is ordered shall be complied with.

It was ordered that the statements of Mehr (Singh) Chauchan and Billa Mahajan should be recorded and they would have been either at

Lahore Gate or at the Old Fort.

(Source : *Mutiny Papers*, Collection No. 86, Serial No. 35, Urdu).

20/69. PETITION OF THE RAJAH OF BALLABHGARH

Dated 31st July 1857

To

The King! Shelter of the World!

Respectfully Sheweth, - That your Majesty is fully aware how entirely my former Officials had the most complete authority in every matter, and how unreservedly every business was confided to their care. These men, in their short-sighted cupidity, embezzled and made away with property worth lacs of Rupees. When the secret of their misconduct became disclosed, and I took steps to compel them to render their accounts, and to make restitution for the deficiencies, they one and all, upon one plea or another, went off to Delhi, where they are now residing in their respective homes. So little doe they dread being brought to account by your majesty's Officers, that they have prepared themselves for further acts of ingratitude, and use their worst endeavours to the prejudice and injury of all cases connected with this State, which happen to come before your Majesty's Government. Thus, for instance, your Majesty having been more than ever graciously disposed towards this slave, these men have succeedd, by their false and unfounded representations, in making me the object of your aversion and anger; for they have made you believe that, while I am professedly a servant of the state, in heart I am a friend to the English, that I am collecting stores of lead and powder with traitorous designs; and that I have closed the high road to all travelers and traffic. So completely have your Majesty's feelings of gracious kindliness been changed for those of anger, displeasure and resentment, that Ahmad Ali, who was the trusted Agent of your distrusted slave, and who remained in attendance at your Royal Court, feelings himself in utter disgrace, has come away to this place, at the same time that Qalandar Bakhsh Khan, *Risaladar*, who had been in attendance according to your Majesty's own orders, has received his dismissal. Your exalted highness, all that my enemies have alleged adverse to my interest, are lies which must in the end fail of their object. They trust by such conduct as they have been pursuing to impress your Majesty with a firm belief of their own zeal and devotion, hoping by this means, to secure immunity from all question or inquiry on the part of the Officers of your Majesty's Government, and the quiet and unmolested enjoyment of the immense riches they have amassed by their frauds against this State. My ancestors and I have ever been the ancient and hereditary devoted slaves and servants of this exalted dynasty, and have never entertained an idea of disloyalty against you, who dispenses mandates of the six cardinal point and the seven kingdoms of the world. For unalloyed gratitude and fidelity, I am as silver which has been thoroughly tried. If you test me a hundred times, I shall not fail in the test. The proof of this profession and statement is this. Before the present disturbances I was staying at Delhi on some business. If I did not cherish the most heart-felt devotion and fidelity for your Majesty even then, how was it that I made proposals through the Superintendent, Mir Fateh Ali Sahib, that I might be allowed the honour of an interview? If the obligations of fidelity and loyalty were not impressed in their brightest colours on the tablet of my heart, how was it then that this secret and long-cherished wish should have been disclosed, and should have received expression in words? Let my enemies do what they please I your ancient slave, shall still, under all circumstances, continue your devoted well wisher-

"My eyes will not take the impression of any face but yours,

"My mirror will not reflect the countenance of stranger"

Moreover, although I your ancient slave, profess the Hindu religion, having observed the conduct and behaviour of those who say that God above is supreme,[13] I have remained in subjection to the guidance of the leaders of the Mahomedan[14] faith, in so much that, although from the first existence of the town, there had been no Mahomedan Mosque, either in the Fort or outside in the market, I have caused a lofty one, for congregational prayers, built of stone, to be erected within the Fort itself. I have, moreover, had anEidgah, a place set apart exclusively for prayers at the festival of the Eid, built near my garden called the Dilkhusha, to encourage and conciliate the Mohomedans.[15] I your ancient and eternal well-wisher, have ever desired that the Mahomedan faith should be extensively proclaimed. Your Majesty ! let your displeasure now be changed for feeling of graciousness, and let me, who am an expectant of your kindness, be as before, regarded anew with eyes of favour and benevolence, and let not your Majesty give credence to the false allegations and absured statements of my enemies and adversaries :

"Be watchful against your associates in position,

"For water thought pure by nature, is the rival of the mirror".

Moreover, in your unbounded favour and graciousness, let orders be issued to the servants of your Majesty's Government, to seize the above enemies and inimical characters, and to make them over to me, so that their villainies may come to an end, and the cloud of your Majesty's displeasure and anger may be dispelled; and that I may bring them to an account for my losses, amounting to Lacs fo Rupees. As regards the petition presented to the Lord Saheb bahadur by Rustam Ali, a resident of Kuraoli, that Gaindah and others, eleven persons were taking two carts laden with wheat and wheat-meal, as supplies to Delhi, and that the Rajah's Police Officers seized and sent them to Ballabhgarh, where the freight of the carts were confiscated, I urge that the statements of the petitioner are altogether false, and contrary to facts. The true features of this business, without reserve or exaggeration are Gaindah, who is a leader of ill-conducted characters and highway robbers, had, in the first instance, accompanied by some desperados, residents of his own village, plundered the village of Nuglee, in the Bhadrapur jurisdiction, and conveyed the booty to his own and adjoining villages. Subsequently, bent on plunder, they made a raid on the village of Mugrowli in the Ballabhgarh jurisdiction. By the merest chance, the Police and Revenue Officers of Faridabad happened in their patrolling excursion to come to the Mugrowli boundary, and saw what was going on, when these plunderers and highway robbers immediately consulted their safety inflight; but the Revenue Officers acting with decision and promptitude, seized some of the miscreants, and having pinioned their arms, forwarded them to the Criminal Court of this place. The file of papers compiled in this case is forthcoming. If, in proof of what is here stated, it be so ordered, the original, or a copy, as may be required, shall be submitted for your Majesty's inspection, when you will be thoroughly informed of all the facts. The case of the Buggy and nabi Baksh Merchants is similar. The particulars of this matter are, that my servants had purchased the Buggy, which has been attached from a Brahman Subadar of the 11th Regiment of Native Infantry and Nabi Baksh Merchant was proceeding in it to Ballabhgarh. So pray your Majesty! Certainly inquire into this case. As one or two English letters were found in the Buggy, I solemnly swear by God, that I, or my servants, have no knowledge of them whatever, as to who is the writer, who the addressed, or what their purport. It accordingly appears evident that some enemy of this State has had those letters written surreptitiously, by some one acquainted with English, and has had them concealed in the Buggy, Let your Majesty certify yourself of the truth of all that is here submitted by the testimony of the priests, at the shrine of Mohammad Shah Nizam-ud-din.[16] May he ever be blessed. I beg I may be honoured with a favourable reply to this petition. Prayers for the prosperity of the reign. Petition of the slave, Rajah Nahar Singh Bahadur, Chief of Ballabhgarh. Seal of Rajah Nahar Bahadur.

(Source : *Mutiny Papers*, Collection No. 43, Serial No.43, Persian).

***21 PETITION OF AN UNKNOWN WRITER**

Dated 4 August 1857

To

An Unknown Addressee,

Tells that Madhu Narayan Rao of Kayasth caste is of black complextion from the side of the Chief of Ballabhgarh is in your army and that fellow shall communicate the news of his army to the emperor...The petition of the chief of Ballabhgarh was brought to the notice of His Majesty promising that the supply of provisions is my duty and the Fort of Tughlaqabad has since olden times is in my control which may now kindly be confirmed in my favour. Accordingly his representation was accepted and Ramazani Zamindar was posted in that fort and the arrangement of supplies of provision has been undertaken by the said Rao. (Source : *Mutiny Papers*, Collection No. 19, Serial No. 27, Urdu).

22/70. PETITION OF THE RAJAH OF BALLABHGARH

Dated 5th August 1857

To,

The King! &c., &c

(After a long preamble of the most fulsome and unmeaning compliment)

Respectfully Shcweth,-That blessed and happy is the last of those who enjoy the bliss of remaining in your Majesty's presence. Although I have not been able to realize this happiness, and am still actually at a distance, but, with a hundred solemn assurances of my good intentions as of old, and with a thousand sincere professions of my fidelity as throughout time immemorial I ever had, I nevertheless fell as though I were amongst those who are immediately near your exalted throne. Humbly and respectfully presenting my congratulations, I sent 8 Gold Mohurs, as an offering of felicitation on account of the festival of the Eid, and trust they will be condescendingly accepted. Prayers (the most extravagant) for the prosperity of the King, and invectives and curses the most rancorous and bitter against his enemies.

For your Majesty	...	...	5 Gold Mohars
For the Queen	...	...	2 Ditto
For the Prince, Mirza Jawan Bakht	...	...	1 Ditto

Petition of the slave Rajah Nahar Singh Bahadur, Chief of Ballabhgarh, Seal of Rajah Nahar Singh Bahadur.

(Source : *Mutiny Papers*, Collection No. 43, Serial No44, Persian).

23/72 ORDER BY THE KING, WITHOUT SIGNATURE, CYPHER, OR SEAL

Dated 8th August 1857

To

Rajah Nahar Singh

Your petition with an offering of 8 Gold Mohurs has been received; and has been the means of confirming our confidence on your good intentions. As you are a hereditary slave, it is incumbent on you not to neglect one of the obligations of fidelity and devotion. Be assured of your kindness.

For myself	...	...	5 Gold Mohurs
For the Queen	...	...	2 Ditto
For Mirza Jawan Bakht Bahadur	...	...	1 Ditto

24/72. ORDER BY THE KING, WITHOUT SIGNATURE, CYPHER, OR SEAL

Dated 9th August 1857

To

The special Slave worthy of kindness and favour! Rajah Nahar Singh Bahadur

Consider yourself receiving the Royal favour, and know that your missive sending a present of 8 Gold Mohurs as a present of congratulation on the occasion of Eid-i-azha has not removed my displeasure in the least. As it has not been the custom of this Court to return such presents, yours has been accepted. It is imperative on you to follow in the path of your father and your grandfather, and from your heart to engage in acts of devotion and zeal; Be assured of our kindness.

(Source : *Mutiny Papers*, Collection No. 43, Serial No.50, Persian).

25/54. PETITION OF BHUTIA, LAND HOLDER OF FARIDABAD

(No date, it is, however, pre 12th August 1857)

To

The King! Shelter of the World!

Your Majesty, - This slave is a land-holder of Faridabad and is a silversmith by caste. The matter he has to submit is that 50,000 Rupees, more or less, belonging to the Government of the East India Company, are now in the subordinate Revenue Office at Palwal. Some of the Ballabhgarh Raja's officials went there; but the land holder of the place would not allow them to take the money. Your slave, therefore, prays that 100 horsemen and 50 infantry may be sent with him he may bring it away, and pay it to the Royal Treasury. Your zealous slave is exerting himself solely that he may obtain a subsistence. It was necessary, and is submitted. Further on perusal of this petition let orders be issued, and with the cavalry and infantry, let a means of conveyance for your slave be also bestowed. Petition of Bhuta, land holder of Faridabad.

AUTOGRAPH ORDER BY THE KING, IN PENCIL

Mirza Mughal will speak to the officers of the Army, and will immediately take steps to sent for this treasure.

(Source : *Mutiny Papers*, Collection No. 69, Serial No.58, English Translation).

26/73 PETITION OF THE RAJAH OF BALLABHGARH.

Dated 14th August 1857

To

The King! Vicar of God! &C.

Respectfully Sheweth, - That I have had the very great honour to receive your Majesty's missive, acknowledging the receipt of my congratulatory present, on the occasion of the festival of the Eid. I have considered myself highly honoured and distinguished; but where is the tongue, or where the language with which I could appropriately express my praises and thanks for such eminent condescension and graciousness, and as regards the intimation that the cloud of your Majesty's displeasure has not yet been entirely dispelled, do, my Lord! Let me urge, that I am, as is already well known to you, an old and ancient, true and faithful servant of your Majesty's house, that I am from my heart, every moment and every second, occupied in carrying out your Majesty's orders. There is not a day that my heart forgets to think upon all your kindness - there is not a moment that my tongue does not speak of your great condescension. Pray do, under all circumstances, consider me your slave, as one of the lowliest of your Majesty's servants, and condescend to regard me with the eyes of graciousness and favour, for your Majesty's unbounded kindness and support, were in times long gone by always bestowed on the ancestors of me, who am the least of all your servants, and your Majesty's countenance and protection in every variety of way, were ever abundantly conferred on me personally also. Depending on all these former abounding and conspicuous kindnesses, mercies and favours, I trust that the cloud of displeasure which owing to the false and unavailing statements of my enemies, has dimmed the mirror of your Majesty's mind naturally bright as the sun, will now be dispelled and dissipated, and the dust of anger and dissatisfaction towards me, will be washed off and removed. Moreover, my trusted representative at your Majesty's Court has from the same cause settled on the edge of Your Majesty's disposition towards me, will be washed off and removed. Moreover, my trusted representative at your Majesty's Court has, for some time, been denied the happiness of presenting himself and I pray now that he may be directed to attend. I present the same request in reference to the *Risaladar* of my troops of Cavalry. I further pray that I may be favoured with kettle-drums and standards, as a means whereby your Majesty's fame and greatness may be proclaimed to the four quarters, and the six cardinal points of the world, and at the same time, the credit and dignity of me; your faithful and devoted standard-bearer, may be advanced among all classes. An auspicious desire to wait on your Majesty continues impressed on my heart; but as yet I have been so yet I have been so unfortunate, as not to have been able to realize this heartily cherished purpose, in consequence of the numerous ailments with which I have been afflicted since I came from Delhi, and from which I have not yet obtained complete relief. May your Majesty's victorious and conquering standards always be elevated, and may defeat for ever attend on your enemies. Petition of the slave Rajah Nahar Singh Bahadur, Chief of Ballabhgarh. Seal of Rajah Nahar Singh Bahadur.

(Source : *Mutiny Papers*, Collection No. 43, Serial No.52, Persian).

27/74 Order without signature, Cypher or seal, Apparently from Mirza Mughal

Dated 16th August 1857

To

The special slave, Emblem of good intentions, Rajah Nahar Singh of Ballabhgarh.

Consider yourself honoured. Frequent occassions for verbal instructions occur, and a necessity is then felt for the presence of the trusted representative of our faithful retainers. It is accordingly necessary and proper that an agent from you, our special slave, should remain in attendance. You are, therefore, directed to nominate two of your trusted servants as yours agents, and to send them to the Royal Court, so that whenever verbal orders may be necessary, no difficulty may be experienced. Entertain every confidence, and in sending the agents allow no delay to occur, for with the blessing of God, it is not possible or probable that they can have any thing to dread or fear from this Court. Consider yourself honoured.

(Source : *Mutiny Papers*, Collection No. 43, Serial No.53, Persian).

*28 PRINCELY ORDER FROM MIRZA SULTAN MOHAMMAD ZAHIRUDDIN BAHADUR SON OF MOHAMMAD BAHADUR SHAH BADSHAH GHAZI

Dated 16th August 1857

The special disciple having signs of discipleship Raja Nahar Singh Bahadur worthy of favours (Should know) that most often the verbal communication without the presence of the confidents of that sincere one is considered a cause of inconvenience. Under the circumstances the presence of the plenipotentiaries of that special disciple before His Majesty and in our presence as well as appropriate and suitable. Accordingly, it is hereby written that sign of pillar (Strength) as per the old practice should depute his confidents remaining in contact with the sublime court so that in any emergency no problem should be encountered in communicating certain verbal orders. Let him remain content in every way without causing any delay in dispatching them. He should remain assured that by the grace of the Almighty Lord they can never imagine any danger or apprehension whatsoever from this sublime court. He should recognize much favours.

(Source : *Mutiny Papers*, Collection No. 147, Serial No. 3, Persian).

29/75 PETITION OF THE RAJAH OF BALLABHGARH

Dated 22 August 1857

To

The King! Vicar of God! &C., &c.

Respectfully Sheweth, - That it is well impressed on your Majesty's mind, that your petitioner is by ancestory, the home-born slave of your illustrious house; and that I your slave,[17] and my ancestors, as I still continue to do, have ever remained in subjection to your Majesty's orders, and have always been engaged in acts of obedience, devotion and zeal; and I therefore cherish the most anxious desire to present myself at your Court. The proof of this statement and profession is, that if I did not consider myself as nurtured and reared by your hands, and if I did not in my heart cherish and preserve the most anxious desire to obtain an interview, knowing what unbounded benefits I should realize, how then was it that during the Government of English, I repeated my petition through Mir Fateh Ali, for permission to wait on your Majesty. When I did so, you were pleased to observe that my heart-felt fidelity and devotion were manifest, but that from prudential considerations, necessary at the time, my attendance in your presence would not be proper lest some evil might ensue. That your slave now has the misfortune not to realize the happiness of presenting himself at your Court, is to be ascribed to two reasons. The first is, that since the day of my return from Delhi, I have been suffering from various bodily complaints and ailments, esxternal and internal. The second reasons is, that as my enemies have alienated your Majesty's kindness and good will from me, by means of their false and calumnious statements, I have been afraid, lest on my going to Delhi, they might devise some plan for my being subjected to indignity and disgrace, and by feeding the fire of your Majesty's wrath with the oil of falsehood badly and audaciously advanced, might raise its flames to twice their present fury. I have, moreover learned from several quarters that the officers and servants of the State are just now very much straitened in pecuniary means, and that they have accordingly arranged for demanding a contribution and present in money from me, although my income is very limited. Your Majesty, who is thoroughly acquainted with the whole of the affairs and circumstances, public and private, of all your retainers, knows also, that compared with the states of all the other Chieftains, your slave's territory is considerably the smallest, and that its revenue has never been equal to its necessary and unavoidable expenses; but that on the country, the State has always been thousands of Rupees in debt. As regards that which had been accumulated by the ancestors of this least of the lowest of your servants, it is to be submitted that the former officials of my Government, by embezalement and fraud, plundered and carried away the whole of that, and emptying my treasury and store rooms, have abundantly filled their own houses with the money and property they had contained. Having absconded from this, they went off to Delhi, where they are now staying at their homes, connecting and propagating every variety of calumny and scandal against my Government. Under these circumstances, then, how could I, your slave, whose means are so limited arrange for a contribution, a present in money, and the expenses of the

Army? Yes, certainly, if your Majesty's advisers and the servants of your Government will, according to the list below, apprehend and make over to me my former faithless and corrupt officials, who are now residing in Delhi, and who, by their embezzlements, have robbed me of about eleven lacs and twenty-five thousand Rupees, half of whatever I may be able to recover from them of their plunder I shall pay into the Royal Treasury. If, on the other hand, it is not deemed advisable that they should be seized and made over to me, then let your Majesty's servants themselves apprehend them, and recover the claims and demands of this State. Of all, the money that may be thus recovered, let them pay such portion as they may think fit into the Royal Treasury, and let them return the rest to me. The emblem of nobility and greatness, Mir Fateh Ali condescendingly took the trouble to come here, and by doing so has laid me under obligations as if he had conferred unlimited kindness. He evinced, moreover, a very kind and fatherly interest in my affairs. All the orders which were entrusted to Mir Fateh Ali for verbal communication I have been made acquainted with by him, word for word; as the answers were such as it was not expedient should be put into writing. I have explained them to the Mir Sahib, who will communicate them to your Majesty verbally. A further petition is, that whatever he may urge in behalf of your Majesty verbally, who am a slave deserving of your kindly graciousness and favour, may in every respect be accepted and approved of, with that wanted kindness, condescension, support, and benevolence from ancient times. All that was necessary I have submitted for your Majesty's information. May your Majesty's servants ever be cheered by victory and conquest and may your destitute enemies ever be dispirited and humbled by calamities and oppression :

The Physician Abdul Haq, who was Prime Minister of the State
Rs. 10,00,000

Mukta Parshad, Lawyer[18]	Rs. 15,000
Rajah Lal, Chief Secretary	Rs. 10,000
Nisar Ali, Deputy Prime Minister	Rs. 10,000
Jowalla Nath Pandit, Treasurer	Rs. 30,000
Sher Khan, the said Physician's personal friend	Rs. 25,000

Hissar-ud-din, Jemadar and Superintendent of my landed property In Delhi, who was also assistant to my Lawyer
Rs. 5,000

Amir Ali, Superintendent of Buildings and Store- rooms	RS. 10,000
Saadat Ali Khan, Police Officer	Rs. 8,000
Ahmad Mirza farmer of Ballabhgarh Villages of my Vineyard In Delhi	Rs. 10,000
Mubarak Ali Khan	Rs. 2,000

Petition of the salve, Rajah Nahar Singh Bahadur. Seal of Raja Nahar Singh Bahadur

(Source : *Mutiny Papers*, Collection No. 147, Serial No. 4, Persian).

*30 PETITION OF AN UNKNOWN PERSON

Dated.25 August 1857

To an unknown addressee.

Tells that on 24th August 1857, the Raja of Ballabhgarh has sent Rs. 10,000 along with a horse for the expense of the army accompanying with Fateh Ali, Superintendent (Darogha) was dispatched to the emperor.

(Source : *Mutiny Papers*, Collection No. 18, Serial No. 6, Urdu).

31/76 PETITION OF THE RAJAH OF BALLABHGARH

Dated 1st September 1857

To

The King! Vicar of God! &C., &c.

Respectfully Sheweth,- That I have had the very great honour to receive your Majesty's missive replying to my petition, intimating your acceptance of my present of a dun horse, and directing me to entertain no fears of oppression from the Army. The acceptance of my present has conferred on me the highest distinction. Let your Majesty ever consider me your devoted and ancient slave and servant. If with your unlimited graciousness and favour, you will be pleased to bestow the Pali and Palwal sections of the District on me, I shall make the most complete Judicial and Revenue arrangements there. So complete shall these arrangements be, that everyone high or low, rich or poor, will be satisfied with them, and your Majesty also will graciously view your slave's tact, exertions and plans, with approving favour and kindness. Prayers for the continuance of the King's victories and conquest. Petition of the slave, Rajah Nahar Singh Bahadur. Seal of Rajah Nahar Singh Bahadur.

(Source : *Mutiny Papers*, Collection No. 147, Serial No. 5).

32/77 PETITION OF THE RAJAH OF BALLABHGARH

Date 2nd September 1857

To

The King! Vicar of God! &C., & c.

Respectfully Sheweth, - That I have had the very great honour to receive your Majesty's missive, intimating your acceptance of my present of a dune horse, and directing me to be assured that no one of the Army shall commit any act of oppression or grievance against the Ballabhgarh State. I feel as though I were elevated to the very summit of distinction. The tongue and language are alike altogether at fault adequately to express thankfulness commensurate with such signal and abounding graciousness and condescension. May God preserve and protect your Majesty, to the end of time, in the performance of similar acts of favour and support ! Refuge of Royalty! It is a most extraordinary circumstance, that your Majesty has ordered that no one connected with the Army shall commit any act of oppression against the Ballabhgarh State; and today, the 2nd of September 1857, I receive a letter from Mohammad Bakht Khan, Commander-in-Chief of the Army, saying that all the prisoners throughout the country had been set at large, but that Hardeo Bakhsh, Pran Sukh and others, Dhusar, and Jama' at Khan, coachman, were still in imprisonment, and directing me to forward them to the Army, together with their bonds and engagements, in the custody of the ten Troopers he had sent. It is fully known to your Majesty that the above-named prisoners are accountable to this State for frauds amounting to Lacs of Rupees, and have agreed to pay this money for which they are so accountable. How then can men responsible for such claims and demands be released; for if they should be set free, the loss to me, you slave, would be excessive. The above prisoners are not like those incarcerated in Criminal Jails, from whose enlargement and release from prison no manner of loss could result. If such detunes as the above are released, endless evils, mischievous to my arrangements, will arise, and their suppression afterwards will be exceedingly difficult. Under these circumstances, then, I humbly supplicate that an order may be issued to the Commander-in-Chief to refrain from requiring that persons responsible to the Ballabhgarh State should be sent to him, and that he will on no account call for them, as from such proceedings on his part, it is in every point of view evident that damage to the very foundations of this State must accrue, I trust, therefore, that my request will receive the honour of approval, for I, your slave, am an old and devoted servant and well-wisher of your throne, which is the threshold of earth and heaven. I expect, moreover, that your Majesty's servants will make over Hakim Abdul Haq, Pandit Jowala Prashad and others my Officials, as I have claims against them, amounting to about eleven Lacs and twenty-five thousand Rupees, so that I may realize this money from them. Prayers for the King's prosperity. Further, I forward the Commander-in-Chief's letter in original. After perusal, let it be kindly returned, with a favourable answer to this petition. Petition of the slave Rajah Nahar Singh Bahadur. Seal of Rajah Nahar Singh Bahadur.

(Source : *Mutiny Papers*, Collection No. 147, Serial No. 6).

III

Interestingly enough the inclusion of the translation in English made in connection with trial of Bahadur Shah Zafar alongside entangling Nahar singh together with the tranalsation of ten newly discovered documents does clarify a many complicated issues. Although Bahadur Shah had already appointed a *thanedar* (Station House Officer) at Badarpur who was present at Arab Sarai, yet Nahar Singh almost simultaneously posted a Police Officer of his own who was got dismissed by the emperor. Furthermore, a representation of facts or *mahzar* clearly stipulates the problems encountered by the Muslim and Hindu residents of the shrine of Hazrat Nizamuddin Auliya, Arab Sarai and the mart of Iradatmand Khan due to the apprehensions of the Gujar caste following the establishment of a *thana* Badarpur.

Consequent upon the receipt of a complaint by one Zahiruddin against Nahar Singh which however, proved fatal as it became one of the causes of permanent consternation to Bahadur Shah who even charged the Chief of Balabhgarh as a disloyal one. Surprisingly the items of the Raja of Ballabhgarh going outside the Old Fort towards Ballabhgarh were detained. The imperial wrath became so much evident that the inventory of the house hold items of the Chief of Ballabhgarh situated in Dariba was also prepared.[19] This was not only related to Raja Nahar Singh even his *Risaladar* Qalandar Bakhsh Khan's house also came under the direct imperial surveillance in view of the stay of the two persons at his residence.

Despite the misapprehension of Nahar Singh which occasionally much bad blood Nahar Singh was compelled to offer frequent and detailed explainations about the misunderstanding against himself to the emperor due to the representation of his adversaries which even led the emperor to designate Nahar Singh as a disloyal one (*namak-haram*). However, the chief of Ballabhgarh due to his political dexterity was shrewd enough to plead his case often successfully on several occassions as his lengthy representations certify such pleadings. Even Nahar Singh pleaded for confirmation of the charge of Tughlaqabad Fort which was practically under his direct control by the time of his ancestors contingent upon the Raja's supply of provisions to the royal army (i.e. the freedom fighters).

Taking cue from such political changes Bhutia, the *zamindar* of Faridabad , intimated the emperor for sending the requisite contingent for seizing the British treasury at Palwal to which he strictly denied access to the men of the Chief of Ballabhgarh thereby proving that he was more loyal to the Mughals then the other claimants who sought the treasury for themselves contrary to it the Meo Community wanted to plunder it either for the emperor or for the imperial cause.

In view of the exigency of the situation Bahadur Shah ordered for the posting of the Raja's two plenipotentiaries for verbal communications which was also ratified by an order of Prince Zahiruddin. Nahar Singh even sent Rs. 10,000/- to the emperor. Thus we can presume that notwithstanding his exhibition of sincerity and loyalty Raja Nahar Singh tremendously suffered at the hands of his adversaries because neither the English nor the emperor could recognize his real worth which was probably due to his reconciliatory approach because he wanted to support the Mughal imperial authority side by side protecting his principality against the imminent British onslaught in which mission he could not become successful and as he was hanged to the gallows due to the machination of the English who could not realize his real zeal.

Fortunately or unfortunately Nahar Singh has got historians like Prof. S.M.Azizuddin Husain who simply translated the English version of his correspondence with Bahadur Shah Zafar (which is most often in Persian), in Urdu giving the impression that as if he had written in Urdu whereas the fact remains that except for some officials their correspondence was conducted in chaste Persian. Furthermore, we find 32 letters exchanged between them and their officials while Prof. Aziz provides Urdu translation of 19 documents with their brief summaries in English ignoring 13 letters at all. Since Prof. Aziz, has not consulted the original correspondence otherwise he would have referred to the remaining 13 letters which have escaped his attention. I have, however, not only reproduced the authentic translation of 22 records of course, by providing references to all the 32 documents but also endeavoured English translation of the newly found ten documents which throw a gleaning light on the chief of Ballabhgarh, that have been completely excluded both by the official English translator and Prof. Aziz together with furnishing useful information about all the documents in the footnotes. I do hope, that the future historians shall thoroughly examine and interpret these newly searched and the old records in the light of other sources to supplement the information already available about the Chief of Ballabhgarh who has been specifically mentioned by

Mirza Ghalib in his *Dastanboo* and whose records have been destroyed side by side defacing his building except for these 32 records found amongst the *Mutiny Papers*, now preserved in the National Archives of India, New Delhi because numerous of the original records are no more due to the Great Revolution of 1857. There is ample need for publishing the original correspondence with its translation and the photographic reproduction of the documents.

References

1. *Press light of Mutiny Papers, 1857 - Being Collection of the Correspondence of the Mutineers at Dellhi, Report of the spies to English Officials and Other Miscellaneous Papers*, Imperial Records Department, Calcutta, 1921.
2. S. M. Azizuddin Husain, *1857 Revisited*, Delhi, 2007.
3. Zakir Husain; *The Role of Nahar Singh in the Great Revolution of 1857–A Second reconnaissance*. (forthcoming).
4. *Parliamentary Papers*, No. 102 of Session 1859. The proceedings are also separately published in 1858 as indicated in the following footnote.
5. *Cf. Proceedings of the Trial of Mohammad Bahadur Shah Titular King of Delhi before a Military Commission upto a Charge of Rebellion, Treason and Murder held at Delhi on the 27th day of January 1858 and following days*, Calcutta, 1858.
6. Cf. Zakir Husain, *National Archives ke Kaghzat-i-Ghadar* (Mutiny papers) & C., paper read in an International Seminar on Inqilab-i-1857 aur Urdu *Zuban-o-Adab*, Delhi, 27-28, October 2007. (forthcoming) idem, The Role of Jat, Meos, Ahirs and Gujars in Delhi and Neighbouring Region in the Great Revolution of 1857 as Depicted in Contemporary Records - papers read in a Seminar on 1857. (forthcoming).
7. Prof. Azizuddin Husain has furnished the Urdu translation from the English version of the Proceedings & C. made from the original Persian text of the correspondence, while I have been able to provide translation of 32 documents including the translation of the text of 22 records made by James, Murphy, which has, however, been annotated by me, of course, after a thorough reading of the original text in Persian.
8. Prof. Azizudin Husain has silently translated the English version into Urdu giving the impression that as if the entire correspondence was made in Urdu that he has simply reproduced which is, however not the case. Since Nahar Singh was well aware of the Mughal etiquettes and culture he used to maintain a competent munshi to draft the letters in Persian as his name is also given therein. Why he has ignored altogether the remaining 13 letters which could bring the total number of records of 32 documents as is reflected in my paper.
9. *Tuyul* or *jagir* are often used interchangeably which means assignments of land to the princes or jagirdar.
10. The shape of things to come is evident even from this order and they practically indulged in such a great vandalism when they began to bombard it in the quest of their conquest of Delhi. When the British practically captured it in 1857 they pulled down the gorgeous *harem* apartments since November 1857 and in their

place erected a line of barracks. But even at this time, the destruction was regarded as an act of Wanton Philistinism. According to James Fergusson, those who carried out this fearful piece of vandalism did not even think to make a plan of whatever they were destroying, or preserving, any record of the most splendid palace in the world. (*History of Indian and Eastern Architcture*, London, 1876, p. 594). William Dalrymple laments that barracks should of course have been torn down years ago, but the Fort's current proprietors, the Archaeological Survey of India, have lovingly continued the work of decay initiated by the British. White marble pavilions have been allowed to discolour; plaster work has been left to collapse; the water channels have cracked and grassed over, the fountains are dry. Only the barracks lookwell maintained. (*The Last Mughal, The Fall of a Dynasty*, Delhi, 1857, Penguine, 2006, pp. 7-8).

11. It was the same flight for which the Chief of Ballabhgarh lamented in his letter of 22nd August 1857 wherein he blamed Abdul Haq, the former Prime Minister of Ballabhgarh State who had ten lakh Rupees of the Raja of Ballabhgarh outstanding against him to the aforesaid State. The Chief of Ballabhgarh had alleged that this much amount was pending payment when he resorted to flight to Delhi and that he also sought his custody for himself together with other offenders so as to recover the stipulated amount contingent on the payment of half of the amount to the Emperor out of Rs. 11,25,000/- to be realized from them.

12. Commandantship of a territory or the charge of the law and order, cf. M.Athae Ali, The Apparatus of Empire-Aards of Ranks, Offices and Titles to the Mughal Nobility, 1571-1658, Delhi 1985, p.xxv. By this terms is meant the time when the Raja of Bharatpur held his principality under the Muslim rule in consideration of certain sources which were assigned to him and which are called the *Faujdari*. Hence, it is that the Jats of Bharatpur and the surrounding districts call themselves Faujdars and even when asked their castes, replied that they are *Faujdars*.

13. It can also be translated as God is Sublime and Supreme.

14. It should be rendered as leaders of Islam.

15. This translation is an old fashioned misleading one which should be read as Islam as Prophet Mohammad (PUBH) was the last messenger of Islam.

16. It may, however, be clarified that it does simply refer to one Maulana Shah Mohammad Nizamuddin and not the priest of the shrine of Hazrat Nizamuddin because in 1857 A.D. shah Hasan Ali was the priest of the *dargh* of Hazrat Nizamuddin Auliya When Bahadur Shah gave three sacred heirs of the beard of the Prophet Mohammad which he had passed as sacred trust rom the father to the son in the house of Timpur since the fourteenth century to which Zafar had especially attached. The Palace diary and other accounts refer to him personally bathing the heir in rose-water, cf. Munshi Faizuddin, *Bazam-i-Akhir Yani Shahr-e-Delhi ke do Akhri badshahon ae Tareeq-i-Maasharat* (The last convivial gathering of the mode of life of the last two kings of Delhi) Lahore, 1965, p-27. Accordingly to the tradition of the Nizami family Zafar then handed over these ancestral relics into their safe keeping. These included three sacred heirs from the beard of the Prophet Mohammad (PBUH). For this the emperor himself came from the Humayun tomb. Cf. William Dalryample, *The Last Mughal, the Fall of a Dynasty*, Delhi, 1857, Delhi 2006, p.370.

17. The original word Khanazada used in the text stands for the son of a noble as his grandfather established his rule in 1803 who was succeeded by his father where after Nahar Singh became the Chief of Ballabhgarh.

18. Lawyer does stand for ambassador or representative or plenipotentiary (though in modern usage the word means merely lawyer) Cf., William Dalryample, p. 496.

19. Since the Raja of Ballabhgarh maintained cordial relations with the Mughals (besides having his own house in Delhi) it was but natural that Ramadhan Singh asked the C-in-C for instructions how to dispose of the articles of the collapsed houses belonging to the Ballabhgarh people. Accordingly, the C-in-C decided that the owners of these houses were to remove the articles, (*Mutiny Papers*, Collection No. 112, Serial No. 50, Persian). Furthermore the C-in-C directed Ramcharan Singh, *Subadar*, to allow the men of Ballabhgarh to take away the doors, windows, etc of their houses that collapsed during the rains. The *Subadar* intimated that they had removed the articles accordingly. (*Mutiny Papers*, Collection No. 115, Serial No. 115, Urdu).

Chapter - 23

1857 की पहली जंगे-आजादी और नाहर सिंह का चरित्र एक ऐतिहासिक विश्लेषण

प्रो. अजीजुद्दीन हुसैन

1857 ईस्वी हिन्दुस्तान की तारीख में बड़ी अहमियत रखता है। 1857 ई. पर फारसी और उर्दू में दस्तावेज National Archives of India, New Delhi, भोपाल, उत्तर प्रदेश State Archives लखनऊ, इलाहाबाद, Bihar State Archives पटना, हरियाणा State Archives Chandigarh वगैरह में मौजूद हैं। इसके अलावा रोजनामचे और तजकरे भी मौजूद हैं। 1857 पर पहला काम सर सैय्यद अहमद खाँ ने किया और उनकी दो किताबें *असवाबे-बगावते-हिन्द* और *सरकशी जिला बिजनौर* से 1858 और 1859 में प्रकाशित हुईं। 1908 में मराठी में वी.डी. सावरकर की किताब *हिन्दुस्तान की पहली जंगे-आजादी* प्रकाशित हुई। उसके बाद आधुनिक काल में Prof. Bipin Chandra ने इस मौजू पर काम किया। इसको ज्यादातर इतिहासकारों ने बगावत, गदर और सरकशी वगैरह ही बताया है। सावरकर ने पहली मरतबा इसको जंगे आजादी का नाम दिया। लेकिन जो काम आधुनिक काल में इतिहासकारों ने किया वो अंग्रेजी रिकार्ड को बुनियाद बनाकर किया गया और जो मवाद फारसी और उर्दू में मौजूद था उस जबान से जानकारी ना होने की वजह से नहीं किया गया। नतीजतन 1857 पर Research का दारोमदार अंग्रेजी रिकार्ड्स ही रहे। 1957 में जब हमने 1857 की 100वी. सालगिरह मनाई तो मुल्क आजाद था लेकिन हमने उस वक्त भी फारसी व उर्दू दस्तावेजात के अध्ययन के बारे में कोई फैसला नहीं किया। ऐसा लगता हैं कि शायद हमने यह तय कर लिया था कि 1857 पर जो काम हो चुका है वो काफी है। और अतिरिक्त काम की कोई गुंजाईश नहीं, लेकिन जब 1857 की 150वी. सालगिरह मनाने का सवाल उठा तो

उसके Sources के बारे में भी सवालात उठे। तब यह बात सामने आई कि 1857 पर जो लगभग 80 हजार उर्दू और फारसी दस्तावेजात और मसतुतात की शक्ल में मौजूद हैं उसका अध्ययन तो किया ही नहीं गया। उन दस्तावेजात के अध्ययन में दो मुश्किलें हैं एक तो यह कि फारसी और उर्दू में हैं और काफी दस्तावेजात खते-शिकस्त में हैं जिनका पढ़ना मुश्किल काम है। दूसरे 150 साल गुजर जाने के बाद भी ना तो हम उसका index ही बना पाए और ना ही Calendering कर पाए, उसका तरजुमा तो बड़ी बात है।

National Archives के इन दस्तावेजात में मुजाहिदे-आजादी राजा नाहर सिंह राजा वल्लभगढ़ के भी फारसी और उर्दू खुतूत मौजूद हैं जो उन्होंने बहादुरशाह और दूसरे मुगल अमीरों को लिखे थे या उन लोगों ने राजा नाहर सिंह को लिखे थे। डॉलरिम्पल ने अपनी किताब में यह सवाल उठाया है कि 1857 के मुजाहिदे-आजादी और आज के तालीबानी एक है। दरअसल उनका यह ख्याल गलत है क्योंकि मुजाहिदे आजादी को हिन्दी में स्वतंत्रता सेनानी कहेंगे लेकिन क्योंकि यह दस्तावेजात फारसी और उर्दू में है लिहाजा जो भी हिन्दुस्तानी चाहे वो हिन्दु हो या मुसलमान उसको मुजाहिद कहा गया जो मुल्क की आजादी के लिए अंग्रेजों से लड़ा और अपनी जान दे दी। यह मसला अंग्रेज इतिहासकारों के साथ है कि बावजूद इसके कि उन्होंने हिन्दुस्तान की तारीख पर काफी काम किया है लेकिन वो इस मुल्क की तारीख की रूह से वाकिफ नहीं हो सके और जो गलतियाँ हिन्दुस्तान की तारीख के सिलसिले में उन्होंने 19वी. सदी में की थीं वही गलतियाँ वो 21वीं सदी में भी कर रहे हैं।

11 मई 1857 को आजादी की पहली लड़ाई का आरंभ देहली में हुआ और बहादुरशाह को बादशाह तसलीम कर लिया गया जिसके नतीजे में बहादुरशाह ने दूसरे राजाओं और नवाबों को खुतूत लिखे। एक खत बहादुरशाह ने राजा नाहरसिंह को लिखा उसके जवाब में नाहरसिंह ने एक खत बहादुरशाह को लिखा। इस खत पर तारीख नहीं है लेकिन यह खत मई के दूसरे हफ्ते की किसी तारीख का लगता है। नाहरसिंह लिखते हैं "बा हुजुर बाद्दशाह जहाँ पनाह खुदावन्द बनी आदम जिल्ले सुबहानी, विनम्र निवेदन है कि हुजूरे आली का हुक्म बावत मेरे हाजिर दरबार होने और शहर देहली की पुलिस का इंतेजाम हाथ में लेने के मौसूल हुआ जिसके साथ ही दूसरा हुक्म हिफाजते सड़क पर खादिम को तवज्जो दिलाने और मुसाफिरों की सलामती के तरीके अख्तियार करने और रसद वगैरह की बावत मिला। मैं ये सच अर्ज करता हूँ कि इन आदेशों ने सादिर होकर मुझे बेहद सम्मानित किया है। शंहशाह अगरचे हुजुर के इकवाल व दबदबें से गुलाम के इलाके में शांति व्यवस्था स्थापित हो चुकी है जिसके लिए मैं दिन-रात कोशिश में सरगर्म रहता था ता हम

मौजा पाली और पलवल में जो तालीबदार के इलाके से मिले हुए है चंद बदमाश ऐसे पैदा हो गए हैं जिन्हों0ने कत्ल ओ गारत शुरू कर दिया है और ऐसी-ऐसी डकैतियाँ, चोरी और राहजनी कर रहे हैं जो बयान नहीं की जा सकती।" यह खत जाहिर करता है कि 11 मई 1857 के बाद इंतजामे हुकुमत खराब हुआ और लोगों ने उसका फायदा उठाना शुरू किया। बहादुरशाह ने इस सिलसिले में एक खत नाहर सिंह को भी लिखा जिसके जवाब में उन्होंने अपने इलाके में इंतेजाम बेहतर करने और लोगों कि हिफाजत करने के सिलसिले में इकदामात किए। एक और खत 21 मई 1857 ई. में नाहर सिंह बहादुरशाह को लिखते हैं "ये आले खिदमत हजूर बादशाह जहाँपनाह मोदबाना गुजारिश है कि बमोजिब हुक्म शहर देहली और पोलिस स्टेशन बदरपुर का इन्तजाम, जो खाकसार के सुर्पूद किया गया है, हो रहा है अगर हुजूर ने किसी और थानेदार को मूमताज फरमाया है तो मै आलीहजरत के हुक्म के बमोजिब तमाम मातहत अफसरान थाना बदरपुर को बरतरफ कर दूंगा। और हुजूर के मामूर करदा शक्स को तनख्वाह दे दिया करूँगा।[2]

मुगल बादशाह बाबर की मृत्यु के पश्चात् से ही मुगल दरबार में अमीरों की राजनीति आरम्भ हो गई थी और 14 सितम्बर 1857 तक चलती रही। नाहर सिंह भी इसी दरबारी सियासत की जद में आए। पहले बहादुर शाह ने उन्हें बल्लभगढ़ और फिर शहर देहली तक हिफाजत का इन्तजाम सुपुर्द कर दिया। थाना बदरपुर भी शहर देहली पर था। नाहर सिंह ने जब हालात बेहतर कर दिए तो दरबारी राजनीति के नतीजे में बदरपुर का थानेदार मुकर्रर कर दिया और नाहर सिंह से कहा गया की वह अपने लोगों को बदरपुर थाने से हटा लें। लेकिन अजीब बात है इंतजाम नाहर सिंह करे और हाकिम की नियुक्ति देहली से हो ये मुगल अमीर नहीं चाहते थे कि हालात बेहतर हों। अंग्रेज जो कर रहे थे वो तो कर ही रहे थे लेकिन हिन्दुस्तान को नुकसान उन हिन्दुस्तानी मुगल अमीरों की आपसी राजनीति से भी पहुँचा। जाहिर है कि बदरपुर के थाने की तब्दीली अमले के बाद जो नुकसानात पहुँचे होंगे उसका हमें इल्म नहीं है।

एक खत अहमद अली कारिन्दा राजा बल्लभगढ़ बहादुरशाह को लिखते है निवेदन है कि "जनाब राजा साहब देहली में हुजूर के हुक्म से हाजिरे खिदमत है और उन्होंने अपने कपड़े मंगवाए हैं लिहाजा अर्ज है कि परवाना राहदारी अता फरमाया जाए ताकि गाड़ियाँ बल्लभगढ़ से रवाना हो जाएं और उन्हें कोई रोक ना सके और जरूरी सामान रवाना कर देने के बाद कोई सिपाही देहली दरवाजे पर अन्दर जाने से ना रोके।[3] लेकिन हुआ इसके बिल्कुल उल्टा नाहर सिंह बहादुरशाह को लिखते हैं कलन्दर बख्श खाँ रिसालदार को पियादों और सवारों के हमराह हुजूर

की खिदमत में रवाना किया था। मगर जब ये लोग हुक्म के मुताबिक देहली दरवाजे पर पहुँचे तो मुहाफिजों ने उन्हे शहर में नहीं घुसने दिया और कहा पहले हथियार रख दो। हुजूरू को मालूम हो कि सिर्फ हथियार ही सिपाही की सजावट और उसका जेवर है। उनके बगैर एक लम्हा भी उसके लिए बेकार है। इसलिए वो लोग वापस चले आए।[4] ये तमाम बातें जाहिर कर रही हैं की देहली में अमीरों का एक बड़ा तबका नाहर सिंह के कामों से खुश न था और वो हर वो काम कर रहे थे जिससे नाहर सिंह को नुकसान पहुँचे और नाहर सिंह और बहादुरशाह में फासला बढ़ जाए। इसलिए कि नाहर सिंह दिल जूई से बहादुरशाह के साथ और अंग्रेजों के मूखालिफ थे। देहली के अमीरों और अफसरों को एक तबका अंग्रेजो से मिला हुआ था लिहाजा वो चाहते थे कि नाहर सिंह को बददिल कर दे ताकि जो काम वो शान्ति के लिए कर रहे हैं उससे बददिल हो जाए। नाहर सिंह इन तमाम बातों से बेखबर थे और बहादुरशाह को लिखते हैं "फर्दि की कोशिश और सरगर्मी की बहुत धूम है और शीघ्र ही हूजुर के भी गोश गुजर होगी जहाँपनाह चंद बेफिक्रे इस रियासत के दुश्मन और गर्दनजदनी जिन्होंने राज्य को हानि पहुँचाने की कोशिश की थी और अब देहली में शहर के मुहाफिज पियादों और सवारों को मेरें मुलाजिमों के खिलाफ भड़काते हैं। वो लोग मेरी तारीफ सुनकर खुश ना होते होंगे पश उम्मीदवार हों कि फाटक के सिपाहियों को हिदायत कर दी जाए कि वल्लभगढ़ रियासत के मुलाजिमों से छेड़छाड़ ना करें और किसी हालत में उन्हें तंग ना करें क्योंकि इससे कानून व्यवस्था में फर्क आने का अंदेशा है जिसके लिए हुजुर-अहकाम जारी फर्मा चुके हैं। ताबेदार दिलोंजान से सरकार का वफादार है। सलतनत की तरक्की और इकवाल की दुआएँ।[5]

यह खत जाहिर करता है कि नाहर सिंह दिलोजान से इंतजाम में मशरूफ थे लेकिन इनके मुखालफिन इनके कामों में रुकावट पैदा करते थे। नाहर सिंह अपने एक खत 25 मई 1857 में बहादुरशाह को लिखते हैं "खुदा के फजलो करम से और हूजुर के इकबाल से देहली दरवाजे तक और इस जिले के आसपास के देहातों में पूरा-पूरा इंतेजाम हो गया है। मेरे ख्याल में नीचे दरजे का एक थानेदार और दस सिपाही हनुमान थाने में और एक थानेदार और पच्चीस सिपाही महरौली में तैनात करना निहायत जरूरी है।" फिर हूजुर के शाही दबदबे से संपूर्ण जिले में व्यवस्था हो जाएगी।[6] लेकिन दूसरे खत 27 मई 1857 में बहादुरशाह को लिखते हैं मैं बहुत जल्द सवारों की रवानगी का बंदोबस्त कर दूँगा। अपराध की रोकथाम की तदबीरों में मशरूफ हूँ लेकिन अब गुर्जरों मेवातियों और दूसरी कौमों ने भी बहुत बुरी तरह सर उठाया है और रोजमर्रा फरीदाबाद और विशेष बल्लभगढ़ पर अचानक हमलों

की तैयारियाँ करते रहते हैं[7] मुगल दरबार की राजनीति के अलावा नाहर सिंह को कुछ और लोगों का भी मुकाबला करना पड़ रहा था जो उनकी इंतेजामी कार्रवाइयों के खिलाफ काम करके अमन व सुकुन को बरबाद कर रहे थे। 1857 की लड़ाई एक तरफा न थी बल्कि इन मुजाहिदीन को मुखतफ महाजों पर लड़ना पड़ रहा था।

नाहर सिंह अपने खत दिनांक 31 जुलाई 1857 में बहादुरशाह को लिखते हैं "सविनय निवेदन है कि यह हूजुर पर बखूबी रौशन है कि अफसराने साबिक को मैंने पूरा-पूरा अधिकार दे दिया था। उन लोगों ने इनायत की और एक-एक लाख की संपत्ति हजम कर गए जब उनकी बदजाति का भेद खुला और मैंने हिसाब तलब किया और जो कमी वाकई हुई उसे उनके घरों से भरने की धमकी दी तो एक के बाद एक कुछ न कुछ बहाना करके देहली चले गए नोहमत मेरी रियासत से जो हूजुर को यकीन दिलाया है कि मैं जाहिर तो सलतनत का खादिम हूँ मगर मन से अंग्रेजों से मिल गया हूँ। आलीजाह मेरे अगियार ने जो चुगल खाई वो सरासर नोहमत है और उनका झूठ आखिर में जाहिर हो जाएगा। वो हुजूर की मुहब्बत और खैरख्वादी का ऐसा दम भरते हैं कि गोया बड़े सच्चे हैं। हालांकि इससे उनका मकसद ये है कि उन्हें हुजूर के अफरारों के जवाब तलब करने से अमन मिल जाएगा और जो बेशकरार रकम इस रियासत की अपनी हरामजदगी से जमा की है उसे अपने घरों में बैठे मजे से उड़ाया करें। मेरे पूर्वज हमेशा से इस सल्तनत के वफादार गुलाम रहे हैं और इसके खिलाफ कभी किसी साजिश में हिस्सा नहीं लिया है। ईमानदारी और वफासवारी में मैं वो चाँदी हूँ जिसे अच्छी तरह परख लिया गया हो। अगर आप 100 बार जाचेंगे फिर भी खोंटा ना उतरुंगा। मेरे दुशमन जो चाहें कहें मैं आपका कदीमी गुलाम हमेशा और हर हालत में वफादार रहूँगा।

मेरी आँखें सिवा तुम्हारे गैर का चेहरा ना देखेंगी

मेरा आईना किसी अजनबी का अक्स कुबुल ना करेगा

इसके अलावा ताबेदार अगरचे हिन्दू मजहब रखता है लेकिन इन लोगों की आदतें और खसलतें देखेंगे जो खुदा को बुर्जुग व बरतर मानते हैं। मैं इस्लाम के पेशवाओं का अनुयायी हूँ और ऐसा अनुयायी हूँ कि कस्बे में पहले किला या बाजार में मुसलमानों की कोई मस्जिद नहीं थी। मैंने किले में एक जामा मस्जिद तामीर कराई और इसके अलावा मेरे यहाँ एक ईदगाह भी हैं जो मेरे बाग दिलकुशा के करीब है और ईद के मौके पर वहाँ नमाज होती हैं। ये इसलिए है कि मुसलमानों से एकता स्थापित रहे।" इसी खत में अपनी सफाई इस सिलसिले में पेश करते हैं

कि जो यह इलजाम लगा कि नाहर सिंह ने अंग्रेजों से खतों किताबत की थी बहादुरशाह को लिखते हैं–"बग्घी और नवीबख्श के मुकदमें के रूदाढ़ भी इस किस्म की है। खुलासा यह है कि ब्राह्मण सूबेदार ग्यारहवीं पैदल ने बग्घी खरीदी और नवीबख्श व्यापारी उसमें बैठकर वल्लभगढ़ आ रहा था! बग्घी में एक या दो अंग्रेजी खुतूत पड़े हुए मिले और मैं खुदा की कसम खाकर कहता हूँ कि मैं या मेरे मुलाजिम बिल्कुल नहीं जानते कि क्या मामला है? किसने लिखा? और कहाँ से आएँ? इससे तो यह जाहिर होता है कि इस रियासत के किसी दुश्मन ने जो अंग्रेजों से मिला होगा ये चिट्ठियाँ लिखी होंगी और बग्घी में छिपा दी होंगी। और इस मामले को हुजूर मौलाना मो. शाह निजामउद्दीन से मालूम करवा सकते हैं। उम्मीदवार हूँ कि वे जवाब से सरफराजी बख्सी जाए।" देहली के अमीर और दूसरे नाहर सिंह पर इस तरह के इलजामात लगा रहे थे ताकि बहादुरशाह नाहर सिंह से अपना तालक खतम कर लें। इसमें इस ब्रिटिश एजेण्टों के दो मकसद थे–एक तो बहादुरशाह और नाहर सिंह में फूट पैदा हो जाए और इसका दूसरा फायदा अंग्रेजों को यह होगा कि इस तरह बहादुरशाह अपने एक वफादार एवं चुस्त हिमायती को खो देते। लेकिन बहादुरशाह ने बड़ी समझ से काम लिया और ताल्लुकात को खराब होने से बचा लिया।

बहादुरशाह नाहरसिंह को दिनांक 16 अगस्त 1857 को लिखते हैं "मुलाजिम खास निशान शआदत राज नाहर सिंह वाली वल्लभगढ़ खुद को सम्मानित किया गया समझो। बारहा जबानी गुफ्तगु का मौका पड़ जाता है और हमारे वफादारों में से किसी की जरूरत पड़ती है इसलिए यह बहुत जरूरी है कि तुम अपना कोई वफादार ऐजेंट दरबार में तैनात कर दो ताकि जबानी गुफतगु में दुश्वारी ना हो। हर तरह मुतमईन रहो और ऐजेंट को कायम करने में देर ना करो और खुद को सम्मानित किया गया समझो!"[9] बहादुरशाह का यह खत नाहरसिंह के नाम बड़ी अहमियत रखता है। इसलिए कि नाहर सिंह के विरोधी नाकाम हो गए! बहादुरशाह को नाहर सिंह पर और ज्यादा भरोसा हो गया और बहादुरशाह की नजर में नाहरसिंह की अहमियत बढ़ी। इसलिए कि उन्होंने नाहर सिंह पर इस हद तक विश्वास कायम किया। इसलिए कि अब बात खतो-किताबत के जरिए नहीं बल्कि मुगल दरबार में अपना वकील मुकर्रर करें ताकि उसके जरिए नाहर सिंह और बहादुरशाह में तबादलाए ख्याल हो सके! मुगल बादशाहों ने यह सम्मान शहजादों और बड़े राजाओं को दिया था जिस सम्मान से बहादुरशाह ने नाहर सिंह को सम्मानित किया। नाहर सिंह अपनी वफादारी के सिलसिले में लिखते हैं "अगर मुझे हुजूर से खास अकीदत ना होती और वफादारी का ख्याल ना होता तो देहली में अंग्रेजी सल्तनत के जमाने

में मीर फतेहअली की मारफत हुजुर की खिदमत में हाजिर रहने की तमन्ना जाहिर करता और जब मैनें ऐसा किया तो आला हजरत मेरे दिली खुलूश और ईमानदारी से बहुत खुश हुए थे लेकिन सियासी मसलेहत के सबब चूंकि मेरा हुजूर के पास रहना इस जमानें में मुनासिब ना था आपने मना कर दिया।"[10]

बहादुरशाह और नाहर सिंह के ताल्लुकात और नाहर सिंह का 1857 में चरित्र पर बहुत लिखा जा चुका है लेकिन क्योंकि उन इतिहासकारों ने इन फारसी और उर्दू के दस्तावेजात का अध्ययन नहीं किया। लिहाजा वो इस मौजूं पर उपयोगी बहस नहीं कर पाए और उनकी किताबों और वक्तव्यों में बहुत से संदेह रह गए, मसलन नाहर सिंह की अंग्रेजों से दोस्ती वगैरह यह सब इसलिए कि 1857 के 150 साल गुजरने के बाद भी इन दस्तावेजात का मुताअला नहीं किया। राजा नाहर सिंह आजादी की इस लड़ाई में पूरे तरीके से बहादुरशाह के साथ थे और दिल से अंग्रेजों के खिलाफ थे। उन्होंने जंगे आजादी की लड़ाई मुल्क को अंग्रेजों के कब्जे से आजाद कराने के लिए लड़ी। वो पराजित हुए और गिरफतार हुए। अंग्रेजों ने उन पर मुकदमा चलाया और ये जो आज नाहर सिंह और बहादुरशाह के खुतूत National Archives of India में मौजूद हैं उन्हीं की बुनियाद पर उन्हें 9 जनवरी 1858 ई. को चाँदनी चौक में स्थित कोतवाली में उन्हें फाँसी दे दी गयी। इस तरह उनका 9 जनवरी 1858 का कथन सही साबित हुआ जब उन्होंने बहुत पहले अंग्रेज दोस्ती के इलजामात के जवाब में कहा था "और उनका इखतरा आखिर में अयाँ हो जाए।" नाहर सिंह ने शहीद होकर यह साबित कर दिया कि वो दिल से मुल्क की आजादी के लिए जंग कर रहे थे। लेकिन जिस कोतवाली में नाहर सिंह और दूसरे मुजाहिदिने आजादी को शहीद किया गया था वो आज मौजूद नहीं। कुछ साल पहले देहली सरकार ने वो ऐतिहासिक कोतवाली जहाँ आजादी के शहीदों ने अपने खून से अपने नाम लिखे थे वो गुरूद्वारा शीशगंज चाँदनी चौक को दे दी जहाँ हम 1857 की 150वीं बरसी पर इन शहीदों को श्रद्धांजलि अर्पित करते हैं!

संदर्भ

1. प्रो. सैयद मो. अजीजुछीन हुसैन—1857 Revisited, देहली, 2007, पृ. 163.

2. Ibid, पृ. 166.

3. Ibid, opcit, पृ. 166-167.

4. Ibid, पृ. 167.

5. Ibid, पृ. 168.

6. Ibid, पृ. 170.

7. Ibid, पृ. 175.
8. Ibid, पृ. 176.
9. Ibid, पृ. 179.
10. Ibid, पृ. 175.

Chapter - 24

Unsung Martyr Raja Nahar Singh

Dr. Raj Pal Singh

Who can forget the War of 1857 to which the British sought to deride as labeling mere sepoy mutiny but actually that was India's First War of Independence in very true sense of the word, when people from all walks of life rose against the British rule and joined the fight to drive away the British? Since the country wide celebrations to commemorate the completion of 150 years of the occurrence are being organized it is high time to ponder over the need of paying our heart felt tribute to all those brave Indians who laid down their lives in this war so that succeeding generations of the country could live a better and honourable life. Indeed, India may truly be grateful when she calls to mind records so brilliant and deeds so honourable, and remembers the glorious part borne by her children in handing down to posterity, notwithstanding shortcomings, failures and errors, one of the most memorable chapters of her golden history.

On this occasion, we fondly remember the contribution of many a persons who played significant roles in their own areas and in their own way. Several of them have been recognized as national heroes but martyr Raja Nahar Singh is one such hero who has by and large remained unrecognized, unsung and totally misunderstood. He was the ruler of petty state of Ballabhgarh in the vicinity of Delhi. His kindgdom comprised of 121 villages and towns spread over an area of about 305 sq. kms with population of 57000.

Nahar Singh born of Raja Ram Singh and Basant Kaur at Ballabhgarh on 6th April 1821 received his education at the feet of his preceptors Pandit Kulakarni and Maulvi Rahman Khan. Since he was barely a child of about 9 his father expired in 1830 so his uncle Nawal Singh took over the responsibility of running the state affairs till on attainment of adulthood, Nahar Singh was coroneted in 1839.[2] Prior to it, Nahar Singh received tutorship in martial arts also and soon grew to be an adept horse rider and fine shooter. Even as a child, he had a great passion for hunting and shooting. As a boy he displayed rare skill in this art by shooting down the lion single handedly, which had earlier killed his comrade in the hunting expedition. As he grew up to manhood he found himself irresistibly drawn towards showing feats of shooting so much so that he was considered to be an expert shot and adept aims man by those who had seen him in action. Moreover, his feats of bravery and heroism were amply demonstrated in his participation in fiercely contested battles of Hindon and Badli-ki-Sarai in defence of Delhi against the onslaught of the British as recorded by contemporary British authors.[1]

His sense of patriotism goaded him to raise the banner of revolt against the British and join the Indian forces led by Emperor Bahadur Shah. Once the plunge was undertanken there was no chance of looking back. He not only undertook to drive away the British from the paraganas of Fathepur and Palwal but also displayed rare capacity of administrative skills in maintaining safety of national highway from Delhi to Hodal.[2]

His letters to the Emperor on the issue throw ample light on the administrative qualities of the Raja, who went through minutest details of the problem and took required steps at an appropriate time. He kept complete surveillance of the movements of the enemy activities and put his fast camel riders to report the matter to the Emperor immediately on any new development in the situation. This they did as is testified from the eye witness record of Munshi Jeevan Lal, who noted in his diary on 25th May, 1857: "at the time of prayer, a camel rider arrived from the raja of Ballbhgarh to report that he had seen an English force advancing on the city." This aspect of his character and activates endeared him to the Emperor who entrusted him to "join the duty to command Delhi regiment" and also undertake "to snap the enemy's supply line from the south of Delhi." He made the security arrangements so thorough that even John Lawrence, the Chief Commissioner of Punjab was astonished to admit and report to Lord Canning, the Governor General of India that 'The East and the South (of Delhi) is protected by the strong forces of Raja Nahar Singh of Baallbhgrh, and it is unlikely we can break this wall of soldiers unless we receives reinforcements from China or England."[3]

Raja Nahar Singh was a humanist to the core and saved the lives of all those who sought shelter under his kingdom but he was also a patriot par excellence and did not extend any help to District Collector William Ford when he was running for collecting forces to curb the activities of the freedom fighters in and around his territories. Rather he ignored him. On the other hand, he became a pillar of strength to the freedom fighters. He not only took active interest in their work; but also helped the cause with liberal contributions. For those *sepoys* of the native infantry or cavalry, who revolted against the British, he opened the gates of services in Ballbhgarh forces with enhanced pay and promotional ranks. As a result of it. According to narrative of Munshi Jeevan Lal by 17th July 1857 the Raja "had taken into his service 200 troopers who had lately been in the employ of the English."[4] The number continued to swell in the subsequent period. Incidentally, one such sepoy who was granted rank of Naik, appeared as witness to testify the fact before the Military Commission, which was established to try Raja Nahar Singh. As a matter of fact, to further fortify his armed strength, the Raja not only raised new levies but also collected as much as possible latest weaponry and other war material as was revealed from the recovery of large number of horses, bullocks, carts, English rifles and dresses from his fort after the British assaulted it.

There was no communal question in the policy of Indian rulers so Raja Nahar Singh also threw open all civil and military jobs open to all his subjects. He recruited the fittest person to run his administration persons from all walks of life on the basis of talent. As such Hakim Abdul Haq rose to be his prime minister and Mr. Munro became the keeper of royal seals and correspondence. Full faith was reposed in the capability of other persons in the civil and military services as well. To further strengthen the communal bond and foster harmony between his Hindu and Muslim subjects, Nahar Singh seems to follow the policy of 'sulah-kul initiated by Akbar. His letter dated 27th May 1857 addressed to the Emperor makes it clear that in view of the absence of any mosque for the performance of religious ceremonies of his Muslim subjects, he took steps to provide one. The letter reads: Although "I profess the Hindu religion, having observed the conduct and behaviour of those who say that God above is supreme, I have remained in subjection to the guidance of the leaders of the Mohammedan faith, in so much that, although from the first existence of the town, there had been no Mohammedan Mosque, either in the fort or outside in the market, I have caused a lofty one, for congregational prayers, built of stone, to be created within the Fort itself. I have, moreover, had an Eedgah, a place set apart exclusively for prayers at the festival of the Eed, built near my garden called the Dilkhusha, to encourage and conciliate the Mohammedans."[5] What a generous step to provide such a facility to the people belonging to the religion other than professed by the bountiful king himself! Would the politicians and religious leaders of India of today try to take a lesson or two from this example to foster national integration.

Following the traditional Jat hospitality as practiced by Maharaja Suraj Mal in the case of the Maratha refugees from Panipat in 1761 or shelter to Jaswant Rao Holkar against the British pursuers by Raja Ranjit Singh of Bharatpur in 1805, Raja Nahar Singh also provided shelter to several person from Gurgaon and Delhi in their hour of crisis even though they professed Islam and Christianity. In the same way, the forces advancing to join the Delhi Regiments to oppose the British also enjoyed comfortable hospitality and assistance from him as illustrated by the Diary entry of 7th July by Munshi jeevan Lal. It reads: Nahar Singh kept in readiness for the Nimuch force "700 maunds of attah (Wheat floor), gram (a pulse for feeding horses) and other articles of food." For this humanitarian act, the British charged him before the Military Commission of carrying out inimical activities and produced several shopkeepers with their books of accounts as witnesses, who rightly testified to the fact of his having extended fabulous hospitality to his fellow Indians.[6]

He was shining light of the glowing galaxy that gathered around the Emperor to carry the message of freedom to all Hindu-Muslim inhabitants in all parts of the native kingdoms and remained actively associated with him in all his activities aimed at making India free in comity of the nations.[7] His sense of total commitment to the cause of fighting the British and attachment to the emperor is reflected in one couplet contained in one of the letters he wrote to Bahadur Shah saying:

"*Dara Diddal-I-Man Neest Bajuz Nuqsh-I-to*

Aina-I-Man Surat-I-Baigana no girad."

Or

"*My eyes had no vision except yours*

My mirror does not accept the reflection of a foreigner."

After the fall of Delhi, Brigadier General Showers, contrary to his solemn pledge to the Raja granting him security of his life, maneuvered to arrest him through pillaged and ruthlessly vandalized the palaces and the capital town. Contrary to this rash and unworthy conduct and irresponsible behaviour of the British Military Officer, Raja Nahar Singh was a person who throughout his life remained steadfast attached to humanist values and ideals of secularism and patriotism. During the course of his trial before the Military Court even the Public Prosecutor had admitted this humanist quality in his enemy in the words: "In the favour of the prisoner," the Deputy Judge Advocate said that "I allude to the Raja's most praise worthy conduct in saving the European's life, and it is but justice to him to declare that though Mr. Munro and others were murdered in his territory, he himself stands quite clear of any complicity in those deeds; this in times like the present or, as I hope I may happily term the past is hardly negative virtue, and will I am sure not be so received by the court.[8]

After the award of death sentence by the Military Commission, Hodson offered terms for saving his life if the former expressed regret for his doings against the English and begged pardon for his acts of omissions and commissions. But he did not understand the Jats, who live and die for justice, action and truth. Accordingly, from the scaffold at Chandni Chowk on 9th January 1857 the Raja rejected the offer with contempt it deserved. He showed no signs of regret or remorse for his having waged war against the British. Rather, the Raja displayed a rare type of poise and courage and uttered these prophetic words on the occasion: "The British are my enemies, I can never ask for forgiveness from them. It makes little difference if I am hanged today for my acts of patriotism because tomorrow one hundred and thousand new Nahar Singhs will be borne in the country to carry forward the war against the alien rulers of India."[9]

We salute him for his vision as in succeeding years following Nahar Singh and his ilk, so many self sacrificing sons and daughters come forward to carry on the mission of freedom of the country, who made the sustenance and continuance of the British empire impossible and forced them to go lock stock and barrel. Such men are the salt of the earth. They live and die so that after them others must live fuller and better lives than they would have otherwise done.

Truly, it may be said of Nahar Singh, a hero's life he lived and a martyr's death he died. The day that beheld the hanging of the Raja in the Chandni Chowk of Delhi and his "burial at the dargah of Qazi Bakibulla", where the bodies of the three Delhi princes were already laid to rest will long remain a memorable day in the history of that city.[10] May the martyr rest in peace and may the memories of Nahar Singh thrive and keep on inspiring the generations of freedom lovers everywhere forever!

References

1. For details, See Dr. Rajpal Singh, *Studies in Jat History Volume-I,* Ballabhgarh (2008), Harman Publishing House, New Delhi.
2. *Ibid.*
3. John Lawrence.
4. Diary of Munshi Jiwan Lal, dated 17th July 1857 quoted by C.T. Metcalf, Two

Native Narratives of the Mutiny in Delhi.

5. Trial proceedings of Raja Nahar Singh presented at National Archives of India, New Delhi.
6. *Ibid.* Letter of Raja Nahar Singh to the Emperor.
7. *Ibid.*
8. Trial proceedings of Raja Nahar Singh preserved at National Archives of India, New Delhi.
9. Trial proceedings of Raja Nahar Singh preserved at National Archives of India, New Delhi.
10. Diary of Contemporary Mainodin, Kotwal of Delhi quoted by C.T. Metcalf, Two Native Narratives of the Mutiny of Delhi.

Chapter - 25

The Role of Nawab Abdur Rahman Khan of Jhajjar in 1857

Mahender Singh Bagi

The aim of the present research paper is to see the role played by Nawab Abdur Rahman Khan in the revolt of 1857. Some glorified him as a hero of 1857 while others condemned him as a loyalist to the British. The question naturally comes to my mind that if he was a loyalist to the British, why was he executed? Here an humble attempt has been made to justify the role of Nawab Abdur Rahman Khan in the revolt of 1857, on the basis of mainly archival records, trial proceedings and other important contemporary and secondary sources.

Jhajjar is the headquarters of the tahsil of the same name. It is situated in 28°37' North latitude and 76°40' East longitude. It is 21 miles away from Rohtak and 35 miles away from Delhi.[1]

The state of Jhajjar was given to Nawab Nizabat Ali Khan a Baharaich Pathan for his Meritorious services during the Anglo-Maratha war of 1803.[2] Nizabat Ali Khan became the first Nawab of Jhajjar in 1806, when Jhajjar became riyasat by the firman of Governor General.[3] Nijabat had an army of 5000 soldiers. He died in 1820 and buried near tomb of Khawaja Bakhtar Kaki at Mehrauli.[4]

Nawab Nijabat Ali Khan was a leader of free lances, who, like Abd-Us-Samad Khan had also transferred his allegiance to the British. The Bahadurgarh Jagir was included in the Jhajjar grant but specificially in favour of Mahmud Ismail Khan, Brother of Nawab Nizabat Ali Khan.[5]

The Nawab's family claimed a brilliant military tradition of service. He was described as having been a fine soldier and a cool-headed and foreseeing man.[6] In 1813, he enthroned his son Faiz Muhmmad Khan and went to Delhi where he died in 1814.[7]

Lecturer, Department of History, Govt. College, Loharee, Bhiwani.

On assuming charge of jagir, Faiz Mohammed Khan constructed many buildings at Jhajjar, introduced and encouraged the manufacture of salt, re-established deserted villages and built the Badli bund. He gathered at his court poets and learned men and altogether showed himself to be an able and worthy chief until his death in 1835.[8]

Next in the genealogical tree came Faiz Ali Khan, son of Faiz Muhmmad. He was weak minded and sexual maniac. He often used to take bath with naked ladies. He ruled for ten years. He died at the young age.[9]

In 1845, Abdur Rahman Khan became the Nawab of Jhajjar. He was a able king. He built a palace in Jahanara garden. He built a pound on Dadri road.[10] Nawab Abdur Khan also built a two storey building in the fort of Kanod (now known as Mahendergarh) and a pound and building in Chhuchhkwas.[11] He replaced wazir by Richhpal Singh, Sayalu Singh and Gulab Singh as wazirs.[12] Nawab Abdur Rahman Khan was a patron of Bahadur Jang, son of Nawab Muhmad Ismail Khan of Bahadurgarh. After his adulthood, he gave his state.[13] In 1855, there were 360 villages in Jhajjar Nawab's *riyasat*.[14]

The place of Jhajjar came into some historical eminence when its Nawab Abdur Rahman Khan took part in the uprising of 1857.[15] When Mirza Abu Bakr appointed Commander-In-Chief of the imperial forces. Letters had been sent by the King to all native princes around calling on them to rally.[16] Replies were only received from the chief of Jhajjar, Ballabgarh, Farrukhnagar and Khan Bahadur Khan of Bareilly. The nawab of Jhajjar had openly joined them.[17] He recruited new soldiers in his army, which comprised Purviya, Telange and Jats. Fort of Jhajjar was also artilized.[18]

Nawab had a rich correspondence with Bahadur Shah II. He sent a detachment of 300 sowars under the command of his father-in-law Abd-Us-Samad Khan and his grandfather Ibrahim.[19] Besides this, he also had a correspondence with Rao Tula Ram of Rewari, Raja Nahar Singh of Ballabhgarh, Nawab Ahmad Ali of Farrukhnagar and Nawab Jang Bahadur of Bahadurgarh, but they could not communicate each other because Diwan Richhpal Singh escorted General Anson[20] and manuplated the things.

After the fall of Delhi, Brigadier Showers move towards Jhajjar and reached there on 17 October. From the other side Colonel Lawerance also joined Showers at Chhuchhkwas.[21] At Chhuchhkwas Showers contacted Nawab of Jhajjar and asked him to surrender.[22] But he did not surrender. Nawab of Jhajjar was arrested on October 17 from hunting resort of Chhuchhakwas.[23]

Hereafter Nawab of Jhajjar, Abdur Rahman Khan was brought before a Military Commission comprised the following members :-

President	-	Brigadier General Chamberlin.
Members	-	Colonel Dawes-Brigadier at Artillery.
		Major - Putrow.
		Major - Redmond.
		Major - Sawyer.
Interpreter	-	Mr. james Murphy.
Prosecutor	-	J.F. Harriot.

The charges leveled against Nawab Abdur Rahman Khan were as follows :-

"For that he being a subject of British Government in India did at various times between the 10th of May 1857 and the Ist of November of the same year, at Jhajjar in N.W. Provinces of India and Delhi, such places being at the time under Martial law or the inhabitants thereof in open rebellion against the state.

- Aid and abet the said rebels and others in waging war against the said Government by pursuing troops to said rebels, and supplying them with force, money and shelter, also be entering into correspondence with said rebels and every other assistance in his power to afford, the whole or any part of such conduct being a heinous offence under the provisions of act No. 16 of 1857 of Legislative Council of India."[25] Then the court gave the following:

"The court on evidence before them are of the opinion that prisoner Abdul Rahman Khan, Nawab of Jhajjar is guilty of charge preferred against him. The court having found the provision guilty of charge preferred against him do sentence him. Abdul Rahman Khan Nawab of Jhajjar to be hanged by neck until to be dead, and the court further sentence him to forfeit all his property and effects of every description."[26]

In this way Nawab of Jhajjar has been tried and sentenced.[27] Abdur Rahman Khan was executed on 23 December 1857 in front of Red Fort at Chandani Chowk. Kotwali at Delhi.[28]

His body was consigned to the ignominy of a nameless pit.[29] The state of Jhajjar was confiscated.[30] His palace at Jhajjar was ransacked and many of his officers were shot dead. In the Jhajjar fort was found a lot of ammunition and 30000 soldiers of army, horses, elephants etc.[31] 21 artilleries also found in the fort of Jhajjar.[32]

When the revolt of 1857 was over in Haryana region the loyalist were awarded. The most loyal of British Patiala Chief was granted the Narnaul division of the Jhajjar territory valued at Rs. 2,00,000/- a year, on condition of good behaviour and service, military and political at any time of general danger or disturbance.[33]

The districts of Kanoudh and Budwana in the Jhajjar territory, with an income of about one lakh of rupees per annum, assigned to Patiala Chief who was giving a nazrana equivalent to 20 years revenue.[34]

The division of Bawal and Kanti, in the confiscated Jhajjar territory, were made over to Raja Bharpur Singh of Nabha state, worth Rs. 1,06,000/ - per annum, on condition of good behaviour and service, military and political in the times of danger and distrubance.[35] On 13 April 1858 Jhajjar merged with Punjab and J.S. Campbell became the first Commissioner.[36]

The role played by Nawab Abdur Rahman Khan, mostly neglected by the historians and treated unjustly. Some alleged that he was a loyalist to the British, opportunist, petitioner, double gamer and royal traitor while others regarded him a revolutionary, national hero and freedom fighter, Dr. K.C. Yadav,[37] R.C. Majumdar[38] and S.N. Sen[39] are of the opinion that he was a double game player while J. Cave Brown[40] and M.R. Gubbins[41] are of the opinion that Nawab of Jhajjar joined British enemies.

On behalf of correspondence with the British, protection of Europeans and possession of share in Delhi Gazette Press, nawab alleged to be loyal to British. He alleged to contact Colvin, the Lieutenant Governor of Agra and Harvey, On 14 May he sheltered Eglishmen along with C.T. Metcalfe, Judge of Delhi by deputing his father-in-law Abdus Samad Khan and Imad Ali to look after them. Nawab helped these Englishmen on the basis of personal ties. No other important information was given there.

Next allegation is regarding the possession of shares in Delhi Gazette Press. Nawab Abdur Rehman Khan possessed one of the shares out of 18, which began in 1852. Remaining 17 shares belonged to the different gentlemen, but the greater part had latterly been bought up by Mr. Place, the Managing Proprietor. The English correspondence and accounts of the Nawab and Raja were in the hands of Mr. Heatholly. The average dividend on each share of Delhi Gazette Press was about rupees 800 per annum. The dividends paid to Major Holdings, amounted to rupees 11,900 giving an average of rupees 793 per share per annum.[42]

Before the outbreak there were 17 shares in Delhi Gazette Press, divided between five persons viz, F.N. Palace (11), N.A. Deedes (1), a clerk in the Board of Control, on account of Estate of John Gorden Deeds late of the Bengal Civil Services his brother, the late Major G.C. Holdings (3) of the 38th Bengal Native Infantry, the late Raja of Ballabgarh (1) and late Nawab of Jhajjar (1). Each share holder had received his share of the profits assuring from the Press to the of end of 1856.[43]

The Under Secretary, Government of India with Governor General acknowledged to the Secreatary to Government of Punjab and its dependencies that it has been recommended that the share in Delhi Gazette Press held by the Nawab Abdur Rehman Khan of Jhajjar be released Press Confiscation and made over to the other share holders to be divided among themselves in any way they may think proper.[44] It was customary for Rajas' and Nawabs' to purchase shares.

Abdul Rahman Khan, Nawab of Jhajjar, ignored the appeals of the British authorities for assistance, he had most readily put into effect the order of Emperor Bahadur Shah, furnished his troops, presented him with a nazr and had remained in regular correspondence with the imperial court. He sent a detachment under the command of his father-in-law Abdul Samad Khan, had fought against the British at Delhi.

Moreover, the ammunition with artillery found in the fort of Jhajjar[45] indicates that Nawab was in the preparation of war against the British. His execution proves that he was indulged in rebellious activities against the British.[46]

Therefore, from the study of available records and analysis of circumstances, it is submitted that his heart and soul was probably closer to the cause of rebels and the empires.

References

1. *Rohtak District Gazetteer*, 1970, p. 328.
2. *Mahendergarh District Gazetteer*, 1988, p. 46.
3. Azad Singh Chahar, *Jhajjar, Itihas Ke Ayne Mein*, Panchkula, 2005, op. cit., pp. 30, 121.
4. Yaspal Gulia, *Haryana ka Riyasati Itihas*, Panchkula, 2005, of, cit., p. 70.
5. *Rohtak District Gazetteer*, 1970, p. 26.
6. *Ibid.*
7. Omanand Saraswati and Vedvrat Sharma (ed.), *Balidan*, Jhajjar, 2000, op, cit., pp. 136-143.
8. *Rohtak District Gazetteer*, 1970, p. 26.
9. Omanand Saraswati and Vedvrat Sharma (ed.), op. cit., pp. 136-143; Azad Singh

Chahar, op. cit., p. 76.

10. *Ibid.*
11. Yaspal Gulia, op, cit., p. 72.
12. Omanand Saraswati and Vedvrat Sharma (ed.), op. cit., pp. 136-143.
13. *Ibid.*
14. *Ibid.*, p. 78.
15. *Rohtak District Gazetteer*, 1970, p. 328.
16. J. Cave Brown, *The Punjab and Delhi in 1857*, Vol. I, Delhi, 1970, (First Published, 1861), pp. 223-24.
17. R.C. Majumdar, *The Spoy Mutiny and the Revolt of 1857*, Calcutta, 1957, pp. 245-46.
18. Omanand Saraswati and Vedvrat Sharma (ed.), op. cit., pp. 136-143.
19. *Ibid.*/K.C. Yadav, *Rao Tula Ram: A Hero of 1857*, Rewari, 1965 op. cit., p. 68. N.A. Chick (com.), Annals of Indian Rebellion 1857&58. London, 1974, pp. 7-9.
20. *Ibid.*
21. *Ibid.*
22. *Mahendergarh District Gazetteer*, 1988, p. 48.
23. *Foreign Department Political Proceedings*, National Archives of India, New Delhi, 26 March 1858./ K.C. Yadav, op.cit., p. 30.
24. *Foreign Department Proceedings*, Nos. 176-190; F.C., National Archives of India, New Delhi, 9th July 1858.
25. *Ibid.*
26. *Ibid.*
27. *Foreign Department Proceedings*, No. 10, S.C. National Archives of India, New Delhi, 25th June 1858; *Foreign Department Proceedings*, No. 12, National Archives of India, New Delhi, 9 February 1858.
28. *Rohtak District Gazetteer*, 1970, p. 28; Omanand Saraswati and Vedvrat Sharma (ed.), op. cit., pp. 136-143.
29. *Ibid.*
30. *Gurgaon District Gazetteer*, 1983, p. 68; *Mahendergarh District Gazetteer*, 1988, p. 46.
31. K.C. Yadav, op. cit., p. 30; Illustrated London News, 5 December 1857, Vol. XXXI, p. 603.
32. *Foreign Department Proceedings*, Nos. 2-9, Secret, National Archives of India, New Delhi, 26 March 1858. (C.B. Saunders writes to Chief Commissioner Lahore, Jallandhar and Ambala).
33. L.H. Griffin, *The Rajas of the Punjab*, Delhi, 2000, (First Published, 1870), p. 238.
34. *Ibid.*, p. 241.
35. *Ibid.*, p. 466.
36. *Foreign Department Proceedings*, No. 606, National Archives of India, New

Delhi 13 April 1858; Azad Singh Chahar, op. cit., p. 121.

37. K.C. Yadav, *The Revolt 1857 in Haryana*, Delhi, 1977, pp. 89-91.
38. R.C. Majumdar, *The History and Culture of Indian People*, Calcutta, 1963, pp. 512-13; *Gurgaon District Gazetteer*, 1983, p. 66.
39. S.N. Sen, *Eighteen Fifty Seven*, Calcutta, 1958, p. 111; *Gurgaon District Gazetteer*, 1983, p. 68.
40. J. Cave Brown, op. cit., pp. 223-24.
41. M.R. Gubbins, *The Mutinies in Oudh*, Patna, 1978, p. 57.
42. *Foreign Political Consultation*, Nos. 75-80, F.C., National Archives of India, New Delhi 3 June, 1859.
43. *Foreign Political Consultation*, Nos. 168-70, F.C., National Archives of India, New Delhi 26 January, 1859.
44. *Ibid.*
45. K.C. Yadav, op. cit., p. 30; Illustrated London News, 5 December 1857, Vol. XXXI, p. 603; *Foreign Department Proceedings*, Nos. 2-9, Secret, National Archives of India, New Delhi, 26 March 1858. (C.B. Saunders writes to Chief Commissioner Lahore, Jallandhar and Ambala).
46. *Foreign Department Proceedings*, Nos. 176-190, F.C., National Archives of India, New Delhi, 9 July 1858.

Chapter - 26

1857 में हरियाणा की भूमिका

डॉ. सूरजभान

1857 का विद्रोह भारत के इतिहास में गौरवशाली स्थान रखता है। 19वीं सदी के अंग्रेजी साम्राज्य के खिलाफ यह विश्व की सबसे बड़ी जंग थी। उपनिवेशवाद से मुक्ति के इस महान संघर्ष में राजे नवाब, अमीर-गरीब, किसान-मजदूर और कारीगर पहली बार मिलकर लड़े थे। हरियाणा से बिहार और हिमालय से नर्मदा तक के विशाल भूभाग में लड़ी गई यह जंग भारतीयों की वीरता, अदम्य साहस और बेमिसाल कुर्बानियों की कहानी है।

विभिन्न इतिहासकारों ने इस विद्रोह को अपनी-अपनी दृष्टि से देखने की कोशिश की है। उपनिवेशवादी विचारधारा वाले अंग्रेज अथवा भारतीय इतिहासकारों ने इसे सैनिक विद्रोह बताया है जो गाय व सुअर की चरबी लगे कारतूसों के इस्तेमाल के विरुद्ध शुरू हुआ था। जनवादी विचारधारा के विद्वानों ने इसे जन-विद्रोह कहा है। कार्ल मार्क्स ने तो इस विद्रोह की तुलना फ्रांस की 1789 की महान क्रांति से की है। हिंदुत्व की भावना से प्रभावित सावरकर ने इसे स्वधर्म और स्वराज्य के लिए लड़ी गई स्वतंत्रता की जंग माना है। असल में इतिहासकार अपने समाज और युग की दृष्टि एवं सरोकारों से प्रभावित होकर इतिहास लिखते हैं। 1857 के महान जन विद्रोह के इतिहास को भी उन्होंने अपनी दृष्टि और अपने सरोकारवश ही लिखा है।

वास्तव में विषम समाजों में कई प्रकार के टकराव मौजूद होते हैं। इनमें से किसी परिस्थिति में कोई एक टकराव प्रमुख बन जाता है और बड़े विद्रोह अथवा संघर्ष को जन्म दे देता है। कंपनी बहादुर के 1757 से 1857 तक के 100 साल के उपनिवेशवादी साम्राज्य में भारतीय सेना, राजा, नवाब, किसान एवं दस्तकारों के प्रति अपनाई गई नीतियों ने इन सभी तबकों में असंतोष और अलगाव पैदा कर दिया था।

रोहतक हरियाणा

सेना के प्रति नस्लभेद, राजे, नवाबों की रियासतों व जायदाद को हड़पने, किसानों के लिए नई लगान व्यवस्था व कठोर वसूली तथा दस्तकारों के विरुद्ध खुले व्यापार की नीतियों का ही परिणाम था कि ये सभी तबके धर्म और जाति से ऊपर उठकर साम्राज्य की अपार तकनीकी व हथियार बंद बड़ी आर्थिक शक्ति के खिलाफ विद्रोह करने पर मजबूर हो गए। यह सही है कि 1857 के विद्रोह में भारतीय सेना (बंगाल आर्मी) रीढ़ की हड्डी का काम कर रही थी। प्रोपैगन्डे के तौर पर चर्बी लगे कारतूसों और हिंदू व मुस्लिम धर्मों को भ्रष्ट करने के सवाल भी उठाए गए, परंतु विद्रोह के दौरान बागियों ने भी तो इन्हीं कारतूतों का इस्तेमाल किया।

हरियाणा में 1857 के विद्रोह पर गंभीर शोध कार्यों के अभाव में अभी भी पर्याप्त प्रकाश नहीं पड़ पाया है। असल में हरियाणा राज्य भी 1966 में ही बना था। पहले यह भूभाग पंजाब प्रांत का ही अंग था। पंजाब के राजे नवाब (पटियाला, जींद, नाभा, फरीदकोट, कपूरथला, मलेरकोटला आदि) 1857 में अंग्रेजपरस्त ही बने रहे थे। जन इतिहास लिखने की परंपरा भी नहीं थी। फिर भी हाल में जो काम हुआ है उससे पता चलता है कि 1857 के विद्रोह में हरियाणा का बड़ा गौरवमय योगदान रहा है।

हरियाणा में अंबाला छावनी में बंगाल आर्मी की टुकड़ियों ने 10 मई को बगावत करने की तजवीज बना रखी थी। परंतु इस सूचना के अंग्रेज अफसरों तक पहुँच जाने के कारण बागी सिपाहियों को हथियारबंद होने और बगावत करने से पहले ही घेर लिया गया। विद्रोह की चिंगारी शोला बनने से पहले ही काबू कर ली गई। उधर 10 मई को मेरठ की छावनी में कामयाबी के बाद बागी सेना ने दिल्ली पर धावा बोल दिया। मई 11 को दिल्ली पर कब्जा कर मुगल बादशाह बहादुरशाह जफर को शहंशाह-ए-हिंद नियुक्त कर दिया। बस फैलने लगा विद्रोह। बागी सेना की एक टुकड़ी 13 मई को गुड़गांव जा पहुँची। कलक्टर विलियम फोर्ट भयभीत होकर मथुरा की तरफ भाग निकला। बागियों ने सरकारी दफ्तर जला डाला, खजाना लूट लिया। हुकूमत के पंजे उखड़ते ही मेवात में विद्रोह की ज्वाला भड़क उठी। मेव किसान नेता सदरूद्दीन की कमान में इकट्ठे हो गए और इसे जन विद्रोह का स्वरूप दे दिया। बागियों ने मेवात के थाने व तहसीलें काबू कर लीं। अंग्रेजपरस्त धनी लोगों को लूट लिया। खानजादों पर चढ़ाई कर नूह के कस्बे को भी काबू में ले लिया। मेवात से अंग्रेजी साम्राज्य की जड़े उखाड़ डालीं।

जून के मध्य में जयपुर का राजनैतिक अंग्रेज एजेंट छः हजार सैनिक तथा सात तोपें लेकर भी मेवात के रास्ते दिल्ली नहीं जा पाया। तावडू और सोहना के बीच उसका मेवों से कड़ा मुकाबला हुआ। तोप और आग की मदद से गांव के गांव जला कर ही वह सोहना पहुँच पाया। पलवल और होडल के बीच उसकी सेना में ही

बगावत हो जाने से एडन उलटे पांव जयपुर भाग गया। मेवातियों ने बहादुरशाह जफर को बादशाह तस्लीम कर लिया।

दक्षिणी हरियाणा के बल्लभगढ़, फर्रूखनगर, झज्जर और बहादुरगढ़ (दादरी) की रियासतों और रिवाड़ी के रईसों ने भी दिल्ली के आजाद हो जाने पर बहादुरशाह जफर को बादशाह तस्लीम कर लिया, दिल्ली के लिए सैनिक व अन्न, धन की मदद भेजनी शुरू कर दी। बल्लभगढ़ और अन्य रियासतों ने दिल्ली को दक्षिण की तरफ से सुरक्षित कर दिया था। कर्नल लारेंस ने गर्वनर जनरल को अपने पत्र में लिखा था कि दक्षिण पूर्व में राजा नाहर सिंह की इतनी मजबूत मोर्चाबंदी है कि हमारी सेनाएं इस दीवार को नहीं तोड़ सकतीं जब तक चीन या इंग्लैंड से कुमुक न आ जाए। यही वजह थी कि अंग्रेजी सेना सितंबर में कश्मीरी गेट से ही दिल्ली में घुस पाई थी, दक्षिण से नहीं।

उत्तर-पश्चिमी हरियाणा में भी 1857 का विद्रोह शिद्दत के साथ लड़ा गया। जी. टी. रोड तथा फिरोजपुर रोड दिल्ली को पंजाब के साथ जोड़ने व सैनिक मदद पहुँचाने के दो महत्वपूर्ण मार्ग थे। इनकी सुरक्षा के लिए कंपनी बहादुर सरकार ने पानीपत, अंबाला, हांसी और सिरसा में सैनिक छावनियां कायम कर रखी थीं। दिल्ली के आजाद हो जाने के बाद भी शहर के उत्तर में रिज पर अंग्रेजी सेना का कब्जा बना रहा। बागी सैनिकों के प्रयास से जी.टी. रोड के आस-पास के गांव बगावत में शामिल हो गए और पंजाब से दिल्ली में अंग्रेजी सेना के लिए मदद पहुँचाने में रुकावट डालने लगे। अंग्रेजी व सहयोगी सेनाओं के साथ इन झड़पों में अलीपुर, कुंडली, लिबासपुर, मुरथल आदि के लोगों को बड़ी कुर्बानियां देनी पड़ी। उत्तर में पानीपत जिले में (करनाल भी जिसका हिस्सा था) संभालका, बला, जलमाणा, आसंध, सालवण, डाचर, छातर, घरौंडा आदि विद्रोह के अनेक केंद्र थे। यमुना के निकटवर्ती गुर्जरों के गांव तथा पानीपत, बांगर के नौलथा, जैल के 16 जाट गांवों और भालसी तथा कौराना जैल के 9 बड़े गांव विद्रोह में कूद पड़े और सरकार को लगान देना बंद कर दिया। नौल्था के विद्रोही रोहतक जिले के विद्रोहियों के साथ दिल्ली गए। लगातार 22 दिनों तक अंग्रेजी सेना का मुकाबला करते हुए वापिस लौटे। जी.टी. रोड की नाकाबंदी कर दी गई जिसे जींद, पटियाला की सेनाओं की मदद से ही बार-बार खोला जाता था। उधर थानेसर में अंग्रेज प्रशासन द्वारा भारतीय सेना के हथियार छीन लेने के बाद भी इलाके के नंबरदारों ने लोगों को इकट्ठा किया और लगान देना बंद कर दिया। कई जगह अंग्रेजी सेना के साथ झड़पों में देशभक्तों ने अपनी जानों की कुर्बानियां दीं। अनेक लोगों को जी.टी. रोड के साथ-साथ पेड़ों पर लटकाकर फांसी दे दी गई।

दिल्ली के पश्चिम में रोहतक जिले में बगावत तभी फैल पाई जब दिल्ली से तफ्जुल हुसैन बादशाह की सेना लेकर 24 मई को वहाँ पहुँचे। रोहतक, महम, मदीना, सांपला, मांडौठी के सरकारी दफ्तरों और बंगलों को जला डाला। पब्लिक रिकार्ड जला डाला। जेलखाने तोड़ डाले। गोरे अधिकारी जान बचाकर भाग निकले। परंतु रोहतक पर कब्जा बनाए रखना अंग्रेजों के लिए बहुत महत्वपूर्ण था। अंग्रेजों ने पानीपत और दिल्ली से बार-बार सैनिक टुकड़ियां रोहतक भेजीं। जी.डी. लोक, निकलसन और हडसन ने रोहतक पर कब्जा करने की भरसक कोशिश कीं। विद्रोही बाबरखां रांघड़ के नेतृत्व में उन्हें बार-बार टक्कर देते रहे। 29 मई को हांसी एवं हिसार में भी भारतीय सैनिकों ने बगावत कर दी। हांसी में लाला हुक्मचंद जैन, कानूनगों तथा मिर्जा मुनीर बेग ने मिलकर कमान संभाली। हिसार में भटटु के शहजादा अजीम ने नेतृत्व दिया और अंग्रेजी सत्ता को उखाड़ फेंका। सिरसा और रानियां में भी बगावत फैल गई। हिसार तथा सिरसा पर काबू पाने के लिए फिरोजपुर से अंग्रेज जनरल वैनकोर्टलैंड को भेजा गया। 15 जून को रानियां के नवाब नूर मोहम्मद ने ओढ़ा गांव में वैनकोर्टलैंड का वीरतापूर्वक मुकाबला किया। बड़ी कुर्बानी के बावजूद अंग्रेजी तोपखाने के सामने विद्रोही टिक नहीं पाए। रानियां के नवाब को मलेरकोटला के पास पकड़ लिया गया और देशद्रोह का मुकदमा चलाकर उसे फिरोजपुर में फांसी पर लटका दिया। विद्रोहियों ने जून से लेकर सितंबर तक सिरसा से हांसी तक वैनकोर्टलैंड की अंग्रेज सेनाओं के साथ जगह-जगह टक्कर ली और खून की होली खेलीं। अनेक गांव जलाकर खाक कर दिए गए। हिसार, हांसी, मंगाली, रोहणात और जमालपुर बगावत के बड़े केंद्र थे। हांसी की सड़कें शहीदों के खून से लाल हो गई। आज भी मुख्य सड़क को लाल सड़क कहा जाता है। लाला हुक्मचंद जैन, मिर्जा मुनीर बेग और उनके साथियों को कालांतर में फांसी की सजा दी गई। 30 सितंबर को शहजादा अजीम ने हिसार क्षेत्र में जमालपुर गाँव में अंग्रेजी सेना से आखिरी लड़ाई लड़ी। अब तक दिल्ली पर कब्जा करने में अंग्रेजी सेनाएं कामयाब हो चुकी थी। दिल्ली और उत्तर हरियाणा में बागियों को दबा लेने के बाद ही अंग्रेज सरकार ने दक्षिणी हरियाणा को जीतने के लिए 2 अक्टूबर को जनरल शावर को 1500 सैनिक, 18 तोपें और 2 मोटार देकर रवाना किया।

जनरल शावर ने बल्लभगढ़ के राजा नाहर सिंह, फरूखनगर के नवाब अहमद अली गुलामखां, झज्जर के नवाब अबदुर रहमान खां और बहादुरगढ़ के नवाब को जैसे-तैसे पकड़ कर दिल्ली भेज दिया और उन देशभक्तों पर देशद्रोह का मुकदमा चलाया गया। नाहर सिंह, अहमद अली गुलामखां, अब्दुर रहमान खां को देशद्रोही करार देकर दिल्ली में लाल किले के सामने फांसी पर लटका दिया। परंतु रावतुलाराम

उसके काबू में नहीं आया। उसने नवाब झज्जर के चाचा अब्दुस समद खां तथा हिसार के शहजादा अजीम खां के साथ मिलकर 16 नवंबर को नारनौल के पास नसीबपुर में अंग्रेजी सेना पर हमला बोल दिया। अंग्रेजी सेना का कमांडर कर्नल गैराड लड़ाई में मारा गया। उसकी मददगार मुल्तानी सेना मैदान छोड़कर भाग निकली। राव तुलाराम के प्रमुख जनरल रामगोपाल और रामलाल भी युद्ध में काम आए। जीती हुई बाजी अंग्रेजी तोपखाने के सामने बागियों के हाथ से निकल गई। हरियाणा का यह आखिरी संगठित युद्ध था।

रियासतों पर काबू पाने के बाद अंग्रेजी सेनाओं ने अपना मुंह मेवात की तरफ मोड़ दिया। विद्रोही गाँवों को बुरी तरह कुचल डाला। अनेक बार औरतें, बच्चे और बूढ़ों को भी कत्ले आम का शिकार बनाया। तावडू से सोहना, सोहना से रूपड़ाका के अनेक गाँव इस अंग्रेजी क्रूरता के शिकार हुए परंतु देशभक्त मेवाती मलूका, रहीम खां, उदय चंद व सदद्रूदीन के नेतृत्व में बार-बार संगठित होते रहे, आखिर तक़ बहादुरी के साथ लड़ते रहे ओर देश के लिए कुर्बानियां देते रहे। रायसीना, रूपड़ाका के युद्धों में मेवों ने बड़ी वीरतापूर्वक लड़ाई लड़ी। सद रूदीन मेव ने 27 नवंबर को बागी सेना को फिर से संगठित कर पिनगुआं परगने पर धावा बोल दिया। परन्तु अंग्रेजी तोपखाने के सामने विद्रोही कामयाब नहीं हो पाए। पुनः सदरूद्दीन बच निकला और 30 नवम्बर को महू गाँव में अंग्रेजी सेना से आखिरी लोहा लेने जा खड़ा हुआ जिसमें अनेक मेवों के साथ उसका लड़का भी शहीद हो गया। मेवाती देशभक्तों की वीरता से प्रभावित होकर गुड़गाँव के संयुक्त मैजिस्ट्रेट मैकफर्सन ने लिखा है कि "विद्रोही कम थे किंतु उन्होंने जिस तरह मुकाबला किया वह मेरे लिए बड़ी आश्चर्य की बात है।" बगावत पर काबू पाने के बाद विद्रोहियों और चौधरियों को चुन-चुनकर फिरोजपुर झिरका में फांसी पर लटका दिया गया। गाँव की जमीनें नीलाम कर दी गई और अनेक प्रकार से दंडित किया गया। परंतु ये कुर्बानियां व्यर्थ नहीं गई। कालांतर में शुरू हुए राष्ट्रीय आंदोलन को इस महान जनविद्रोह से बड़ा बल मिला।

1857 के विद्रोह की सबसे बड़ी ताकत थी हिंदु-मुस्लिम एकता। बहादुरशाह जफर को उत्तरी भारत के सभी राजे-नवाबों ने शहंशाह मान लिया। हरियाणा में पानीपत में बूअली कलंदर की दरगाह हिंदू-मुस्लिम बागियों के सलाह-मशवरे की महत्वपूर्ण जगह थी। हांसी में विद्रोह का नेतृत्व लाला हुकमचंद जैन और मिर्जा मुनीर बेग ने मिलकर लिया। बल्लभगढ़ के राजा ने किले में मस्जिद भी बनाई। झज्जर और दादरी के नवाबों की सेनाओं ने रोहतक, हांसी व हिसार के विद्रोहियों की मदद की। नसीबपुर के मैदान में 16 नवंबर को लड़ी गई हरियाणा की आखिरी बड़ी लड़ाई में अंग्रेजी फौजों के खिलाफ रेवाड़ी के राव तुलाराम की सेना की मदद

के लिए झज्जर के नवाब और हिसार के शहजादा अजीम की सेनाएं भी शामिल हुई।

बागियों की सबसे बड़ी कमजोरी थी 'आधुनिक राष्ट्रवादी विचारधारा की कमी'। विचारधारा वह सीमेंट होती है जो लोगों को एकसूत्र में बांधने का काम करती है और उन्हें एक पहचान देती है। इस पहचान के अभाव में अलग-अलग इलाकों में राजे-नवाब अथवा लोग अपने-अपने तरीके से साम्राज्य की सेनाओं से टक्कर लेते रहे। कोई एकीकृत कमान नहीं बन पाई। अंग्रेजों को भगाते ही रोहतक और मेवात के जाट और मेव अपने-अपने इलाके के जाट और मेव गोत्रों से ताकत आजमाने लग गए। एक दूसरी विशेष कमजोरी थी आधुनिक तकनीकी व हथियारों की एवं फौज की ट्रेनिंग की कमी। विद्रोह के कामयाब न होने के पीछे यही प्रमुख कारण थे।

इतिहास को जानना और समझना किसी समाज के लिए इसलिए भी जरूरी होता है ताकि भविष्य में गलतियों को न दोहराया जा सके। आज के दौर में 1857 को याद करने के सरोकार है हमारे देश के सामने खड़ी दो बड़ी चुनौतियों के लिए इतिहास से सबक लेना। आज भारत पर विश्व के कई भागों की तरह साम्राज्यवादी प्रभाव बढ़ता जा रहा है और उसकी नीतियों के तहत रोजगार विहीन उत्पादन तथा खुले बाजार का दौर अपना असली चेहरा दिखाने लगा है। दूसरी तरफ है सांप्रदायिकता और तत्ववाद का उभार। वास्तव में देश की एकता तथा संप्रभुता के सामने चुनौती आ खड़ी हुई है। 1857 का इतिहास हमें देश पर साम्राज्यवादी नीतियों के प्रभावों के बारे में सचेत करता है। दूसरे यह भी सबक देता है कि देश की ताकत हिंदू-मुस्लिम एकता पर निर्भर है जिसने 1857 में अंग्रेजी साम्राज्य की जड़े हिलाकर रख दी थीं। हिंदू-मुस्लिम एकता को तोड़ना अंग्रेजी साम्राज्य को बचाए रखने के लिए कालांतर में एक आवश्यक नीति बना ली गई थी। यही 1857 के प्रमुख सबक हैं जो आज भारतवासियों को याद करने की आवश्यकता है।

Chapter - 27

महान शहीद-उदमीराम के नेतृत्व में लिवासपुर एवं अलीपुर गाँव के किसानों का प्रथम स्वतंत्रता संग्राम में योगदान

तेज पाल सिंह

अठारह सौ सत्तावन तक प्रत्येक देसी राजा अपने राज्य को अपना देश मानता था एवम् भारत-राष्ट्र का विचार नगण्य था। जाति, क्षेत्र, भाषा और धार्मिक असमानताओं के बावजूद अंग्रेजों का साझा विरोध हिंदुस्तान की जनता को एक साथ ले आया।

अंग्रेज, व्यापारी, अंग्रेजों की अदालत एवम् वकीलों का नापाक संगठन लापरवाह किसानों का खून चूस रहा था। जमीन से किसान बेदखल हो रहा था, शोषण एवं लूट का आलम था। दिल्ली के आसपास दिल्ली देहात, सोनीपत, रोहतक, फरीदाबाद, बल्लभगढ़, अंबाला, मेवात एवं कुरुक्षेत्र, पश्चिमी उत्तरप्रदेश के मेरठ, बागपत, मथुरा, बुलंदशहर, मुजफ्फरनगर, सहारनपुर एवं अलीगढ़ आदि के किसानों में भारी आक्रोश था। बेरोजगारी बढ़ रही थी। फलस्वरूप किसानों के बेटों को अंग्रेजी फौज में भर्ती होने के सिवाय कोई अन्य मार्ग प्रतीत नहीं हो रहा था। वहाँ भी अंग्रेज सिपाहियों से कम वेतन, पीछे छोड़े परिवार का दुःख उनके मन को झकझोर रहा था। अशांत मन और बेबसी, नौजवान व्यक्ति क्या करता? फिर परिणाम था राजद्रोह का केस, कारावास एवं बरखास्तगी।

10 मई को मेरठ में सेना में विद्रोह हो गया। 11 मई को आम जन तथा सेना के विद्रोही दिल्ली पहुँच गए तथा पेंशनयाफ्ता 80 वर्ष के बूढ़े बहादुरशाह जफर को हिन्दुस्तान का बादशाह घोषित कर दिया। शाहीमहल में विद्रोहियों ने घुसकर अंग्रेज अधिकारी फ्रेजर, डगलस और हचिन्सन, जेनिंग्स, इनकी पुत्री और पुत्री की

मित्र क्लिफर्ड की जीवन लीला समाप्त कर दी। बन्दीगृह में बन्द 50 अंग्रेजों को भी 16 मई को एक सार्वजनिक मैदान में ले जाकर उनका वध कर दिया।

अंग्रेजों में भगदड़ मच गई। वे अपने शरीर पर काला रंग पोतकर अथवा किसी प्रकार अपना चेहरा विकृत कर या साधु का वेश धारण कर दिल्ली से पलायन करने में सफल हो गए। उनमें से अनेक प्राण बचाने के लिए सोनीपत, हरियाणा की तरफ चल पड़े। ग्रांड ट्रंक रोड़ से सोनीपत जाने वाली सड़क पर आज बसे हैं दो क्रांतिकारी गांव अलीपुर एवं लिवासपुर। उस समय सोनीपत दिल्ली जिले की एक तहसील थी एवम् 1914 में रोहतक जिला बना तो उसकी तहसील बन गया। इसी लिवासपुर में एक होनहार बहादुर नौजवान उदमीराम था जो 30 वर्ष की आयु में अपनी योग्यता तथा कर्मठता से गांव का नंबरदार बन गया। उस गांव का प्रमुख गोत्र सरोहा है। उदमीराम ने अपने जैसे 22 नौजवानों का क्रांतिकारी संगठन बनाया। उदमीराम के पास तीव्र गति से चलने वाली एक घोड़ी थी जिस पर बैठकर वह पूरे क्षेत्र में घूम सकता था। उसने पूरे क्षेत्र में गलाघोंट मालगुजारी न देने का ऐलान कर दिया और अंग्रेजों में दहशत कायम करने के लिए यह संगठन उस सड़क पर चलने वाले अंग्रेजों को मौत के घाट उतारने लगा, यह किसान की दुर्दशा तथा लूट का प्रतिशोध था। यह सत्य है कि किसी भी विद्रोह या क्रांति में सिर्फ एक दृढ़निश्चयी छोटा दल ही भाग लेता है और जनता की एक बड़ी संख्या निष्क्रिय रहती है। सभी का समर्थन नहीं मिलता।

एक दिन एक अंग्रेज सपत्नीक ऊंटगाड़ी में सवार होकर लिवासपुर ग्राम के सामने से गुजर रहा था। वीर उदमीराम की टोली के जवानों ने उन दोनों को गाड़ी से नीचे उतार लिया, अंग्रेजों के कहर से पीड़ित जवानों ने उस अंग्रेज को मौत के घाट उतार दिया। किन्तु धर्मपरायण जवानों ने उसकी पत्नी को प्राणदंड देने से वंचित कर दिया। दया धर्म से पूर्ण उदमीराम की टोली ने उसी दिन सायंकाल भालगढ़ में रहने वाली एक ब्राह्मण महिला को उस अंग्रेज नारी की देखभाल की जिम्मेदारी सौंप दी। इतना ही नहीं अपितु उसके वस्त्र तथा भोजन आदि की समुचित व्यवस्था की।

इस घटना का समाचार आसपास के गांव में जंगल की आग की तरह फैल गया। अनेक तमाशबीन लोग, कौतुहल वश अन्य ग्रामों से लिवासपुर आ गए। यहाँ पर राठधना का स्वार्थी धनलोलुप सीताराम भी आया तथा उस अंग्रेज महिला से मुलाकात तथा रखवाली ब्राह्मणी को भी लालच देकर अपने पक्ष में कर लिया जो मुखबरी करने को तैयार हो गई। यह देश सीताराम जैसे गद्दारों के कारनामों के कारण पराधीन हुआ है। सीताराम ने अंग्रेज महिला को भेद दे दिया कि लिवासपुर गांव के युवक उदमीराम

और उसके सहयोगियों ने उसके पति को ही नहीं वरन् अन्य अंग्रेजों का भी वध किया है और उसकी भी वे जीवन लीला समाप्त कर देंगे।

भयभीत अंग्रेज महिला ने सीताराम और उस महिला के समक्ष प्रस्ताव रखा कि यदि वे उसे सकुशल पानीपत स्थित अंग्रेजों के शिविर में पहुँचा दे तो वह दोनों को भारी मात्रा में इनाम इकराम दिलवाकर मालामाल कर देगी। इसी प्रलोभन में सीताराम ने अंग्रेज महिला को सुरक्षित चुपचाप सवारी का प्रबंध कर पानीपत अंग्रेजी शिविर में पहुँचा दिया। उस अंग्रेज महिला से सूचना पाकर एक दिन सवेरे चार बजे ग्राम लिवासपुर को अंग्रेजी सेना ने चारों ओर से घेर लिया। पता लगते ही उदमीराम ने परिस्थिति को भांप लिया और सभी साथियों जैसे—जसराम, सहजराम, रतिया उसका भतीजा गुलाब सिंह आदि को साथ लेकर अंग्रेजी सेना से लड़ने के लिए मैदान में उतर गया। संख्या में कम परन्तु तलवारों, गंडासों, लाठियों, भालों, बर्छी, बल्लम से लैस होकर उन्होंने अंग्रेजों से युद्ध किया। अंग्रेजों के छक्के छूट गए परन्तु अंग्रेज सेना आधुनिक हथियारों से लैस एवं संख्या में बहुत अधिक थी। दिन निकलते निकलते युद्ध का दृश्य अंग्रेजों के पक्ष में पलट गया। स्वतंत्रता के दीवाने अंग्रेजों को मारकर वीरगति को प्राप्त हुए और शेष को बंदी बना लिया गया।

अंग्रेज अधिकारियों ने देशद्रोही सीताराम तथा विश्वासघाती उस महिला को भी बुलवाया जिसको क्रांतिकारियों ने अंग्रेज महिला की देखरेख का भार सौंपा था। उन्होंने जिस किसी का भी नाम लिया उसे ही बंदी बना लिया गया। सारे गांव को बुरी तरह लूटा और लूट के बहुमूल्य सामान से भरकर 30-35 बैल गाड़ियाँ दिल्ली भेज दी जहाँ पर अंग्रेजी राज कायम हो चुका था। यह गांव उजड गया, यहाँ के निवासी अन्यत्र अपनी रिश्तेदारी या दूसरे स्थानों में पलायन कर गए। तीन वर्ष बाद लोग वापस आए तो अर्धदास बना दिए गए और जमींदार बन गया सीताराम।

जिन लोगों ने स्वतंत्रता प्राप्ति के इस प्रयास में बढ़चढ़ कर भाग लिया था अंग्रेजों ने उन्हें बंदी बनाया एवं राई स्थित सरकारी पड़ाव (यहाँ रैस्ट हाउस है) के पास सड़क पर लिटाकर भारी पत्थर के कोल्हू के नीचे डालकर पीस दिया गया जिनमें उदमीराम का भतीजा गुलाब सिंह, जसराम, रतिया, सहजराम आदि भी थे।

वही कोल्हू आज भी जी.टी. रोड पर स्थित ताऊ देवीलाल पार्क में रखा है। सभी स्वतंत्रता प्रेमियों को उसके दर्शन कर उन महान क्रांतिकारियों को श्रद्धांजलि अर्पित करनी चाहिए।

वीर युवक उदमीराम को सरकारी पड़ाव के पीपल के वृक्ष, जो अब रेस्ट हाऊस से उजड़ चुका है, से बॉधकर उसके हाथों तथा पैरों में कील ठोक दी गईं और

बेड़ियों से बॉध दिया। तथा भूखा-प्यास तड़फाया गया। ये अमानवीय यातनाएँ उन्हीं अंग्रेजों ने दी जिनके धर्मप्रवर्तक महान ईशा को यहूदियों ने क्रूस पर लटकाकर हाथ-पैरों में कील ठोककर मार डाला था। भारत माता का यह सच्चा सपूत 35 दिन तक इसी प्रकार असहनीय पीड़ा से तड़फता रहा लेकिन क्षमा के लिए एक शब्द नहीं बोला। अंत में यह लौह युवक इस निष्ठुर संसार से अलविदा हो गया।

उसने अपने प्राणों का उत्सर्ग करके ग्राम लिवासपुर का नाम स्वतंत्रता संग्राम के इतिहास में स्वर्ण अक्षरों में लिखा दिया। भयभीत कायर अंग्रेजों ने उसका शव परिवार के लोगों को न देकर, छुपाकर कहीं दाह संस्कार कर दिया।

लिवासपुर से पहले आता है अलीपुर जिसके किसानवीरों ने स्वतंत्रता संग्राम में प्राणपण से भाग लिया था। उन्होंने ब्रिटिश हुकूमत के अन्यायपूर्ण कारनामों से भरे अंग्रेजी कागजातों को सोनीपत तहसील में घुसकर जला दिया और अंग्रेजी हुक्मरानों के तलवे चाटने वाले दुकानदारों, शोषणकर्ताओं की दुकानों को स्वाहा कर दिया और रास्ते में पड़ने वाले अंग्रेजों को मौत के घाट उतार दिया।

इस विद्रोह का दमन करने कुरूप अंग्रेज अधिकारी एक आंख का काना (जिसे कानाशाह कहते थे), मेटकाफ सेना लेकर अलीपुर पहुँचा और उसे घेर लिया। उस जालिम ने अपना शिविर दो कदम्ब के वृक्षों के नीचे लगाया था। ये वृक्ष आज भी जिंदा हैं जो अंग्रेजों के द्वारा किए गए अत्याचार और जुल्म तथा शहीदों की यादों को ताजा करा रहे हैं। अंग्रेजों ने तोपें लगाकर गांव को चारों ओर से घेर लिया एवं ऐलान कर दिया कि कोई भी गाँववासी बाहर न निकले। गाँव के सभी जातियों से 70 व्यक्तियों को चुनकर गिरफ्तार कर लिया जिनमें प्रत्येक घर से एक व्यक्ति अवश्य था। उन्हें लिवासपुर एवं सरसपुर के बीच धौलाकुआं नामक स्थान पर पत्थर के भारी कोल्हू से कुचल डाला। उसमें बहुत सारे निर्दोष व्यक्ति भी मारे गए। गाँव को बागी घोषित कर दिया गया। हमीदपुर एवं कुंडली भी बागी घोषित हो गए। मास्टर प्रहलाद सिंह एवं चौधरी रामस्वरूप मान ने बताया कि गाँव अलीपुर को फरीदाबाद की बेगम ने एक लाख रुपए में खरीद लिया था जिसका कुल रक्बा 111000 बीघा था। बेगम ने यह गाँव दिल्ली के अल्ताफ हुसैन को 100000 रुपये में ही बेच दिया। खेड़ा खुर्द के चौधरी फतेह सिंह मान ने पूरा रुपया देकर गाँव को स्वतंत्र कराने का प्रयास किया और गाँव के लोगों को रुपया वापिस करने के लिए जिम्मेदारी लेने के लिए कुछ ग्रामवासियों को सामने आने को कहा। किसी ने जिम्मेदारी नहीं ली। इसलिए बात सिरे नहीं चढ़ी। सभी किसान कालान्तर में दफा-5 के मारूसी हो गए। चौधरी हीरासिंह ने जी.टी. रोड पर उन 70 स्वतंत्रता सेनानियों का शहीदी स्मारक बनवाया जो स्मारक जी.टी. रोड पर से गुजरने वाले हर मुसाफिर को भारत माता के सच्चे सपूतों की याद दिलाता है।

Chapter - 28

1857 का पुनर्पाठ : सिखों की सहभागिता

डॉ. राजेन्द्र कुमार

1857 के महासंग्राम के संदर्भ में तत्कालीन पंजाब और सिखों को लेकर बड़ी भ्रान्ति इतिहासकारों ने फैलाई है। यह धारणा बहुत गहरे पैठा दी गई है कि पंजाब 1857 के दौरान अंग्रेजों के प्रति वफादार था,[1] सिखों ने अंग्रेजों का पूरी तरह साथ दिया[2] और पंजाबियों ने स्वतंत्रता सेनानियों को कुचलने में बढ़चढ़ कर अंग्रेजों की सहायता की,[3] और सबसे विचित्र बात यह है कि ब्रिटिश तथा पश्चिमी इतिहासकारों ने सिखों को अंग्रेज-भक्त और हिन्दू-मुस्लिम विरोधी गद्दार लिखा है। चूंकि ऐसा पंजाब के चीफ कमिश्नर ने लिखा था, इसलिए उस वाक्य को इतिहासकारों ने बार-बार उद्धृत किया–'कृतज्ञ पंजाबी, खास तौर से सिख बगावत के दौरान हमारे साथ रहा। पंजाब शान्त, हर तरह से शान्त था।'[4] यहाँ ध्यान देने कि बात यह भी है कि इस धारणा को बनाए रखने के लिए सिख इतिहासकार भी उत्तरदायी हैं क्योंकि उन्होंने भी इस पहलू की व्यापक रूप से जॉच नहीं की और न ही इसके विरोध में शोधपूर्ण सामग्री प्रस्तुत की।

ईस्ट इंडिया कंपनी के अधिकारियों में पंजाब पर सबसे पैनी नजर रेवरेन्ड जे. केव ब्राउन की थी। उसने 1861 में किताब लिखी *'द पंजाब एण्ड डेल्ही इन 1857'*। वह लिखता है–'वे (सिख) अंग्रेजों के सर्वाधिक निष्ठावान घटक थे और यदि उन्होंने अंग्रेजों का साथ न दिया होता तो गोरों को 1857 में ही भारत छोड़ कर जाना पड़ता।'[5] इसमें भी ध्यान देने की बात यह है कि पूर्ववर्ती इतिहासकारों ने जहाँ 'पंजाब निष्ठावान रहा' लिखा, परवर्ती इतिहासकारों ने इसके लिए 'सिख निष्ठावान रहे' वाक्य का प्रयोग किया।[6] इसकी वजह का भी ब्रिटिश इतिहासकारों ने खुलासा किया कि सिख मुसलमान विरोधी थे और ब्रिटिश राज के खात्मे का लाभ मुसलमानों को ही मिलना था चूंकि अंग्रेजों के आने से पहले वे ही सत्ता में थे। सत्ता में मुगलों के

प्रगति प्रेस, महावीर चौक मुजफ्फरनगर-251 001 (उ. प्र.)

प्रभुत्व का अर्थ था सिखों के विरुद्ध दमनात्मक कार्यवाही।[7] आर.सी. मजूमदार लिखते हैं–'ऐसे दस्तावेज मौजूद हैं जो बताते हैं कि पंजाब में उच्च अंग्रेज अधिकारियों ने भड़काऊ भाषा में उन कष्टों और अपमानों का प्रचार किया जो सिखों ने अतीत में मुगल सम्राटों के हाथों झेले थे। इस प्रकार वे सिखों को फुसलाकर अपने साथ मिलाने में सफल रहे।'[8] केव ब्राउन लिखता है–"जिन्होंने (सिख युद्धों में) हमारे साथ लोहा लिया था, अब वे हमारे साथ थे। ऐसा लगता था कि वे औरंगजेब के द्वारा किये गए गुरू तेगबहादुर के कत्ल का बदला ले रहे थे।"[9] इसी भ्रामक और साम्प्रदायिक विचार को आगे बढ़ाते हुए जवाहरलाल नेहरु लिखते हैं–"अंग्रेजों को गोरखों की मदद मिली, लेकिन उससे भी ज्यादा ताज्जुब की बात है कि उन्हें सिखों की मदद मिली।"[10] पण्डित सुन्दरलाल ने भी लगभग जवाहरलाल नेहरु जैसा ही मत व्यक्त किया।[11] डा. रामविलास शर्मा पण्डित जवाहरलाल नेहरु के अनैतिहासिक निष्कर्ष की अनेदखी कर सुरेन्द्रनाथ सेन के विचारों के साथ उसकी तुलना करने लग जाते हैं।[12] आगे के इतिहासकार भी इन्हीं धारणाओं के चारों ओर चक्कर काटते हुए कुछ दबी जुबान से तथा अन्य खुल्लमखुल्ला यही विचार प्रकट करते हैं कि यदि सिख विद्रोहियों का साथ देते तो विद्रोह के परिणाम कुछ और होते। लेकिन शायद नेहरु जी ने या इन लोगों ने केव ब्राउन को नहीं पढ़ा। वह लिखता है–"समस्या यह थी कि ये (सिख) बहुत कम पड़ रहे थे। तब कर्नल एडवर्ड्स ने मजहबी सिखों को आजमाने का विचार किया। 'मजहबी सिख' मूलतः जाति से भंगी थे। जब गुरु गोविन्द सिंह ने जात-बिरादरी के विरुद्ध हमला बोला तो इस वर्ग को अपनी मुक्ति का दरवाजा दिखाई दे गया। इन भंगियों को अमृत छका कर सिख बना दिया गया। इस वर्ग के लोग पंजाब विजय के समय सैंकड़ों की संख्या में उपस्थित थे। ये सब फौजी नौकरी के स्थान पर जमीनें चाहते थे। उस समय दोआब में नहरों का जाल बिछाया जा रहा था, अतः रोजगार के बेहतरीन अवसर सामने थे। मजहबी निठल्ले पड़े थे, अवसर का लाभ उठाते हुए उन्हें काम पर लगा कर अंग्रेजों ने अपने हाथ का कर लिया।"[13]

सबसे विचित्र बात यह है कि 1857 की 150वीं जयन्ती पर देश भर में पुस्तकें प्रकाशित हुईं, नामचीन और साधारण पत्र-पत्रिकाओं ने विशेषांक और समाचार पत्रों ने फीचर्स प्रकाशित किए, किन्तु दो-चार लेखों के अलावा सिखों के बारे में किसी ने लिखने या प्रकाशित करने की जहमत नहीं उठाई। नई सामग्री मिलने और शोधकार्यों के आगे बढ़ने के बावजूद सिखों के बारे में वही दुराग्रहपूर्ण राग अलापा जाता रहा है कि काश, सिख अंग्रेजों के साथ न होते! इस संदर्भ में साहित्यकार प्रदीप सक्सेना लिखते हैं–"पंजाब और 'सिखों' शब्दों का इस्तेमाल साम्राज्यवादी इतिहास-दृष्टि की सोची समझी साजिश थी। वही राष्ट्रवादियों ने

ज्यों-की-त्यों स्वीकार की और मार्क्सवादियों ने भी जहमत गवारा न की कि इस साजिश को परखा जाए। यह तथ्य नहीं मिथ था। प्रमाण नहीं भावना है। साइंस नहीं सरमन है। अनैतिहासिक है। वर्गविहीन अवधारणा है। आर्थिक-राजनैतिक संदर्भों से कटी हुई। साम्प्रदायिकता! खतरनाक!"[14]

तथ्य इस बात के सर्वथा विपरीत हैं कि सिखों ने गद्दारी की और अंग्रेजों का साथ दिया। अंग्रेजों का साथ देने वाले सिखों को गिन लें और अंग्रेजों के विरुद्ध लड़ने वाले सिखों की गिनती कर लें तो पता लगेगा कि अंग्रेजों के विरुद्ध लड़ने वाले सिख अधिक थे, साथ ही भारत की अन्य जातियों की अपेक्षा प्रतिशत के हिसाब से भी सिख 1857 में अधिक राष्ट्रभक्त थे।

यदि तत्कालीन पंजाब और सिखों की स्थिति को तथ्यों की रोशनी में परखा जाए तो पता चलता है कि दिसम्बर 1846 में लाहौर दरबार से ईस्ट कंपनी ने संधि की थी सन्धि के अनुसार महाराजा रणजीत सिंह के पुत्र महाराजा दलीप सिंह के बालिग होने तक पंजाब की रक्षा का दायित्व अंग्रेजों ने अपने सिर ले लिया था। किन्तु लार्ड डलहौजी ने 29 मार्च 1849 को सिख सेना में विद्रोह का बहाना बना कर पंजाब को पूरी तरह अपने अधिकार में ले लिया। खालसा सेना को भंग कर उसके 50,000 सैनिकों को बकाया वेतन का भुगतान करके नौकरी से निकाल दिया। उनसे हथियार ले लिए गए। यहाँ तक कि पंजाब में साधारण लोगों से उनके अपने घरेलू रवायती हथियार छीन लिए गए। ऐसा कानून बना दिया जिसके अन्तर्गत यूरोपीय और सरकारी अफसरों को छोड़ कर कोई भी व्यक्ति किसी किस्म का हथियार नहीं रख सकता था। लगभग 1,19,776 बंदूकों और तलवारों को जब्त किया गया। 4 जुलाई 1849 को लार्ड डलहौजी ने बोर्ड ऑफ डायरेक्टर्स को सिखों की सैन्य विशेषताओं के बारे में पत्र लिखा कि ऐसी जातियों को सेना में भर्ती करना लाभदायक है, जिससे सेना में एक ही जाति के वर्चस्व का खतरा कम हो जाएगा। फरवरी 1851 से सिखों को पहली बार ब्रिटिश सेना में भर्ती किया जाने लगा।[15] इससे भंग खालसा सेना के बेरोजगारों को भी रोजगार मिल गया। हथियार मिल गए और 'रुतबा' भी मिल गया।

10 मई 1857 को मेरठ में विद्रोह के बाद सिपाहियों ने दिल्ली पहुँच कर अंग्रेजी सेनाओं को जो भयंकर टक्कर दी, उसकी चर्चा तो इतिहास में विस्तार से की गई है, किन्तु इस दौरान सिखों ने जिस साहस, सूझबूझ और शौर्य का उदाहरण प्रस्तुत किया, उसका कोई जिक्र नहीं मिलता। पंजाब राज्य अभिलेखागार पटियाला में रखी फाइल संख्या 297 इस बात की पुष्टि करती है कि 'सिख सिपाहियों ने विद्रोह में

जोर-शोर से भाग लिया।' यह फाइल आगे भी काफी कुछ कहती है जिससे हमारे इतिहासकार भी चक्कर खा जाएंगे। कहाँ तो वे कहते हैं सिखों ने गद्दारी की और कहाँ फाइल कहती है कि सिखों ने विद्रोह में 'लार्ज एक्सटैंट पार्टीसिपेशन' किया![16]

यदि अंग्रेजों को सिखों में अपने हमदर्द और मित्र दिखाई दे रहे थे और उन्हें वे लॉयल प्रचारित कर रहे थे तो उनसे खतरा मानने की क्या आवश्यकता थी? मेरठ से 36वीं पलटन और लखनऊ से 61वीं पलटन जालंधर इसलिए भेजी गई थी कि अंग्रेजों को विश्वास था कि मेरठ और लखनऊ के वातावरण में पलने वाले विद्रोही कीटाणु जालंधर में न होंगे। लेकिन जालंधर के कमिश्नर मेजर लेक ने जून 1857 के पहले सप्ताह में अकस्मात ही इन दोनों पलटनों को, जिनमें सिखों की संख्या स्वभावतः ही अधिक थी, निःशस्त्र कर डालने का फैसला किया।[17] चौथी सिख पलटन को यह बात नागवार गुजरी। 7 जून, रविवार को इस पलटन ने विद्रोह कर दिया और रात में कर्नल हार्टले के घर में आग लगा दी।[18] देशी लाइनें गोलियों की तड़तड़ाहट से गूंज उठी। विद्रोहियों ने फिल्लौर गैरीसन के साथ लुधियाना के लिए कूच कर दिया जहाँ से उन्हें दिल्ली जाना था। इस घटना से अंग्रेजों को स्पष्ट हो गया था कि वे पंजाब पर कितना भरोसा कर सकते हैं? अफवाह फैल गई कि अंग्रेजों का राज खत्म हो गया है। चारों तरफ के ग्रामीण लुधियाना पर चढ़ दौड़े और लूटमार, कत्ल, आगजनी, डकैती का बोलबाला हो गया। अंग्रेज अधिकारियों ने यहाँ चालाकी से काम लिया। यह प्रचारित किया गया कि पूरबिये सिपाहियों का सिखों से झगड़ा हो गया है और वे पंजाबियों को मार कर फिल्लौर-फगवाड़ा मार्ग पर भाग गए हैं। विद्रोहियों ने लुधियाना के किले पर कब्जा कर लिया और तुरन्त मोर्चे खोदने शुरु कर दिए। तोपें लगा दीं। खज़ाने पर कब्जा कर लिया लेकिन न तो उनके स्टोर में गोलियाँ थी और न बारूद। यही हश्र खजाने का हुआ।[19] खजाना तो मिला मगर लोहे की बहुत मजबूत 'सेफ' में, जिस पर ब्रह्मा का ताला लटका था। उन्होंने ताला तोड़ने की विकट कोशिश की पर कामयाबी नहीं मिली। लिहाजा उन्होंने जेल तोड़ कर कैदियों को रिहा कर दिया और दिल्ली की ओर प्रस्थान कर दिया। लेकिन अंग्रेजों ने सतलज नदी का पुल पहले ही तोड़ दिया था, नदी पार करने के लिए विद्रोहियों के पास केवल तीन नावें थीं। इस तरह ब्रिटिश सेना के पास विद्रोहियों को घेरने की पूरी सुविधा मौजूद थी। छः सौ विद्रोहियों में से कम से कम चार सौ सैनिक वहीं घेर कर गोलियों से भून दिए गए और इस प्रकार विद्रोह तहस-नहस हो गया।[21] अंग्रेज अच्छी तरह जानते थे कि यदि पंजाब में सिख हिन्दू-पूरबियों के साथ मिल गए तो पंजाब हाथ से निकल जाएगा, इसलिए उन्होंने इस एकता को छिन्न-भिन्न करने में कोई कोर-कसर न उठा रखी। वे इस बात से चिंतित थे कि उनके राज्य

संचालन का मुख्य आधार धार्मिक वैमनस्य तेजी से खत्म हो रहा था। सम्प्रदायों के बीच परस्पर घृणा और द्वेषभाव बढ़ाकर ही वे भारत में अपने स्वार्थ सिद्ध कर सकते थे। प्रिचार्ड ने जो हिन्दू-मुसलमानों के संदर्भ में लिखा वस्तुतः वह सभी सम्प्रदायों पर लागू होता है—'हमारा विचार था कि हिन्दुओं और मुसलमानों में किसी भी तरह एकता नहीं हो सकती और मिलकर वे किसी तीसरे सम्प्रदाय के विरुद्ध कुछ नहीं कर सकते। हिन्दुस्तान में प्रायः ऐसा सोचना अंग्रेजों के लिए आम बात थी कि चाहे जो हो जाए, हमारे पक्ष में कोई एक सम्प्रदाय अवश्य खड़ा हो जाएगा।'[22] सिखों के विषय में अंग्रेजों द्वारा किया गया यह दुष्प्रचार कि वे 'हमारे साथ खड़े हैं' या उनकी 'निष्ठा हमारे साथ है' या वे 'लॉयल हैं' इसी साजिश का हिस्सा थी जिसमें वे कामयाब भी हुए।

इस घटना को बढ़ा-चढ़ा कर प्रचारित किया गया कि चौथी सिख बटालियन ने लेफ्टीनेंट जी.ए. विलियम के नेतृत्व में राजा नाभा की सेनाओं के साथ मिल कर लुधियाना आपरेशन में भाग लिया और अपनी 'लॉयल्टी' का परिचय दिया। इस आधार पर जो लोग सिखों की गद्दारी को बढ़ा-चढ़ा कर पेश करते नहीं थकते, क्या उन्होंने इन लॉयल सिखों की संख्या का अनुमान लगाया है? वास्तविकता यह थी कि चौथी बटालियन की तीन कंपनीयों तथा राजा नाभा के कुल 200 आदमियों (50 कैवेलरी, 150 आर्टीलरी) ने अंग्रेजों का साथ दिया था, जिनकी संख्या 500 से अधिक नहीं बैठती। क्या इसे पूरे सिख समुदाय का साथ देना मान लें? इसी प्रकार रातोंरात निकलसन जो रेजीमेन्टें खड़ी कर रहा था उनमें भी सिखों की संख्या बहुत नहीं थी। कैप्टेन कारलेट, मेजर शेक्सपीयर, कैप्टेन ब्राउन और थेलवाल—किसी ने भी सिखों की पलटनें नहीं बनाई, फिर कैसे एक कौम पर थोप दिया गया कि वह अंग्रेजों के साथ थी?

3 जून 1857 को झांसी स्थित 12वीं देशी पलटन विद्रोह के लिए उठ खड़ी हुई। इसमें सबसे आगे बढ़कर सिखों ने भाग लिया। 10 जून 1857 को नौगाँव में पैदल टुकड़ी के सिख सिपाहियों ने विद्रोह कर दिया।[23] नौगाँव सेकण्ड स्टेशन अफसर कैप्टन स्कॉट ने नौवें तोपखाने के कमांडिंग अफसर सी.एस. रीड को भेजे पत्र में विद्रोह का ऑखों देखा हाल लिखा है। वह लिखता है—'जब बीसवीं देशी पैदल टुकड़ी कूच कर रही थी तो कुछ सिखों ने आगे बढ़ कर बगावत का नेतृत्व करते हुए सामने से आक्रमण कर दिया। उनके पास 30 या 40 बंदूकें थी। इसके बाद उन्होंने हवलदार मेजर किर्के को मार डाला तथा तोपों की ओर लपके। सार्जेंट रेट ने तलवार निकाल ली किन्तु उस पर गोली चला दी गई। इससे सिद्ध होता है कि

नौगाँव का विद्रोह पूरी तरह सिखों द्वारा ही आरम्भ किया गया था, यह बात दीगर है कि उसमें संख्या अधिक थी या कम।' लेफ्टीनेंट ब्राउन ने एक स्मरण-पत्र में लिखा—'12वीं देशी पैदल सेना की बैरकों में सिखों की खासी संख्या थी। झांसी में एक भी व्यक्ति विश्वसनीय नहीं रहा, चाहे वह किसी भी कौम या खानदान का रहा हो।'[24] इस बात की पुष्टि 11 जनवरी 1858 को मोंटगोमरी द्वारा जारी सरकुलर से होती है। वह लिखता है—'महोदय, मुझे भूतपूर्व 12वीं रेगुलर पैदल सेना, जिसने झांसी में विद्रोह किया था, उसके सिख सिपाहियों की संदेहास्पद भूमिका की पुष्टि करने का सम्मान प्राप्त है। जो अधिकारी उस वक्त वहाँ तैनात थे उनके द्वारा भेजा गया स्मृतिपत्र और घटनासार आपको इस निवेदन के साथ प्रेषित है कि आप जिला अधिकारियों को यह निर्देश दें कि इससे पहले कि ये तत्व भाग कर पंजाब पहुँचें, इन्हें गिरफ्तार कर लें और इन पर मुकदमा चलाएं, और यह सिद्ध हो जाए कि विद्रोह के समय ये सिख उसमें शामिल थे तो उन्हें फाँसी पर लटका दें।'[25] यहाँ पर यह भी दर्ज हैं कि विद्रोह में शामिल सिखों की संख्या अच्छी खासी थी।[26]

आगरा कारागार में कैद सिखों ने कल्पनातीत प्रतिरोध का उदाहरण प्रस्तुत किया। 4 जुलाई 1857 को आगरा के अंग्रेज अफसरों ने जेल में बंद सिख सिपाहियों से समझौता किया कि उन्हें इस शर्त पर कैद से रिहा किया जाएगा कि वे फिर कंपनी के पक्ष में लड़ेंगे और छः महीने तक अंग्रेजी सेना के नियमित सैनिकों की हैसियत से वेतन पाएंगे। सिखों ने जेल में इस शर्त को स्वीकार कर लिया। छूटने के बाद वेतन तथा सैनिकों को मिलने वाले हथियार लेकर ये गायब हो गए और दिल्ली पहुँच गए। कान सिंह नामक सिख के लिखे एक बिना तारीख के दस्तावेज से ज्ञात होता है कि सिख रेजीमेंट इस बात का हलफ उठा चुकी थी कि बादशाह के हुक्म की तामील होगी।[27] इस हलफनामे पर बहादुर शुजा सिंह, बहादुर सिंह, खड़क सिंह, मुहताज सिंह, भगवान सिंह आदि के हस्ताक्षर हैं।[28]

4 जून को 37वीं लुधियाना पलटन, जिसमें केवल सिख सिपाही ही थे, ने बनारस में विद्रोह कर दिया। इस पलटन को भंग करते ही इन सैनिकों ने बाकी जनता की तरह बगावत का झण्डा उठा लिया।[29] जुडीशियल कमिश्नर पंजाब लिखता है—'लुधियाना पलटन के सिख जालंधर जिले के अपने गाँवों को लौट गए थे। इन्हें जिले के हाकिमों द्वारा वहीं से गिरफ्तार कर लिया और पकड़े गए सिखों को भगोड़ा घोषित कर जमीन पर एक साथ खड़ा करके मृत्युदण्ड दे दिया गया।' मृत्युदण्ड को जस्टीफाई करते हुए जुडीशियल कमिश्नर ने आगे लिखा है—'उन्होंने बाकायदा एक संगठन के रूप में बगावत की है और यूरोपीय सैनिकों पर गोलियाँ चलाई हैं। उनकी एक ही किस्मत है मौत।'[30]

मऊ स्थित ग्वालियर सेना में 1 जुलाई 1857 को मस्टर रोल पर 124 पंजाबियों के नाम दर्ज हैं जिनमें 68 सिख थे जो अमृतसर के तरनतारन इलाके के रहने वाले थे। जब ग्वालियर सेना ने विद्रोह किया तो ये सभी वहाँ उपस्थित थे। ग्वालियर का महाराजा इस रेजीमेंट को दिल्ली की ओर प्रस्थान करने से रोकने में तो कामयाब रहा किन्तु इन सिख सैनिकों ने ग्वालियर की जनता के साथ आगरा के पास ब्रिटिश इंडियन कोर पर धावा बोल दिया। ये बहादुरी से लड़े लेकिन कम संख्या होने के कारण इन्हें भागना पड़ा।[31] अनेक कष्टों का सामना करते हुए ये लोग दिल्ली पहुँचने में कामयाब रहे।

पंजाब गवर्नमेन्ट रिकाड्र्स म्युटिनी कॉरस्पोन्डैंस, वोल्यूम 2 के पृष्ठ 431 पर दर्ज है कि 'इनमें से 35 सिख 3 जुलाई को भाग कर ताबड़तोड़ दिल्ली जा पहुंचे। यह शुभ समाचार और विश्वास लेकर कि क्रांति बंगाल की सीमाओं तक जा पहुँचेगी।'[32] इसी प्रकार 6 अगस्त को 200 सिखों के जत्थे की दिल्ली पहुँचने की रिपोर्ट दर्ज है।[33] इसी में आगे लिखा है कि 125 सिख बनारस से दिल्ली पहुँचे।

इस प्रकार सिखों के कई जत्थों के दिल्ली पहुँचने के प्रमाण हैं। जुलाई 1857 में चार्ल्स बॉल ने दिल्ली में सिख-विद्रोहियों की संख्या 600 दर्शाई है[34], लेकिन जासूसों की रपटों के आधार पर अगस्त के मध्य तक इनकी संख्या 1000 से 1200 आंकी गई।

सिखों ने अपनी अतुलनीय देशभक्ति का परिचय देते हुए बादशाह बहादुरशाह जफर से अपनी अलग पहचान के साथ अंग्रेजों के विरुद्ध लड़ने की इच्छा का निवेदन किया। मुंशी जीवनलाल, जो बादशाह के दरबार की घटनाओं को अपनी डायरी में दर्ज करता था, और उन्हें सूचनाओं के रूप में अंग्रेजों के पास पहुँचाता था, ने 5 अगस्त 1857 के विवरण में लिखा है–'... चन्द फौज के सिखों ने एक अर्जी गुजरानी इसमें मुनदरिज (लिखा) था कि हम अकसर अंग्रेजों के मोर्चों पर पहाड़ी में लड़ने गए, मगर पूरबियों ने हमारी मदद नहीं की और हम वहाँ से लाचार होकर लौट आए। अब हमारी यह इस्तद्आ (प्रार्थना) है कि सिखों की रेजीमेंट अब अलैहदा (अलग) कर दें और दो तोप हमकों दे दें कि हम अंग्रेजों पर हमला करें और फतहयाब हों ।'[35]

अभिलेखों से ज्ञात होता है कि सिखों ने अपनी यह अर्जी मिर्जा मुगल की मार्फत बादशाह तक पहुँचाई। मिर्जा मुगल ने सिखों की इस इच्छा को अत्यधिक महत्व देते हुए बादशाह से दरख्वास्त की कि 'सिख अपने धर्म की सौगंध खाते हैं कि वे बादशाह सलामत और अपने वतन के वफादार सिपाही रहेंगे।'[36] सिखों की यह दरख्वास्त बड़े

सम्मान के साथ स्वीकार कर ली गई। इसके पश्चात् सिख अपनी बटालियन के प्रतीक के नीचे बड़ी बहादुरी के साथ लड़ते रहे। अब उनकी रेजीमेंट बन गई थी और वे दिल्ली में अपने देशभाइयों के साथ सैनिक जीवन व्यतीत कर रहरे थे। उसी तरह हुक्म ले रहे थे और अंजाम दे रहे थे। अंग्रेजों के ही भरोसेमंद जासूस तुराब अली ने 23 अगस्त को अंग्रेजों को सूचना भेजी–'सिख सिपाही, जिनकी संख्या 1600 है, की एक नई रेजीमेन्ट बनाई गई थी, लेकिन अब एक नए आदेश के जरिए उन्हें बताया गया है कि वे वापस अपनी पुरानी रेजीमेन्टों में चले जाएँ।[37] 23 अगस्त को ही बादशाह ने सिख सैनिकों की बहुत तारीफ की'[38]

पर्ल पेपर्स में भी यह दर्ज है कि दिल्ली के पतन तक ये सिख विद्रोहियों के साथ थे।[39] दिल्ली की घेराबंदी के दिनों का जीवनलाल के अलावा अब्दुल लतीफ नामक बादशाह के दरबारी का *'1857 का तारीखी रोजनामचा'* भी उपलब्ध है। इस डायरी में 27 जुलाई 1857 की प्रविष्टि दर्ज हैं कि बहुत से सिख विद्रोहियों के साथ कन्धे से कन्धा मिलाकर खड़े थे।[40] 19 अगस्त की डायरी में वह लिखता है–'दो सौ सिख सैनिक जम्मू के राजा की सेना से आकर दिल्ली में मौजूद बागी सेना के साथ मिल गए।'[41]

अवध में लखनऊ रेजीडेंसी के पतन के समय 32वीं पलटन के सिखों की विद्रोहियों के प्रति सहानुभूति देखकर अंग्रेज स्तम्भित रह गए। 11 अगस्त 1857 को विद्रोहियों की गोलाबारी से रेजीडेंसी ध्वस्त हो गई तो 32वीं पलटन के लगभग आधा दर्जन सैनिक उसके मलवे में दब गए। गोलाबारी के दौरान उन सैनिकों को मलवे से निकालने में लगे सैनिकों को जब ब्रिटिश कमाण्डर ने वहाँ से हटने का आदेश दिया तो सिपाहियों ने उसकी अनदेखी की। उस दौरान मौके पर मौजूद श्रीमती जूलिया इंगलिस अपनी डायरी में लिखती है–'सिखों पर विद्रोह करने का संदेह है। अपने घायल भाइयों के प्रति, जो अंग्रेजों की तरफ से ही लड़ रहे थे, अंग्रेजों का दुर्व्यवहार और लापरवाही देखकर निश्चय ही सिपाहियों में रोष उत्पन्न हुआ। 26 अगस्त को मेरे पति जब देशी सैनिक से पूछताछ कर रहे थे तो उसने कहा सिख बड़े नाराज हैं और उनमें कभी भी बगावत फूटने का संकेत है। तब मेरे पति ने सिखों की एकता खण्डित करने के लिए उनकी नियुक्ति अगल-अलग स्थानों पर कर दी।'[42] एक अन्य महिला श्रीमती केस ने भी सिखों के विद्रोही तेवरों के विषय में अपनी डायरी में लिखा है।[43]

एम.आर. ग्यूबिन्स अवध प्रान्त का राजस्व आयुक्त और विद्रोह के दौरान अवध के कमिश्नर सर हैनरी लॉरेन्स के प्रमुख सलाहकारों में था। वह गुप्तचर विभाग का

मुखिया भी था। अपने संस्मरण में, जो लंदन से 1858 में प्रकाशित हुए, उसने लखनऊ के बागियों में सिखों के शामिल होने का कई बार जिक्र किया है–'उन्होंने हमें छोड़ दिया था लेकिन ये (सिख) पूरे समय तक हमारे लिए खतरे और चिन्ता का कारण बने रहे। इन भगोड़े सिखों का उद्देश्य हमारा साथ छोड़ने के लिए अपने भाइयों को फुसलाना था।'[44] आगे वह लिखता है–'बहुत से सैनिक हमें छोड़कर भाग गए थे और उनमें 13वीं नेटिव इन्फेन्ट्री के सिख सैनिक भी थे जिनकी संख्या 16 थी।'[45]

सिखों की वीरता के उदाहरण इस महासंग्राम के इतिहास में भरे पड़े हैं, आवश्यकता उन्हें कलमबंद करने की है। जुलाई 1857 में पंजाब में मोहर सिंह नामक जाट सिख वीर का अभ्युदय हुआ जिसने अपने साहस और बुद्धिमानी से अंग्रेजों की नाक में दम कर दिया। उसने अपने साथ आजादी के दीवानों का एक जत्था तैयार किया और रोपड़ पर अधिकार कर लिया लेकिन अम्बाला से ब्रिटिश यूरोपियन रेजीमेंट के आने के बाद उसे पीछे हटना पड़ा। कुरुक्षेत्र में बहादुरशाह जफर के दूत की मार्फत उसे पूर्वी पंजाब की गवर्नरी का फरमान मिला, जिसे उसने सहर्ष स्वीकार कर लिया। करनाल के मण्डल नवाब के सहयोग से मोहर सिंह ने कुरुक्षेत्र, करनाल, भटिंडा संगरूर और अंबाला में अंग्रेजी सेनाओं से घनघोर लड़ाइयाँ लड़ीं और लगभग 200 अंग्रेजों को मौत के घाट उतार दिया। उसके बाद जाट सिख नामधर, सिंह, मजहबी सिख मोती सिंह तथा रांघड़ योद्धा शेख कमरुद्दीन के साथ इनका गठजोड़ बन गया। भटिंडा में सिखों की सभा में मुसलमानों और सिखों के बीच अंग्रेजों द्वारा फैलाए गए वैमनस्य को दूर करने के लिए मोहर सिंह ने घोषित किया कि वास्तविक खालसा राज का मतलब है वतनपरस्ती की नीतियों को पूरी तरह लागू किया जाए। उसका मानना था कि बहादुरशाह जफर सूफी है और उसने इंसाफ का शासन कायम करने का आश्वासन दे रखा है, इसलिए मुगल बादशाह को समर्थन देना सिख का धर्म है। बताया जाता है कि मोहर सिंह की इस बुद्धिमानी और बहादुरी से लॉरेंस इतना परेशान हुआ कि उसने मोहर सिंह को मारने या गिरफ्तार करने में असफल रहने पर अपने नौकरों को मोहर सिंह के परिवार की महिलाओं को बंदी बनाने और उनका बलात्कार करने का आदेश दिया। विरोध करने पर उन महिलाओं को जीवित ही जला कर मार डाला गया।[46] बाद में रोपड़ में दंगा कराने वाले पॉच आदमियों की पहचान की गई और इन सबको सरदार मोहर सिंह के साथ मृत्युदण्ड दे दिया गया।[47]

पंजाब के बाहर भी गैर-सैनिक सिखों ने अंग्रेजों के विरुद्ध संघर्ष किया। जून-जुलाई 1857 में मेरठ जिले में जब बाबा शाहमल के नेतृत्व में किसान उठ खड़े

हुए तो बड़ौत के पास मलकपुर गाँव में 'सफेद दाढ़ी वाले सिख' ने अपनी वीरता से अंग्रेजों के छक्के छुड़ा दिए। मजिस्ट्रेट राबर्ट एच. डनलप का खाकी रिसाला भी जब राजस्व वसूली न कर सका तो डनलप फौजी टुकड़ियों के साथ बागपत-बड़ौत इलाके में जबरदस्ती मालगुजारी वसूलने निकल पड़ा। बड़का-बड़ौत मार्ग पर इस सिख ने अपने समर्थकों के साथ उस पर धावा बोल दिया, जोरदार संघर्ष हुआ, डनलप ने सारा रुपया छोड़, तहसीलदार करम अली के साथ भाग कर जान बचाई। अंग्रेजों के साथ इस सिख का संघर्ष जारी रहा। *'सर्विस एण्ड एडवेंचर विद खाकी रिसाला'* में डनलप लिखता है—'अक्तूबर 1857 में सफेद दाढ़ी वाले सिख को बड़ी कठिनाई से हम गिरफ्तार करने में सफल हुए और हमने उसे तुरन्त फांसी पर लटका दिया।'[48] मुजफ्फरनगर में चौसाना के पास बसे सिख किसानों ने करनाल-मेरठ मार्ग को बंद कर दिया और वहाँ से गुजरने वाली अंग्रेजी सेनाओं पर बावरियों की मदद से हमला किया और अनेक अंग्रेजों को मौत के घाट उतारा। लडवा ग्राम के जाट सिखों ने हिंडन नदी के पुल से शामली जाते हुए अंग्रेजी सेना के गोला बारूद को थानाभवन के पास खान वाला बाग में लूट लिया तथा अंग्रेज टुकड़ी के प्रमुख सरदार प्रताप सिंह को मार डाला।[49] अंग्रेज समर्थक सिखों और देशभक्त सिखों के संघर्ष का यह ऐसा ही उदाहरण है जैसा दिल्ली रिज की लड़ाई का, जिसे सुरेन्द्रनाथ सेन ने भी स्वीकारा है कि 'अगर रिज (दिल्ली विश्वविद्यालय के पास स्थिति पहाड़ी, जो 1857 में अंग्रेजी सेना का दिल्ली की घेराबंदी के समय मुख्यालय था) पर सिख थे तो दिल्ली शहर में बागियों के साथ भी सिख मौजूद थे,'[50] यहाँ सिख ही अंग्रेजों के पक्ष में लड़ रहे थे और सिख ही दिल्ली को बचाने के लिए संघर्षरत थे। जो सिख विद्रोहियों के पक्ष में ब्रिटिश सेना के खिलाफ जूझ रहे थे उनका योगदान इतिहास का अनूठा अध्याय है।

1857 की जुलाई के शुरू में सहारनपुर की तत्कालीन रूड़की तहसील के परगना ज्वालापुर (वर्तमान में जिला हरिद्वार) के फुटवा गाँव में सिख बनजारों ने इकट्ठे होकर बिजनौर से रुड़की जाने वाली अंग्रेजी फौजी टुकड़ियों पर घात लगा-लगा कर धावे बोले और कई अंग्रेज मार डाले। 14 जुलाई को राबर्टसन और कैप्टन मैलगन इन बनजारों का दमन करने के लिए ज्वालापुर पहुँच गए। भयंकर बारिश के कारण वे चढ़ी हुई बानगंगा नदी को पार नहीं कर पा रहे थे इसलिए उन्होंने नदी किनारे रानी माजरा के पास डेरा डाल दिया। 17 जुलाई को सुबह तेज बारिश में ही सहरा के नेतृत्व में बन्जारों ने नदी पार करके राबर्टसन तथा उसके साथियों पर हमला कर दिया। संघर्ष में कई अंग्रेज तथा छः बन्जारे मारे गये तथा 19 बनजारे घायल हुए। सहरा का भाई तथा चाचा भी मरने वालों में थे। बाकी बनजारे भाग निकले। वर्षा

रुकते ही चिढ़े हुए राबर्टसन ने फुटवा तथा अन्य गाँवों पर हमला कर दिया, गाँव से पकड़े गए 11 बनजारों को फांसी दे दी गई। गांवों को जलाकर राख कर दिया तथा वहाँ से 400 पशुओं को भी हाँककर ले गए।[51]

1857 के इतिहास के गर्भ में अभी बहुत कुछ अनदेखा अनजाना है, या जानबूझकर छोड़ दिया गया है। आवश्यकता उसे खोजने की है। इतिहास की शोध एक अनवरत रूप से चलने वाली प्रक्रिया है। जिस प्रकार समाज सतत गतिशील है, इसी तरह न व्यवस्थाएँ रुकती हैं, न ही इतिहास रुका है। इतिहास की खोज के लिए पूर्वाग्रहों से, प्रचलित धारणाओं से मुक्त होना पड़ेगा। वैज्ञानिक दृष्टिकोण, सकारात्मक और निरपेक्ष संवेदनशीलता के साथ इस महान विद्रोह की घटनाओं का पुनर्पाठ करना होगा। यदि इतिहासकार उन्हीं दस्तावेजों, सबूतों और संदर्भों को सत्य मानकर जो उसके दृष्टिकोण को पुष्ट करते हैं, एक बिन्दु के चारों ओर चक्कर लगाता रहे तो इतिहास और घड़े हुए—रचनात्मक साहित्य में कोई अन्तर नहीं रह जाता। जब सिख समुदाय के लोग अपने प्राणों की परवाह न करके उपनिवेशवादियों के विरुद्ध महासंग्राम में डटे थे, तब यह कहना कि सिखों ने पूरी तरह अंग्रेजों का साथ दिया कहीं से भी गले नहीं उतरता। इस भ्रान्ति को मिटाना होगा और 1857 में सिखों के योगदान को सुनहरे अक्षरों में लिखना होगा, जिससे प्रजातन्त्र का चेहरा और अधिक चमकदार हो सके।

संदर्भ

1. फ्रेडेरिक कूपर : *द क्राइसिस इन द पंजाब फ्रॉम द टैंथ मे अनटिल द फॉल ऑफ डेल्ही,* लंदन (1858), पृ. 31
2. फ्रेडेरिक कूपर : उपरोक्त, पृ. 64, 154-55
3. आर.सी. दत्त : *द इकोनोमिक हिस्ट्री ऑफ इंडिया,* वोल्यूम 2, पृ. 90
4. मार्क थोर्नहिल : *द पर्सनल एडवेंचर्स एण्ड एक्सपीरियेन्सेज ऑफ ए मजिस्ट्रेट ड्यूरिंग द राइज़, प्रोग्रेस एण्ड सप्रेशन ऑफ द इंडियन म्युटिनी लंदन* (1884), पृ. 271
5. सर जॉन विलियम केइ : *ए हिस्ट्री ऑफ द सिपोय वार इन इंडिया,* वोल्यूम 1, लंदन (1880), पृ. 61
6. खुशवन्त सिंह : *द सिख्स* (1953), पृ. 61
7. प्रदीप सक्सेना : *1857 और नवजागरण के प्रश्न,* दिल्ली (2004), पृ. 266
8. आर.सी. मजूमदार(सं.) : *ब्रिटिश पैरामाउंसी एण्ड इंडियन रेनेसां,* भाग 1, भारतीय विद्याभवन, मुम्बई (2000), पृ. 618
9. जे. केव ब्राउन : *द पंजाब एण्ड डेल्ही इन 1857,* एडिनबर्ग (1861), पृ. 297-98
10. जवाहरलाल नेहरू : हिन्दुस्तान की कहानी, (1944), पृ. 440

11. *'चाँद'* (फांसी अंक), (1930) पृ. 64; सुन्दरलाल : *इंडियन मूवमेन्ट आफ 1857,* फ्रीडम स्ट्रगल-1857-सेन्टेनरी सोवेनियर, नई दिल्ली (1957), पृ. 30
12. रामविलास शर्मा : *भारत में अंग्रेजी राज और मार्क्सवाद,* भाग 1, पृ. 119
13. जे. केव ब्राउन : *'द पंजाब एण्ड डेल्ही इन 1857,'* पृ. 135
14. प्रदीप सक्सेना : *1857 और नवजागरण,* पृ. 275
15. जे. केव ब्राउन : *'द पंजाब'* पृ. 284
16. जे. केव ब्राउन : उपरोक्त, पृ. 244
17. जे. केव ब्राउन : उपरोक्त, पृ. 261
18. जे. केव ब्राउन : उपरोक्त, पृ. 263
19. जे. केव ब्राउन : उपरोक्त, पृ. 264
20. जे. केव ब्राउन : उपरोक्त, पृ. 264
21. जे. केव ब्राउन : उपरोक्त, पृ. 264
22. आई.टी. प्रीचार्ड : *द म्युटिनी इन राजपूताना,* लंदन (1860)
23. डोलोरेस डोमीन : *द रोल ऑफ सिख्स ड्यूरिंग द अपराइजिंग आफ 1857-59 इन इंडिया अंडर स्पेशल कंसिडरेशन ऑफ द ब्रिटिश पॉलिसी इन पंजाब;* द्रष्टव्य-*द स्पिरिट आफ इंडिया,* वोल्यूम 2, पृ. 284
24. पंजाब स्टेट आर्काइव्ज, पटियाला, म्युटिनी फाइल नं. 207
25. उपरोक्त, फाइल सं. 269, पृ. 303
26. उपरोक्त, पृ. 304
27. *द स्पिरिट ऑफ इंडिया,* वोल्यूम 2, पृ. 290
28. नेशनल आर्काइव्ज ऑफ इंडिया, म्युटिनी फाइल्स बंडल नं. 57, फोलियो 370-471
29. *द स्पिरिट ऑफ इंडिया,* उपरोक्त, पृ. 287
30. उपरोक्त, पृ. 287
31. *डोलोरेस डोमीन* : 'द रोल...' पृ. 5
32. *द स्पिरिट ऑफ इंडिया,* उपरोक्त पृ. 287
33. आर. हिल्टन : *द म्युटिनी,* पृ. 73
34. चार्ल्स बॉल : *द हिस्ट्री ऑफ द इंडियन म्युटिनी,* वोल्यूम 1, लंदन, पृ. 244-45
35. जीवनलाल : *सरगुजिश्ते दिल्ली,* रामपुर रजा लाईब्रेरी, रामपुर (2006), पृ. 207
36. नेशनल आर्काइव्ज आफ इंडिया : म्युटिनी फाइल, बंडल 19, फोलियो 3
37. शम्सुल इस्लाम : पत्र दिनांक 23 अगस्त 1857, जासूसों के खतूत, दिल्ली (2008)
38. नेशनल आर्काइव्ज आफ इंडिया : उपरोक्त, बंडल
39. प्रदीप सक्सेना : उपरोक्त, पृ. 279

40. खलीक अहमद निजामी, अब्दुल लतीफ : *1857 का तारीखी रोजनामचा व तदवतुल मुसन्निफीन,* दिल्ली (1858), पृ. 152

41. उपरोक्त, पृ. 162

42. लेडी जूलिया इंगलिस : *द सीज ऑफ लखनऊ-ए डायरी,* लंदन (1893), पृ. 133

43. *ए डायरी कैप्ट बाई मिसेज आर.सी. जरमेन एट लखनऊ,* पृ. 82; सुरेन्द्रनाथ सेन : *1857,* पृ. 206 पर उद्धृत

44. एम.आर. ग्यूबिन्स : *द म्युटिनीज इन अवध,* एम.आर. बेंटले, लंदन (1858), पृ. 109

45. एम.आर. ग्यूबिन्स : उपरोक्त, पृ. 228-29

46. जाट समाज मासिक, आगरा, अगस्त 2007, पृ.

47. केव ब्राउन : उपरोक्त पृ. 225

48. रॉबर्ट हेनरी वैलेस डनलप : *सर्विस एण्ड एडवेंचर विद खाकी रिसाला,* लंदन (1858), पृ. 104

49. अरुण गुप्ता, रघुनंदन वर्मा : *स्वतंत्रता संग्राम में मुजफ्फरनगर जनपद का योगदान,* मुजफ्फरनगर (1996), पृ. 72-74

50. सुरेन्द्रनाथ सेन : *1857,* नई दिल्ली, थर्ड रिप्रिंट (1995), पृ. 408

51. *सहारनपुर डिस्ट्रिक्ट नेरेटिव्ज,* मेरठ, पृ. 22, पैरा 1

Chapter - 29

Mutiny and Rebellion in combined Punjab-1857

Dr. Shyamala Bhatia

The large Punjab kindom established by Maharaja Ranjit Singh survived only for a decade after his death. The long cherished imperialist ambition of the English was fulfilled when Dalhousie successfully annihilated independence of the Sikhs and established English rule over the region. The two wars fought with the Sikhs by the English for expansion of empire in India were not only the last but also the hardest fought battles. Victory in these battles gave to the English nearly ninety thousand square miles. Now the 'Raj' extended upto Afghanistan. English had become supreme. The rulers now began the task of strengthening the empire by introducing reforms for improving means of communications so that far flung regions of the empire could be administered effectively But while the Governor-General was taking steps to well knit his empire, he lost contact with his own armed forces. Thus the very basis on which this rule was founded was being weakened. The rulers had lost the confidence of the army which had helped them to win so many wars in India.

The British-Indian army was seething with discontent. Low pay, change in service conditions, lack of chances of promotion, discrimination in pay scales between European and Indian soldier, perceived threat to religion, all combined to inflame the British Indian armed forces. At the same time, the hard fought Anglo-Sikh wars, along with the initial reverses suffered by the British in the 1st Afghanistan war and the Crimean war shattered the general perception that the English were invincible. Moreover the governor-general Dalhousie introduced some changes in the service conditions of the soldiers and also withdrew the special privileges enjoyed by them. The *sepoys* resented this. Moreover for the soliders posted in Punjab, the service in this region was no more lucrative

Bharti College, University of Delhi.

because it had become a part of the English Empire, hence no longer being a "foreign soil", soldiers were not entitled to special allowances. The soldiers now began to believe that they were being deprived of their rights because in the eyes of the rulers they were no longer as useful as before. As a scribbled verse on walls of Delhi's Jama Masjid by an unknown hand had put it succulently, "God and soldier is all the cry; when battle ends in victory, God is forgotten and soldier slighted".[1]

But disaffection was not confined to the army only. All sections of the Indian society had suffered from discrimination and exploitation during the last hundred years of the English rule. Colonisation of India had stunted economic growth, impoverished the peasantry, and destroyed the handicraft-based industry. Altered trade pattern, excessive revenue demands and pressure on land led to indebtedness, fragmentation of holding and impoverishment of peasantry. The rural society provided recruits to the army and the soliders retained and maintained close links with the peasantry, in fact they could be called, "Kissans in Uniform". So dissatisfaction in one segment was bound to create disaffection in the other.

By mid-nineteenth century people in many parts of the country began to feel, realize and popularize the idea that under the English rule life, assets and religion of an Indian, whether Hindu or Muslim, a kisan or a solider were not secure. General and particular grievances of the people were clearly stated in a proclamation issued at the beginning of the uprising, "Four things, dear to every man, Religion, honour, life, property... The English are enemies of these four things...where ever they go, disarm the people and in that state hang or shoot or blow up by the mouth of guns any one they like, and deprive any one they choose to destroy his faith and honour. At some places they resort to subterfuge of remitting revenue or reducing the Jama to the malgozars with the intention that after they have established themselves and subjected them to their authority, they might do with them as they please." (Proclamation issued under seal Mirza Ramzan Ali, Birjees Kudur (Walee of Lucknow).[2]

Prior to 1857, many a time in different parts of India, peasantry had risen in revolt against oppressive policies of English and at other times units of BritishIndian army had also rebelled. But in the centenary year of English rule, men in uniform raised the flag or revolt and others followed suit. Thus the revolt which began as a mutiny became a general uprising in many parts of the Raj.

Oudh had been supplying majority of the recruits to the British Indian army. As they hailed from the east, their masters as well as others called them in Punjab the "Poorbeah's or Hindustani". These soliders had helped English in conquering Punjab. And after the annexation of Punjab to the English Empire many of these Poorbiah soldiers were posted in Punjab to maintain law and order. Of the 120,000 men composing the cavalry and infantry regiments, between 70,000-80,000 came from Oudh[3]. Out of the total British Indian army in Punjab there were 10500 Europeans, 36000 Hindustanees and 13500 Punjabees[4]. In the estimate of the new rulers it was imperative to keep a large force in the region. While on one hand a strong military presence was considered essential to subdue and overawe the people of Punjab, on the other hand some of the most brilliant civilian officers were selected to serve in the area.

The newly acquired region was quickly brought under strict administration. The architects of the new order, though holding diametrically different opinions including views on policy to be adopted towards Sikh Jagirdars, were the brothers, Henry and John Lawrece. In the end Henry, who had advocated a policy of consideration and kindness towards the defeated landed nobility as the best means of securing friends, was transferred, leaving the field to his brother. But later, John also came round to the policy of "wise conciliation of landed gentry" and measures were carried out by Henry Lawrence for upholding the Jagirdars in their hereditary rights.[5] The aim of new rulers was not only to safe guard the hard won province but also to ensure that it would start contributing to imperial revenue.

The inhabitants of the region were known for their martial instincts. To curb these tendencies and to eliminate the changes of insurrection, demolitarisation was assiduously carried out. The Sikh army, with the exception of a very small numbers, was disbanded, People were disarmed. All military grants given by Maharaja Ranjit Singh were abolished. Except Tej Singh, no other jagirdar was left with any substantial means of wealth. Moreover, the relatives of erstwhile ruling class, the jagridars, royal widows, retainers, all were given pensions and thus having become pensioners had self interest in sympathising with the new masters. The early English administrators of Punjab in post-annexation period had seen to it that the erstwhile Sikh ruling elite would be rendered powerless to lead the people. Twenty-five Sikh chiefs had been deprived of their jagirs. Unlike their counterpart taluqdars in Oudh, the Sikh Chiefs had been left with little reasons to rise in revolt, because they had been given pension and this was reviewed on a yearly basis which created a vested interest in this section to side with the rulers. The rank and file of Sikh army disillusioned by betrayal had no faith left in its aristocracy. On the other hand the English rulers, who had, at least outwardly, reposed faith in the Sikh community and had recruited members of this community in the forces, treated them with respect and caution, permitting them to retain symbols of their religion-beared and turbans and observe practices of the Khalsa.

Imperialist exigencies had also made the new rulers show consideration for religious sentiment of the inhabitants and so the endowments of religious places, Gurudwaras and Mosques had been left untouched by the new masters. So the Sikh and Muslim religious elite was left with little cause to oppose the new rulers.

After taking all steps to secure their new acquisition, English began work of reconstruction. Ten regiments were raised. The formidable force aggregating 24000 men, horse and foot was raised. In addition 30,000 village watchmen were also recruited. Part of this force was employed to patrol roads, gurad jails and treasuries while others were stationed in battalions in Frontier districts.[6] In Peshawar alone were located 10,000 regular troops and a standing garrison of local corps, known as "Guides". A military police was constituted. Imperialist considerations demanded a wide network of informers and strong espionage system. Hence the police department was strengthened with the addition of "khufiya" (detectives) and 'Khoji (trackers) wings.

Once the steps had been taken to eliminate any chance of threat to internal peace, administrative machinery took steps to ensure that the region would become financially viable. Tree plantation was begun on a large scale. Roads were repaired and construction of new roads was undertaken to ease communication with far-flung areas and connect various cities and military posts to each other. Agriculture was the mainstay of the economy and the primary source of revenue. Hence immediate steps were undertaken to ensure financial viability of the region. To increase agricultural produce, irrigation facilities were planned to be provided. For extending irrigation facilities, existing canals were cleaned and digging of new ones was started. An attempt was made to improve and increase agricultural production. New varieties of crops, like sugarcane, tobacco, flax and cotton and tea were introduced. Success of these reforms was seen in financial figures of the Province, Revenue yield increased from RS. 130 lakhs in 1849 to 160 lakhs in 1851. By 1857 it had risen to Rs 205 lakhs. The Board showed a surplus of RS. 102 and 96 lakhs in the first two years of its administration[7]. To encourage agricultural improvement, free takavi loans were given. The Sikh peasantry was setting down to peaceful pursuit and as yet it had not suffered at the grasping, rapacious hands of the new rulers. The peasantry was required to pay a fixed amount of revenue in cash. The rate of revenue was between 1/4th and 1/6th of the produce. The peasantry apart from this land revenue had to pay several other taxes aggregating 300,000 pounds, while other classess escaped almost untaxed[8]. In initial years, harvests were good and markets were steady, so tax burden was light. But within three years of English rule price began to fall and then rains also failed and peasantry suffered and cry of over assessment was raised and again assessment was lowered[9]. With reduction of revenue demand and return of normal season, clamour subsided. If the government was encouraging, God was also kind to the peasantry and there were three successive years of good harvest in Punjab in the years preceding general uprising in most parts of India.

Thus while Punjab was settling down after years of turmoil and chaos and had just begun to reap fruits of peace, it was again rudely shaken. As always before in Punjab, this time also peace was disturbed by the armed forces. But in 1857 the soldiers were not fighting for some imperialist power, rather they had picked up their arms for themselves.

Some of the English Officers and men who witnessed and actively participated in the events of 1857 have left graphic accounts. A perusal of these writings makes one admire the grit of these soldiers and civilians who showed exemplary courage, fortitude and determination to fight for their country. It was this valour and tenacity displayed by its citizens that enabled England to win against all odds. But a study of these writings also reveals that these participants were vindictive and unduly harsh towards the rebels. They not only expressed satisfaction at the cruel way in which they killed their enemies but also displayed a sort of vicarious pleasure in the way their enemies died when blown off from the guns. A carefull reading of even a few narratives and accounts left by some of these men helps us to get a picture of the extent, intensity and magnitude of the rebellion.

Englishmen of the time consistently advocated the view that the revolt was started by the soldiers and that till it was quelled, it remained a mutiny. The writers have painstakingly collected facts and narrated in great detail the beginning, spread and finally the putting down of the mutiny. Personal letters, official dispatches have been consulted and used by these writers to highlight various events. But **initerspersed?** in these accounts are also details and comments which, though given in a cursory manner, help us to get, to some extent the true story. In the accounts the rebels have been called soliders and the uprising a mutiny. But at many places, general population also rose up in revolt. And these rebellions have also been cited, though these have been called a revolt by "riff-raff of society which took advantage of chaos and went on a plundering and looting spree." We can understand this dismissive attitude and a deliberate attempt to understate the extent of anti-English feelings because an admission that the Indians were up in arms to put an end to English rule would have contradicted the carefully nurtured and propagated view that the revolt was merely a mutiny started by unfaithful, ungrateful *sepoys* and the soliders being traitors had to be dealt with a firm hand and hence were given the treatment they deserved. In this paper an attempt has been made to highlight the instances of popular revolt in several parts of Punjab as given by, chiefly Cave Brown, Charles Ball and Forrest.

The indications of anti-English feelings in forces posted in Punjab had begun to manifest themselves as early as March 1857. Mysterious fires were reported from different army stations. "The very first fire, on March 26th, of the house of a subedar of 30th N.I. attached to the musketry depot, who had openly avowed his readiness to use the new cartridge disclosed the animus existing against government".[10] After this fires began to break out with regularity. On 17th April the soldiers used the new cartridges for the first time and that same night government property worth Rs. 30000 was destroyed by fire. A court of enquiry was also constituted to find the cause of fire, but without result. Officers got some reports of disaffection in the army but failed to give credence to apprehension.

In this atmosphere, the news of outbreak of mutiny in Meerut and occupation of Delhi by *Sepoys* reached Punjab. Soon the English officers heard that the conditions for English had worsened in Delhi. Within days of beginning of uprising, the English were on the defensive in Delhi. Their erstwhile pensioner, Bahadur Shah was declared the "Emperor of India" by the rebels and the English administrators in Punjab, apprehensive and alert, but forewarned, took prompt measures to avert an outbreak in the region. Immediate action taken was to divest the soldiers of their weapons. The regiment at Mian Mir was disarmed. At Jhelum, a unit of army was constituted which could be moved to any part of Punjab where disturbances occurred. Regiments stationed at Ferozpore were separated to check possibility of united action and then, 57th Native Infantry was disarmed without difficulty. But problem arose when an attempt was made to make the soldiers of the 45th Native Infantry to lay down their arms. These soliders realised that their masters had duped them and shouting. "Dugha hai" broke out in open revolt.[11] However their attempt to capture magazine failed but they were successful in damaging the burning several building in cantonment, like the church, mess houses, hospitals as well as some private buildings. The English commander blew up his own ammunition to save it from falling into rebels' hands and so the mutinous soldiers now left for Faridkot. They were pursued, some were captured while many were able to reach Delhi and join the rebels.[12] The English, taking precautionary measures, took over the control of forts of Multan, Attock, Kangra, Phillaur and Gobindgarh. So the rebels plan to make Phillaur a rallying point was foiled.

The English government, after the annexation of the region, had taken stringent steps to secure the area between Lahore and Multan, forming center of Bari Doab. Here lived pastoral jat, Lungreals, Khurrals and khathia tribals. Also inhabitants of this region were Bhuttess and Biloch. They were all Muslims and during Sikh rule they could not be completely subjugated and were generally left alone. But the English realized the commercial importance of this tract because a road running through it connected on one side, Lahore to Multan, and on the other it was an outlet to Indus and Bombay. Hence steps were taken to bring it effectively under their control. The local chiefs were subdued with a strong hand and people had apparently settled down to peaceful pursuits..But the independent spirit could not be killed and it still kindled in the hearts of some. One of such Chiefs was Ahmad Khan, Chief of Khurral tribe. He used this opportunity to raise the flag of revolt and attempted to break the bonds of foreign rule. He also contacted the king at Delhi. Moreover the ranks of rebels swelled when the men from the area imprisoned at Agra were freed by mutineers and they reached home to join the rebels. In the Gogaria and Khurral district, people were instigated to rise against the English and put an end to foreign rule by reports of "State of things at Delhi" and news was spread that the "Badshah himself was close at hand on a triumphal progress through the country".[13] Soon the whole clan of Khurrals flocked to the flag of Ahmad Khan. The rebels expressed their anti-establishment sentiment and resentment for the English rule by making the Thanas their target. The insurgents intercepted dak-horses to break communication between English officers and also attacked police posts and damaged government buildings. The rebels were successful in sacking and occupying Kumalia, a large town known as granary of the district. Here the wealthy classes had also helped the rebels. English, who narrowly escaped death, expressed satisfaction after their victory that the rebels had burnt all "records of banias, thus relieving themselves of obligation of repaying loans".[14] In their eyes it was God's way of teaching them a lesson for co-operating with the leaders in the uprising. These disgruntled people had found leaders in Ahmad Khan of Khurral Clan, Mahomad Khan of Khathia Clan and Meer Buhawal Futwahah.

Another serious threat posed to the English rule was at Cheechawantnee. Here English were surrounded by rebels. Sympathy and support for the rebels was all pervasive and not only men but "even the women took their part moving along the tops of the houses with their skirts stretched out so as to cover the matchlockmen as they crept about from point to point. The rebels were hourly increasing in number" but the English got reinforcement and hence were successful in repulsing the attack. The rebels retracted and fled. The English Major used a local tracker to round off the cattle. Sheep, goats, numbering in thousand, in fact whole live stock of the people and their sole and main source of wealth and killed them all.[15] There were several other skirmishes and finally Gogaira insurrection ended. Mahomed Khan Khatia and Bhawal Khan Futwahah surrendered. Peace was restored. The loss in this outbreak in the destruction of government buildings and private property was estimated at about Rs. 5½ lakhs, this was recovered from the people through confiscation of property, collection of cash from rebels, recovery of plundered property and imposition of fines.[16]

The 56th native infantry, stationed at Mardan, when ordered to surrender arms, mutinied. The "rebels offered resistance but Colonel Nicholson was able to counter the attack successfully. One hundred and fifty of the soldiers were shot dead; many of them were also taken prisoners and killed. Some of them fled into the hills and were captured by the hill-men for sake of a reward of RS. 10 per head.. of the prisoners taken, it became requisite, for the better instruction of the inhabitants of prisoners taken, it became requisite, for the better instruction of the inhabitants of Peshawar and the adjacent districts, that an example should be made... Ten of the miscreants were bound to the guns and the horrible salvo fired. Without clearing away the mutilated and shattered fragments that lay on the ground, the guns were prepared, a second ten were again bound and again a shower of blood and human fragments marred the light of the sun... The result for the decisive conduct on part of the commandant, colonel Edwards, was quickly apparent in the altered demeanour of the native inhabitants and people of the valley who now hastened to renew a friendly intercourse with the Europeans and evinced wonderful activity in furnishing supplies of all kinds of necessaries almost gratuitously, that a few days previous they would not produce for any amount of money, or in short, for any consideration whatever, if they were required by Europeans, or by those connected with them"[17]

Murree, a hill station had become a refuge of several English families. Here they were surrounded by Muslim tribesmen, who in a "formidable combination, rose on every side, an crowding up the nearer hill-sides, threatened the destruction of the hill station". They found allies within the English camp as " several of Mussalman table-servants were (Found to be) in league with hillmen" (called Dhoonds). But the rebels could not withstand the onslaught of gunfire and were foced to retreat.[18] Yet the defeat was not total. The English soon discovered that the conspiracy was widespread. An ambush was laid by Khurrals to stop the reinforcements sent from Abbotabad from reaching Muree station. But due to rains road became impassable and the ambush plan failed. To their consternation the English found the rebellious spirit to be all pervasive as "Two Hindustanee doctors in government employ" were also found to be in league with the rebels. To curb such tendencies in others severe punishment was given and the doctors were executed while several domestic servants who had supported the rebels were also punished. The tribals had "reckoned much on support and direction they were to receive from their Hindustanee friends" but English forces foiled their attempt.

The English assertion that their rule was popular with the Punjabis was belied by experience. It was claimed that the English rule had given peace and prosperity to the region so people were happy and wanted the English rule to continue and hence would not rise in revolt. But the experience of the English in Peshawar contradicted their statements. Despite heavy deployment of armed forces, (the unit of army stationed at Peshawar consisted of 21st, 24th, 51st and the 64th regiments of Bengal native Infantry and 5th Light Cavalry) people had neither been won over nor subjugated. The "city itself thronged with a disaffected rabble, ripe for any atrocity, and in a chain of forts surrounding the station were four other native regiments, all animated by same spirit of hostility to the Europeans.... Beyond the line of forts the station was again encircled by hills, swarming with Mohammadan fanatics, who thirsted for the blood of Christians, and were known to be in communication with the embryo mutineers. And to add to the difficulty of the European residents, the country people, to whom the intended rising of 22nd of May was well known, had refused to furnish supplies of provisions, and being in daily expectation of the destruction of the Firanghee, no longer cared to have any discourse with them, or to minister to their wants."[19] In Peshawar, the merchant community "that had profited so richly from the strong rule of the British hesitated to subscribe to the Government loans". The bankers of Peshawar, when requested by the administrators to lend money to the government, offered only Rs. 15000. The commissioner found an excuse to impose a heavy fine on them. Thus Edwards, the officer in charge had to resort to coercion to collect five lakh rupees.[20]

In Sialkot, "Soldiers rebelled, crying "Deen Deen" and many of the Europeans fell a sacrifice to the mad fury of soliders, who thronged the streets and in their blind excitement, shot down their officers and any Europeans that came within range, not sparing even own people whom they suspected were favourable to the sahiblog".[21] Captain Lawrence was deputed to that station with full powers to arrest and bring to trial the miscreants of the town, who in concert with the mutinous *sepoys*, had plundered and destroyed it. Work of retribution began with hanging of the darogah, (jail superintendent) and commanders of horse and foot police. The affair was attended with some hazard, as the three offenders were Sikhs. Eventually a large proportion of the plunder from Sialkot was recovered, and a fine of RS. 7500 was imposed on the surrounding villages, to reimburse in some measure the sufferers in town."[22]

The Punjab government from the first declared that the mutiny was essentially of Hindustanee and the Mohamadan origin. The Mohamadans it regarded as the instigators and the Hindus as the dupes. The Punjab courts teamed with Hindustanee officials , who hampered them at every step., The sialkot outbreak "opened the eyes of Judcial Commissioner to this state of things, though it had been previously felt in other parts of Punjab...it was found Muslims, especially Hindustanee Muslims, were occupying every post of importance. In Sialkot and Gagaria, the preponderance of Hindustanees in courts and police was preposterous. The Hindustanee Raj prevailed and thus operated most prejudicially (to English) and influenced people" in the region. After the suppression of the outbreak an order was issued that Hindustanee official be reduced to a low proportion and gradually be replaced by Punjabees. To justify this step Montgomery wrote that "Hindustanees were fomenting ill will against the English, I would quote the conduct of Hindustanee horse keepers at Ferozepur, of Hindustani native doctors at Murree and Amritsar, and the fact that murderers at Sialkot were all Hindustanees...Hindustanee emissaries came from Delhi to preach a Mohammadan crusade...nearly every office of value was held by Hindustanee, who evidence a strong sympathy with rebels".[23]

Like the hilly areas of western parts in the plains of north also the rebels found leaders from the ruling elite. Noor Sumund Khan, Nawab of Runeea was a friend and pensioner and ally of the English. He joined the rebels and proclaimed the Mughal Emperor Bahadur Shah as king, and himself the governor of Sirsa. The rebels damaged government offices, broke jails to free the inmates, took away the treasury, and plundered the city of Sirsa. After the restoration of the English rule in this region, the Nawab was hanged by the English. The revolt begun by soldiers of 4th

Irregular Cavalry soon spread to Haryana Light Infantry and a "few hours saw Hansi, Hissar and Sirsa involved in one common ruin. The population rose and equaled in cold blooded atrocities the Goojurs of the neighbouring district, hunting down and most barbarously ill-treating all who had succeeded in escaping from treacherous sowars and *sepoys*".[24] The defenders of the English Empire admitted "Haryana, that land of fertility was in a blaze and only a few Europeans, including Loch, saved their lives by escaping into Patiala."[25] But on the whole, for the rulers, "sacrifice of life, of every age and sex was appaling".[26]

In Hansi the prominent citizens, Mooneer Beg and Hukum Chand jointly petitioned the king of Delhi, offering their support. They promised the king to place district of Hansi at his disposal. But to keep up appearances they also proffered loyalty to English General who reached the region to assess the situation and ascertain continuation of English Rule[27]. After the suppression of the rebellion, the English came to know to their duplicity and complicity in the uprising and they were punished.

People's sympathy with the rebels and supports for the cause took an entirely different form in some villages. To liberate Delhi, English sent a siege train from Punjab towards Delhi. When this train halted at Jagraon enroute to Delhi, men from Sansi, Buwaria, Harmis communities counted guns on the train and ran off to report to the *sepoys* the total number of guns being sent to Delhi[28]. The rebels were so confident to success that a letter was sent to the king in Delhi that if some forces " were speedily sent to Punjab then whole country from Ambala to Peshawar will fall into possession of slaves of your majesty"[29] The rulers realized that the anti-English feeling was gaining ground. The security of treasure became a "matter of anxiety and it was sent to Sukkur" to prevent it from falling in the hands of the rebels.

In the Panipat district disaffection was widespread. The government officials were "in a state of flight" and villagers in several villages expressed their animosity towards the English rulers by withholding payment of land revenue. Another way of extending support to the rebels was denying information to the English about the movement of mutinous *sepoys*. "Small bands of Ferozepore fugitives passing through were screened by the villagers, so that attempts made to cut them off by small parties from Amballa were always unsuccessful, they were never caught."[30] Even landed gentry and prosperous classes in these villages refused to divulge any information to the foreign rulers. The English also failed miserably to extract money loans from the rich mercantile and the banking classes, who, it was believed "owed all posterity to the fostering care and protection to the British government".[31]

In the region lying between Panipat and Rohtak lived the Ranghar community. Men of this community had also supplied recruits to cavalry regiments of the English forces. When the mutiny broke out, disaffection spread to this region also and whole " country round was affected" and the villages withheld payment of revenue. The English force sent to restore its authority found " people assembled in force, at least 900 matchlockmen and few mounted sowars". The gates of the town Bulleh were barricaded and officers demand to pay revenue was answered with firing. Soon more than 3000 Ranghars from neighbouring villages assembled to face the English, but by then defenders got the help of Nawab of Karnal, Ahmed Ali Khan as well as Sikhs from Maharaja of Patiala and so English won the day. A collective fine of Rs. 1000 was imposed and collected from the people in this area.

But Ranghars were still not cowed down. A month later they, led by Babar Khan, again raised their heads. Ex-soldiers, on leave from English forces, led by Bisharat Ali, who had recently won order of merit were also readying for revolt near Rohtak. All symbols of English administration, courts and treasury, were set on fire, and all public records, papers and documents were deliberately destroyed. 60th N.I. Infantry sent by English from Ambala to put down the rebellion joined the rebels. Not only Rohtak, but also in villages like Pehowa, Kaithal, Asandh, Ladwa and Pundhri vestiges of English rule vanished. Only with great difficulty were the English able to re-establish their control over the area.[32] The English, with help from the Raja of Jind's forces were able to defeat them. The Ranghar cavalry of about 300 and about 700 matchlockmen were routed by the English commander.[33]

The Raja of Faridkot helped Major Marsden to put down an insurrection in Seytokee in Nabha region. A guru, who was killed, led this revolt[34]. Nahar Singh, Raja of Ballabhagarh also took up arms against the English. He was influenced by the "turbulent and traitor" population which surrounded him and was "consequently swept away by the force of tide into rebellion". He was also punished and killed.[35]

While the indigenous ruling elite was sometimes indecisive and some time playing a double game also, pretending to be friendly with the enemy and surreptitiously helping the rebels, people had no such inhabitions. Nawab of Jajjhar who had been given Badli, Kanaud, Narnand by the English, to keep up appearances, professed his loyalty to the English rulers and even had sent a unit of army to help them. But he extended support to the rebels and accepted Bahadur Shah as King. But his soldiers refused to fight against their brethren and incited others also to rebel.[36]

The villagers who did not pick up arms against the English found ingenious ways to help the rebels. Ludhiana was the most turbulent city. Rebel soldiers were able to capture the city of Ludhiana. But they had no plan after that. They also failed to open the treasury or to use the guns. Hence they evacuated the city and proceeded towards Delhi. The pursuing English forces were "always drawn off from the scent by treachery of the villagers" and the rebels were able to reach Delhi.[37]

Though The soldiers started the revolt in Ludhiana, it was the people who continued the resistance after the soldiers had left for Delhi. Here the *sepoys*, who initiated the revolt, were not responsible for the damage to the government property but it was the "Mohamadans and other badmashes" who burnt the library, the mission church and the schoolhouse. The English, with help of Belochee riflemen were able to reoccupy the city and "arms to an incredible number were brought out, of every form and country, blades of Damascus, Afghan matchlocks and English rifles-and the city was thoroughly disarmed". The missionaries were somewhat compensated for loss of property by the fine collected from the people of this city.[38]

In Kullu, a faqir claimed to be Purtab Singh, a descendant of the erstwhile ruling family and had laid claim to the throne. The English had not accepted his claim but he had begun to collect revenue from nearby villages and had been accepted by the Queen also as her long lost husband. When the troubles began, he took this opportunity and began to call upon his people to rise against the English. But his attempt was foiled and he was taken prisoner and later hanged. Thus a rebel who had "influenced several neighbouring chiefs" and put whole "district in danger" was eliminated.[39]

While a section of the society, in some places displayed its animosity towards the foreign rulers by withholding payment of taxes, the other segment's denial of monetary loans to a government in need was a display of alienation with a foreign government. The English had begun to face financial problems in early days of revolt. The government asked their friends to help the rulers financially and the Rajas of Patiala, Nabha, Jind etc readily gave loans to the English. But "not so the bankers" and merchants, that close fisted, distrustful, ungrateful class."[40] Threat of confiscation was sent out to jagirdars to make them side with the government.[41] Thus by such methods "interests of influential, but generally malcontent class acquired" by Englsih.[42]

Victorious English spared neither soldiers nor civilians. All were made to pay in different ways for daring to oppose the English rule and posing a serious threat to the Raj. The British rulers dealt out severe punishment to the rebel soldiers. Hundred of defenceless soldiers were tied to guns and blown off in Ajnala. While the soldiers paid with their lives, the people had to pay in monetgary terms. Each and every insurgent district, Ludhiana, Jullandhar Sealkot, Rohtak, Hissar, Hansi, Delhi, Gugaria was made to compensate for "indulging in rebellion". John Lawrence recommended that in towns a house tax be levied and in villages either house tax or increased revenue be collected to make good the losses caused by the rebellion. This was implemented so strictly that within a year all losses had been made good.[43]

The Government agents, notwithstanding the troubled times in several areas, were able to collect land revenue in time. Villagers did pay revenue to the government but this was not because of any "heartfelt active loyalty" but because "probably they feared anarchy".[44] Moreover, this was the seeding time and the industrious Jat peasantry was busy in fieldwork and hence did not take interest in the uprising, "a month later, it might have been otherwise" was the calculation of the English.[45]

Majority of the population in Punjab was Muslim. But the Muslims had no leader. He "who could have raised every Musalman in Punjab, Sheikh Imamoodeen of Lahore and Cashmere notoriety, had died only a few months earlier"[46].The Sikhs constituted only one third of the population. And after loss of political power and prestige in 1849, Sikhism itself was losing its attraction. "With the disappearance of the Khalsa prestige, these votaries have fallen off, they joined in hundred and have deserted in thousand. The ranks of Hinduism receive them again"[47]. In 1857, the Sikhs who could have aspired to regain power had no leader. The members of erstwhile ruling power were dead, imprisoned or deported. Maharaja Dalip Singh was no longer a follower of Sikhism. Tej Singh was old, beaten man living on pension at Shrine of Guru Ram Das, having no contact with the supporters. Sher Singh was a prisoner in Calcutta, Bikram Singh, a descendant of Guru Gobind Singh was in Amritsar but was a prisoner, obliged to report to the authorities every day.[48] Rani Jindan, who was in Nepal, tried to return but English were successful not only in stopping her from returning but also from her contacting her own people.

The English got invaluable support from the Sikh recruits. The Sikhs in British army had few reasons to resent the English rule. They had even been allowed to keep symbols of Sikhism. But the Sikhs who went to different parts of India, realizing the true nature of the imperial rule, did rise in revolt. Sikhs of Ludhiana regiment, serving in Banaras mutined. Five soldiers of the regiment reached their homes in Jullandhar. They were traced, tried and convicted. They escaped hanging only because the district officer felt that " if all similarly placed were hanged, the number would be fearful"[49]. Thirty Sikhs of 12th National Infantry at Nowgoan and Jhansi, along with other soldiers also rebelled. The rebels killed several officers, women and children. Sikh soldiers from among these were captured and brought to Ludhiana, a city which was already "teeming with a turbulent population of disaffected Mohammadans". So to teach the rebels a lesson and to make other fear the English, twenty-one of these sikh soldiers were executed.[50] Those civilians who had either been passive sympathizers or had been indirectly helping the rebels by abstaining from giving essential commodities to the English were overawed into submission.

Thus, though it appeared that the people in Punjab had settled down and had meekly accepted the foreign rule, yet reality was otherwise. Underneath surface calm dissatisfaction with the new regime continued to simmer. It was this section of the society which provided support and strength as well as rank and file to the several disgruntled local chiefs in many parts of the region who rose in revolt. The villagers did rise in revolt against the foreign rulers in various parts of Punjab either responding to call of "religion in danger" or because of various other reasons like loyalty to erstwhile chief or selfish desire of fishing in troubled waters. Similarly in different parts of Punjab also the dispossessed and disgruntled chiefs provided leadership and rose in rebellion," dreams floated about, not perhaps of nationality, or of a restored Sikh common wealth, but of a possible revival of separate parties like Sikh misls, chiefs living idly in their country seats thought once more of mixing in strife, in southern waste land men looked to resuming predatory habits."[51] But if in one part of the region the fighters failed to get support of the Indian ruling elite, in other part they failed to enlist the support of the common man also. While people in one part of Punjab were paying fines to the English rulers for having taken part in the revolt, in another part the villagers were also helping the rulers in capturing the rebels. Losers in both cases were the Indians themselves.

The outbreak in Punjab also, like in other parts of the country was suppressed. The rulers used force, threats and monetary allurements to alienate the people from the courageous men who had raised the standard of revolt. Sometimes the English also tried to make use of religious difference to break the unity of the rebels. Failure of the rebels to acquaint the villagers with real issues at stake and lack of knowledge about the causes which had made the soldiers begin the revolt also helped the English win. Villager's taking these soldiers to be deserters or culprits, handed them over to the English, thus helping the foreign rulers put down the revolt. Victorious English were ruthless in their vindictiveness. The rulers won due to a combination of factors not the least being the ruthless punishment, rather a complete extermination of anyone even remotely connected with the revolt. Men were hanged even on slightest suspicion of complicity in the opposition to the English. The British Indian army in Punjab was overwhelmingly from the east and the Sikhs called the soldiers Hindustanees or Purabees. These soldiers had not only helped English conquer Punjab but also looked down upon the Sikhs as men of low caste. This animosity between the castes was fully exploited by the English during the troubled times of the uprising.[52]

Monetary allurement called "head-money" of prize money offered by the English to hand over the rebels to the authorities also swayed some villagers. But even when playing down people's involvement in the outbreak, the details given by Englishmen of giving death-sentence to hundred of rebels after summary trials, of imposition of ines on inhabitants of various cities and villages, of confiscation of property of ordinary men and destruction of property in several parts of the region tell a story of a peoples war in Punjab. In view of these events we cannot escape the conclusion that Punjabis enmasse were not pro-British. On the other hand at several places general population did express sympathy with the rebels while at many other places people even actively participated in the rebellion. Antipathy towards the revolt was not all-pervasive as has been hitherto believed and held by many scholars. Hundreds of Punjabis were anti-English in 1857 and they demonstrated their animosity in various and in no uncertain manner. Punjab also, as several other parts of India was in turmoil in 1857.

References

1. Quoted and translated by Talmiz Khaluddin, *The Great Rebellion in 1857, A symposium*, (ed.) PC Joshi, p. 63.
2. Foreign Department secret, 25th June 1858 N 68, 69.
3. Cavebrown, *The Punjab and Delhi in 1857*, Vol. 1, p. 26.
4. *Ibid.*, p. 41.
5. G.W. Forrest, *A History of Indian Mutiny*, Vol. I, p. 172.
6. Thorburn, *Punjab in Peace and War*, p. 164.
7. Kushwant Singh, *History of Punjab*, Vol. 2, p. 92.

8. Cave Brown, op. cit, Vol. I, p. 176.
9. Thorburn, op. cit, p. 173.
10. Cave Brown, op. cit, Vol. I, p. 47.
11. Cave Brown, op. cit, Vol. I, p. 108.
12. Cave Brown, op. cit, Vol. I, p. 112.
13. *Ibid.*, Vol. 2, p. 204.
14. Cave Brown, op. cit, vol. I, p. 204-14
15. Cave Brown, op. cit, vol. I, p. 218
16. Cave Brown, op. cit, vol. 2, p.. 223
17. Charles Ball, *The Indian Mutiny*, p. 413
18. Cave Brown, op.cit, vol. 2, p. 225
19. Charles Ball, *The Indian Mutiny*, Vol. I, p. 411
20. Sen, S.N., *Eighteen Fifty Seven*, p. 343
21. Ball op.cit, p. 564
22. Ball, op. cit, p. 573
23. Cave Brown, op. cit, vol. 2, p. 272
24. Cave Brown, op. cit, vol. 1, p. 227
25. Cave Brown, op. cit, vol. 1, p. 226
26. *Ibid.*
27. Cave Brown, op. cit, vol. 11, p. 277
28. KC Yadav, ICHR paper presented at the National Congress on Historiography of 1857, ICHR, *Passion, Prejudice and perspective; Old and New British Historiography*
29. *Ibid.*, p. 43
30. Cave Brown, op. cit, vol. 1, p. 226
31. KC Yadav, *The Revolt of 1857 in Haryana*, p. 71
32. KC Yadav, *The Revolt of 1857 in Haryana*, p. 69
33. Cave Brown, op. cit, vol. 11, p. 146-147
34. Cave Brown, op. cit, vol.11, p. 246
35. Cave Brown, op. cit, vol. 11, p. 235
36. *Ibid.*, p. 232
37. Cave Brown, op. cit, vol. I, p. 262
38. Cave Brown, op. cit, vol. I, p. 264
39. Cave Brown, op. cit, vol. I, p. 308
40. Cave Brown, op. cit, vol. I, p. 282
41. Cave Brown, op. cit, vol. I, p. 285
42. *Ibid.*, p. 287
43. Cave Brown, op. cit, vol. I, p. 252
44. *Ibid.*, p. 282

45. Cave Brown, op. cit, vol. I, p. 179
46. *Ibid.*, p. 233
47. *Dalhousie to Baird*, cited by Kushwant Singh, *History of Sikhs*, Vol. 2, p. 96
48. Cave Brown, op. cit, vol. I, p. 234
49. Cave Brown, op. cit, vol. II, p. 279
50. Cave Brown, op. cit, vol. II, p. 279
51. Cave Brown, op. cit, vol. II, p. 128
52. Cave Brown, op. cit, vol. I, p.16

Chapter - 30

1857 की क्रांति एवं दक्षिणी राजस्थान का एक ठिकाना सलूम्बर

डॉ. करुणा जोशी

मेवाड़, स्वतंत्रता एवं संस्कृति की रक्षार्थ निभाई जाने वाली भूमिका में प्रायः एक मिसाल के रूप में याद किया जाता रहा है। यहाँ के लोग त्याग और बलिदान के लिए किए जाने वाले सजीव क्रियाकलापों के कारण स्वतंत्रता प्रेमियों के लिए प्रायः मार्गदर्शक भी रहे हैं।

किंतु स्थितियाँ बदली। 19वीं शताब्दी की शुरूआत में ईस्ट इण्डिया कंपनी के साथ घृणित संधियों का दौर चला। देश की कई रियासतों ने कंपनी के साथ 1818 ई. में संधि की, वीर धरा मेवाड़ को भी इस हेतु बाध्य होना पड़ा, किंतु इस बाध्यता को सभी वर्गों ने अंतःकरण से स्वीकार नहीं किया क्योंकि–

(1) इस संधि से सामन्तों की शक्ति पर विपरीत असर हुआ जिससे वे अंग्रेजों और अपनी-2 रियासतों दोनों से नाराज हो गए।

(2) सामाजिक एवं धार्मिक हस्तक्षेप की ब्रिटिश कंपनी की नीति के कारण आम जनता और विशेषकर भील विद्रोही हो उठे।

1857 की क्रांति के वक्त मेवाड़ का ठिकाना, (कोठारियाँ)–

मेवाड़ में, अंग्रेजों की नीतियों एवं अपनी रियासत से नाराज सामन्तों में कई ठिकानेदारों के नामों को इस हेतु उल्लेखित किया जा सकता है जैसे–

कोठारियाँ ठिकानेदार रावत जोधसिंह[1], सलूम्बर ठिकानेदार रावत केसरीसिंह तथा भीण्डर, लसाणिया एवं रूपनगर के ठिकानेदार।

इतिहास विभाग, एस.बी.पी. राजकीय महाविद्यालय, डूंगरपुर (राज.) 314001

मेवाड़ में प्रथम श्रेणी के जागीरदारों में पृथ्वीराज चौहान तृतीय के वंशज माने जाने वाले कोठारिया रावत जोधसिंह का नाम स्वर्णाक्षरों में यहाँ उल्लेखित किया जा सकता है। जोधसिंह मेवाड़ घराने का भाणेज था। उसने स्वतंत्रता सेनानियों को तथा रियासत से प्रताड़ित लोगों को अपने यहाँ आश्रय, सुरक्षा एवं सहायता प्रदान की थी।[2]

1857 की क्रांति के वक्त महाराणा द्वारा अंग्रेजों को सैन्य सहायता–

1818 ई. की संधि में आबद्ध मेवाड़ महाराणा स्वरूपसिंह से अंग्रेजी सत्ता ने 1857 के सैन्य विद्रोह को कुचलने के लिए सहयोग माँगा। तब महाराणा ने मेवाड़ से एक सैनिक टुकड़ी (2000 सैनिक) नीमच छावनी में भेजी थी।[3]

रावत केसरीसिंह व महाराणा में आंतरिक तनाव–

ब्रिटिश कंपनी के प्रभाव से मेवाड़ रियासत में छाई दासता भरी प्रतिक्रियाओं के इस युग में मेवाड़ी स्वतंत्रता की आन को मशाल रूप में जलाए रखने का अभियान सलूम्बर रावत केसरीसिंह ने किया था। यद्यपि इसके पीछे मेवाड़ महाराणा एवं सामंत केसरीसिंह में अधिकार एवं कर्त्तव्य की लड़ाई भी एक महत्वपूर्ण कारण थी।[4]

रावत व महाराणा के तनाव में ब्रिटिश प्रतिक्रिया–

महाराणा स्वरूपसिंह तथा रावत केसरीसिंह के आपसी झगड़ों का मसला जब अंग्रेजों के पास गया तब मेवाड़ के पॉलिटिकल एजेण्ट कप्तान शावर्स ने मेवाड़ राज्य के आदेशों के पालनार्थ एक पत्र केसरीसिंह को लिखा।[5] इस पत्र में शावर्स ने रावत को महाराणा का पक्षधर बने रहने की हिदायत दी थी। केसरीसिंह ने इस पत्र की अनकही किंतु अवहेलना ही की।[6] जैसे–(1) महाराणा की खालसा की भूमि उसने दबा ली (2) महाराणा द्वारा लगाए गए जुर्माने (3) सीमाओं की पैमाईश तथा कौलनामें पर इस्ताक्षर ना करना आदि विवाद चलते रहे। तो दूसरी तरफ महाराणा ने भी कलमबंदी की कई शर्तो को मानने से इंकार कर दिया।[7] अर्थात् सलूम्बर की हवेली और आस-पास के क्षेत्र में शरण में आए, अपराधियों को भी महाराणा नहीं पकड़ेगा। सलूम्बर का रावत मेवाड़ की भान्जगढ़ करेगा तथा महाराणा मातमपुर्सी के लिए सलूम्बर जाएगा आदि शर्तों को मानने से इंकार कर दिया। इस प्रकार दोनो पक्षों का तनाव अंग्रेजी मध्यस्थता के बावजूद भी कम न हो सका।

ब्रिटिश कंपनी की नजर में केसरीसिंह–

नीमच छावनी में महाराणा की जो सैनिक टुकड़ी गई थी उसमें 2000 सैनिक गए थे।[8] क्योंकि कर्नल शावर्स ने इस हेतु महाराणा को तैयार कर दिया था। इतना ही

नहीं शावर्स से प्रेरित महाराणा ने अपने सामन्तों को आदेशित किया कि वे सभी अंग्रेजों का साथ दें, अंग्रेजों के शत्रुओं को अपना शत्रु समझे किंतु स्वयं शावर्स ने अपने गोपनीय पत्र में स्वीकारा कि मेवाड़ के जागीरदार रावत केसरीसिंह ने सलूम्बर क्षेत्र में विद्रोहियों का नेतृत्व संभाल रखा है।[9]

मेवाड़ के असिस्टेन्ट पॉलिटिकल एजेण्ट केप्टन एन.एस.ले. से महाराणा द्वारा केसरीसिंह के प्रति रखे जाने वाले बर्ताव की रिपोर्ट मॉगी थी जिसमें एन.एस.ले. ने स्पष्ट उल्लेख किया कि महाराणा द्वारा केसरीसिंह के खिलाफ कुछ भी नहीं किया जा रहा है।[10]

सलूम्बर ठिकाना विद्राहियों का गढ़ होता जा रहा था जहाँ उन्हें आश्रय, संरक्षण व सुरक्षा मिलती थी। लगभग चार हजार सैनिक सलूम्बर के जंगलों में छिपे बैठे थे।[11]

इस प्रकार महाराणा व कंपनी के अधिकारियों के बीच के पत्र व्यवहारों के साथ उनके निजी गोपनीय पत्रावलियों से भी हमें सलूम्बर के विद्रोही गतिविधियों में पूरी तरह लिप्त होने की खुली जानकारी मिलती है।[12]

1857 के क्रांतिकारी एवं रावत–

1857 की क्रांति के क्रांतिकारियों का निशान (चिह्न) था रोटी और गुलाब का फूल अर्थात् जो ठिकाना, जागीरदार, राजा, या महाराजा क्रांतिकारियों का पक्षधर होता था वो इस दल द्वारा लाई जाने वाली रोटियों एवं फूल को स्वीकार करता था तथा बदले में ताजे फूल व ढेर सारी रोटियाँ बनवाकर उन्हें दे दी जाती थी।[13]

सलूम्बर का ठिकानेदार केसरीसिंह बिना किसी से डरे क्रांतिकारियों की रोटी लेता है। ऐसा करना तत्कालीन परिस्थितियों में अंग्रेजों व महाराणा दोनों को खुली चुनौती थी। साथ ही ये घटनाएँ रावत को क्रातिकारियों का समर्थक होने की बात का खुला ऐलान भी माना जा सकता है।

केसरीसिंह व राव साहब–

रावत केसरीसिंह ने "राव साहब" अर्थात् पांडुरंग राव सदाशिव पंत एवं प्रधान पेशवा बहादुर जो एक नामी बागी और क्रांतिकारी माने जाने वाले सरदार थे को सलूम्बर में पनाह दी। यह अंग्रेजी सरकार का घोषित अपराधी और दुश्मन था।[14] इस बात की पुष्टि मेजर ईडन के 1859 ई. के महाराणा मेवाड़ को लिखे पत्र से भी होती है।

इस प्रकार सबको रावत केसरीसिंह के बारे में जानकारी होते हुए भी कोई कुछ नहीं कर पा रहा था क्योंकि अप्रत्यक्ष रूप से महाराणा व अंग्रेज दोनों रावत की बढ़ी हुई शक्ति से कुछ भयभीत थे। अतः कुछ भी ना कर पाने को मजबूर थे। कई असंतुष्ट सरदार रावत के साथ थे। यहाँ तक कि आउवा का ठाकुर भी रावत से मिला हुआ था तथा इन सभी में जबरदस्त एकता थी। यहीं वजह है कि केसरीसिंह पकड़ा नहीं गया था। मेवाड़ की लसाणी, रूपनगर, भीण्डर, कोठारियाँ आदि की क्रांतिकारी सेनाएँ एकजुट थीं जिन्हें सलूम्बर में पनाह मिलती रहती थी।

केसरीसिंह एवं खुशाल सिंह (आउवा ठाकुर)–

सितम्बर 1857 में मालवा मध्यप्रदेश की नीमच छावनी में जब भारतीय सैनिकों ने विद्रोह कर दिया था तब मारवाड़ में आउवा ठाकुर, खुशाल सिंह ने भी वहाँ के क्रांतिकारियों का साथ दिया था। उस वक्त खुशाल सिंह ने मेवाड़ के सलूम्बर, भीण्डर एवं कोठारिया ठिकानों को भी सैनिक सहायता देने हेतु पत्र भिजवाए थे। जिनकी अनुपालना में सलूम्बर, लसाणी व रूपनगर ठिकानों की सैनिक टुकड़ियाँ जा पहुँची थीं। क्रांतिकारियों की इस संयुक्त शक्ति को सलूम्बर का तखत सिंह नेतृत्व प्रदान किए हुए था अर्थात् तखतसिंह इस सैन्य दल का सेनापति था। सलूम्बर के ही माधोसिंह व राधाकृष्ण भी इस सैन्य दल के प्रमुख सदस्य थे।[15]

इस प्रकार नीमच छावनी के विद्रोह में एक तरफ छावनी के भारतीय क्रांतिकारियों के साथ मारवाड़ की क्रांतिकारी सेनाओं का दल था जिसमें मेवाड़ के रावत केसरीसिंह की सेना भी एक महत्वपूर्ण टुकड़ी थी तो दूसरी तरफ इस संयुक्त शक्ति को कुचलने के लिए सर्वोच्च अंग्रेज सैन्य अधिकारी जनरल लॉरेन्स था जिसके साथ मेवाड़ के महाराणा की सेनाएँ भी थी। दोनों सेनाओं में आमना-सामना हुआ। इसमें आउवा ठाकुर पराज़ित हुआ तब उसे पहले सलूम्बर में एवं बाद में कोठारिया ठिकानेदार ने अपने यहाँ पनाह दी थी।

तात्याँ टोपे एवं केसरीसिंह–

1857-58 ई. में जब-जब तात्याँ टोपे व अंग्रेजी फौजों के बीच युद्ध हुआ तो केसरीसिंह ने जाहिर तौर पर भी तात्याँ का पक्ष लिया था। जैसे ही 3 दिसम्बर 1858 ई. में तात्याँ टोपे अपनी, सेना सहित बांसवाड़ा होते हुए सलूम्बर पहुँचा था उस वक्त केसरीसिंह ने ढेर सारी सामग्री एकत्रित कर हर आवश्यक सहायता तात्याँ को प्रदान की थी।

तात्याँ के दिसम्बर में सलूम्बर पहुँचने से पूर्व नवम्बर में, स्वतंत्रता सेनानियों का एक दस्ता फकीरों के वेश में जगह-जगह घूमकर तात्याँ के आने व उसके लिए आवश्यक सामग्री की व्यवस्था रखने की बात कहता जा रहा था। यह दल भी स्वाभाविक रूप से क्रांति के समर्थक ठिकानों में ही जा रहा था। और दक्षिणी राजस्थान में यह सलूम्बर, भीण्डर, कुराबड़ आदि क्रांति समर्थक ठिकानों में रुकता-रुकता गया था।[16]

जब इन बॉतों की जानकारी मेवाड़ के पॉलिटिकल एजेण्ट को मिली तो उसने रावत को धमकी भरे पत्र लिखे थे किन्तु रावत पर उनका कोई असर नहीं हुआ उल्टें रावत ने एक तरफ तो मेवाड़ के महाराणा को धमकी दे डाली कि उसकी मॉगे नहीं मानी गईं तो वह मेवाड़ की राजधानी चितौड़ में किसी अन्य को मेवाड़ की गद्दी पर बिठा देगा।[17] दूसरी तरफ क्रांतिकारियों को खेरवाड़ा स्थित सैन्य छावनी पर आक्रमण करने के लिए भी प्रोत्साहित करता रहा।

इन गतिविधियाँ की गम्भीरता की जानकारी नीमच में बैठे शावर्स को हुई तो उसने एक तरफ तो पुनः एक कड़ा पत्र सलूम्बर रावत को लिखा कि महाराणा के विरुद्ध कार्यवाही में भाग लेने पर उसे अपदस्थ कर दिया जाएगा और दूसरी तरफ शावर्स ने अपनी ब्रिटिश सरकार से रावत को सजा देने हेतु ब्रिगेड भेजने की सिफारिश भी की[18] किंतु शायद ब्रिटिश सरकार ने हाल ही में शान्त होती जा रही क्रांतिकारी घटनाओं को और हवा दे कर प्रच्छन्न विद्रोहियों को खुले रूप में सामने न लाने की खातिर ही कोई कार्यवाही नहीं की अर्थात् अघोषित क्रांति समर्थकों को छेड़ना इस वक्त ब्रिटिश ताज ने ठीक नहीं समझा।

तब स्थिति की नाजुकता को समझते हुए रावत ने भी खुले रूप में विद्रोह का ऐलान किए बिना कूटनीतिक व राजनीतिक चाल चली। लारेन्स को पत्र लिखा व आश्वस्त किया कि मैं महाराणा के खिलाफ नही हूँ। मैं तो मात्र अपने विशेषाधिकारों की माँग के लिए लड़ रहा हूँ।[19]

मन्दसौर के फिरोजशाह व रावत केसरीसिंह–

मन्दसौर का फिरोजशाह शहजादा के नाम से प्रसिद्ध था। अंग्रेजों के खिलाफ मुहिम में यह एक प्रमुख मोहरा था।[20]

फिरोजशाह की मन्दसौर में गद्दीनशिनी[21] (सम्राट घोषित करने) की विधि में फसाद होने की सम्भावना के मद्देनजर रतलाम, सीतामऊ, प्रतापगढ़ एवं सलूम्बर आदि ठिकानों के क्रांतिकारियों को मदद देने को लिखा था।[22]

संदर्भ

1. राजस्थान के मेवाड़ में क्रांति समर्थक ठिकाना कोठारिया ठिकाना था जिसका ठिकानेदार रावत जोधसिंह पिता रावत हुकमसिंह व उसकी माता मेवाड़ की राजकुमारी कुसाल कुँवर राणावत थी जो महाराणा शिवसिंह (मेवाड़) की पुत्री थी। उसी का बेटा जो मेवाड़ का भाणेज हुआ रावत जोधसिंह कोठारिया का ठिकानेदार था, डॉ. मनोहरसिंह राणावत, *चौहान प्रकाश,* पृष्ठ 205;– डॉ. प्रो. के.एस.गुप्ता, *मेवाड़ एण्ड द मराठा रिलेशन्स,* पृष्ठ–197

2. मेवाड़ का अधिकारी गोपालदास मेहता, भीलवाड़ा पुर के हाकिम मेहता अजीतसिंह, मेवाड़ का शेरसिंह मेहता, मेवाड़ फौज का अधिकारी पुरोहित श्यामनाथ, दिलवाड़ा ठिकाने के करोली गाँव के झाला जागीरदार, आऊवा ठाकुर खुशालसिंह व उसका परिवार आदि सभी को आश्रय दिया तथा आसोपा के ठाकुर, आलण्यावास के ठाकुर एवं जोधपुर के उमराव तथा तात्याँ टोपे को 9 अगस्त 1858 के बाद से तो जोधसिंह ने खुले रूप में आश्रय दे रखा था ; डॉ. देवीलाल कोठारी राजस्थान राज्य अभिलेखागार बीकानेर के श्यामलदास संग्रह के माणकचंद की पीढ़ियों में उल्लेखित गद्य संग्रह से प्राप्त दोहो से, *स्वतंत्रता आन्दोलन में मेवाड़ का योगदान,* पृष्ठ 30-31

3. श्रावण वदी 4, 1914 विक्रमी शनिवार, जुलाई 11, 1857 ई. का वजीर बेग का लिखा पत्र ; मा.वि.का. अभिलेख का पृष्ठ 57, पत्र क्रमांक 14,

4. सलूम्बर ठिकाने का वंशानुगत कुछ विशेषाधिकार व प्रतिष्ठाए मेवाड़ महाराणा द्वारा दी जाती थी किंतु महाराणा स्वरूपसिंह के, रावत केसरीसिंह के साथ संबंध अच्छे न होने से महाराणा ने रावत को वंशपरम्परागत मान मर्यादाओं से वंचित कर दिया था जैसे–

   पद्मसिंह रावत के पिता **की मृत्यु पर**–

   (क) मातम पौसी हेतु महाराणा द्वारा सलूम्बर जाना रद्द किया गया।

   (ख) नए सरदार केसरीसिंह की तलवार बंधाई हेतु स्वयं न जाना बल्कि चाचा दलेलसिंह को भेजना।

   (ग) सलूम्बर ठिकाने के गाँवों को जब्त करना।

   महाराणा की उपर्युक्त गतिविधियों के बदले में रावत ने निम्न कार्य कर महाराणा के साथ संबंधों को तनावपूर्ण बनाने में भूमिका अदा की जैसे–

   (क) सलूम्बर ठिकाने के महाराणा द्वारा जब्त किए गए गाँवों को केसरीसिंह द्वारा पुनः हथिया लेना खुली चुनौती था।

   (ख) महाराणा को केसरसिंह ने, नियमित सेवा देने का अपना कर्त्तव्य बंद कर दिया था।

   "सलूम्बर ठिकाना कामदार" दरक की हस्तलिखित पाण्डुलिपि पृष्ठ-20 ; गौरीशंकर हीराचंद ओझा, *उदयपुर राज्य का इतिहास,* भाग-2 पृष्ठ-752 ; सी.एल.शावर्स, *ए मिसिंग चेप्टर ऑफ इण्डियन म्युटिनी,* ; पृष्ठ-184 ; *जीवन चरित्र सहीवाला अर्जुनसिंह* पृष्ठ-52-53 ; *स्वतंत्रता आन्दोलन,* पृष्ठ-25

5. गौरीशंकर हीराचंद ओझा, *उदयपुर राज्य का इतिहास* पृष्ठ 754 से 761 में 30 शर्तो वाला कोलनामा वर्णित है

6. डॉ. विमला भण्डारी, *सलूम्बर का इतिहास,* पृष्ठ 177-78
7. कवि श्यामलदास, *वीर-विनोद, पृष्ठ* 2006
8. नीमच में, महाराणा के सैनिकों के उपस्थित होने की बात की पुष्टि वजीर बेग के पत्र 14 ;मा.वि.का.अभि. के पृष्ठ 57 पत्र क्रमांक 14
9. राष्ट्रीय अभिलेखागार नई दिल्ली का रेजीडेन्सी रिकार्ड दिनांक 29 मार्च, 1858 का जिसमें शावर्स ने अपने सीक्रेट कम्युनिकेशन नंबर 90 से ए.जी.जी. को लिखा पत्र ; पार्लियामेण्टरी पेपर्स, हाउस ऑफ कामन्स, पेपर नंबर 77 पेज नंबर 134 पैरा नंबर 149 और 150 में रावत की विद्रोहात्मक कार्यवाहियों का जिक्र है।
10. 27 अक्टूबर 1857 को केप्टन एनेसले, असिस्टेण्ट पॉलिटिकल एजेण्ट मेवाड़ द्वारा केप्टन शावर्स को अपने पत्र में सलूम्बर रावत को दी गई सूचना जिसमें महाराणा स्वरूपसिंह द्वारा भी केसरीसिंह रावत के विरुद्ध कुछ नहीं किए जा सकने की सूचना दी गई थी।
11. फाईल नंबर 20 म्युटिनी 1863 रेजीडेन्सी रिकाड्र्स का पत्र संख्या 740, दिनांक 29 जून, 1863 का लारेन्स द्वारा सेक्रेटरी टू द गर्वनमेण्ट ऑफ इण्डिया को भेजी गई रिपोर्ट।
12. राजस्थान राज्य अभिलेखागार उदयपुर की बही संख्या 29 का विवरण।
13. डॉ. गिरीशनाथ माथुर का राजस्थान हिस्ट्री कांग्रेस के 17वे अधिवेशन में प्रेषित शोधपत्र दिनांक 27, 1993
14. डॉ. देव लाल *कोठारी, स्वतंत्रता आन्दोलन में मेवाड़ का योगदान,* पृष्ठ-32; राजस्थान राज्य अभिलेखागार उदयपुर में उपलब्ध बही संख्या 29, के पत्र संख्या 4, में मेजर ईडन का मेवाड़ महाराणा के नाम लिखा पत्र मृगशर सुदी 9, संवत् 1916
15. शावर्स, पृष्ठ—108 ; मालेसन, *हिस्ट्री ऑफ इण्डियन म्युटिनी,* पृष्ठ 398-99, डॉ. देवीलाल कोठारी, स्वतंत्रता आन्दोलन पृष्ठ 27
16. राजपूताना एजेन्सी रेकाड्र्स मेवाड़ 1837 संख्या 81; स्वतंत्रता आंदोलन 29, शावर्स पृष्ठ 138, एन.आर.खड्गावत, राजस्थानस रोल इन द *स्ट्रगल ऑफ 1857,* पृष्ठ 15, 50, 90, 160
17. शावर्स, पृष्ठ 67, केसरसिंह के नाम शावर्स का पत्र 12 जुलाई, 1857 ई. बक्षीखाना उदयपुर ; डॉ. देवीलाल कोठारी, *स्वतंत्रता आन्दोलन,* पृष्ठ-26
18. राजपूताना एजेन्सी रेकाड्र्स (मेवाड़) 1837 संख्या-81 डॉ. देवीलाल कोठारी *स्वतंत्रता आन्दोलन,* पृष्ठ-29
19. शावर्स, पृष्ठ संख्या-67
20. मेवाड़ के दीवान प्रधानमंत्री मेहता शेरसिंह के नाम मेवाड़ के इन्दौर छावनी स्थित खबरनवीस का विधि 5, बुधवार संवत् 1914 (09 सितम्बर 1857 ई. बुधबार) को लिखे पत्र में इन्दौर व मन्दसौर झगड़ा फसाद होने के संबंध में लिखा गया है ; मा.वि.का. अभिलेख पृष्ठ 126, पत्र क्रमांक 26, 07 नवम्बर 1857 ; वजीर बेग का पत्र अगहन वदी 6, विक्रमी 1914, शनिवार, 07 नवम्बर 1857 ; एस.एन.सेन, *1857,* पृष्ठ 311-12, बहादुरशाह प्रथम का वंशज शाहजादा फिरोज मात्र 20 वर्ष की उम्र में भी ब्रिटिश विरोधी

रुख रखता है एवं राजपूताना के कई भागो में क्रांति फैलाने में अग्रणी भूमिका निभाता है। उसने मन्दसौर जीता एवं जून 1857 में बादशाह के रूप में अपना राजतिलक वहीं करवाया। 20,000 फौज तैयार की तथा कई प्रदेशों के ठिकानेदारों को सहयोग हेतु पत्र लिखे थे।

21. वहीं मेहता शेरसिंह का पत्र मिलता है। आसोज वदी शनिवार संवत् 1914, 05 सितम्बर 1857 ई. शानिवार के पत्र में शाहजादे की गद्दीनशीनी के संबंध में लिखा गया है।

22. डॉ. देवीलाल कोठारी, *स्वतंत्रता आन्दोलन* पृष्ठ 9

23. वहीं, संदर्भ सूची क्रम संख्या 4

Chapter - 31

1857 के स्वतंत्रता संग्राम में नीमच एवं मेवाड़ का योगदान

डॉ. विनय कुमार श्रीवास्तव

19 वीं सदी के प्रारंभिक दशकों में अंग्रेजों की साम्राज्यवादी नीति के कारण उत्तरी भारत के स्वाधीनता के साधक क्षेत्रों में पराधीनता के प्रति रोष बढ़ने लगा जो 1857 के सशस्त्र राष्ट्रीय महाविद्रोह के रूप में प्रस्फुटित हुआ।[1] इतिहासकार जस्टिन मेकार्थी ने लिखा है सच्चाई यह थी कि भारतीय प्रायद्वीप के उत्तरी और उत्तरी पश्चिमी प्रदेशों के अधिकांश हिस्से में अंग्रेज सत्ता के विरुद्ध भारतवासियों ने विद्रोह किया था। यह भारत पर अधिकार करने वाले अंग्रेजों के खिलाफ राष्ट्रीय घृणा, धार्मिक उग्रता और सिपाहियों के असंतोष का संयुक्त प्रयास था। मेरठ के सिपाहियों ने एक क्षण में एक नेता, एक झंडा और एक उद्देश्य प्राप्त कर लिया और सिपाही विद्रोह को राष्ट्रीय युद्ध में बदल दिया।[2]

राजस्थान एवं मध्यप्रदेश की सीमा पर बसा नीमच का भारत के राजनैतिक इतिहास में सामरिक एवं महत्वपूर्ण स्थान रहा है। जनश्रुति के अनुसार नीम के पेड़ों की बहुलता के कारण इसका नाम नीमच पड़ा। परन्तु ऐतिहासिक तथ्यों के अनुसार प्राचीन काल में यह "मीणों" का नगर था, संभवतः मीणों ने ही इसे बसाया था और इसी कारण उसका नाम 'मीणच' था।[3] बदलते-बदलते यह मीणच से 'नीमच' हो गया और तत्पश्चात् पाश्चात्यीकरणवश वह नीमच हो गया।

सन् 1857 के स्वतंत्रता संग्राम में नीमच का विशिष्ट स्थान रहा है। सन् 1817 ई. में इन्दौर में ब्रिटिश रेजिडेन्सी की स्थापना हुई। सन् 1818 से 1857 के मध्य गवर्नर जनरल के अनेक एजेन्ट नियुक्त किए गए जिनका मुख्यालय इन्दौर था। इन एजेन्टों के अधीन अनेक राजनीतिक एजेन्ट एवं रेजिडेन्ट नियुक्त किए जाते

शासकीय स्नातकोत्तर महाविद्यालय नीमच।

थे जो रियासतों से सीधे संबद्ध होते थे और उन पर नियंत्रण का कार्य करते थे। सर जॉन माल्कम गवर्नर जनरल के मालवा संबंधी कार्यों का पहला एजेन्ट था। वह एक चतुर राजनीतिज्ञ एवं सक्षम संगठनकर्ता था। उसने ब्रिटिश राज एवं क्षेत्रीय रियासतों भोपाल, सीतामऊ, एवं होल्कर के संगठन में कूटनीतिक भूमिका अदा की थी। उसने महू, सरदारपुर, महीदपुर, नीमच एवं अन्य स्थानों पर सैनिक छावनियों की स्थापना की थी। भोपाल छावनी का मुख्यालय सिहोर में था जिसमें इन्फेन्ट्री की संख्या 600, आर्टिलरी 60, कैवेलरी 206 एवं कुल सैन्य संख्या 866 थी। इस कंटिजेंट में मात्र 6 अंग्रेज थे।[4]

ग्वालियर छावनी का मुख्यालय ग्वालियर था इसमें इन्फेन्ट्री की संख्या 6300, कैवेलरी 1160, आर्टिलरी में 24 फील्डगन थी। इस छावनी के सैनिकों की नियुक्ति आगर, नीमच, कोटा, असीरगढ़ एवं बुरहानपुर में की गई थी। उनमें मात्र कुछ अंग्रेज अधिकारी थे जो कि भारतीय सिपाहियों पर नियत्रण के लिए रखे गए थे।[5] मालवा कार्पस का मुख्यालय इन्दौर था जिसकी सैन्य संख्या 560 थी। उसमें 70 सैनिकों की 8 कंपनियाँ थी। ब्रिटिश कमांडेट मेजर स्टाकेली एकमात्र अंग्रेज अधिकारी था।[6] महीदपुर मालवा की एक महत्वपूर्ण सैनिक छावनी थी। इस छावनी को इन्दौर के ब्रिटिश रेजिडेन्ट सी.एम. वांडे का समर्थन प्राप्त था। यह छावनी जंगली जनजातियों से सुरक्षा हेतु बनाई गई थी।[7]

तत्कालीन सेन्ट्रल इंडिया एवं राजस्थान के रजवाड़ों में व्यवस्था बनाए रखने के लिए नीमच की स्थिति को केन्द्रीय मानकर कुशल अंग्रेज प्रशासकों ने यहाँ अपनी सैनिक छावनी स्थापित करना अनिवार्य समझा था। यही कारण था कि नसीराबाद एवं महू छावनियों की नींव डालने वाले मेजर जनरल आक्टरलोनी को तत्कालीन सरकार ने नीमच में भी अपनी छावनी डालने का कार्यभार सौंपा था। सन् 1818 में उन्होंने यहाँ अपना प्रधान कार्यालय बनाया तथा कोठी का निर्माण-कार्य प्रारम्भ किया जो आज भी आक्टरलोनी हॉल के नाम से प्रसिद्ध है।[8] नीमच ब्रिटिश ईस्ट इंडिया कंपनी का महत्वपूर्ण कंटोनमेन्ट था। यहाँ इन्फेन्ट्री की 72वीं रेजिमेन्ट स्थापित की गई थी। इसके साथ ही यहाँ ग्वालियर कंटीजेन्ट की 7वीं रेजिमेन्ट एवं पहली बंगाल केविलरी की विंग भी स्थापित की गई थी।[9]

सैकड़ों रजवाड़ों और हजारों जागीरदारों पर नियंत्रण रखने के लिए ब्रिटिश शासन को फौजें रखना आवश्यक हो गया, तभी पिंडारियों का दमन करने के बहाने की आड़ लेकर सन् 1819 में यहाँ किले का निर्माण कार्य प्रारम्भ हुआ जो लगभग डेढ़ लाख रुपए में बनकर तैयार हुआ। किला बन जाने के पश्चात् अंग्रेजों ने फौजी ताकत

बढ़ाने की ओर ध्यान दिया। अंग्रेजों ने तब से लेकर 1857 के गदर के प्रारंभ तक मिलिट्री की संख्या बढ़ाने का कार्य जारी रखा और धीरे-धीरे छावनी नगर भी बसने लगा। यहाँ की गतिविधि पर नजर रखने के लिए ले. कर्नल एबोट एवं ले. मिलर की नियुक्ति की गई।[10]

1857 के विप्लव के प्रारंभ के समय मेवाड़ में आमेट व बिजोलिया के उत्तराधिकार के प्रश्न पर यहाँ के ठिकानेदार दो गुटों में विभक्त हो गए थे और इनमें युद्ध होना अवश्यंभावी लग रहा था।[11] आमेट के उत्तराधिकारी के मामले में ठिकानेदार के एक पक्ष ने खेरवाड़ा में स्थित असिस्टेंट पोलिटिकल एजेन्ट कर्नल ब्रुक से कहा यदि हमारे समर्थित व्यक्ति को आमेट की गद्दी पर नहीं बैठाया गया तो राज्य में विद्रोह प्रारंभ हो जाएगा। इस प्रकार की कार्यवाही से अंग्रेज सरकार को ठिकानेदारों द्वारा राज्य में विद्रोह करने की पूरी आशंका थी। ऐसी परिस्थिति में देश में मई 1857 के प्रारंभ में विद्रोह हो गया। अतः ए.जी.जी. जॉर्ज लारेन्स ने महाराणा को पत्र लिखकर मेवाड़ की सेना को ब्रिटिश सहायता हेतु तैयार रहने को कहा जिसके परिणामस्वरूम महाराणा ने ठिकानेदारों को निम्न आदेश दिए-[12]

1. 27 मई 1857 को सभी ठिकानेदारों को रूक्का लिखकर कहा कि वे अंग्रेजी सैनिक कार्यवाही में सहायता दें और कप्तान शावर्स के आदेशों को महाराणा की आज्ञा मानकर पालन करें।
2. जून 1857 में नीमच जिले के दारू, बाबल, बांगरेड़, बिनोता, सरवाण्या तथा अठाना के ठिकानेदारों के नाम रूक्का लिखकर अंग्रेजों की सहायता हेतु कहा।
3. अक्टूबर 1857 में ओगया, पानखां, जवास, मादड़ी, झाड़ौल व चानी के ठिकानेदारों के नाम परवाना भेज आदेश दिया कि कोटड़ा व खेरवाड़ा में अंग्रेज दल की सुरक्षा करें और पहाड़ी क्षेत्र में कोई उपद्रव नहीं होने दें।

मध्य भारत के अन्य छावनियों के सिपाहियों की तरह ही नीमच छावनी के सिपाही भी विद्रोह की भावना से अभिप्रेरित थे।[13] मेवाड़ के पोलिटिकल एजेन्ट कैप्टन शावर्स की एक छोटी पुस्तक *'ए मिसिंग चेप्टर ऑफ दि इंडियन म्यूटिनी'* के अनुसार मई 1857 के अंतिम दिनों में मुहम्मद अलीबेग नामक एक सवार ने नीमच की भारतीय सेना को बहका दिया और इस प्रकार स्वाधीनता संग्राम का श्रीगणेश हुआ। पहली बंगाल केवलरी के बागी सैनिकों ने भी 28 मई 1857 ई. को नीमच छावनी के सैनिक दस्तों को विदेशी शासन के विरुद्ध उन्मुंख किया।[14]

नसीराबाद छावनी में विद्रोह होने पर 3 जून 1857 को नीमच की छावनी में भी विद्रोह कर दिया गया जिसके भय से अंग्रेज परिवार सादड़ी ठिकाने के डूंगला नामक गाँव में भटकते हुए रूंगाराम के घर पर शरण में रहे। इसकी सूचना महाराणा को होने पर यहाँ से बेदलाराव बखतसिंह के नेतृत्व में कप्तान शावर्स को सहायता देने हेतु सेना भेजी। उसने उन अंग्रेज शरणार्थियों को सुरक्षित उदयपुर पहुँचाया तथा जग मंदिर में उनकी सुरक्षा की गई।[15] इस समय डॉ. मरे व डॉ. गैन अपने साथियों से बिछड़ गए और सादड़ी ठिकाने के केसुन्दा गाँव में पटेल रामसिंह केसरीसिंह, ओंकारसिंह व यदुराम पंडित के यहाँ शरण में छुपे रहे। इसके लिए बेगू व सादड़ी ठिकाने के सैनिकों को सुरक्षित डूंगला गाँव में रूके अंग्रेज शरणार्थियों के पास ले जाया गया।[16] नीमच के विद्रोही राज्य के चित्तौड़, हमीरगढ़ व बनेड़ा के विद्रोही सरकारी बंगालों को लूटते और आग लगाते हुए शाहपुरा पहुँचे, वहाँ के राजाधिराज ने विद्रोहियों की रसद आदि से उचित सहायता की।[17] यहाँ से ये विद्रोही देवली की छावनी गए। वहाँ से इनके भय से अंग्रेज औरतें व बच्चे भागकर जहाजपुर में मेवाड़ सैनिकों के पास सुरक्षा हेतु आए, उन्हें भी सुरक्षित उदयपुर पहुँचा दिया गया।[18] इन विद्रोहियों का पीछा करते शावर्स शाहपुरा पहुँचा तो वहाँ के राजाधिराज ने किले का दरवाजा तक नहीं खोला।[19] डॉ. के.एल. श्रीवास्तव, सर जॉन कीस जैसे इतिहासकारों का मत है कि इस सैनिक विद्रोह में बंगलों में रहने वाले किसी भी सैनिक अधिकारी को अपनी जान से हाथ नहीं धोना पड़ा परन्तु स्थानीय जनश्रुतियों के अनुसार नीमच के तत्कालीन विद्रोह में सार्जेण्ट सप्लाय सपरिवार कत्ल कर दिया गया।

5 जून 1857 को विद्रोही सैनिक चित्तौड़, बनैड़ा, शाहपुरा, देवली तथा आगरा होते हुए दिल्ली की ओर चले गए। उनका जोधपुर के सैनिकों ने हार्डकौंसिल के नेतृत्व में और मेवाड़ के सैनिकों ने कैप्टन शावर्स के नेतृत्व में पीछा किया, लेकिन दोनों में से कोई भी इस विद्रोही सेना को अंग्रेजी भारत के विद्रोहियों से मिल जाने से रोक नहीं सके। जुलाई 1858 में जब ए.जी.जी. ने 1857 की घटनाओं पर अपनी रिपोर्ट भेजी तो उसने यह शंका व्यक्त की कि इन भारतीय राज्यों की सेनाओं को अंग्रेज प्रशिक्षण प्राप्त सैनिकों (जो उस समय विद्रोही थे) से मुठभेड़ का साहस नहीं हुआ। इसलिए अधिक संख्या में होते हुए भी उन्होंने विद्रोहियों को बिना संघर्ष किए निकल जाने दिया।[20]

नीमच से भागे हुए कुछ अंग्रेजों ने समीवपर्ती ग्राम केसुन्दा में शरण प्राप्त की और तत्कालीन महाराणा से रक्षा की प्रार्थना की। केसुन्दा ग्राम के पटेल रामसिंह, केसरसिंह और यादराव पंडित जैसे राष्ट्रद्रोही लोगों ने उन्हें अपने मकानों में छिपा

दिया। इसकी सूचना बागियों को मिल गई और वे केसुन्दा पहुँचे। परन्तु मेवाड़ी सिपाहियों तथा पटेलों ने सामना करके बागियों को मार भगाया। कुछ समय पश्चात् कैप्टन लायड और मेवाड़ के सेनापति अर्जुनसिंह के नेतृत्व में एक बार पुनः नीमच दुर्ग पर अधिकार करने में सफलता मिली। इस संघर्ष में बन्दी बनाए गए कई वीरों को तोपों से बांधकर उड़ा दिया गया तथा खाई में खड़ा करके उनके सिरों को घोड़ों की टापों से कुचला गया। नीमच की रक्षार्थ कैप्टन लायड और सेनापति अर्जुनसिंह को नीमच में ही छोड़ दिया गया।[21]

नीमच से निराश होकर विद्रोही क्रांतिवीरों ने जीरण के किले को जा घेरा और उसे केन्द्र स्थल बनाकर संघर्ष जारी रखा। धीरे-धीरे वे पुनः संगठित होने लगे। इस बीच कोटा और बम्बई से कुछ वीर सिर पर कफन बांध कर इस ओर आ निकले। इनमें भी कुछ अनुदार चिह्न दृष्टिगोचर होने लगे। फलस्वरूप तीन मुखियाओं को पकड़कर तोप से उड़ा दिया गया जिससे भयभीत होकर बागियों में प्रकट हुए विरोध के चिह्न नष्ट हो गए।[22]

मेवाड़ की प्रतिक्रिया—इधर मेवाड़ का महाराणा स्वरूपसिंह तन, मन, धन से अंग्रेजों का साथ दे रहा था। किन्तु स्वाधीनता संग्राम के वातावरण ने जनता की स्वाधीनता की चेतना को जैसे जगा दिया था। कैप्टन शावर्स ने नीमच के विद्रोहियों का पीछा करने के लिए चित्तौड़ की ओर बढ़ने का सैनिकों को निर्देश दिया, दूसरी और महिदपुर और टोंक के सैनिकों ने विद्रोह कर दिया वे लेफ्टि नेन्ट बोर्ड और हण्ट की हत्या कर नीमच के विद्रोहियों से जा मिले।[23]

गंगरार पहुँचने पर शावर्स को इस यथार्थ का ज्ञान हुआ कि घण्टे, दो घण्टे पूर्व ही विद्रोही वहाँ से गए हैं। वहाँ वे सुरक्षा और शरण स्थल की अपेक्षा से आए थे।[24] विद्रोहियों को सभी स्थानों पर जनता का समर्थन मिला। चित्तौड़, बनेड़ा में सरकारी संपत्ति लूटते हुए जब वे शाहपुरा पहुँचे तो वहाँ के राजा लक्ष्मणसिंह ने उन्हें दो दिन तक ठहराया। उनके लिए रसद आदि का प्रबंध किया।[25] शावर्स जब शाहपुरा पहुँचा तो वहाँ किले के द्वार बन्द मिले, न तो किसी प्रकार का स्वागत किया गया, न रसद आदि की सहायता दी गई।[26] विद्रोहियों का जहाजपुर तक पीछा कर शावर्स वापस नीमच की ओर लौट गया। नीमच आते ही शावर्स ने 12 अगस्त को सेना के बदले हुए तेवर देखे। अंग्रेजों की सबसे अधिक विश्वसनीय मेवाड़ी सेना में इस अफवाह ने हलचल उत्पन्न कर दी कि हिन्दुओं का धर्म भ्रष्ट करने को अंग्रेजों ने आटे में मनुष्यों की हड्डियाँ पिसवाकर मिला दी हैं। इसकी सूचना मिलते ही

मेवाड़ के वकील अर्जुनसिंह सहीवाला ने स्थिति को तत्काल नियंत्रित किया। नीमच के बाजार में जाकर व्यापारियों से आटा मँगवाया और उक्त सैनिकों के सामने उसकी रोटी बनाकर खाई, जिससे उनका संदेह दूर हो गया।[27]

नीमच की स्थिति को नियंत्रित अवश्य कर लिया गया था किन्तु नीमच की घटनाएँ इस यथार्थ की द्योतक हैं कि स्वाधीनता के लिए जो आग सैनिकों में भड़क चुकी थी उसे उसे दबा दिए जान पर भी बार-बार हवाएँ मिल रही थीं और दमन में मेवाड़ की सहायता यदि अंग्रेजों को न मिली होती तो इतिहास का रंग कुछ और हो सकता था।[28]

निम्बाहेड़ा विजय--नीमच पर अंग्रेजों का आधिपत्य तो स्थापित हो गया किन्तु विप्लव की आग भीतर ही भीतर सुलगती रही। सलूम्बर राव केसरीसिंह को मेवाड़ की महत्वपूर्ण सैनिक छावनी पर आक्रमण करने के लिए विशेष रूप से प्रेरित किया गया और साथ ही निर्देश दिया गया कि ऐसा न करने पर इसके परिणाम भी भुगतने होगें।[29] इसी समय नीमच के अधिकारियों को पता चला कि निम्बाहेड़ा जो नीमच के उत्तर में 16 मील की दूरी पर स्थित टोंक राज्य का एक महत्वपूर्ण नगर है, का अधिकारी (हाकिम) मन्दसौर के विद्रोहियों से मिल गया है।[30] निम्बाहेड़ा पर अधिकार कर लेने का निश्चय कप्तान शावर्स तथा कर्नल जैक्सन आदि ने किया, किन्तु स्थिति की गंभीरता का अनुमान कर शावर्स ने मेहता शेरसिंह एवं सहीवाला अर्जुनसिंह के माध्यम से सहायता मॉगी। सामन्तों के कारण आंतरिक स्थिति की विषमता के बावजूद महाराणा ने उदयपुर से पैदल सैनिकों की एक कंपनी, पचास सवार तथा दो तोपें तुरन्त नीमच भेज दी एवं सादड़ी, कानोड़, बानसी, बेगू, भदेसर, अठाणा, सरवाण्या, दारू, बीनोता आदि के सामन्तों को ससैन्य नीमच जाने की आज्ञा दी। वे सब वहाँ पहुँच गए।[31] इस सेना के सहयोग से शावर्स ने 8 अक्टूबर 1857 को निम्बाहेड़ा पर अधिकार कर लिया।[32] विद्रोही रात्रि के अंधेरे में ही दुर्ग छोड़कर मन्दसौर के विद्रोहियों से जा मिले। कैप्टन शावर्स ने निम्बाहेड़ा के प्रशासन का उत्तरदायित्व महाराणा को सौंप दिया।[33] मेहता शेरसिंह को निम्बाहेड़ा का प्रशासक नियुक्त किया गया और उसे मेवाड़ राज्य में मिला लिया गया।

विद्रोहियों का पुनः नीमच पर आक्रमण—22 अक्टूबर 1857 को निम्बाहेड़ा के हाकिम की सहायता से मन्दसौर के विप्लवकारियों ने नीमच जिले के जीरण गाँव पर कब्जा कर लिया। इस युद्ध में हारकर अंग्रेज अधिकारी सेना सहित नीमच लौट आए। जीरण की विजय से विप्लवकारियों का साहस इतना बढ़ गया कि 8

नवम्बर 1857 को नीमच पर आक्रमण करने के लिए उन्होंने प्रस्थान किया।[34] कैप्टन बेनिस्टर और उनके सैनिक युद्ध का मैदान छोड़कर नीमच के किले में जा घुसे। स्थिति नाजुक देखकर कैप्टन शावर्स 300 मेवाड़ी सवारों के साथ नीमच आ पहुँचा। युद्ध फिर छिड़ गया। अंत में शाम को शावर्स तथा मेवाड़ के अनेक पदाधिकारी 'दारू' गाँव होते हुए केसुन्दा चले गए।[35] दूसरे दिन सवेरा होते ही विप्लवकारियों ने छावनी लूटकर जला दी और किले को घेर लिया। तदुपरान्त कस्बों में भी विद्रोह फैल गया। उधर विशाल अंग्रेज फौज के आ जाने पर विद्रोहियों से छावनी खाली कराई जा सकी। अनेक विद्रोही पकड़ लिए गए जिनके साथ अंग्रेजों ने बहुत ही बर्बर एवं अमानुषिक बर्ताव किया। नीमच पर पुनः अंग्रेजों के अधिकार एवं निम्बाहेड़ा विजय जैसी घटनाओं ने विद्रोहियों के मनोबल को कम किया।

नीमच के विद्रोह का मध्य भारत के इतिहास में महत्वपूर्ण स्थान है। पहली बार नीमच पर बागियों का शासन स्थापित होते ही सारे भारत में यह खबर आग की तरह फैल गई। दूसरे क्षेत्रों पर भी नीमच के विद्रोह का व्यापक असर पड़ा एवं उन्होंने यहाँ से प्रेरणा लेकर देश के दूसरे क्षेत्रों में भी अंग्रेजों के खिलाफ विद्रोह के स्वर बुलन्द किए। विद्रोह की असफलता के महत्वपूर्ण कारणों में विद्रोह का असंगाठित एवं मनमौजी स्वरूप, हथियारों एवं तोपों का अभाव, धन की कमी, सुयोग्य नेतृत्व की कमी के साथ ही मेवाड़ व स्थानीय जागीरदारों की सेनाओं द्वारा अंग्रेजों का समर्थन किया जाना रहा जिससे विद्रोहियों का पतन हुआ। नीमच का स्वतंत्रता संग्राम इतिहास में अपने वीरों की शहादत एवं अप्रतिम उत्साह के साथ किए गए संघर्ष के लिए महत्वपूर्ण स्थान रखता है। 1857 के इस स्वतंत्रता संग्राम में 27 क्रांतिकारियों को बरगद के पेड़ पर फाँसी पर लटका दिया गया।

मेवाड़ के ठिकानेदारों की भूमिका— अंग्रेजों व मेवाड़ की सेनाओं द्वारा नीमच मे विद्रोह दबाने की कार्यवाही की जा रही थी, तब सलूम्बर के रावत केसरीसिंह ने अवसर का लाभ उठाते हुए महाराणा को अपने अधिकार प्रदान करने का धमकी भरा पत्र लिखा, दूसरी ओर खेरवाड़ा से कर्नल ब्रुक द्वारा भी सलूम्बर रावत के विद्रोहात्मक गतिविधियों की सूचना नीमच में कप्तान शावर्स को भेजी गई।[36] तब शावर्स ने रावत केसरीसिंह को पत्र लिखकर कहा कि अगर उसने महारणा के विरुद्ध कोई कार्यवाही की तो उसे पदच्युत कर निष्कासित करने की कार्यवाही की जाएगी।[37] इस पर केसरीसिंह ने शावर्स को सूचना दी कि यह सब विरोधियों द्वारा प्रसारित झूठी अफवाह है, वह कोई ऐसा कार्य नहीं कर रहा है।

आऊवा के ठाकुर खुशालसिंह व सलूम्बर के रावत केसरीसिंह के मध्य विद्रोह संबंधी आवश्यक पत्र व्यवहार चलता था। एक़ बार आऊवा से आते समय पत्र वाहकों को देवगढ़ के रावत ने पकड़ लिया जिससे उनकी गतिविधियों की जानकारी ब्रिटिश सरकार को हो गई। खुशालसिंह द्वारा मेवाड़ के ठिकानदारों को अंग्रेजों के विरुद्ध उकसाया जाता था जिसके लिए अंग्रेज अधिकारी चिंतित थे। खुशालसिंह ने आपातकाल में सलूम्बर आने की सूचना केसरीसिंह को भेजी। अतः उसी अनुसार 23 जनवरी 1858 को रात्रि के समय आंउवा से निकलकर रावत केसरीसिंह के पास सलूम्बर आ गया। इस बात की जानकारी पोलिटिकल एजेन्ट को मिलने पर रावत केसरीसिंह को सूचना दी कि विद्रोही सैनिक टुकड़ी को अपने यहाँ रोके और कमाण्डर को गिरफ्तार कर लें परन्तु अंग्रेजों के आदेश की परवाह किए बिना केसरीसिंह ने कोई कार्यवाही नहीं की और न ही कोई प्रत्युत्तर दिया।

बनेड़ा ने भी विद्रोही सैनिकों से भागे रिसालदार को आवश्यक शरण प्रदान की जिस पर पोलिटिकल एजेन्ट ने धीरा नामक जमादार के साथ एक चपरासी को बनेड़ा भेजा परन्तु विद्रोही वहाँ से कोठारिया चला गया। जमादार व चपरासी उसका पीछा करते हुए कोठारिया रावत जोधसिंह के पास गए और उस विद्रोही रिसालदार को वहाँ से सुरक्षित रवाना कर दिया।[38] भीमजी चारण गंगापुर में नियुक्त अंग्रेज अधिकारियों की संपत्ति लूटकर कोठरिया रावत जोधसिंह के यहाँ शरण में आ गया, तो जहाजपुर से अंग्रेज अधिकारियों द्वारा कई बार जोधसिंह को लिखा। लेकिन उसकी परवाह किए बिना भीमजी को लम्बे समय तक कोठारिया में रखा।[39]

विप्लवकारियों के प्रति सहानुभूति रखने वाले सामन्त भी थे, जिन्होंने विप्लवकारियों से पत्र व्यवहार ही नहीं किया उन्हें शरण तथा रसद आदि की सहायता दी एवं उनके परिवारों को संरक्षण एवं सहयोग भी दिया। इन सामंतों में सलूम्बर के राव केसरीसिंह का नाम अग्रगण्य है। अनिश्चितता की स्थिति का लाभ उठाने की दृष्टि से राव केसरीसिंह ने महाराणा को चेतावनी दी कि अगर आठ दिन में उसकी अधिकारों संबंधी मॉगों को पूरा नहीं किया तो वह मेवाड़ की प्राचीन राजधानी चित्तौड़ पर प्रतिद्वंद्वी को गद्दी पर बैठा देगा।[40] साथ ही राव केसरीसिंह ने अन्य सामंतों को मेवाड़ में स्थित खेरवाड़ा छावनी पर आक्रमण करने के लिए भी प्रोत्साहित करना शुरू कर दिया था।[41] सलूम्बर के सामन्त ने विप्लवकारियों की मदद की तथा बीमार एवं घायलों की सेवा की। अपने नगर में विप्लवकारियों की स्त्रियों को शरण दी और ब्रिटिश समर्थक सैनिकों को प्रवेश नहीं करने दिया।[42]

इसी प्रकार मध्य भारत के एक अन्य प्रमुख विप्लवकारी नवाब रहमत अली के भी सलूम्बर में शरण लेने का संदेह किया गया।[43] इसी प्रकार तात्या टोपे जो कि नाना साहब का प्रमुख सेनापति था, को दिसम्बर 1858 में सलूम्बर के सामन्त द्वारा रसद प्रदान करने की जानकारी भी ब्रिटिश सरकार को मिली।[44]

सलूम्बर के सामन्त का उदयपुर के महाराणा स्वरूपसिंह के साथ वैमनस्य था। इन सब बातों को ध्यान में रखकर ब्रिटिश अधिकारियों ने इस कारण कि कहीं दक्षिणी राजपूताना में खुला विद्रोह न हो जाए सलूम्बर राव के विरुद्ध कोई कठोर कदम उठाना उचित न समझा। राव केसरीसिंह का देशभक्तिपूर्ण दायित्व निर्वाह एवं यशस्वी चरित्र की तत्कालीन चारण कवियों ने अपने गीतों में बड़ी प्रशंसा की है।[45]

इसके अतिरिक्त शाहपुरा, भीण्डर, आसीन्द एवं बदनोर के सामन्तों की भी स्पष्ट सहानुभूति विप्लवकारियों के साथ रही और वे उनकी खुले रूप से मदद करते रहे।[46]

मेवाड़ एवं मारवाड़ के विद्रोही ठिकानेदारों ने मध्य भारत के ग्वालियर के विद्रोही नेता तात्या टोपे को आवश्यक रसद एवं उचित सहायता प्रदान की थी। यहाँ के ठिकानेदारों का मध्य भारत के विद्रोह नेता नाना साहब से संबंध था। अतः उनके मेवाड़ आगमन पर सलूम्बर, भीण्डर, बदनोर एवं आसीन्द के ठिकानेदारों ने उसकी आवश्यक रसद एवं सैनिक सहायता की। शावर्स के आदेश के विरुद्ध रावत केसरीसिंह ने लूनावाड़ा के क्रांतिकारी सूरजमल को शरण देकर अंग्रेजों एवं महाराणा के आदेशों की अवहेलना की। ब्रिटिश सरकार का दबाव होने पर भी महाराणा द्वारा सलूम्बर पर कार्यवाही करने की हिम्मत नहीं हुई।[47]

कोठारिया रावत जोधसिंह ने नाना साहब को शरण प्रदान कर उन्हें उचित सहायता एवं सुरक्षा दी और उनका शेष जीवन कोठारिया में ही बीता। यहाँ के ठिकानेदारों का देश के प्रमुख क्रांतिकारी नेताओं से संपर्क था और उनसे मिलकर दिल्ली से ब्रिटिश विरोधी सेना बुलाकर राजपूताने में भी ये एक अंग्रेज विरोधी सशक्त सेना तैयार करना चाहते थे।[48] मेवाड़ के अधिकांश ठिकानेदारों द्वारा अंग्रेजों और महाराणा के आदेश की अवहेलना करते हुए विद्रोहियों को अपने यहाँ शरण प्रदान की गई और उनको यथोचित सहायता एवं मार्गदर्शन प्रदान किया गया। हालांकि कतिपय ठिकानेदारों ने अंग्रेजों की सहायता की जो अति अल्प मानी जा सकती है। यहाँ के शासक और ब्रिटिश अधिकारियों के कपटपूर्ण व्यवहार ने ठिकानेदारों को आंग्ल विरोधी भावना हेतु अग्रसर किया जिसे तत्कालीन जनता ने भी सहयोग दिया।

यहाँ के ठिकानेदारों ने समय की पुकार और जनभावना का आदर करते हुए अपनी सुख सुविधा की परवाह किए बिना नैतिक-कर्तव्य का पालन करते हुए देश के स्वतंत्रता सैनानियों को जागीरी क्षेत्र में उचित सम्मान, सहायता सुरक्षा एवं मार्गदर्शन दिया। परिणामस्वरूप यहाँ की जनता ने इन्हें गीतों, नाटकों एवं विविध स्मृतियों में अमर कर दिया। अजेय समझे जाने वाले अंग्रेजों का विरोध करने और उनके आदेशों की अवहेलना करने से आम जनता को स्वतंत्रता हेतु संघर्ष की नई चेतना मिली। अतः धीरे-धीरे जनता में जागृति उत्पन्न हुई और अन्त में उन्हें लक्ष्य की प्राप्ति हुई।

स्वाधीनता प्रेमी जनता का सोया हुआ स्वाभिमान जहाँ जागा वहीं उन्होंने क्रांतिकारियों को आश्रय दिया और यथासम्भव रसद आदि से उनकी सहायता की। समय-समय पर क्रांतिकारियों द्वारा जनता से खुला समर्थन एवं सहायता का आह्वान किया गया। मेवाड़ और मारवाड़ के सामन्त हमारे पक्ष में है। धर्म की रक्षा के लिए जो हमारी सहायता करेगा, उसको ईश्वर पुरस्कृत करेगा। सम्राट देश की राष्ट्रीयता के लिए उसे सम्मानित करेगा।[49] जनता की सहानुभूति विप्लवकारियों के साथ थी।

संदर्भ

1. मध्यांचल में सैनिक छावनियाँ 1818 में मन्दसौर की संधि के पश्चात्, 1818 ई. में मऊ और महिदपुर में, 1817 ई. में नीमच में, 1844 ई. में मुरार, आगर, गुना और शिवपुरी में बनी।
2. जस्टिन मैकार्थी, *ए हिस्ट्री ऑफ अवर ओन टाइम्स,* खण्ड 2, 1905, लंदन, पृ. 63-73।
3. मुहणोत *नैणसी री ख्यात* भाग-1।
4. फाइल नं. 82 Malwa Bhill crops, letter Book No. 98 from sir R.N.C. Hamiltom.A.G.G. for C.I. to secy Govt. of India, Letter No. 139, dated 23 rd Oct. 1854. outward vol. No. 125, Genl No. 2589, letter dated 13 sept. 1860 (CIA)
5. CIA outword Register No 125, Genl. No. 2589, letter No 433 from R shakespeare, A.G.G. for. C.I. to Ahchison, Esqr, secy to Govt. of India dated. Indore Residency, 13 sept. 1860, Issue No. 235 from AGG. for C.I. to secy Govt of India.
6. CIA outword Register No 125, Genl No. 2589, letter No. 433 from R shakespeare, A.G.G. for. C.I. to Ahchison, Esqr, secy to Govt. of India dated. Indore Residency, 13 sept. 1860, Issue No. 235 from AGG. for C.I. to secy Govt of India.
7. Letter Book No 50, Letter No. 845 dated 17 Aug 1846 from sir C.M wade, Resident of Indore to T.H. Modlok.

8. *जाजू स्मृति ग्रंथ,* पृ. 72
9. K.L. Shrivastava, *Revolt of 1857 in Central India,* p. 152.
10. *जाजू स्मृति ग्रंथ,* पृ. 78
11. शार्वस, *ए मिसिंग चेप्टर ऑफ इंडियन म्युटिनी,* पृ. 5,
12. *डॉ. प्रकाश व्यास हास, मेवाड़ राज्य का इति,* पृ. 164-165
13. John keys, *History of Indian Mutiny,* Vol. III, P 169
14. *जाजू स्मृति ग्रंथ, पृ. 78*
15. *श्यामलदास, वीर विनोद,* पृ. 1966
16. सहीवाला, *अर्जुनसिंह का जीवन चरित्र,* भाग 1, पृ. 57
17. *शोध पत्रिका,* खण्ड 14, अंक 2, पृ. 157-158
18. डॉ. प्रकाश व्यास, *मेवाड़ राज्य का इतिहास,* पृ. 167
19. उपरोक्त
20. एम.एस. जैन, *आधुनिक राजस्थान का इति हास,* पृ. 146
21. *जाजू स्मृति ग्रंथ,* पृ. 78
22. *जाजू स्मृति ग्रंथ,* पृ. 79
23. जी.एच. ट्रेवर- *द चेप्टर ऑफ द इण्डियन म्यूटिनी,* पृ. 7
24. ओझा, *उदयपुर राज्य का इति हास,* पृ. 769
25. शावर्स, ए *मिसिंग चेप्टर ऑफ इंडियन म्यूटिनी,* पृ. 33
26. शावर्स, पूर्वोक्त, पृ. 41
27. शावर्स, पूर्वोक्त, पृ. 84-85, सहीवाला, *अजुंनसिंह का जीवन चरित्र,* पृ. 57-58,
28. *वीर विनोद,* भाग 2, पृ. 1968
29. शावर्स पृ. 99-112, सहीवाला, *अर्जुनसिंह का जीवन चरित्र*
30. शावर्स पृ. 99-166, 203
31. सहीवाला, *अर्जुनसिंह का जीवन चरित्र,* पृ. 62-63
32. शावर्स का पत्र संख्या 26 दिसम्बर 8 नवम्बर 1857
33. ओझा, *उदयपुर का इतिहास,* पृ. 773
34. पूर्वोक्त, पृ. 774
35. नाथूराम खड्गावत, *राजस्थानस रोल इन द फ्रीडम स्ट्रगल ऑफ 1857,* पृ. 76
36. *वीर विनोद,* पृ. 19
37. डॉ. प्रकाश व्यास, *मेवाड़ राज्य का इतिहास,* पृ. 170
38. *वीर विनोद,* पृ. 91

39. शार्वस, *ए मिसिंग चेप्टर ऑफ इंडियन म्युटिनी,* पृ. 6
40. केसरीसिंह को शावर्स का पत्र दिनांक 12 जुलाई 1857 (ब.र. शीखाना रेकार्डस, उदयपुर)
41. राजपूताना एजेन्सीज, फाइल नं. 88, मेवाड़ 1857
42. भगवतीलाल जैन, *मेवाड़ में स्वतंत्रता आंदोलन का इतिहास* (शोध प्रबन्ध) पृ. 88
43. पूर्वोक्त (शोध प्रबन्ध) पृ. 88
44. साधु राधोदास, *जोर दीघो फिरंगी लिखयो, कौलना मोडरे आप पंगीत चूंडा ते, मेवाड़ा. राखी और*
45. शावर्स पूर्वोक्त पुस्तक पृ. 105-108
46. डॉ. प्रकाश व्यास *मेवाड़, राज्य का इतिहास,* पृ. 174-75
47. नाथूराम खडगावत, *राजस्थान रोल इन द फ्रीडम स्ट्रगल ऑफ 1857,* पृ. 158
48. डॉ. मनोहरसिंह राणावत, *मज्मिका सं. देशी रियासतों में स्वतंत्रता आंदोलन,* पृ. 33
49. शावर्स, पूर्वोक्त पुस्तक, पृ. 108

Chapter - 32

1857 का विप्लव और पूर्वी राजस्थान

उपेन्द्रनाथ शर्मा

करौली

1857 से पूर्व भारत के गवर्नर जनरल लार्ड डलहॉजी के 'विलय' सिद्धांत के कारण राजस्थान की समस्त देशी रियासतों में ब्रिटिश कंपनी सरकार के प्रति भारी क्षोभ था। देशी नरेश भय, आशंका तथा चिन्ता से ग्रस्त थे। भरतपुर के पड़ोसी जादौं–राजपूत राज्य करौली के महाराव नरसिंह पाल ने अपनी श्वांस छोड़ने (जुलाई 10, 1857 ई.) से कुछ समय पूर्व ही राजघराने के स्व बंधु बांधवों से दूर का एक लड़का भरतपाल गोद ले लिया : उसकी मृत्यु के बाद करौली राज्य की व्यवस्था राजनैतिक अभिकर्ता ने संभाल ली। राजपूताना के एजेंट-गवर्नर जनरल कर्नल जॉन लो ने दत्तक पुत्र भरतपाल को असंदिग्ध उत्तराधिकारी घोषित करके अविलम्ब ही जादौं राज्य गद्दी का उत्तराधिकारी स्वीकार करने के लिए गवर्नर जनरल लार्ड डलहौजी से स्पष्ट शब्दों में संस्तुति की, परंतु लार्ड डलहौजी ने भारी हिचक के साथ कर्नल जॉन लो की संस्तुति को न मानकर करौली राज्य को ब्रिटिश साम्राज्य में विलय का निश्चय प्रगट किया।[1] इससे समस्त राजस्थान के देशी शासक, जागीरदार तथा प्रभावित प्रजा में तीव्र निराशा छा गई और 'विलय' के विरुद्ध राजनैतिक संघर्ष की संभावना भी बढ़ गई। रजवाड़ों की प्रजा का हजारों वर्ष से राजतंत्र, सामन्तवाद में अटूट अंध विश्वास था और वर्तमान शताब्दी के मध्य तक इन संस्थाओं का प्रभाव जनता पर रहा है। ऐसी प्रजा विदेशी शासक तथा शासन की अपेक्षा स्वदेशी शासक तथा शासन में अधिक विश्वास करती थी और उसका सम्मान भी करती थी और इन संस्थाओं की स्थिरता, सुदृढ़ता के लिए अपने प्राणों की आहुति देना अपना धर्म समझती थी।

जादौं राज्य करौली को ब्रिटिश साम्राज्य में मिलाने की नीति पर गवर्नर जनरल

लेखक के पुत्र श्री हितेन्द्र भारद्वाज के सौजन्य से (भरतपुर, राजस्थान)

की कौंसिल में भारी मतभेद था। सर फ्रेडरिक क्यूरी ने राजपूत राज्यों की प्राचीन परंपरा, उनके साथ कंपनी सरकार द्वारा की गई संधियों के परिप्रेक्ष्य में राजपूत राज्य करौली के विलय का विरोध करके कर्नल जॉन लो की संस्तुति का पक्ष ग्रहण किया। इस प्रकार अपनी कौंसिल ने संदेहास्पद अनिर्णीत स्थिति के निपटारे के लिए गवर्नर जनरल के विलय प्रस्ताव को अस्वीकार कर दिया। डाइरेक्टर्स ने अपने निर्णय में लिखा "करौली राजपूत राज्यों में प्राचीनतम राज्य घराना है। यह राज्य 'संरक्षण, पारस्परिक मित्रता तथा सहयोग' की संधि के अंतर्गत ही कंपनी सरकार के संरक्षण में है, न कि कंपनी सरकार की देन।" इस प्रकार डाईरेक्टर्स ने भरतपाल के उत्तराधिकार को मान्यता प्रदान कर दी।[2]

निश्चित निर्णय में विलंब के कारण ही भरतपाल के उत्तराधिकार के औचित्य में उलझन पैदा हो गई। कोर्ट ऑफ डाइरेक्टर्स के निर्णय से पूर्व ही जादौं राजघराने की ज्येष्ठ तथा अन्य रानियों, राज्य के 66 प्रभावी (लगभग 3/4 ठाकुरों) जादौं ठाकुरों तथा प्रजा ने 'दत्तक पुत्र के निश्चित सिद्धांत' के आधार पर निकटतम जादौं परिवार के सदस्य मदनपाल के उत्तराधिकार तथा राजगद्दी का दावा प्रस्तुत कर दिया और सभी ने 'अनुचित न्याय' के विरोध में प्राणपन से उत्तराधिकार की रक्षा का संकल्प कर लिया।[3] कोर्ट ऑफ डाइरेक्टर्स का निर्णय प्राप्त होने पर भी उसे घोषित करने से पूर्व ही लार्ड डलहौजी ने मार्च 23, 1853 ई. को विलय तथा भरतपाल तथा मदनपाल के न्यायिक उत्तराधिकार के प्रश्न पर एजेंट गर्वनर जनरल सर हेनरी लारेंस से पुनर्विचार करके पुनः अपनी पूर्ण संस्तुति प्रस्तुत करने को लिखा। हेनरी लारेंस ने राजनैतिक वातावरण के परिप्रेक्ष्य में 'संभावित संघर्ष को टालने', 'राजशाही के प्रति प्रजा की प्रगाढ़ श्रद्धा भावना को देखकर' डलहौजी के विलय के प्रस्ताव तथा कोर्ट ऑफ डाईरेक्टर्स के निर्णय के विरुद्ध अपनी संस्तुति प्रस्तुत की। अपने पूर्ववर्ती कर्नल जॉन लो की भांति हेनरी लारेंस का मत था कि हमको संधि, सनद तथा प्राचीन परंपराओं का आदर करना चाहिए। राजपूत नरेशों के साथ की गई संधियों को निरस्त करने का हमको कोई अधिकार नहीं है; संधि की शर्तों के अंतर्गत राजस्थान के किसी भी राज्य का विलय नहीं हो सकता और इन रजवाड़ों का विलय शांति सुरक्षा व्यवस्था की दृष्टि से अनुचित है,[4] परन्तु उसने भरतपाल तथा मदनपाल दोनों के उत्तराधिकार के दावे पर पुनर्विचार किया। ज्येष्ठ रानी, नौ प्रभावशाली जादौं ठाकुर, तीन चौथाई जागीरदार तथा प्रजा की सामान्य भावना, वंशानुगत देशस्थ परम्परा, सामान्य व्यावहारिक हिन्दू रीति-नीति के आधार पर पूर्ण संस्तुति के लिए उसने विशद जांच की। पड़ोसी राज्य अलवर के रावराजा ने 'उचित न्याय' की मांग की और अन्य पड़ोसी राज्य भरतपुर, धौलपुर तथा जयपुर के शासक, प्रभावी सामन्त,

एजेन्ट एवं गवर्नर के न्यायालय में नियुक्त देशी राज्यों के वकीलों ने भी 'मदनपाल' के पक्ष में अपना अभिमत प्रगट करके लारेंस से 'आदर्श न्याय' की मांग की। इस प्रकार हेनरी लारेंस ने भरतपाल के उत्तराधिकार तथा राजगद्दी के औचित्य को अस्वीकार[5] करके मदनपाल को जादौं गद्दी पर आसीन करने की संस्तुति की।[6] साथ ही उसने भरतपाल के दावे को स्वीकार कर लेने पर जादौं राज्य के सरदार, जागीरदार तथा प्रजा की प्रति हिंसात्मक कार्यवाही को रोकने, उनको संतुष्ट करके शांति व्यवस्था बनाए रखने के लिए कुछ वर्षों के लिए राजनैतिक अभिकर्त्ता को राज्य के आंतरिक शासन प्रबन्ध के अधिकार सौंपने की भी इच्छा व्यक्त करके व्याप्त जन आक्रोश को भी व्यक्त कर दिया। अंत में लार्ड डलहौजी ने कहा "उत्तराधिकार की अनिर्णीत स्थिति को नियमित रखना आक्षेपपूर्ण है। लारेंस ने सरकार के समक्ष निर्णय के लिए पर्याप्त साधन प्रस्तुत किए हैं। इससे मैंने उसे मदनपाल के उत्तराधिकार को मान्यता प्रस्तुत करने तथा करौली राजगद्दी पर आरुढ़ करने के निर्देश दे दिए हैं।"[7] इस प्रकार करौली राज्य के उत्तराधिकार का प्रश्न तीन वर्ष तक अनिर्णीत रहा और इन वर्षों में ब्रिटिश राजनैतिक अभिकर्त्ता राज्य का शासन प्रबंध करता रहा,[8] परंतु निर्णयकाल में राजस्थान के समस्त शासक, सामंत तथा प्रजा में भय की काली छाया और कंपनी सरकार के न्याय के प्रति शंका पैदा हो गई। कोर्ट ऑफ डाइरेक्टर्स के निर्णय से राजस्थान के देशी राज्य 'विलय' सिद्धांत से मुक्त अवश्य हो गए, फिर भी ब्रिटिश सरकार के न्याय के प्रति आश्वस्त नहीं हो सके और उनमें नियमित रूप से भय, आतंक का वातावरण बना रहा।[9]

राजस्थान के नरेशों में 'विलय सिद्धांत' के कारण अंग्रेजी सरकार के प्रति क्षोभ एवं न्याय के प्रति आशंका घर कर गई लेकिन वे राजनैतिक अभिकर्ताओं के असीमित हस्तक्षेप से काफी दब चुके थे। 1857 के विप्लव में निःसंदेह इन नरेशों ने कंपनी सरकार को फौजी तथा आर्थिक सहायता दी, परन्तु प्रजा ने शासक तथा शासन के विरोध में विप्लवियों के प्रति सहानुभूति प्रगट की जिसके निम्न मुख्य कारण थे—

(1) सर जॉन विलियम केई के शब्दों में "परंपरागत राजपूत बहादुर, तेजस्वी योद्धा जाति थी, लेकिन अब वास्तव में उनमें से कुछ में ही कुलीनता दिखलाई देती है।"[10] देशी रियासतों ने कंपनी सरकार के साथ संधियाँ, शर्तनामा व सनदें तय करके अपने परम्परागत शौर्य, साहस को गवॉकर अपने आपको ब्रिटिश सत्ता तथा शक्ति के परोक्ष संरक्षण में सुरक्षित समझ लिया था और अब वे भोग-विलास, दुराचार, व्यसनों के शिकार थे। ब्रिटिश अधिकारियों के हस्तक्षेप के कारण जन-हित की जिम्मेदारी त्यागने की भावना बढ़ती जा रही थी।[11] ब्रिटिश सत्ता ने प्रजा के

अधिकारों का हनन कर लिया था जिससे उनमें अन्याय, निरंकुशता के प्रति क्षोभ था और यह भावना दृढ़ होने लगी थी कि उनके शासक प्रजा-हित में कार्य नहीं करते हैं। इस प्रकार प्रजा ब्रिटिश सत्ता के भय से भयभीत थी और वह निरंकुश शासन, अन्याय, कठोर अत्याचार, आर्थिक शोषण के विरुद्ध दरबार में पुकार न करके मन ही मन कुढ़ने लगी थी।

(2) प्रायः सभी राज्यों में जागीरदार तथा नरेशों में आपसी असंतोष था। शासक जागीरों में हस्तक्षेप का प्रयास कर रहे थे और जागीरदार (ठाकुर) शासक तथा शासन के अधिकारों में हस्तक्षेप कर रहे थे। शांति सुरक्षा की आड़ में ब्रिटिश अधिकारियों का हस्तक्षेप काफी बढ़ चुका था। इससे आंतरिक रूप में परम्परागत सामन्ती प्रथा बिखर[12] चुकी थी।

(3) देशी रजवाड़ों में कम्पनी सरकार की नवीन भू-राजस्व नीति एवं विगत बकाया भू-राजस्व की कड़ाई से की जा रही वसूली से आर्थिक शोषण जारी था। इससे प्रजा में समृद्धि सामान्य की अपेक्षा कंगाली बढ़ने लगी। राजनैतिक अभिकर्ता भी शासन व्यवस्था में सहयोग की अपेक्षा राज्यों के आन्तरिक मामलों, राजस्व नीति में अत्यधिक हस्तक्षेप कर रहे थे।

(4) नवीन पाश्चात्य शिक्षा-पद्धति, पाश्चात्य सभ्यता व संस्कृति के प्रसार, सती-प्रथा, कन्या-वध, अभावकाल में बच्चों के क्रय-विक्रय, शादी संबंधों के समय अपरिमित लेन देन, मृतक भोज आदि सामाजिक कुरीतियों पर लगाए जा रहे अंकुश, अंग्रेजी अदालतों की स्थापना आदि परिवर्तन यद्यपि सामान्य जनता के हित में थे, लेकिन युग-युग से विद्यमान रूढ़िवादी सभ्यता, संस्कृति, रीति परम्परा में अंध विश्वास से प्रेरित प्रजा इन परिवर्तनों के प्रति शंकालु थी और इन सुधारों को परम्परागत रीति-नीति, भारतीय आचार-विचार, धार्मिक अंधविश्वासों के विरुद्ध समझती थी।[13] कुप्रथाओं को रोकने के लिए ही शासन, जागीरदार व सामान्य ग्रामीण व शहरी प्रजा से आर्थिक दण्ड वसूल करने लगे। इससे प्रजा में यह संदेह जाग्रत होने लगा था कि उनके धार्मिक, सामाजिक एवं सांस्कृतिक मामलों में हस्तक्षेप किया जा रहा है।

(5) अंग्रेजों ने संधियां करके, सैनिक हस्तक्षेप से राजनैतिक स्तर पर 'राजनैतिक आतिथ्य संरक्षण' के भारतीय सिद्धान्त को अवश्य समाप्त कर दिया था, परंतु प्रजा में 'शरणागत की रक्षा, आतिथ्य संरक्षण' की परम्परा काफी गहरी थी।

इस प्रकार मुक्ति संग्राम के समय संपूर्ण राजस्थान की सभी जाति, प्रजाति एवं धर्म के नागरिकों में तथा समीपवर्ती पड़ोसी ब्रिटिश प्रान्तों में आक्रोश, भावनात्मक अशांति एवं आन्तरिक कुंठा थी। इसी बीच में एकाएक सशस्त्र सैनिक विप्लव हो

गया था। यद्यपि इस विप्लव में धार्मिक अंधविश्वास की भावना[14] थी, फिर भी भारतीय विप्लवी सैनिक, विप्लवी प्रजा दिल्ली के नामधारी बादशाह और पूना के पेशवाओं के वंशजों की ध्वजा के नीचे एकत्रित होकर भारतीय शासक तथा शासन की स्थापना करना चाहती थी। यह संग्राम वास्तव में देश तथा जाति के मानव हृदय की इस प्रकृति जन्य अभिलाषा 'हम अपने ही लोगों द्वारा शासित हों' को भी व्यक्त करता था। यद्यपि ब्रिटिश सरकार तथा लेखकों ने इस संग्राम को 'सैनिक विद्रोह' माना है, लेकिन जुलाई 1857 ई. में इंग्लैंड में मि. डिजरैली ने कहा कि ''यह सैनिक विद्रोह न होकर राष्ट्रीय विद्रोह है'' और उसने प्रजा के अभाव अभियोगों को सुनने तथा जांच करने को एक शाही कमीशन भेजने की मांग की थी।[15] इस प्रकार यह विद्रोह भारतीय मुक्ति संग्राम का प्रथम युद्ध था। इसकी स्मृति ने ही भावी आन्दोलनों का मार्ग प्रशस्त किया और अंत में भारत ने दीर्घ संघर्ष, भारी यातनायें एवं शोषण सहन करते हुए स्वतंत्रता प्राप्त करने में सफलता प्राप्त की। वास्तव में 1857 ई. में कम्पनी सरकार की सत्ता को जब प्रथम बार चुनौती दी गई, तब प्रजा ने विप्लवियों का साथ दिया। उनके प्रति सहानुभूति थी। यह पाश्चात्य संस्कृति के सन्दर्भ में राजनैतिक जन-चेतना की प्रथम अवस्था थी जिसमें ब्रिटिश विरोधी जन-भावना के बीज पड़ चुके थे और परिस्थितियों के उतार-चढ़ाव, फेर-बदल के साथ बहिष्कार, अहिंसात्मक आन्दोलनों का क्रम आरंभ हो गया था।

विप्लव काल में कम्पनी सरकार की प्रशासनिक व्यवस्था

कम्पनी सरकार ने मुगल राजधानी दिल्ली की अपेक्षा राजस्थान, बुन्देलखण्ड तथा मध्यभारत के प्रवेश द्वार तथा फौजी नियंत्रण के लिए सुविधाजनक स्थान महान मुगलों की राजधानी आगरा को उत्तरी पश्चिमी प्रान्तों का शासन केन्द्र बना लिया था। आगरा में ही लैफ्टीनेन्ट गवर्नर निवास करता था। प्रशासनिक दृष्टि से दिल्ली तथा अजमेर-मेरवाड़ा का ब्रिटिश शासित केन्द्र आगरा में मिला लिया था। इस समय जॉन कॉलविन उत्तरी-पश्चिमी प्रान्तों का लैफ्टीनेन्ट गवर्नर था। कर्नल डिक्सन अजमेर मेरवाड़ा का कमिश्नर होने के कारण नागरिक प्रशासनिक अधिकारी था और जॉन कॉलविन के प्रशासनिक नियंत्रण में था। विप्लव से पूर्व जनवरी 1857 ई. में गवर्नर जनरल लार्ड कैनिंग ने कपटी तथा भ्रष्टाचारी, अकुशल प्रशासक कोवरले जैक्सन को पदच्युत करके योग्य, गुणी तथा अनुभवी सर हेनरी लारेंस को राजस्थान के एजेन्ट गवर्नर जनरल के पद से पदोन्नत करके अवध में चीफ कमिश्नर तथा एजेन्ट गवर्नर जनरल के पद पर नियुक्त कर दिया, जहाँ उसने मार्च 1857 में पदभार संभाल लिया। हेनरी लारेंस के भाई कर्नल जार्ज सेंट पैट्रिक लारेंस ने राजस्थान में स्थानापन्न एजेन्ट गवर्नर जनरल का पद भार संभाल लिया। राजस्थान के सभी देशी

रजवाड़े सीधे इसके नियंत्रण में थे।[16] तीसरा भाई जॉन लारेंस पंजाब में नियुक्त था। जॉर्ज लारेंस के सामान्य नियंत्रण में राजस्थान के पांच प्रमुख रजवाड़ों में ब्रिटिश सरकार के प्रतिनिधि के रूप में ब्रिटिश रेजीडेन्ट या राजनैतिक अभिकर्त्ता नियुक्त थे। ईस्टर्न राजपूताना एजेन्सी में भरतपुर, धौलपुर, करौली के राज्य शामिल थे और इस एजेन्सी का कार्यालय तथा राजनैतिक अभिकर्त्ता का निवास भरतपुर में था। इस समय मेजर मारीसन ईस्टर्न राजपूताना एजेन्सी का रेजीडेण्ट (राजनैतिक अभिकर्त्ता) तथा भरतपुर राज्य के आवश्यक शासन का प्रबन्धक था। एजेन्ट गवर्नर जनरल के न्यायालय में समस्त देशी राज्यों के वकील अपने-अपने राज्यों का प्रतिनिधित्व करते थे और इन्हीं के माध्यम से नरेशों को ब्रिटिश सरकार के आदेश मिलते थे और नरेश भी वकीलों के माध्यम से अपने राज्यों की घटना का ब्यौरा प्रस्तुत करते थे।

राजस्थान में मुख्यतः नसीराबाद, नीमच, देवली और अजमेर में चार बड़ी प्रधान ब्रिटिश सैनिक छावनियां थीं, जिनमें कुल मिलाकर पांच हजार देशी सैनिक थे और वे सभी विप्लव करके विद्रोह की आग फैलाने के लिए उद्यत थे। विद्रोह के समय इन छावनियों में एक भी यूरोपियन सैनिक तैनात नहीं था। इसी से विद्रोह फैलते ही ब्रिटिश सरकार अधिक चिंतित हो उठी।

भरतपुर के यशस्वी संघर्षों का दूरगामी प्रभाव

भारतीय ब्रिटिश प्रान्तों में फैले मुक्ति संग्राम का राजस्थान पर भी व्यापक प्रभाव पड़ा। भरतपुर तथा धौलपुर राज्य ब्रिटिश प्रशासित प्रान्त आगरा व अवध के समीप थे विशेषकर आगरा तथा मथुरा जिलों के और विप्लव काल में यहाँ पर नियमित रूप से अशांति का उफान आता रहा। धौलपुर, भरतपुर और मथुरा के किसान ग्वालियर से आने वाले विद्रोहियों के साथ हो गए और ब्रिटिश सेना के साथ संघर्ष किया।[17] सुविदित है कि पूर्वी राजपूताना के प्रतिनिधि राज्य भरतपुर के शासक तथा प्रजा में प्रारम्भ से ही ब्रिटिश कंपनी सरकार तथा सत्ता विरोधी भावना थी और दोनों ही स्वदेशी परंपरा को तोड़कर किसी विदेशी शक्ति की सत्ता, शासन तथा प्रभुत्व को स्वीकार नहीं कर सकते थे। 1805 ई. में महाराजा रणजीत सिंह के नेतृत्व में यहाँ की प्रजा तथा सैनिकों ने अपने शौर्य, पराक्रम, वीरता तथा सूझबूझ के साथ अंग्रेज कंपनी के उत्तरी कमान के सर्वोच्च सेनापति लार्ड लेक की कमान में तैनात विकसित युद्ध कला में दक्ष व प्रवीण अंग्रेजी सेनाओं को परास्त करके देश तथा विदेशों में महान सैनिक प्रतिष्ठा, कीर्ति व सम्मान प्राप्त कर लिया था। सम्पूर्ण भारत में बीस वर्ष तक एकमात्र भरतपुर का अजेय दुर्ग, शौर्य के पवित्र प्रतीक के रूप में ब्रिटिश सरकार के आंतरिक आक्रोश और राजनैतिक कुचालों को सहन करता रहा। 'निर्दयी, भरतपुर जाओ और उस दुर्ग पर विजय प्राप्त करो'[18] अंग्रेज सरकार की इस भावना को 1826 ई. में सैनिक तथा आन्तरिक गृह-संघर्ष की अति विषम परिस्थितियों का लाभ

उठाकर लार्ड कम्बरमियर ने कपटी चालों से विजय प्राप्त करके ब्रिटिश जख्मों को भरा था। जनता में विद्यमान एकता की भावना, सैनिक शौर्य एवं साहस की इस कहानी ने राजस्थान में विरोधी आक्रोश पैदा करने में पहल की। भरतपुर दुर्ग की विजय तथा ब्रिटिश धोखेबाजी की लोककथाएं अवध तथा उत्तरप्रदेश में व्यापक रूप से अभी तक फैल रही थीं।[19] मारवाड़ के अनेक चारणों ने अपने लोकगीत, महाराजा मानसिंह के दरबारी राजकवि कविराज बाँकीदास तथा अन्यान्य कवियों ने जिस ओजस्वी राष्ट्रवादी लोक साहित्य का सृजन किया, उस पर भरतपुर की दोनों महान गौरवशाली जीवंत घटनाओं, जाटों की शक्ति एवं युद्ध कौशल का स्पष्ट प्रभाव था और उन्होंने जाटों की वीरता, सैनिकों के स्वदेशानुराग, जनता की एकता के प्रति विनम्र शब्दों में सम्मान प्रगट किया।[20] भरतपुर राज्य के कवि ठाकुर हरि नारायण ने भी 'भरतपुर युद्ध' में अंग्रेजों के प्रति क्षोभ प्रगट किया।

1857 ई. तक मारवाड़ में ब्रिटिश हस्तक्षेप अत्यधिक अलोकप्रिय हो चुका था और वहाँ की प्रजा में अत्यधिक असन्तोष व्याप्त था। कविराज बॉकीदास ने जाट राज्य की गौरव गाथा, ब्रिटिश विरोधी जनभावना का मूल्यांकन करते हुए समकालीन राजपूत शासकों में व्याप्त मानसिक दासता को निरस्त करने और प्रजा को अपने अधिकारों के लिए हथियार उठाने के लिए ललकारा था। उसने हिन्दू तथा मुसलमान दोनों को ही मिलकर विदेशी शासन के विरुद्ध संघर्ष करने की प्रेरणा दी।[21] निम्बावत महन्तों के कपट-व्यवहार कृतघ्नता, धोखेबाजी को धिक्कारा, जिन्होंने अंग्रेजों के साथ मिलकर काठेड़ी जनता के साथ विश्वासघात करके भरतपुर के द्वितीय घेरा तथा आक्रमण के समय अंग्रेजों को गुप्त भेद दे दिया।[22] परिणामतः भरतपुर दुर्ग का पतन हो गया था। बांकीदास ने अति आश्चर्य के साथ शंका व्यक्त की थी कि राजपूत शासकों ने बिना युद्ध लड़े, कमर कसकर संघर्ष किए बिना, बिना रक्त बहाए किस प्रकार ब्रिटिश कंपनी सरकार की प्रभुसत्ता स्वीकार कर ली, जबकि उनके पूर्वजों ने मातृभूमि के सम्मान तथा कीर्ति की रक्षा के लिए अपने प्राणों को हथेली पर रखकर दीर्घकाल तक सैनिक संघर्ष किया।[23] इधर पूर्वी राजस्थान के मेवाती भूभाग में मीरासियों ने शौर्य, पराक्रम की गाथाओं से अनुप्राणित होकर मेव तथा गूजरों में लोकगीत, लोक वार्ता माध्यम से जनता को संग्राम में कूदने और विप्लवियों के प्रति उदारता, सहानुभूति दिखाने की प्रेरणा दी।

भरतपुर राज्य में प्रशासनिक हस्तक्षेप

महाराजा बलवन्तसिंह की मृत्यु (मार्च 21, 1853 ई.) के बाद तीन वर्षों से भी कम आयु में अल्प व्यस्क (नाबालिग) महाराजा जसवन्तसिंह को जाट राजगद्दी पर आरुढ़ किया गया। जसवन्त सिंह के जन्म के समय (1850 ई.) देवीसिंह गुर्जर

और उसका पुत्र गुलाब सिंह डयढ़ीवान के पद पर नियुक्त थे। पुत्र जन्म का प्रथम समाचार सुनते ही महाराजा बलवन्तसिंह ने इनको 800 रुपया वार्षिक जमा का ग्राम रैबका प्रदान कर दिया।[24] बाद में गुलाब सिंह को अवयस्क पुत्र का धाऊ नियुक्त किया गया और उसके अन्य भाई गंगाराम, सांवलसिंह, गोविन्द सिंह ने राज-सेवा का बख्शी पद प्राप्त कर लिया।[25] इस प्रकार धाऊ परिवार का राज घराने तथा रनिवास पर पूर्ण प्रभाव था।

परन्तु यह व्यवस्था अधिक समय तक नहीं चल सकी। सर हेनरी लारेंस ने जनता में व्याप्त असंतोष को दूर करने, शांति व्यवस्था की स्थिरता, प्रजा को संरक्षण प्रदान करने की भावना[26] की आड़ में मई 31, 1855 ई. को राजनैतिक अभिकर्ता मेजर मारीसन की अध्यक्षता में एक पंचायत (राज प्रतिनिधि परिषद) की स्थापना कर दी।[27] 1855 ई. में बकाया भूराजस्व की मांग के कारण मेवात के जागीरदार एवं जमींदारों ने विद्रोह कर दिया; इससे एजेन्ट गवर्नर जनरल ने भरतपुर राज्य का दौरा किया और मेजर मारीसन को महाराजा का अभिभावक नियुक्त करके राज्य संचालन के पूर्णाधिकार प्रदान कर दिए।[28] इस प्रकार भरतपुर राज्य में मेजर मारीसन का सीधा हस्तक्षेप व शासन निश्चित रूप से अनधिकृत था और देशी राज्यों का प्रशासन वहीं की देशी संस्थाओं या सरदारों द्वारा चलाया जावे और ब्रिटिश अधिकारी अपने वरिष्ठ अधिकारियों के आदेश पर स्वदेशी प्रशासकों को न्यायिक प्रेरणा तथा सुझाव देकर शांति व्यवस्था तथा राज्य संचालन में सहयोग प्रदान करें—इस सिद्धान्त के प्रतिकूल था।

सर हेनरी लारेंस ने मेवात विद्रोह की आड़ में राज्य की जमा में कटौती कर दी, परन्तु यह मेवाती प्रजा की समस्या का उचित हल नहीं था। बलवन्त सिंह के शासनकाल में भरतपुर राज्य का भू-राजस्व लगभग बीस लाख रुपया वार्षिक[29] था। हेनरी लारेंस तथा कप्तान निकसन ने भू राजस्व जमा घटाकर 14, 16,000 रुपया वार्षिक कर दी[30] यहाँ विराम लगाएं कुछ समय बाद हेनरी लारेन्स ने ब्रिटिश नियमों के आधार पर राज्य में भू-राजस्व बन्दोबस्त के लिए कप्तान जॉन निक्सन की बन्दोवस्त अधिकारी के पद पर नियुक्ति कर दी। इस प्रकार इस समय भरतपुर राज्य का प्रशासन एजेन्ट गवर्नर जनरल के सीधे नियंत्रण तथा प्रबंध में था।[31]

अवध के प्रधान आयुक्त पद पर नियुक्ति होने की संभावना के साथ ही हेनरी लारेंस फरवरी, 1857 ई. में भरतपुर पहुँच गया और उसने मेजर मारीसन से राज्य व्यवस्था पर विचार किया।[32] उसको अनेक सुझाव दिए। इसके बाद वह आगरा रुक गया और आदेश के प्रतीक्षा-काल में आगरा तथा भरतपुर में ही राजपूताना एजेन्सी का कार्य करता रहा।[33] इस प्रकार उसने भरतपुर राज्य में अपना सीधा

हस्तक्षेप रखा। भरतपुर की प्रजा विदेशी शासकों के हस्तक्षेप तथा नियंत्रण को उचित नहीं समझती थी। पड़ोसी ब्रिटिश जिलों की न्याय प्रणाली में अन्याय, आर्थिक शोषण तथा ब्रिटिश अत्याचारों की गाथाओं से वह काफी रुष्ट थी और नवीन न्यायालय तथा पुलिस थाना व्यवस्था के प्रति शंकालु थी।

इस समय राज्य सरदारों में दो दल कार्य कर रहे थे। धाऊ परिवार का भरतपुर राज्य की सेना पर नियंत्रण था, और राज्य संचालन में उनका प्रभाव था। इससे अन्य राज्याधिकारियों में क्षोभ था और इनसे प्रभावित प्रजा में ब्रिटिश विरोधी उग्र भावना थी। इसी उग्रता की भावना के साथ प्रजा तथा अधिकारियों ने विप्लव में भाग लिया। जबकि राजपूत राज्यों में वहाँ के जागीरदारों ने राष्ट्रीय भावना से इतर अपने अधिकार, विशेषाधिकार तथा राज्य प्रशासन में व्यक्तिगत स्वार्थ के लिए हस्तक्षेप की भावना से प्रेरित होकर भाग लिया।

विप्लव तथा सुरक्षात्मक प्रयास

फरवरी 29, 1856 ई. में गर्वनर जनरल लार्ड डलहौजी ने अपने पद से त्याग पत्र देकर इंग्लैंड के लिए प्रस्थान किया और लार्ड कैनिंग ने गवर्नर जनरल पद की शपथ धारण कर ली। लार्ड डलहौजी ने अपनी प्रशासनिक सफलता, देश में व्याप्त शांति के प्रति इतना अधिक विश्वास प्रगट किया था कि उत्तराधिकारी लार्ड कैनिंग को इस व्यक्त भावना पर प्रश्न करने का कोई कारण नहीं था। अप्रैल 1857 ई. में पूर्ण शांति थी और एजेन्ट गवर्नर जनरल जॉर्ज लारेंस अजमेर से आबू की ओर रवाना हो गया। उसके साथ ही समस्त देशी राज्यों के वकील तथा कार्यालय भी था।

मई 10, 1857 ई. को मेरठ छावनी के सैनिकों ने विद्रोह करके मुगल सम्राट के नेतृत्व में संघर्ष करने के लिए दिल्ली की ओर प्रस्थान किया। इसी दिन शाम को 9 बजे आगरा में लै. गवर्नर जान कॉलविन को मेरठ छावनी के विप्लव की जनता के तारों से अनौपचारिक, सूचना मिल गई और उसने 11 मई को इस अनधिकृत समाचार की सूचना तार से गवर्नर जनरल को कलकत्ता भी भेज दी, परन्तु अशासकीय समाचारों की ओर कलकत्ता तथा आगरा में विशेष ध्यान नहीं दिया गया। फिर 13 मई को दिल्ली नगर व दुर्ग पर विप्लवियों के अधिकार का समाचार मिला और इसके साथ ही आगरा के लैफ्टीनेन्ट गवर्नर ने दिल्ली को विप्लवियों से मुक्त कराने के प्रयास शुरू कर दिए।[34] उसने 15 मई को लार्ड कैंनिग को लिखा "तैमूर घराने के नए राजवंश के विरुद्ध सिंधिया तथा भरतपुर के घराने हृदय से हमारे साथ होंगे। मैं राजपूत राज्यों को भी विप्लवियों को दिल्ली से खदेड़ने पर, बन्दी बनाने के लिए प्रेरित करूँगा"[35] इस प्रकार लैफ्टीनेन्ट गवर्नर जॉन कॉलविन तथा कलकत्ता में गर्वनर जनरल का अनुमान था कि सैनिक विप्लव

दिल्ली के मुगल बादशाह के भड़काने पर शुरू हुआ है और इसे हिन्दू राजाओं को सैनिक मदद से दबाया जा सकता है। इससे उसने दिल्ली पर पुनः अधिकार करने और विप्लवियों को दबाने के लिए निकटतम भारतीय शक्तियों–सिंधिया, जाट आदि जातियों से सहायता प्राप्त करने का हर सम्भव प्रयास किया, क्योंकि दिल्ली के निकट तथा शीघ्र सैनिक मदद के लिए ये राज्य निकटतम थे।[36] इसके साथ ही उसने पूर्वी तथा दक्षिणी राजस्थान के राजपूत नरेश, अलवर, जयपुर तथा इन राज्यों में नियुक्त राजनैतिक अभिकर्ताओं से अपनी कमान में राज्यों की सेनाओं के साथ दिल्ली तथा आगरा की ओर शीघ्र प्रस्थान करने का आदेश दिया।

मेरठ के विप्लवियों के दिल्ली पहुँचने के बाद दिल्ली की सेनाओं ने विद्रोह करके गुड़गावाँ तथा राजस्थान के पड़ोसी राज्यों की ओर प्रस्थान कर दिया। मुगल सम्राट की अपील का राजस्थान के शासकों पर कोई असर नहीं पड़ा, परन्तु समस्त गुड़गावाँ, अहीरवाटी व मेवात के जमींदार व जनता (रैय्यत) विप्लवियों के साथ शामिल हो गई। भरतपुर तथा आगरा से प्रेषित मेरठ तथा दिल्ली के सशस्त्र सैनिक विद्रोह का समाचार 19 मई को आबू में एजेन्ट गवर्नर जनरल जॉर्ज लारेंस को मिला।[37] उसने शीघ्र समस्त रेजीडेन्ट तथा कमाण्डरों को हर सम्भव सुरक्षात्मक उपाय करने का निर्देश दिया। इसी समय 21 मई को डीसा (राज्य पालनपुर) छावनी से यूरोपीय सेना को नसीराबाद तथा बम्बई सरकार से गुजरात राजस्थान होकर आगरा रवाना करने का आग्रह किया।[38] 23 मई को समस्त नरेश तथा प्रमुख जागीरदारों के नाम घोषणा-पत्र प्रसारित किया गया कि वे अपनी राज्य सीमाओं में शांति सुरक्षा व्यवस्था बनाने का हर संभव प्रयास करें और अपनी सेनाओं को ब्रिटिश सरकार की सहायता के लिए उचित स्थानों पर तैनात करके सजग कर दें ताकि विप्लवी कार्यवाही या विप्लवियों का उनके राज्यों में प्रवेश करने पर उत्साह से सामना किया जा सके और उनको बन्दी बनाया जा सके।[39]

इस समय भरतपुर राज्य में 1545 सवार, 6067 पैदल, 300 तोपची सैनिक, कुल मिलाकर लगभग आठ सहस्र सेना थी। इसके अलावा सहायक सेना के रूप में ब्रिटिश दलों की पांच कम्पनी मात्र थीं।[40] मेजर मारीसन ने रीजेन्सी कौंसिल (पंचायत) की सलाह पर राज्य की सेनाओं को भू-राजस्व बन्दोबस्त अधिकारी कप्तान निक्सन की कमान में जाट सैनिक टुकड़ियाँ तैनात कर दीं। लैफ्टीनेन्ट गवर्नर ने कप्तान निक्सन को सीधा दिल्ली जाने का आदेश दिया ताकि दिल्ली का विप्लव दबाया जा सके। इस प्रकार भरतपुर राज्य की पंचायत ने कॉलविन के आदेश का शीघ्र पालन किया और विद्रोह के चार दिन बाद ही 15 मई को कप्तान निक्सन जाट राज्य की सेनाओं के साथ मथुरा नगर की रक्षा के लिए पहुँच गया। इधर भरतपुर के डिप्टी कलेक्टर नवाब सैफुल्ला खाँ की कमान में 300 सवारों की एक टुकड़ी

आगरा रवाना की गई। करौली के महाराज मदनपाल ने नवाब सैफुल्ला खाँ की कमान में सात तोपों के साथ 600 बहादुर जादौं बंदूकची सवार आगरा की ओर रवाना कर दिए[41] जहाँ लैफ्टीनेन्ट गवर्नर ने भरतपुर तथा करौली की सैनिक टुकड़ियों को दुर्ग की रक्षा हेतु पहरा देने का कार्य सौंप दिया।[42] इसी प्रकार धौलपुर के राणा भगवतसिंह ने अपने राज्य की एक सैनिक टुकड़ी आगरा तथा मथुरा रवाना कर दी, जहाँ विप्लव की संभावना थी। एजेन्ट गवर्नर जनरल ने महाराव कोटा को राज्य की सैनिक टुकड़ियों को अजमेर में तैनात करने के लिए रवाना करने का आग्रह किया, परन्तु इससे पूर्व ही हाड़ा राजपूतों की टुकड़ियां आगरा की ओर रवाना हो चुकी थीं।[43] अलवर के महाराव बनेसिंह इस समय काफी बीमार थे, फिर भी वहाँ से कप्तान निक्सन की सहायता के लिए 2500 सैनिक सवार भेज दिए गए। नवाब फैज मुहम्मद खाँ की कमान में 7 तोपों के साथ पांच सहस्र सेना के साथ राजनैतिक अभिकर्त्ता मेजर विलियम फ्रेड्रिक इड़न ने गुड़गावॉ तथा मथुरा की ओर कूँच किया। इस सेना में जयपुर राज्य के चार प्रमुख जागीरदार भी शामिल थे। लगभग आधी सेना दादूपंथी नागा जमात और एक जमात निंबावत वैरागियों की थी। मेजर इड़न ने दिल्ली की ओर प्रस्थान किया, लेकिन रेवाड़ी के राव की कमान में जन-विद्रोह तथा गुड़गाँव जिले के विप्लवों ने उसे पूर्व की ओर कूंच करने को बाध्य कर दिया।[44] मई-जून में ये सैनिक हरियाणा तथा मथुरा जिले में व्यस्त रहे और अंत में हैजा की महामारी के कारण जुलाई 20, 1857 ई. को इड़न को बाध्य होकर जयपुर वापिस लौट जाना पड़ा।[45]

मथुरा में आतंक तथा अव्यवस्था

इस समय मथुरा में भारी आतंक था और यहाँ होकर विप्लवी सैनिक निकल चुके थे। मेरठ छावनी की सवार सेना की एक टुकड़ी बिजवसान (गुड़गाँवा) पहुँच गई और उसने गुड़गाँवा के जिलाधीश एवं न्यायाधीश मि. फोर्ड पर आक्रमण कर दिया। संयुक्त न्यायाधीश क्लिफफोर्ड की बहिन को दिल्ली के विप्लवियों ने मार डाला, इससे घबराकर क्लिफफोर्ड आगरा पहुँचने के लिए मथुरा पहुँचा। गुड़गाँवा के विद्रोही मेवों ने विद्रोह में शामिल होकर न केवल लूटमार की, उन्होंने धन के लालच में मकानों को भी रोंद डाला। संपन्न कस्बा फीरोजपुर, तोरु, नूंह भी उनकी लूट से नहीं बच सके। मेवाती जनता ने आवागमन के सभी मार्ग पूर्णतः बंद कर दिए। वहाँ जीवन, संपदा असुरक्षित हो गई। मथुरा की भयाक्रांत स्थिति को देखकर कप्तान निक्सन भरतपुरी सेना के साथ मथुरा रुक गया और वहाँ यह सेना सुरक्षा व्यवस्था में काफी लाभकारी साबित हुई। कप्तान निक्सन के परामर्श पर मथुरा के जिलाधीश तथा दंडनायक थार्नहिल ने नगर के प्रमुख प्रवेश द्वारों पर गतिरोधात्मक

नाकेबन्दी कर दी और नगर तथा प्रवेश द्वारों की रक्षा के लिए अतिरिक्त सिपाही सुरक्षा दल भरती कर लिए। इसके बाद उसने सैनिकों की सहायता के लिए नगर सेठों की सद्भावना तथा सहयोग प्राप्त करने का प्रयास किया जिन्होंने स्वयं सुरक्षा दल भरती कर लिए थे।[46]

इस समय मथुरा के ब्रिटिश कोषागार में ग्यारह लाख रुपया था और इसकी सुरक्षा का भार आगरा में तैनात नैटिव रेजीमेन्ट की एक कम्पनी के हाथों में था। थार्नहिल ने इस कम्पनी की निष्ठा पर सन्देह करके इस कोष को आगरा दुर्ग में स्थानान्तरित करने के आदेश प्राप्त करने के लिए आगरा पत्र लिखा था, लेकिन इस कम्पनी के स्थान पर अन्य सैनिकों के आने तक कोष का स्थानान्तरण रोक दिया गया। कप्तान निक्सन के मथुरा पहुँचने के बाद निष्ठावान नगर सेठों ने सरकारी कोष के स्थानांतरण का विरोध किया, परंतु स्थानांतरण निश्चित हो चुका था। थार्नहिल ने विशेष सन्देशक भेजकर कोष के स्थानान्तरण की आज्ञा प्राप्त करने का प्रयास किया।[47]

दिन में यह समाचार मिला कि मेरठ व दिल्ली के विप्लवियों ने दिल्ली का घेरा डाल दिया है और वे अब मथुरा नहीं आ रहे हैं। इससे कप्तान निक्सन ने थार्नहिल की व्यस्तता तथा मथुरा की आतंरिक स्थिति को देखकर स्वयं ही भरतपुर की एक रेजीमेन्ट को मथुरा की रक्षा के लिए छोड़कर बाकी दो रेजीमेन्टों के साथ ही दिल्ली की ओर प्रस्थान कर दिया और मथुरा जिले के सीमान्त कस्बा कोसी तक थार्नहिल भी उसके साथ गया।[48] कोसी से कप्तान निक्सन ने विप्लवियों को मार्ग में ही रोकने के लिए होड़ल की ओर प्रस्थान किया और निर्दिष्ट स्थान पर इस सेना ने अपना पड़ाव डाल दिया।

थार्नहिल की अनुपस्थिति में मथुरा में तैनात अंग्रेजी कंपनी को कार्यभार से मुक्त करने तथा खजाने को आगरा ले जाने के प्रयोजन से नेटिव रेजीमेन्ट की दो कंपनियां मथुरा पहुँच गईं। 30 मई को इस खजाने को गाड़ियों में लाद लेने के बाद नेटिव रेजीमेन्ट की तीनों सवार व तोपखाना कंपनियों, जिनमें कुल मिलाकर 300 सैनिक शामिल थे, ने एकाएक विद्रोह कर दिया। एक अधिकारी को गोली से उड़ाकर और अन्य को घायल करके इन सैनिकों ने खजाने को लूट लिया। अंग्रेजी छावनी में अंग्रेजों के मकानों को जलाकर, जेल से कैदियों को छुड़ाकर दिल्ली की ओर कूंच कर दिया।[49] इस समय थार्नहिल कप्तान निक्सन की होड़ल जिला गुड़गाँवा छावनी से कुछ दूरी पर छाता में था। मथुरा से भागकर आए लैफ्टीनेट गर्वनर के पुत्र कॉलविन, उसके सहायक डेसबुड़ तथा अपने मुख्य लिपिक ज्योति से इस विनाशकारी घटना का समाचार मिलते ही थार्नहिल अविलम्ब मथुरा की ओर चल दिया। यद्यपि

उसको ज्ञात था कि वहाँ भरतपुर की एक रेजीमेन्ट मौजूद है, फिर भी उसका विश्वास था कि शायद वह भी विद्रोह में शामिल हो गई है। इससे मथुरा में अपने आने की सूचना दिए बिना ही वह आगरा पहुँच गया। कुछ दिन बाद जब वह आगरा से मथुरा पहुँचा तब उसने भरतपुर की इसी रेजीमेन्ट को पर्याप्त हितकारी तथा लाभकारी समझा। इस भयभीत वातावरण में "भीरू ग्रामीणों से गठित इन सैनिकों में सैनिक कर्त्तव्य परायणता का गुण" देखकर उसे भारी आश्चर्य हुआ। उसने उनको अपना नेता स्वीकार करने का आग्रह किया और सैनिकों ने उसकी कमान में काफी सुरक्षात्मक कार्य किया।[50] परंतु इन सैनिकों ने विप्लवियों के प्रति पूर्ण सहानुभूति प्रगट करके उनको हर सम्भव सहायता दी।

होड़ल छावनी में विद्रोह

मथुरा छावनी के विद्रोही सैनिक ज्योंही होड़ल की ओर बढ़े, तभी कप्तान निक्सन ने इनका सामना करने तथा मार्ग में रोकने के लिए भरतपुर तथा अलवर राज्य की सेना को आदेश दिया। परन्तु 31 मई को प्रातःकाल भरतपुर तथा अलवर के सैनिकों ने कप्तान निक्सन की आज्ञा मानने से मना कर दिया और उन्होंने क्रांतिकारी सैनिकों का साथ दिया।[51] साथ ही उन्होंने ब्रिटिश अधिकारियों को छावनी छोड़कर चले जाने की भी चेतावनी दे दी। इसके बाद इसी दिन सवार तथा तोपखाना रेजीमेन्ट ने अंग्रेजों के एक झुण्ड पर तोपें चलाईं। उनके टैन्टों को जला डाला और बंगलों को नष्ट कर दिया।[52] ज्वाला सहाय ने इस विद्रोह के बारे में लिखा है कि "निःसंदेह भरतपुरी सेना ने विद्रोहियों को होड़ल में बिना गतिरोध के आने जाने का मार्ग दे दिया था और कप्तान निक्सन तथा अन्य अधिकारियों को बाध्य होकर सैनिक छावनी छोड़नी पड़ी थी, परन्तु इस विद्रोह का मुख्य कारण राज्याधिकारी तथा सरदारों में विद्यमान आपसी ईर्ष्या तथा द्वेष था। भरतपुर के राजा बलवन्त सिंह ने अपने सभी गुर्जर भाइयों को अपने गले का हार बनाकर, उनकी प्रतिष्ठा तथा सम्मान बढ़ाकर, उनकी सैनिक संख्या बढ़ाकर, सैनिक कमान देकर अपने कुटुम्बी भाई बन्धु सिनसिनवार सरदारों की शक्ति, सम्मान तथा प्रतिष्ठा को काफी गिरा दिया। उनकी जागीर तथा इनामों को जब्त करके उनके जीवन काल में ही गूजरों को जीवनपर्यंत पेंशन या सरकारी फौज में भरती कर लिया।[53] जिससे गूर्जर तथा विदेशियों के अनुपात में जाटों की सैनिक शक्ति में वृद्धि नहीं हो सकी। इस प्रकार इस सेना पर गुर्जरों का नियंत्रण था इससे सम्भवतः ईर्ष्या की भावना उत्पन्न हुई और अंग्रेज प्रशासकों ने भी गुर्जरों को ही यथावत प्रोत्साहन दिया।[54] निःसंदेह जाट शासक ने Political Agent के इशारे पर ऐसा कदम उठाया था। कारण कोई भी रहा हो समकालीन रिपोर्टों से स्पष्ट है कि मथुरा तथा होडल में भरतपुरी सैनिकों ने विद्रोह

करके अन्य विद्रोहियों का साथ दिया था।

नसीराबाद तथा नीमच छावनी का प्रभाव

28 मई को सायंकाल 4 बजे नसीराबाद छावनी में पैदल सेना की दो बटालियनों ने सशस्त्र विप्लव कर दिया।[55] इस छावनी के कुछ विप्लवी सैनिक भरतपुर राज्य की सीमा पर बल्लभगढ़ जागीर के गांवों में आ गए और उन्होंने रसद की मांग की, जमींदारों ने इनके प्रति पूर्ण सहानुभूति प्रगट की और रसद का प्रबंध करके अपने गांवों को अवश्य बचा लिया।[56] ग्राम झालाताल, तहसील मुसावर के पठान जमींदारों ने इन विप्लवियों का साथ दिया और वे अन्य साथियों के साथ गांव को छोड़कर विप्लवियों में जाकर शामिल हो गए।[57] 3 जून की मध्यरात्रि को नीमच छावनी के पूरबियां सैनिकों ने विद्रोह घोषित करके 5 जून को आगरा होकर दिल्ली की ओर प्रस्थान कर दिया था।[58] ''इस प्रकार भरतपुर राज्य नियमित रूप से कठिन स्थिति में रहा और उसकी सीमाओं पर विप्लवी सैनिकों का भय व आतंक बना रहा। यहाँ तक कि उसकी सेनाओं पर भी विप्लवी सैनिकों का पर्याप्त प्रभाव पड़ा और पड़ोसी ब्रिटिश प्रान्तों के सहधर्मी बन्धु बान्धवों को देखकर राज्य की गूजर तथा मेवाती प्रजा ने भी विद्रोह करके उनका साथ दिया।''[59] इस समय नीमच छावनी के विप्लवी सैनिक राज्य सीमाओं पर आतंक फैला रहे थे। परगना सदावल में नीमच के सशस्त्र सैनिकों का राज्य की सेना के साथ संघर्ष हो चुका था, जिसमें विप्लवियों को पराजित होकर आगरा की ओर प्रस्थान करना पड़ा।[60] परन्तु ब्रिटिश अधिकारियों की उपस्थिति के कारण भरतपुर राज्य पर आक्रमण करने या उपद्रव होने की प्रबल सम्भावनाएं बन चुकी थीं। इसके साथ ही पड़ोसी राज्य अलवर के सीमांत मेव तथा गूजरों ने भरतपुर राज्य के बिरादरी भाइयों के साथ मिलकर विद्रोहात्मक कार्य शुरू कर दिए थे। विद्रोह, लूटपाट के कारण जाट राज्य के प्रशासनिक अधिकारियों में भारी भय, आतंक व्याप्त हो चुका था।[61] इसी समय धौलपुर में भी विद्रोह फैल चुका था।[62] पड़ोसी ब्रिटिश कस्बा तोरु, सोहना में मेवों की आबादी थी। जब जयपुर राज्य की पांच सहस्र सेना ईड़न की कमान में इधर बढ़ रही थी, तब हजारों सशस्त्र मेवों ने पहाड़ियों में शरण लेकर इसे लूटने की धमकी दी थी। सोहना का थानेदार जहाँगीर खाँ जब इस सेना की अगवानी के लिए अपने सशस्त्र सिपाहियों के साथ आगे बढ़ा, उसने मेवों के साथ मिलकर विद्रोह कर दिया, परन्तु फैज मुहम्मद के निजी सेवक ने सामना करके उसे अपना शिकार बनाया। इसके बाद जयपुरी सेना ने मेवों का जमकर स्थान स्थान पर सामना किया, तोपखाने ने तोपों के प्रहार से अनेक गांवों को बरबाद भी कर दिया।[63] फिर भी मेव विद्रोही पथ से नहीं हटे।

अवध में जाट सैनिकों की मांग

जून में कप्तान निक्सन होड़ल छावनी से सकुशल आगरा आ गया और उसने राजस्थान तथा आगरा की स्थिति से अवध के चीफ कमिश्नर तथा एजेन्ट गवर्नर जनरल हेनरी लारेंस को अवगत कराया। हेनरी लारेंस ने जून 29, 1857 ई. के पत्र में आशा व्यक्त की थी कि "जाट तथा जादौं सैनिक कम से कम उनके साथ भद्र व्यवहार व शिष्ट आचरण कर रहे होंगे।" अवध में विप्लव काबू से बाहर था इससे उसने कालविन से छः तोपों के साथ जाटों की सेनाएं, लखनऊ भेजने का भी आग्रह किया था।[64] परन्तु आगरा में भी पत्र मिलने के समय स्थिति ठीक नहीं थी और नीमच छावनी के विप्लवी आगरा पहुँच चुके थे।

मेजर मारीसन का प्रस्थान, 8 जुलाई, 1857 ई.

ब्रिटिश प्रांत आगरा के समीप होने से भरतपुर पर विप्लव का अधिक प्रभाव पड़ा था। सर्वत्र व्याप्त आतंक, एवं लूटमार से भरतपुर की जनता को पूर्ण विश्वास होने लगा था कि अब भारत में ब्रिटिश राज्य समाप्त हो जाएगा।[65] नीमच विद्रोह के बाद राज्याधिकारियों में भी निःसंदेह ब्रिटिश विरोधी भावना चरम सीमा पर पहुँच चुकी थी और अंग्रजों के लिए भरतपुर किसी भी प्रकार सुरक्षित नहीं था।[66] मॉरीसन ने समस्त राज्याधिकारियों की सलाह पर इस समय धाऊ गुलाबसिंह को राज-प्रतिनिधि (मुख्त्यार) तथा प्रमुख प्रधान (अध्यक्ष पंचायत) पद का कार्यभार देकर समस्त राज्याधिकार सौंप दिए।[67] 8 जुलाई को भरतपुरी सेना के संरक्षण में मारीसन आगरा चला गया।[68] राज्यभार संभालने के बाद धाऊ गुलाबसिंह ने निःसंदेह कर्त्तव्यपरायणता तथा ब्रिटिश राजभक्ति का पूर्ण परिचय दिया। उसके अन्य भाइयों ने राज सैनिकों की सहायता से राज्य की विप्लवियों से रक्षा की। जब आगरा के विप्लवी दलों ने राज्य में प्रवेश करने की हिम्मत की या राज्य की सीमाओं में से होकर गुजरने की कोशिश की तब उन पर आक्रमण किया गया। अनेक पकड़ लिये गये और बाद में उनको ब्रिटिश अधिकारियों के सुपुर्द कर दिया गया।

आगरा में नीमच विप्लवियों की विजय, 5 जुलाई

आगरा में लैफ्टीनेन्ट गवर्नर कॉलविन ने भरतपुर तथा करौली के अश्वारोही सैनिकों को रक्षा व्यवस्था में सहयोग देने के लिए तैनात कर दिया। भरतपुरी सैनिकों ने मथुरा से कालविन, हर्वे तथा दासवुड़ को आगरा सुरक्षित पहुँचाने में मदद की।[69] परन्तु जब नीमच छावनी के विप्लवी सैनिक आगरा की ओर बढ़े, तब कॉलविन ने जादौं सैनिकों को शाहगंज (आगरा) में स्थिति संभालने के लिए भेज दिया, परन्तु 3 जुलाई को लैफ्टीनेन्ट गवर्नर कॉलविन एकाएक बीमार हो गया और अब रीड़, ब्रिगेडियर पोल्होम और मेजर मैक्सनीड़ की एक संयुक्त परिषद ने इस

पद का कार्यभार संभाल लिया।[70] इस परिषद ने एकाएक करौली की बन्दूकची सवार सेना को बन्दूकें जमा कराने का आदेश दिया, इससे जहाँ जादौं सवार निरुत्साही हो गए, वहाँ भरतपुर तथा अलवर की सेनाओं पर भी इसका भारी प्रभाव पड़ा। यद्यपि करौली की सेना पीछे हट गई और उसने विनम्रता से आज्ञा पालन किया[71] परन्तु अपनी बन्दूकें जमा कराने से मना कर दिया। इधर अलवर राज्य के सैनिकों ने जिला गुड़गावां मार्ग में क्रांतिकारियों का दमन किया, परन्तु उनकी सहानुभूति क्रांतिकारियों के साथ थी। इससे इन सैनिकों ने नीमंच तथा नसीराबाद के क्रांतिकारियों को गुप्त सन्देश दे दिए। अलवर अश्वारोहियों की 5 जुलाई को अछनेरा के समीप नीमच की सेना से मुठभेड़ हुई। निक्सन के अनुसार 'अलवर के सैनिक अपने घोड़ों पर सवार थे और उनकी चारों तोपें चल रही थीं।'[72] परन्तु एजेन्ट गवर्नर जनरल की रिपोर्ट के अनुसार 'सम्भवतः नीमच के विद्रोहियों ने धन का लालच देकर अलवर की अश्वारोही सेना को तोड़ लिया था, इससे इस सेना ने विप्लवियों के विरुद्ध हथियार नहीं उठाए।''[73] और आठ सौ पैदल जिनमें मुख्यतः मुस्लिम शामिल थे, मैदान छोड़ कर क्रांतिकारियों में शामिल हो गए। इससे 5 जुलाई को नीमच के विप्लवियों ने आगरा के सैनिकों को परास्त कर दिया।[74] उन्होंने आगरा जेल पर धावा बोल दिया और वहाँ से भी बन्दियों को मुक्त कर दिया और सरकारी खजाने से 1,26,900/- रुपया लूटकर दिल्ली की ओर प्रस्थान किया। उन्होंने आगरा के सदर बाजार में किसी भी प्रकार की लूट नहीं की।

धौलपुर

कॉलविन के आदेश पर मई में धौलपुर के राणा भगवतसिंह ने ब्रिटिश कम्पनी राज्य को सुदृढ़ करने में सहयोग दिया। मथुरा में विप्लव की सम्भावना को देखकर उसने अपने राज्य की एक विशेष सशस्त्र सैनिक टुकड़ी मथुरा भेज दी। ग्वालियर से जो ब्रिटिश परिवार सिंधिया की सेना के संरक्षण में भागकर आगरा आ रहे थे, उनका राणा ने अपने राज्य में स्वागत सत्कार किया और अपनी राज्य सेनाओं के संरक्षण में सुरक्षित आगरा पहुँचाने में हर सम्भव मदद की। राणा की इस कार्यवाही से सैनिकों में विप्लव की भावना फैलन लगी क्योंकि उनकी स्वाभाविक सहानुभूति विप्लवियों के साथ थी। स्पष्ट है सैनिक अधिकारियों ने विदोहियों के लिए रसद आपूर्ति की और धन से भी सहायता की। धौलपुर राज्य की सेना पर विप्लव का गहरा प्रभाव पड़ा। इस सेना ने 'बन्दूक की नोक से राणा की सत्ता तथा प्रशासन को समाप्त कर दिया। उसकी सम्पत्ति तथा सम्पदा को लूट लिया और समस्त राज्य में उचित न्याय की मांग होने लगी।' इस सेना ने राणा को महलों में घेर कर मारने की भी धमकी दी। विप्लवियों का साथ देने की मांग के साथ प्रदर्शन किया।

इस प्रकार राणा का राज्य व्यावहारिक रूप में नाममात्र का रह गया।

दिसम्बर 1857 तक धौलपुर राणा की सत्ता अस्थिर रही। जब पटियाला के शासक ने अपने यहाँ से चार तोपों के साथ दो सहस्र सिख सेना धौलपुर राज्य में शासन स्थापित करने के लिए रवाना की तब वहाँ राणा की सत्ता पुनः स्थापित हो सकी।[76]

राज प्रतिनिधि का सहयोग

राज प्रतिनिधि तथा प्रधान प्रमुख पद प्राप्त करने के बाद धाऊ गुलाब सिंह ने जहाँ राज्य को विप्लवी आतंक से बचा लिया, वहाँ उसने अंग्रेजों की हर सम्भव आर्थिक सहायता भी की थी। उसने अपने प्रयास से राजस्थान तथा आगरा, दिल्ली तथा आगरा के बीच बंद डाक को लाने ले जाने का उचित प्रबन्ध किया। सन्देशकों को भारी पुरस्कार देकर प्रेरित किया उसने ब्रिटिश अधिकारियों की सेवा में राज्य के हाथी, ऊँट, एवं घुड़ सवार आगरा भेज दिए और आगरा भरतपुर मार्ग को सुरक्षा प्रदान की। जुलाई के प्रारम्भ में ही लैफ्टीनेन्ट गवर्नर कॉलविन ने नसीराबाद तथा नीमच छावनी में तैनात ब्रिटिश अधिकारी तथा उनके परिवारों को आगरा आने की अनुमति प्रदान कर दी थी। विप्लव के कारण इन अधिकारियों ने नवम्बर 1857 ई. में इड़न की सुरक्षा व्यवस्था में जयपुर से प्रस्थान किया और भरतपुर राज्य की सीमाओं पर कप्तान निक्सन की व्यवस्था में भरतपुरी सेना ने उनका सम्मान किया। धाऊ गुलाबसिंह ने भरतपुर पहुँचने पर इनकी भारी दावत की और राजकीय हाथी घोड़े तथा ऊँटों में सवार कराकर 3 दिसम्बर को बख्शी सांवल सिंह की कमान में आगरा सुरक्षित पहुँचा दिया गया।[77]

मेजर मारीसन मारवाड़ में जागीरदारों के विप्लवों को दबाने के लिए जोधपुर चला गया। सामान्य स्थिति होने पर कप्तान निक्सन को पूर्वी राजपूताना राज्यों का राजनैतिक अभिकर्त्ता का अधिकार प्रदान कर दिया गया। अतः नवम्बर 1857 के अंत में राजप्रतिनिधि धाऊ गुलाबसिंह ने कप्तान निक्सन को भरतपुर आमंत्रित करके प्रशासन का भार सौंप दिया। निक्सन ने अंध भक्त राज सरदारों की सेवाओं को पुरस्कृत किया। दिसम्बर 24, 1857 ई. को राज पंचायत के अनुमोदन तथा एजेन्ट गवर्नर जनरल की स्वीकृति से निक्सन ने धाऊ गुलाब सिंह को कांसा खर्च में तीन सहस्र रुपया वार्षिक जमा का ग्राम पान्हौरी देकर पुरस्कृत किया।[78]

तात्यां टोपे का राजस्थान में प्रवेश

जून 22, 1858 ई. को चार्ल्स नेपीयर से पराजित होने के बाद तात्या टोपे ने राव साहब (पेशवा का भतीजा) और बांदा के नवाब के साथ चम्बल नदी पार करके राजस्थान की पूर्वी सीमाओं में प्रवेश किया। सम्भवतः इस समय तात्यां की कमान

में ग्वालियर के लगभग पांच सहस्र और चार सहस्र भील सैनिक साथ थे। राजस्थान में प्रवेश करने से पूर्व तात्यां को आशा थी कि उसे राजपूत राज्यों से आवश्यक सैनिक तथा रसद की सहायता मिल जाएगी। इस विश्वास के साथ उसने भरतपुर, जयपुर, कोटा आदि अनेक राज्यों में अपने गुप्त सैनिक कूटनीतिज्ञ भी भेजे, परंतु इनको सफलता नहीं मिल सकी। कप्तान निक्सन की रिपोर्ट से पता चलता है कि महाराजा ग्वालियर के विद्रोह में भाग लेने के समाचारों से भरतपुर में भारी उत्तेजना फैल गई थी[79] परन्तु उत्तेजना की स्थिति न केवल भरतपुर तक सीमित थी बल्कि समस्त राजस्थान में फैल चुकी थी और राजस्थान के नरेशों में भारी आतंक, एवं खलबली पैदा हो चुकी थी।[80] इड़न की रिपोर्ट से ज्ञात होता है कि तात्यां ग्रामों को बरबाद करके प्रजा को नहीं लूटना चाहता था। उसने समस्त राजस्थान में प्रजा की सद्‌भावना, सहानुभूति, विश्वास प्राप्त करने का प्रयास किया। वह अपने अग्र दस्तों को रसद की व्यवस्था के लिए आगे गांवों में रवाना कर देता और अग्र दल के सैनिक जनता की सहानुभूति प्राप्त करने का प्रयास करते और दुगुनी कीमत देकर रसद प्राप्त करने का प्रयास करते थे।[8]

धौलपुर राज्य में प्रवेश करने के बाद तात्यां टोपे के अग्र दस्तों ने रसद की व्यवस्था तथा प्रजा की सहानुभूति प्राप्त करने के लिए भरतपुर राज्य की ओर प्रस्थान किया। यह सम्भावना प्रगट की गई थी कि सम्भवतः तात्यां टोपे भरतपुर राज्य पर आक्रमण करे।[82] परन्तु ब्रिगेडियर सोबर्स ने तीसरी यूरोपियन तोपों की टुकड़ी से उसका नियमित पीछा किया और भरतपुर राज्य में उसका प्रवेश रोकने के लिए भरतपुर तक सेना भेज दी थी। यह प्रदर्शन सफल रहा। इधर कसान निक्सन की कमान में राज्य की सीमा पर भरतपुर राज्य की सेना तैनात थी। इससे तात्यां को बाध्य होकर सरमथुरा से जयपुर राज्य में प्रवेश करने के लिए हिन्डौन की ओर प्रस्थान करना पड़ा। जहाँ वह स्वयं सेना सहित जून 25, 1858 ई. को पहुँच गया।[83] इस प्रकार पूर्वी राजस्थान में तात्यां का आतंक एकाएक तिरोहित हो गया।

राजस्थान में अंग्रेजी सेनाओं ने तात्यां का शिकारी की भांति पीछा किया। अन्त में तात्यां ने राव साहब प्रमुख विप्लवी शाहजादा फीरोजशाह व उसके अनुयायियों के साथ इन्दरगढ़ से दौसा (जयपुर) की ओर प्रस्थान किया। शाहजादा फीरोजशाह में राष्ट्रीय भावना का अभाव था। वह वास्तव में धर्म के नाम पर दिल्ली सम्राट की सत्ता के पुनः प्रतिष्ठित करने के लिए उसके साथ था। ब्रिगेड़ियर शोवर्स तथा होंनर ने तात्यां के प्रस्थान की सूचना मिलते ही द्रुतगति से प्रस्थान किया। इसी बीच में ब्रिगांड़ियर शोवर्स कुशलगढ़ से लघु मार्ग से निकलकर सर्व प्रथम दौसा पहुँच गया। कप्तान निक्सन भी बख्शी गंगाराम की कमान में भरतपुर राज्य की सेनाओं के साथ

[84] और कप्तान विलियम ईड़न जयपुर राज्य की सेनाओं के साथ दौसा आ गया। जनवरी 16, 1859 ई. को दौसा के समीप ब्रिगेड़ियर शोवर्स की कमान में ब्रिटिश सेनाओं ने तात्यां पर आक्रमण किया, जिससे जाट तथा राजपूत सेनाओं ने शोवर्स की प्रभावी सहायता की। इस युद्ध में तात्यां के तीन सौ सैनिक खेत रहे या घायल हो गए। शेष तात्यां की कमान में ब्रिटिश सेना के घेरे से निकलकर बैराठ एवं नीमकाथाना की ओर चले गए। यहाँ भी तात्यां ब्रिटिश सेनाओं के घेरे से बचकर सकुशल निकल गया।[85]

परिणाम

इस विप्लव की विफलता का मुख्य कारण नेतृत्व, निश्चित केन्द्रित उद्देश्य तथा संगठन क्षमता का अभाव था। एक राष्ट्रीय भावना, राष्ट्रीय नीति, एवं राजनैतिक चेतना का अभाव था फिर भी सैनिक तथा प्रजा की पूर्ण सहानुभूति विप्लवियों के साथ थी। मेवातियों ने केवल लूट के लालच से इस विद्रोह में भाग लिया था। उनका इस समय कोई निश्चित उद्देश्य या संगठन नहीं था। यद्यपि सशस्त्र विद्रोह व्यर्थ गया, परंतु इसने भारतीय स्वाधीनता के लिए राष्ट्रीय संघर्ष, देशप्रेम तथा राष्ट्रीय प्रेरणा का मार्ग खोल दिया। इसके साथ ही भारत से ईस्ट इंडिया कंपनी सरकार का शोषण भी समाप्त हो गया। मई 1858 ई. में ब्रिटिश प्रधानमंत्री ने ब्रिटिश संसद में एक अधिनियम प्रस्तुत किया और 2 अगस्त को ब्रिटिश संसद ने इसे पारित कर दिया। लेकिन महारानी विक्टोरिया तथा राजकुमार अल्बर्ट ने इसमें उदार संशोधन करने के लिए लौटा दिया। संशोधन के बाद महारानी विक्टोरिया ने इसे स्वीकृति प्रदान कर दी। इस 1858 ई. के कानून के अन्तर्गत भारतीय शासन-सूत्र नवम्बर 1, 1858 ई. से सीधा ब्रिटिश ताज-सरकार के हाथों में चला गया। इस प्रकार देश से कंपनी सरकार का प्रशासन समाप्त होकर ब्रिटिश राज का उदय हुआ। लार्ड कैनिंग ने प्रथम भारतीय गर्वनर जनरल तथा वाइसराय का पदभार संभाला। 1 नवम्बर को इलाहाबाद में पावन त्रिवेणी के संगम पर आयोजित एक दरबार में महारानी विक्टोरिया की ओर से ब्रिटिश सरकार की धर्म निरपेक्षता, निष्पक्षता की ब्रिटिश की नीति, देशी नरेशों के सभी अधिकार संरक्षित करने रीति रिवाज परम्पराओं का पालन करने का विश्वास दिलाया गया। इस प्रकार शाही घोषणा-पत्र पढ़कर देश में सुख शांति समृद्धि की कामना की गई।[86]

दिसम्बर 2, 1858 ई. को मॉउट आबू में राजपूताना एजेन्टी वकीलों का एक वृहद् दरबार आयोजित किया गया, जिसमें जार्ज लारेंस ने महारानी विक्टोरिया के नाम पर शाही अधिघोषणा को पढ़कर ब्रिटिश राज की घोषणा की। इस शाही अधिघोषणा में ईस्ट इंडिया कंपनी के साथ देशी राज्यों की संधि सनदों को यथावत

मान्यता प्रदान कर दी गई; विश्वास दिलाया गया कि देशो नरेशों के अधिकार सम्मान परम्पराओं का आदर किया जाएगा और उनके परम्परागत प्राचीन अधिकार आचार विचार का सम्यक सम्मान होगा। घोषणा में कहा गया था कि हम देशी नरेशों के अधिकार, सम्मान तथा पम्पराओं का यथावत सम्मान करेंगे और आशा प्रगट की गई कि देशी जनता सुख, शांति, समृद्धि एवं सामाजिक प्रगति की ओर अग्रसर होगी।[87]

विप्लव काल में राजस्थान के राजपूत नरेशों ने अंग्रेजी सरकार का साथ दिया था और अंग्रेजों ने देशी शासक एवं जागीरदारों की सहायता से संयुक्त प्रयास एवं कूटनीतिज्ञ चालों से इस प्रथम विप्लव को कुचलने में बर्बर साधनों का सहारा लिया और नृशंस हत्याकांड किए गए। भारतीयों को निर्दयता से मौत के घाट उतारा गया जिसे भुलाया नहीं जा सकता। धाऊ परिवार ने कंपनी सरकार का हार्दिक, आर्थिक तथा सैनिक रूप से पूर्ण समर्थन किया। विप्लव के बाद नवम्बर 1857 ई. कप्तान निक्सन ने पूर्वी राजस्थान एजेन्सी का राजनैतिक अभिकर्त्ता पद ग्रहण किया और धाऊ गुलाब सिंह ने उसको पुनः राजकार्य सभांल दिया।[88] एजेन्ट गर्वनर जनरल जनरल लारेंस अपनी गदर रिपोर्ट में लिखता है कि दरबार में विरले ही सैनिक थे, जिन पर विश्वास किया जा सकता था और जिन्होंने राज्य में कठिनाई से राजभक्ति प्रदर्शित की थी। राज्य के आन्तरिक भाग में किसी भी प्रकार का उपद्रव नहीं हुआ और न किसी भी जाट सरदार ने ब्रिटिश शासन के विरुद्ध किसी भी प्रकार के विप्लव में भाग लिया।[89]

झालाताला, तहसील मुसावर, ग्राम के जिन पठान परिवारों ने इस विप्लन में भाग लिया था, राज्य सरकार ने उनको जमींन के मालिकाना अधिकार से वंचित करके उनकी जमीदारी को जब्त कर लिया।[90]

इस विप्लव के बाद राज्य संचालन के लिए एक पंचायत (कौंसिल) की स्थापना की गई, जिसमें धाऊ ग्यासीराम, फौजदार, गोवरधन सिंह, चौधरी रतनसिंह, चौधरी गिरवरसिंह, दीवान ललिता प्रसाद, बख्शी गंगाराम और दीवान रामप्रसाद को प्रधान (सदस्य) के रूप में शामिल किया गया।[91]

लार्ड कैंनिग का आगरा दरबार, नवम्बर 1859 ई.

विप्लव के बाद 1859 ई. की पतझड़ में वाइसराय लार्ड कैनिंग ने सामन्ती नरेशों का दरबार लगाने तथा उन्हें पुरूस्कृत करने के लिए अपरि प्रान्तों का दौरा किया। वह आगरा आया और नवम्बर, 1859 ई. के अन्त में अति वैभवशाली महान दरबार किया जिसमें राजपूताना, मध्यभारत, उत्तरी पश्चिमी प्रान्तों के अनेक देशी नरेशों ने उपस्थित होकर ब्रिटिश सरकार के प्रति अपनी निष्ठा व्यक्त की और ब्रिटिश सरकार ने उनको मान्यता प्रदान की।[92] इस प्रकार देशी शासक पूर्णतः ब्रिटिश सरकार के आश्रित तथा परतंत्र हो गये।

संदर्भ

1. जॉन विलियम केई, *ए हिस्ट्री ऑफ दी सिपोय वार इन इंडिया, 1857-8,* खंड 1, पृ. 92
2. उपरोक्त, खंड I, पृ. 94; *लाईफ ऑफ सर हेनरी लारेंस, सर हरवर्ट तथा हरमन मेरीवेली, तृतीय संस्करण; 1873, पृ. 511;* ज्वाला सहाय, *दी लॉयल राजपूताना,* 1902, पृ. 25
3. जॉन विलियम केई; *ए हिस्ट्री ऑफ दी सिपोय वार इन इंडिया, 1857-8,* खंड 1, पृ. 95
4. *लाईफ ऑफ सर हेनरी लारेंस, सर हरवर्ट तथा हरमन मेरीवेली, तृतीय संस्करण, 1873 ई, पृ. 526; (सर जॉन केई के नाम लारेंस का पत्र, जून 19, 1854 ई.*
5. हॉउस ऑफ कॉमन्स में प्रस्तुत अगस्त 4, 1855 ई. की पत्रावली, *लाईफ ऑफ सर हेनरी लारेंस,* पृ. 511
6. लार्ड डलहौजी के नाम लारेंस का पत्र, 5 तथा 15 अप्रैल, 1853 ई. *(लाईफ ऑफ सर हेनरी लारेंस,* पृ. 513-4); जॉन विलियम केई, *सिपोय वार,* भाग 1, पृ. 96
7. *लाईफ ऑफ सर हेनरी लारेन्स,* पृ. 512
8. *ज्वाला सहाय,* *दी लॉयल राजपूताना,* पृ. 313
9. जॉन विलियम केई, *सिपोयवार,* भाग 1, पृ. 96
10. जॉन विलियम केई, *लाईफ्स ऑफ इण्डियन आफीसर्स,* खंड 2, पृ. 309
11. उपरोक्त, पृ. 309
12. *लाईफ ऑफ सर हेनरी लारेन्स,* पृ. 526 (जॉन विलियम केई के नाम हेनरी लारेंस का पत्र, जून 19, 1854 ई.)
13. उपरोक्त, पृ. 526
14. *लाईफ ऑफ सर हेनरी लारेन्स,* (जॉन विलियम केई के नाम हेनरी लारेंस का पत्र, जून 19, 1854 ई.), पृ. 533
15. ज्वाला सहाय, *दी रॉयल राजपूताना, पृ. 330*
16. ट्रेवर, *ए चैप्टर ऑफ दी इण्डियन म्यूटिनी,* पृ. 2
17. पार्लियामेन्टरी पत्रावली, 1860 ई., हाउस ऑफ कॉमन्स पत्रावली सं. 77 म्यूटिनी पत्र, देशी नरेशों के सम्मान पत्र आदि-ब्रिगेडियर जनरल लारेंस का पत्र सं. 784 अ, 1858, जून 27, 1857, अनु. 97-102, पृ. 126-127
18. *ब्लैकबुड़* मैगजीन, 1938 ई. का एक लेख
19. *लाइफ ऑफ सर हेनरी लारेंस,* पृ. 573
20. बॉकीदास, गोरा हटजा, *परम्परा,* त्रैमासिक, 1956, पृ. 58-9-*'गीत भरतपुर रो।'*
21. उपरोक्त, *गीत चेतावणी,* पृ. 54
22. उपरोक्त, *गीत नींबावत रै महंत रो,* पृ. 59-60
23. उपरोक्त

24. सुक्का, वैशाख शुदि 14, सं. 1907
25. *हिस्ट्री खानपान,* पृ. 51
26. *लाईफ ऑफ सर हेनरी लारेंस* (सर जॉन विलियम केई के नाम हेनरी लारेंस का पत्र, जून 19, 1854 ई.), पृ. 527
27. *ईस्टर्न राजपूताना* गजे., पृ. 39
28. वही, पृ. 39; दीक्षित, पृ. 146
29. फोरेयन पोलिटिकल प्रोसी., जून 12, 1857, सं. 187/89
30. *ओडायर,* पृ. 34
31. *लाईफ ऑफ सर हेनरी लारेंस* (लार्ड स्टेनली के नाम लारेंस का पत्र), पृ. 528
32. जॉन विलियम केई, *सिपोयवार, भाग 1,* पृ. 452
33. *लाईफ ऑफ सर हेनरी लारेंस,* पृ. 542
34. जॉन विलियम केई, *सिपोयवार,* भाग I, पृ. 595-6
35. जॉन विलियम केई, *सिपोयवार,* भाग I, पृ. 604
36. ज्वाला सहाय, *दी रॉयल राजपूताना,* पृ. 298; केई, *सिपोयवार,* भाग I, पृ. 603
37. फोररेस्ट, *दी इंडियन म्यूटिनी,* खंड III, पृ. 544
38. होल्मस, *ए हिस्ट्री ऑफ दी इंडियन म्यूटिनी,* पृ. 150-51; ट्रेवर, ए हिस्ट्री ऑफ दी इंडियन म्यूटिनी, पृ. 4
39. फोरेयन सीक्रेट प्रोसी. कंसलटेशन, सं. 204, जून 9, 1857; होल्मस, *ए हिस्ट्री ऑफ दी इंडियन म्यूटिनी, पृ. 148; ट्रेवर, ए हिस्ट्री ऑफ दी इंडियन म्यूटिनी*
40. - - -
41. ज्वाला सहाय, *दी रॉयल राजपूताना,* पृ. 314
42. उपरोक्त, पृ. 304
43. ट्रेवर, *ए हिस्ट्री ऑफ दी इंडियन म्यूटिनी,* पृ. 3
44. एडमोन्स्टन के नाम जार्ज लारेंस का पत्र, जुलाई 27, 1858 ई. सं. 582, अप्रैल 1860, फो.पो. प्रोसी.
45. ज्वाला सहाय, *दी रॉयल राजपूताना,* पृ. 259
46. ज्वाला सहाय, *दी रॉयल राजपूताना,* पृ. 299-300
47. उपरोक्त, पृ. 300
48. ज्वाला सहाय, *दी रॉयल राजपूताना,* पृ. 300
49. उपरोक्त, पृ. 301
50. उपरोक्त, पृ. 303
51. *फ्रीडम स्ट्रग्लस इन U.P.* Vol. VI (U.P. Govt.) 1959, पृ. 704

52. जॉन विलियम केई, *सिपोयवार,* भाग III, पृ. 241; *दी रॉयल राजपूताना,* पृ. 301
53. सचिव भारत सरकार के नाम ए-गर्वनर जनरल लारेंस की रिपोर्ट मार्च 4, 1857 ई.; फो. पो.प्रो., जून 12, 1857, सं. 187/89
54. ओडायर II, पृ. 31
55. ट्रेवर, पृ. 5; होल्मस, पृ. 15
56. ज्वाला सहाय, *दी रॉयल राजपूताना* का कथन है कि ''परन्तु उनको निराश होकर लौटना पड़ा।''
57. *ओडायर,* खंड III, पृ. 51
58. सोवर्स, *ए मिसिंग चैप्टर ऑफ दी इंडियन म्यूटिनी,* पृ. 29
59. पार्लियामेन्टरी पेपर्स, 1860 ई.

60. ज्वाला सहाय, *दी रॉयल राजपूताना,* पृ. 304
61. पार्लियामेन्टरी पत्रावली, सं. 77, पृ. 127, अनु. 103
62. उपरोक्त, सं. 77, पृ. 127, अनु. 109
63. ज्वाला सहाय, *दी रॉयल राजपूताना,* पृ. 261-2
64. *लाईफ ऑफ सर हेनरी लारेंस,* पृ. 598
65. पार्लिमेन्टरी पत्रावली, सं. 77
66. जॉन विलियम केई, *सिपोयवार,* भाग 3, पृ. 241
67. *हितकल्पद्रुम,* पृ. 6
68. पार्लियामेन्टरी पत्रावली, पृ. 77
69. ज्वाला सहाय, *दी रायल राजपूताना,* पृ. 304
70. उपरोक्त, पृ. 314
71. उपरोक्त पृ. 304
72. उपरोक्त, पृ. 302
73. एडमोस्टन के नाम एजेन्ट गवर्नर जनरल लारेंस की रिपोर्ट, जुलाई 27, 1858 ई., सं. 582, अप्रैल 1860, फो. पो. प्रोसी. पृ. 261-2
74. ज्वाला सहाय, *दी रायल राजपूताना,* पृ. 302
75. पार्लिमेन्टरी पत्रावली, हॉउस ऑफ कॉमन्स, लेख सं. 77, पृ. 127, अनु. 107
76. पार्लिमेन्टरी पत्रावली, हाउस ऑफ कॉमन्स, लेख सं. 77, पृ. 27 अनु. 107; सेना के सहयोग के लिए देखें, धौलपुरगजट, वर्ष 25 अंक 27 (संपा महेश कुमार भार्गव निहालगंज धौलपुर, 1989, पृ. 23)
77. *हित कल्पद्रुम,* पृ. 6-7; ज्वाला सहाय, *दी रॉयल राजपूताना,* पृ. 265-6
78. *हित कल्पद्रुम,* पृ. 7 राजनैतिक अभिकर्त्ता का पत्र, दिसम्बर 24, 1857 ई., (हिस्ट्री खानपान, पृ. 51)
79. फाइल नं. 32 म्यूटिनी, 1858 खंड पत्र जून 29, 1858ई. ; एजेन्ट गर्वनर जनरल लारेंस के नाम मेजर जनरल रोबर्टस् का पत्र जुलाई 21,1858ई.
80. नाथूराम खड़गावत पृ. 80
81. फाईल नं. 32 म्यूटिनी, 1858 खंड पत्र जून 29, 1858ई. एजेन्ट गर्वनर जनरल के नाम इडन का पत्र सं. 75 जुलाई 24,1858, राष्ट्रीय अभि.
82. ज्वाला सहाय, दी *रॉयल राजपूताना* पृ. 175
83. ज्वाला सहाय, *दी रॉयल राजपूताना* पृ. 175, 304 फाईल नं. 32, म्यूटिनी, 1858, खंड पत्र जून 29, 1858
84. *हित कल्पद्रुम,* पृ. 7; ज्वाला सहाय, *दी रॉयल राजपूताना,* पृ. 305 ; राधारमण चीने पृ. 76

85. ज्वाला सहाय पृ. 183,305

86. B.D. Basu *Rise of christian power in India,* P. 961

87. एड़मोंस्टन के नाम जार्ज लारेंस का पत्र, नवम्बर 5, 1858, कंस्लटेसन दिसम्बर 31, 1858ई. सं. 1190-6, फोरियन एण्ड पोलीटिकल

88. *हित कल्पद्रुम,* पृ. 7

89. म्यूटिनी रिपोर्ट, फाईल नं0 32, 1858, खंड 1, पत्र जून 29, 1858

90. *ओडायर,* खंड 3, पृ., 56-57

91. गजे. इ. राज., पृ. 39

92. ज्वाला सहाय, *दी रॉयल राजपूताना, पृ. 342*

Chapter - 33

प्रथम स्वतंत्रता संग्राम में रियासत टोंक का हिस्सा

डॉ. मोहम्मद रियाजुद्दीन खाँ राष्ट्रपति लारेट

तात्कालिक परिदृश्य

जसवन्त राव होल्कर और टोंक के नवाब अमीर खाँ का साथ 1799-1811 तक रहा था। इस अवधि में नवाब अमीर खाँ ने देशी शासकों और अंग्रेजों दोनों से युद्ध किए। वह अंग्रेजों को अपना शत्रु समझते थे, देशी शासकों को कभी नहीं। इस बात का साक्षी अमीरनामा है।[1]

जसवन्त राव होल्कर की मृत्यु 1811ई. में हुई और उनका शासन बिखर गया।

नवाब के साडू ने अंग्रेजों से मिल कर जावरा रियासत की स्थापना कर ली।

हिन्दुस्तान में चार बड़ी शक्तियाँ थीं एक अंग्रेज, दूसरी निजाम हैद्राबाद, तीसरी अवध की सल्तनत और चौथी मराठा। अमीर खाँ ने देखा कि दूसरी और तीसरी शक्तियाँ तो अंग्रेजों से मिल गई। चौथी शक्ति गृह युद्ध का शिकार है। मुगल सामाज्य बिखर गया है।

नवाब अमीर खाँ का मिशन था कि किसी भी तरह तलवार के बल पर अंग्रेजों को देश से निकालना। जसवन्त राव होल्कर ने अंग्रेजों को वचन पत्र लिखकर और अपना राज्य स्थापित करके अमीर खाँ के अफगानिस्तान के बादशाह अथवा अपने सहजाति पठानों को लाने के मन्सूबे को मूर्तरूप लेने नहीं दिया।[2]

नवाब अमीर खाँ संस्थापक रियासत टोंक की शासन अवधि 1817-1834ई. रही। नवाब अमीर खाँ के पश्चात् नवाब मोहम्मद वजीर खाँ गद्दी पर बैठे। इनका

गली एवज खाँ, टोंक (राज.) दूरभाष—10432—246031

शासनकाल 1834 से 1868ई. तक रहा। इन्होंने सै. अहमद शदीद (र.अ.)[3] से बात की। अंग्रेजों से युद्ध करते हुए शहीद होने के पश्चात् उनके वारिसों को टोंक में लाकर बसाया था। यह सै. अहमद शहीद (र.अ.) के संगठन "तहरीके हुर्रियत" की आर्थिक सहायता भी करते रहते थे।

इस विवरण के अंकित करने का आशय यह है कि चूंकि यह रियासत अंग्रेजों से शत्रुता के कारण स्थापित हुई थी और यहाँ के निवासी अधिकतर उन वीरों की संतान थे जो इस रियासत के संस्थापक अमीर के साथ अंग्रेजों के विरुद्ध जोश से युद्ध अभियानों में भाग ले चुके थे। इसलिए स्वाभाविक रूप से उन लोगों के मन में अंग्रेजों के विरुद्ध घृणा और क्रोध की भावना जाग्रत थी एवं वे अनिच्छापूर्वक अंग्रेजी आधिपत्य को स्वीकार किए हुए थे। इसी नवाब के शासन काल में भारत का प्रथम स्वतंत्रता संग्राम 1857 ई. में हुआ था। इस संग्राम का रियासत टोंक के विषय में कोई विधिवत इतिहास नहीं लिखा गया क्योंकि टोंक नवाब वजीरूद्दौला अंग्रेजो के वफादार थे और टोंक रियासत का रिकार्ड जो अधिकतर राजस्थान राज्य अभिलेखागार बीकानेर (राजस्थान) में है, वह सब फारसी और उर्दू में है। आजादी के पश्चात् आजादी के इतिहासकार इन भाषाओं के न जानने के कारण इस रिकार्ड से लाभ नहीं उठा सके। मैंने तजकरों के आधार पर भूली बिसरी यादों के फूलों को एकत्रित करके एक यादगार पुष्पमाला बनाने का प्रयास किया है वह इस प्रकार है–

तजकरा प्रथम

मौलाना अबुल कलाम आजाद अरबी फारसी शोध संस्थान टोंक (राजस्थान) में संधारित फारसी हस्तलिखित ग्रन्थ "हफदा साला अमीर व बिस्त साला वजीर" लेखक दीवान ए रियासत टोंक श्री श्मसुद्दीन ने द्वितीय नवाब के शासन काल में जो प्रथम स्वतंत्रता संग्राम 1857ई. में हुआ था उसका हाल भी लिखा है और तालेयार खाँ जो मिर्जा गालिब के मित्र थे, के दोनों पुत्रों को दिल्ली में अंग्रेजों द्वारा फाँसी देने के विषय में जानकारी उपलब्ध कराई हैं। टोंक में स्वतंत्रता सेनानियों की काली फौज आने के बारे में संकेत दिए हैं। इस ग्रन्थ एवं एक अन्य ग्रन्थ *"वकाए अहमदी"* फारसी में उपलब्ध सामग्री के अनुसार टोंक से अंग्रेजों से लड़ने एक जमाअत/फौजी टुकड़ी और छावनी[4] से एक सौ इक्कीस जनता की फौजी टुकड़ी दिल्ली गई थी के विषय में लिखा है। ये समस्त लोग मारे गए और वापस टोंक कदापि नहीं आए। *"हफदा साला अमीर व बिस्त साला वजीर"* फारसी ग्रन्थ का उर्दू अनुवाद मुंशी फैजुल्ला खाँ ने "रईसाने टोंक" के नाम से किया था जो अनुपलब्ध है।

इसी मौलाना अबुल कलाम आजाद अरबी फारसी शोध संस्थान टोंक में पण्डित रामकरण जोशी टोंकी द्वारा उर्दू में रचित एक अनुपम नुस्खा है जिसमें 1857 के प्रथम स्वंतत्रता संग्राम में टोंक की जनता और सरदारों की भूमिका के बारे में सूचना उपलब्ध करवाई गई है।

राजस्थान राज्य अभिलेखागार बीकानेर में संधारित *"वकाए वजीरी"* के अनुसार और निदेशक गजीटियर विभाग द्वारा संकलित/संपादित की गई गजीटियर[5] में टोंक से संबंधित स्वतंत्रता के सेनानियों के नाम दर्ज है। लिखा है कि मीर आलम खाँ लडते हुए मारे गए। ताले यार खाँ के बेटे मारे गए और मीर आलम खाँ के भाई का कैदखाने में देहान्त हुआ।

तजकरा द्वितीय

14 रवी उल अव्वल हिजरी मुताबिक 1255 ई. के मकतूब[6] में मिर्जा असादुल्लाह खाँ "गालिब" लिखते है–

गदर सन् 1857ई. में ताले यार खाँ टोंक में थे लेकिन उनके बेटे असफन्दयार खाँ और अजगरयार खाँ देहली में थे और बहादुर शाह "जफर" की सरकार में मुलाजिम हो गए थे। अजगरयार खाँ ने बादशाह से सख्त कलामी पर रेजिडेन्ट को समन बुर्ज पर चढ़ते हुए गोली से ठण्डा कर दिया था। जब बादशाह मकबरा हुमांयु चले गए तो दोनों भाई अलवर (राजपूताना) मुन्तकिल हो गए थे। मिर्जा जकरिया बैग ने इनाम के लालच में अलवर में उन्हें गिरफ्तार करा दिगा। देहली लाए गए। मुकदमा चला और फाँसी पर लटकाए जाने पर इजहारे अफसोस गालिब इस तरह करते है -

तालेयार खाँ के दोनों बेटे टोंक से रूख्सत (छुटटी) लेकर आए थे। गदर के सबब न जा सके, यहीं (देहली) रहे। बाद फतेह दिल्ली दोनों बेगुनाहों को फाँसी दे दी गई। तालेयार खाँ टोंक में जिन्दा हैं पर यकीन है कि मुर्दा से बदतर होंगे।

तजकरा तृतीय

1857 के गदर में नवाब के सैनिकों नें न केवल विद्रोह किया वरन् नवाब के भाई साहिबजादा मोहम्मद मुनीर खाँ एवं मामा हाफिज मीर आलम खाँ व मामा अजीमुल्ला खाँ ने भी विद्रोह कर दिया। नवाब ने रियासत में ऐलान करवाया कि

जो भी विद्रोही उनकी रियासत में आएगा उसे गिरफ्तार कर लिया जाएगा। साथ ही यह भी घोषणा करवा दी कि कोई यूरोपीय आफीसर उनकी रियासत में नहीं आए क्योंकि यह इलाका सुरक्षित नहीं है।

टोंक की फौज ने नीमच से आगरा जा रहे विद्रोहियों को टोंक आने का निमंत्रण दिया। उनकी आवभगत की एवं रसद दी। टोंक की फौज के अधिकांश अफसर एवं सैनिक अपनी-अपनी तनख्वाह लेकर विद्रोहियों के साथ अलग से बादशाह की मदद करने दिल्ली चले गए। इन जाने वालों में प्रमुख थे—मुगल खाँ रिसालदार मय 117 सैनिकों के, सैय्यद अमानत शाह रिसालदार मय 153 सैनिकों के, अब्दुल गफ्फार खाँ रिसालदार मय 29 सैनिकों के, मिर्जा कासिम बेग रिसालदार मय 5 सैनिकों के, मोहम्मद हुसैन रिसालदार मय 76 सैनिकों के, सैय्यद मु. रिसालदार मय 89 सैनिकों के, अहमद खां रिसालदार मय 84 सैनिकों के, आलम बहार खाँ रिसालदार मय 152 सैनिकों के, अब्दुल मन्नन खाँ रिसालदार मय 91 सैनिकों के, और मोहियुद्दीन रिसालदार मय 501 सैनिकों के टोंक से प्रस्थान कर गए।

टोंक से जाने वाले सभी विद्रोहियों ने दिल्ली के अजमेरी गेट पर पड़ाव डाला, एवं बादशाह को अपने आने की सूचना दी। उन्होंने कई बार अंग्रेजों से मुठभेड़ की। एक अगस्त को हुई मुठभेड में इन्होंने 18 अंग्रेजों को मारा। इनके 2-3 आदमी शहीद हुए। परन्तु इनके खर्च का माकूल इतंजाम दिल्ली का बादशाह नहीं कर सका। धीरे-धीरे ये लोग दिल्ली छोड़कर जाने लगे। 13 अगस्त को फिर इनकी अंग्रेजों के साथ जंग हुई। 31 अगस्त तक इन डेढ़ हजार विद्रोहियों में से दो सौ रह गए। शेष या तो मारे गए या इधर-उधर चले गए जो टोंक वापस आए उन्हें गिरफ्तार कर लिया गया।

इधर टोंक के नवाब वजीरूद्दौला ने साहिबजादे मोहम्मद मुनीर खाँ को कैद करके बेड़ियों में डाल कर किले में बंद कर दिया। साहिबजादे अजीमुल्ला खाँ उर्फ बन्ने मियाँ का भी यही हाल हुआ अपने मामा हाफिज अमीर आलम खाँ और उनके बेटों को गिरफ्तार करने के लिए कई सिपाही भेजे। मुठभेड़ में मामा तलवार के वार से मारे गए और बेटों को गिरफ्तार कर हथकड़ी बेडियों में डाल कर कैद कर दिया गया इस मुठभेड़ में नवाब के छः सैनिक घासल हुए।

टोंक रियासत का एक परगना था निम्बाहेडा जो नीमच के पास स्थित था। जब नीमच की फौज ने जून में विद्रोह किया तो विद्रोही सैनिकों की निम्बाहेडा में हाकिम बख्शी गुलाम मोहियुदीन खाँ ने बड़ी आवभगत की और रसद भी दी। जब शावर्स उनका पीछा करता हुआ चित्तौड़गढ गया तब हाकिम बड़ी बेरूखी से पेश आया। जब शावर्स ने सादडी से अपने सैनिकों को विद्रोहियों का पीछा करने के लिए

निम्बालेडा भेजा तो हाकिम ने निम्बाहेडा कस्बे के परकोटे के दरवाजे बंद करवा दिए तथा इन सैनिकों को कस्बे में घुसने नही दिया। हाकिम की इस कार्यवाही से शार्वस सख्त नाराज हुआ। इसी समय उसे खबर मिली की निम्बाहेडा के नागरिक मन्दसोर के विद्रोहियों से भी मेलजोल बढ़ा रहे हैं।

अतः 19 सितम्बर 1857 को मेवाड़ का पोलिटिकल ऐजेंट कप्तान शार्वस नीमच के कर्नल जैक्सन के साथ "हरमेनेस्ट" को 83वीं कंपनी के अंग्रेज सैनिकों की फौज लेकर और चोबदार को कस्बे में भेजा और आमिल को बुलवाया। आमिल के हाजिर होने पर कप्तान ने हुकम दिया की निम्बाहेडा में टोंक के नवाब के जो 300 सैनिको की टुकड़ी है उसके समस्त सैनिक अपने-अपने शस्त्रों का समर्पण कर दें। आमिल कस्बे में आया तथा उसने अपने अफसरों व सैनिकों को बुलाकर शार्वस का हुक्म सुनाया। उन्होंने दोनों ही हुक्म मानने से इन्कार कर दिया। शार्वस ने अपने चोबदार को फिर आमिल के पास भेजा और कहा की वह अब और इन्तजार नहीं कर सकता। इस पर आमिल और गुलाम मुहियुदीन खाँ अपने दो भाइयों के साथ कर्नल जैक्सन के पास हाजिर हुए कि वह स्वयं तो शस्त्र समर्पण करने के लिए तैयार हैं किंतु सैनिकों ने शस्त्र देने से साफ इन्कार कर दिया है। यह कह कर वह वापस कस्बे में चले गए। कुछ समय बाद चोबदार एवं चपरासी पुनः शार्वस द्वारा भेजे गए और आमिल को कहलवाया कि यदि सैनिक उनके नियंत्रण में नहीं है तो वह कप्तान के सामने तत्काल हाजिर होवें, इससे सैनिको में रोष फैल गया। उन्होंने कस्बे के परकोटे के सभी दरवाजे बन्द कर दिए। परकोटे पर तोप चढ़ा दी गई। बख्शी, चोबदार और चौकीदार को कहा की आमिल कप्तान के पास नहीं जाएगा। इसके बाद सैनिकों की चौकीदार चोबदार से मुठभेड़ हो गई जिसमें चोबदार व चौकीदार आदि भी घायल हो गए। वह जान बचाकर भागे और रात होने तक एक मदिंर में छिप गए। आमिल, बख्शी और मुख्य पटेल ताराचन्द ने उनकी इधर उधर खूब तलाश की, रात होने पर चोबदार और चौकीदार कुछ एक स्थानीय लोगों की सहायता से परकोटा पार करके अंधेरे में कप्तान के खेमे में पहुँचे।

कप्तान शार्वस ने सारी रात हल्की तोपों से परकोटे को तोड़ने की कोशिश की, किन्तु असफल रहा। रात को ही आमिल, बख्शी, मुहियुदीन खाँ, पटेल ताराचन्द की मदद से कस्बे के सैनिकों सहित निकल गए। जब सुबह कप्तान को पता चला चिड़िया उड़ गई है तो उसने कस्बे को कब्जे में ले लिया।

कस्बे के बीच में अंग्रेजो की फौज ले जायी गई और यूनियन जैक फहराया गया। कस्बे और परकोटे पर रखी तोपें उसने कब्जे में ली। रात में हुई मुठभेड़ में

एक अंग्रेज नायक मारा गया और 15-20 हिन्दुस्तानी सैनिक काम आए, दो अंग्रेज अफसर घायल हो गए। सैनिक टुकड़ियों की एक सार्वजनिक परेड में प्रधान पटेल को तोप से उड़ा दिया गया। बख्शी मंदसौर भाग गया और वहाँ विद्रोहियों में शामिल हो गया। टोंक नवाब ने सैनिक दलों के द्वारा विद्रोहियों को आमंत्रित किया। अतः वह आगरा जाते हुए मार्ग में टोंक भी रुके।

नवाब को अपने ही सिपाहियों द्वारा घेर कर किले में नितांत असहाय अवस्था में डाल दिया गया जिससे उसने समयानुकूल समझौता करने का प्रयास किया। उसी बीच तांत्या टोपे के आन्दोलन ने बहुत हलचल मचा रखी थी, उसने चम्बंल पार कर लिया था और जयपुर पहुँचने की तैयारी कर रहा था, किन्तु जनरल राबर्टस द्वारा पहले ही रोक लिया गया। अतः तांत्या टोपे जयपुर का रास्ता काट कर दौलतपुर की ओर बढ़ गया। यह सूचना मिलने पर नवाब ने कतिपय स्वामीभक्तों के साथ स्वयं को किले में बंद कर लिया। लेकिन उनकी सैनिक टुकड़ियाँ सामूहिक रूप से विद्रोहियों से मिल गई।[7]

तजकरा चतुर्थ

जब 1857 ई. में देश की आजादी की जंग का पहला बिगुल बजा तो टोंक रियासत के द्वितीय नवाब वजीरूद्दौला (1834 से 1865) ने अपनी रियासत में आजादी के लिए उठने वाली हर आवाज को पूर्ण शक्ति से दबाने एवं कुचलने का प्रयास किया तथा आजादी के मतवालों को बागी और फसादी मानते हुए उनको कैद करके कड़ी यातनाएँ दीं। तथा देश की आजादी के लिए उनके प्रयासों को आम मुजरिमों के रिकार्ड में सम्मिलित कर दिया। सम्भवतया इसी कारण प्रथम जंगे आजादी से संबंधित हिन्दी में प्रकाशित सामग्री में टोंक का जिक्र बहुत कम मिलता है।

टोंक रियासत के उस जमाने में फारसी, उर्दू भाषा के ग्रन्थ विशेष रूप से फारसी भाषा में लिखित ग्रन्थ *"हफ्तादेह अमीरूद्दौला व बिस्तसाला वजीरूद्दौला"* जैसे ग्रन्थ मौलाना अबुल कलाम आजाद फारसी अरबी शोध संस्थान राजस्थान टोंक में सुरक्षित हैं। इस ग्रन्थ के लेखक दीवान शम्सुदीन खाँ थे। उन्होंने उसमें 1857-58 के जमाने की घटनाएँ भी सम्मिलित की हैं।

इसी प्रकार राजस्थान अभिलेखागार विभाग बिकानेर में टोंक रियासत का रिकार्ड सुरक्षित है। उससे स्पष्ट है कि टोंक के सफदर यार खाँ एवं असगर खाँ को देहली में फाँसी दे दी गई थी। इन दोनों भाइयों के संबंध में नवाब वजीरूद्दौला की ओर से

अंग्रेजी सरकार को भेजे गए दो पत्र मौजूद हैं। प्रथम पत्र में अंग्रेजी सरकार के किसी पत्र के उत्तर में नवाब वजीरूद्दौला ने सफदर यार खाँ एवं असगर खाँ के संबंध में सूचना भेजी थी कि वह टोंक रियासत के घुड़सवारों में मुलाजिम थे और टोंक से छुटटी लेकर देहली गए थे जो वापस नहीं लौटे।

दूसरे पत्र में लिखा है कि सफदर यार खाँ एवं असगर यार खाँ के बच्चों को उनके अतालीक (गुरू) असफन्द यार खाँ अलवर से टोंक ले आए हैं उनके घर सिपाहियों द्वारा माहासेरा (घेरा) करा लिया है। सूचित किया जाए कि उनको नीमच छावनी में भेजा जाए या देवली छावनी में।

यहाँ यह बात गौरतलब है कि जिस परिवार के बच्चों की शिक्षा के लिए कोई गुरू रखा गया हो वह कोई मामूली घुड़सवार नहीं अवश्य ही ऊँची हैसियत का परिवार होगा। संभवंतया अंग्रेजों की नजरों में उनकी हैसियत घटाने के लिए उनको घुडसवार बताया होगा।

सफदरयार खाँ एव असगरयार खाँ उस्ताद तालेयार खाँ के पुत्र थे। उनके संबंध में मिर्जा गालिब ने भी अपने एक पत्र में लिखा है—तालेयार खाँ के दोनो बेटे टोंक से रूखसत (छुटटी) लेकर आए थे। गदर के सबब जा न सके। यहाँ देहली में रहे बाद फतहे देहली दोनों बेगुनाहो को फाँसी मिली ताले यार खाँ टोंक में जिन्दा है पर यकीन है मुर्दा से बदतर होंगे।[8]

उनको फाँसी दिए जाने के संबंध में इन्तेजामुल्लाह खाँ शहाबी लिखते हैं[9] कि अलवर एजेटी के चपरासी घनश्याम की मुखबिरी पर अलवर से 82 बागियों को गिरफ्तार करके देहली भेजा था उनमें से 52 लोगों को गुड़गाँव के मजिस्ट्रेट के हुक्म से गोली से उड़ा दिया गया था शेष 30 लोगों को देहली ले जा कर कोतवाली में कैद किया गया था। उनमें सफदर यार खाँ भी सम्मिलित थे। इन दोनों भाइयों का यह जुर्म था कि जब 1857 में बहादुर शाह जफर लाल किला दिल्ली को छोड़कर हुमायॅु के मकबरे पर जाने से पूर्व लाल किले की मुसम्मन बुर्ज में बैठे थे और यह दोनों भाई उनके अंगरक्षक के रूप में उपस्थित थे तो एक अंग्रेज आया और उसने बहादुर शाह जफर को अपशब्दों से संबोधित किया। इस बात को यह दोनों भाई बर्दाश्त नहीं कर सके और उनमें से एक ने उस अंग्रेज को गोली मार दी। वह वहीं ढेर हो गया। बहादुर शाह हुमायॅू के मकबरे में चले गए। इन दोनों भाइयों ने भाग कर अरबइ में शरण ली, वहाँ से गिरफ्तार करके देहली लाए गए, मुकद्दमा चला और देहली कोतवाली के बाहर फाँसी के तख्ते पर चढ़ा दिए गए।

सफदरयार खाँ एवं असगरयार खाँ के पिता तालेयार खाँ देहली के रहने वाले थे। पटे बिन्नोट के उस्ताद थे। नवाब वजीरूद्दौला ने गद्दी पर बैठने के पश्चात् उनको टोंक बुलवा लिया था। उनके संबंध में स्व. नवाब इस्माईल अली खाँ साहब की जिन्दगी में नजरबाग टोंक में उनके कार्यालय में पुराना रिकार्ड के लिए टोंक के एक महान "नसलन बांद नसलन" (पीढ़ी दर पीढ़ी) देने का हुक्म था दस्तावेज में मकान का पूरा वर्णन भी था।

दूसरी दस्तावेज में तालेयार खाँ और उनके दोनों पुत्रों सफदर यार खाँ और असगर यार खाँ को "नसलन बांद नसलन" ग्राम वजीरपुरा जागीर में दिए जाने का हुक्म लिखा था। हुक्म के अनुसार ग्राम की सालाना आय 1950 रू में से 150 रू लगान सरकारी खजाने में जमा कराने तथा शेष राशि अपने खर्च में लाना भी स्पष्ट किया गया था।

इन तमाम बातों से यह स्पष्ट होता है कि सफदरयार खाँ एवं असगरयार खाँ का टोंक से संबंध था, वे रियासत की सेना में मुलाजिम थे और टोंक से दिल्ली गए थे।

टोंक के ऐसे न मालूम कितने जांबाजों के नाम गुमनामी के पर्दों में छुपे पड़े हैं। नवाब वजीरूद्दौला के मामू मीर आलम खाँ जिनका मकान "मीर आलम का घेर" नाम से आज भी टोंक में प्रसिद्ध है, उनके बारे में यह बात बहुत कम लोगों को मालूम होगी कि वह बहादुरशाह जफर के साथ आजादी की जंग में शरीक होने के लिए देहली जाना चाहते थे। उन्होंने इस कार्य के लिए अपने भांजे नवाब वजीरूद्दौला को भी सलाह दी। मगर नवाब साहब अंग्रेजों से संधि के कारण मजबूर थे उन्होंने मीर आलम खां को रोकने का बहुत प्रयास किया और अन्त में बलपूर्वक रोकने के लिए उनके घर पर सेना भेज दी। मीर आलम खाँ तैयार होकर घर के बाहर आए। सिपाहियों ने उनको रोकना चाहा। उन्होंने सिपाहियों को अपने रास्ते से हट जाने के लिए कहा। सैनिकों ने उनको बलपूर्वक रोकना चाहा और गोली चलाने की नौबत आ गई सिपाहियों ने मीर आलम को गोलियों से निशाना बनाया और उन्होंने अपने घर के सामने ही, देश को अंग्रेजों की गुलामी से आजाद कराने की चाह में अपनी जान की आहुति दे दी।

मीर आलम की पत्नी अपने मकान की खिड़की से देख रही थी। उन्होंने अपने दोनों पुत्रों शेर आलम खाँ और शाह आलम खाँ को ललकारा वे दोनों भाई बन्दूके लेकर बाहर आए। वे भी सिपाहियों की गोलियाँ से जख्मी हुए। शेर आलम खाँ तो इस युद्ध में अपनी एक टांग से हमेशा के लिए महरूम हो गए। इसकी सूचना जब नवाब साहब को मिली तो उन्होंने गोली चलाने से सिपाहियों को रोका और शेर

आलम और शाह आलम को नजरबंद कर दिया।

शायद यह बात भी कम ही लोग जानते होंगे की टोंक के अन्तराष्ट्रीय ख्याति प्राप्त कवि और साहित्यकार श्री मखमूर सईदी और उनके भाई अरशद (छोटे मियां) उन्ही मीर आलम खाँ के पडपोते और शेर आलम खाँ के पोते हैं।

इसी शृखंला में नवाब वजीरूद्दौला के एक और मामू अजीमुल्ला खाँ और स्वंय नवाब के एक पुत्र साहिबजादा मोहम्मद मुनीर खाँ के नाम भी आते हैं जिनको इन्कलाबी इरादों के कारण हथकड़ी बेड़ी पहना कर कैद कर दिया गया था।

उपरोक्त व्यक्तियों के अतिरिक्त टोंक की सेना की विभिन्न टुकड़ियों के दो हजार से अधिक सिपाही और लगभग एक दर्जन रिसालदार अपनी-अपनी टुकड़ियों के साथ रियासत की नौकरी छोड़ कर देहली गए थे और उनमें रिसालदार मुगल खाँ, मोहिउद्दीन खाँ, अहमद खाँ, आलम बहार खाँ, अब्दुल गफ्फार खाँ, अमानत शाह, रशीद मोहम्मद, मोहम्मद हुसैन और अब्दुल मन्नान खाँ आदि सम्मिलित थे। टोंक से देहली जाने वाले बहुत से सिपाही मारे भी गए थे।

टोंक से देहली जाने वाले सिपाहियों का जिक्र स्व. चुन्नीलाल ने अपने "रोजनामचे" में भी किया है। चुन्नीलाल दिल्ली के रहने वाले थे और 1857 के हालात उनकी नजरों के सामने गुजरे थे जिनको वह अपनी दैनिक डायरी में रोज लिखा करते थे। यही दैनिक डायरी वह रोजनामचा है जो एक दस्तावेज की हैसियत रखता है और प्रकाशित हो चुका है।

टोंक से संबंधित जंगे आजादी के ऐसे ही मतवालों में लाला निरंजन लाल के पुत्र बृजलाल कायस्थ का नाम भी विशेष रूप से उल्लेखनीय है। उसके संबंध में दैनिक "राजस्थान पत्रिका" जयपुर के 2 जुलाई 1998 के अंक के पृष्ट 6 पर नगर परिक्रमा के अन्तर्गत *"टोंक का रायनिरंजन लाल और उसका बेटा"* शीर्षक से छपा वर्णन इतिहासकारों का मार्ग दर्शन करता है। अतः राजस्थान पत्रिका में छपे मूल वर्णन से पाठकों को अवगत कराने के उद्देश्य से निम्नानुसार प्रस्तुत है–

टोंक का राय निरंजन लाल और उसका बेटा

और खबर मालुम हुई ज्यों कोई आसामी मुखबिर या बात साहब एजेंट सूं जाहिर करी छी कि टोंक वाला नवाब वजीरूद्दौला साहब को चाकर राय निरंजन लाल को बेटों बृजलाल कायस्थ भी दिल्ली का फिसाद्या मैं शामिल छो। सादुल्ला खाँ, उस्मान खाँ, उगर (वगैहरा) कागद लिखैं छा सो ब्रजलाल की मारफत ही जावे

आवै छा। तीं पर साहब एजेंट नवाब साहब नै लिखकर ब्रजलाल ने पकड मंगायों छो, बेडिया पहरकर कैद कर दीनो छो। सो आज साहब एजेंट ब्रजलाल ने पंच वकीला की कचहरी में बुलाकर पुछी थे दिल्ली का फिसादी आदमीया सुं साजिश राखी छी जी को सांचो आहवाल कहद्यो नहीं तो सजा पास्यो। तीं पर ब्रजलाल साफ इकांर कर गए तीं पर उनें उलटो ही हवालात में भेज दीनो और सजा देबा की सलाह पंच वकीला सू करी सो या तजवीज करी, रूपया दस हजार की जामनी करा दे जद तो छुट जावें और नहीं तो एक बरस कैद में रहे। और अरज हुई की ठाकुर लक्ष्मण सिंह का भला आदमी सादुल्लाखाँ ने ठाकुर का गावं किशनगढ (रेनवाल) में ले गया छै। रात नै महाराज कांसो जीमकर आराम करयो, चौकी वाला हाजिर रहया।[10]

ब्रजलाल का पिता राय (लाला) निरंजन लाल कायस्थ शाहजहाँबाद (दिल्ली) का रहने वाला था। फारसी का विद्वान था और 1817 में ईस्ट इण्डिया कंपनी के साथ नवाब मोहम्मद अमीर खाँ की जो संधि हुई थी उसका मसव्विदा उसी ने तैयार किया था और नवाब की ओर से अधिकृत होकर उसी ने संधि पर हस्ताक्षर किए थे। जब 1857 का सिपाही विद्रोह हुआ तो राय निरंजन लाल के बेटे ने भी टोंक के विद्रोहियों का साथ दिया। इस पर उसके साथ जैसा हुआ वो जयपुर के पर्चे में सनद है।

तजकरा पंचम

टोंक का नवाब वजीर खाँ 1857ई. के विद्रोह (गदर) के समय अंग्रेजों के साथ था परंतु उसकी सेना का एक बड़ा भाग विद्रोहियों से मिल गया। नवाब के सैनिकों ने आलम खाँ की हवेली को घेर लिया। इस संघर्ष में आलम खाँ मारा गया। उसकी जागीर छीन ली गई, परंतु टोंक के 600 सैनिक दिल्ली पहुँचने में सफल हो गए। 1858 ई. में तात्यां टोपें एवं बांदा के नवाब जब टोंक पहुंचे तब टोंक के एक सांमत नासिर मोहम्मद खाँ ने तांत्या टोपे का साथ दिया। बनास नदी के किनारे और अमीरगढ़ के किले के निकट विद्रोहियों और नवाब की सेना में भयंकर संघर्ष हुआ। नवाब ने स्वयं को किले में बंद कर लिया। नवाब के दीवान फैजुल्ला खाँ को पकड़ कर विद्रोहियों ने तोपखाने पर अधिकार कर लिया। नगर को घेर कर टोंक राज्य पर अपने शासन की घोषणा कर दी जो लगभग 6 माह तक रहा। अन्त में जयपुर के रेजिडेन्ट ईडन के बड़ी सेना लेकर पहुँचने पर टोंक मुक्त हो सका और क्रांतिकारी नाथद्वारा चले गये।[11]

तजकरा षष्ठम

इसी साल (1273 हि.मु. 1857ई.) साहिबजादा मीरआलम खाँ ख्लफे अकबर

जनाब मुमताजेद्दौला अख्वनजादा मोहम्मद अयाज खाँ बहादुर इस्तेकामत जंग खुसर हजरत नवाब अमीरूद्दौला बवजह सरगन्नी बागयान तम्मर्रद तूमाने फौज रियासत के हंगामा आराई में मकतूल हुए और इसी हंगामें में साहिबजादा साहिब मकतूल के हाथ से बयान खाँ रिसालेदार कुश्ता हुए और उन्हीं दिनों में साहिबजादा अजीमुल्ला खाँ उर्फ बन्ने मियाँ बिरादरे खुर्द साबिजादा साहिब मकतूल ने मुकय्यद जैल रियासत होकर बहालते मुकययदी में इन्तेकाल किया।[12]

तारीख बिस्त व चहारम माह जिल हिज्ज योम से शम्बा 1274 हि. मुताबिक 1858 ई. मुफसिदान ग्वालियर ने कि तख्मीनन बीस हजार (20,000) सवार और प्यादे थे ककराज इलाकाए टोंक में कयाम किया। बतारीख बिस्तो व शशुम माह मजकूर रोज पन्ज शम्बा से सदरे मुफसिदान खसारत मन्श ने अपने लश्कर के तीन हिस्से कर के तीन जानिब से टोंक पर यूरिश की। वकते अस्र से गुरूबे आफताब तब बाजारे कारजार गर्म रहा। बादहु बतारीख बिस्तो हफतुम मुफसदीन खबर आमदे लश्कर सुनकर बवकते निस्फुन्नहार फरार हो गए।[13]

उपरोक्त तज़करों से यह स्पष्ट होता है कि 1857 के प्रथम स्वतंत्रता संग्राम में, नवाब के अंग्रेजों के साथ वफादार होने के बावजूद नवाब के प्रबुद्ध देशभक्त संबंधियों, सैनिकों, सरदारों आदि ने भाग लिया और अपने जीवन को न्यौछावर कर दिया। विशेष बात यह है कि विद्रोहियों को दो तरफा जंग करनी पड़ी एक तरफ नवाब से और दूसरी तरफ अंग्रेजों से। ऐसे शहीदों को मेरा कोटि कोटि प्रणाम।

अन्त में यह लिखना आवश्यक है कि राजस्थान राज्य अभिलेखागार बीकानेर (राजस्थान) में सुरक्षित रियासत टोंक के रिकार्ड और मौलाना अबुल कलाम आजाद अरबी फारसी शोद्य संस्थान, टोंक (राजस्थान) में सुरक्षित मुंशी खाना हजूरी का जो रिकार्ड है, दोनों के शोध करने पर रियासत टोंक के सैकड़ों गुमनाम प्रथम स्वतंत्रता संग्राम के शहीदों, विद्रोहियों और उनको आर्थिक एवं चारित्रिक सहायता देने वालों के नाम सामने आने की सभांवना बनी है जिसके लिए एक शोद्य प्रोजेक्ट बनाकर उपरोक्त दोनो विभागों को शोघ कार्य करवाना चाहिए।

संदर्भ

1. *अमीरनामा,* फारसी हस्तलिखित ग्रन्थ लेखक मुंशी बसावर लाल "शादा" मौलाना अबुल कलाम आजाद अरबी फारसी शोध संस्थान टोंक में सुरक्षित है। इसका हिन्दी अनुवाद डॉ. मोहम्मद रियाजुद्दीन खाँ (मैंने) और श्री हनुमान सिंहल ने किया था जो उक्त संस्थान ने 2003 ई. में प्रकाशित कर दिया है।
2. *अमीरनामा,* फारसी हस्तलिखित ग्रन्थ

3. सै. अहमद शहीद (र.अ.) 6 वर्षो तक नवाब अमीर खाँ के लश्कर में रहे क्योंकि दोनों का समान उद्देश्य अंग्रेजों को तलवार के बल पर हिन्दुस्तान से निकालना था। जब अमीर खाँ ने अंग्रेजों से सन्धि कर ली तो वह साथ छोड़कर चले गए।
4. टोंक नगर का एक मौहल्ला।
5. गजटियर राजस्थान राज्य अभिलेखागार में उपलब्ध है।
6. *उदे हिन्दी* (मिर्जा गालिब के मकतूबात का मजमुआ) मुद्रक नवलकिशोर प्रेस, 01.08. 1958, पृष्ठ 57
7. राबर्टस रिपोर्ट 21 जुलाई 1858
8. मिर्जा गालिब के पत्रो का सग्रंह *उदे हिन्दी* मुद्रक नवलकिशोर प्रेस 1857 पृष्ठ 57
9. पुस्तक *1857* के बागी लेखक इन्तेजामुल्लाह शहाबी
10. हनुमान सिंहल, *टोंक का इतिहास*
11. *भारत का आधुनिक इतिहास,* 1992 प्रकाशक मिश्रा ब्रदर्स, अजमेर (राजस्थान)
12. अज़ अज़ग़र अली "आबरू", *हदीकए राजस्थान उर्फ तारीखे टोंक* मकाला दुवम, मतबुआ सितारएँ हिन्द प्रेस आगरा (यू.पी.) इशाअती साल 1319 हि.मु. 1901 ई. सफहा 44
13. अज़ अज़ग़र अली "आबरू", *हदीकए राजस्थान उर्फ तारीखे टोंक* मकाला दुवम सफा 44

सन्दर्भित पुस्तकों की सूची

1. फारसी हस्तलिखित (अप्रकाशित) ग्रंथ *अमीरनामा*
2. फारसी हस्तलिखित (अप्रकाशित) ग्रंथ *हफदा साला अमीर व बिस्त साला वजीर*
3. *उदे हिन्दी* (उर्दू) मिर्जा गालिब के मकतूबात का संग्रह (मुद्रित)
4. *वकाय अहमदी* फारसी हस्तलिखित ग्रंथ
5. उर्दू में हस्तलिखित पंडित रामकरण जोशी, टोंकी *एक नुस्खा* (अप्रकाशित)
6. हनुमान प्रसाद सिहंल टोकी, टोंक का इतिहास (मुद्रित)
7. इन्तेजामुल्लाह शहाबी मुद्रित *1857 के बागी,* लेखक
8. राजस्थान राज्य अभिलेखागार, बीकानेर में मुंशी खाना हजूरी रियासत टोंक का संधारित रिकार्ड
9. राजस्थान पत्रिका, जयपुर 2 जुलाई 1998
10. राबर्टस रिपोर्ट 21 जुलाई 1938
11. अज़ अज़ग़र अली आबरू हदीकए राजस्थान उर्फ तारीखे टोंक एम.ए.ए.पी.आर.आई. टोंक में है।

Chapter - 34

रियासत टोंक और प्रथम स्वतंत्रता संग्राम

वलीमुन्निसां खान

राजपूताना (राजस्थान) में रियासत टोंक की स्थापना 1817 ई. में नवाब अमीर खाँ एवं तत्कालीन अंग्रेज शासकों के मध्य हुए एक एग्रीमेंट के जरिए हुई थी। इस रियासत के द्वितीय नवाब वजीर खाँ के शासन काल (1834-1864 ई.) में भारत का प्रथम स्वतंत्रता संग्राम हुआ था।

यद्यपि नवाब वजीर खाँ अंग्रेज सरकार के पक्षधर थे किन्तु रियासत टोंक के स्वतंत्रता प्रेमी नवाब के सगे संबंधियों एवं सेना के एक बड़े भाग ने बगावत करते हुए प्रथम स्वतंत्रता संग्रामियों का साथ दिया। टोंक के रणबांकुरों ने दोहरी लड़ाई लड़ी। एक ओर टोंक नवाब से तथा दूसरी ओर अंग्रेजी सेनाओं से और हंसते-हंसते आजादी के लिए अपने प्राण न्यौछावर कर दिए तथा इस प्रकार की भावना के तहत अपने परिवार जनों, माल और संपत्ति की परवाह नहीं की। सच है आजादी का नशा ऐसा होता है कि आदमी जान, माल और संपत्ति सब कुर्बान कर देता है। देश के इस प्रथम स्वतंत्रता संग्राम ने अंग्रेज साम्राज्यवादी शासन की नींव हिला कर रख दी। यद्यपि यह आन्दोलन पूर्व नियोजित एवं संगठित सैन्य व्यवस्था के अभाव के कारण असफल हो गया किंतु यह आन्दोलन देश की आजादी की आधारशिला बना और आगे चलकर पूज्य बापू के नेतृत्व में देश की अहिंसात्मक आजादी के लिए मार्ग प्रशस्त करने में अत्यंत हितकर साबित हुआ। रियासत टोंक में प्रथम स्वतंत्रता संग्राम के विषय में कोई इतिहास नहीं लिखा गया। इसका कारण है कि टोंक नवाब द्वितीय तो अंग्रेजों के हिमायती थे। फारसी हस्तलिखित ग्रंथ[1] तथा प्रकाशित उर्दू ग्रंथों[2] में मिलता है कि नवाब वजीर खाँ, द्वितीय की बागियों के प्रति विरोधी इच्छा रखता था, इसीको दृष्टि में रखते हुए बचते बचाते सांकेतिक एवं संक्षिप्त रूप में उक्त ग्रंथों के लेखकों ने विवरण उपलब्ध कराया है। कुछ विवरण हिन्दी एवं उर्दू की

सन्दर्भ पुस्तकों में भी संक्षिप्त रूप में मिलता है। रियासत टोंक के प्रथम स्वतंत्रा संग्राम के विषय में कुछ विवरण इस प्रकार मिलता है– तालेयार खाँ के दोनो बेटे असफन्द यार खाँ और अजगर यार खाँ दिल्ली पहुँचे थे और उन दोनों को दिल्ली में फाँसी पर लटकाया गया था।[3] नवाब वजीरूदौला के भाई मुनीर खाँ, मामा मीर आलम खाँ, दूसरे मामा अजीमुल्लाह खाँ ने बगावत की। मीर आलम खाँ स्वंय के निवास पर नवाब की सेना से युद्ध करते हुए मारे गए। मीर आलम खाँ के एक पुत्र शैर आलम खाँ के पैर में गोली लगी उसे और दूसरे पुत्र शाह आलम खाँ जो जख्मी हुए उन दोनों को हथकड़ियाँ एवं बेड़ियाँ डालकर कैद में डाल दिया गया। नवाब ने अपने भाई मुनीर खाँ को बेडियाँ डालकर जेल में डाल दिया। दूसरे मामा हफीजुल्लाह को भी इस प्रकार से जेल में डाल दिया।

रियासत टोंक की सेना के लगभग 2000 से अधिक सिपाही एक दर्जन रिसालदार अपनी अपनी टुकड़ियों सहित रियासत की नौकरी छोड़कर दिल्ली गए थे। इनमें रिसालदार मुगल खाँ, मोहिउद्दीन खाँ, अहमद खाँ, आलम बहार खाँ, अब्दुल गफ्फार खाँ, अमानत शाह, रशीद मोहम्मद, मोहम्मद हुसैन और अब्दुल मन्नान खाँ आदि सम्मिलित थे। डॉ. एल. आर भल्ला के अनुसार 1857 के विप्लव में वजीर मोहम्मद खाँ ने अंग्रेजों का समर्थन किया लेकिन टोंक राज्य की सेना और जनता ने विप्लवकारियों का समर्थन किया।[4]

डॉ. जी.एन. शर्मा के अनुसार टोंक का नवाब वजीर खाँ 1857 ई. के विद्रोह (गदर) के समय अंग्रेजों के साथ था परन्तु उसकी सेना का एक बड़ा भाग विद्रोहियों से मिल गया। नवाब के सैनिकों ने आलम खाँ की हवेली को घेर लिया। इस संघर्ष में आलम खाँ मारा गया। उसकी जागीर छीन ली गई परन्तु टोंक के 600 सैनिक दिल्ली पहुँचने में सफल हो गए। 1858 ई. में तात्यां टोपे, बांदा के नवाब जब टोंक पहुँचे तब टोंक के एक सामन्त नासिर मोहम्मद खाँ ने तात्यां टोपे का साथ दिया। बनास नदी के किनारे और अमीरगढ़ के किले के निकट विद्रोहियों और नवाब की सेना में भंयकर संघर्ष हुआ। नवाब ने स्वंय को किले में बंद कर लिया। नगर को घेर कर टोंक राज्य पर अपने शासन की घोषणा कर दी जो लगभग 6 माह तक रहा। अन्त में जयपुर के रेजिडेन्ट ईडन के बड़ी सेना लेकर पहुँचने पर टोंक मुक्त हो सका और क्रांतिकारी नाथद्वारा चले गए।[5]

जयपुर का रेजिडेन्ट ईडन सेना लेकर जब टोंक पहुँचा तब टोंक को मुक्त कराया गया। क्रांतिकारी नाथ द्वारा चले गए। टोंक के परगना निम्बाहेड़ा (अब उदयपुर में है) के समीप नीमच में 3 जून 1857 को विद्रोह प्रारम्भ हुआ। कर्नल अबेट को क्रांति के संकेत मिलते ही सिपाहियों से गंगा व कुरान की कसम खिलवाई और खुद ने बाईबल की कसम खाई परन्तु क्रांति के उफान में सभी कसमें धरी रह

गई। कप्तान बर्नेश उदयपुर पहुँचे। वहाँ उन्हें मंदिर में सुरक्षित रखा गया। 5 जून को सैनिकों ने दिल्ली की और कूच किया। निम्बाहेडा के ज्वाला सहाय ने क्रातिकारियों की सहायता की जिसे बाद में फाँसी पर चढ़ा दिया गया।[6]

नीमच में पुनः विद्रोह—यूरोपीय सेना की टुकड़ी, जो बम्बई से नसीराबाद होती हुई आई थी, के सैनिक भड़क गए सैनिकों ने आदेश मानने से इनकार कर दिया। अधिकारी परेशान थे तब उदयपुर महाराणा ने आकर मध्यस्थता कर सैनिकों को शांत किया।[7]

उपरोक्त विवरण से यह निष्कर्ष निकलता है कि नवाब वजीरके अंग्रेजी सरकार के साथ होने के कारण टोंक के रण बांकुरों ने नवाब की सेना से आजादी का युद्ध लड़ा, यातनाएँ सही, दिल्ली पहुँचें और अंततः आजादी के लिए अपने प्राण सहर्ष एवं स्वेच्छा से कुर्बान कर दिए। इन आजादी के मतवालों में रियासत टोंक के मीर आलम खाँ और उनके परिवार ने अग्रणी भूमिका निभाई। मीर आलम खाँ का नाम स्वतंत्रता अभियान के हीरों के रूप में सामने आता है। इस देश भक्त भारतीय सपूत मीर आलम खाँ के उत्तराधिकारियों में अन्तर्राष्ट्रीय ख्यातिप्राप्त ऊर्दू शायर मख्मूर सईदी निवासी फाटक तेलियान, तुर्कमान गेट दिल्ली है जो नेशनल कौंसिल बराय फरोग ऊर्दू भाषा (एन.सी.पी.यू.एल) नई दिल्ली के *ऊर्दू रिसाले* मासिक *ऊर्दू दुनिया* नई दिल्ली के मानदेय संपादक और शोध के त्रैमासिक मेगाजिन *फिक्रो तहकीक* नई दिल्ली के मुशीर (परामर्शदाता) अपने ऊर्दू काव्य कलाम एवं अदर्वा गतिविधियों से साहित्यिक सेवा में जुटे हैं और उन ही के अनुज श्री फजलुर्रज्जाक 'अरशद' द्वारा मोर्डन पब्लिशिंग हाऊरा, 9 गोल मार्केट दरिया गंज नई दिल्ली एक प्रसिद्ध ऊर्दू शायर है और इसी फर्म के माध्यम से पुस्तकों को प्रकाशित करवाने के कार्य के साथ-साथ अपनी ऊर्दू काव्य कला का प्रदर्शन भी कर रहे हैं और एक प्रकार से मुंशी नवल किशोर द्वारा स्थापित पुस्तकों के प्रकाशन के पावन मार्ग पर चल रहे हैं।

संदर्भ

1. दीवान रामसुद्दीन, *हफ्ता देह साला अमीर व बिस्तसाला वजीर* (फा. पांडुलिपि.)
2. उस्ताद अजग अली आबरू, *तारीखे टोंक* (उर्दू प्रकाशित), आगरा, 1901
3. मिर्जा गालिब के खत, *ऊदे हिन्दी* (उर्दू प्रकाशित)
4. डॉ. आर.एल. *भल्ला, सामयिक राजस्थान,* 27वॉ संस्करण 2006 जयपुर पृ. 277
5. डॉ. जी.एन. शर्मा (सं.) *भारत का आधुनिक इतिहास,* 1992 पृ. 235

6, 7. कुंवर कनक सिंह राव *आर.ए.स. परीक्षा उधरोहर, भारतीय इतिहास,* 2003-04 जयपुर पृ. 925

Chapter - 35

प्रथम स्वाधीनता संग्राम एवं राजस्थान बीकानेर राज्य के विशेष संदर्भ में

डॉ. शिव कुमार भनोत

10 मई, सन् 1857 ई. को मेरठ की सैन्य छावनी में भारतीय सेना ने विद्रोह कर देश में क्रांति का शंखनाद कर दिया था।[1] पूर्व नियोजित कार्यक्रमानुसार कई देशी राज्यों के नरेशों तथा राष्ट्रवादी शक्तियों ने अंतिम मुगल सम्राट बहादुरशाह 'जफर' के नेतृत्व में भारत से अंग्रेजी सत्ता को उखाड़ फेंकने के लिए शस्त्र उठाए। अंग्रेजों के प्रभुत्व से अपने देश को स्वतंत्र कराने की दिशा में उठाया गया यह पहला बड़ा कदम था।[2] इसी कारण इस क्रान्ति को भारत की स्वतंत्रता का प्रथम युद्ध कहा जाता है। यद्यपि, अंतिम लक्ष्य प्राप्त कर पाने की दृष्टि से यह युद्ध असफल रहा, तथापि कई इतर दृष्टिकोणों से सफल रहा यह युद्ध भारतीय स्वाधीनता संग्राम के इतिहास में एक मील का पत्थर साबित हुआ।

भारत के इस प्रथम स्वाधीनता संग्राम का एक नकारात्मक और शर्मनाक पक्ष यह रहा कि दुर्भाग्यवश समसामयिक राजस्थान के लगभग सभी राजाओं ने परोक्ष नहीं तो अपरोक्ष रूप से राष्ट्रीय शक्तियों का साथ न देकर अंग्रेजों की साम्राज्यवादी हुकूमत का साथ दिया अथवा उसे सहयोग दिया। अंग्रेजों के प्रति राजस्थान के अधिसंख्य राज्यों की सहानुभूति, सहयोग तथा खैरख्वाही या वफादारी पूर्ण इस रवैये की पृष्ठभूमि में शायद यह कारण अंतर्निहित था कि उनका यह मानना था कि अंग्रेजी शासन की बदौलत ही उन्हें मराठों, पिण्डारियों और उनके स्वयं के सामन्तों-जागीरदारों से राहत मिली है। अंग्रेजी साम्राज्यवाद के हाथ मजबूत करने वाले राजस्थान के ये राज्य सोचते थे कि ऐसा करने पर वे अंग्रेजों से प्रशंसा, ईनाम-इकराम, खिलअत और सम्मान तो प्राप्त करेंगे ही उन्हें ब्रिटिश हुकूमत का वरद हस्त भी प्राप्त होता रहेगा।

राज. निवास-जे.एन.व्यासनगर, बीकानेर।

ऐसा प्रतीत होता है जैसे राजस्थान के देशी राजाओं में इस दौरान अंग्रेजों का सहयोग कर उनका कृपा-पात्र बनने की होड़ सी लग गई थी। इस क्रम में बीकानेर नरेश सरदारसिंह[3]; जयपुर नरेश रामसिंह[4]; मेवाड़ के राणा सरूपसिंह[5]; बांसवाड़ा के महारावल लक्ष्मणसिंह[6]; डूंगरपुर के महारावल उदयसिंह द्वितीय[7]; टोंक के नवाब वजीर खां[8]; अलवर नरेश बन्नेसिंह[9]; भरतपुर के नाबालिग शासक जसवंतसिंह[10]; गैलपुर नरेश भगवन्तसिंह[11] तथा करौली नरेश महारावल मदनपाल[12] आदि सभी को हम एक ही पंक्ति में खड़ा पाते हैं। सभी का लक्ष्य अंग्रेजों के प्रति सहयोगी रुख दर्शा कर उनकी कृपा और ईनाम अर्जित करना रहा। राजस्थान के कतिपय अन्य राज्य जैसे–जैसलमेर, सिरोही, बूंदी आदि के शासक भी गदर के इस दौर में अंग्रेजों के वफादार रहे और उन्होंने भी प्रतिफल में छोटी-मोटी रियासतें व पुरस्कार प्राप्त किये।[13] जोधपुर नरेश तख्तसिंह का रवैया भी इस सम्बन्ध में कुछ इतर नहीं रहा[14]। मारवाड़ के एक बड़े ठिकाने आऊवा के ठाकुर खुशालसिंह चंपावत द्वारा बागियों के नेतृत्व को स्वीकार लिये जाने के पीछे अन्तर्निहित रहे कारणों को लेकर हो रहे मत-मतान्तर[15] का विश्लेषण करना इस शोध-पत्र का ध्येय नहीं है। तथापि यह एक सत्य है कि आऊवा ठाकुर के इस विद्रोह से जुड़ जाने के पश्चात् आसोप, गूलर और आलनियावास के ठाकुर भी इस विद्रोह में कूद पड़े थे। कोटा के महाराव रामसिंह को तो बागियों द्वारा नजरबंद तक कर दिया गया था जिन्हें बाद में करौली की सेना ने कोटा पहुँच कर छुड़वाया था।[16] अजमेर-मेरवाड़ा की नसीराबाद छावनी की दो रेजीमेंट्स द्वारा बगावत करना और फिर दिल्ली के लिए कूच करना राजस्थान में स्वाधीनता के प्रथम संग्राम में उल्लेखनीय है।[17]

1857 के प्रथम स्वाधीनता संग्राम के समय बीकानेर पर महाराजा सरदारसिंह का शासन था।[18] उनका शासन विद्रोहों और दमन की म्लान कथा की छाया में प्रारम्भ हुआ था। अतः अंग्रेज सरकार का प्रभाव धीरे-धीरे बीकानेर पर बढ़ता हुआ दिखाई दिया। बीकानेर राज्य के सीमावर्ती राज्यों भावलपुर, जोधपुर, जयपुर, शेखावाटी और मारवाड़ की सीमा समस्याओं के कारण सेना पर खर्च बढ़ गया था। असंतुष्ट सरदार शांति से नहीं रहते थे और जागीरदार व ठाकुर राज्य के लिये निरन्तर चिन्ता का कारण बने हुए थे। लोगों की तथा समूचे बीकानेर राज्य की आर्थिक दशा भी ठीक नहीं थी।[19] ऐसे में महाराजा ने कतिपय आर्थिक सुधार लागू कर जहां राज्य की आर्थिक स्थिति को सुधारने का प्रयास किया वहीं अंग्रेजों की दृष्टि में चढ़ने और उनकी कृपा अर्जित करने के उद्देश्य से राजपूताना में गवर्नर जनरल के तत्कालीन एजेन्ट सर हेनरी लॉरेंस द्वारा भेजे गये खरीते की पालना करते हुए अंग्रेज हुकूमत

की मंशा के अनुरूप बीकानेर राज्य में सती प्रथा और समाधि-प्रथा को कानूनन प्रतिबंधित भी कर दिया।[20]

सन् 1857 का विद्रोह, जो प्रारम्भ में एक साधारण सा स्थानीय मामला लगता था, ने शीघ्र ही एक व्यापक रूप धारण कर लिया और वह ईस्ट इण्डिया कम्पनी के लिए दुर्भाग्यसूचक बनकर उभरता हुआ दिखाई दिया। विद्रोहियों ने बीकानेर राज्य की उत्तरी सीमा पर सिरसा, हिसार और हांसी के जिलों पर अधिकार कर लिया। बीकानेर नरेश महाराजा सरदारसिंह ने इस समय में अंग्रेजों की मदद कर अपने आपको उनका खैरख्वाह साबित करने का प्रयास करते हुए वहाँ बीकानेर की सेना भेजने का निर्णय लिया। बीकानेर महाराजा द्वारा अंग्रेज हुकूमत की सहायता किये जाने की मन्शा व्यक्त किये जाने पर ब्रिगेडियर जनरल पी लॉरेन्स। (ए.जी. जी. राजपूताना) ने लेफ्टिनेन्ट माइल्डमे को बीकानेरी फौज का नेतृत्व करने के लिये भेजा। इस सेना को सिरसा और हांसी के विद्रोही जिलों में जनरल वानकोर्टलैंड द्वारा की जा रही कार्रवाई में सहयोग करने के लिये भेजा गया था।[21]

इस अभियान का एक उल्लेखयोग्य वैशिष्ट्य यह था कि इसमें बीकानेर महाराजा सरदारसिंह व्यक्तिशः अपनी सेना का नेतृत्व करने के लिए उपस्थित रहे। लेफ्टिनेन्ट माइल्डमे ने उन्हें बहुत ही उत्साहित पाया। बीकानेरी फौज के वहाँ पहुँचने के कुछ दिन बाद वानकोर्टलैन्ड ने उनमें से 500 सैनिकों को लेफ्टिनेन्ट पियर्स की अधीनता में हिसार पर अधिकार करने के लिए भेजा।[22] इन सैनिकों की संख्या बाद में बढ़ा कर 1700 कर दी गई। उन्होंने हिसार पर अधिकार कर लिया और तीन सप्ताह तक उसे अपने कब्जे में रखा। इस अवधि के दौरान बीकानेर के सवार निरन्तर ड्यूटी पर रहते थे ताकि लूटमार का भय नहीं रहे और राजस्व वसूल किया जा सके। 21 जुलाई को एक हजार से अधिक सैनिक और दो तोपें हांसी की सहायतार्थ भेजी गईं। उन्होंने उसे जीत कर उस पर तीन सप्ताह तक अपना अधिकार बनाए रखा जब तक कि 8 अगस्त को जनरल वानकोर्टलैन्ट वहाँ नहीं पहुँच गया। हरियाण में बीकानेरी फौज का विद्रोहियों से छः बार मुकाबला हुआ और प्रत्येक बार विद्रोही भगा दिए गए।[23]

19 अगस्त को बीकानेरी फौज ने हाजमपुर के पास 3000 विद्रोहियों को मार भगाया। बीकानेर का सारा रिसाला 23 अगस्त को हाजमपुर को जलाने में लेपिटनैन्ट माइल्डमे के साथ था।[24] बाठूल के घेरे के समय लेफ्टिनैन्ट पियर्स के अधीन सेना के एक व्यक्ति—शामपुरा के खेतसिंह राठौड़ ने वहाँ हो रही गोलीबारी

की परवाह नहीं करते हुए शहरपनाह पर चढ़कर अद्भुत साहस का परिचय दिया। मंगली और तोशाम पर आक्रमण करने के लिए दो बीकानेरी तोपें भेजी गई थीं। यहाँ बीकानेरी फौज के तीन प्रधान—नीमराणा का मोहकमसिंह, कोजरा (फूंजला) का मिट्ठूसिंह और बिरकाली का रघुमाणसिंह मारे गए। विद्रोहियों की संख्या अधिक होने के कारण हमले में बीकानेरी फौज का सिपाही गुमानसिंह जाटू भी मारा गया। ऐसे उल्लेख मिलते हैं कि विद्रोहियों के एक गढ़ जमालपुर के हमले में बीकानेर की सारी फौज ने भाग लिया। प्रधानतः इसी कारण विद्रोहियों को परास्त किया जा सका था।[25]

प्रथम स्वाधीनता संग्राम के समय बीकानेर नरेश महाराजा सरदारसिंह ने अंग्रेजी सरकार की जो सहायता की। ततसंबंधी ब्यौरा एवं तथ्य लालगढ़ बीकानेर स्थित गंगासिंह ट्रस्ट के अभिलेखागार में संरक्षित महाराजा बीकानेर के निजी सचिव की फाइल संख्या 40 में समाहित है।[26] जिसका संक्षिप्त विवरण इस प्रकार है—लैफ्टिनेन्ट माइल्डमे के अधीन बीकानेरी फौज में जो सरदार सम्मिलित हुए थे उनके नाम इस प्रकार हैं—सरदार भूकरका, सांखू, सीधमुख, जसाणा, वॉय, नीमा, राजपुरा, कुंमाणा, दद्रेवा, हरदेसर, विरकाली, अजीतपुरा, मेघाना, कान्हसर, तेहाणदेसर, कतार, मेनसर, बीदासर, गोपालपुरा, सांड़वा, चाहड़वास, हरासर, लोहा, खुड़ी, कनवारी, शोभासर, पड़िहारा, काणुता, सारोठिया, कक्कू जांगालिश, रावतसर, माणकरासर, जैतपुर, झारिया, सात्यू, ल्यौहसणा, कल्लासर, घांघूसर, रामसर, घड़ियाला, खारबादा, जांगलू, हाड़लां, जैतसीसर, राणसर तथा नाहरसर।

बीकानेरी फौज में शामिल मंत्री और अधिकारी निम्नांकित थे—महाराव हरिसिंह मेहता, फौजदार ठाकुर हुकमसिंह भाटी, राव गुमानसिंह वैद, कमांडेन्ट गुरूसहाय, साह लक्ष्मीचंद सुराणा, साह लालचंद सुराणा, साह फनेचंद सुराणा और पुरोहित चिमनराम।[27] इनके नेतृत्व में बीकानेरी फौज मादरा से हिसार गई। वहाँ भादुवा सुदी छठ विक्रमी संवत् 1914 को बीकानेरी सेना जनरल वानकोर्ट लैण्ड की सेना से जा मिली। विद्रोहियों ने हिसार पर आक्रमण किया और शहरयनाह के फाटक तोड़ने का प्रयत्न किया। बीकानेरी फौज ने इन हमलों को विफल कर दिया और विद्रोहियों को शिकस्त दी।[28] इस हमले में लगभग 400 विद्रोही मारे गए और कुछ बंदी बना लिए गए। हमले के समय भादरा का ठाकुर बाधसिंह कांधल, बांय का ठाकुर शिवजीसिंह, सांवतखां पठान, साहणी जवाबजी, मेहता शिवजीसिंह और पुरोहित चिमनराम हिसार में थे। भादरा ठाकुर बाधसिंह को बीदावतों की एक टुकड़ी के साथ हिसार की देखभाल के लिए छोड़ दिया गया और बीकानेर की शेष

सेना हांसी, फतेहाबाद और तोशाम की ओर बढ़ी। तोशाम में सांखू प्रधान और नीमा के ठाकुर रहे। हांसी से लगभग आठ मील दूर जमातपुर और उमराय के बीच एक स्थान पर बीकानेरी फौज की विद्रोहियों से मुठभेड़ हुए। इसमें विद्रोही, बीकानेरी सैनिकों के हाथों परास्त हुए। इसी लड़ाई में बीकानेर का एक सरदार कक्कू का पदमजी बीदावत गोली का शिकार हो गया था और कुछ सैनिक भी मारे गए थे।

इस लड़ाई में जिसमें बीकानेर राज्य की दो तोंपे, 500 सवार और 1100 पैदल थे, कनवारी के ठाकुर सगतसिंह सारोठिया ठाकुर बाहरसिंह, श्यामपुरा के बींजराज वणीरोत, ल्होसणा के कुशलसिंह कक्कू के बीदावत पदमसिंह और भूकरका, जसाणा व राजपुरा आदि के सरदारों ने भाग लिया था। अंग्रेजी, बीकानेरी और पटियाला की इस सम्मिलित सेना की कुल संख्या 2000 सवार, 3000 पैदल तथा कुछ तोपें थी। समसामयिक रिकार्ड में बीकानेरी फौज द्वारा लड़ी गई विभिन्न लड़ाइयों के जो उल्लेख देखने को मिलते हैं उन्हें कुल सात अभियानों के रूप में गिना जा सकता है जो क्रमशः इस प्रकार थे–

(1) हिसार–भादुवा सुदी 6 संवत 1914

(2) तोशाम–भादुवा सुदी 7 संवत 1914

(3) मंगली–आसोज बदी 2, संवत 1914

(4) जमालपुर–आसोज बदी 7 संवत 1914

(5) हांसी–तिथि ज्ञात नहीं

(6) सिरसा–तिथि ज्ञात नहीं

(7) फतेहाबाद–तिथि ज्ञात नहीं।[29]

ऐसे उल्लेख मिलते हैं कि बानकोर्टलैंड के चले जाने के बाद भी बीकानेर के 200 सैनिक लड़ाई में लगे रहे। जमालपुर लेने के समय बीकानेर का सारा रिसाला वहाँ उपस्थित था। बीकानेर नरेश महाराजा सरदारसिंह की व्यक्तिगत उपस्थिति का एक प्रभाव यह पड़ा कि मंगली, श्रीवायसू और दूसरे उत्तेजित गाँवों के उत्तेजित रांघड़ उस समय शांत रहे। हांसी अभियान के समय समूची बीकानेरी फौज के ज्वरग्रस्त हो जाने के उल्लेख भी हमें देखने को मिलते हैं। इस ज्वर से बीकानेरी फौज के काफी सिपाही काल के ग्रास भी बन गए थे।

इन समस्त अभियानों के दौरान बीकानेरी फौज ने विद्रोहियों के विरुद्ध अंग्रेजी फौज की जो सहायता की थी उससे ब्रिटिश अधिकारी तथा विशेष रूप से जनरल वानकोर्टलैन्ड बेहद प्रसन्न हुआ था। इसी से प्रसन्न होकर अंग्रेज हुकूमत ने इस सहायता के लिए बीकानेर नरेश को बधाई और धन्यवाद ज्ञापन का खरीता भेजा था।[30]

इस सत्य से इन्कार नहीं किया जा सकता कि 1857 के इस प्रथम स्वाधीनता संग्राम के समय फैली अंग्रेज हुकूमत विरोधी विद्रोहों की आग को पंजाब में बीकानेर राज्य द्वारा प्रदत्त अविलम्ब सहायता के कारण ही रोका जा सका था। संकट के इस समय में अंग्रेजों को बीकानेर राज्य से जो सहायता मिली उसके महत्त्व को ब्रिटिश हुकूमत ने कृतज्ञता से स्वीकार भी किया। यही कारण था कि गवर्नमैन्ट ऑफ इण्डिया को लिखे अपने सरकारी पत्र में ब्रिगेडियर जनरल पी.लारेन्स ने बीकानेर नरेश महाराजा सरदारसिंह द्वारा प्रदत्त सेवाओं की मुक्त कण्ठ से प्रशंसा की थी।[31] राजपूताना के गवर्नर जनरल के एजेन्ट ने 21 दिसंबर 1860 को भारत सरकार के विदेश विभाग के सचिव को लिखे अपने पत्र मे स्पष्ट रूप से लिखा कि विद्रोह के आरम्भ से महाराजा बीकानेर ने अंग्रेज सरकार के प्रति अत्यधिक राजभक्ति और मित्रता का पूर्ण प्रदर्शन किया है और युद्ध में अंग्रेजों को पूर्ण सहयोग किया है।[32] महाराजा बीकानेर ने अनेक यूरोपियनों को शरण देने और बचाने में भी उल्लेखयोग्य सेवाएँ दी।[33] महाराजा बीकानेर ने इस दौरान अंग्रेजों के समर्थन में जिस साहस और शक्ति का प्रदर्शन किया उसी के कारण बीकानेर महाराजा को उस सर्वोच्च सम्मान पुरस्कार के योग्य समझा गया जो अंग्रेज सरकार के द्वारा सर्वाधिक प्रशंसनीय राजपूत नरेश को देने की स्वीकृति दी गई थी।[34]

राजस्थान में केवल महाराजा सरदारसिंह ही ऐसा राजा था जिसने विद्रोह के समय अंग्रेजों की ओर से व्यक्तिगत रूप से युद्ध में भाग लिया था। ए.जी.जी. राजपूताना ने जयपुर सहित राजपूताना के दूसरे सभी राजाओं से बीकानेर महाराजा की स्वामीभक्ति और सेवाएँ श्रेष्ठ मानी। इन सेवाओं के कारण उसके मतानुसार बीकानेर महाराजा को उसी श्रेणी में रखे जाने की अनुशंसा की गई जिसमें रीवां और चरखारी के महाराजाओं को रखा गया था तथा जिन्हें खिलअत और दूसरे सम्मानों के साथ जागीर भी पुरस्कार में दी गई थी।[35] अतः अंग्रेजों ने महाराजा सरदारसिंह की सेवाओं की प्रशंसा की और हिसार जिले के 41 गाँव, जिनका राजस्व 14291 रू. वार्षिक था को 1 मई, सन् 1862 को बीकानेर राज्य को दे दिए गए।[36] विद्रोह के समय की गई प्रशांसनीय सेवाओं के उपलक्ष्य में गवर्नर जनरल ने महाराज को खिलअत

तथा उपहार भी दिए।[37] सरदारसिंह को गवर्नर जनरल के सहायक एजेन्ट कप्तान हैमिल्टन, अलेक्जेण्डर स्किनर और दूसरों से भी बधाई के खरीते प्राप्त हुए।[38] इसी क्रम मे इंग्लैण्ड की महारानी विक्टोरिया द्वारा महाराजा की सहायता की प्रशंसा का संदेश सरचार्ल्सवुड ने अपने 15 दिसंबर सन् 1859 के पत्र द्वारा भिजवाया।[39]

उल्लेखनीय है कि बीकानेर राज्य ने हिसार जिले के 45 गाँवों पर इस आधार पर अपना दावा कर रखा था कि वे तीन सौ से भी अधिक वर्षों तक बीकानेर राज्य के अधीन रहे थे और अब अंग्रेजों के नियंत्रण में थे। 1857 के विद्रोह के समय बीकानेर ने अंग्रेजों को जिस सीमा तक जाकर मदद की यह उसी का पुरस्कार था कि ब्रिटिश सरकार ने उन 45 में से 41 गांव देकर बीकानेर राज्य को पुरस्कृत किया।[40] यही नहीं, सन् 1862 में महाराजा बीकानेर को एक सनद भी प्राप्त हुई जिसमें महाराज के दत्तक पुत्र लेने के अधिकार को भी स्वीकार कर लिया गया।[41] सनद में लिखा था कि जब तक बीकानेर के शासक ब्रिटिश सरकार के स्वामीभक्त रहेंगे और विभिन्न सन्धियों व इकरारनामों की शर्तों का पालन करेंगे तब तक औरस पुत्राधिकारी न होने पर महाराजा और बीकानेर के भावी शासक हिन्दू पद्धत्ति और अपनी जाति के रीति-रिवाज के अनुसार अपना उत्तराधिकारी गोद ले सकेंगे तथा उसे अंग्रेज सरकार स्वीकृत व पुष्ट करेगी।[42] इस प्रकार बीकानेर राज्य को अपनी सेवाओं के बदले में डलहौजी द्वारा लागू की गई "डॉक्टरिन ऑफ लेप्सेज" (वैध उत्तराधिकारी न होने पर राज्य हड़प लेने की नीति) से भी छूट प्राप्त हो गई थी।

इस प्रकार हम यह देखते हैं कि सन् 1857 के प्रथम स्वाधीनता संग्राम की शुरूआत होने के बाद ब्रिटिश हुकूमत के खिलाफ विद्रोहों का जो अनवरत सिलसिला शुरू हो गया था वह यदि जारी रहता और देशी रियासतों के नरेश भी राष्ट्रवादियों और विद्रोहियों के साथ ही जाते तो निश्चित रूपेण अंग्रेज को हुकूमत को उसी समय भारत छोड़ कर भाग जाने को विवश हो जाना पड़ता। परंतु, यह हमारे देश का दुर्भाग्य ही था कि देशी नरेशों ने कतिपय स्वार्थों की पूर्ति के लिए अंग्रेजों का साथ देने का रास्ता चुना। राजस्थान के अधिसंख्य राज्यों के नरेशों में तो जैसे अंग्रेजों को सहयोग कर अपने आप को उनका वफादार व खैरख्वाह साबित करने की होड़ सी मच गई। बीकानेर राज्य और यहाँ के समसामयिक नरेश महाराजा सरदारसिंह तो इस होड़ में सबसे आगे निकल गए। अंग्रेजों के विफल हो रहे विद्रोहों के दमन में उन्होंने तो अपनी व्यक्तिगत उपस्थिति दर्ज करा कर राजपूताना के अन्य सभी अंग्रेज समर्थक नरेशों में अग्रणी स्थान निश्चित कर लेने में सफलता अर्जित कर ली। इससे बीकानेर राज्य अंग्रेजों की नजर में चढ़ गया,

वह अंग्रेजी हुकूमत का विशेष कृपापात्र बनकर मुखरित होता दिखाई दिया और बीकानेर राज्य को ईनाम-इकराम, खिलअत सम्मान व रियायतों के साथ हिसार जिले के 41 गाँव भी प्राप्त हुए जो बीकानेर राज्य के लिए बहुत बड़ी उपलब्धि थी। परन्तु इन सभी से इतर इस समूचे विकास क्रम का नकारात्मक और शर्मनाक पक्ष यह रहा कि बीकानेर नरेश सरीखे शासकों ने अपने निहित स्वार्थों की पूर्ति के लिए राष्ट्रहित को अपूरणीय क्षति पहुँचा दी। बीकानेर सरीखे नरेशों के कारण ही अंग्रेजी हुकूमत के खिलाफ उठ खड़े हुए इस व्यापक विद्रोह में राष्ट्रवादियों का प्रतिरोध अपने अंतिम लक्ष्य को प्राप्त कर पाने में विफल रहा और इतिहास के पृष्ठों में स्वाधीनता प्राप्तार्थ किया गया यह संघर्ष भारत के प्रथम स्वाधीनता संग्राम का सम्बोधन पाकर रह गया।

संदर्भ

1. बी.एल.पानगड़िया : *राजस्थान में स्वतंत्रता संग्राम,* पृ. 8, जयपुर, 1985
2. सन् 1848 में भारत के तत्कालीन गर्वनर जनरल लॉर्ड डलहौजी ने "डाक्टरिन ऑफ लैप्सेज" का सिद्धान्त लागू कर किसी नरेश के निःसंतान मरने पर उसे ब्रिटिश इण्डिया का हिस्सा बना लिए जाने की नीति कार्यान्वित कर दी। इसी क्रम में सतारा, झांसी, नागपुर, अवध, कर्नाटक आदि रियासतों को जब्त कर लिया गया था। ऐसा माना जाता है कि देशी राज्यों के शासकों में इसकी तीव्र प्रतिक्रिया हुई जो सन् 1857 की क्रांति के रूप में सामने आई।
3. सरदारसिंह विद्रोह के दमन के लिए अंग्रेजों के समर्थन में व्यक्तिगत रूप से युद्धस्थल पर जाने वाला प्रथम शासक था। द्रष्टव्य–डॉ.करणी सिंह : *बीकानेर के राजघराने का केन्द्रीय सत्ता से संबंध* (1465-1949 ई.), पृ. 182, बीकानेर, 1968, बी.एल.पानगाड़िया : *राजस्थान में स्वतंत्रता संग्राम,* पृ. 8, डॉ.एम.एस.जैन : *आधुनिक राजस्थान का इतिहास,* पृ. 156, जयपुर 1990
4. सहयोग के प्रतिफल में अंग्रेज सरकार ने जयपुर राज्य को कोटपुतली का परगना स्थाई तौर पर दे दिया था। बी.एल.पानगाड़िया : *राजस्थान में स्वतंत्रता संग्राम,* पृ. 195, डॉ.एम.एस. जैन : *आधुनिक राजस्थान का इतिहास,* पृ. 145
5. महाराणा ने अंग्रेजों की सहायतार्थ अपनी सेना नीमच भेजी तथा पोलीटिकल एजेन्ट और 40 अन्य स्त्री पुरुषों को अपने महल जगमंदिर में शरण दी। द्रष्टव्य–बी.एल.पानगाड़िया : *राजस्थान में स्वतंत्रता संग्राम,* पृ. 9, जगदीश सिंह गहलोत : *राजपूताने का इतिहास,* पृ. 27
6. बी.एल.पानगड़िया : *राजस्थान में स्वतंत्रता संग्राम,* पृ. 9
7. वही
8. वजीरखां स्वयं तो अंग्रेजों के साथ था परंतु, उसकी सेना का एक बड़ा भाग विद्रोहियों से मिल गया था। द्रष्टव्य–बी.डी. शर्मा : *टोंक और सन् 1857 क विद्रोह,* शोध लेख, प्रकाशित, राजस्थान इंस्टीट्यूट ऑफ हिस्टोरीकल रिसर्च, अप्रैल, 1966, अंक, जयपुर

9. एम.एस.जैन : *आधुनिक राजस्थान का इतिहास* पृ. 145, वी.एल.पानगाड़िया : *राजस्थान में स्वतंत्रता संग्राम* पृ. 9
10. वहाँ का शासन पोलिटिकल एजेन्ट के हाथों में था। यहाँ के मेवों ने विद्रोहियों का साथ दिया था। द्रष्टव्य—वी.एल.पानगड़िया : *राजस्थान में स्वतंत्रता संग्राम,* पृ. 10 ; डॉ.एम. एस.जैन : *आधुनिक राजस्थान का इतिहास* पृ. 145
11. नाथूराम खड़गावत : *राजस्थान्स रोल इन दी फ्रीडम् स्ट्रगल ऑफ* 1857, पृ. 72
12. बी.एल.पानगड़िया : *राजस्थान में स्वतंत्रता संग्राम,* पृ. 10
13. वही
14. अवरसिंह : तख्तसिंह का ए.जी.जी.लॉरेन्स के नाम खरीता, पृ. 113, आई.टी. प्रिचार्ड : *दि म्यूटिनीज इन राजपूताना,* पृ. 194; बी.एल. पानगड़िया : *राजस्थान में स्वतंत्रता संग्राम* 10-11 ; एम.एस.जैन : *आधुनिक राजस्थान का इतिहास,* पृ. 145,146,150
15. खड़गावत ने यह सिद्ध करने का प्रयास किया है कि आऊवा का विद्रोह अंग्रेजों के विरुद्ध सामान्य और व्यापक असंतोष का परिणाम था, जो गलत है चूँकि आऊवा ठाकुर के द्वारा जोधपुर के पोलीटिकल एजेन्ट मोंकमेसन को यह संदेश कराए जाने के उल्लेख मिलते हैं कि विद्रोही समर्पण करने को तैयार हैं, यदि उन्हें माफ करने का आश्वासन दिया जाए। परंतु लार्ड कैनिंग के माफी नहीं दिए जाने के आदेश के कारण मोंकमेसन ने यह आश्वासन देने से इनकार कर दिया। इसी विकास क्रम ने आऊवा ठाकुर को विद्रोहियों के पक्ष में धकेल दिया। द्रष्टव्य—*राजपूताना एजेन्सी रिकार्ड* (जयपुर ग्रन्थ), 1857-58, नं. 1/मिलिट्री, पृ. 4, आई.टी.प्रिचार्ड : *दि म्यूटिनीज इन राजपूताना,* पृ. 223-26, 231-32, नाथूराम खड़गावत : *राजस्थानस रोल इन दी फ्रीडम स्ट्रगल ऑफ* 1857, पृ. 60-62
16. मथुरालाल शर्मा : *कोटा राज्य का इतिहास,* जिल्द-2 पृ. 604-05, 607-13 एवं 629-30 ; 1857-58 की रिपोर्ट, पृ. 14,18,36
17. बी.एल.पानगड़िया : *राजस्थान में स्वतंत्रता संग्राम,* पृ. 12, डॉ.एम.एस.जैन : *आधुनिक राजस्थान का इतिहास, पृ. 146*
18. 19 अगस्त, सन् 1851 को सरदारसिंह, बीकानेर के 19 वें नरेश के रूप में गद्दीनशीन हुए थे। *दयालदास री ख्यात,* भाग-2, पत्र-150 (अप्रकाशित), अनूप संस्कृत पुस्तकालय, बीकानेर ; पाउलेट : *गजेटियर ऑफ दि बीकानेर स्टेट,* पृ. 84
19. डॉ. करणी सिंह : *बीकानेर के राजघराने के केन्द्रीय सत्ता* से संबंध, पृ. 176
20. गौरीशंकर हीराचंद ओझा : *बीकानेर राज्य का इतिहास* भाग-2, पृ. 443-44
21. द्रष्टव्य-सन् 1857 के विद्रोह में बीकानेर राज्य द्वारा अंग्रेज सरकार को दी गई सहायता से संबंधित महाराजा बीकानेर के निजी सचिव के कार्यालय की फाइल संख्या-48, महाराजा गंगासिंह ट्रस्ट अभिलेखागार, लालगढ़, बीकानेर।
22. वही, गवर्नर जनरल के एजेन्ट ब्रिगेडियर जनरल सैन्ट पैट्रिक लॉरेन्स को ता. 24.9.1857 को लिखा गया लेफ्टिनैन्ट ए.जी. होम माइल्डमे का पत्र.
23. वही, फाइल संख्या-48, गंगासिंह ट्रस्ट अभिलेखागार, बीकानेर,

24. भादुवा सुदी 5, संवत् 1914 को हांसी से भेजी गई शाह लक्ष्मीचंद की रिपोर्ट, गंगासिंह ट्रस्ट अभिलेखागार, लालगढ़, बीकानेर.
25. सन् 1857 के विद्रोह में बीकानेर राज्य द्वारा अंग्रेज सरकार को दी गई सहायता से संबंधित महाराजा बीकानेर के निजी सचिव के कार्यालय की फाइल संख्या. 48, गंगासिंह ट्रस्ट अभिलेखागार, लालगढ़, बीकानेर
26. वही
27. वही
28. भादुवा बदी अमावस, संवत् 1933 को हिसार से लिखी ब्यास तेजमाल की रिपोर्ट, गंगासिंह ट्रस्ट अभिलेखागार, बीकानेर।
29. सन् 1857 के विद्रोह में बीकानेर राज्य द्वारा अंग्रेज सरकार को दी गई सहायता से संबंधित महाराजा बीकानेर के निजी सचिव के कार्यालय की फाइल संख्या-48,
30. दि. 1.12.1857, 7.1.1858 एवं 18.7.1858 के लार्ड कैनिंग के खरीते.
31. राजपूताना में गवर्नर जनरल के एजेंट द्वारा भारत सरकार के विदेश विभाग के सचिव को दि. 21.12.1860 को लिखा गया पत्र, लालगढ़ बीकानेर.
32. उपयुक्त फाइल सं. 48, पृ. 28-29
33. वही, पृ. 27, मि. लॉरेन्स का ता. 6.1.1859 का मुरासिला (पत्र), जिसका हवाला उसने अपने 21 दिस. 1860 के पत्र में दिया है।
34. उपयुक्त फाइल संख्या 48, पृ. 27
35. वही
36. दिनांक 18 अगस्त, 1858 के जनरल लॉरेन्स के खरीते में यह स्वीकृति दी गई है।
37. दिनांक 24.4.1860 का लार्ड कैनिंग का खरीता
38. दिनांक 11.12.1861 का कैप्टन हेमिल्टन का खरीता

    दिनांक 5.7.1861 का अलैक्जेण्डर स्किनर का खरीता

    दिनांक 10.5.1861 का जनरल लॉरेन्स का खरीता

    (सभी गंगासिंह ट्रस्ट अभिलेखागार, लालगढ़, बीकानेर में संरक्षित हैं)
39. म्यूटिनी कोरस्पोन्डेन्स, गंगासिंह ट्रस्ट अभिलेखगार, लालगढ़, बीकानेर.
40. एचिंसन : पूर्व उद्धत, भाग-3, पृ. 290-91
41. एचिंसन : वही, पृ. 276, पृ. 35-36 भी द्रष्टव्य,।
42. वही

Chapter - 36

राजस्थान में 1857—लोक साहित्य में जन आक्रोश (1818-1857 ई.)

डॉ. राम पाण्डे

1818 ई. से 1857 ई. का राजस्थान का इतिहास अंग्रेजी आधिपत्य एवं सामान्य जनता के उत्पीड़न का इतिहास था। ब्रिटिश संरक्षण के बदले में राजपूत राजाओं को न केवल बाह्य सत्ता अंग्रेजों को सौंपनी पड़ी, बल्कि अपनी आंतरिक स्वतंत्रता का भी बलिदान करना पड़ा। इसके अतिरिक्त अंग्रेजों द्वारा सती प्रथा को बंद करने, शरणागत प्रथा को नष्ट करने, ईसाईकरण की नीति, सामन्तों की राहदारी, दानापानी आदि शुल्क को बंद करने आदि कार्यों ने यहाँ के लोगों के आक्रोश को बढ़ावा दिया।[1]

1857 की क्रांति के पूर्व राजस्थान के कई सामन्तों, ठाकुरों ने अपनी-अपनी जायज मांगों के कारण यहाँ के शासकों एवं अंग्रेजों के विरुद्ध कार्यवाही करने का निश्चय किया। सलम्बूर के ठाकुर केसरी सिंह के गद्दीनशीनी के समय उदयपुर के महाराणा की अनुपस्थिति ने केसरीसिंह को अंग्रेज विरोधी बना दिया, क्योंकि अंग्रेजों के कहने पर महाराणा वहाँ नहीं गए। इसी प्रकार आउवा के दो कर्मदारी व्यापारियों का बिना अनुमति के आउवा छोड़ कर जोधपुर दरबार में आने की घटना एवं आउवा ठाकुर कुशाल सिंह द्वारा उनकी मांग करने पर इन्हें जोधपुर दरबार द्वारा न लौटाने की घटना आदि ने सामन्ती आक्रोश को अनिवार्य कर दिया।[2]

राजस्थान में मेरठ की घटना से प्रभावित होकर 21 अगस्त 1857 ई. को एरिनपुरा में स्थित ब्रिटिश सेना के भारतीय सैनिकों ने विद्रोह का झंडा ऊँचा कर दिया। विद्रोही अपनी छावनी से आबू पहुँचे वहाँ कर्नल हॉल एवं अन्य अंग्रेज अधिकारियों को मौत के घाट उतार कर, मारवाड़ के ठिकाने आउवा पहुँचे। इस बीच आउवा के

ठाकुर की सहायता के लिए आसोप, आलनियावास, बातॉ, लांबिया, बाजावास, गूलर, भिवालिया आदि ठाकुरों के अलावा मेवाड़ के सलूंबर, लसाणी आदि ठाकुर भी अपनी-अपनी सेनाओं सहित मिल गए।[3] यद्यपि आपसी फूट और प्रलोभन से लाभ उठाकर अंग्रेजों ने आउवा पर विजय प्राप्त की किन्तु सामान्य जनता, कवियों एवं साहित्यकारों की सहानुभूति विद्रोहियों के साथ थी। कोटा में अंग्रेज रेजीडेंट मेजर वर्टन को मारकर जनता का वहाँ सात दिन तक शासन रहा। 1857 की पृष्ठभूमि में बांकीदास, गिरवर, उमरदान, त्रिलोकदान, बिशनदास आदि कवियों ने अंग्रेज विरोधी जनभावनाओं को अपनी-अपनी रचनाओं के द्वारा उजागर किया है। किन्तु इसके साथ-साथ कई लोक गीत अंग्रेज विरोंधी नीतियों को दर्शाने के लिए लिखे गए जो क्रांति के बाद भी कई वर्षों तक जन मानस के अंग बने रहे। ये लोकगीत जो होली के अवसर पर 'चंग' (ड्रम) पर जोर-जोर से प्रस्तुत किए जाते थे, आज भी उस समय की परिस्थितियों एवं घटनाओं को ताजा कर देते है।[4]

इन लोकगीतों में कुछ का संबंध राजस्थान की जर्जर आर्थिक स्थिति से था, जिसको बिगाड़ने में अंग्रेजो ने कोई कसर नहीं रखी। किन्तु प्रकृति ने भी यहाँ की जनता के साथ न्याय नहीं किया। 1857 के पूर्व आने वाले अकालों ने यहाँ की आर्थिक स्थिति को चरमरा दिया। इस संबंध में एक दोहे में प्रचलित कहावत निम्नानुसार थी-

पग पूगल सिर मेड़ता, उदरज बीकानेर,

आता-जाता जोधपुर, थावौ जैसलमेर।[5]

अकाल के कारण हुई हानि ने पानी के महत्व को उजागर किया जिसके बारे में निम्नलिखित दोहा प्रसिद्ध था–

सावण सुक्ला सप्तमी, उनस जा दीखै भान।

या जल मिलि है कूप में, या गंगा अस्नान।[6]

अर्थात् शुक्ल सप्तमी सावन का ही एक सहारा है, पानी या तो गहरे कूप/जोहड़ में मिल सकता है या उसका अहसास गंगा में स्नान करने से होता है।

अकाल के समय व्यवसाय करने एवं चन्दा इक्ट्ठा करके अकाल पीड़ितों को सहायता करने की बात निम्नलिखित लोकगीत में कही गई है–

आयो भायां धन्धौ करां, काल पड्यों है चन्दो करां।[7]

अकाल के लोकगीतों में राजस्थान की जनता की दरिद्रता, बेकारी आदि के बारे में कहा गया है कि अकाल के कारण सारी फसलें चौपट हो गईं। थोड़ी बहुत मोठ बाजरी हुई थी वह गरीब जनता द्वारा लूट ली गई। जबकि शासक के घोड़ों ने घास लूट लीं। इस आशय का दोहा निम्नलिखित है–

"मिनका निठगियो मोठ बाजरी, घोड़ा निठगियो घास।"[8]

अकाल के अतिरिक्त राजस्थान के लघु उद्योगों पर अंग्रेजी हस्तक्षेप ने जनसाधारण में भंयकर आक्रोश उत्पन्न कर दिया। 1835 ई. में अंग्रेजों ने जयपुर दरबार पर दबाव स्थापित कर सांभर के नमक पर अपना पूर्ण नियंत्रण स्थापित किया। इसकी समूचे क्षेत्र में प्रतिक्रिया हुई तथा निम्नलिखित कहावत से अपना आक्रोश व्यक्त किया

"म्हारां राजा भौलो सांभर तो दे दीनौ अंगरेज ने,

म्हारां टाबर भूखा रोटी तो मांगै तीखे लूण री।"[9]

अर्थात् हमारे राजा सीधे–सादे हैं, उन्होंने सांभर अंग्रेजों को दान में दिया है जिससे नमक के अभाव में हमारे बच्चे भूखे हैं, क्योंकि वे तेज नमक की रोटिया मांगते हैं।

साहित्य समाज का सही अर्थों में प्रतिनिधित्व करता है। वह एक दर्पण की भाँति समाज की समस्त घटनाओं का प्रतिबिम्ब प्रस्तुत करता है। साहित्य जनहित की सोच का प्रतीक है, यह जनता की भावनाओं का चित्रण कर उसे समाज के सम्मुख प्रस्तुत करता है। 1857 की पृष्ठभूमि में कई साहित्यकारों, इतिहासकारों आदि ने अपनी-अपनी रचनाओं के द्वारा जनमानस को झकोरने में महत्वपूर्ण भूमिका? ख्यात्-वात्, लोकगीत, कविताओं आदि के रूप में लिखा गया यह साहित्य 1857 की क्रांति की पृष्ठभूमि तैयार करने में सहायक बना।

राजस्थान में जन असंतोष के कई कारण थे। आंग्ल-राजपूत संधियों एवं अंग्रेज रेजीडेंटों के अनुचित हस्तक्षेप के द्वारा राजस्थान के शासकों की आंतरिक एवं बाहृय शक्तियों का समाप्त होना, अंग्रेजी फौजों के कारण राज्यों की आर्थिक स्थितियों का कमजोर होना, सामन्तों की सेनाओं की अनावश्यकता के कारण बढ़ती हुई बेकारी, अंग्रेजों द्वारा सामाजिक कुरीतियों पर कुठाराघात से उत्पन्न असंतोष, शरणागत की प्रथाओं का नष्ट होना आदि परिस्थितियों ने जनमानस को अंग्रेज विरोधी बना दिया।[10] जन साधारण द्वारा जताए गए तीव्र असंतोष से साहित्यकार इतने अधिक प्रभावित हुए कि उन्होंने अपनी रचनाओं के इस असंतोष को समाज में प्रस्तुत किया।[11]

बांकीदास द्वारा रचित बाल साहित्य में देशभक्ति, निर्भीकता एवं सत्य स्पष्ट रूप से दिखाई देते हैं। जब 1805 एवं 1826 में अंग्रेजी गवर्नर जनरलों क्रमशः लार्ड वैलेजली एवं लार्ड एम्हर्स्ट द्वारा भरतपुर के किले का घेरा डाला गया, तब बांकीदास ने अंग्रेजी कार्यवाही का विरोध निम्नलिखित पंक्तियों में किया—

"बजियों भलों भरतपुर वालौ, गाने गजर धजर नभ जोम

पहिलां सिर साहब रौ पड़ियों भड ऊभा नह दीधी भोम।"[12]

यहाँ बांकीदास भरतपुर के नरेश रणजीत सिंह एवं उसकी सेना की भूरि-भूरि प्रशंसा करते हुए कहते हैं कि यह तो वहाँ के शासक और उसकी सेना का भला हो, जो अंग्रेजों से लोहा लेने के लिए बादलों की तरह गरज कर उन पर बरसे और अपनी वीरता का परिचय दिया।

दूसरी ओर बॉकीदास ने 1826 के भरतपुर के दूसरे घेरे के अवसर पर निम्बावत महंत द्वारा अंग्रेजों से मिलकर भरतपुर दरबार के साथ विश्वासघात करने की आलोचना निम्नलिखति कविता में की है—

माल खायौ ज्यारों-व्यारों रति होय नायो मोह।

कुबदी सूँ छायो भायौ नहीं रमाकेत।

वैसासघात सूं काम कमायौ बुराई वालो

माजनो गमायो नींब बता रे महंत।।[13]

यहाँ बांकीदास मंहत के विश्वासघात की आलोचना करते हुए कहते हैं कि "महंत ने माल (नमक) तो दरबार का खाया किन्तु उसके प्रति उसका कोई मोह नहीं रखा। इसलिए धोखा देने से वह बाज नहीं आया। आखिर में उसने अंग्रेजों को गुप्त सुराग बता कर बुराई जैसा कार्य किया। हे मंहत बता कि तुमने यह कृत्य क्यों किया?" इस प्रकार भरतपुर के पतन में बांकीदास ने महंत को पूर्ण रूप से उत्तरदायी माना है।

जिस विश्वासघात से अंग्रेजों ने भरतपुर किले पर आक्रमण किया उसे इस क्षेत्र के जाट भुला नहीं पाए। 1857 में धौलपुर और भरतपुर के जाटों ने विद्रोह का झंडा खड़ा किया और वे मथुरा के अपने भाइयों को तथा गुर्जरों को साथ लेकर अंग्रेजी सत्ता से लोहा लेने निकल पड़े तथा ग्वालियर से आने वाले क्रांतिकारियों के साथ हो गए। इनके साथ हरियाणा के रोहतक इत्यादि क्षेत्र के जाट भी हो गए। मथुरा से कुछ दूर आकर ब्रिटिश सेना से इनका सामना हुआ जिसमें अंग्रेजों ने तोपों का इस्तेमाल

किया। फलस्वरूप बहुत सारे जाट और गुर्जर तोपो से उड़ा दिए गए और कुछ लोगों को फाँसी दे दी गई। यह घटना आज भी भरतपुर और धौलपुर क्षेत्र के गाँवों में आटा पीसते हुए चक्की चलाती हुई महिलाएँ स्मरण करती है–

जर जईयो फिरंगी तेरो राज पहर के तरके में

तैने मारे हमारे जवान तोप में धरकैं, फाँसी में कसकै[14]

राजस्थान के उदयपुर, जोधपुर और जयपुर के शासक अंग्रेजों के पूर्ण भक्त रहे और 1857 के स्वतंत्रता संग्राम के समय जनमानस और उनकी भावनाओं को कुचलने के लिए अंग्रेजी शासन की पुरजोर मदद की। एक अन्य कविता में बॉकीदास द्वारा राजस्थान के इन तीनों शासकों की भर्त्सना इस प्रकार की गई है–

"पुर जोधांण, उदैयपुर, जैपुर, यह थांरा खूंटा परियाण।

आंके गई आवसीं आंके बांके आसल किया बखाण।"[15]

इस कविता में बांकीदास ने ऑग्ल-राजपूत संधियों (1817-1818) में राजस्थान के तीनों राज्यों की भूमिका पर व्यंग्य करते हुए कहा है कि "जोधपुर, उदयपुर और जयपुर के शासक जो अपनी वीरता के कारण प्रसिद्ध हैं उन्होंने नाम मात्र का भी अंग्रेजों से लोहा नहीं लिया और उनके आगे घुटने टेक दिए। उनकी आन-बान कहां चली गई?"

राजस्थान की जनता का आक्रोश अंग्रेजों की हस्तक्षेप की नीति के कारण इतना अधिक बढ़ गया कि बांकीदास ने उनकी भावनाओं को अपने गीतों के माध्यम से व्यक्त किया है। यहाँ की जनता राजपूत नरेशों के आत्म समर्पण का मखौल उड़ाने लगी। उदाहरणार्थ जब उदयपुर महाराणा भीमसिंह ने अंग्रेजों से की गई संधि के अन्तर्गत अपने सम्पूर्ण प्रशासन पर उनका नियंत्रण स्वीकार किया तो सलूम्बर के सामंत केसरीसिंह ने महाराणा की इस नीति का विरोध किया। उस समय उदयपुर की जनता ने केसरीसिंह की भावनाओं का आदर किया और महाराणा की नीति का विरोध किया। इसी भाव को बांकीदास ने अपनी कविता में इस प्रकार बताया है–

"जौर दीयौ फिरंगी लिखायौ कोलनाऑ जठै।

आप रंगी चूंडा तै मेवाड़ राखी ओट।।"[16]

यहाँ सलूम्बर के केसरीसिंह बांकीदास की कविता में मुख्य पात्र हैं। बांकीदास के अनुसार अंग्रेजों ने बल पूर्वक महाराणा पर दबाव डालकर संधि पत्र लिखा कर प्रशासन पर अपना अधिकार जताया है। किन्तु केसरीसिंह ने विरोध जताकर चूंडा

की भाँति प्रतिष्ठा कायम रखी है। उसके इस कार्य का हिन्दू-मुसलमान दोनों ने समर्थन किया है।[17]

'बांकीदास री ख्यात' के अतिरिक्त बांकीदास ने *'आयो अंग्रेज मुल्क रे ऊपर'* नामक शीर्षक से एक गीत की रचना की कविवर बांकीदास जी (वि.सं. 1838) ने समूचे मुल्क को सावधान करते हुए हिन्दु और मुसलमान, सभी से देश की रक्षा का आह्वान किया था।

यह गीत पैरा पूर्ण रूप से देश भक्ति की भावना से ओत-प्रोत है। इस गीत की पंक्तियाँ इस प्रकार है।

"आयो अंग्रेज मुल्क रे ऊपर, आंहस लीधा खैचिं उरा।

धरिया मरे न दीधी धरती, धरियां ऊभां गई धरा।

फौजां देख न कीधी फौजां, दोयण किया न खला डला।

खवां-खांच चूडै खावंद रै, उण हिज चड़ै गई चला।

दुय चत्रमास बादियो दिखणी, भोम गई सों लिखत भवेस।

पूगो नहीं, चाकरी पकड़ी दीघौ नहीं मरेठां देस।"

बांकीदास के अनुसार, "अंग्रेज राजस्थान पर शासन करने आ गए हैं। यहाँ के राजाओं ने किंचित मात्र भी उन्हें रोकने का प्रयास किए बिना ही उनकी अधीनता स्वीकार कर ली। इसके ठीक विपरीत यहाँ के राजाओं के पूर्वजों ने अपनी मातृभूमि की रक्षा में अपने प्राण तक न्यौछावर कर दिए। अंग्रेजों की फौजों (सेनाओं) को देखकर यहाँ के राजाओं ने अपनी सेनाओं को किसी प्रकार का आदेश नहीं दिया। इस स्थिति को अनेदखी कर यहाँ के राजाओं ने अंग्रेजों की गुलामी स्वीकार कर ली। उन्होंने मराठों के उदाहरण की भी अनेदखी की। मराठों ने कम से कम इतना तो अवश्य किया कि अंग्रेजों की अधीनता मानने से पूर्व उनसे लोहा लिया। मराठों का यह कार्य प्रशंसनीय था।"

बांकीदास जी द्वारा रचित *'गीत चेतावणी रौ'* में भी वह अमर गीत है–

आयो अंगरेज मुलक रै ऊपर आहंस लीधो खैचिं उरा

राखों रे किहिक रजपूती, मरद हिन्दू कि मुसलमान।

इस प्रकार उस समय एक व्यापक राष्ट्रीय चेतना का सूत्रपात हुआ था।

बांकीदास कवि महाराजा मानसिंह के सिवाय निम्नलिखित राजाओं के इस अंग्रेज विरोधी आंदोलन के प्रेरक कवि थे, दलजी मेहड़ (डूंगरपुर), कमजी एवं चिमनजी दधवाड़िया एवं सूर्यमल आसिया (मेवाड़), गिरवरदान कविया, जवानजी आढ़ा, बुधजी आसिया, जादूराम आढा, (मारवाड़) और बुधसिंह सिंहढायच (मध्यप्रदेश)

कालान्तर में अंग्रेज विरोधी स्वतंत्रता संग्राम का मोर्चा सन् 1857 के आस-पास सामंतों और सैनिकों ने संभाला। स्वतंत्रता आंदोलन के इस द्वितीय चरण में अग्रणी रहे हाड़ौती के महाकवि सूरजमल मीसण। चारण पंरपरा निभाते हुए वीर-रसावतार, वंश-भास्कर-महाकाव्य, प्रणेता, सूर्यमल्लमिश्रत ने देश के योद्धाओं को वीर सतसई द्वारा प्रेरित किया। उनके दोहे जन-जन तक पहुँचे–

बीकम बरसां बीतियाँ, गण चौ चंद गुणीस।

बिसहर तिथ गुरू जेठ वदि, समय पल ही सीस।।

(संवत् 1914 (सन् 1857) में समय ने पलटा खाया।)

झूलानी देणी आपरी, हालरिए हुलराय।

पूतसिखावे पालणें, मरण बड़ाई माय।।

(मां पालणे में लेटे शिशु को सीख देती है कि महानता बलिदान देकर अपने देश की सुरक्षा करने में है।)

हालो नणदल हैलवो, बालक अजिया दुघ्य।

अरि नेडा पिय बंकडा, सायघण दुहि पख सुध्ध।।

(नणद बाई चलो शिशु को बकरी के दूध की आदत डालें, क्योंकि शत्रु समीप है, पति-शूरवीर है और मैं उत्तम कुलीन।)

प्रेरक काव्य से संतोष न कर उन्होंने योद्धाओं को संगठित करने का कार्य संभाला, जिसका प्रमाण उनके पत्र हैं। ऐसे ही एक राजस्थानी पत्र के प्रसंगोचित भाग का निम्नलिखित हिन्दी रूपांतर उनके देश प्रेम और स्वत्रतंता संग्राम में उनकी भूमिका पर प्रकाश डालता है।

अंग्रेजी शासन के प्रत्येक दुष्परिणाम को लोकगीतों की माला में पिरोकर जनता के सामने रखा गया, जो वास्तव में जन आक्रोश को व्यक्त करता था। होली के गैरिए नाचते-गाते होली के उत्सव में आउवा आक्रमण में अंग्रेज अधिकारी कैप्टिन

मैसन की मृत्यु की घटना को अपने गीतों में इस प्रकार व्यक्त किया है–

"ढोल बाजे, थाली बाजे, बहेलो बाजे बांकियो,

एजेन्ट ने मारने, दरवाजे तो नाइको

जूंजे आहूवो, हे ओ जून्जे आहुवो

आहुवो मुल्क में कहवो हां, जूंजे आहुवो।"[19]

अर्थात् ड्रम और थाली बजाए जा रहे हैं, हार्न बजाया जा रहा है। एजेन्ट को मार दिया गया है और शहर के दरवाजे के निकट फैंक दिया गया है। इस प्रकार आउवा युद्ध कर रहा है और पूरे देश में वह मशहूर हो रहा है।

एक अन्य लोकगीत में होली के अवसर पर जोधपुर महाराजा को 1857 में अंग्रेजों की सहायता के कारण होली के गेरिए व्यंग्य कसते हुए कहते हैं–

मुजरो ले ले नो बाबलिया होली रंग रात्तों मुजरो ले ले नी

म्यारां सिकार माथे थारा हाकिम चडियाओ

झाड़ी झंगा में हारे झाड़ी झंगा में

टोली रे टीकायत माथै गोरा लेने आया हो

कोटरी बुरजै ऊपर भाटी लेडरिया ओ।

के मुजरां ले ली नी।

भालारें भलका में टणीयां तलवारां तोली जी ओ

भाटी ने उदावत भिडग्या चलती गोली ओ

के मुजरो ले ले नी।[20]

होली के गेरिए जोधपुर महाराजा से कहते हैं कि मुजरा स्वीकार हो। होली खूब रंग से भरी खेली। अपने ही भाइयों का शिकार कर आपके हाकिम चढ़ कर गए। गोलियों से घायल आपके ही भाई, अरावली ही पहाड़ियों में बिखर गए। झाड़ियों में, हाँ घनी झाड़ियों में गोलियों की बौछार हुई।

हमारे नेता टोली के सरदार के साथ ठाकुर कुशालसिंह पर आप गौरों के साथ चढ़ आए। आउवा के बाढ़ की बुर्जों पर वे भी खूब लड़े। भालों की चमक में आउवा ने अपनी तलवार उठा ली। उनके सूरमा भाटी और उदावत भिड़ गए, जान

की बाजी लगा दी और मर मिटे। वाह! वाह! बाबा हमारा मुजरा स्वीकार हो। खूब रंग भरो होली खेली आउवा ने।

एक अन्य लोकगीत में जनता से सम्भल कर चलने की हिदायत दी गई है। जोधपुर की सेना अंग्रेजी सेना को साथ लेकर जब आउवा पर आक्रमण करती हैं तब जनता से प्रार्थना की जाती है कि भाइयों आउवा का साथ देना। ठाकुर का ठिकाना उसके पाँव के नीचे से जा रहा है। तुम लोग ठाकुर का साथ दो। धन्य है ठाकुर जिसने अंग्रेजों से युद्ध ठान लिया है। इस भाव को निम्नलिखित लोकगीत के द्वारा प्रस्तुत किया गया—

आउवे चाला बाग में बाबलीए तालो घेरो रे।
माथे फौजां आइने अंग्रेज मेलो रे
भायां सांभल रहीए वा ता भायां
सांभल रहीयो ठाकर ने ठिकाणों छूटे रे
के भायां सामल रहीजो।
एवहौ नगारौ घणीयों राते नाड़े बाडो ओ
दूजोड़ो नगारौ ठेठ बाजे ओ के झण्डो कंवरा।
लीधा ओ के झण्डो रोपीयो मैरां रा माथा कंवरा।
लीधा ओ के झण्डो, रोपीयो
आउवे वाला धणीयाँ थारे लीला भलेरी मुरकी ओ
गैरीया फरमाने धणीयाँ कांई मरजी हो छुट्टी दओ तो
हॉ-हॉ छुट्टी देओ तो फिर नगारां फाड़दा करदां ओ।
छुट्टी दे ओ तो होली री गैर लड़ने देखला छुट्टी देओ तो।[21]

राजस्थान में अंग्रेजी जुल्म और अत्याचार की पराकाष्ठा को यहाँ के जनमत ने इस सीमा तक महसूस किया कि एक लोकगीत में उनकी दास्तां का वर्णन इस प्रकार किया गया—

मोडकी मंगरी रो पाणी ढालो ढली यो रे
आबू थारे पहाड़ां में अंग्रेज बड़ीया रे

काली टोपी रो देश में छावलीया नारते रे

काली टोपी रो।

देश में अंग्रेज आयो बांई-कांई लायो रे

फूट नाखी भायाँ में बेगार लायो रे

काली टोपी रो, बाबा काली टोपी रो।

देश में छांवलियाँ नाखे रे काली टोपी रो

घोड़ा रोवे घास ने टाबरीया रोवे दाणां ने।

बुरजॉ में ठुकराण्या रोवे जामण जाया ने

के रोलो बापरियों वा वा रोलो बापरीयों[22]

अर्थात् मोड़ की पहाड़ी का पानी ढालों बहता हुआ चारों और फैल गया। आबू पर्वत! इसी भॉति तेरे आचंल में चारों ओर अंग्रेज फैल गया है, घुस गया है। इन्होंने भाइयों में फूट डाली है और ये बेगार लाए हैं। ये काली टोपी वाले अंग्रेज, देश भर में स्थान-स्थान पर अपनी छावनियाँ डाल रहे हैं, अपने को मजबूत कर रहे हैं। अंग्रेजों ने देश को दरिद्र कर डाला। घोड़े घास के लिए और बच्चे अनाज के लिए तरस रहे है। बुर्जों में ठुकरानियाँ रो रही हैं क्योंकि उनके भाई अंग्रेजों की शक्ति से दासता से बंधे जा रहे हैं। कलह पैदा हो गई है और कष्ट आ गए हैं। इन लोकगीतों के द्वारा जनता द्वारा प्रशंसित शेखावाटी सरदार डूंगरसिंह एवं जवाहर सिंह के कारनामों का भी महत्व देते हुए उनकी भूरि-भूरि प्रशंसा की गई है। चोरी-डकैती जैसी गतिविधियों में लिप्त होने के बावजूद भी चूँकि ये दोनों नसीराबाद स्थित अंग्रेज छावनी को लूटने में सफल हो गए, इसलिए दोनों ही जनता की दृष्टि में साहसी नायक बन गए। निम्नलिखित लोकगीत में डूंगजी एवं जवाहर जी के कार्यों का महत्व बताया गया है–

छोटा-मोटा गाँव लूटिया नहीं नाम डूंगजी

नाम-करो तो लूटो डूंगजी अंग्रजों की छावनी

हाथ जोड़े कहे अंग्रेजों री कामणी

छावंणी लूट मत भंवर लाड़ा।[23]

यहाँ डूंगजी द्वारा छोटे-मोटे गाँव लूटने के साथ-साथ अंग्रेजों की छावनी लूटने की

बात कही गई हैं। नसीराबाद स्थित छावनी के अंग्रेज अधिकारी असहाय स्थिति में डूंगजी को छावनी न लूटने की प्रार्थना करता है।

उपरोक्त विवरण से स्पष्ट होता है कि राजस्थान का जन आक्रोश अंग्रेजों की अनावश्यक नीतियों, सामंती असंतोष, शासकों की अकर्मण्यता, किसान असंतोष, अकाल की पीड़ा, दरिद्रता, बेकारी आदि मुद्दे लोकगीतों के माध्यम से जनता के सामने रखकर उनकी भावनाओं का प्रचार-प्रसार किया गया। ये लोकगीत व लोक साहित्य वास्तविक तथ्यों के व्यंग्य के साथ जनता और प्रशासन के सामने रखे गए। अन्ततोगत्वा इनका परिणाम 1857 के महान संग्राम में अधिकांश जनमत की भागीदारी को सुनिश्चित करना था।

शंकरदान सामौर (सन् 1824-78) भी स्वतंत्रता संग्राम के महान क्रांतिवीर कवि थे स्वंय कवि सत्याग्रह व धरनों की मंजिलों को पार करके 1857 के महासमर तक पहुँचे—

"शंकरदान गोरी सत्ता रा विद्रोही-विप्लवी-क्रांतिकारी कवि हा।
वां री कविता में अंग्रेजों रै खिलाफ राजस्थान रै लोगां रै मनरो
रोस विस्फोट रै रूप में परगट हयो। वांरी कविता रै आखर
आखर मांस आजादी रो हरन करणियाँ अग्रेजां अर वांरा पिट्ठ
रावां रै खिलाफ बगावत री बारूद निगै आवै।"

देखें—शंकरदान सामौर, लेखक भंवर सिंह सामौर—*भारतीय साहित्य रा निरमाता* (राजस्थानी), पृ. 29

किन्तु 1857 की क्रांति की असफलता से राजस्थान के इतिहास में एक जबरदस्त मोड़ आया। जनमानस अवसाद से भर उठा। राजस्थान कई देशी राज्यों में बंटा हुआ था। सभी में पारस्परिक वैमनस्य भरा हुआ था। उस समय क्रांति के सूर्य की भॉति कवि सूर्यमल मिश्रण का उदय हुआ। उनकी *'वीर सतसई'* एक ओर वीरों की प्रशस्ति, कायरों के प्रति धिक्कार, देश के जन-जन में नव-शक्ति का संचार करने वाले उद्बोधनों से परिपूर्ण है, तो दूसरी ओर देश की तत्कालीन दुरावस्था से वे चिंतित भी थे। वे देख रहे थे कि—

जिण वण भूल न जावता, गैंद गवय गिड़राज,

त्रिण वण जम्बुक ताखड़ा, ऊधम मंडै आज।

अंग्रेजों का आधिपत्य स्वीकार कर तथा कथित शूरवीर आलस्य और भोग विलास में डूबे हुए थे। देश की यह दुर्दशा देखकर स्वतंत्रता के अग्रदूत मिश्रण जी का हृदय दुखी होता था। विदेशी सत्ता को कुचलने के लिए उन्होंने पूरे देश में मातृभूमि के प्रति अपने दायित्व का बोध जाग्रत किया। उन्होंने लिखा–

इला न देणी आपणी, हलरियां हुलरारा

पूंत सिखावै पालणै, मरण बड़ाई माय।

"अपनी धरती किसी को न देना" के पुनीत भाव का उस समय व्यापक प्रसार हुआ। तत्कालीन परिस्थितियों में यह बहुत जरूरी था कि समाज के सभी वर्गों, सभी जातियों को जगाया-चेताया जाए। यह काम सूर्यमल जी ने बहुत खूबी से किया।[24]

संदर्भ

1. राजपूताना एजेन्सी ऑफिस, ऐतिहासिक रिकॉर्ड, पॉलिटिकल कन्सलटेशन नं. 1764, सितम्बर 28, 1858 विस्तृत विवरण के लिए देखें–राम पाण्डे, *1857 इन राजस्थान,* प्रोसिडिंग्स ऑफ इण्डियन हिस्ट्री कांग्रेस, जबलपुर सेशन।
2. एचीसन : *ट्रिटीज, एन्गेजमेन्ट्स एण्ड सनद्स,* खण्ड 3, पृ. 17,19
3. खड़गावत, एन.आर. : *राजस्थान्स रोल इन 1857,* जयपुर, 1957, पृ. 1
4. वहीं, पृ. 1-10; *'परम्परा'* अगस्त 1956, पृ. 25-40
5. लोक-साहित्य, *परम्परा,* अगस्त 1956, पृ. 125
6. राम पाण्डे, *राजस्थान जन आंदोलन साहित्य,* जयपुर, 2004, पृ. 14-20, 36-47
7. जर्नल ऑफ जे.एस. गेहलोत रीसर्च इन्सटीट्यूट, जिल्द 1, 1985-86, पृ. 3, 43
8. *लोक-साहित्य परम्परा,* अगस्त, 1956, पृ. 125
9. एक लोकगीत, खड़गावत, एन.आर., *राजस्थान्स रोल इन 1857,* पृ. 7-8
10. मंगलानी एच.जे., *हिस्ट्री कलचर एण्ड एडमिनिस्ट्रेशन ऑफ झालावाड़ स्टेट,* जे.पी.एच., 1988, पृ. 189
11. राजपूताना एजेन्सी ऑफिस, हिस्टोरिकल रिकॉर्ड, सर रॉबर्ट हेमिलटन से मेजर जनरल माइकल, न. 1764, सितम्बर 28,1858
12. बांकीदास : *गोरा हटज,* परम्परा, अगस्त 1956, पृ. 54, 58-60; अंग्रेजों द्वारा भरतपुर में 1805 और 1826 में जो घेरा डाला उसके विस्तृत विवरण के लिए देखें राम पाण्डे, *भरतपुर अप टू 1826,* जयपुर 1970 यह पुस्तक 2007 में शोधक द्वारा *ए सोशल एण्ड*

पॉलिटिकल हिस्ट्री ऑफ द जाटस् के रूप में संवर्धन सहित प्रकाशित की गई है। उस समय का प्रचलित लोकगीत आज भी सुनने को मिल जाता है–*आठ फिरंगी नौ गोरा लड़ें जाट के दो छोरा*

13. प्रोसीडिंग्स ऑफ राजस्थान हिस्ट्री कांग्रेस, 1974, डॉ. आर.पी.व्यास का लेख, पृ. 116

14. पार्लियामेंट्री पेपर्स–हाउस ऑफ कामन्स–1860, न. 77, पृ. 126-127 इसमें 1857-58 के पत्रों का विवरण है

15. बांकीदास : *गोरा हटजा,* परम्परा, अगस्त 1956, पृ. 54 60, "1857 के स्वतत्रंता संग्राम के युग में राजस्थान में जोधपुर के महाराजा मानसिंह ही अकेले शासक थे जिन्होंने ब्रिटिश-शक्ति के हस्तक्षेप का भयंकर प्रतिरोध किया। अपने समय अंग्रेजों के विरुद्ध क्रांति करने वाले को अपना हार्दिक सहयोग दिया।" समकालीन कवियों ने इस स्वाधीन प्रवृत्ति की सराहना कर सभी को विदेशियों का सामना करने को ललकारा–

    आए कलकत्ता सूं चलाए, मगरूरी धार

    धाए हिंदवाण बीच, दिल्ली पदवानं की,

    पूरब कुंमार दल दिखन सम्हार कर

    लहु आनं अंग्रेज लंगर लरान की।

    अजमेर थान के बुलाए, राजा रान सब,

    पानं दव्यो हिंद को, रही न क्रीत राण की

    नाथ जालंधर आनं की, जोधपुर थानं की

    मूछ मानं पाग मानं, राखी हिंदवाण की। ***करणदान आढा***

    (विजय पताका के साथ मगरूरी से बढ़ते अंग्रेजों द्वारा आयोजित अजमेर दरबार में भारत के सभी नरेश अपना पानी और महाराणा अपनी कीर्ति त्याग उपस्थित हुए तब अडिग रह महाराजा मान सिंह ने जालंधरनाथ जी की आन, जोधपुर की मर्यादा और हिंदुस्तान की मूंछ और पगड़ी रखी।)

16. बांकीदास : *गोरा हटजा,* परम्परा, अगस्त 1956, पृ. 80-85

17. खड़गावत : एन.आर., वहीं, पृ. 96-97

18. बांकीदास : *परम्परा,* अगस्त 1956, पृ. 80-84

19. जगदीश सिंह गहलोत संस्थान पत्रिका, भाग-1, न. 3, 1985-86, पृ. 83

20. मनोहर प्रभाकर, *1857 और राजस्थान : कथा क्रांति की,* सूचना एवं जन संपर्क निदेशालय राज., जयपुर, 2003, पृ. 32-33

21. *परम्परा,* अगस्त 1956, पृ. 25-40

22. शोधक, 36, पार्ट-सी, 2007

23. राम पाण्डे, उपरोक्त

24. डॉ. कुसुम माथुर–*स्वाधीनता आन्दोलन में राजस्थानी कवियों की भूमिका,* वर्ष-1, अंक-1, मार्च अप्रैल मई, रासो सृजन संस्थान, 2005, पृ. 78-79

Chapter - 37

सन् 1857 के स्वतंत्रता समर में मध्यक्षेत्र के जनविद्रोह

डॉ0 रामस्वरूप ढेंगुला

अंग्रेज कम्पनी सरकार के समय में मुगल सल्तनत के बादशाह बहादुरशाह जफर की हुकूमत दिल्ली के लाल किले तक सिमट गई थी। फिर भी जनता के मन में अंग्रेज सत्ता की अपेक्षा बहादुर शाह का सम्मान अधिक था। इसीलिये जब जननेताओं ने 1857 के स्वतंत्रता समर की तैयारियां प्रारंभ की तो उसके केन्द्र में बहादुरशाह जफर का नाम रखा। इस क्रांति के प्रमुख जननेताओं में बिठूर के नाना साहब, उनके सलाहकार अजीमुल्ला, झींझन का देशपत बुन्देला और झांसी के बख्सीस अली व कालेखां आदि ने मध्यप्रदेश में अंग्रेजों से लड़ते हुये दिल्ली के मुगलशाही ध्वज को पुनः खड़ा करने का पुरजोर प्रयास किया। दिल्ली की ओर जाने वाले मार्ग के ग्वालियर, धोलपुर और मथुरा के क्षेत्र की जनता ने भी दिल्ली की ओर प्रयाणरत सैनिकों की भरपूर मदद की। ग्वालियर अंचल के जाट जागीरदार बहोरनसिंह ने अंग्रेजों के हितैषी सिंधिया के प्रति इस समय असंतोष व्यक्त किया था। गोहद के जाट क्षेत्रों में झांसी की रानी लक्ष्मीबाई को बेरोकटोक निकलने दिया गया था। और माना जाता है कि ग्वालियर के कतिपय जाट सामंतों ने गढ़ियों में गोला-बारूद एकत्रित कर क्रांतिकारियों की मदद की थी। प्रस्तुत शोध-आलेख के अंतर्गत संक्षेप में इन गतिविधियों का लेखाजोखा रखा जायेगा।

मराठा सत्ता के अन्त के साथ पेशवा बाजीराव द्वितीय कानपुर के पास सन् 1819 में आकर बिठूर में गंगा के किनारे रहने लगा था। यहीं जनवरी 1851 ई. में उसका निधन हो गया। उसका उत्तराधिकारी नाना साहब (धोंडू पंत बहादुर) हुआ, यही नाना साहब के नाम से 1857 की क्रांति का अग्रणी सिपाही बना। अंग्रेजों द्वारा नाना साहब की पेंशन बन्द कर दी गई और जागीरें जब्त कर ली गई। पहले से ही अंग्रेजों

कुंजन पुरा दतिया (म.प्र.)

से जलाभुना बैठा मराठा नेता और अधिक अपमानित होकर अन्दर ही अन्दर अंग्रेज कम्पनी सरकार के प्रति विद्रोही भावना से भर गया। उसने बड़ी चतुराई से अंग्रेज सत्ता उखाड़ने का संकल्प किया। इस समय जनभावनाऐं भी अंग्रेज व्यवस्था के प्रति घृणा से भरी थीं। नाना ने अपने विश्वस्त सहयोगी अजीमुल्ला को साथ लेकर देशव्यापी यात्रायें कीं। माना जाता है कि इस क्रम में वह दिल्ली भी गया। सन् 1856 के उल्लेख के अनुसार मथुरा के प्रसिद्ध साधु स्वामी बिरजानन्द एवं मुसलमान सांईं मियां महमूदन शाह के नेतृत्व में ब्रज के वनों में क्रांति के लिये जागरण पैदा करने के लिये एक सभा हुई। इस सभा में नानाजी, अजीमुल्ला और बहादुरशाह जफर का बेटा भी शामिल हुआ। यह सभा कई दिन तक चली और इसमें हजारों लोगों ने भाग लिया। इस सभा में कहा गया था कि *"आजादी जन्नत है और गुलामी दोजख"*।[1] उल्लेखनीय है कि ये भाग दिल्ली अंचल से लगे ब्रज के जाट समुदाय प्रभावित इलाके थे। इस घटना से दो बातें निकलती हैं, एक तो आमजन की 1857 के विद्रोहों में पूरी भागीदारी थी और ब्रज क्षेत्र का जाट समुदाय भी विद्रोह के प्रति गहरी सहानुभूति रखता था।

अंग्रेजों की छावनी नौगांव से महोबा उत्तरप्रदेश की ओर पन्द्रह किलोमीटर दूर झींझन नामक स्थान के जागीरदार देशपत बुन्देला ने स्वतन्त्रता समर के दौरान हमीरपुर-कोटरा से लेकर सागर-दमोह के सैकड़ों मील के इलाकें में अंग्रेजों को नाकों चने चबवा दिये थे। उल्लेखनीय है कि हमीरपुर होकर कलकत्ता से दिल्ली की ओर जाने वाला मार्ग गुजरता था। हमीरपुर से आगे यह मार्ग कानपुर-इटावा-आगरा होकर दिल्ली पहुँचता था। इस मार्ग से प्रायः अंग्रेज सेनाऐं निकला करती थीं। इन क्षेत्रों के सक्रिय विद्रोही अंग्रेज सेनाओं पर आक्रमण कर उन्हें गंभीर हानि पहुँचाते थे। इस अंचल के अग्रणी विद्रोही *देशपत बुन्देला* ने नारा लगा रखा था–

खल्क खुदा का, मुल्क बादशाह का
राज पेशवा का, हुक्म देशपत का।[2]

हमीरपुर के ये क्षेत्र कानपुर के समीपवर्ती और अवध प्रदेश से जुड़े हुये थे। उक्त पंक्तियों पर विचार करने पर यह बात सामने आती है कि बुन्देलखन्ड और अवध के समीपवर्ती अंचल के इन भागों के विद्रोहीं दिल्ली की बादशाहत को प्रमुख मान कर ही विद्रोह की गतिविधियों का संचालन कर रहे थे। इसी क्रम में झांसी में अंग्रेजों की बारहवीं इन्फैन्ट्री थी। मेरठ में मई में विद्रोह फूटने के बाद दिल्ली का एक जासूस *अमानखां* झांसी आया था और उसने छावनी में घुसपैठ बना भारतीय सिपाहियों में विद्रोह के बीज बोये थे। वैसे झांसी की रानी स्वयं अंग्रेजों से जली भुनी बैठी थी और बुन्देलखन्ड में लगातार विद्रोह में भाग लेने के लिये चपाती बांटकर, पत्र लिखकर,

साधुओं-फकीरों के माध्यम से प्रचार किया जा रहा था। झांसी छावनी की सेना ने जेल दरोगा बख्सीस अली और सरदार कालेखां के नेतृत्व में 5 जून, 1857 को विद्रोह कर अनेक अंग्रेजों को मार डाला। क्रांतिकारियों ने अंग्रेजों के खजाने को लूट लिया और अंग्रेजों द्वारा निष्कासित रानी लक्ष्मीबाई, जो इस समय झांसी में ही रानीमहल में रह रहीं थीं, से भी एक लाख रुपये के आभूषण ले लिये। इन विद्रोही सिपाहियों का नारा था–*खल्क खुदा का मुल्क बादशाह का तथा शासन दो धर्मों का।* पर जब विद्रोहियों को झांसी की रानी से दिल्ली जाने के लिए पैसे मिल गये तब उन्होंने नारा लगाया, *खल्क खुदा का मुल्क बादशाह का राज रानी लक्ष्मीबाई का।*[3] इन घटनाओं से साफ जाहिर होता है कि ये झांसी की छावनी के विद्रोही दिल्ली के बादशाह बहादुरशाह जफर द्वितीय को अपना नेता मानकर चल रहे थे। बुन्देलखन्ड में अनेक विद्रोही नेता थे, जनता भी विद्रोहियों को रसद पूर्ति कर, आश्रय दे, और सैनिक बनकर पूरी सहायता कर रही थी। पर सब विद्रोही नेता दिल्ली की सत्ता को पुनः खड़ी कर ताकतवर बनी देखना चाहते थे। इसीलिये देश के सभी विद्रोहियों का एक ही नारा था, एक ही आवाज थी, एक ही लड़ाई थी कि देश से अंग्रेजों को मार भगाना है।

इतिहास गवाह है कि झांसी के ये क्रांतिवीर सैनिक दिल्ली पहुँचे और इनके साथ इस अंचल के अनेक स्थानीय लड़ाका भी शामिल हो गये। दिल्ली की अनियंत्रित और कमजोर नेतृत्व की भीड़ चाहते हुये भी वह परिणाम सामने नहीं ला सकी, जिसकी देश को जरूरत थी, जिसकी देशवासियों ने अपेक्षा की थी। और परिणाम में अनेक वीर सैनिकों के साथ बुन्देलखन्ड के सैनिक भी शहीद हुए। शेष बचेखुचे भागकर बुन्देलखन्ड आ गये।[4]

ग्वालियर के क्षेत्र सीधे मार्ग से दिल्ली से जुड़े थे। इन क्षेत्रों में विद्रोह के पक्षधर पहले से ही प्रचार के लिये लगातार आ रहे थे। ग्वालियर का अंग्रेज समर्थक जयजीराव सिंधिया स्वयं अपनी सेना पर विश्वास नहीं करता था। इन्हीं परिस्थितियों में क्रांतिवीर तात्या टोपे ने ग्वालियर की यात्रा में वहाँ की सेना से सम्पर्क कर उसे विद्रोह के लिये तैयार किया। अन्ततः 14 जून को ग्वालियर की सेना ने विद्रोह कर तमाम अंग्रेजों को मार डाला। अंग्रेज सैनिक और नागरिक जान बचाकर धौलपुर व आगरा की ओर भागे।[5] बताया जाता है कि ग्वालियर के इन विद्रोहों के समय मस्तूरा जागीरदार के खानदान के बहोरनसिंह जाट सिंधिया से असंतुष्ट हो जाने के कारण विद्रोही हो गये थे। इस समय उन्होंने विद्रोही सिपाहियों की मदद की थी। बाद में असफलता मिलने पर वह धौलपुर जाकर छिप गये थे और अन्ततोगत्वा बहोरनसिंह ने सिंधिया से समझौता कर लिया था। यह मस्तूरा ग्वालियर जिले की भितरवार

तहसील के पास है, और नरवर मुगलकाल का प्रसिद्ध किला यहाँ से पन्द्रह किलोमीटर के करीब है।[6] ग्वालियर के सिंधिया राज्य के अंतर्गत हिम्मतगढ़ नामक स्थान के किले को कभी जाट शासकों ने बनवाया था। यह हिम्मतगढ़ ग्वालियर से पनिहार के रास्ते नरवर जाने पर बीच में मिलता है। कहा जाता है कि विद्रोहकाल में इस किले में ग्वालियर के विद्रोहियों ने इसकी दुर्गमता को देखते हुए यहाँ गोला बारूद का भंडार बनाया था। यह पूरा क्षेत्र कभी जाट प्रभावित इलाका रहा था।[7] यह विद्रोह का वह काल था जब दिल्ली में विद्रोही सेनायें मुगल बादशाह के झंडे तले लड़ रही थीं। बयासी वर्षीय बूढ़े बादशाह बहादुरशाह के नेतृत्व में दिल्ली का विद्रोह 12 मई, 1857 से प्रारंभ होकर, 21 सितम्बर को बादशाह की गिरफ्तारी के साथ नेतृत्वविहीन हो गया। देशभर में विद्रोह अनेक प्रसिद्ध क्रांतिकारियों के नेतृत्व में होते रहे, जनता ने इन विद्रोहियों का भरपूर साथ दिया। इन विद्रोहियों की पूरी इच्छा दिल्ली को पुनः अंग्रेजों से मुक्त कराने की रही, पर एकजुट नेतृत्व सामने नहीं आ सका।

ग्वालियर की मुरार छावनी के विद्रोही सैनिकों का साथ देने अगस्त 1857 के अन्त में मंदसौर का शाहजादा फीरोजशाह और इंदौर का विद्रोही सआदत खां आ पहुँचे। इन सभी विद्रोहियों ने शाहजादा फीरोजशाह को अपना नेता चुन दिल्ली की ओर प्रयाण करने का निश्चय किया। सितम्बर के मध्य में ये विद्रोही धौलपुर पहुँचे और वहाँ से राणा से जबरन एक लाख रुपये वसूल कर लिये। धौलपुर में अनेक जगह के विद्रोहियों का जमाव दिल्ली की ओर बढ़ने के लिये हुआ था। इस दौरान वहाँ के जाट शासक का अपेक्षित सहयोग विद्रोहियों को प्राप्त नहीं हुआ। पर जनता ने उन्हें सहयोग प्रदान किया। इस अवसर पर जाट राज्य के अनेक अधिकारी विद्रोहियों से गोपनीय रूप से मिल गये। धौलपुर के इन सैनिक अधिकारियों ने विद्रोही सैनिकों को रसद आपूर्ति की व धन से भी मदद दी।[8] उल्लेखनीय है कि धौलपुर दिल्ली का दरवाजा माना जाता था और इन इलाकों में सैकड़ों साल से जाटों की तूती बोलती थी। इन घटनाओं के विवेचन में 1857 के विद्रोह के दौरान जाट जनता की भागीदारी सुनिश्चित होती है।

दिल्ली से सीधे मार्ग से जुड़े झांसी के क्षेत्रों का मध्य अंचल के क्रांति स्थानों में प्रमुख स्थान है। झांसी की रानी लक्ष्मीबाई का जिन्होंने इस स्वतंत्रता समर का नेतृत्व किया था, भारतीय स्वतंत्रता समर के इतिहास में "अमिट और अमर" नाम है। महिला होने पर भी पुरुष से भी अधिक महापुरुष, महासैनिक की भूमिका का निर्वहन कोई देवी ही कर सकती थी, रानी लक्ष्मीबाई ऐसी ही थीं। कम्पनी सरकार ने जुलाई 1857 में रानी लक्ष्मीबाई के अधिकार को झांसी पर मान लिया था। पर अंग्रेज अंदर ही अंदर झांसी पर आक्रमण की तैयारी कर रहे थे, क्योंकि उनकी जानकारी में आया

था कि रानी क्रांतिकारियों से मिली है और वह लगातार अन्य क्षेत्रों से भागे विद्रोही सैनिकों को अपनी सेना में स्थान दे अपनी शक्ति को बढ़ा रही है।[9] अन्ततोगत्वा अंग्रेज सेना ने सर हूरोज के नेतृत्व में मार्च, 1858 में झांसी पर आक्रमण कर दिया। रानी ने अंग्रेज सेनाओं का मुकाबला किया, पर विश्वासघात के कारण रानी को कालपी की ओर भागना पड़ा। कालपी में रानी के अनेक क्रांतिकारी सहयोगी पहले से ही मौजूद थे। यहाँ से सभी लोग एकत्रित होकर ग्वालियर गये और उन्होंने जून, 1858 में ग्वालियर पर अधिकार कर सिंधिया को अपदस्थ कर दिया। ग्वालियर की सेना पहले से ही क्रांतिकारियों से मिली हुई थी। पर यह ग्वालियर विजय अस्थाई सिद्ध हुई क्योंकि क्रांतिकारी विजयोत्सव में मग्न हो गये और इधर अंग्रेजों ने पूरी तैयारी के साथ चढ़ाई कर दी। महिलाओं का गौरव, राजाओं में महाराजा रानी ने अंग्रेजों से अंतिम युद्ध 18 जून 1858 को ग्वालियर में लड़ा और वह वीरगति को प्राप्त हो गई।[10]

झांसी की रानी लक्ष्मीबाई ने कालपी से ग्वालियर की ओर जाते समय जिस मार्ग का उपयोग किया था उस मार्ग के अंतिम भाग के गांव इंदुरखी (यह सिंध नदी के किनारे भिन्ड जिले में है) के बाद के गुहीसुर, तारौली, बरौली, बिहरी आदि सन् 1805 तक गोहद के जाट राज्य के अंग थे। 1857-1858 ई. के समय गोहद के ये भाग ग्वालियर के संरक्षण में आ गये थे। रानी की क्रांतियात्रा के सभी पड़ावों पर जनता, गांव के मुखिया, जाटों के समय के ठिकानेदारों ने उनका भरपूर सहयोग और स्वागत किया।[11] यद्यपि इस समय तक दिल्ली का मुगल बादशाह कैद कर लिया गया था। परन्तु फिर भी ग्वालियर और मध्य क्षेत्र के जनक्रांतिकारियों को उम्मीद थी कि वे दिल्ली को फतह कर अंग्रेजों को देश से भगा सकेंगे।

झांसी और ग्वालियर अंचल के भाग दिल्ली परिक्षेत्र के समीपवर्ती थे। ग्वालियर तो पूरे मुगलकाल में दिल्ली और आगरा की राजधानियों का प्रमुख बंदीगृह रहा। वैसे भी मथुरा-वृन्दावन के बृजक्षेत्रों का सांस्कृतिक रूप से इस अंचल से पूरा जुड़ाव रहा और इन भागों को ब्रज के अंग के रूप में ही माना जाता है। निष्कर्ष रूप में मध्यक्षेत्र के 1857 के विद्रोहों में जननेताओं ने जो नारे उछाले और जो ध्येय सामने रखा उसमें दिल्ली के बादशाह का नाम आगे था। इन क्षेत्रों के जाट समुदाय ने भी क्रांतिकारियों का साथ दिया। ये सभी जाट कभी न कभी ब्रज क्षेत्रों से ही आकर इन भागों में कब्जा जमाए बैठे थे। सन् 1857 के विद्रोह के फलस्वरूप ही आगे के अनेक क्रांतिकारी दल गठित हुए, राष्ट्रीय आन्दोलनों ने जन्म लिया। 1857 के शहीदों की शहादत के कारण ही भारत 1947 में अंग्रेजों के चंगुल से मुक्त हो कर आजादी में सांस ले सका।

संदर्भ

1. सरदेसाई, शिवलाल आगरा, *मराठों का नवीन इतिहास, भाग 3* 1964 पृ. 540, डॉ. परशुराम विरही, स्वराज संस्थान, म.प्र. शासन, *तात्या टोपे बुन्देलखण्ड* में 2006 पृ. 1-7, *राजा महेन्द्रप्रताप सिंह अभिनन्दन ग्रन्थ* (सम्पा. रामनारायण अग्रवाल, ज्ञानदीप, मथुरा, 1976) पृ. 373-376
2. डॉ. सुरेश मिश्र, *मध्यप्रदेश के रणबांकुरे* स्वराज संस्थान म.प्र. शासन, 2004 पृ. 124-35; बुन्देलखन्ड गजेटियर (गजेटियर विभाग, म.प्र. शासन, 1995, भोपाल) पृ. 314
3. *झांसी* (रुद्रकिशोर, रश्मि प्रका. ग्वालियर, 1990) पृ. 16-19; बुन्देलखन्ड समग्रः 1998 (संपा. हरिमोहन अग्रवाल, राजकीय संग्रहालय झांसी) पृ. 45-49, सुरेन्द्रनाथ सेन, *अठारह सौ सत्तावन का स्वतंत्रता संग्राम* सूचना मंत्रालय, भारत सरकार, 2006 पृ. 76
4. *तात्या टोपे बुन्देलखन्ड* में, पृ. 37; रामविलास शर्मा, *भारत में अंग्रेजी राज और मार्क्सवाद, खन्ड-2,* राजकमल प्रका. दिल्ली, 1982 पृ. 212-213
5. जिला गजेटियर ग्वालियर (संपा. प्रेमनारायण श्रीवास्तव, शासकीय लेखन सामग्री, भोपाल 1968) पृ. 43-45; डॉ. शिव शर्मा,*जंग-ए-आजादी में इंदौर ग्वालियर* स्वराज संस्थान, भोपाल पृ. 8-9, (डॉ. विरही) *तात्या टोपे बुन्देलखन्ड में,* पृ. 9
6. रियासत ग्वालियर तारीख जागीरदारान, जिल्द-2 (सरकारी तौर पर शाया, 1913) पृ. 46-47, डॉ. आनन्द मिश्र *ग्वालियर एवं दतिया जिले के दुर्ग एवं गढ़िया* पृ. 49-50
7. डॉ. आनन्द मिश्र, *ग्वालियर एवं दतिया जिले के दुर्ग एवं गढ़िया* आदित्य भोपाल पृ. 60
8. महेश कुमार भार्गव, *मध्यप्रदेश के रणबांकुरे,* पृ. 79-85, जंग-ए-आजादी में इंदौर ग्वालियर, पृ. 11, धौलपुर गजट वर्ष-25 अंक-27 (संपा. निहालगंज धौलपुर, 1989) पृ. 23
9. डॉ. भगवानदास गुप्त, *भारतीय इतिहास के कुछ पहलू,* स्मृति ग्रन्थ (संपा. डॉ. सुधा गुप्ता हिन्दी बुक सेन्टर दिल्ली, 2000) पृ. 260-265, (रुद्रकिशोर) झांसी पृ. 18-21
10. *झांसी,* पृ. 26-29; जिला गजेटियर ग्वालियर (संपा. प्रेमनारायण श्रीवास्तव) पृ. 45-48
11. *चम्बल के आसपास* (संपा. डॉ. कालीचरण स्नेही, लहार, जिला भिन्ड, 1998) पृ. 50, डॉ. अजय अग्निहोत्री, *जाटों का राजनैतिक एवं सांस्कृतिक इतिहास,* दर्पण कालोनी ग्वालियर, 2001 पृ. 62-65, *म. प्र. डिस्ट्रिक गजेटियर भिन्ड* (राजभाषा एवं सांस्कृतिक विभाग, भोपाल, 1996) पृ. 27-28, 296-297

Chapter - 38

1857 के महासमर में इंदौर के क्रांतिकारियों की दिल्ली यात्रा

नरेश कुमार पाठक

इंदौर नगर एवं उसके पार्श्ववर्ती क्षेत्र में लड़ा गया भारतीय स्वाधीनता का महासमर देश के इतिहास का महत्त्वपूर्ण भाग था। इंदौर में सेन्ट्रल इण्डिया एजेन्सी के अंग्रेज एजेन्ट का मुख्यालय था। यह मुख्यालय महाराजा होलकर से विशाल भूमि खण्ड लेकर अलग से रेसीडेन्सी एवं छावनी क्षेत्र के नाम से बनाया गया था, उसी में एजेन्ट टू दि गवर्नर जनरल का कार्यालय था एवं निवास हेतु काले पत्थरों से विशाल कोठी का निर्माण किया गया था। सन् 1857 के महासमर के समय इंदौर की राजगद्दी पर महाराजा तुकोजीराव होलकर (द्वितीय) बैठे थे। सेन्ट्रल इण्डिया एजेन्सी में एजेन्ट के रूप में राबर्ट हेमिल्टन नियुक्त थे, लेकिन महासमर के समय अवकाश पर थे और उनके स्थान पर कर्नल हेनरी मेरियन ड्यूरेन्ड एजेन्ट नियुक्त थे।[1] मई 1857 में स्वतंत्रता संग्राम महासमर की जो चिंगारी देश में फैली उससे यह क्षेत्र प्रभावित हुआ। 6 जून को नीमच में विद्रोह फैल गया, इंदौर नगर के अंग्रेज अधिकारियों में हड़कम्प मच गया। सुरक्षा व्यवस्था को व्यवस्थित किया गया। इंदौर में कर्नल ड्यूरेन्ड ने रेसीडेन्सी एवं खजाने की सुरक्षा हेतु 200 सैनिकों वाले मालवा सैन्य दल के अतिरिक्त सरदारपुर से मालवा भील सैन्य दल के 370 सैनिक, सिहोर से भोपाल सैन्य दल रिसाले की दो टुकड़ियाँ, 270 पैदल सैनिक, दो तोपे इंदौर मंगवा कर सुरक्षा व्यवस्था की थी। होलकर महाराजा तुकोजीराव द्वितीय ने भी रेसीडेन्सी क्षेत्र की सुरक्षा के लिये महाराज पलटन और बजरंग पलटन नामक दो कम्पनियों के साथ घुड़सवार एवं तीन तोपें लगाई थीं। 10 जून को महीदपुर छावनी की यूनाइटेड मालवा कान्टिन्जेन्ट ने विद्रोह कर दिया। 18 जून 1857 को रेसीडेन्सी कोठी के सामने

संग्रहाध्यक्ष शासकी पुरातत्व संग्रहालय मल्हार स्मृति मंदिर देवास (म.प्र.) मो. 9826341257

अफीम गोदाम के पास रखी तीन तोपे हटाकर होलकर सैनिकों ने छावनी चौराहे पर खड़ी कर दी और उन्हें पुनः वहाँ से हटाकर अलग रखने से मना कर दिया। इससे स्पष्ट था कि कुछ सैनिक विद्रोह के बहाने खोज रहे थे। इसी समय भोपाल से आए नवाब वारिस मोहम्मद खाँ जो इंदौर रेसीडेन्सी के छावनी बाजार में ही रहता था, उसने होलकरों के रिसाले के अधिकारी सादत खां से मिलकर विद्रोह की योजना बनाई। रेसीडेन्सी स्कूल का मौलवी अब्दुल समद, महीदपुर कांटिन्जेन्ट का कमांडर रहीमतुल्ला, होलकर की पैदल सेना का जमादार शेरखाँ, हवलदार दुर्गा प्रसाद, तोपखाने का जमादार मेजर मोहम्मद अली इस योजना के प्रमुख सूत्रधार थे।

होलकर सेना के 300 अश्वारोही सैनिक जो रेसीडेन्सी की सुरक्षा हेतु खान नदी के तट पर तैनात थे उन्हें 30 जून को वापस बुला लिया। उनके स्थान पर बख्शी खुमानसिंह ने दूसरे अश्वारोही सैनिक नहीं भेजे। दूसरे दिन ड्यूरेण्ड ने रेसीडेन्सी का खजाना महू भेजने का आदेश दिया, सैनिकों को यह पसंद न था। इस सूचना को लेकर मौलवी अब्दुल समद ने एक अश्वारोही सैनिक को एक जुलाई, 1857 के दिन प्रातःकाल सादत खां के पास भेजा, तत्काल ही लगभग 8 बजे प्रातः होलकर रिसाले की वर्दी में सादत खां रेसीडेन्सी आया। उसके साथ तिलंगी पलटन के 7-8 घुड़सवार भी थे। 8.30 बजे सादत खां होलकर तोपखाने के जमादार मोहम्मद खां से मिला। बुधवार एक जुलाई 1857 को जब सादत खां कह रहा था, कि महाराज होलकर का हुक्म है, अंग्रेजों को मारने को तैयार हो जाओ।[2] तभी सदर बाजार मुहल्ले से विद्रोह भड़क उठा सदर बाजार फौजी डेरा में क्रांतिकारी सैनिक एकत्रित हुए और उन्होंने रेसीडेन्सी पर आक्रमण के लिये प्रस्थान किया। सादत खां, वंस गोपाल, अरादूसिंह, नवाब वारिस मोहम्मद खां, ने क्रांतिकारी सैनिकों का स्वागत किया। समस्त सुरक्षा व्यवस्थाओं को तोड़ते हुए सादत खां और वंस गोपाल ने रेसीडेन्सी पर आक्रमण कर दिया। 29 अंग्रेज स्त्री-पुरुष, बच्चे इस आक्रमण में मारे गये। इस आक्रमण में पैदल सैनिकों की दो कम्पनियां एवं तीन तोपें शामिल रही। सादत खां आक्रमण के दौरान जख्मी हो गया, लेकिन उन्होंने पीठ नहीं दिखाई। कर्नल ट्रेवर्स ने रेसीडेन्सी कोठी की रक्षा करने का प्रयत्न किया लेकिन पांच सिक्ख सैनिकों एवं भोपाल सैन्य दल के अलावा किसी ने उनका साथ नहीं दिया। विद्रोह की सूचना सुनकर ड्यूरेण्ड ने रेसीडेन्सी कोठी के दरवाजे तक आकर शोरगुल का कारण जानना चाहा तभी रेसीडेन्सी की सुरक्षा के लिये तैनात होलकर तोपखाने ने गोले बरसाने शुरू कर दिया पोस्ट और टेलीग्राफ आफिस के अंग्रेज अधिकारियों को पकड़कर मार डाला गया। रेसीडेन्ट ड्यूरेण्ड अपने परिवार तथा कुछ अंग्रेज अधिकारियों के साथ रेसीडेन्सी से भाग गया।[3] देवगुराड़िया, तिल्लौर होता हुआ किसी प्रकार वह सीहोर पहुँचा।

क्रांतिकारियों ने रेसीडेन्सी पर अधिकार कर लिया, खजाना लूट लिया और अंग्रेजों के बंगले जला दिए। इंदौर के इस विद्रोह की खबर महू पहूंची, रात को वहाँ की 23वीं नेटिव बंगाल इन्फेन्ट्री ने भी विद्रोह कर दिया। कई अधिकारियों को मारकर ये क्रांतिकारी सैनिक भी 2 जुलाई को इंदौर आ गए, 4 जुलाई तक अनेक घटनाएं घटी। स्वयं होलकर महाराज ने रेसीडेन्सी जाकर स्वतंत्रता के लिए लड़ने वाले सैनिकों से कहा कि सैनिक अपनी छावनियों को लौट जाये, सैनिकों ने महाराज से अनुरोध किया कि आप इस स्वर्ण अवसर को न गवाएं हम आपके साथ है, आपके और देश के लिए अपने प्राण दे देंगे। महाराज ने उत्तर में कहा कि मैं इतना शक्तिशाली नहीं हूं और न ही इतनी बड़ी सेना का व्यय वहन करने की मुझमें क्षमता है। महाराज के रुख को देखकर क्रांतिकारियों ने इंदौर छोड़ देने का निर्णय लिया, 4 जुलाई की रात 10 बजे रेसीडेन्सी खजाने का 9 लाख रुपया सभी तोपे जिसमें होलकरों की भी 9 तोपें सम्मिलित थी, गोले बारूद, हाथी, घोड़े, बैलगाड़ियां व अन्य सामग्री लेकर क्रांतिकारियों ने बम्बई-आगरा सड़क से दिल्ली के लिये प्रस्थान किया।[4] इस यात्रा का वर्णन डॉ. कृष्णचन्द्र लुणिया ने किया है।

इस समय क्रांतिकारियों के नेता सादत खां और भागीरथ के अलावा वारिस मोहम्मद खां, मौलवी अब्दुल समद, बंस गोपाल और आलिक खां भी थे। सादत खां होलकर सेना के भूतपूर्व कमाण्डर बख्शी हाफिज का भतीजा था। मौलवी अब्दुल समद इंदौर स्कूल में फारसी का शिक्षक था और वारिस मोहम्मद खां भोपाल के नवाब का संबंधी था और इंदौर छावनी के बाजार में रहता था। सादत खां होलकर राज्य सैनिकों और महू तथा इंदौर में तैनात ईस्ट इंडिया कम्पनी की भारतीय फौजों के सैनिकों के बीच में कड़ी था। वह इनमें विद्रोह भड़काने वाले व्यक्तियों में से था। वारिस मोहम्मद खां भोपाल का होने से भोपाल कान्टिन्जेन्ट के सैनिकों का उसके यहाँ अधिक आना जाता होता था और वह इनको अंग्रेजों के खिलाफ भड़काता था।[5] सादत खां का भाई सरदार खां रिसालेदार भी इस विद्रोह में सम्मिलित था। उसके साथ भी कुछ अश्वारोही सैनिक थे। इंदौर से ये विद्रोही देवास गये और वहाँ इन्होंने 25 हजार रुपये का धन और खाद्य सामग्री प्राप्त की। ऐसा कहा जाता है कि इन्होंने देवास नरेश से ब्रिटिश सिक्कों के बदले में सोना प्राप्त किया। देवास से ये तराना होते हुए मक्सी पहुँचे। क्रांतिकारियों ने तराने के पास अंग्रेजों के तार की लाइन काट दी जिससे कि ये इंदौर से दूसरे स्थानों को तार भेजकर क्रांतिकारियों के विरुद्ध सैनिक सहायता न प्राप्त कर सके।[6] मक्सी से ये क्रांतिकारी शाजापुर, सारंगपुर होते हुए पचौर पहुँचे। शाजापुर में इनके साथ सौ व्यक्ति और हो गये। पचौर से ये ब्यावरा गये और ब्यावरा के ठाकुर ने इनको कुछ भेंट और उपहार दिये। ब्यावरा से ये राधोगढ़ पहुँचे। राधोगढ़ के नरेश ने इनको खाद्य सामग्री दी। राधोगढ़ से ये गुना छावनी पहुँचे

वहाँ इन्होंने विश्राम के लिये दो दिन का मुकाम किया। गुना से सीपरी (शिवपुरी) पहुँचे और वहाँ तीन दिन तक रुके। जब ये सीपरी में रुके हुये थे। तब वहाँ नरवर के ठाकुर और चंदेरी के एक महत्त्वशाली पठान ने सादत खां और वारिस मोहम्मद खां से मुलाकात की और अगली कार्यवाही के लिये उनसे चर्चा की। क्रांतिकारियों के रास्ते में जहां-कहीं अंग्रेजों के डाक बंगले और तार कार्यालय दिखे, उन्होंने सब जलाकर नष्ट कर दिये। शिवपुरी से ये क्रांतिकारी 31 जुलाई 1857 को मुरार छावनी पहुँचे और एक माह चार दिन रुके। ग्वालियर में महू और इंदौर के कुछ क्रांतिकारी हाथियों पर निकले और बाजार में कुछ झगड़ा कर लिया और जब वहाँ के कोतवाल ने ऐसा न करने के लिये कहा, तब उन्होंने कोतवाल को बुरा-भला कहा और शहर को लूटने की धमकी दी।[7]

इस समय ग्वालियर में महू और इंदौर के क्रांतिकारियों की संख्या थी, महू की रेजीमेंट के 700 सैनिक, नियमित सैनिक 400, सरकारी सैनिक 200, इंदौर की 7 तोपें और 1000 गाजी कहे जाने वाले सैनिक। ग्वालियर कांटीन्जेन्ट के अधिकारियों और महू तथा इंदौर के क्रांतिकारियों के प्रतिनिधियों की एक बैठक विचार-विमर्श के लिए और भावी कार्यक्रम निश्चित करने के लिए 1 अगस्त 1857 को हुई। महू और इंदौर के क्रांतिकारियों को वेतन मिले, ऐसी मांग ग्वालियर के क्रांतिकारियों ने महाराज सिंधिया से की, लेकिन यह मांग अस्वीकृत कर दी गई। इंदौर व महू के क्रांतिकारी सैनिकों ने ग्वालियर के महाराजा और महारानी बायजाबाई से मुलाकात करने का प्रयास किया, सादत खां ने स्वयं मुलाकात करनी चाही, मुलाकात न हो सकी। 1 अगस्त 1857 को इंदौर और महू के क्रांतिकारियों ने अंग्रेजों की एजेन्सी के बंगलों को नष्ट कर दिया और कुछ बनियों के साथ दुर्व्यवहार भी किया। इस पर सिंधिया नरेश ने नारायणराव के नेतृत्व में 1000 सैनिक भेजे जिससे कि ये क्रांतिकारी कोई लूटपाट व आगजनी नहीं कर सके। महाराजा ने अपने अंगरक्षकों को और रिसाले के सैनिकों को भी तैयार रहने के आदेश दिये। इंदौर व महू के क्रांतिकारियों में जो एक हजार गाजी थे वे शीघ्र ही दिल्ली प्रस्थान करना चाहते थे जिससे कि वे वहाँ बहादुरशाह की सहायता कर सके। अंत में 5 सितंबर 1857 को इंदौर और महू के क्रांतिकारी सैनिक दिल्ली जाने के लिये ग्वालियर से धौलपुर के लिये प्रस्थान कर गये। इस समय इन सैनिकों की संख्या थी 220 पैदल सैनिक, 650 अश्वारोही सैनिक और 7 तोपें।[8] इसके साथ ग्वालियर के रिसाले के 500 सैनिक, 1100 पैदल सैनिक, 500 विलायती और मेवाती सैनिक सम्मिलित हो गये।[9] मुरार के सैनिकों ने ग्वालियर व इंदौर के सैनिकों को गोला-बारूद भी दिया। 7 सितंबर को ये सब क्रांतिकारी चंबल पार करके धौलपुर पहुँचे। इन्होंने धौलपुर

के राजा से एक लाख रुपये मांगे और सैनिकों के रुकने की व्यवस्था के लिए कहा। राजा ने यह मांगे अस्वीकार कर दी। इस राजा के सैनिकों तथा क्रांतिकारियों में संघर्ष हो गया, जिसमें राजा के 25 सैनिक मारे गये और राजा के कामदार को क्रांतिकारियों ने बंदी बना लिया। धौलपुर में रुककर क्रांतिकारी सैनिक आगरा पर आक्रमण करने की तैयारी कर रहे थे।[10] बाद में धौलपुर से प्रस्थान करके ये मथुरा पहुँचे। यहाँ ये एक दिन रुके। मथुरा की छावनी इनके पहुँचने के पहले नष्ट कर दी गई थी और बंगलों में आग लगा दी गई थी।

मथुरा से कोसीगांव, बैदल, पलवल होते हुए ये बल्लभगढ़ पहुँचे जो दिल्ली से 16 कोस (50 किलोमीटर) दूर था। दिल्ली पहुँचने के बाद ये बहादुरशाह के सबसे बड़े पुत्र मिर्जा खुरेश से मिले। मिर्जा खुरेश, सादत खां, भागीरथ और अमीर खां को तथा उनके साथियों को बहादुर शाह के पास ले गया।[11] बादशाह से इनकी मुलाकात दीवान-ए-खास में हुई थी। इस मुलाकात के दौरान जब बहादुर शाह ने इंदौर के बारे में तथा इंदौर से भागीरथ के दिल्ली आने का कारण पूछा तब भागीरथ ने इंदौर में हुये विद्रोह की घटना का सब हाल बादशाह को सुनाया। इससे बादशाह बहुत प्रसन्न हुआ और उसने कहा "वह (महाराजा होलकर) बहुत बहादुर है" जब बहादुर शाह ने होलकर की सेना के बारे में पूछा तब भागीरथ ने कहा कि "उनकी सेना में 15-20 हजार साहसी वीर सैनिक हैं। इस मुलाकात के बाद बादशाह ने मिर्जा खुरेश को भागीरथ, सादतखां और उनके क्रांतिकारी साथियों के रुकने की व्यवस्था के समुचित आदेश दिये। इस पर लाल किले में मिर्जा खुरेश ने इनके रुकने की व्यवस्था की और इनको व्यय के लिये प्रति सैनिक एक रुपया प्रतिदिन के हिसाब से जेब खर्च मुगल दरबार की ओर से दिये जाने का निर्णय लिया गया। दिल्ली में ये लोग 16-17 दिन रुके। वहीं दिल्ली में इनको नीमच, नसीराबाद और महीदपुर के क्रांतिकारी सैनिक भी मिल गये थे। बादशाह से भेंट करने के अलावा भागीरथ ने बादशाह के अन्य अधिकारियों, वजीरों और 32 अन्य राजनीतिज्ञों से भेंट की।

इसी बीच बादशाह ने भागीरथ को वर्गाकार सीलबंद परवाना या खरीता दिया और मिर्जा खुरेश ने भी भागीरथ को एक ऐसा ही सील लगा हुआ पत्र दिया। ये दोनों खरीते महाराजा होलकर के नाम के थे। इसके बाद भागीरथ को मुगल दरबार से मार्ग व्यय के लिये धन दिया गया और ये सब दिल्ली से इंदौर के लिये रवाना हुए। दिल्ली से बल्लभगढ़, पलवल, गोधल, गोवरधन, भरतपुर, हिन्डोन, कुशलगढ़, माधोपुर, मलवाना, लखेरी और खटगढ़ गांव, शपेकोट, कन्जारड़ा, पड़दा, कुकड़ेश्वर, ऑत्री, सीतामऊ, खाचरोद, बड़नगर, बेदीपुर होते हुए ये हातोद पहुँचे। हातोद में देपालपुर

का मामलेदार 50 अश्वारोही व पैदल सैनिकों के साथ पहुँचा और उसने भागीरथ और उसके दल पर आक्रमण कर दिया। भागीरथ अन्य दो साथियों के साथ पकड़ा गया और उनके अन्य साथी भाग गये। भागीरथ के कमर में बंधे हुये होलकर के नाम बादशाह बहादुरशाह द्वारा दिये गये परवाने निकले। ऐसा प्रतीत होता है, कि सम्भव है भागीरथ महाराजा होलकर का दूत बनकर बादशाह से मिलने दिल्ली गया हो और वहाँ से बादशाह से होलकर के नाम कोई विशेष आदेश या फरमान प्राप्त कर लाया हो। कर्नल ड्यरेन्ड जो इस समय महू में था, भागीरथ के आगमन तथा बादशाह के खरीतों की जानकारी प्राप्त कर चुका था। इसलिये ड्यूरेन्ड ने देपालपुर के मामलेदार की सहायता से भागीरथ तथा उसके दल पर सहसा हमला करके भागीरथ को पकड़कर बन्दी बना लिया और उसके खरीते छीन लिये। कुछ समय बाद भागीरथ पर मुकदमा चलाया गया और उसे फांसी की सजा दे दी गई।[12] संभव है मुगल दरबार द्वारा होलकर को दिये हुये खरीतों में बादशाह ने होलकर से अंग्रेजों के विरुद्ध कोई विशेष संधि प्रस्तावित की हो या अंग्रेजों के विरुद्ध होलकर से सैनिक सहायता चाही हो।[13]

इंदौर के क्रांतिकारियों का दिल्ली प्रस्थान का उद्‌देश्य यदि पूर्ण होता तो, भारत का इतिहास कुछ और होता। कालपी का युद्ध एवं ग्वालियर रियासत की भूमिका के कारण इन क्रांतिकारियों के उत्साह में अवरोध पैदा हो गया। यदि मध्यभारत के क्रांतिकारी दिल्ली के बादशाह को समय पर सहयोग देने में सक्षम होते, तो दिल्ली में क्रांति असफल नहीं होती। भागीरथ सिलावट इंदौर का वह वीर शहीद था जिसका लक्ष्य दिल्ली के बादशाह एवं इंदौर के होलकर शासकों के मध्य राजनैतिक सूत्र स्थापित करना था, किन्तु उसके पकड़े जाने के कारण भागीरथ सिलावट का उद्‌देश्य पूर्ण न हो सका। शायद यही नियति की देन थी।

संदर्भ

1. राठौर जवाहरलाल, *इंदौर संभाग में स्वाधीनता संग्राम 1857 के सैनिक विद्रोह में जान की बाजी लगाने वाले वीरो का पुण्य स्मरण*, मध्यप्रदेश *संदेश* स्वाधीनता आंदोलन विशेषांक, भोपाल 15 अगस्त, 1987 पृ. 72 से 75

2. शुक्ल नरेन्द्र कुमार, *सआदत खां की शहादत*, मध्यप्रदेश *संदेश* स्वाधीनता आंदोलन विशेषांक भोपाल 15 अगस्त, 1987 पृ. 22-23

3. गुप्ता रमेशचन्द्र, *मालवा में 1857 का स्वातंत्र्य संग्राम*, मध्यप्रदेश *संदेश* स्वाधीनता आंदोलन विशेषांक भोपाल 15 अगस्त, 1987 पृ. 51 से 55

4. गर्ग रामसेवक, *इंदौर में 1857 का संग्राम*, मध्यप्रदेश संदेश स्वाधीनता आंदोलन विशेषांक भोपाल 15 अगस्त 1987 पृ. 19 से 21

5. श्रीवास्तव, *दि रिवोल्ट आफ 1857 इन सेन्ट्रल इण्डिया इन मालवा*, बंबई पृ. 92-93

6. तराने परगने के मामलेदार रमाकांत बापूजी का पत्र दि. 7.7.1857 *(फेजेज ऑफ फ्रीडम स्ट्रगल इन मध्य भारत)*
7. फॉरिन डिपार्टमेंट सिक्रेट, 30 अक्टूबर 1857 न. 416 *मराठी न्यूज रिपोर्ट फ्राम ए स्पाय ऑफ द होलकर गवर्नमेंट विद द म्यूटिनीयर्स,* डेटेड ग्वालियर 5 सितंबर 1857
8. लुणिया श्री कृष्णचंद्र, *इंदौर सन् 1857-58 में,* स्टडिस इन द हिस्ट्री ऑफ मालवा (द जर्नल ऑफ मालवा इतिहास परिषद इंदौर वोल्यूम दो 1974-75) पृ. 44-45
9. सबस्टे फ्रॉम ए मराठी न्यूज रिपोर्ट फ्रॉम ऐ स्पाय ऑफ द होलकर गवर्नमेंट विद द म्यूटिनीयर्स डेटेड ग्वालियर 29 अगस्त 1857 फॉरेन सिक्रेट डिपार्टमेंट 18-12-1857 नं. 697 सर्विस मैसेज रिसीब्ड बाय इलेक्ट्रिक टेलीग्राफ फ्रॉम आगरा 7 सितंबर कानपुर 15 सितंबर फ्राम पॉलिटिकल एजेंट ग्वालियर टू द सेक्रेटरी टू गवनमेंट फॉरेन डिपार्टमेंट
10. मराठी न्यूज रिपोर्ट डेटेड धौलपुर 23 सितंबर 1857, मराठी न्यूज रिपोर्ट फ्रॉम ए स्पाय ऑफ द होलकर गवर्नमेंट डेटेड ग्वालियर 19 सितंबर 1857
11. इस समय सादत खां के साथ अन्य क्रांतिकारी थे–भागीरथ, अमीर खां, करीम खां, दाजी मराठा, महादेव ब्राह्मण, मुरारी और कासल तथा सईस इनके घोड़ों के साथ थे। (*फेजेज ऑफ फ्रीडम स्ट्रगल इन मध्य भारत*)
12. भागीरथ की दिल्ली यात्रा का संपूर्ण विवरण और उसके कैद होने का हाल उसके ही एक अश्वारोही साथी अमीरखां और एक अन्य सैनिक, उज्जैन के निवासी दाजी मराठा ने दिया है यह सब *फेजेज ऑफ फ्रीडम स्ट्रगल इन मध्यभारत 1857,* नामक ग्रंथ में पृ. 46-53 तक दिया हुआ है।
13. लुणिया श्री कृष्णचंद्र, *इंदौर सन् 1857-58,* पूर्वोक्त पृ. 43-47

Chapter - 39

शाहजादा फिरोजशाह और 1857 (मालवा के संदर्भ में)

डॉ. मनोहरसिंह राणावत

भारतीय राज्यों पर अपने आधिपत्य को स्थायी और सुदृढ़ करने हेतु अंग्रेजों ने सर्वत्र अपने राजनैतिक प्रतिनिधियों के साथ ही सैनिक छावनियों का जाल बिछाकर वहाँ के राजा-महाराजाओं, जागीरदारों-जमींदारों आदि पर अपना कड़ा पंजा जकड़ कर वहाँ के जन-साधारण पर भी अपना आतंक स्थापित कर दिया था। समूचे क्षेत्र में पूर्व में व्याप्त "गर्दी के वक्त" का अंत कर वहाँ स्थापित शांति-सुरक्षा से, जो संतोष और हर्ष वहाँ के धनी-मानी व्यापारी वर्ग से लेकर सर्व-साधारण तक ने अनुभव किया था, वह बहुत स्थायी नहीं हो पाया। पूर्ववर्ती आक्रमणकारी बर्बर विजेता भी भारत में ही बस कर कालांतर में भारतीय संस्कृति तथा जीवन-प्रवाह में घुल-मिल से गए थे, परंतु अंग्रेज विजेताओं ने कभी भारतीय संस्कृति को स्वीकार नहीं किया, प्रत्युत वे सदैव उससे अलग ही नहीं रहे, किंतु यहाँ की संस्कृति को प्रभावित कर उसे बदलने अथवा विच्छिन्न करने में ही तत्पर रहे। अपनी मातृभूमि इंग्लैंड से उनका सतत अविच्छिन्न संपर्क बना रहा। स्वदेश हितार्थ राज्य करने वाले अंग्रेजों ने भारत को अपने शोषण की मण्डी बना लिया। यही नहीं, उनके शासन की मूलगत तात्विक विभिन्नता के कारण ही अंग्रेजी साम्राज्यवाद से यहाँ की परंपरागत ग्राम्य-व्यवस्था भी तहस-नहस हो गई।

पुनः अंग्रेजों ने केवल अपनी ताकत के ही भरोसे भारत-विजय नहीं की थी, विश्वासघाती भारतीयों ने भी उनका पूरा-पूरा साथ दिया। पुनः भारतीयों को अपनी सेना में भरती कर उन्हें प्रशिक्षित किया, जिससे अंग्रेजों के अधीन सेना का बहुत विस्तार हो गया। इस प्रकार अंग्रेज सेनानायकों के अधीन तथा उन्हीं के निर्देशन में

श्री नटनागर शोध संस्थान, उपनिदेशक, सीतामऊ (म.प्र.)

भारतीय सैनिकों ने अंग्रेजों के हितार्थ भारत-विजय कर वहाँ पहले कंपनी बहादुर की सरकार स्थापित की और सन् सत्तावन के महान विद्रोह का सख्ती और क्रूरतापूर्वक दमन कर तदनंतर वहाँ महारानी विक्टोरिया के शासन को भी सुदृढ़ बनाया था।

परंतु उन्नसवीं शताब्दी के प्रारंभिक दशक में भारत-विजय लगभग पूर्ण होने के साथ ही उत्तरी भारत के राजस्थान आदि स्वाधीनता-साधक क्षेत्रों के प्रबुद्ध वर्ग में अपनी पराधीनता के प्रति क्षोभ व रोष बढ़ने लगे थे, जो तत्कालीन काव्य में बारंबार फूट पड़े। जोधपुर के कविराजा बांकीदास ने राजस्थान के नरेशों की तीव्र भर्त्सना करते हुए आह्वान ही नहीं किया, अपितु भावी सत्य भी उजागर कर दिया था—

"महि जातां चीचांता महिलां, अै दुय मरण तणा अवसांण।
राखो किहिक रजपूती, मरद हिंदू की मुसलमान।।
पुर जोधाणं, उदैपुर, जैपुर, यह थांरा खूटा परियांण।
आंकै गई आवसी आंकै बांकै आसल किया वखांण।।"

तथा लोक गीतों में भी ये ही सुर निरंतर सुनाई देने लगे। जब अंग्रेजों ने सन् 1805 ई. में भरतपुर के किले का घेरा लगाया, तब जन-साधारण में गाया जाने लगा—

"आछो, गोरा हट जा!
राज भरतपुर को रै गोरा हट जा!
भरतपुर गढ़ बांको, किलो रै बांको,
गोरा हट जा!
यूं मत जांणो रै गौरा लड़ै रै बेटो जाट को,
ओ कंवर लड़ै रै, राजा दसरथ को रै
गोरा हट जा! आदि"

इन्हीं सारे उत्तेजक प्रोत्साहनों के ही फलस्वरूप असंतोष बढ़ता ही गया और इन सबकी परिणति अंततः सन् सत्तावन के महान विद्रोह में हुई। जब मई 10, 1857 ई. को मेरठ में भारतीय सेना के घुड़सवार और पैदल सिपाहियों के सैनिक दल विद्रोही हो गए, तब तो यह विद्रोहाग्नि बड़ी तेजी से दूर-दूर तक फैलने लगी। दिल्ली में भी कुछ समय से अंसतोष बढ़ता जा रहा था और जब मेरठ के ये विद्रोही सैनिक दिल्ली पहुँचे तब वहाँ की भी भारतीय सेना ने उनका साथ दिया तथा दिल्ली में अंग्रेजों से प्राप्त पेंशन-भोगी नाम-मात्र का मुगल सम्राट बहादुरशाह "जफर" भी मई 11, 1857 ई. को उनके साथ हो गया।

दिल्ली और उत्तर प्रदेश में भड़के इस महान विद्रोह का प्रभाव ग्वालियर, इंदौर जैसे मालवा क्षेत्र के बड़े मराठा राज्यों के अंतर्गत स्थापित अंग्रेजों की छावनियों की सेनाओं

के साथ उन राज्यों की अपनी सेनाओं पर भी पड़ा। तब मालवा में भी जून 3, 1857 ई. को नीमच छावनी में अंग्रेजों की भारतीय सेना विद्रोही हो गई और जून 8, 1857 ई. को मल्हारगढ़ में विद्रोह हुआ। साथ ही जून 6-8 को महीदपुर और जून 7, 1857 ई. को शिवपुरी में भी भारतीय सैनिक विद्रोही हो गए। उधर ग्वालियर के पास मुरार स्थित सैन्य-छावनी में अंग्रेजों के अधीन भारतीय सैन्य-दल ने जून 14, 1857 ई. को विद्रोह किया। इस प्रकार बहुत तेजी के साथ विद्रोहाग्नि निरंतर बढ़ती ही गई। इंदौर में महाराजा तुकोजीराव होलकर की सेना ने और अंग्रेजों की मऊ छावनी में भी भारतीय सैन्य-दलों ने विद्रोह किया। धार राज्य की सेना भी विद्रोही हो गई। विद्रोही भावना से प्रोत्साहित होकर भारतीय राज्यों की ये सेनाएँ विद्रोही तत्वों में सोत्साह सम्मिलित हो गई, तथा इन विद्रोही सैनिकों में से अधिकांश दिल्ली की ओर चल दिए।

मालवा में 1857 की क्रांति में दिल्ली के शाहजादा फिरोजशाह के योगदान को नकारा नहीं जा सकता। शाहजादा फिरोजशाह अद्‌भुत योग्यता और साहस का धनी था। भारत के प्रथम स्वतंत्रता संग्राम के संघर्ष में उसने अपनी कार्य स्थली दिल्ली से दूर मालवा और तदनंतर रेहलगढ़, झांसी, अवध और रोहिलखण्ड को बनाया था। शाहजादा फिरोज की पहचान इतिहासकारों के बीच विवाद का प्रश्न रहा है कि वह कौन था? किसी ने उसे मिथ्या राजकुमार तो किसी ने उसे स्वघोषित दिल्ली का राजकुमार कहा है, किंतु यह सर्वमान्य मत है कि शाहजादा फिरोजशाह जिसने 1857 की क्रांति में मालवा के मंदसौर और आसपास के क्षेत्रों में विद्रोह का नेतृत्व किया था, उसका दिल्ली के शाही परिवार से संबंध था। मुगल सम्राट शाहआलम द्वितीय (1759-1806 ई.) के पौत्र निजामबख्त और आलमगीर द्वितीय (1754-1759 ई.) की प्रपौत्री आबादी बेगम का पुत्र था। मक्का की हज यात्रा से लौटते हुए जब उसे ज्ञात हुआ कि दिल्ली में 1857 की क्रांति का बिगुल बज चुका है तो उसने मालवा के मुस्लिम बाहुल्य क्षेत्र महीदपुर और मंदसौर की ओर प्रयाण किया। सर्वप्रथम वह महीदपुर के पास खाचरोद पहुँचा। वहाँ से उसने अंग्रेजों के विरुद्ध जिहाद की घोषणा की। हाजी होने के कारण मुसलमानों में उसका विशेष सम्मान था, परंतु खाचरोद में सिंधिया के कामविसदार द्वारा पराजित होकर खाचरोद से 8 कि.मी. दूर फरनाजी के मंदिर में उसे शरण लेनी पड़ी।

जून-जुलाई, 1857 ई. से नवंबर, 1857 ई. तक का समय मालवा में ब्रिटिश शासन के विरुद्ध केवल युद्ध की व्यूह रचना की दृष्टि से महत्वपूर्ण नहीं है बल्कि उससे अधिक मुसलमानों के जागरण, अलख की दृष्टि से महत्वपूर्ण है। इस विद्रोह में केवल भोपाल, टोंक और जावरा के मुसलिम शासकों ने अंग्रेजों का साथ दिया और

पठान, अरब, विलायती, अफगान, रोहिला और मकरानियों में राजनीतिक श्रेष्ठता के लिए मराठों और राजपूतों के सहयोग से संघर्ष चलता रहा जिसका पूर्ण लाभ अंग्रेजों ने उठाया। ऐसे में शाहजादा फिरोज ने मुसलिम बाहुल्य राज्य मंदसौर में जिहादी जोश को नियोजित ढंग से अंग्रेजों के विरुद्ध संगठित किया। जावरा का नवाब जो पूर्णतः अंग्रेजों का समर्थक था, के रिश्तेदार अब्दुल सत्तार खान ने शाहजादा फिरोजशाह का फरवरी, 1858 ई. तक साथ दिया। जुलाई, 1857 ई. को होलकर के सैन्य दल ने इंदौर में वारिश मोहम्मद खान, सादत खान और मौलवी अब्दुल समद के नेतृत्व में आजादी के सिपाहियों का साथ दिया। मऊ के सैनिकों तथा मुराद अली खान के नेतृत्व में धार के लोगों ने भोपावर और सरदारपुर की अंग्रेजी पोस्ट को जलाकर 31 अगस्त, 1857 ई. को धार के किले पर अधिकार कर लिया। अमझेरा का राजा और झाबुआ राज्य अरब मुसलिम सैनिकों पर निर्भर थे, उन्होंने ब्रिटिश विरोधी नीति का समर्थन किया।

शाहजादा फिरोजशाह ने बेरोजगार सैनिकों को एकत्र किया तथा पड़ोसी राज्यों के शासकों के नाम फरमान भेजकर शस्त्रादि व धन से सहायता करने का आग्रह किया। डॉ. रघुबीरसिंह का मानना है कि जून, 1857 ई. के मध्य में महीदपुर के विद्रोही सैनिकों ने जब सीतामऊ कस्बे के बाहर लूटमार की तब सीतामऊ राज्य की ओर से रुपये 28,000/- दिए गए ताकि वे सीतामऊ राज्य क्षेत्र छोड़कर चले जावें। सीतामऊ राज्य के वकील वजीर बेग के पत्रों से स्पष्ट है कि सीतामऊ राज्य ने 1857 की क्रांति में रुपये 28,000/- सहायतार्थ दिए किंतु वे अंग्रेजों से दुश्मनी नहीं लेना चाहते थे। अतः उन्होंने सेनानियों को सीतामऊ रियासत छोड़कर जाने का आग्रह किया अर्थात सीतामऊ राज्य किसी भी परिस्थिति में अंग्रेजों की नजरों में नहीं आना चाहता था किंतु वह विद्रोही सिपाहियों के साथ अवश्य था। शाहजादे फिरोज की अंग्रेजी शासन के विरुद्ध घोषणा का तत्कालीन जनमानस पर गहरा प्रभाव पड़ा और हजारों की संख्या में मुसलमान उसके साथ हो गए जिसके फलस्वरूप सितंबर, 1857 ई. में उसकी सेना में 18000 सैनिक थे। सीतामऊ राज्य के कई मुस्लिम फिरोज से जा मिले। प्रो. वी.एन. लूनिया ने लिखा है कि भागीरथ सिलावट के साथ दिल्ली लौटते समय उन्होंने अपना 26वां पड़ाव 29 सितंबर, 1857 ई. को सीतामऊ में किया था किंतु इसकी चर्चा मिर्जा वजीर बेग के पत्रों में नहीं मिलती है।

6 और 8 जून को महीदपुर की छावनी में अंग्रेजों के विरुद्ध विद्रोह हुआ। विद्रोही सैनिक शाहजादा फिरोजशाह से मिल गए। शाहजादा फिरोजशाह अपने उन साथियों के साथ सीतामऊ के रास्ते से मंदसौर पहुँचा। उसकी सैन्य शक्ति निरंतर बढ़ती गई। अगस्त 11, 1857 को शाहजादा फिरोजशाह ने मंदसौर पर आक्रमण कर सिंधिया

की सेना और ग्वालियर की घुड़सवार सेना को पराजित कर शहर पर अपना अधिकार कर लिया। मंदसौर पर आक्रमण करने के साथ ही शाहजादा फिरोजशाह के नेतृत्व में विद्रोही सैनिकों को विश्वास हो गया। मंदसौर के साहूकारों ने भी इन क्रांतिकारियों को सहयोग दिया। सिंधिया की सेना में कार्यरत मकरानी, विलायती, अरबी आदि सभी सिपाहियों ने विद्रोहियों का साथ दिया। उत्साही सैनिकों ने शाहजादा फिरोजशाह को 25 अगस्त 1857 ई. को हुमायूँशाह के नाम से मंदसौर में मसनद पर बिठाया। राजगद्दी पर बैठने के बाद शाहजादा फिरोजशाह ने अपनी शक्ति बढ़ाने के लिए प्रतापगढ़, जावरा, सीतामऊ और रतलाम आदि पड़ोसी राज्यों के शासकों को फरमान भेजकर उसकी सत्ता को मान्य कर शस्त्रादि और धन से उसकी सहायता करने का आग्रह किया। परंतु उसके इस फरमान पर वहाँ के शासकों ने विशेष ध्यान नहीं दिया। तथापि उसकी घोषणाओं से प्रभावित होकर हजारों मुसलमान उसके साथ हो गए।

सितंबर, 1857 ई. तक उसकी सेना में कुल मिलाकर लगभग 18000 सैनिक हो गए थे। (नेल्सन ने सितंबर 1857 ई. में विद्रोहियों की संख्या लगभग 1500 बताई है।) शाहजादा फिरोजशाह ने अब अपने क्षेत्र का विस्तार करने के लिए अपनी सेना को जीरण और नीमच पर अधिकार करने भेजा। शाहजादा फिरोजशाह के नेतृत्व वाली इस विद्रोही सेना ने जीरण पर अधिकार कर 8 नवंबर 1857 ई. को नीमच का घेरा डाला। परंतु नीमच में उसको सफलता नहीं मिल पाई। शाहजादा की बढ़ती हुई सैन्य शक्ति को दबाना अंग्रेजों के लिए आवश्यक हो गया था, अतः उसके विरुद्ध आक्रमण की योजना बनाई जाने लगी। फिरोजशाह ने भी अपनी सैन्य शक्ति तथा अस्त्र-शस्त्र की ओर पूरा ध्यान दिया। यद्यपि उसकी सेना में मुसलिम संख्या अधिक थी किंतु हिंदुओं ने भी पूर्ण सहयोग दिया। भीमा नायक के नेतृत्व में भील सैनिकों ने भी युद्ध में शाहजादा का सहयोग किया। शाहजादा ने प्रतापगढ़, जावरा, सीतामऊ, रतलाम और सलूम्बर के राजाओं को अपनी सत्ता स्वीकार करने और धन देने हेतु बाध्य किया। जावरा के नवाब ने गन पाउडर आदि युद्ध की सामग्री भी दी।

इधर मंदसौर में शाहजादा के बढ़ते प्रभाव को रोकने के लिए ए.जी.जी. ड्यूरेण्ड को निर्देश दिए गए। अतः ब्रिगेडियर सी.एस. स्टुअर्ट ने शाहजादा पर आक्रमण हेतु मंदसौर की ओर प्रस्थान किया। शाहजादा फिरोज के उत्साही सैनिकों ने खुले मैदान में ही अंग्रेजों से लड़ने की योजना बनाई और मंदसौर से 8 कि.मी. उत्तर में गुराड़िया ग्राम में पड़ाव डाला। 24 नवंबर, 1857 ई. को शाहजादा की सेना और अंग्रेजों की सेना के मध्य निर्णायक युद्ध हुआ जिसमें विद्रोही सेना की हार हुई। दूसरे दिन

शाहजादा फिरोज अपने 2000 साथियों के साथ वहाँ से बच निकला और उत्तर प्रदेश की ओर चला गया।

इस प्रकार शाहजादा फिरोज के मंदसौर से पलायन के साथ ही मंदसौर नगर एंव क्षेत्र में भी इस विद्रोह का अंत हो गया।

1857 की क्रांति में भाग लेने वाले क्रांतिकारियों को, जिनमें अनवर खाँ जमादार, मुंशी गुलाम मोइउद्दीन और रहीमबख्श को दिनांक 16 दिसंबर, 1857 ई. को फांसी दी गई। लाला सोड़मल को भी फांसी का आदेश था, किंतु बाद में उसे स्थगित कर दिया गया।

संदर्भ

1. केशवदास अभिलेखागार में संगृहीत मिर्जा वजीर बेग के पत्र। मिर्जा वजीर बेग इंदौर रेजीडेन्सी में सीतामऊ राज्य का वकील था। वह 1857 की क्रांति के समय इंदौर और मऊ की घटनाओं का प्रत्यक्षदर्शी था। उसने सीतामऊ राज्य के प्रमुख अधिकारी लाला हुलासराय को जो पत्र लिखे, वे वजीर बेग के पत्र कहलाते हैं जो इतिहास के प्राथमिक स्रोत के रूप में ज्ञातव्य है। इन पत्रों का संपादन डॉ. रघुबीर सिंह ने मालवा के महान विद्रोह कालीन अभिलेख (1857-1859 ई.) के रूप में किया है।
2. शाहजादा फिरोज, *बंगाल पास्ट एण्ड प्रजेण्ट,* भाग XXXVIII जुलाई-दिसंबर, 1969, भाग 2, सीरियल सं. 166, पृ. 139 (श्री नटनागर शोध-संस्थान, सीतामऊ, में उपलब्ध)।
3. गुरां निर्भयसिंह संग्रह (श्री नटनागर शोध-संस्थान, सीतामऊ) शाहजादा संबंधी अभिलेख।
4. शोवरर्स सी.एल., *ए मिसिंग चेप्टर आफ दी इण्डियन म्युटिनी,* अध्याय ग्यारह, 14 सितंबर, 1857 ई. का पत्र जो जावरा के नवाब द्वारा अंग्रेज ड्यूरण्ड को लिखा गया कि मंदसौर के विद्रोही नीमच पर 5 या 6 दिन में आक्रमण करेंगे इसीलिए रोड खाली कर दी जाए।
5. फोरेस्ट, जी.डब्ल्यू., *हिस्ट्री आफ दी इंडियन म्युटिनी,* भाग 3, पृ. 259
6. सेन, एस.एन. *ऐटटिन फिफ्टिन सेवन (1857),* पृ. 310-11 (फ़िरोजशाह बहादुरशाह द्वितीय का भतीजा था), जोशी, पी.सी., *रिवेलियन 1857*—इसपेसियली के.एम. अशरफ, *'मुसलिम रिवाइवलिस्टस, द रिवोल्ट'* पृ. 97
7. वी.एन. लूनिया, *फेजेज आफ फ्रीडम स्ट्रगल इन मध्यभारत, 1857,* पृ. 21
8. श्रीवास्तव, के.एल., *दी रिवोल्ट आफ 1857 इन सेंट्रल इंडिया मालवा,* 1969, पृ. 141-42
9. बस्ता रिकार्ड—केशवदास, अभिलेखागार, सीतामऊ
10. नकल बदी—केशवदास, अभिलेखागार, सीतामऊ

Chapter - 40

1857 के प्रथम स्वतंत्रता संग्राम में भीलांचल के वनवासियों का योगदान

डॉ0 रमेशचंद्र यादव

1857 की क्रांति में एक ओर देशी रियासतों का सहयोग नहीं मिला दूसरी ओर वे वनवासी थे, जो निस्वार्थ संघर्ष करते रहे। मेरठ व दिल्ली की क्रांति की लहर जब पूरे देश में फैली, तो जगह-जगह स्थानीय स्तर पर भी क्रांति की ज्वाला भड़क गई, जिसमें वनवासियों का महत्वपूर्ण योगदान रहा। ये वनवासी मध्यभारत के विशाल भूभाग पर विन्ध्य एवं सतपुड़ा पर्वतों की श्रेणियों के मध्य में निवास करते है। इसे भीलांचल भी कहा जाता है, जिसमें पश्चिमी मध्यप्रदेश, महाराष्ट्र, गुजरात एवं राजस्थान के भूभाग शामिल हैं। मध्यप्रदेश के मालवा एवं निमाड़ भाग में इंदौर के होलकर, सिन्धिया (ग्वालियर), पंवार (धार), बड़वानी, झाबुआ, अलीराजपुर आदि देशी रियासतें थी। बड़वानी, झाबुआ एवं अलीराजपुर में स्थानीय भील सेना में नायक के रूप में सेवारत थे। मध्यप्रदेश के मालवा में सर्वप्रथम नीमच में 3 जून को विद्रोह हुआ, इसके बाद महिदपुर के सैनिकों ने विद्रोह किया और दोनों जगह की सेना दिल्ली पहुँच गई।

इंदौर में 1 जुलाई 1857 को रेसीडेन्सी कोठी पर हमला कर होलकर सेना ने क्रांति का ऐलान कर दिया। इस सेना के नेता सादत खान, वंश गोपाल एवं भागीरथ सिलावट थे। इसके बाद मालवा के सभी क्षेत्रों से अंग्रेजों को मार भगाया गया, उनके बंगले जला दिए गए। भीलांचल की रियासत बड़वानी के राजा जसवंतसिंह ने भी अपनी सेना के भील नेता भीमा नायक को क्रांति के लिए खुली छूट दी।[1] इसी प्रकार वनवासियों के अन्य क्रांतिकारी यथा खाज्या नायक, मालसीन भील, सीताराम एवं टंटया भील थे। जब इंदौर के होलकर शासकों ने अंग्रेजों के समर्थन में अपनी सेना भेजी, तो बड़वानी के राजा ने भी अपनी सेना क्रांतिकारियों के दमन के लिए भेजकर अंग्रेजों के प्रति अपनी वफादारी सिद्ध की।[2]

सहायक संग्रहाध्यक्ष जिला पुरातत्व संग्रहालय धार (म.प्र.)

अंग्रेजों ने जब एक के बाद एक स्थलों पर क्रांति को दबाया और क्रांतिकारियों को बर्बरतापूर्वक फांसी पर लटकाया, तो वनवासियों के क्रोध की ज्वाला और भड़क गई। इसी समय तात्या टोपे, राव साहिब, बांदा के नवाब जंगलों में भटक रहे थे जब नर्मदा घाटी में तात्या टोपे ने प्रवेश किया, तब उनके पास कोई भी सेना नहीं थी। यहाँ के वनवासियों ने एक बड़ी सेना तैयार कर क्रांति का नया स्वरूप प्रदान कर दिया, जिसे अंग्रेजी सेना, होलकर सेना एवं सिन्धिया व पंवारो की सेना मिलकर भी नहीं दबा पायी। राव साहब, तात्या टोपे के नेतृत्व में भीमा नायक, खाज्या नायक, नाना जगताप, सीताराम, मालसिन भील, टंटया भील आदि की धनुष-बाणों से सुसज्जित सेना ने होलकरों की सीमा के नगर खरगोन पर आक्रमण किया और यहाँ तैनात होलकर सेना के लेफ्ट कर्नल नबाब दिलशेर खान को गिरफ्तार कर खरगोन पर आधिपत्य स्थापित कर लिया।[3] नबाब दिलशेर खान ने मुक्त होकर होलकर सेनापति बख्श खुमानसिंह के साथ एक रिपोर्ट दिनांक 6 जनवरी 1859 को होलकर महाराजा को सौंपी, जिसमें उसने वनवासियों के सहयोग से तात्यांटोपे की यात्रा का आंखों देखा वर्णन किया।[4] रिपोर्ट में उल्लेख है कि वनवासियों के विद्रोह को दबाने के लिए जब खरगोन में होलकर सेना का पड़ाव था, उस समय नाना जगताप को फांसी पर लटकाया गया। इस पर क्रोधित होकर तात्या टोपे के संकेत पर क्रांतिकारियों ने खरगोन का गोला बारूद लूट लिया और आसपास के क्षेत्रों में लूटपाट करते हुए 25 नवंबर 1858 को आक्रमण कर दिया। इस समय भील सेना के 500-600 व्यक्ति तात्या टोपे के साथ आकर मिल गए जिसका नेता खाज्या नायक था। भीमा नायक ने खरगोन में तात्याटोपे के साथ मिलकर आक्रमण किया था इसके बाद बड़वानी को अपने कब्जे में कर संपूर्ण निमाड़ क्षेत्र में क्रांति का झण्डा लहराया। जगह-जगह अंग्रेजों के बंगलों एवं डाक बंगलों को जलाया और लूटपाट की गई। 27 नवम्बर 1858 को 15000 वनवासियों की सेना ने अलीराजपुर (वर्तमान जिला झाबुआ म0प्र0) पर आक्रमण किया। इस समय तात्यां टोपे मानपुर (इंदौर जिला) में विश्राम कर रहे थे। 28 नवम्बर को अलीराजपुर पर कब्जा कर 5 घोड़े व 40 हजार की लूट की। राजा को भीलों ने लूट लिया, उसे जंगल में भागना पड़ा। तात्याटोपे वनवासी सेना के साथ तिमरी गांव (दाहोद) 9 दिसंबर 1858 को पहुँचे वहाँ से कुशलगढ़ होकर बांसवाड़ा (राजस्थान) 10 दिसंबर को एवं 24 दिसंबर 1858 को प्रतापगढ़ पहुँचे। वहाँ से जीरापुरमाचलपुर होलकर सीमा में आए और तीन भागों में विभक्त होकर जंगलों में गायब हो गए।[5]

वनवासियों की इस सेना ने खरगोन में होलकर सेना के लेफ्ट कर्नल दिलशेर खान को गिरफ्तार कर अपने साथ रख लिया था, वे खरगोन से प्रतापगढ़ (राजस्थान)

तक क्रांतिकारियों के साथ रहे, मंदसौर के समीप मौका पाकर दिलशेर खान भाग निकले और जावरा पहुँच गए। वहाँ से वे इंदौर आए। दिलशेर खान ने अपनी रिपोर्ट में क्रांतिकारियों की सेना की संख्या 10000 बताई है, जिसमें लगभग 500 महिलाएं थी।

तात्याटोपे का साथ छोड़कर वापस आए भील क्रांतिकारी निमाड़ में पुनः सक्रिय हो गए। अंग्रेजों एवं होलकर की सेना ने भीमा नायक व खाज्या नायक को गिरफ्तार कर लिया। किन्तु भीलों के क्रोध की ज्वाला और भड़क उठी और उसे नया नेतृत्व मिला, जिसका नाम था टंटया भील। इसे भीलांचल में मामा के नाम से संबोधित किया जाता था, जिसके नाम से अंग्रेज थर-थर कांपते थे। टंटया भील की लड़ाई 1889 ई. तक जारी रही। 1889 में अंग्रेजों ने उसे फांसी पर लटकाया था।[6]

भीलांचल के इन क्रांतिवीरों का योगदान अविस्मरणीय है, इनकी गतिविधियों के साथ इनकी पृष्ठभूमि पर भी प्रकाश डालना आवश्यक है। इनमें भीमा नायक, खाज्या नायक, सीताराम एवं टंट्या भील के व्यक्तिगत योगदान अग्रवर्णित हैं–

भीमा नायक

भीमा नायक बड़वानी रियासत में नायक के रूप में सेवारत था। बड़वानी रियासत के राजा जसवंतसिंह भी अंग्रेजों के प्रभाव से मुक्ति चाहते थे, किन्तु इनके पास कोई भी नियमित बड़ी सेना रखने का अधिकार नहीं था। प्रारंभ में क्रांतिकारियों को सहयोग देने के आरोप में सन् 1861 में उन्हें पदच्युत कर दिया गया, किन्तु बाद में 1871 ई. में पुनः रियासत बहाल कर दी गई थी।[7] बड़वानी रियासत में व्यवस्था के लिए सात नायकों को सेवा में लगाया गया था। ये सैनिक जागीरदार (नायक) रियासत से उनकी सेवा के बदले भत्ता पाते थे। इनमें से एक भीमा नायक था, जिसे प्रतिमाह 38 रुपए का भत्ता दिया जाता था। सन् 1852 ई. में अव्यवस्था के कारण दण्ड स्वरूप भीमा नायक का भत्ता कम कर बीस रुपए कर दिया गया। भीमा नायक अपने साथ 50 धनुषधारी सहयोगी रखता था। उसका भाई सेवा नायक पंचपल्ली में, चचेरे भाई उमदा और मोवासा पृथक-पृथक क्षेत्र में तैनात थे, जो 25 रुपए प्रतिमाह भत्ता पाते थे। उनके भत्ते भी कम करके 19 रुपए कर दिए गए थे। ये सभी नायक संपूर्ण भीलांचल (बड़वानी रियासत) की व्यवस्था संभालते थे। रियासत के लिए किसानों से कर वसूली का कार्य भी करते थे। रियासत से इसके बदले भूमि भी इन्हें दी गई थी।[8] इस प्रकार भीलों के ये सरदार काफी प्रभावशाली थे, फिर भी रियासत एवं अंग्रेजों की ओर से इनका शोषण किया जाता था। गरीब किसानों से इन्हीं नायकों के माध्यम से जबरन कर वसूला जाता था, जिसका लाभ अंग्रेज उठा रहे थे। इन्हीं सब कारणों से भीलो में जबरदस्त आक्रोश था। यही आक्रोश भीमा नायक के नेतृत्व

में भीलांचल में क्रांति के रूप में सामने आया। एक ओर भीमा नायक, दूसरी ओर खाज्या नायक, सीताराम एवं अन्य वनवासी वीर थे, जिनके द्वारा संगठित होकर विद्रोह किया गया जिसमें तात्याटोपे के नर्मदाघाटी में आगमन ने शक्ति का संचार किया और सभी वनवासी तात्याटोपे के साथ हो गए। इसके पूर्व जुलाई 1857 में भीमा नायक ने सेन्धवा (जिला खरगोन म.प्र.) में विद्रोह किया था। अक्टूबर 1858 में तात्या टोपे निमाड़ में आए, भीमा नायक ने अपनी सेना के साथ तात्या टोपे का सहयोग किया।

भीमा नायक के विद्रोह को दबाने के लिए अंग्रेजों ने कई प्रयत्न किए, किंतु वे असफल रहे। अंग्रेज पालीटीकल ऐजेन्ट आर.एच. कीटिंग ने अपने पत्र क्र. 856 दिनांक 10 फरवरी 1859 से इंदौर के ए.जी.जी. (एजेन्ट टू द गर्वनर जनरल ऑफ सेन्ट्रल इंडिया) को सूचना दी थी। "कि हमने भीमा नायक को घेर कर पराजित करने की कोशिश की थी, जिसेक लिए भील पलटन एंव भोपावर रसाला को भी लगाया था, किंतु भीमा नायक भाग गया, उसकी माँ एवं एक रिसालदार को गिरफ्तार कर लिया गया है। विद्रोही 59 घोड़े, 21 पोनी, बैलगाड़ी एक ऊँट एवं खाद्य सामग्री छोड़कर भाग गए। 10 विद्रोही मारे गए।"[9]

अंग्रेजों ने भीमा नायक की माँ को मण्डलेश्वर (जिला खरगोन) जेल में रखा था, जहाँ उसकी मृत्यु हो गई। उक्त पत्र से स्पष्ट होता है कि अंग्रेज अथक परिश्रम, तथा होलकर एवं अन्य रियासतों का सहयोग होने पर भी भीमा नायक को दबाने में असफल रहे। सेन्ट्रल इंडिया ए.जी.जी. कार्यालय के आर. शेक्सपीयर के पत्र क्र. 1299 दि. 19 मई 1859 द्वारा मालवा भील कोर के कमाण्डर केप्टेन ई.एफ. वाटरमेन को लिखे गए पत्र में भीमा नायक के ऊपर रुपये 500/- का पुरस्कार घोषित किया गया।[10] इससे स्पष्ट होता है कि भीमा नायक भीलांचल का जननायक बन चुका था, स्थानीय लोगों से अंग्रेजों को कोई सहायता नहीं मिल रही थी। इसके दो प्रमुख कारण थे प्रथम भीमा नायक अमीरों को लूटकर धन गरीबों में बाँटता था और समानान्तर सरकार स्थापित कर ली थी। द्वितीय कारण भील पंचायत का था। समस्त वनबासी, जिसमें भील-भीलाला, राठिया, कोरकू आदि ने यह निश्चय किया था कि इन क्रांतिकारियों के साथ जो भी व्यक्ति गद्दारी करेगा, उसे समाज से बाहर निकाल दिया जायेगा। इस क्षेत्र में भीलाला जाति (भील व राजपूत मिश्रित वनवासी जाति) के पटेल एवं जागीरदार थे। रघुनाथ सिंह मण्डलोई (भिलाला) का यह बयान विशेष उल्लेखनीय है कि सीताराम भिलाला ने भीमा नायक को सहयोग देने हेतु मण्डलेश्वर (जिला खरगोन) में विद्रोह किया था, जिसे दबाने के लिए अंग्रेजों ने रघुनाथसिंह मण्डलोई को जाने के लिए कहा, तो रघुनाथसिंह मण्डलोई ने अंग्रेजों को उत्तर दिया

कि यदि मैं सीताराम का साथ न देकर आपका साथ देता हूं तो मुझे समाज से निकाल दिया जाएगा।[11] अंग्रेजों ने रघुनाथसिंह के स्थान पर दौलतसिंह को मण्डलोई बनाया, जिसने सीताराम के विरुद्ध अंग्रेजों की सहायता की थी। इंदौर में जुलाई 1857 के समय क्रांति में भाग लेने वाले सीताराम के साथी एवं सीताराम को जेल से छुड़वा लिया गया था। इस घटना में कीटिंग व डूरण्ड ने महाराजा होलकर को दोषी ठहराया था। अंग्रेजों ने पुनः प्रयास करके कुछ क्रांतिकारियों को मण्डलेश्वर जेल में बंद करवाया, तो 22 अगस्त 1859 को मण्डलेश्वर जेल तोड़कर भीमा नायक एवं सीताराम के सहयोगियों ने मुक्त करवाया।

मण्डलेश्वर की इस घटना से अंग्रेज घबरा गए और उन्होंने भीमा नायक को पकड़ने के लिए जगह-जगह चौकियाँ स्थापित की। बड़वानी के युद्ध में सन् 1864 ई. में भीमा पकड़ लिया गया।[12] तब अंग्रेजों को शांति मिली, किंतु वनवासियों का स्वतंत्रता संग्राम समाप्त नहीं हुआ था। भीमा नायक को आजीवन कारावास की सजा देकर देश से बाहर अण्डमान द्वीप पर भेज दिया गया।

खाज्या नायक

खाज्या नायक निमाड़ ऐजेन्सी में नायक के रूप में अंग्रेजी सेना के साथ सेवा में था, उसकी अपनी कमान में धनुषधारी भीलों की सेना थी। निमाड़ क्षेत्र में मण्डलेश्वर किला अंग्रेजों की सुरक्षित जेल एवं ठिकाना था। खाज्या नायक भीमा नायक का बहिनोई था।[13] जुलाई, 1857 में जब इंदौर, धार, मण्डलेश्वर, अमझेरा में विद्रोह हो गया तो इस विद्रोह को दबांने के लिए केप्टेन वाटरमेन के साथ खाज्या नायक भी अपनी सेना के साथ जा रहा था, रास्ते में मण्डलेश्वर में रात्रि विश्राम के लिए रुका। मण्डलेश्वर में उसे सीताराम व भीमा नायक के विद्रोह की जानकारी मिली। सीताराम ने मण्डलेश्वर एवं भीमा नायक ने सेन्धवा में विद्रोह किया था। भीलांचल में भील-भीलाला महापंचायत के निर्णय की भी जानकारी मिली कि जो कोई भी वनवासी क्रांतिकारियों का साथ न देकर विरोध करेगा, उसे समाज से बाहर कर दिया जाएगा। खाज्या नायक ने केप्टेन वाटरमेन के साथ आगे बढ़ने से मना कर दिया और कहा मेरा स्वास्थ्य ठीक नहीं है, मैं यही पर विश्राम करूंगा। मण्डलेश्वर से वह महेश्वर यह कहकर आया कि 2-3 दिन में वापस मण्डलेश्वर आएगा, किंतु वापस न जाकर आगरा-मुंबई मार्ग पर स्थित सगोर से अंग्रेजों का खजाना लूटकर विद्रोह प्रारंभ किया। खाज्या नायक ने भीलों की 4000 धनुषधारियों की सेना तैयार की और समस्त नर्मदा घाटी में भीमा नायक, सीताराम, मालसिन, मोवासा आदि को साथ लेकर अंग्रेजों एवं होलकर की चौकियों को नष्ट कर दिया।

अक्टूबर 1858 में तात्या टोपे नर्मदा घाटी में आए, तो सतपुड़ा पर्वत की श्रेणियों

में खाज्या नायक अपनी 4000 सेना को लेकर तात्या टोपे के साथ हो गया।[14] तात्याटोपे राजस्थान की ओर गए, तो खाज्या नायक को अंग्रेजों ने गिरफ्तार कर लिया। खाज्या नायक के साथ अंग्रेजों ने सौहाद्रपूर्ण व्यवहार किया और मण्डलेश्वर जेल में रखा। मेजर कीटिंग ने खाज्या नायक को पुनः पुराने पद पर बहाली का लालच दिया और कहा भीमा नायक को गिरफ्तार करवाने में मदद करो। खाज्या नायक ने भीमा नायक के समर्पण करवाने का भरोसा दिलाया तो खाज्या नायक को जेल के बाहर के एक मकान में रहने के लिए व्यवस्था की गई। उसकी सुरक्षा व निगरानी के लिए यूरोपियन एवं देशी गार्ड भी तैनात थे, किंतु 27 नवंबर 1858 को उस मकान की खिड़की को तोड़कर खाज्या नायक भाग गया[15] और पुनः भीमा नायक के साथ हो गया।

निमाड़ ऐजेन्सी के डिप्टी कलेक्टर एस.जे. नाहर ने दिनांक 29 अगस्त 1859 को एजेन्ट थ्रो गर्वनर जनरल टू सेन्ट्रल इण्डिया को पत्र लिखा[16] कि भीलांचल में विद्रोह करने वाले नायक विशेषकर खाज्या नायक यदि समर्पण करता है तो क्षमादान दिया जाए। साथ ही यह भी उल्लेख किया कि खाज्या नायक हमारे लिए बहुत बड़ी ताकत साबित हो सकता है। ऐसा ही संदेश खाज्या नायक को भी दिया गया कि वह कलेक्टर मेन्सफील्ड के समक्ष समर्पण करे, तो उसे क्षमा कर बहाल कर दिया जाएगा।

खाज्या नायक पर अंग्रेजों द्वारा दिए जाने वाले लालच का कोई भी प्रभाव नहीं पड़ा, फलस्वरूप इन वनवासियों का स्वतंत्रता के प्रति प्रेम बढ़ता चला गया। 1864 तक खाज्या नायक ने अंग्रेजों को सतपुड़ा व विन्ध्य की पहाड़ियों के मध्य बसे वन्य क्षेत्र में टिकने नहीं दिया, जिसेक कारण भयभीत अंग्रेजों ने आगरा-बंबई मार्ग का उपयोग करना लगभग बंद कर दिया था। वनवासियों के गोरिल्ला युद्ध की कहानियों के अंश निमाड़ के लोक गीतों में आज भी गाए जाते हैं। अंग्रेजों ने कुछ मकरानी गुप्तचरों की सहायता से खाज्या नायक को पकड़ा और उसका सिर काट डाला गया।[17]

सीताराम

सीताराम भिलाला ने मण्डलेश्वर (जिला खरगोन) में अंग्रेजों के विरुद्ध विद्रोह किया। मण्डलेश्वर अंग्रेजों के अधीन निमाड़ ऐजेन्सी का उपमुख्यालय था। इंदौर, महिदपुर, नीमच की क्रांति के समाचार पाकर सीताराम के नेतृत्व में मण्डलेश्वर स्थित पैदल सेना ने विद्रोह कर दिया। कुछ क्रांतिकारी इंदौर से आकर भी सीताराम के साथ हो गए। अंग्रेजों ने जब रघुनाथसिंह मण्डलोई से सीताराम के विरुद्ध कार्यवाही करने के लिए कहा, तो रघुनाथसिंह ने स्पष्ट मना कर दिया और कहा कि भीलांचल में

कोई भील-भीलाला सीताराम या अन्य किसी क्रांतिकारी के विरुद्ध अंग्रेजों का साथ देगा, तो उसे समाज के बाहर कर दिया जाएगा। रघुनाथसिंह भीलाला समाज के मण्डलोई या पटेल थे। रघुनाथसिंह के मना करने पर अंग्रेजों ने दौलतसिंह को टांडा का मण्डलोई बनाया,[18] किंतु वह सीताराम के विरुद्ध ठोस कार्यवाही न कर सका।

अंग्रेजों के आग्रह पर होलकर की सेना ने सीताराम को अन्य साथियों के साथ गिरफ्तार कर मण्डलेश्वर जेल में रखा, किंतु होलकर महाराजा तुकोजीराव ने सीताराम एवं अन्य साथियों को कैद से मुक्त करने का आदेश दिया। मेजर कीटिंग ने पालीटीकल ऐजेन्ट डूरण्ड से शिकायत की, जिससे डूरण्ड को यह शक हुआ कि महाराजा होलकर क्रांतिकारियों के साथ उदारवादी दृष्टिकोण अपना रहे हैं। सीताराम के साथ इंदौर के क्रांतिकारी भी मुक्त हो गए, वे सभी भीमा नायक के साथ अंग्रेजों के विरुद्ध संघर्ष में पुनः सक्रिय हो गए।

सीताराम सतपुड़ा की पहाड़ियों पर बसे हुए बीजागढ़ दुर्ग पर कब्जा करने की योजना बना रहा था, कि मेजर कीटिंग को इसकी सूचना मिल गई। 11 अक्टूबर 1858 के दिन मेजर कीटिंग ने सेना लेकर सीताराम एवं रघुनाथसिंह को घेरा। रघुनाथसिंह मण्डलोई सीताराम के सहयोग के लिए गया था। क्रांतिकारियों एवं अंग्रेजों के मध्य भीषण युद्ध हुआ, जिसमें 20 क्रांतिकारियों ने अपने प्राणों का बलिदान दिया। शहीद क्रांतिकारियों में सीताराम भी था।

टंट्या भील

भीलांचल में खाज्या नायक, भीमा नायक एवं सीताराम के बाद भी वनवासियों का अंग्रेजों के विरुद्ध संघर्ष जारी रहा। निमला नायक ने भीलों का नेतृत्व सम्हाला। एक तुलसीराम नामक क्रांतिकारी ने स्वयं को पेशवा घोषित कर निमाड़ एवं खानदेश के वनवासियों को एक जुट किया, उसने खेतिया के भील नेता मोवासिया को अपने साथ ले लिया। इन्हीं का साथी था टंट्या भील। निमला नायक व तुलसीराम के बाद वनवासियों का नेतृत्व टंट्या भील ने संभाला। भीलांचल का यह महानायक क्रांतिकारियों में सर्वाधिक लोकप्रिय नेता हुआ। टंट्या भील की संघर्ष स्थली में उत्तरी महाराष्ट्र, पश्चिमी मध्यप्रदेश, पूर्वी गुजरात एवं राजस्थान के क्षेत्र थे। टंट्या भील को लोग 'राबिन हुड' कहते थे।

टंट्या भील को यद्यपि सन् 1878 ई. में अंग्रेजों ने गिरफ्तार कर लिया था।[20] किंतु वह उनकी कैद से भाग गया। टंट्या ने 1878 से 1889 के मध्य अंग्रेजों के विरुद्ध संघर्ष किया। स्वतंत्रता के इस महानायक ने वनवासियों में 1857 में प्रज्ज्वलित क्रांति की ज्योति को बुझने नहीं दिया, अपितु उसे अग्नि शिखा बना दिया। उसकी लड़ाई शोषण व दासता के विरुद्ध थी। टंट्या गरीबों का मसीहा था,

वह अमीरों को लूटकर गरीबों में धन बांटता था। उसे प्यार से लोग 'मामा' कहते थे। निमाड़ के ग्राम विरदा में जन्मा टंट्या आदिवासियों की पीढ़ियों में रचा बसा एक ऐसा व्यक्तित्व है, जो अब मिथक बन गया। वह किस्सों में है, कहानियों में है और लोक गीतों में है। अंग्रेजों ने सन् 1880 ई. में उसके 200 साथी क्रांतिकारियों को गिरफ्तार कर लिया था,[21] फिर भी उसके आंदोलन पर कोई प्रभाव नहीं पड़ा। उसने संपूर्ण उत्तर भारत में धूम मचा रखी थी। देश के लगभग सभी भागों में 1857 की क्रांति की आग जब राख के रूप में परिवर्तित हो चुकी थी, तब भी वनवासियों का नेता टंट्या भील अपने धनुर्धरो के साथ अंग्रेजों के विरुद्ध संघर्ष कर रहा था। अंग्रेजों ने टंट्या भील के ऊपर 5000/-रुपये का ईनाम घोषित किया था। सन् 1889 ई. में अंग्रेजों ने घात लगाकर उसे गिरफ्तार किया और जबलपुर लेकर गए, जहाँ उस पर मुकदमा चलाकर दिसंबर 1889 में फांसी दे दी गई।[22]

टंट्या भील की लोकप्रियता के कारण अंग्रेजों को काफी परेशानी हुई। खण्डवा से जबलपुर तक रेल से ले जाने के कारण रास्ते में प्रत्येक स्टेशन पर लोग टंट्या भील को देखने के लिए एकत्र हो जाते थे। आज भी महू-खण्डवा मीटर गेज रेलवे लाइन के कालाकुंड स्टेशन पर रेल रोक कर टंट्या भील को सलामी दी जाती है, जहाँ पर उसकी समाधि बनाई गई है। टंट्या भील की फांसी की सजा के विरुद्ध नागपुर के विधि व्यवसायियों ने उसकी ओर से चीफ कमिश्नर के समक्ष अपील की थी।[23]

भारतीय इतिहास में वनवासियों का महत्वपूर्ण योगदान रहा है, उनकी भूमि पर जब किसी विदेशी शक्ति ने आधिपत्य का प्रयास किया, तो इन आटविक जातियों ने संघर्ष अवश्य किया है। भीलांचल के वनवासियों का प्रथम संघर्ष पौराणिक युग के यदुवंशी हैहय नरेश महिष्मान् से हुआ था, जिसने कारकोटक नागो (कोरकू भील) से यह भूभाग छीन कर माहिष्मती नगरी बसाई थी। महाभारत काल में इन वन वासियों का प्रायः यादवों से संघर्ष होता रहा, वीर एकलव्य ने तो सर्वाधिक शक्ति संपन्न एवं वैभवशाली नगरी द्वारिका को भी लूट लिया था, जब श्री कृष्ण व बलराम द्वारिका के बाहर थे। ऐतिहासिक काल में भी शासकों को इन वनवासियों से संघर्ष करना पड़ा, चाहे वह शक हो कुषाण हो अथवा गुप्त सम्राट समुद्रगुप्त। आटविक क्षेत्रों में यहाँ के निवासियों के सहयोग से ही बाह्य शासकों ने शासन किया है। जब राणा प्रताप मुगलों से संघर्ष कर रहे थे, भीलों ने ही उनकी सहायता की थी। इन्हीं वनवासियों एवं किसानों के सहयोग से वीर शिवाजी ने महाराष्ट्र में मराठा राज्य की स्थापना की थी। अंग्रेजों के विरुद्ध संघर्ष करने वाले होलकर नरेश यशवंतराव प्रथम को भी इन्हीं वनवासियों का सहयोग प्राप्त हुआ था, जिसके फलस्वरूप भानपुरा (जिला मंदसौर) को उन्होंने अपनी राजधानी बनाया था।

भारत वर्ष में ऐसे सैकड़ों-हजारों वनवासी नायक है, जिन्होंने अपने प्राणों की आहुति देकर भारत की पहचान बनाए रखी। वनवासियों का संघर्ष शोषण के विरुद्ध रहा हैं, चाहे वह शोषण देशी सत्ता का रहा हो या विदेशी का, इन वनवासी वीर शहीदों के बलिदान को भारतीय इतिहास में हमेशा याद रखा जाएगा।

संदर्भ

1. श्रीवास्तव के.एल., *दि रिवोल्ट ऑफ 1857 इन सेंट्रल इंडिया (1966)*, पृ. 158-59
2. वही, पृ. 159
3. वही, पृ. 161
4. वही, पृ. 161
5. वही, पृ. 166-167
6. म.प्र. जिला गजेटियर पश्चिम निमाड (1973) पृ. 73
7. वही, पृ. 74
8. श्रीवास्तव के.एल., *दि रिवोल्ट ऑफ 1857 इन सेंट्रल इण्डिया (1966)*, पृ. 54-55
9. बी.एन. लूनिया, *फेजेज ऑफ फ्रीडम स्ट्रगल इन मध्य भारत 1857*, पृ. 312
10. वही, पृ. 313-315
11. वही, पृ. 326-327
12. म.प्र. जिला गजेटियर पश्चिम निमाड (1973) पृ. 72
13. वी.एन. लूनिया, *फेजेज ऑफ फ्रीडम स्ट्रगल इन मध्य भारत 1857*, पृ. 333 334
14. म.प्र. जिला गजेटियर पश्चिम निमाड (1973) पृ. 71-72
15. लूनिया बी.एन., *फेजेज ऑफ फ्रीडम स्ट्रगल इन मध्य भारत 1857*, पृ. 333-334
16. वही, पृ. 334
17. म.प्र. जिला गजेटियर पश्चिम निमाड (1973) पृ. 72; *इण्डियन एण्टीक्वेरी 1916*, पृ. 47-48
18. लूनिया बी.एन, *फेजेज ऑफ फ्रीडम स्ट्रगल इन मध्य भारत 1857*, पृ. 326-328
19. वही, पृ. 316-317
20. म.प्र. जिला गजेटियर पश्चिम निमाड (1973) पृ. 90
21. वही
22. वही
23. वही

Chapter - 41

सन् 1857 के स्वातंत्र्य-संग्राम में यूरोपीय अखबारों की भूमिका और धार राज्य के राजाओं का योगदान

डॉ. नगराले नारायणराव

सन् 1857 के मालवा में यूरोपियन अखबारों की भूमिका, उर्दू और हिंदी अखबारों में भारतीय स्वतंत्रता सेनानियों की भूमिका और योगदान के बारे में सीतामऊ में बहुत दुर्लभ पत्र-पत्रिकाएं उपलब्ध हैं। लखनऊ का अखबार तिलिस्म में लखनऊ के राज्य और लोगों पर होने वाले अत्याचार और ब्रिटिश शासन की दंड नीति के बारे में महत्वपूर्ण उल्लेख मिलते हैं। राज्य के मुख्य दीवान राजा सिताबराय के गुप्तचर मुखियाँ हुलसबेग द्वारा लिखे 700 दुर्लभ पत्र-संग्रह में मालवा के स्वातंत्र्य संग्राम के योगदान के बारे में अति दुर्लभ उल्लेख मिलते हैं, जो भारत के किसी शोध संस्थान में उपलब्ध नहीं हैं।

10 मई 1857 के दिल्ली उर्दू अखबार *मिरज-ए-लश्कर* में स्वातंत्र्य संग्राम के बारे में प्रकाशित पत्रों से अनुमान लगता है कि एक फकीर खुद को अलग-अलग ढंग से कपड़े पहनकर कपड़ों में स्वातंत्र्य संग्राम के नारे लगाकर स्वातंत्र्य संग्राम का संदेश देता था।[1] जिस प्रकार क्रांति का "रोटी" या लाल कमल क्रांतिकारी संदेश अंग्रेज अधिकारियों की समझ से परे था उसी प्रकार साधु और फकीरों द्वारा अलग अलग रंग के पहने कपड़ों पर क्रांतिकारी नारों का प्रदर्शन क्रांतिकारी संग्राम का संदेश दिया जाता था।[2] अंग्रेजों का लेफ्टीनेंट जनरल एम. इनेस लिखता है कि गुप्त पत्र-व्यवहार द्वारा क्रांतिकारियों में संघठन होता था। हिंदू और मुसलमान साधु और फकीरों द्वारा गुप्त पत्र-व्यवहार सांकेतिक भाषाओं में होता था। यह पत्र व्यवहार सिपाहियों को

जिंतूर कॉलोनी, शास्त्री नगर सेलू, ता. सेलू जि. परभणी, मराठवाड़ा (महाराष्ट्र)

स्वातंत्र्य संग्राम के बारे में उत्साहित करता था।[3] डॉ. रामरतन भटनागर द्वारा उद्धृत फ्रांसिसी हिंदी भाषाविद तासो ने इस अखबार का संदर्भ देते हुए कहा है कि, सन् 1857 के स्वातंत्र्य संग्राम अखबारों द्वारा अनुमोदन और विरोध इन दोनों विचारों का प्रभाव था।[4] लेकिन मारग्रेटा ब्रान्र्स द्वारा संपादित ***'दि इंडियन प्रेस'*** ने डॉ. रामरतन भटनागर के विचारों का विरोध किया है। मारग्रेटा ब्रान्स मानते हैं कि, हिंदी उर्दू अखबारों द्वारा स्वातंत्र्य संग्राम के बारे में प्रत्यक्ष अप्रत्यक्ष समर्थन मिलता था। ***दूरबीन, सुलतान उल अखबार, मुंबई समाचार, जामे जमशेद, देहली उर्दू अखबार, तिलिस्मे अखबार,*** अलीमुल्ला खाँ का ***पयामे आजादी*** आदि सभी अखबारों में स्वातंत्र्य संग्राम की प्रेरणा दी जाती थी।[5]

मुगल बादशाह जफर का सन् 1857 का क्रांतिकारी संदेश ***पयामे आजादी*** अखबार में प्रकाशित हुआ था। मुगल बादशाह जफर ने सभी क्रांतिकारी देशभक्तों को संदेश दिया था कि *हिंदुस्तान के हिंदुओ और मुसलमानो उठो, भाइयो उठो खुदा ने इनसान को जितनी बरकते अदा की हैं इनमें सबसे कीमती बरकत आजादी है। वह जालिम नाक्सि जिसने धोका देकर हमसे वह बरकत छीन ली है। वह हमेशा के लिए हमें महरूम रख सकेगा।*[6]

5 सितंबर 1857 के ***पिपल्स*** पेपर के अंग्रेज संपादक जोन्स ने लिखा है कि, भारत के स्वातंत्र्य संग्राम के बारे में यह जानकारी है कि पूरी दुनिया में जिस अन्याय और दंडपनीति के विरोध में स्वातंत्र्य संग्राम का आरंभ हुआ है, उनमें से भारत एक महत्वपूर्ण देश है।[7] जोन्स ने पोलैंड, हंगेरी, इटली इन देशों के स्वातंत्र्य संग्राम की भारत के स्वातंत्र्य संग्राम से तुलना की है। 20 जून 1857 के स्वातंत्र्य संग्राम के बारे में ***इंग्लिशमैन*** अखबार में स्पष्ट रूप से भारत में स्वातंत्र्य संग्राम के तीव्र आंदोलन के बारे में लिखा है।[8]

फ्रांसिसी पत्र ***'दी-ल-सियेल्स'*** (शताब्दी अखबार) में 9 सितंबर 1857 के स्वातंत्र्य संग्राम के बारे में लिखा है कि, भारत का स्वातंत्र्य संग्राम ही एकमात्र घटना है जिसके बारे में, दुनिया के सभी लोग सोचते रहे थे।[9] रशियन अखबार ***"अनेचेन्ट वे त्रिये ज्वास्की"*** (देश की बात) में भारत की स्वातंत्र्य संग्राम के घटनाओं को हिंदुस्तान से आए हुए अखबारों से पढ़ते थे और उनके मन में भारतीय देशभक्तों के बारे में आदर और सम्मान था।[10]

इटली का अखबार ***"लाल जियो"*** (विवेक) में लिखा है कि, हम उस दिन का इंतजार करेंगे जिस दिन इंग्लैंड द्वारा भारत स्वतंत्र होगा।[11] इस तरह यूरोप के सभी अखबारों में सन् 1857 की घटनाओं को स्वतंत्रता संग्राम ही घोषित किया है। मालवा में जो स्वतंत्रता संग्राम हुआ है उनमें से धार राज्य के राजाओं का योगदान महत्वपूर्ण है।

धार राज्य का प्राचीन और मध्ययुगीन इतिहास (सन् 1200-1857)

इतिहास में आज से लगभग 1200 वर्ष पहले भी धार का उल्लेख मिलता है। प्राचीनकाल में इसे धारानगरी से संबोधित किया जाता था। धार का उल्लेख यूनान के प्रसिद्ध इतिहासकार टॉलमी (सन् 150 ई.) ने अपने ग्रंथ में किया था। संस्कृत के प्रसिद्ध कवि पद्‌म गुप्त ने अपने ग्रंथ *नवशशांक चरित* में धार का उल्लेख किया हैं। अलबरूनी (दसवीं शताब्दी) और इब्नेबतूता (सन् 1333) भारत आए थे। वे भी धार के विषय में अपने ग्रंथ में उल्लेख करते हैं। अलबरूनी ने उल्लेख किया हैं कि, 14वीं शताब्दी में मालवा बहुत घना बसा हुआ था। यहाँ के गाँव पांच-पांच कोस (फर्रूख) या इससे भी कम अंतर पर बसे हुए थे। मालवा में नागर नाम की लिपि प्रचलित थी।[12]

मध्ययुगीन और ब्रिटिशकालीन धार

मध्ययुग में धार राज्य उदाजीराव पवार पटेल के अधीन था। सन् 1730 में मराठों के नेता पेशवा बालाजी विश्वनाथ ने उदाजीराव पवार को धार राज्य की जागीर दी थी। 18वीं शताब्दी में पवार राज्य के सरदारों ने धार राज्य का विस्तार किया था। धार का लाल, पत्थरों का किला इस राज्य की धरोहर मानी जाती है।[13] अंग्रेजों के भारत आगमन के समय धार एक स्वतंत्र रियासत थी। यह रियासत 1,777 वर्गमील में फैली हुई थी। इसकी जनसंख्या उस वक्त 2,30,333 थी और लगभग 1,66,530 रुपये राजस्व आय थी। धार के राजा को 15 तोपों की सलामी प्राप्त थी। ब्रिटिश काल में धार में यशवंतराव पवार द्वितीय का शासन था।[14]

सन् 1752 से 1820 तक धार और उसके आसपास के भूभाग में अशांति रही। राज्य के संकट के समय और शत्रुओं से घिरी दशा देखकर धार के राजा रामचंद्रराव द्वितीय ने 10 जनवरी 1819 को बदनावर में अंग्रेज रेजीडेन्ट जॉन मांल्कम के साथ संधि कर ली और तब से धार राज्य की रक्षा का कार्य अंग्रेजों ने अपने हाथों में ले लिया था।[15]

स्वातंत्र्य संग्राम के प्रारंभ की स्थिति

22 मई सन 1857 को धार के तत्कालीन राजा यशवंतराव पवार द्वितीय को अकस्मात् हैजा हो गया। इनकी 22 मई 1857 को मृत्यु हो गई। यशवंतराव पवार की दो पत्नियाँ थीं। यशवंतराव द्वितीय ने अपनी जगह पर अपने छोटे भाई के पुत्र आनंदराव पवार तृतीय को अपना उत्तराधिकारी घोषित किया। लेकिन यशवंतराव पवार द्वितीय की मृत्यु के पश्चात 4-5 माह तक भी आनंदराव को उत्तराधिकारी होने का आदेश कंपनी शासन की ओर से प्राप्त नहीं हुआ।[16]

सन् 1857 के मई में धार घोर राजकीय संकट से गुजर रहा था। स्वर्गीय यशवंतराव द्वितीय की बड़ी पत्नी द्रोपादाबाई, राज प्रतिनिधि (रिजेन्ट) के रूप में

धार का शासन संचालन कर रही थी। महारानी की यह इच्छा थी कि उसका भाई भीमराव भोंसले को धार राज्य का दिवान नियुक्त किया जाए। दूसरी ओर देवस्थान के तत्कालीन राजा हैबतराव बापू साहब पवार (देवास जूनियर) ने यह मत प्रकट किया था कि, दीवान के पद पर रामचंद्रराव बापू दिघे की नियुक्ति की जाए।[17] धार राज्य के लिए यह बड़ी संकटपूर्ण स्थिति थी कि आनंदराव पवार का नामांकन और रामचंद्रराव बापू को दीवान के पद पर कैसे रखा जाए? अक्टूबर 1857 तक कंपनी की ओर से धार के राजा के विषय में कोई सूचना अथवा आदेश प्राप्त नहीं हुआ था। इस विषय में जुलाई सन् 1857 के सेक्रेटरी गवर्नर ऑफ इंडिया ने अपने पत्र द्वारा कर्नल डयुरण्ड को सूचित किया था कि आनंदराव पवार तृतीय को राजा बनाया जाए।[18] धार की इस राजनीतिक परिस्थिति से राज्य के उत्तराधिकारी के विषय में सर रॉबर्ट हेमिल्टन और कर्नल डयुरण्ड को सभी परिस्थितियों से अवगत करा दिया था।[19]

धार में महारानी द्रोपदाबाई का प्रभाव

सन् 1857 में मई और अक्टूबर माह में धार की महारानी द्रोपादाबाई तथा उसके भाई भीमराव भोंसले का धार में विशेष प्रभाव था। इसलिए राजा आनंदराव पवार तृतीय और महारानी द्रोपादाबाई के शासन के अंतर्गत संघर्ष शुरू हुआ। राज्य की सेना महारानी द्रोपदावाई के अधीन थी। उसने सेना में कई "पठानी ठगी" (मकराणी) और मुस्लिम सैनिकों की भर्ती कर सेना की वृद्धि कर ली। पठानी ठगी (मकराणी) सैनिकों का नेता मुल्ला अकबर था और मुस्लिम सैनिकों का जमादार गुलाखाँ और मजिदखाँ था। इन सैनिकों ने अंग्रेजों के विरुद्ध अपने हथियार उठाए और धार किले पर अपना आधिपत्य जमा लिया।[20]

स्वातंत्र्य संग्रामियों का धार किले पर अधिकार

धार के सन् 1857 के इस संग्राम के संदर्भ में अंग्रेज इतिहासकार जॉर्ज फास्टर का कथन है कि जब इंदौर रेजिडेन्सी पर विद्रोहियों के आक्रमण का समाचार धार पहुँचा, तब लगभग 400 विद्रोही सिपाही ये जिनमें अरब और अफगान भी थे। उन्हें धार के दीवान भीमराव भोसलें ने उकसाया था। उन्होंने दो अंग्रेज स्थानिक सिपाहियों को खत्म किया और आग लगा दी। रास्ते में लौटते समय विद्रोही सैनिकों ने धार के किले पर अपना अधिकार जमा लिया।[21]

धार राज्य के रेकॉर्ड पत्रों तथा राष्ट्रीय अभिलेखागार, नई दिल्ली में उपलब्ध धार राज्य के स्वातंत्र्य संग्राम के संदर्भित कारणों का अध्ययन करने पर यह विदित होता है कि भीमराव भोंसले स्वातंत्र्य संग्राम के सिपाहियों के साथ अपना प्रभाव स्थापित करना चाहता था। उसने अपने सक्षम नेतृत्व में अपनी सेना द्वारा धार के

किले पर आक्रमण कर दिया और 21 अगस्त 1857 को किला अपने अधीन कर लिया। यह स्थिति देखकर धार के दीवान रामचंद्र नारायण ने पत्र द्वारा सूचना कर्नल डयुरण्ड को दी।[22] कर्नल डयुरण्ड ने रामचंद्र नारायण को सूचित किया कि जब तक अंग्रेजी सेना की सहायता उन्हें प्राप्त नहीं होती, वे किले के बाहर आ जाए। लेकिन स्वातंत्र्य सिपाहियों ने दीवान रामचंद्र नारायण को अंग्रेजों की शरण में आने से मना कर दिया।[23] धार के किले के अंदर खजाना और अन्य बहुत सी बहुमूल्य वस्तुएँ भी थीं। पठानी ठगी (मकराणी) सैनिकों की धीरे-धीरे संख्या बढ़कर 600 हो गई और नेता गुलखाँ ने किले के बाहर आना उचित नहीं समझा। मकराणी सिपाहियों ने चिल्लाते हुए यह नारा लगा दिया कि, "धर्म खतरे में है।"[24]

धार के संभावित विद्रोह के संबंध में भोपावर के असिस्टेंट एजेंट हर्टसन ने अपने 1 सिंतबर 1857 के पत्र में कर्नल डयुरण्ड को लिखा था की, "अफगान और मकराणी सैनिकों की संख्या धार और अमझेरा में बढ़ रही हैं। अमझेरा का राजा बख्तावर सिंह और धार के राज्य प्रतिनिधि शीघ्रता से इन लोगों की अपनी सेना में भर्ती कर रहे थे।"[25] ये मकराणी सैनिक अपने शासकों के नियंत्रण में नहीं थे। इन सैनिकों ने इंदौर और बड़ौदा के मध्य डाक व्यवस्था अस्त व्यस्त कर दी और आस पास के क्षेत्रों में आग लगा दी। ब्रिटिश सत्ता के विरुद्ध स्वातंत्र्य सेनानी सक्रिय हो गए, और उन्होंने धार क्षेत्र में अपनी विध्वंसक गतिविधियाँ प्रारंभ कर दी। उनके पास विभिन्न प्रकार की 18 तोपें थीं। किले में काफी मात्रा में हथियार संगृहीत कर लिए थे। वहाँ रसद का विपुल भंडार था। धार का यह किला लाल पत्थरों से और मिट्टी से निर्मित है और जमीन से करीब 40 फीट ऊंची एक टेकडी पर बना हुआ है।[27]

धार का यह किला कब्जा करने के पश्चात् कुछ स्वतंत्रता संग्राम सेनानी जो संख्या में लगभग 100 थे, भोपावर एवं सरदारपुर, की ओर बढ़ गए थे। रास्ते में उन्होंने सरकारी डाक भी नष्ट कर दी थी। इसके साथ ही मकराणी सिपाही, धार के मुसलमान सिपाही मिल गए थे। धार के नालछा दरवाजे पर उन्होंने अपना हरा झंडा फहरा दिया।[28] स्वतंत्रता संग्राम सेनानी धार के मानपुर और मंडलेश्वर आने के लिए इच्छुक थे। इन पत्रों से यह स्पष्ट होता है कि, ब्रिटिश विरोधी तत्वों ने, धार, अमझेरा और भोपाल को काफी क्षति पहुँचाई थी।[29]

एक पत्र से यह ज्ञात होता है कि, 9 अक्टूबर 1857 शुक्रवार को प्रातः 10 बजे मकराणी और मुसलमान सैनिकों ने हो-हल्ला करते हुए भोपावर की ओर प्रस्थान किया। दूसरे दिन शनिवार को प्रातः 9 बजे के लगभग धार के मुसलमान सिपाही धार के बाहर इकट्ठे हुए और धार दरबार के व्यवहार के संबंध में भील एजेंट और भोपावर के असिस्टेंट पॉलिटिकल एजेंट हर्टसन ने कर्नल डयुरण्ड को लिखा था कि,

"धार दरबार का व्यवहार संशयात्मक था और धार के वकील रघुनाथ नारायण ने विद्राहियों की सूचनाएँ ठीक समय पर नहीं भेजी थीं।"[30] धार किले के आसपास 50 से अधिक विद्रोही सिपाही किले की देखरेख के लिए तैनात थे। जिनके पास 5 बंदूकें भी थीं। धार की महारानी द्रोपादाबाई और उसके भाई भीमराव भोंसले, विद्रोहियों को उकसाया करते थे।[31]

पोलिटिकल असिस्टेंट हर्टसन का यह पत्र बड़ा महत्वपूर्ण था और इससे धार के विद्रोहियों के संबंध में कुछ नए तथ्य परिलक्षित होते हैं–

(1) धार के तत्कालीन राज्य प्रतिनिधि महारानी द्रोपदाबाई और उसका भाई भीमराव भोंसले पूर्ण रूप से अंग्रेजों के विरुद्ध हो गए थे।

(2) धार दरबार के मकरानी सिपाही और धार दरबार के बीच कोई गुप्त बात विद्रोह के बारे में संभव नहीं जान पड़ती है।

(3) विद्रोही संग्राम के सिपाही भोपावर एजेंसी पर आक्रमण कर धार की ओर लौट रहे थे, तब विद्रोही नेताओं ने उनका हर्षोल्लास के साथ स्वागत किया।

(4) धार राज्य के शासन ने मंदसौर के शहजादा फिरोजशाह का कोई राजनीतिक आश्वासन भी प्राप्त किया था।[32]

धार की महारानी द्रोपदाबाई का स्वातंत्र्य संग्राम में योगदान

धार के विद्रोही सिपाहियों ने मालवा की ब्रिटिश एजेंसी को संत्रस्त कर दिया था। धार के किले पर स्वतंत्रता संग्राम के सिपाहियों ने महारानी द्रोपदी बाई के सहायोग से बड़ी आसानी से कब्जा कर लिया। 30 अगस्त 1857 से 22 अक्टूबर 1857 तक धार के किले पर स्वातंत्र्य संग्राम के सिपाहियों का आधिपत्य था। इसके पूर्व विद्रोहियों के साथियों ने भोपावर, सरदारपुर की छावनियाँ भी लूट ली थीं। भोपावर स्थित पोलिटिक्ल एजेंट के पत्रों में धार की महारानी द्रोपदाबाई से मिल जाने के संबंध में काफी अंतर प्रतीत होता है। भोपावर एजेंट के पत्र क्र. 274, 275, 309, 310 और 317 के अध्ययन से यह ज्ञात होता है महारानी द्रोपदाबाई और उसका भाई भीमराव भोंसले स्वातंत्र्य संग्राम के सिपाहियों के साथ थे।[33] जॉन डिक्सन ने इस तथ्य को सही माना है और धार के स्वातंत्र्य संग्राम के सिपाहियों का दमन करने के लिए कैप्टन हर्टसन ने कर्नल डयुरण्ड को लिखा था कि, "विद्रोही नियंत्रण के बाहर हो गए हैं।" इसके उत्तर में 33 सितंबर 1857 को डयुरण्ड ने यह रिमार्क देते हुए लिखा था कि, "The important of Chief, great or small to control their lives in normal feature of state of armed and anarchy with conflicts to the country."[34]

महारानी द्रोपदाबाई बड़ी विद्वान थी। उसने धार राज्य के योगदान के बारे में, स्वतंत्रता-संग्राम के सिपाहियों को पूरी मदद की थी। लेकिन बाह्य रूप से कर्नल

डयुरण्ड को विद्रोहियों के आक्रमण से सूचित किया करती थी। तब भी डयूरण्ड से कोई संतोषजनक उत्तर महारानी द्रोपदाबाई को नहीं मिला। धार से अंग्रेजों की महू की छावनी अत्यंत निकट थी। वहाँ से कोई भी सैनिक सहायता महारानी को नहीं मिली। धार के विद्रोह के दमन में जो विलंब हुआ था, उसका यह कारण था कि, कर्नल डयुरण्ड इंदौर के बाद लगभग एक माह तक महू छावनी में रहा और धार की वस्तुस्थिति का पूर्ण रूप से अध्ययन नहीं कर पाया।[35]

10 अक्टूबर 1857 तक स्वातंत्र्य संग्राम सेनानी बड़े शक्तिशाली हो गए। उनके पास बंदूकें, सैनिक हथियार और अनाज की काफी मात्रा संगृहीत थी। उनकी संख्या 800 से बढ़कर 1500 हो गई थी। धार राज्य उनकी दया पर जीवित था। स्वातंत्र्य संग्राम का दमन करने के लिए धार के वकील रघुनाथ नारायण ने कैप्टन हर्टसन को सहायता के लिए पत्र लिखा था।[36]

धार में ब्रिटिश सेना का अधिकार और स्वातंत्र्य संग्राम के सिपाहियों का दमन

धार में जब स्वातंत्र्य संग्राम के सिपाहियों ने स्थिति अत्यंत विस्फोटक बना दी तब महू से एक बड़ी अंग्रेजी सेना 22 अक्टूबर 1857 को आई। उसने शहर और किले को घेर लिया। अंग्रेजी सेना ने किले के आसपास की बस्ती को जला दिया और बड़ी-बड़ी तोपों से खंडेराव टेकडी से तोप से गोले बरसाना प्रारंभ किया। अंग्रेजी सेना की यह घेराबंदी देखकर किले के अंदर छिपे स्वातंत्रय संग्राम के सिपाहियों ने किले की दीवार के छिद्रों में बंदूकें लगा दी।[37]

अंग्रेजों ने किले के उस भाग को भी नष्ट कर दिया, जहाँ से गुप्त रूप से विद्रोहियों को सहायता प्राप्त होती थी। किले के पश्चिम भाग का टूटना विद्रोहियों का एक बड़ा भारी दुर्भाग्य था। उन्हें सहायता मिलनी बंद हो गई और उनकी रसद भी कम हो गई। विवश होकर विद्रोही किला छोड़कर भाग निकले।[38] इस तरह एक बड़े संघर्ष के बाद 30 अक्टूबर 1857 को प्रातःकाल में अंग्रेजों ने किले पर अपना अधिकार जमा लिया। उस समय धार राज्य का खजाना किले में ही था। राजवंश के आभूषण, रत्न, सोने, चांदी के बर्तन और नकद रुपये किले में ही थे। इनका मूल्य लगभग 12,00,000/- रुपये था। अंग्रेज अधिकारियों ने इन सबको जब्त कर लिया। राज्य परिवार के इन आभूषणों को महूँ छावनी में ले जाकर, आम जनता के सामने नीलाम कर दिया। धार की इस लूट से प्राप्त माल एवं नीलामी से प्राप्त धन को अंग्रेज सैनिकों में बाट दिया गया जिसमें प्रत्येक अंग्रेजी सैनिकों को लगभग 600 रुपये प्राप्त हुए।

निष्कर्ष—अंग्रेज अधिकारियों ने धार राज्य के परिवार के लोगों के साथ अच्छा व्यवहार नहीं किया। यदि धार के राजा आनंदराव तृतीय, महारानी द्रोपदाबाई, भीमराव

भोंसले, दिवान रामचंद्र बापू दिघे, दिवान रामचंद्र नारायण और मकराणी सिपाही, मुसलमान सिपाही आदि में यदि अच्छा संघठन होता तो धार के स्वातंत्र्य संग्राम में अंग्रेजों की हार होती और धार राज्य के सभी लोगों को सन् 1857 के स्वातंत्र्य संग्राम में महत्वपूर्ण भूमिका निभाने का सौभाग्य प्राप्त होता। महारानी द्रोपदाबाई, मकराणी सिपाही, मुसलमान सिपाही, राजा आनंदराव पवार तृतीय, रामचंद्र नारायण आदि के साथ तालमेल का संघठन होता तो महारानी द्रोपदाबाई का योगदान झांसी की रानी महारानी लक्ष्मीबाई से भी बेहतर माना जाता। धार की महारानी द्रोपदाबाई केवल निःस्वार्थ दृष्टि से स्वातंत्र्य संग्राम में अंग्रेजों के विरुद्ध संघठन बनाने में सफल रही। किंतु अंगेजों का धार में आक्रमण होते ही महारानी द्रोपदाबाई ने अंग्रेजों से शरण ली, यह दुर्भाग्यपूर्ण घटना थी।

धार के तत्कालीन दीवान रामचंद्र बापू दिघे को उनके दीवान के पद से हटा दिया गया और उनकी जागीर जब्त कर ली गई। विद्रोहियों को कठोर दंड दिया गया। स्वातंत्र्य संग्राम में धार के भील जमात का भी पूर्ण रूप से सहयोग था। धार राज्य परिवार के लोग एवं अन्य सरदार ब्रिटिश सत्ता के पूर्ण स्वामी भक्त बन गए थे। धार राज्य के सभी सरदारों ने एक ऐसा आभास किया था कि, "धार के विद्राहियों के आतंक से मुक्ति दिलाने के लिए, उन्होंने अंग्रेजों से सहायता की याचना थी।"[39] इतना ही नहीं अपितु धार दरबार में अपने वकील रघुनाथ नारायण द्वारा विद्रोही पठान सिपाहियों को यह प्रलोभन दिया था कि उन्होंने अंग्रेजों के भोपावर एजेंसी पर जो आक्रमक कार्यवाही की थी उसे स्थगित करे। इस तरह 1857 में धार रियासत का पवार शासन समाप्त हुआ और अंग्रेजों की सत्ता स्थापित हुई।

संदर्भ

1. सितामऊ शोध संस्थान में संगृहीत, *देहली उर्दू अखबार* 10 मई 1857 पृ. 1, रिपोर्ट ऑन निगटिवव्ह न्यूज पेपर 1856-1857. (रा.अ. नई दिल्ली)
2. सितामऊ शोध संग्रहालय–बी.सी. इनेस, : *दि सिपाही रिवोल्ट ए क्रिटिक नेरेटिव,* पृ. 67
3. सितामऊ शोध संग्रहालय–डॉ. सैय्यद अतहर अब्बास रिजवी, *स्वातंत्र्य संग्राम,* नई दिल्ली पृ. 112
4. सितामऊ शोध संग्रहालय–मारग्रेटा ब्रान्स, *दि इंडियन प्रेस बुक,* पृ. 256, 258
5. सितामऊ शोध संग्रहालय–प्रेमनारायण प्रेस एण्ड पोलिटिकल इन इंडिया, पृ. 47
6. सितामऊ शोध संग्रहालय–मारग्रेटा ब्रान्स, *दि इंडियन प्रेस,* पृ. 251, 260
7. सितामऊ शोध संग्रहालय–डॉ. रामविलास शर्मा, *सन् 1857 की राज्यक्रांति,* पृ. 299
8. सितामऊ शोध संग्रहालय–गैरसीन, *दी तासी हिस्ट्री ऑफ हिंदी लिटरेचर,* पृ. 154
9. सितामऊ शोध संग्रहालय–एस.आर. मल्होत्रा, *द इमरजेंस ऑफ इंडियन नेशनल कॉग्रेस,* पृ. 14

10. सितामऊ शोध संग्रहालय—*अल्बरुनी का भारत,* भाग-2, पृ. 130
11. वा.वा. वाकणकर, *धार पवारांच्या इतिहासाची साधने,* (मराठी) खंड 3, भाग 1 (1949)
12. माल्कम, *मेमायर्स ऑफ माल्कम,* सेंट्रल इंडिया हिस्ट्री पृ. 38, 40, 42
13. *रुलर्स पॉलिसी लिडिंग एण्ड ऑफिसीयल्स इन स्टेट्स ऑफ सेंट्रल इंडिया,* खंड 4, पृ. 129
14. रामचंद्रराव रेशमवाले, *बायोग्राफिकल स्केच ऑफ रामचंद्रराव रेशमवाले,* कूट पृ. 55, 60
15. उपरोक्त पृ. 65, 67
16. उपरोक्त पृ. 69, 71
17. सेक्रेटरी गवर्नर ऑफ सेंट्रल इंडिया विदेश विभाग लेटर नं. 2809 दि. 3 जुलाई, 1857
18. पार्लयामेंटरी पेपर्स नं. 30, ऑफ 1869 पृ. 15
19. सितामऊ शोध संग्रहालय—दीवान सिताब रॉय को मुख्य गुप्तहेर वजीर वेग द्वारा लिखे पत्र क्र. 2, 3
20. जार्ज फास्टर, *एटीन फिफ्टी सेवन (1857)* पृ. 145, 150
21. अभिलेखागार नई दिल्ली, धार रेकॉर्ड लेटर क्र. 2840
22. सर हेमिल्टन ए.जी.जी. फॉर सी.आई. सेक्रेटरी गवर्नमेंट ऑफ इंडिया ले. नं. 269 डेटेड़ ऑन 5 जुलाई 1858
23. पार्लियामेंटरी पेपर्स रिलेटिंग टू धार, पृ. 159
24. हर्टसन लेटर्स टु सेक्रेटरी गवर्नमेंट ऑफ इंडिया ले.नं. 274, डेटेड 1 सितंबर 1857
25. उपरोक्त ले.नं. 274
26. डिस्पेचेस टु सेक्रेटरी गवर्नमेंट ऑफ इंडिया सिक्रेट कमेटी नं. 76 ऑफ 1857
27. भोपावर एजेंसी महू केंपस ले.नं. 309, डेटेड 10 अक्टूबर 1857
28. उपरोक्त ले.नं. 309-10, अक्टूबर 1857
29. भोपावर एजेंसी महू केंपस ले.नं. 317, डेटेड 15 अक्टूबर 1857
30. उपरोक्त 15 अक्टूबर 1857
31. पार्लयामेंटरी पेपर्स नं. 30 ले.नं. 200 ऑफ 1859
32. डिस्पेचेस टु सिक्रेट कमेटी नं. 4, डेटेड जनवरी 1858
33. पार्लियामेंटरी पेपर्स नं. 30 ले.नं. 200 ऑफ 1859
34. डिस्पेचेस टु सिक्रेट कमेटी नं. 4, डेटेड जनवरी 1858
35. लेटर डेटेड 12 अक्टूबर, 1857 रघुनाथ नारायण वकील धार स्टेट टू कैप्टन एचिंसन द भील एजेंट
36. मूवमेंट ऑफ धार रिबेल्स, 27 नवंबर 1857 फाईल नं. 24, 249 ए.सी. सिक्रेट कमेटी
37. मूवमेंट ऑफ धार रिबेल्स, 27 नवंबर 1857 फाईल नं. 24, 249 ए.सी. सिक्रेट कमेटी
38. फ्रॉम कैप्टन एचिंसन टु रघुनाथ नारायण वकील ऑफ धार, ले.डे. 5 जुलाई 1857
39. फ्रॉम कैप्टन एचिंसन टु रघुनाथ नारायण वकील ऑफ धार, ले.डे. 5 जुलाई 1857

Chapter - 42

1857 : जंगे आज़ादी का दौर और खड़ी बोली साहित्य

मुरली मनोहर प्रसाद सिंह

क्या है यह अहा हिंद की ज़मीन?
होगी तो ज़रूर यह स्वाधीन?
चंद्रलोक से आयी हूँ मैं
जहाँ अधीनता की है बड़ी ही बड़ाई।
राजा तो यहाँ यहीं के होंगे
वाँ तो विदेशी राज करते
सब कार्य विदेशी ही करते वाँ
औ विदेशियों की है बड़ी प्रघटाइ।
रुपये तो याँ याँ ही रहते होंगे?
और याँ के भले में सर्फ होते होंगे?

महेश नारायण (*'स्वप्न'* शीर्षक कविता का 21वाँ खंड)

महेश नारायण की यह कविता 1881 के अक्तूबर-नवम्बर महीनों में पटना से प्रकाशित *'बिहार बंधु'* में 31 खंडों में छपी थी। यह कविता अपने मूल रूप में फारसी लिपि में लिखी गयी थी जिसे देवनागरी में लिप्यंतरण कराकर 'बिहार बंधु' में प्रकाशित किया गया था। स्वाधीन भारत की आकांक्षा से स्पंदित यह काव्यकृति मूलतः एक फैंटेसी है और इसकी काव्य-भाषा हिंदी-उर्दू की साझा संस्कृति की अद्‌भुत मिसाल है।

देशव्यापी जनसंग्राम की चेतना और अंग्रेजों की बर्बरता के प्रति उस दौर के हिंदी-उर्दू साहित्यकारों, पत्रकारों और पेशेवर उदीयमान शिक्षित मध्यवर्ग का रुख क्या

था? मूल रूप में इसी सवाल के इर्दगिर्द यह आलेख एक विस्तृत संदर्भ में लिखा गया है। इसलिए ही 1800 के आसपास के घटनाक्रमों की पृष्ठभूमि में जाना और उस पर एक नजर डालना जरूरी है।

यद्यपि 1802 के आसपास ही देवनागरी लिपि में हिंदी समाचार पत्रों और धार्मिक प्रचार-पुस्तकों का मुद्रण और प्रकाशन शुरू हो गया था। किंतु हिंदी में साहित्यिक रचनाओं का प्रकाशन 1868 के बाद ही प्रारंभ हुआ; वह भी भारतेंदु हरिश्चंद्र द्वारा संपादित पत्रिका *'कवि वचन सुधा'* के माध्यम से। इस परिदृश्य के–अर्थात् खड़ी बोली, दक़नी, हिंदवी, हिंदुस्तानी, उर्दू या रेख़्ता में लिखे गये आधुनिक साहित्य के लेखन का प्रारंभ मुद्रण टेक्नालॉजी के आने के पहले ही अठारहवीं सदी के पूर्वार्द्ध में ही हो गया था। आधुनिक से मेरा तात्पर्य है, लौकिक जीवन को केंद्र में रखकर लिखे गये गद्य और पद्य से। इस संदर्भ में अठारहवीं सदी में हिंदी का ऐसा कोई उदाहरण नहीं है जिसमें इहलौकिक जीवन अथवा जनसाधारण के जीवन की तस्वीर आँकने वाली सृजनशीलता की झाँकी मिल सके। अलौकिक दिव्य जीवन या फिर दरबारी संस्कृति में सराबोर भोग-विलास या शृंगार का ही साहित्य ब्रजभाषा या अवधी में प्राप्त होता है। पर आज जिसे हम हिंदुस्तानी नहीं बल्कि देवनागरी में लिखित हिंदी कहते हैं, अर्थात् खड़ी बोली के तत्समिश्रित साहित्यिक सृजनकर्म में आधुनिकता का आरंभ अठारहवीं सदी में नहीं होता, जबकि ज़ाफर जटल्ली, सौदो, तकी, मीर और नज़ीर के साहित्य में आधुनिकता के सभी प्रारम्भिक लक्षण मौजूद हैं। मुद्रित रूप में देवनागरी लिपि में हिंदी गद्य का आरंभ उन्नीसवीं सदी के शुरुआती दशकों में पत्रकारिता के माध्यम से ही हुआ, जबकि उर्दू, दक़नी और रेख़्ता में गद्य की परंपरा हस्तलिखित पुस्तकों के माध्यम से सत्रहवीं सदी के अंतिम दशकों से ही मिलने लगती है। अठारहवीं सदी में अनेक इतिहासकार थे, जिन्होंने अंग्रेजों या अरबी-फारसी से उर्दू में अनुवाद कर या मौलिक इतिहास-ग्रंथों की रचना की। ये सारी रचनाएँ अरबी-फारसी लिपि में तो हैं पर ये खड़ी बोली गद्य की ही कृतियाँ हैं। खुदा बख़्श लाइब्रेरी, पटना से प्रकाशित *'अर्ली उर्दू हिस्ट्रोग्राफी'* नामक शोध ग्रंथ (डॉ. जावेद अली खाँ, प्रकाशक–खुदाबख़्श ऑरियेंटल पब्लिक लाइब्रेरी पटना) में ऐसी दर्जनों पुस्तकों के विवरण दिये गये हैं। इससे यह संकेत मिलता है कि उर्दू गद्य के रूप में अठारहवीं सदी से ही साहित्येतर विषयों में खड़ी बोली गद्य की परंपरा रही है। गद्य की इसी संपदा के कारण खड़ी बोली आधुनिक साहित्यिक भाषा का दर्ज़ा पा सकी। देवनागरी लिपि में गद्य की ऐसी कोई परंपरा उन्नीसवीं सदी के पहले नहीं मिलती।

इस पृष्ठभूमि में भारत की पहली जंगे आज़ादी की घटनाओं के प्रतिबिंब उस

राजनीति और भावना के अनुकूल हिंदी साहित्य में नहीं मिलते, जिस राजनीति और भावना से ओतप्रोत होकर बागी सिपाही और जनसाधारण लड़े थे। उन चार सालों के दौर में उर्दू की अनेक पत्र-पत्रिकाओं के संपादकों को गोली मारकर मौत के घाट उतारा जा रहा था, जबकि देवनागरी लिपि में प्रकाशित हिंदी के पत्रकारों के साथ ऐसे बर्बर सलूक के उदाहरण प्रायः नहीं मिलते। इसका मुख्य कारण यह था कि फिरंगी निजाम को उखाड़ फेंकने की जंगी मुहिम के साथ कंधे से कंधा मिलाकर, उसी संकल्प और कुर्बानी की भावना के साथ, उर्दू के कुछ पत्रकार और कवि लगातार बग़ावत और अंग्रेजों की बर्बरता की रपटें छापते थे या शायरी कर रहे थे। इसके सबसे बड़े उदाहरण मुनीर शिकोहाबादी और फ़ज़्ले हक़ ख़ैराबादी थे, जिन्हें 1857-1860 के बीच बग़ावत के पक्ष में शायरी करने के कारण कालापानी की सज़ा दी गयी थी। उस दौर के शायर शेफ़्ता को सात वर्ष तक कैदखाने में बंद रखा गया और सदरुदीन आजुर्दा को नौकरीं से बाहर कर उनकी ज़ायदाद ज़ब्त कर ली गयी। इस तरह के सैकड़ों उदाहरण हैं जिनसे पता चलता है कि उर्दू के शायर और पत्रकार अपने बाग़ी रुझान के कारण तरह-तरह की यातना झेलते रहे।

दूसरी तरफ 1857 से 1868 के बीच में देवनागरी में मुद्रित संपूर्ण साहित्य की ठीक से जाँच-परख और छानबीन भी अभी नहीं हुई है, इसलिए उपर्युक्त पृष्ठभूमि में कोई सरलीकृत निष्कर्ष निकालना भ्रामक हो सकता है। 1860 के बाद हिंदी-उर्दू के पत्रकार ही नहीं, साहित्यकार, पेशेवर शिक्षित मध्यवर्ग, दुकानदार, व्यापारी को यदि सामूहिक रूप से देखें तो पता चलता है कि अधिकांश लोग महारानी विक्टोरिया द्वारा ईस्ट इंडिया कंपनी का राज खत्म कर सीधे ब्रिटिश शासन के अधीन हिंदुस्तान का अधिग्रहण करने की घोषणा के साथ तमाम तरह के आशावादी सपने देखने लगे थे। हिंदू पेट्रिएट के संपादक हरिश्चंद्र मुखर्जी और गुजराती उपन्यास *'सरस्वती चंद्र'* के लेखक गोवर्धन आदि इसके अपवाद हो सकते हैं। पर ज्यादातर शिक्षित पेशेवर लोग अंग्रेजी राज की विजय-दुंदुभि में अपना सुर भी मिला रहे थे। बग़ावत को जंगे आज़ादी न कहकर सिपाहियों और बदमाशों का उपद्रव बताने वाले औपनिवेशिक प्रजातंत्र के समर्थक और पुर्जा बनने में ही अपना और देश का हित सोचते थे। इसके बावजूद उनकी ऐतिहासिक विवशता यह थी कि वे ब्रिटिश राज द्वारा ढाये जा रहे कहर, हत्या, फाँसी, जेल, कालापानी और काले कानूनों के दौर में जन-साधारण और पूरे देश की तबाही, दैन्य और पीड़ा के प्रति आँख मूँदकर आखिर कितने अरसे तक चुप रहते? कब तक अकाल, महामारी, टैक्सों की मार और हिंदुस्तान की साझी कौमियत वाली संस्कृति पर लगातार आघात बर्दाश्त करते? कब तक दरबारी संस्कृति की परंपरा में महारानी विक्टोरिया और लार्ड मेयो का स्तुतिगान करते? हिंदुस्तान की खुली लूट के द्वारा

करोड़ों रुपये इंग्लैंड चले जा रहे थे—इस तथ्य से भी कब तक आँखें मूँदे रहते? भक्तिकाल और रीतिकाल की तरह रचनाशीलता के केंद्र में अलौकिक सत्ता और आश्रयदाता राजा-महाराजाओं के अवकाश के क्षणों में भक्ति या विलासिता के मध्यकालीन आग्रहों से जकड़े साहित्य को मुक्त करने के अथवा उसे इहलौकिक बनाने एवं जनोन्मुख करने के सवाल से कब तक कतराते? एक विचित्र किस्म का यह मध्यवर्गीय द्वंद्व था—जिसकी जड़ें तत्कालीन वर्गीय समाज के आधार में ही मौजूद थी। इस द्वंद को राजभक्ति और देशभक्ति का अंतर्विरोध या 'दुचित्तापन' बताना अपर्याप्त था। संक्रांतिकालीन मनोदशा के तर्कों की आड़ लेकर इसकी व्याख्या करना भी वास्तविक मूलभूत प्रश्नों से बचना था। तत्कालीन साहित्यिक सृजनशीलता और वैचारिक दृष्टि की व्याख्या से बचने का एक लंबा सिलसिला अभी तक चलता रहा है। जाहिर है कि आचार्य रामचंद्र शुक्ल से लेकर अब तक के समालोचक अपने अतीत की परिघटनाओं को द्वंद्वात्मक दृष्टि से देखने के बजाय तमाम तरह के अंतर्विरोधों को नजरअंदाज करते रहे हैं। आखिर कौन-सा वह कारण था जिसके परिणामस्वरूप उर्दू के ज़ाफर ज़टल्ली, मीर, नज़ीर अकबराबादी, सौदा, ग़ालिब, ज़ौक, बहादुरशाह ज़फ़र, मुनीर शिकोहाबादी, हाली आदि की तरह हिंदी के लेखक अपने नाटक, निबंध या कविता में लौकिक जीवन पर, खासकर देश की दुर्दशा और जन-साधारण की तबाही-बर्बादी पर ध्यान देना आरंभ करते हैं अर्थात् रचना के केंद्र में प्रधान रूप से जीवन के यथार्थ और राष्ट्रीय स्वत्व का बोध अपने संपूर्ण उद्वेलन के साथ पाठक की संवेदना को झकझोरता प्रतीत होता है। पहली बार इस सवाल से मुठभेड़ करते हुए जयशंकर प्रसाद ने *'यथार्थवाद और छायावाद'* नामक अपने 1934 के निबंध में कहा था कि चूँकि सामंत और राजे-महाराजे 1857 की युगांतरकारी जनक्रांति में नेतृत्व न दे पाये बल्कि अधिकांश ने गद्दारी की। अतः "साधारण मनुष्य जिसे पहले अकिंचन समझते थे, वही क्षुद्रता में महान दिखलायी पड़ने लगा। उस व्यापक दुख संवलित मानवता को स्पर्श करने वाला साहित्य यथार्थवादी बन जाता है। इस यथार्थवादिता में अभाव, पतन और वेदना के अंश प्रचुरता से होते हैं।"

यह उल्लेखनीय है कि भारतेंदु ने 1872 की *'कवि वचन सुधा'* में जंगे आज़ादी के दौर में कालापानी की सज़ा भुगत रहे शेर अली पर तीन टिप्पणियाँ लिखी हैं। इन तीनों टिप्पणियों में ब्रिटिश बर्बरता, बगावत के दौर के क्रांतिकारी उभार और अंग्रेजों द्वारा किये गये व्यापक नरसंहार के विरुद्ध जन-प्रतिरोध तथा क्रांतिकारियों के द्वारा ब्रिटिश अफसरों से लिये गये प्रतिशोध का प्रसंग आया है। अंडमान एवं निकोबार द्वीप के वाइपर टापू में सश्रम कालापानी की सज़ा भुगत रहे शेर अली और

लार्ड मेयो से संबंधित घटना का ब्योरेवार जिक्र भी आया है। चूँकि शेर अली ने छुरी घोंपकर ब्रिटिश बर्बरता के प्रतिनिधि लार्ड मेयो से प्रतिशोध लिया है और इस क्रम में लार्ड मेयो की मृत्यु हो गई, अतः भारतेंदु ने अपना राजनीतिक रुख बहुत ही स्पष्ट तरीके से प्रकट किया है। भारतेंदु ने स्वयं तथा उनके समानधर्मा लेखकों ने उस राष्ट्रीय प्रतिशोध-भावना की सिर्फ भर्त्सना ही नहीं की थी बल्कि लार्ड मेयो को प्रजावत्सल और भारतहितैषी तक बताया था। इतना ही नहीं, उक्त टिप्पणी में जंगे आज़ादी के तीन साल के भीषण दौर में लाखों लोगों को पेड़ों पर लटकाकर या जेल में जिस तरह फाँसी दी गई थी, गाँव के गाँव और कस्बे जलाकर भस्मीभूत कर दिये गये थे—यहाँ तक कि 1 लाख 25 हजार बंगाल आर्मी के बाग़ी सिपाहियों में किसी को भी ज़िंदा न छोड़ा गया था—उस सारी ब्रिटिश औपनिवेशिक सत्ता के खूँखार, उत्पीड़नकारी और कातिल चेहरे को भुला दिया गया था और कहा गया था, "हा! यह कैसे दुख की बात है कि आज के दिन हम उसके मरण का वृतांत लिखते हैं, जिसकी भुजा की छाँ में सब प्रजा सुख से कालक्षेप करती थी और हम लोगों का पूरा हितकारी था।" लार्ड मेयो की हत्या करने वाले जंगे आज़ादी के दीवाने शेर अली के बारे में उन्होंने उसी *'कवि वचन सुधा'* में लिखा, "उस चांडाल दुष्ट हत्यारे शेर अली के विषय में *'फ्रेड ऑफ इंडिया'* के संपादक से हम पूर्ण सहमति रखते हैं। निस्संदेह उस दुष्ट को सिर्फ प्राणदंड देना तो उसकी मुँह माँगी बात देनी है, क्योंकि मरने से डरता तो ऐसा काम न करता। संपादक महोदय लिखते हैं कि ये दुष्ट प्राण से प्रतिष्ठा और धर्म को विशेष मानते हैं, इससे ऐसा करना चाहिए जिसमें इन दुष्टों का सुख भंग हो और धर्म और प्रतिष्ठा दोनों को हानि पहुंचे। यह लिखते हैं (और बहुत ठीक लिखते हैं, अवश्य ऐसा ही नहीं वरन् इससे बढ़कर होना चाहिए) कि उसके प्राण अभी न लिए जाएँ और उसे खाने को यह वस्तु मिले जो 'हराम' है और वस्त्र के स्थान पर उसको सूअर के चर्म की टोपी और कुरता पहनाया जाये। यथा शक्ति उसको दुख और अनादर दिया जाये। ऐसे नीच के विषय में जितनी निर्दयता की जाये सब थोड़ी है और ऐसे समय हम लोगों को कानून छप्पर पर रखना चाहिए और उसको भरपूर दुख देना चाहिए।"

इसके बाद उक्त टिप्पणी में ही भारतेंदु ब्रिटिश जल्लादों को अपनी दलील मुहैया कराते हैं। चूँकि लार्ड मेयो पर हमले का संकल्प उसके मन में पहले से यदि ठना न होता "तो वह ऐसे निर्जन स्थान में छुरी लेकर छिपा क्यों बैठा रहता फिर एक दूसरे कैदी के 'इजहार' (अर्जन सिंह नाम के क्षत्रिय के द्वारा उसे दबोचे जाने के बाद के 'इजहार') से स्पष्ट ज्ञात होता है, यदि वह उस वर्ग का न होता जो कि तन-मन से मानते हैं कि सरकार 'काफिर' है, इसलिए उसके बड़े-बड़े अधिकारियों

को मारने से बड़ा 'सबाव' होता है। इन सब विषयों को भली-भाँति समझ करके तब उसको फाँसी देना उचित है।"

इससे स्पष्ट हो जाता है कि मुस्लिम धर्मावलंबियों द्वारा फिरंगी, काफिर, औपनिवेशिक सत्ता के खिलाफ जंग को तथा भारत के हिंदू बागी सिपाही और जंग में लाखों की संख्या में भाग लेने वाले हिंदुओं के द्वारा भी "दीन, ईमान और धर्म" की रक्षा को, भारतेंदु किस तरह अंग्रेजी राज के समर्थकों की दृष्टि से देखते थे। ऐसी सांप्रदायिक मनोभावना और ब्रिटिश सत्ता की तरफदारी का वैचारिक रुझान सिर्फ भारतेंदु तक सीमित न था। प्रताप नारायण मिश्र *'ब्राह्मण'* नामक पत्रिका के द्वारा भी यही भूमिका निभा रहे थे। राधा चरण गोस्वामी का भी यही रुख था। तभी इन लोगों के काव्यलेखन में ब्रजभाषा की बजाय खड़ी बोली को अपनाने के सवाल पर यह आशंका व्यक्त की गयी थी कि इससे उर्दू, फारसी और अरबी की साहित्यिक परंपरा हिंदी में बलवती हो जायेगी। सिर्फ श्रीधर पाठक, अयोध्या प्रसाद खत्री और बालमुकुंद गुप्त ही इस सवाल पर ब्रिटिश सत्ता द्वारा 'फूट डालो और राज करो' की नीति के सांस्कृतिक परिणामों के प्रति सजग होकर स्वस्थ, प्रगतिशील और राष्ट्रीय दृष्टिकोण अपना रहे थे। लेकिन ऐसे अपवाद बहुत कम थे, नगण्य मात्र। स्वयं भारतेंदु ने स्वीकार किया है कि "श्रीमान लार्ड मेयो स्वर्गवासी के मरने का शोक जैसा विद्वानों की मंडली में हुआ वैसा सर्वसाधारण में नहीं हुआ। इसमें संदेह नहीं कि एक बार जिसने यह समाचार सुना घबरा गया, पर तादृश लोग शोकाक्रांत न हो गये, इसका मुख्य कारण यह है कि लोगों में राजभक्ति नहीं है। निस्संदेह किसी समय में हिदुस्तान के लोग ऐसे राजभक्त थे कि राजा को साक्षात ईश्वर की भाँति मानते और पूजते थे, परंतु मुसलमानों के अत्याचार से यह राजभक्ति हिंदुओं से निकल गयी। राजभक्ति क्या, इन दुष्टों के पीछे सभी कुछ निकल गया।" भारतेंदु के स्वयं के उपर्युक्त रेखांकित साक्ष्य से भी यही प्रमाणित होता है कि यह अंग्रेज-भक्ति मध्यवर्गीय रुझान मात्र थी। मुस्लिम-विरोध की वजह से जंगे आज़ादी के प्रति अन्यमनस्क और लगभग नकारात्मक दृष्टिकोण भारतेंदु मंडल के सभी लेखकों को उर्दू के प्रति नफरत की ओर ठेल रहा था, चूँकि उर्दू की कुछ महत्वपूर्ण पत्र-पत्रिकाओं में विक्टोरिया शासन की आर्थिक-राजनीतिक और सांस्कृतिक नीतियों की धज्जियाँ उड़ायी जा रही थीं, और जंगे आज़ादी को फिरंगी निजाम के खिलाफ अपनी वसीयत मानकर लगातार औपनिवेशिक शासन का विरोध हो रहा था; इसलिए उर्दू के विरुद्ध अंग्रेजों की प्रेरणा से इतनी गहरी नफरत के साथ देवनागरी और हिंदी की प्रतिष्ठा का अभियान शुरू हुआ। राजकाज और शिक्षा में हिंदी अथवा देवनागरी की माँग जायज होते हुए भी एक भिन्न संदर्भ में महत्व रखती है, पर उर्दू के प्रति नफरत

और शत्रुता का रुख भाषायी प्रश्न मात्र नहीं रह जाता। भारतेंदु ने जून 1874 की *'हरिश्चंद्र चंद्रिका'* में उर्दू की मौत पर एक स्यापा लिखा–

"है है उर्दू हाय। कहाँ सिधारी हाय हाय।
कहाँ सिधारी हाय हाय। मुंशी मुल्ला हाय हाय।"

उर्दू की मौत की ऐसी मनोकामना के पीछे अंग्रेजी राज की हिंदुओं-मुसलमानों-सिखों की पारंपरिक सांप्रदायिक एकता की ऐतिहासिक आवश्यकता के अनुकूल लेखन करने के बजाय उस पृष्ठभूमि में जहर घोलने की प्रवृत्ति काम कर रही है और दुखद तो यह है कि उस नीति के भोले-भाले औजार के रूप में उर्दू-हिंदी के अनेक बुद्धिजीवी खुल्लमखुल्ला एक-दूसरे के विरुद्ध अभियान चला रहे थे। ब्रिटिश शासन की अंगभूत नौकरशाही के रूप में सर सैय्यद भी इसी क्रिया-प्रतिक्रिया की एक कड़ी थे। इस भाषायी विद्वेष के अनेक कारण मध्यवर्ग के वर्गीय स्वार्थ से जुड़े थे। पर इन लोगों में से किसी ने भी यह नहीं सोचा कि दरबारी संरक्षण में पल रही फारसी के वर्चस्व के बरक्स एक जन-बोली को साहित्यिक रूप में प्रतिष्ठित करने की जद्दोजहद की कितनी अहमियत थी। चूँकि 1857 से 1860 के बीच आज़ादी की जंग के दौर में जो जन-एकता और गोलबंदी की थी, उसे ध्वस्त करना अंग्रेजी राज के एजेंडे पर महत्वपूर्ण कार्यभार था। अतः अंग्रेजों की प्रेरणा से ही यह तमाशा खड़ा किया गया। लेकिन इसके बावजूद सारे हिंदुस्तान में आज़ादी की लंबी लड़ाई के दौर में हिंदुस्तानी की ही बात की जाती रही, उर्दू के प्रति घृणा की प्रवृत्ति की निंदा की गयी और सांप्रदायिक एकजुटता कायम कर धर्मनिरपेक्ष राष्ट्र-राज्य की परिकल्पना पल्लवित की गयी। उस जमाने में भी शिवप्रसाद सितारेहिंद, अल्ताफ हुसैन हाली, सौदा, ज़ौक, अज़ीमुल्ला खाँ ने सांप्रदायिक रुख अख्तियार करना राष्ट्र के लिए घातक समझा। उसी परंपरा को प्रेमचंद और सुदर्शन ने अपने उत्कर्ष पर पहुँचाया। 1934 में बनारसी दास चतुर्वेदी से उपर्युक्त विवाद के संदर्भ में ही प्रेमचंद ने एक खत लिखा था, जिसमें कहा था कि जिस दिन उर्दू, फारसी तथा अरबी की सांस्कृतिक परंपरा से हिंदी वंचित हो जायेगी, उस दिन से हिंदी दरिद्र हो जायेगी।

इन सब विकलांगताओं, सीमाओं, भ्रांतियों और वर्गीय पूर्वाग्रहों के बावजूद भारतेंदु मंडल की रचनाशीलता में क्रमशः यथार्थ के आग्रह के कारण देशभक्ति की भावना प्रबल होती गयी, अंग्रेजी राज के प्रति भक्ति दिनोंदिन घटती गयी और भारत दुर्दशा का गहरा बोध अधिकांश रचनाओं से नया रुख ग्रहण कर करवटें बदलने लगा। विक्टोरिया राज के प्रति आशावादी सपनों के चकनाचूर होने में भारतेंदु को तो महज तीन साल लगे। 1872 के उल्लिखित दृष्टिकोण के ठीक प्रतिलोम के रूप में 1875 में भारतेंदु ने *'भारत दुर्दशा'* नाटक लिखा, जो आज भी क्लासिकल महत्व की रचना

प्रतीत होती है। यह छह अंकों में विभाजित छोटा-सा नाटक है। प्रत्यक्ष ब्रिटिश को कल्याणकारी देवता के रूप में पूजने वाले लोगों को मुल्क की हकीकत बताने के उद्देश्य से इसमें अनेक ऐसे दृश्य रचे गए हैं जो अंग्रेजी राज के वास्तविक चरित्र को बेपर्द करते हैं। इस नाटक का 'भारत दुर्देव' देवता नहीं बल्कि राक्षस है : वस्तुतः अंग्रेजी राज का रूपक और खलनायक है। संपूर्ण नाटक में उसके तमाम अनुचर-फौजी, सूबेदार, रोग, अधिकार, मदिरा, आलस्य, सत्यानाशी फौजदार, निर्लज्जता आदि ऐसे पात्र एवं चरित्र हैं जो राक्षसी अंग्रेजी राज की सेवा करने के क्रम में भारत में तबाही मचा रहे हैं। फौजी छावनी से प्रकट होकर भारत दुर्देव आता है और मंच पर अपनी कैफियत बयान करता है—

"अरे!
उपजा ईश्वर कोप से और आया भारत बीच।
छार ख़ार सब हिंद करूँ मैं, तो उत्तम, नहिं नीच।
मुझे तुम सहज न जानो जी, मुझे इक राक्षस मानो जी।
कौड़ी-कौड़ी को करूँ मैं सबको मुँहताज।
भूखे प्रान निकालूँ इनका, तो मैं सच्चा राज।
काल भी लाऊँ महँगी लाऊँ और बुलाऊँ रोग।
पानी उलटा कर बरसाऊँ, छाऊँ जग में सोग
फूट-बैर और कलह बुलाऊँ, ल्याऊँ सुस्ती जोर।
घर-घर में आलस फैलाऊँ, छाऊँ दुख घनघोर।
काफर काला नीच पुकारूँ, तोड़ूँ पैर और हाथ
है इनका संतोष खुशामद, कायरता भी साथ।
मरी बुलाऊँ, देस उजाड़ूँ, महँगा करके अन्न।
सबके ऊपर टिकस लगाऊँ, धन है मुझको धन्न।
तुम मुझको सहज न जानो जी, मुझे इक राक्षस मानो जी।"

अंग्रेजी राज के खूँखार चेहरे को बेपर्द करने वाला यथार्थबोध तो यहाँ मिलता है किंतु मुस्लिम शासन और अंग्रेजी राज को एक ही पलड़े पर रखने वाली असंगत सांप्रदायिकता की दृष्टि से भारतेंदु का पीछा नहीं छूटता। सर्वसमावेशी नागरिक भावना से लैस राष्ट्रीयता के तहत अतीत की गौरवगाथा में कहीं भी शक, हूण, तुर्क, मुगल, पठान जनगण बग़ावत के शहीदों और शासकों के नाम नहीं है। यहाँ तक कि शेरशाह, अकबर, बहादुरशाह ज़फ़र तक को याद नहीं किया गया है। भारतीय इतिहास के प्रति यह हिंदूवादी औपनिवेशिक दृष्टि उस युग के हिंदी रचनाकारों की सबसे बड़ी दुर्बलता है। इसके बावजूद अंग्रेजी राज के दमनकारी-उत्पीड़नकारी बर्बर चरित्र का अंकन करने में भारतेंदु अपने युग का यथार्थ

अंकित करने में तिल-भर भी कोताही नहीं बरतते। भारतेंदु ने एक स्तोत्र में अंग्रेजी राज का नखशिख वर्णन इस प्रकार किया है–

"हे अंग्रेज! चुंगी और पुलिस तुम्हारी दोनों भुजा हैं,
अमले तुम्हारे नख हैं, अँधेरे तुम्हारा पृष्ठ हैं और
आमदनी तुम्हारा हृदय है, अतएव हे अंग्रेज!
हम तुमको प्रणाम करते हैं। खजाना तुम्हारा पेट है,
लालच तुम्हारी क्षुधा है, सेना तुम्हारा चरण है,
खिताब तुम्हारा प्रसाद है, अतएव हे विराट रूप
अंग्रेज! हम तुमको प्रणाम करते हैं।"

राधाचरण गोस्वामी की एक रचना फाग पर है। इसमें भारत के दैन्य और जन-साधारण की दुखदायी यातना को लोकछंद में प्रस्तुत किया गया है–

"डफ बाज्यो भरत भिखारी को।
केसर रंग गुलाल भूलि गयो
कोऊ पूछत नहिं पिचकारी को।
बिन धन्न अन्न लोग सब व्याकुल
भई कठिन विपत नर नारी का।
चहुँ दिसि काल पड़्यो भारत में
भय उपज्यो महामारी को।"

अपने जमाने की हकीकत का इतना ही तीखा बोध प्रेमघन की कविताओं में भी है, जो अंग्रेजों और सामंतों के अमलों-कारिंदों की हूबहू तस्वीर अंकित करते हुए कहते हैं कि वे मिर्जई पहन और चश्मा लगाकर मसनद की नाई प्रजा पर टेक लगाए हैं। बदरी नारायण चौधरी प्रेमधन का *'जीर्ण जनपद'* नामक प्रबंध काव्य ऐसी तस्वीरों का अलबम है। भारतेंदु ने इस परंपरा में अमीर खुसरों के जमाने से चली आ रही मुकरियों और पहेलियों के छंदरूप अपनाकर यथार्थवादी रचनाशीलता की नयी दिशा की ओर संकेत किया–

रूप दिखावत सरबस लूटै।
फंदे में जो पड़े न छूटै।।
कपट कटारी जिय में हुलिस।
क्यों सखि सज्जन, नहिं पुलिस।
नयी नयी नित तान सुनावे।
अपने जाल में जगत फँसावै।।
नित नित हमें करै बल सून।
क्यों सखि सज्जन, नहिं कानून।।

भीतर भीतर सब रस चूसै।
हँसि हँसि के तन मन धन मूसै।।
जाहिर बातन में अति तेज।
क्यों सखि सज्जन, नहिं अंगरेज।।

हिंदी के साहित्यिक इतिहास-ग्रंथों में भारतेंदु-मंडल के रचनाकर्मियों के योगदान को ऐतिहासिक प्रक्रिया की एक विशिष्ट सांस्कृतिक प्रवृत्ति के रूप में देखने, उस दौर के वर्गीय समाज के भिन्न-भिन्न तबकों की वैचारिक दृष्टियों पर द्वंद्वात्मक तरीके से विचार करने की परंपरा अभी तक नहीं बन पायी है। यह भी नहीं देखा गया कि भारतेंदु-मंडल के अधिकांश रचनाकार तत्कालीन वर्गीय संरचना में किस वर्ग के साथ हैं और रचनाकर्मियों के नाते भारत दुर्दशा तथा अंग्रेजी राज के उत्पीड़न को लेकर उनके अंतर्द्वंद्व (दुचित्तपन) सृजन कार्य को किस हद तक अनुकूलित करते हैं। फ्रांसीसी इतिहासकार मार्क ब्लाक के शब्दों में कहें तो यह स्पष्ट हो जायेगा कि बगावत के दौर की घटनाएँ "एक ही वक्र पर उपस्थित" नहीं है। जो लोग इस बात के प्रति अतार्किक रवैया अख्तियार करते हैं, उनमें एक ध्रुव पर वे हैं जो भारतेंदु मंडल का महिमामंडन करते हैं और दूसरे ध्रुव पर वे हैं जो उस युग के संपूर्ण साहित्य को एक सिरे से खारिज कर देते हैं। दूसरे प्रकार के अतिवाद के कारण ही महेशनारायण की कविता 'स्वप्न' (1881) पर कभी ध्यान नहीं दिया। यह 1857 की जंगे आज़ादी के संदर्भ में एक फैंटेसी है तथा अपने भावबोध और शिल्प में कहीं भी मध्यकालीन रुझानों से समझौता नहीं करती और न औपनिवेशिक सत्ता के विरुद्ध संघर्ष के प्रश्न से विमुखता प्रगट करती है।

इस पृष्ठभूमि में कुछ नये प्रश्नों पर विचार करना आवश्यक है; और वे प्रश्न भारतेंदुयुगीन नाट्य लेखन, रंगकर्म के नये प्रयास, लोकगीतों और लोकगाथाओं में जनक्रांति की अनुगूँज तथा भारत की एक आधुनिक लोकतांत्रिक परियोजना की संकल्पना से संबंधित संदर्भों में ही विवेच्य हो सकते हैं।

साहित्य-रचना की वाचिक परंपरा से मुद्रित साहित्य के प्रकाशन के युग में प्रवेश के फौरन बाद अनेक तात्कालिक सकारात्मक और नकारात्मक नतीजे बड़ी तेजी से सामने आने लगे। पहली महत्वपूर्ण बात तो यह थी कि सामने उपस्थित श्रोतासमूह को संबोधित करने के लिए रचे गये साहित्य के लिए जहाँ लेखक की रचना-प्रक्रिया में श्रोतासमूह की ग्रहणशक्ति, उसके संज्ञान के स्तर, उसकी सामाजिक अवस्था, उसकी संवेदना में मंथन उत्पन्न करने वाली कलात्मक पूर्वशर्तें जरूरी थीं, वैसी शर्तें अब धीरे-धीरे अनावश्यक होती गयीं। चूँकि कोई भी रचना अकेले-अकले पढ़ी जा सकती थी, अतः अमूर्त पाठक समुदाय को संबोधित रचना मूलतः औपनिवेशिक काल में उभर रहे शिक्षित पेशेवर मध्यवर्ग के लिए लिखी जाने लगी।

लोकस्मृति में झंझावत उत्पन्न करने वाली जंगे आज़ादी की घटनाओं और विदेशी आततायी शासन से मुक्ति की कामनाओं के बीच रिश्ता कायम कर यथार्थ के प्रति आलोचनात्मक दृष्टि का विकास बहुत ही धीमी गति से हुआ; जबकि उस दौर में ही अर्थात 1857 के बाद से ही फिरंगी शासन के खिलाफ जंगी मुहिम छेड़ने वाले बहादुर सिपाहियों, किसानों, बुनकरों, कुछ रणबाँकुरे नरेशों, रानियों और बग़ावत में हिस्सा लेने वाली उच्च और निम्न जातियों की स्त्रियों से संबंधित हज़ारों लोकगीत प्रचलित हो चुके थे। भारतेंदु-मंडल के रचनाकार इन लोकगीतों की मर्मस्पर्शी भावनाओं और राष्ट्रीय मुक्ति की विकासमान अभिलाषाओं से अपरिचित हों, ऐसा तो संभव ही न था। भारतेंदु मंडल के तथा उस दौर के प्रायः सभी रचनाकार अवध, बुंदेलखण्ड, भोजपुर आदि जनपदीय अंचलों से आते थे, जहाँ से बाग़ी सिपाहियों, किसानों, बुनकरों, दस्तकारों के साथ मिलकर लड़े गये उपनिवेशविरोधी जनयुद्ध की स्मृति में झाँसी की रानी लक्ष्मीबाई, बेगम हज़रत महल, राणा बेनीमाधव सिंह, कुँवर सिंह आदि की शहादत से संबंधित लोकगीत आज भी गाये जाते हैं। सांस्कृतिक इतिहास की दृष्टि से इस विडंबना का सारतत्त्व क्या है? **मुद्रित साहित्यिक परंपरा लोकजीवन से कटती गयी और उसके समानांतर पहले से चली आती हुई वाचिक परंपरा ही जनसाधारण का कंठहार बन गयी।**

इस बेगानेपन को तोड़ने के प्रयास, साहित्य को लोकधर्मी बनाने की दिशा में नयी पहल, खासकर ग्रामगीत के विरसे से लोकछंद और बोली-बानी को आत्मसात कर नयी रचनाशीलता का आह्वान—ये सारे तत्त्व 1877-78 के बाद भारतेंदु-युग के साहित्य में स्पष्ट रूप से दिखायी पड़ने लगते हैं। मुद्रित साहित्यिक परंपरा के सूत्रपात का सकारात्मक परिणाम यह हुआ कि साहित्य अब राजदरबार का आश्रित नहीं रह गया, शिक्षित समाज के माध्यम से जनजीवन के आश्रय में उसके जाने का मार्ग मुद्रण टेक्नॉलाजी ने उपलब्ध करा दिया। अब हस्तलिखित पोथियों या सीमित श्रोतासमूह के बजाय एक बड़े दायरे में मुद्रण की वजह से साहित्य का प्रसार हुआ। टेक्नॉलाजी की वजह से यह गुणात्मक परिवर्तन अवश्यंभावी था। यह एक तरह से साहित्य का लोकतत्रीकरण ही था।

रीतिकाल की दरबारी संस्कृति से भिन्न लोकप्रिय ढंग का साहित्य लिखने की अंतःप्रेरणाओं ने सारे रचनाकारों को 'नाटक और रंगमंच' को अपनाने के लिए विवश कर दिया। प्रायः प्रत्येक कवि ने नाटक लिखे हैं और उनमें लोकधुनों या हिंदी-उर्दू भाषी जनसमुदाय में सदियों से प्रचलित छंदों के साँचे में ढले हुए गीत भी नाट्य लेखन का अभिन्न अंग बन गये। अनेक रचनाकारों ने रंगकर्मियों की टोलियाँ बनाईं और लगातार बनारस, इलाहाबाद, कानपुर, झाँसी, आरा, छपरा, पटना,

कलकत्ता में नाटकों का रंगमंचीय प्रस्तुतीकरण भी किया। अशिक्षित जनता तक पहुँचने के लिए नाट्य-लेखन और रंगकर्म को बड़े पैमाने पर लेखकों और पत्रकारों ने ही प्रोत्साहित किया।

सृजनकर्म के केंद्र में इहलौकिक जनजीवन, राष्ट्रीय स्वत्व का बोध और सामाजिक-आर्थिक जीवन के पीड़ादायी अंतर्विरोध के प्रति प्रारंभिक ढंग की यथार्थवादी आलोचनात्मक दृष्टि के अभ्युदय से 1868 के बाद के भारतेंदुयुगीन साहित्य का युगांतकारी महत्व है। बग़ावत के शहीदों, अंग्रेजों की बर्बरता और राष्ट्रीय मुक्ति के आह्वान जैसे वैचारिक-राजनैतिक मुद्दों अथवा उर्दू-विरोध-मुस्लिम-विरोध की संकीर्णताओं की कसौटी पर भारतेंदु युगीन साहित्य की जो कमजोरियाँ हैं, वे तत्कालीन शिक्षित मध्यवर्ग की सीमाएँ और दुर्बलताएँ हैं, कुछ प्रमुख रचनाकारों की व्यक्तिगत विलक्षणताएँ नहीं हैं। उस युग की वर्गीय संरचना में एक ओर जहाँ उपनिवेशवाद के तहत लूट-खसोट पर आधारित औपनिवेशिक पूँजीवाद का प्रसार हो रहा था, वहीं दूसरी ओर देशी सौदागरी पूँजी भी ईस्ट इंडिया कंपनी और ब्रिटिश राज के हितों के मातहत होकर उनकी कृपा पर निर्भर करती थी। इसके साथ ही 565 रियासतों और अनगिनत सामंतों-जमींदारों और महाजनों में नब्बे प्रतिशत अंग्रेजी राज के स्तंभ बने हुए थे तथा जनता के दोहरे शोषण का औजार भी। इस पृष्ठभूमि में देखने से ही यह स्पष्ट होता है कि पहली जंगे आज़ादी का अभियान क्यों पराजित हुआ और अब 1860 के बाद तो पूरे देश में भयावह दमन का दौर चल रहा था—फौज, पुलिस, नये-नये कानून, गाँव के गाँव जलाये जाने, हजारों लोगों को पेड़ों पर लटका कर फाँसी देने, अखबारों के मुँह बंद करने के हुक्मनामे। दमन की इस भीषणता के बीच नित-नित टैक्सों में बढ़ोत्तरी , घूसखोरी, अकाल, महामारी, जेल और कालेपानी की सज़ा। इसके अलावा गाँवों-कस्बों में प्रदर्शित किये जाने वाले लोकनाट्य, भगत और स्वाँग पर भी ब्रिटिश 'परफारमेंश एक्ट' लागू कर पाबंदी लगा दी गयी।

पराजय के दौर में और अंग्रेजों की चौतरफा जीत के माहौल में रचनाकर्म का अनुकूलन एक आततायी शासन के तहत हो और रचनाकर्मी बोल न सकें, इस ऐतिहासिक सच्चाई के बरबस इक्कीसवीं सदी के मौजूदा राजनीतिक-सांस्कृतिक कार्यभारों की रोशनी में अतीत से अनैतिहासिक माँगें करना तर्कसंगत प्रतीत नहीं होता। इसीलिए भारतेंदुयुगीन हिंदी साहित्य हो या 1860 के बाद के संपूर्ण हिंदी-उर्दू साहित्य के प्रति नकारवादी, खारिज करने वाला रुख अख्तियार करना, असंगत प्रतीत होता है। यह अनिवार्य है कि हम उन कमजोरियों और संकीर्णताओं पर पर्दा डालकर उस युग के साहित्य का महिमामंडन न करें बल्कि आलोचनात्मक परीक्षण की प्रक्रिया में ठीक ढंग से उसका पुनर्पाठ करें। यह भी संभव नहीं है कि

एक को नायक बनाएँ और गौण प्रश्नों पर थोड़ा-बहुत भिन्न रुख रखने वालों को खलनायक बना दें। किसी एक को फरिश्ता और दूसरे को शैतान बताना वस्तुपरक विवेचना नहीं हो सकती। यह तो नायकोन्मुख और व्यक्तिवादी इतिहास-दृष्टि मात्र है। इसके बजाय हम इस वास्तविकता को भी समझें कि उन्नीसवीं सदी के उत्तरार्द्ध के लेखक, बुद्धिजीवी, पत्रकार, शिक्षक, अंग्रेजी राज की सेवा करने वाले क्लर्क से लेकर अफसर तक—यहाँ तक कि सौदागरी पूँजी के धंधे में लगे दुकानदार-व्यापारी भी मध्यकालीन बोध, सामंती विचारधारा से, धार्मिक-सामाजिक रूढ़िवाद से निर्णायक विच्छेद कर आधुनिक लोकतांत्रिक जीवन मूल्यों के पक्षधर बनने की प्रक्रिया में भयंकर द्वंद और दुविधा की मनोग्रंथि से पीड़ित थे। अपने ही संस्कारों से लड़ने वाले आत्मसंघर्ष की प्रक्रिया बहुत ही धीमी थी और उसकी विलक्षणताएँ शेषांश रूप में उन्नीसवीं सदी के संपूर्ण हिंदी-उर्दू साहित्य की रचना-प्रक्रिया में ही अंतर्भूत है।

इन सीमाओं के बावजूद भारतेंदु तथा उनके समकालीनों को यह स्पष्ट बोध था कि हिंदुस्तान की दस्तकारी और बुनकरों के हाथ से बने कपड़े का उद्योग खत्म कर दिया गया है, ताकि लंकाशायर और मेनचेस्टर में स्थापित बड़ी-बड़ी सूती मिलों का माल भारत के बाजार में बेचा जा सके। भारतेंदु ने हिंदी की उन्नति पर एक पद्यबद्ध व्याख्यान दिया था जिसे *'हिंदी प्रदीप'* के जून 1877 के अंक में प्रकाशित किया गया था। इस कविता में उद्योग धंधों, विज्ञान, टेक्नॉलाजी आदि के विकास की आवश्यकता बतलाते हुए भारतेंदु ने हिंदुस्तान के लोगों की विवशता अथवा पराध ीनता को रेखांकित किया था—

"बिना पढ़े अब या समै चलै न कोउ विधि काज।
दिन दिन छीजत जात है या सों आर्य समाज।
कल के कल बल छलन सों छले इते के लोग।
नित नित धन सों घटत हैं बाढ़त है दुख सोग।।
मारकौन मलमल बिना चलत कछु नहिं काम।
परदेसी जुल्हान के मानहु भए गुलाम।।
वस्त्र काँच कागज कलम चित्र खिलौने आदि।
...आवत सब परदेस सों नितहि जहाजनि लादि।।
परदेसी की बुद्धि अरु वस्तुन की करि आस।"

आर्थिक दृष्टि से भारत की पराधीनता के दंश को भारतेंदु महसूस करते हैं। बार-बार अपनी कविताओं, भाषणों और लेखों में भारतवासियों में एकता और मेल-मिलाप की जरूरत बताते हैं, ताकि भारत की उन्नति हो। पर सदैव आर्य

जाति की दुर्दशा का ही उल्लेख करते हैं। यह स्थिति सिर्फ भारतेंदु की ही नहीं है, प्रतापनारायण मिश्र, राधाचरण, गोस्वामी तथा अन्य तत्कालीन लेखकों की भी है। भारतेंदु के 1884 वाले बलिया भाषण को अक्सर उनकी देशभक्ति तथा राष्ट्रीयता का प्रमाण प्रस्तुत करने के लिए उल्लिखित किया जाता है, उसमें भी अंग्रेज राज की अधीनता में ही यानी औपनिवेशिक चौखटे में ही वैज्ञानिक और टेकनोलॉजीकल दृष्टि से भारत के औद्योगीकरण अथवा उद्यमशीलता के लक्ष्य की पूर्ति के लिए आह्वान किया गया है। *'प्रताप लहरी'* में प्रतापनारायण मिश्र एक कविता में महारानी विक्टोरिया की दयालुता की प्रशंसा कर भारत के दुर्भाग्य को मिटाने की प्रार्थना करते हैं। ब्रिटिश प्रिंस युवराज कुमार के स्वागत में प्रतापनारायण मिश्र ने एक लंबी कविता लिखी, जिसमें 'प्रजावर्ग की विपत्ति' के निवारण का आग्रह किया गया है, ताकि "राज तिहारो अचल चंद्र सूरज लजि रै हैं।"

1857 की हिंदू-मुस्लिम-सिख एकता पर आधारित जनसंग्राम से सीख ग्रहण न करने के कारण भारतेंदुयुगीन राष्ट्रवाद की वह सीमा रेखांकित की जा सकती है। यह हिन्दुओं के अधिकारों और उनकी उन्नति की कामना का राष्ट्रवाद है, जिसमें अन्य धार्मिक समुदायों के लिए समान नागरिकता का कहीं उल्लेख तक नहीं है। इसके साथ ही इसमें फिरंगी शासन को उखाड़ फेंकने, राष्ट्रीय स्वाधीनता हासिल करने के लिए जनसंग्राम का आह्वान करना तो दूर, सर्वसमावेशी (इन्क्लूसिव) राष्ट्रीय चेतना के जागरण की कहीं कोई गुंजाइश तक प्रतीत नहीं होती। चौतरफा ब्रिटिश दमन के कारण आधुनिक ढंग के राष्ट्रीय स्वत्व के बोध में सर्वसमावेशी राष्ट्रवाद की संभावना हो सकती थी, पर मुसलमानों के प्रति और उर्दू के प्रति दृष्टिकोण के कारण भारतेंदुयुगीन लेखकों ने स्वयं ही अपनी सीमा बना रखी थी।

समाज सुधार, धर्म सुधार, पाखंड और धार्मिक रूढ़िवाद के प्रति भारतेंदु-युग के लेखकों की सजगता कुल मिलाकर एक महत्त्वपूर्ण सकारात्मक तत्व है। परंतु उस युग के वर्गीय अंतर्विरोध के मुख्य प्रश्न पर साम्राज्यवाद या उपनिवेशवाद के विरुद्ध संपूर्ण भारत के सभी धार्मिक और भाषायी समुदायों के एकजुट जनसंग्राम के लक्षण उस दौर के साहित्य में कहीं नहीं मिलते। यहाँ तक कि 1857 की बग़ावत में जिस व्यापक पैमाने पर हिंदू-मुस्लिम एकता कायम हुई थी, उस विरसे को और भी आगे ले जाकर पल्लवित करने की कहीं कोई भावना तक नहीं है।

एक महान जन-क्रांति के मूलभूत वैचारिक और राजनीतिक सारतत्व को मिटाने के लिहाज से अंग्रेजों की कूटनीति का प्रत्यक्ष -अप्रत्यक्ष अनुमोदन कुछ अपवादों को छोड़कर संपूर्ण शिक्षित मध्यवर्ग और व्यापारी समुदाय की ओर से होता है—और भारतेंदु युग के अधिकांश लेखक इसमें योगदान ही करते हैं।

1857 के बाद-लगभग 1870-75 आते-आते अंग्रेजी राज की मुकम्मल जीत से पैदा हुए माहौल को उर्दू साहित्य के संदर्भ में मुहम्मद हसन ने *'नयापथ'* के 1857 पर मई 2007 के विशेषांक में प्रकाशित एक विस्तृत आलेख के माध्यम से बहुत बारीकी से स्पष्ट किया है। उनसे बहुत पहले जाँ निसार अख़्तर ने *'हिंदुस्तान हमारा'* नामक एक उर्दू काव्य-संकलन में 1857 से 1865 के बीच के दौर के शायरों की ग़ज़लें और नज़्में दी हैं, जिनसे राष्ट्रीय जनसंग्राम और उस दौर में अंग्रेजों द्वारा ढाई गयी बर्बरता की पूरी तस्वीर मिलती है। पर यही हालात बाद में नहीं रह गए, जब पूरी तरह जंगे आज़ादी की तहरीक को शिकस्त का सामना करना पड़ा। उस बदले हुए दौर के बारे में उनकी मान्यता है—

"दरबार और अदीब के रिश्ते का ख़ात्मा एक नयी फ़िज़ा का पेशखेमा था। आरजी तौर पर रामपुर, मंगलोर और हैदराबाद की रियासतों ने शायरों की दस्तगीरी की। लेकिन शायरों की जगह दरबारों के हाथ में न थी। अब अदब की बागडोर मिडिल क्लास में आ गयी थी जो नौकरीपेशा और इस नये निज़ाम में किसी-न-किसी तरह अपने लिए मौज़ूँ जगह पाने में कामयाब हो गया था। इसी सोते से शायरी की नयी आवाज़ें दाखिल हुई हैं और मग़रिबी अदबियत का असर नुमायाँ हुआ है। हाली, शिबली, सर सैय्यद अहमद, आज़ाद, नज़ीर अहमद, ज़का उल्लाह-सब के सब ऐसे लोग थे जो दरबार से ताल्लुक न रखते थे और न दरबारी तौर-तरीकों को सीने से लगाये रखने पर आमादा थे।

तहज़ीब के निज़ाम की यह तब्दीली आहिस्ता-आहिस्ता और भी नुमायाँ होने लगी। अब तालीम व सनअत पर ज़ोर दिया जाने लगा और जागीरदार घरानों में भी नौकरी और नयी तालीम के चर्चे होने लगे।"

...

"1857 के बाद के दौर में मज़हब की ये मरक़जी हैसियत हो गयी और इसके साथ दूसरे तमाम इल्म और फ़न एक जुदागाना हैसियत से देखे जाने लगे।"

हिंदी में भी थोड़े-बहुत छोटे-मोटे फर्क़ के साथ यही सियासी और सामंती हालात थे। अब हिंदी-उर्दू में ही नहीं, अन्य भारतीय भाषाओं में भी 'ज़िंदगी के नये दौर' का आरंभ हुआ। इस नये दौर की अपनी उपलब्धियाँ और असंगतियाँ हैं—ज़िंदगी के हकीकत के अनेक पहलू रचनाशीलता के केंद्र में दाखिल हुए और आलोचनात्मक यथार्थ का पूरा ही एक नया सृजनात्मक युग अपने पंख पसारने लगा। लेकिन लंबे समय तक ऐसी राष्ट्रीयता की कल्पना की जाती रही जिसमें आर्यों, हिंदुओं का उत्थान हो। हिंदू-मुस्लिम एकता की जो मिसाल बग़ावत के दौर में कायम हुई, उसे ध्वस्त करते हुए लगभग 20-25 वर्षों तक जो उपन्यास लिखे

गये, उनमें मुस्लिम पात्रों को नीच, दुराचारी, धोख़ेबाज़, चरित्रहीन और शोहदे के रूप में दिखाया गया है। उस जमाने में उभर रहे प्रतिभाशाली इतिहासकार काशीप्रसाद जायसवाल ने जनवरी 1889 के *'हिंदी प्रदीप'* में इस प्रवृत्ति की खुलकर भर्त्सना की। उन्होंने अधिकांश उपन्यास पढ़ रखे थे, इसलिए विश्वासपूर्वक उन्होंने ये टिप्पणी की–

"संप्रति हिंदी में उपन्यासों की बड़ी भरती देख पड़ती है। इनमें से अधिकांश बंग भाषा के अनुवाद हैं। हिंदी में मूल उपन्यासों की गणना बहुत थोड़ी है बल्कि यों कहा जाये कि मूल उपन्यास का अभाव है तो फब सकता है। इन अनुवादित उपन्यासों में भी कुछ ऐसे घिनौने हैं कि उनका गंगाजी में प्रवाह कर देना ही प्रेय है। केवल नागरी अक्षरों में कोई उपन्यास (या कोई पुस्तक) लिखे जाने से 'हिंदी उपन्यास' या 'हिंदी पुस्तक' नहीं कहा जा सकता। एकाध हिंदी उपन्यास लेखक विद्वान रेनाल्ड्स साहब की बराबरी करना चाहते हैं और उन्हीं पुस्तकों से खींच-खींच चोरी-चकारी कर बड़े-बड़े पोथे रंग डालते हैं।" इसके बाद के अनुच्छेदों में बंग भाषा से अनुवादित उपन्यासों के दुर्भावनायुक्त रोग का लाक्षणिक हवाला देकर कहते हैं, "इन उपन्यासों में एक सामान्य दोष है और उसी दोष के लिए हमारा उलाहना भी है। वह महादोष यह है, मुसलमानों के चरित्र का ऐसा चित्र खींचना कि जिससे यह भाव आने लगे कि संसार भर की मनुष्य जाति में सबसे नीच, दुष्ट, मायाचारी, विश्वासघातक ये ही होते हैं। सभी अवगुण और पापों के मुसलमान अवतार है।"

यह प्रवृत्ति किशोरीलाल गोस्वामी के प्रायः सभी उपन्यासों में हावी है। मुसलमान चरित्रों के प्रतिलोम के रूप में और आदर्श पात्रों के रूप में हिंदू रमणियों और पुरुषों को दिखाने का सिलसिला प्रायः 1900 ई. तक जारी रहा। ऐतिहासिक रोमांस की कोटि में गिने जाने वाले उपन्यासों के संदर्भों में ऐसा ही विशिष्ट लक्षण प्रायः दिखायी देता है–सांप्रदायिक भेदभाव की मनोवृत्ति से भरपूर। ब्रिटिश साम्राज्यवाद के विरुद्ध राष्ट्रीय मुक्ति संघर्ष के रास्ते में हिंदू मुस्लिम और सिख सांप्रदायिकता ने आगे चलकर राष्ट्रीय स्वयंसेवक संघ, हिंदू महासभा, जमायते इस्लामी, मुस्लिम लीग, खालिस्तानलैंड आदि का संगठनात्मक रूप ग्रहण कर लिया जो आज भी भारत के स्वाधीन, लोकतांत्रिक और सर्वसमावेशी राष्ट्र-राज्य के आगे चुनौती के रूप में दरपेश हैं, साथ ही हिंदी-उर्दू के सृजनात्मक साहित्य में आज पुराने ढंग के संकीर्णतावाद के विरुद्ध निर्णायक संघर्ष की एक जबर्दस्त चुनौती भी है।

इतिहास की इस नयी मंज़िल पर अंतर्राष्ट्रीय वित्तीय पूँजी, बड़े पूँजीपति वर्ग और भूस्वामी वर्ग के विरुद्ध संघर्ष की राजनीतिक और वर्गीय आवश्यकताएँ 1857 की जनक्रांति से अनेक पहलुओं पर बहुत-कुछ ग्रहण कर सकती है। ईस्ट इंडिया जैसी

बहुराष्ट्रीय कम्पनी ने व्यापार करने के बहाने हिंदुस्तान में घुसकर जितना दोहन-शोषण किया और भारत को पराधीन गुलाम राष्ट्र के रूप में तब्दील कर दिया, वैसा ही खतरा आज देशोत्तर पूँजी की कंपनियों, बहुराष्ट्रीय कम्पनियों और अमरीकी साम्राज्यवाद से है।

यह आश्चर्यजनक प्रतीत होता है कि 1857 की बग़ावत से संबंधित अरबी, फारसी, अंग्रेजी, उर्दू, हिंदी तथा अन्य भारतीय भाषाओं की अप्रकाशित पुस्तकों की फाइलों, सरकारी रपटों और ब्रिटिश फौजी मुख्यालय में दर्ज रिकार्ड का पूरा लाभ उठाये बगैर बग़ावत की दास्तान के सारांश से ही 1957 के शताब्दी वर्ष तक काम चलाया जाता रहा। इसीलिए मुगल बादशाहत के दौर में वेश्याओं और तवाइफों की जीवनचर्या में फर्क को अंकित नहीं किया गया, जिसके बारे में अजीजुनबाई को केंद्र में रखकर त्रिपुरारि शर्मा ने नाटक लिखा। *'इकॉनोमिक एंड पॉलिटिकल वीकली'* (10-16 मई, 2007) के 1857 के विशेषांक में अभी पिछले दिनों ही लता सिंह ने तवाइफों की भूमिका का बहुत ही अच्छा विश्लेषण प्रस्तुत किया है।

यह उल्लेखनीय है कि तवाइफों का पेशा मूलतः नृत्य और गायन था। यह परंपरा चित्रलेखा और आम्रपाली के काल से नगरवधू के रूप में चली आ रही थी, जिसे मुगल बादशाहों, रियासतों के नरेशों-नवाबों तथा उच्च वर्ग से संरक्षण प्राप्त था। कानपुर में एक ऐसी ही तवाइफ थी, जिसका प्रेम संबंध एक फौजी सूबेदार से था। उस बागी सूबेदार को गोलियों से अंग्रेजों ने भून दिया, उसके बाद अजीजुनबाई ने औरतों की एक फौज का गठन किया और उस फौज के कमांडर के रूप में उसने बेगम हज़रत महल और तात्या टोपे के साथ आजादी की पहली जंग में पूरे संकल्प के साथ हिस्सा लिया। दिल्ली, लखनऊ, बरेली, झाँसी आदि में भी तवाइफों ने यही भूमिका निभायी थी। तवाइफें सिर्फ गायिका और नर्तकी का कलाकर्म करती थीं, उनमें से कुछ ऐसी भी थीं जो शायरों की शायरी को अपने गायन के द्वारा लोकप्रिय बना देती थीं। कुछ ऐसी भी थीं जो खुद ही शायर थीं। इन तथ्यों की पुष्टि महेश्वर की पुस्तक *'दिल्ली जो एक शहर था'* से भी होता है। इसी तरह बग़ावत के दौर में दलितो और निम्न जातियों की सक्रिय हिस्सेदारी और शहादतों पर बदरीनारायण की 'सेज' प्रकाशन से आयी पुस्तक में बल्लूराम मेहत्तर, उदय पासी, ऊदा देवी और झलकारी बाई पर ब्योरे के साथ प्रकाश डाला गया है।

अक्सर 1857 पर जिस ऐतिहासिक पहलू की व्याख्या प्रायः पृष्ठभूमि में ही रहने दी जाती है और उसे ठीक से विवेच्य नहीं समझा जाता है, उसे स्पष्ट रूप से रखना आवश्यक है। वह यह कि इतने बड़े जनसंग्राम के बावजूद हमें विफलता क्यों मिली? 1857 की जंगे आज़ादी की असफलता के प्रधान कारण क्या थे?

पहला कारण तो यह था कि बाग़ी फौजी और जनसंग्राम के नेतृत्वकारी नायक साम्राज्यवाद, ब्रिटिश औपनिवेशिक सत्ता और पूँजीवाद के चरित्र की कोई मुकम्मल समझ विकसित नहीं कर पाये। **दूसरा कारण** यह था कि वह एक युद्ध था, अतः युद्ध की निर्णायक कमान की सुसंचालित केंद्रीय प्रणाली के तहत तालमेल और विद्रोह के विभिन्न केंद्रों में अंतः संबंध क्रमशः विकसित होना था। वह विकसित होने के बजाय बिखराव और शिथिलता की चपेट में आ गया। **तीसरा बड़ा कारण** था, आधुनिकतम हथियारों से लैस अंग्रेज़ी फ़ौज को हथियारों की आपूर्ति लगातार होती रही, जबकि बाग़ी सिपाहियों और जनसंग्राम के अलग-अलग अग्रणी दस्तों के लिए आधुनिकतम हथियारों की आपूर्ति का कोई स्रोत ही न था। **चौथा कारण** था, अंग्रेज़ों के पास रेल-डाक-तार के मामले में एक आधुनिकतम संचार व्यवस्था थी, उसे नष्ट कर अपनी वैकल्पिक संचार व्यवस्था को बाग़ी फौज और जनसंग्राम के नायक व्यवस्थित तौर पर क़ायम नहीं कर पाये। इसलिए युद्ध के मैदान में सूचना के त्वरित प्रवाह की जो अजेय शक्ति अंग्रेजों के पास थी, उसके परिणामस्वरूप प्रत्येक युद्धकेंद्र में पहलकदमी ईस्ट इंडिया कंपनी की फ़ौज की कमान के हाथ में चली गयी। और **पाचवाँ** निर्णायक कारण था कि लगभग 565 रियासतों, राजे-रजवाड़ों और उनके साथ व्यापारियों में से 90 प्रतिशत अंग्रेज़ों के साथ थे और मुल्क के साथ खुली गद्दारी कर रहे थे। इसकी वजह से हर सूबे से रसद और कुमक की ज़रूरत के वक़्त अंग्रेज़ों की फ़ौजी शक्ति का पुनर्गठन सुसंचालित रूप लेता गया। **छठा कारण** था संपूर्ण भारत का–चाहे हिंदू हो या मुसलमान, चाहे हिंदी भाषी हो, उर्दू भाषी हो, या बांग्ला भाषी हो–अभ्युदयशील पेशेवर और शिक्षित मध्यवर्ग का बहुत बड़ा हिस्सा अंग्रेज़ों की विजय में ही अपना भविष्य और स्वार्थ देखता था लेकिन इसके साथ ही इस संपूर्ण शिक्षित समुदाय और रचनाकर्मियों की विवशता यह थी कि वे पूरे हिंदुस्तान की तबाही, दैन्य और ब्रिटिश बर्बरता का जगह-जगह हवाला अवश्य दें ताकि अपनी दुविधा और द्वंद की अभिव्यक्त कर सकें।

इस पृष्ठभूमि में यह समझना आवश्यक है कि बगावत के पूरे दौर में क्रांतिकारी विचारधारा में लोगों को दीक्षित करने वाला कोई केंद्र नहीं था। फ्रांसीसी क्रांति के जैकोबियन्स की तरह इस जनसंग्राम के वैचारिक समर्थन का कोई केंद्र न होने का परिणाम यह हुआ कि प्रचार-प्रसार और बहस में अधिकांश पेशेवर शिक्षित मध्यवर्गीय तबके इस संग्राम को कलंकित करने के ब्रिटिश प्रचार तंत्र के पुर्ज़े बन गये। इस पृष्ठभूमि में अगर हम आज भी जो बहसें हो रही हैं, उन्हें देखें तो हमारे आगे सारी वैचारिक अंतर्वस्तु सुस्पष्ट हो जाती है।

हिंदी-उर्दू में ही नहीं, संपूर्ण राष्ट्रीय स्तर पर कुछेक इतिहासकारों और कुछेक साहित्यिक चिंतकों के लिए हिंदुस्तान की यह बग़ावत मुग़ल बादशाह, नवाब,

जागीरदार, ताल्लुक़ेदार की लड़ाई थी जिसके जरिये वे अपनी गद्दी बचाना या वापस लौटाना चाहते थे। ऐसे इतिहासकारों और चिंतकों के लिए उत्तर-आधुनिकवाद और सब-आल्टर्न स्टडीज़ का तर्कशास्त्र एक आड़ है, जिसकी सहायता से वे अंतर्राष्ट्रीय वित्तीय पूँजी तथा भारत के पूँजीगत वर्ग और भूस्वामी वर्ग के गठबंधन वाली सत्ता के विरुद्ध एकजुट राष्ट्रीय संग्राम की ऐतिहासिक अनिवार्यताओं से अनजाने ही विमुखता पैदा करने के क्रम में बार-बार आज की रणभूमि के मुख्य शत्रु की पहचान धुंधली कर जातिवादी पार्टियों के पूँजीवादी-सामंती चरित्र को छुपे-छुपे समर्थन देते हैं। ये लोग इस नतीजे पर पहुँच चुके हैं कि बग़ावत में जो लड़े, शहीद हुए वे आध ुनिक भारत के अभ्युदय के स्वप्न के लिहाज़ से इतिहास के प्रतिगामी और पतनशील तत्त्व थे। ऐसे लेखक और बुद्धिजीवी मित्रों से निवेदन है कि सिर्फ़ ऊपर-ऊपर देखकर, परिघटना की सतह पर नज़र डालकर निर्णय देने से पहले सोचें कि क्या लगभग एक करोड़ लोग जो इस बग़ावत के दौर में शहीद हुए, सैकड़ों गांवों और कस्बों में अंग्रेज़ों की बर्बरता के बरक्स लड़ते-लड़ते करोड़ों लोग तबाह हुए—क्या वे सब के सब पुरानी जर्जर पतनशील सवर्णवादी सामंती सत्ता या निज़ाम को लौटा लाने वाले तत्त्व थे?

यह तथ्य लोगों के सामने स्पष्ट होना चाहिए कि इस बग़ावत को विजयी बनाने और फिरंगी शासन को ख़त्म करने में दस करोड़ से कहीं ज़्यादा खेतिहर आबादी की गहरी दिलचस्पी थी। उनके साथ-साथ प्लासी युद्ध के बाद अंग्रेज़ी राज में बेरोज़गार बना दिये गये और तमाम शहरों से भागे हुए बुनकरों, दस्तकारों, कारीगरों, दर्जियों, छोटे दुकानदारों की बेचैनी क्या किसी व्यापक असंतोष को सुलगा-धधका नहीं रही थी?

ऐतिहासिक अनिवार्यता के क्षण में, वैकल्पिक स्वदेशी और केंद्रीकृत व्यवस्था के रूप में वैधता प्राप्त करने के लिए अंतिम मुग़ल बादशाह को राष्ट्रीय स्वत्व के प्रतीक के रूप में चुना था। बग़ावत के दौर के तमाम तथ्य इस बात के गवाह हैं कि हुकूमत से लेकर जंगी मुहिम के हर मुक़ाम पर बाग़ी सिपाहियों के हाथ में ही कमान थी। एक फ़ौजी कमेटी थी जिसमें शहरियों के नुमाइदें भी लिये गये थे, उसी के फ़रमान चलते थे; बादशाह का उसमें कोई दख़ल न था। ये लोग भले ही दीन, ईमान और धर्म की रक्षा की बात करते हों पर यह कोई धर्मयुद्ध (क्रूसेड) न था। बग़ावत में शरीक़ लोगों की पहचान सिर्फ़ हिंदू, मुसलमान, ब्राह्मण, राजपूत, शूद्र या अंत्यज के रूप में ही एकमात्र निणायक पहचान न थी। मसलन जीविका अर्जित करने के लिहाज से ये लोग सिपाही, किसान, खेत मजदूर, बुनकर, दस्तकार, कारीगर, शिक्षक, पत्रकार, दुकानदार आदि के रूप में भी अपनी पहचान रखते थे। इन लोगों की सिर्फ़ एक धार्मिक पहचान या वर्णाश्रम व्यवस्था के तहत निर्धारित

विविध पहचानों से राष्ट्रीय मुक्ति की यह जन-संग्रामी प्रक्रिया निर्धारित नहीं होती थी। इतिहास व्यक्तियों या समुदायों की इच्छाओं से स्वतंत्र रहकर अपनी वस्तुगत प्रक्रिया से ही-आगे बढ़ता है, भले ही टेढ़े-मेढ़े रास्ते गुज़रता हो। बेलिन्स्को, चेर्निशेव्स्की जैसे क्रांतिकारी विचारकों के सहकर्मी निकोलाई दोब्रोल्यूबोव (1836-1861) ने ईस्ट इंडिया कम्पनी और ब्रिटिश राज के जुल्म के विरुद्ध 1857 की जनक्रांति को इतिहास की अनिवार्यता की संज्ञा दी है। इतिहास की यह अनिवार्यता जाति, धर्म, प्रदेश के उपखंडों में विभाजित कर देखी ही नहीं जा सकती।

बग़ावत के दौर को समझने के लिए यह जानना चाहिए कि शुरुआती दौर के अलग-अलग तबकों की इच्छाएँ, मनोकामनाएँ और पहचानें सामाजिक-राजनीतिक अनिवार्यताओं के साँचे में ढलने के लिए किस तरह पिघलनी शुरू होती है। संघर्ष की निर्णायक घड़ियों में एकजुटता की अनिवार्यता के दबाव में तथा अन्य कारणों से पुरातनपंथी चेतना से आच्छन्न अनावश्यक पहचानों के केंचुल उतर जाते हैं।

सेंसरशिप और ब्रिटिश परफ़ारमेंस एक्ट के बावजूद देहाती क्षेत्रों और क़स्बों में जो लोकनाट्य बग़ावत की हक़ीक़त से संबंधित थे, या जिस तरह की नौटंकियों, स्वांगों, भगतों आदि के द्वारा लोकजीवन में अंग्रेज़ी राज के विरुद्ध हलचल पैदा हो रही थी, उन पर ठीक ढंग से अभी तक काम ही नहीं हुआ है। मुद्रित हिंदी नाटकों में बर्बर अंग्रेज़ी राज के विरुद्ध संघर्ष के लिए सुदूर अतीत से मंगनी की भाषा में वेशभूषा, परिधान, विचार, अंतर्वस्तु और रणनाद लाकर मुख्य अंतर्विरोधों को पृष्ठभूमि में डाला जा रहा था। तत्कालीन नाट्य लेखन को ध्यान से देखने पर यह स्पष्ट हो जाता है कि अपने दौर के शहीदों और नायकों को गुमनामी के अंधेरे में डालकर सुदूर अतीत के मृत नायक लाये जा रहे थे जो वर्तमान रणभूमि में विभेद ही पैदा कर सकते थे। यहाँ भारतेंदु द्वारा लिखित *'नीलदेवी'* नाटक का हवाला दिया जा सकता है जिसमें सारे खलनायक मुस्लिम हैं और मुस्लिम विद्वेष का जहर हर संवाद में मौजूद है। इसके साथ जो 1857 के बाद के शिक्षित मध्यवर्ग ने ब्रिटिश नीति 'फूट डालो और राज करो' का अनुसरण करते हुए सांप्रदायिक दृष्टिकोण को परिपुष्ट किया था, हिंदी और उर्दू के बीच उग्र विरोध की फांस उत्पन्न कर हिंदी-उर्दू जातीयता के बीच अभी तक न पाटी जाने वाली दरार उत्पन्न की थी—इन प्रश्नों के संदर्भ में हमें नये ढंग से, खास तौर पर आज की ऐतिहासिक अनिवार्यताओं के प्रति सजग होकर विचार करना चाहिए।

हिंदी-उर्दू के रिश्तों को लेकर हमारी ग्रंथियों के अनेक कारण हैं। सबसे बड़ा कारण यह है कि हम उन्नीसवीं सदी के प्रारंभिक दशक में शुरू हुए मुद्रण के ज़माने से हिंदी का इतिहास समझना चाहते हैं, और उसी के आधार पर सारे नतीजे निकालते हैं। दिल्ली सल्तनत और मुग़ल सल्तनत के अलग-अलग दौर में दकनी,

गूजरी, रेख़्ता आदि में गद्य-पद्य का जो सिलसिला मिलता है उसे हम दरकिनार कर देते हैं।

हम यह भी भूल जाते हैं कि मुल्ला वजही के *'सबरस'* का गद्य या दक़नी के अन्य रचनाकारों द्वारा लिखित गद्य की यह परंपरा भाषाओं और बोलियों के अंतःमिश्रण की अनिवार्यताओं की प्रक्रिया में ढली थी; हरियाणवी, राजस्थानी, अवधी, ब्रज, मैथिली, भोजपुरी, पंजाबी, कन्नड़, मराठी और तेलुगु के साथ तुर्की, फ़ारसी तथा अरबी की शब्दावली ने एकाकार होकर खड़ी बोली को जो कथन शैली और शक्ल दी थी—वह उन्नीसवीं सदी के पहले से वाचिक परंपरा के रूप में उत्तरी भारत की जनभाषा बन गयी थी।

अलग-अलग रियासतों में जो नियमित और अनियमित फौज गठित की गयी थी और वफ़ादार रियासतें ज़रूरत के वक्त ईस्ट इंडिया कंपनी को जिन नये रंगरूटों की आपूर्ति के रूप में लगातार मदद करती रही थीं, उन हिंदुस्तानी सिपाहियों की छावनी या लश्कर की जुबान क्या थी? जगत सेठ, अमीचंद, रामचंद्र गुड़वाले जैसे सेठों और पूरे सौदाग़री समुदाय के लिए उत्तरी भारत के अलावा कलकत्ता, हैदराबाद, मुर्शिदाबाद, बंबई, बीजापुर, बीदर, गोलकुंडा आदि में बाज़ार की भाषा के रूप में कौन-सी जुबान व्यापक रूप से फ़ैल रही थी? ईस्ट इंडिया कम्पनी द्वारा बनायी गयी विशालकाय जेलों मे जो लाखों लोगों को कैदी बनाया गया था, उनके बीच परस्पर संवाद की कौन सी भाषा थी? ये कैदी मैथिली, अवधी, भोजपुरी, बांग्ला, संथाली, मुंडा, छत्तीसगढ़ी, मालवी, राजस्थानी आदि न जाने किन-किन जनपदीय क्षेत्रों से गिरफ्तार कर लाये गये थे।

इतिहास के ऐसे अनेक पहलू हैं जिनके योगदान को हम नगण्य बना देते हैं। सूफी संतों की ख़ानकाहों और सरायों (ढाबा, होटल) में कौन-सी जुबान थी? जनपदों, मज़हबों और जातियों में भर्ती किये सिपाहियों के लिए पिछले चार सौ सालों से चली आती हुई लश्करों की भाषा को ही, जिसमें गद्य-पद्य की मिली-जुली परंपरा थी, संचार का माध्यम बनायें। इसीलिए बाग़ी फ़ौजियों ने जितने भी एलान जारी किये, इश्तिहार निकाले-सब के सब इसी साझी क़ौमी जुबान में थे। लिपियों की मज़बूरी की वजह से देवनागरी और फ़ारसी लिपि में एक साथ ही ये सब इश्तिहार जारी होते थे। इसी परंपरा को बहादुरशाह ज़फ़र, जनरल बख़्त खाँ, नाना जी, बाजीराव पेशवा, तात्या टोपे, लक्ष्मीबाई, बेगम हजरत महल ने अपनाया। इसमें न तो अरबी-फ़ारसी की भरमार के कारण और न संस्कृत की तत्सम शब्दावली के कारण कोई दुरूहता थी।

इस पृष्ठभूमि में हिंदी-उर्दू के बीच सांप्रदायिक तनाव के बीज डालने में अंग्रेजों की भूमिका का राजनीतिक और वर्गीय स्वार्थ पूरी तरह खुलकर सामने आ जाता है। हिंदू पुनरुत्थानवादियों और इस्लामी मूलतत्त्ववादियों ने अंग्रेज़ों के 'सुचिंतित राजनीतिक

हथियार'–फूट डालो और राज करो–को पूरी तरह लागू किया। उन्नीसवीं सदी के उत्तरार्द्ध से ही संस्कृति के स्तर पर भी ब्रिटिश राज के सांप्रदायिक क्रियाकलाप चलते रहे–जिसे हिंदू महासभा, राष्ट्रीय स्वयंसेवक संघ, मुस्लिम लीग, जमायते इस्लामी तथा अन्य ताक़तों ने और आगे बढ़ाया है। हिंदी-उर्दू के बीच दरार की इस फाँस को काटे बग़ैर व्यापक तौर पर जन-हिस्सेदारी के इन प्रमाणों के बावजूद उन्नीसवीं सदी के हिंदी-उर्दू साहित्य में बग़ावत की घटनाओं के राष्ट्रीय परिप्रेक्ष्य को केंद्र में रखकर न तो कोई कहानी लिखी गयी और न कोई उपन्यास। बीसवीं सदी के तीसरे दशक के बाद ही ऋषभचरण जैन *(गदर)*, प्रतापनारायण श्रीवास्तव *(बेकसी का मज़ार)*, *वृंदावनलाल वर्मा (झाँसी की रानी)*, कमलाकांत त्रिपाठी *(पाहीघर)*, राजीव सक्सेना *(रमैनी)*, मोहनदास नैमिषराय *(झलकारी बाई)*, और रवीन्द्र वर्मा *(मैं झाँसी नहीं दूँगी)* के उपन्यासों द्वारा औपन्यासिक लेखन के क्षेत्र में बग़ावत की लोकस्मृति को प्रेरणादायक आह्वान का रूप दिया गया है।

उन्नीसवीं सदी के हिंदी-उर्दू साहित्य की इस सीमा को ध्यान में रखने से ही साहित्यिक परंपरा की विभिन्न मंज़िलों का सटीक विश्लेषण संभव है। परंपरा के मूल्यांकन में अंतर्विरोध है। विभिन्न पहलुओं पर द्वंदात्मक दृष्टि से विश्लेषण के बिना फतवा देने की प्रवृत्ति से आलोचनात्मक लेखन को क्षति ही नहीं पहुँची है, बल्कि इस बीच आलोचनात्मक इतिहास-दृष्टि का क्षरण भी हुआ है। इसका मुख्य कारण संभवतः यही है कि चूँकि हमारे आलोचकगण वर्तमान भारत के आगे उपस्थित तमाम तरह की चुनौतियों और यथार्थ की जटिलताओं के प्रति अपना बोध 'शाइनिंग भारत' के आशावादी सपनों के माध्यम से विकसित कर रहे हैं, अतः अतीत के प्रति द्वंद्वात्मक इतिहास-दृष्टि से भी छुटकारा पाना चाहते हैं। उन्नीसवीं सदी के उत्तरार्द्ध के साहित्य को लेकर इस समय और भी गंभीर समस्याएँ पैदा हो गयी हैं, चूँकि हम 1857 की जनक्रांति को केंद्र में रखकर विवेचना करने के कार्यभार के प्रति सजग ही नहीं हैं, इसीलिए उससे कोई सीख भी नहीं लेना चाहते।

हमें यह भी देखना चाहिए कि रंगकर्म, फिल्मों के संवाद, गीत, पटकथा लेखन, संगीत गायकी के अलग-अलग घरानों और मशहूर क्लासिकल गायकों की बंदिशों–अर्थात् दृश्य-श्रव्य कलाओं में देवनागरी लिपि और फारसी लिपि का कोई झगड़ा कभी खड़ा नहीं हो पाया–अंग्रेजी राज की सांस्कृतिक फूटपरस्त नीतियों के तहत तथा राष्ट्रीय स्वयंसेवक संघ और मुस्लिम तत्ववादियों के कुचक्रों के बावजूद। फिर साहित्य में ही इतना वितंडावाद क्यों? एक ही भाषा की दो लिपियाँ हो सकती हैं, रहीं हैं और रहनी चाहिए।